吴式颖　李明德

# 外国教育通史

第十六卷

## 20世纪
## 后期的教育
## （上）

王保星　高迎爽　张　宛

本卷主编

GENERAL HISTORY OF
FOREIGN EDUCATION

北京师范大学出版集团
BEIJING NORMAL UNIVERSITY PUBLISHING GROUP
北京师范大学出版社

**图书在版编目(CIP)数据**

外国教育通史：全二十一卷：套装／吴式颖，李
明德总主编. —— 北京：北京师范大学出版社，2025. 1.
ISBN 978-7-303-30486-8

Ⅰ. G519

中国国家版本馆 CIP 数据核字第 20251WL437

---

WAIGUO JIAOYU TONGSHI：QUAN ERSHIYI JUAN：TAOZHUANG

出版发行：北京师范大学出版社 https://www.bnupg.com
　　　　　北京市西城区新街口外大街 12-3 号
　　　　　邮政编码：100088
印　　刷：北京盛通印刷股份有限公司
经　　销：全国新华书店
开　　本：787mm×1092mm　1/16
印　　张：684
字　　数：9000 千字
版　　次：2025 年 1 月第 1 版
印　　次：2025 年 1 月第 1 次印刷
定　　价：4988.00 元(全二十一卷)

---

策划编辑：陈红艳　鲍红玉　　　　　责任编辑：齐文媛
美术编辑：焦　丽　　　　　　　　　装帧设计：焦　丽
责任校对：陈　民　　　　　　　　　责任印制：马　洁

# 编委会

## 总主编

吴式颖　李明德

## 副总主编

王保星　郭法奇　朱旭东　单中惠　史静寰　张斌贤

## 编　委
（按姓氏笔画顺序排列）

| | | | | |
|---|---|---|---|---|
| 王　立 | 王　晨 | 王者鹤 | 王保星 | 史静寰 | 乐先莲 |
| 朱旭东 | 刘淑华 | 许建美 | 孙　进 | 孙　益 | 李子江 |
| 李立国 | 李先军 | 李明德 | 李福春 | 杨　捷 | 杨孔炽 |
| 杨汉麟 | 吴式颖 | 吴明海 | 何振海 | 张　宛 | 张　弢 |
| 张斌贤 | 陈如平 | 陈露茜 | 易红郡 | 岳　龙 | 周　采 |
| 郑　崧 | 单中惠 | 赵卫平 | 姜星海 | 姜晓燕 | 洪　明 |
| 姚运标 | 贺国庆 | 徐小洲 | 高迎爽 | 郭　芳 | 郭　健 |
| 郭志明 | 郭法奇 | 傅　林 | 褚宏启 | | |

# 目　录 | Contents

# 导　言

　　爱好和平的世界人民在历经艰苦卓绝的抗击法西斯势力侵略的斗争，结束 20 世纪前期两次惨烈的世界大战之后，带着对和平与发展的追求步入了 20 世纪后期。各国在医治战争创伤、消除战争隐患的基础上，社会物质生产和精神生活渐趋步入正轨，科学技术迅猛发展，各类社会文化思潮不断涌现，极大地改善着人类的生活内容和生活方式。教育作为对人类生存与生活产生持久影响的发展手段，受到越来越多的关注与重视。教育改革与教育思想进步成为 20 世纪后期世界各国教育发展的主旋律。伴随着人类步入越来越明显的确定性与不确定性共生的时代，各国政府与社会民众对于教育寄予了越来越大的希望，并通过不间断的主题性教育改革发挥教育在促进社会进步和个人全面发展中的作用，教育获得前所未有的发展。

## 一、20 世纪后期教育发展的社会基础

　　第二次世界大战结束之后，世界政治格局发生崭新的变化。世界反法西斯战争的胜利，标志着世界正义力量在与非正义力量的对决中取得最终的决定性胜利。战争以轴心国彻底失败、同盟国取得战争胜利宣告结束，世界政治格局发生了根本性变化，具体表现为以下几点。

　　首先，社会主义阵营力量增强。继第一次世界大战后世界第一个社会主义国家——苏联诞生之后，第二次世界大战后又相继诞生了新中国、南斯拉夫、

德意志民主共和国等一系列社会主义国家，许多饱受帝国主义和资本主义政治、经济势力压迫与剥削的亚洲、非洲和拉丁美洲的殖民地半殖民地国家，也在战后得以实现民族独立和国家解放，走上独立自主的发展之路。欧洲主要资本主义国家统治世界的历史宣告终结。"从世界范围看，第二次大战还有一个重要的后果是：它加快了非殖民化的进程，迫使西欧主要国家——有的拥有殖民帝国已有超过 300 年的历史——承认，它们已不再统治整个世界。"①

其次，作为资本主义阵营和社会主义阵营的不同代表，美国和苏联两个超级大国在政治、经济、军事、科学技术等各个领域展开激烈竞争，以美、苏之间的相互对峙和全面竞争为核心内容的"冷战"格局形成，标志着"热战"之后的长时期"冷战"时代开启，极大地影响了 20 世纪后期的国际政治格局。

再次，资本主义国家与世界经济体系的分化。20 世纪 50 年代之后，随着英、法、联邦德国等欧洲资本主义国家经济复苏，它们与美国不断发生经济摩擦和贸易冲突。20 世纪 80 年代后，就世界经济整体格局而言，美国、西欧和日本三大经济体呈三足鼎立之势，它们在追求各自国家利益最大化、瓜分世界市场的过程中冲突与纷争不断，资本主义国家与世界经济体系走向分化。

最后，社会主义阵营内部的冲突和裂痕。20 世纪 80 年代后期，在极为复杂的国际形势和根深蒂固的意识形态差异背景下，资本主义阵营持续强化对东欧社会主义国家实施和平演变政策，加之东欧部分社会主义国家国内政治与经济改革指导思想出现失误，导致社会主义阵营内部冲突和裂痕出现。苏联也于 1991 年 12 月解体。

第二次世界大战结束后，经济复苏和发展成为时代主题。"第二次世界大战结束后，无论是胜利者或失败者，都面临着一系列严重的问题。在大规模

---

① ［荷］彼得·李伯庚：《欧洲文化史》下册，赵复三译，560 页，上海，上海社会科学院出版社，2004。

破坏之后，经济重建自然是紧迫的问题。"①共同的经济发展任务促使美、英、法以及苏联等国家选择了合作式的发展道路，在互利互惠的基础上实施双边或多边的经济合作计划。为实现东欧经济复苏，1949 年 1 月，苏联等国在莫斯科设立经济互助委员会，着重实施"莫洛托夫计划"；为实现西欧经济复苏，到 1951 年 12 月，美国共资助了西欧 125 亿美元。类似的经济复苏计划还包括：1951 年，法国、联邦德国、意大利、比利时、荷兰、卢森堡六国签订《欧洲煤钢共同体条约》；1957 年签订的《罗马条约》直接导致欧洲经济共同体诞生。第二次世界大战结束之后的四分之一世纪成为资本主义经济发展的"黄金时代"。促成经济"黄金时代"出现的原因是多方面的：补偿战时损失的需要，战争期间遭受压制的商品与劳务需求的迸发，军事技术的民用化，朝鲜战争、越南战争以及"冷战"所促成的强劲军事购买力等。

20 世纪 70 年代，为寻求国际霸权和自身安全，美、苏等超级大国掀起一轮又一轮的军备竞赛，严重影响了该时期经济的发展。1973—1974 年，石油输出国组织提高石油价格，导致世界经济发生严重的危机。这次危机一直持续到 1982 年石油价格再次下降之时。之后世界经济步入一条较为长期的寻找新能源、走出危机的经济发展道路。

20 世纪后期，世界经济还获得了第三次科技革命所提供的动力支持，核能、电子计算机、航天技术、基因工程、信息技术以及新型农业科学技术等在生产领域中的推广与应用，极大地提高了劳动生产率，显示了科学技术作为第一生产力的巨大力量。世界历史进入知识经济时代。第三次科技革命爆发，世界产业结构发生重大变化，传统的劳动密集型生产门类，如机械、钢铁和纺织等，逐步被技术密集型生产门类，如现代通信等所取代。

20 世纪后期，自然科学和社会科学呈现革命性发展的态势。在自然科学

---

① ［荷］彼得·李伯庚：《欧洲文化史》下册，赵复三译，559 页，上海，上海社会科学院出版社，2004。

领域，基于相对论和量子力学的原子能与核能技术及其产业化，标志着人类历史上一次崭新的能源革命的出现；源于现代电子理论的无线电和微电子技术催生了电子信息产业与计算机的诞生及更新换代，既标志着人类在人工智能领域的一次跨时代革新，还成为人类社会生活和生产技术演变历程中具有里程碑意义的科学技术进步事件；以分子生物学为核心理论支撑的生物工程和生物产业的发展，为人类利用自然生物资源开辟了更为广阔的领域；航空航天技术则为人类认识和利用外层空间提供了技术支持。

在社会科学领域，马克思辩证唯物主义和历史唯物主义哲学为人类深化对自然界和人类历史的认识提供了有效的理论指导。人们在反思社会问题和社会矛盾的过程中逐步形成了非理性主义、实证主义与基督教宗教哲学等哲学思潮，信息论、控制论和系统论则为人类确保自身认识的科学性与系统性提供了方法论指导。

## 二、20世纪后期国际教育改革与教育实践纵览

20世纪后期，为助推世界经济尽快走出战时困境，适应战后世界政治格局的新变化，应对因积极吸纳自然科学和社会科学理论所形成的知识经济时代的挑战，教育在国家和政府事业中所处的战略地位受到前所未有的重视。各国政府依据各自的社会政治、经济、文化和科学技术发展实际开展了各自的教育改革，各级各类教育事业获得规模、结构、质量等层面的优化和发展，教学内容不断更新，教学手段日益现代化，教育民主化水平不断提升。

### (一)美、英、法、德国与日本的教育改革

20世纪后期，世界各国纷纷开展教育改革以发展本国的教育事业。1957年苏联卫星升空给包括美国在内的世界各国以巨大的震动，"冷战"背景则进一步放大了科学技术发展在国家发展与国际竞争中的作用。为迅速改变自身在美苏竞争中所处的劣势，美国以1958年《国防教育法》(National Defence Ed-

ucation Act）的颁布为起点，开展了全面的教育改革：革新教学内容，强化现
代科学知识与技术的教育，重视自然科学、数学和外语"新三艺"的教学；重
视精英教育和天才教育；政府增拨教育经费，为富有学术潜力的青年人才提
供必要的国家资助和优越的学习条件；加强职业教育；提高教学手段现代化
水平，强化实验室、视听设备和计算机的建设与运用。美国 20 世纪 60 年代
的教育改革则围绕中小学课程改革、教育机会平等以及提升高等教育质量三
大主题展开。其中，中小学课程改革则是在以布鲁纳（Jerome S. Bruner，
1915—2016）等为代表的结构主义教育思想的指导下实施的，主张以学科基本
结构为中心，注重通过课程与教学发展学生心智，提高学生认知能力，推行
"发现法"。在教育机会平等方面，美国则通过颁布实施《中小学教育法》等教
育法规，实施黑人和白人学生合校教育政策，并拨出专款推进教育机会平等。
在高等教育质量提升方面，20 世纪 60 年代联邦政府通过颁行《高等教育设施
法》（Higher Education Facilities Act）和《高等教育法》（Higher Education Act）等
一系列教育法规，重申《国防教育法》的教育理念，加强高等学校在前沿科学
知识创新以及拔尖精英人才培养等方面的作用，提高学生奖学金数额，提高
高等学校的教育质量，进一步改变了美国的高等教育结构，满足了"二战"后
美国经济发展对高素质专业人才的迫切需求。20 世纪 70 年代美国教育改革的
主题为"生计教育"和"回归基础"，前者将职业教育和劳动教育的要素贯穿到
一至十二年级的课程与教学全过程之中，旨在引导学生掌握适应社会变化的
知识技能，实现知识教育与职业技能传授的结合；后者主要针对中小学基础
知识和基本技能教学而言，重点在于加强小学阶段的阅读、写作和算术教学，
中学阶段的英语、自然科学、数学和历史等基础科目的教学，注重以基础知
识和基本技能教学切实提升中小学教育质量。20 世纪 80 年代美国教育改革延
续提升教育质量这一教育改革主题，1983 年美国发布《国家处在危险之中：教
育改革势在必行》（A Nation at Risk：The Imperative for Educational Reform）报

告，揭开此次教育改革的序幕。报告提出加强中学数学、英语、自然科学、社会科学和计算机课程的教学，提高教育标准，提升教师职业素养和教学能力。该报告成为规范 20 世纪 80 年代美国中小学教育改革的纲领性文件，直接指导了这一时期美国中小学的教育教学改革实践。

在第二次世界大战接近尾声时，为实现战后经济复苏和重建，恢复昔日的世界霸主地位，英国政府即通过颁布实施《巴特勒法案》(Butler Act)，强化国家对教育事业的管理和控制，完善地方教育管理体制，基本形成了现代英国国民教育制度，构建起包括文法中学、现代中学、技术中学在内的中等教育体系。在高等教育方面，1963 年《罗宾斯报告》(Robbins Report)的发布和"罗宾斯原则"(为所有在能力和成绩方面合格且有意愿接受高等教育的人提供高等教育课程)的提出，为 20 世纪 60 年代英国高等教育发展指明了方向，并提供了有力的政策依据。1972 年的《詹姆斯报告》(James Report)提出实施全新的英国教师教育的"师资培训三段法"，标志着英国教师教育新体制与模式创新的尝试和实施。20 世纪 80 年代英国教育改革主要围绕高等教育质量提升和教育体制现代化两大主题开展。20 世纪 80 年代初，英国政府就高等院校入学途径的多样化、课程结构和课程内容改革、高等教育管理水平提升，以及加大高等院校学生奖学金和助学金的覆盖面等事务做出具体规定，极大地推动了英国高等教育的现代化水平。《1988 年教育改革法》(Education Reform Act 1988)则分别就中小学教育、高等教育、职业教育、教育管理体制改革以及教育经费等做出具体规定，对英国教育发展产生了深远影响。

"二战"后法国教育改革主要围绕落实 1947 年的《教育改革方案》进行。该方案提出法国教育改革的六项原则，即社会公正、任何工作和任何学科价值平等、人人均有受教育权利、普通教育是专门教育和职业教育的基础、各级教育免费、加强师资培养。这六项原则成为指导"二战"后法国教育改革的基本原则。20 世纪五六十年代，法国教育改革将义务教育年限由战前的 6~14

岁延长至 16 岁，并具体规定了中等教育的阶段划分——第一阶段的中等教育（两年的观察期教育）和第二阶段的中等教育（13~16 岁）。高等教育改革则依据 1968 年 11 月颁布的《高等教育方向指导法》推进，重点是在法国高等教育领域推行自治、参与和多学科三大原则。20 世纪七八十年代法国教育改革的重点在于强化法国学校体制的现代化建设，1975 年 7 月颁布的《法国学校体制现代化建议》就教育管理体制、教学内容、教学方法改革等提出具体建议。在教育管理体制上，建议在小学设立家长委员会和教师委员会，在中学设立中学理事会、班级教学小组和教学委员会，提高中小学的教学水平和管理水平。在教学内容上，加强自然、社会环境以及科学基础知识教育。在教学方法上，强调更多采用个别化教学形式和现代化教学手段。为提升法国教育内容的现代化水平，解决法国教育的高淘汰率问题，缩小教育发展的区域差异，20 世纪 80 年代法国政府积极推行"教育优先区"政策，强化早期教育，实施个别教学，开展校外教育活动，提升教师素质，提高教育优先区内的教师待遇。

"二战"结束后，美、英、法、苏分占德国。1949 年 9 月，在美、英、法占领和管制的西区成立德意志联邦共和国。同年 10 月，在苏联占领的东区成立德意志民主共和国。

联邦德国组织开展教育改革的主要组织是联邦德国教育部长常务会议和德国教育委员会。1959 年，德国教育委员会颁布的《关于普通教育的改革和统一的总纲计划》（简称《总纲计划》），就中等学校三分制体制、初等教育和中等教育质量提升等做出规定，还提出设立主要学校、实科学校和高级中学三类中学的建议。1964 年《汉堡协定》规定所有学生在接受九年义务教育之后，分别进入主要学校、实科学校和高级中学接受不同形式的中等教育。为完善学校体系和结构，1970 年 2 月联邦德国教育审议会提出《教育结构计划》。《教育结构计划》规定将学前教育纳入学校教育体系，即完整的学校教育体系包括学前教育（初级教育）、初等教育、中等教育、高等教育和继续教育；师范教育自成系统，按其培养目标分别组织和实施。20世纪80年代联邦德国的教育改革全面展开，在初等教育和中等教育领域，改革的中心任务在于开发学生智力潜能，强化外语和计算机教育，融通普通教育和职业教育，实施个别教学；在高等教育领域，改革主题涉及强化高等学校办学的多层次和多样化，扩大高等学校的教学科研自主权，加强实践和实习教学，提高教育质量。1990年10月德国统一后，则主要开展联邦德国和民主德国教育体制相衔接、相统一的教育改革，并完成了改革目标。

"二战"结束后，日本教育改革以《教育基本法》和《学校教育法》为法律依据，重点是就日本的教育目标、教育内容、教育管理体制以及教师职业责任等开展改革，强调教育需致力于培养和平国家与社会的建设者、政治教育戒绝党派宣传、教育机会平等，废除中央集权式教育管理体制，实施地方分权。为适应经济和社会发展，日本教育改革强化经济与教育的内在联系，将人才培养与不同时期日本教育发展的具体目标统筹联系起来，相继颁布实施《新长期经济计划》(1958—1962年)、《国民收入倍增计划》(1961—1970年)、《中期经济计划》(1964—1968年)和《经济社会发展计划》(1967—1971年)，将该时期的加强科学技术教育、普及与提高中等教育、提高研究生教育和本科教育质量以及增加教育经费总额等教育改革事务，服务于经济发展目标的实现。20世纪70年代，日本教育改革的重点转向中小学教育和高等教育质量的提升与现代化发展方面。在中小学教育改革上，日本进一步强调中小学教育的根本目标在于为学生一生发展奠定基础，推进中小学教育与课程的一体化进程，改善教育条件。在高等教育改革上，日本实施高等教育机构分类，提供不同类型的差别化高等教育，推广教学机器、小组研讨和实验等教学方法与组织形式，实施高等教育机构的协调一致管理。20世纪80年代日本教育改革目标的总体定位为：以教育个性化、自由化和国际化发展，培育具有竞争力的专业人才，适应日本社会进步和经济发展。日本临时教育审议会颁布实施的《为使教育适应我国社会变化和文化发展而进行的各项改革的基本方针》提出：教育发展需遵循个性发展、国际化、信息化和终身化原则，修订实施新的教学大纲和教科书制度，培育具有开阔的国际视野、自由与自律品格和公共精神的现代日本国民。

（二）苏联的教育改革

苏联在"二战"后即着手实施《关于恢复与发展国民经济的五年计划（1946—1950）的法律》，并将教育恢复与重建事务纳入该计划，增加教育投资，扩大教育规模。此后，苏联又推行实施《关于加强学校同生活的联系和进一步发展苏联国民教育制度的法律》。关于普通教育，苏联强调中学教育的目的在于培养学生掌握适应社会生活的知识和技能，将教育年限由 7 年延长至 8 年，将中学教育分为两段实施：第一阶段为具有义务教育性质的不完全中学阶段，第二阶段的中学教育分别由青年学校（工人青年学校和农村青年学校）、劳动综合技术普通中学、中等职业学校实施。整体而言，20 世纪五六十年代，苏联中小学教育、高等教育和职业教育事业实现迅速的恢复和发展，并以大量中级与初级技术工人和技术人员的培养为战后苏联的经济发展做出了贡献。20 世纪 70 年代，苏联中学教育的双重任务——培养学生掌握科学技术知识和生产劳动技能——直到1977 年 12 月颁布《关于进一步完善普通学校学生的教学、教育和劳动训练的决议》才得到确定和强化。此决议强调对学生开展职业选择指导，并依据学生不同学习阶段的特点开展不同的公益劳动。1984 年 4 月，苏共中央和苏联最高苏维埃通过《普通学校和职业学校改革的基本方针》，提出为更好地实现学生的全面发展和和谐发展，需要对普通教育与职业教育实施新的改革，切实提高普通学校和职业学校的教育与教学质量，实现学生在思想政治、劳动教育、品德教育、审美教育与身体健康教育方面的全面发展和和谐发展。

（三）印度、巴西、埃及等发展中国家的教育改革

对于广大发展中国家而言，"二战"的结束标志着一个新的历史时代的开启。反抗殖民统治、实现民族独立、发展本国经济、提升国际地位、增强国

际影响力，成为"二战"后广大发展中国家建设与发展的中心任务，各发展中国家的教育也在"二战"后各国中心任务完成的过程中得到了快速发展。

印度在 1947 年 8 月 15 日宣布独立，自此摆脱英国的殖民统治。独立后的印度致力于恢复战时遭受严重破坏的社会经济，重新审视并确立教育在经济发展中的基础地位，设立大学教育委员会、中等教育委员会和基础教育评定委员会，对战后初期印度的高等教育、中等教育和基础教育进行调查，并提出相应的教育改革建议。依照大学教育委员会的改革建议，20 世纪 50 年代印度大学第一级学位的修业年限从原来的 2 年延长为 3 年，重视农业与工业高级专门人才的培养，增设新的高等教育机构，提高适龄青年接受高等教育的比例。中等教育委员会则在调查印度中等教育现状的基础上，于 1953 年 6 月发布《中等教育改革报告》，内容涉及改革印度中等教育结构与类型、提高中等学校教学质量、改进中等学校组织与管理效率，促使印度中等教育在较大程度上摆脱了殖民地时期的旧式教育体制。成立于 1955 年的基础教育评定委员会在其完成的关于基础教育改革的报告中提出，由五年制小学和基础学校承担实施的基础教育难以适应独立后印度基础教育的发展，要求将所有类型的小学都改组成基础学校。基础学校得到快速发展。印度科塔里委员会于 1966 年 6 月发布了一份名为"教育与国际发展"的报告，这份报告就印度教育发展的一般原则、教育制度、课程体系、教师地位、学校结构等问题做出规定，并为 1968 年的印度《国家教育政策》提供了基本框架和主要基础。20 世纪 70 年代，一些教育组织积极参与印度教育改革事务，其中十年制学校课程检查委员会和全国高级中学教育检查委员会对印度教育改革产生了重大影响。在组织修订《国家教育政策》时，十年制学校课程检查委员会认为，学生个性发展意义深远，初等学校和中等学校应通过多样化的课程设置满足学生个性发展的需要，为学生提供必要的创造性活动，组织学生参加对社会有益的生产劳动，将有益的生产劳动变成重要课程，强化教育与社会生产劳动的关系。

全国高级中学教育检查委员会则将提升学生的社会就业能力作为教育改革的重点，设立职业学科课程和搭桥课程，引领学生根据自身的职业愿望和学习基础，做好升学与就业两种准备。20 世纪六七十年代，印度教育改革成效突出，具体改革成果为：建立全国统一的"十二三"学制，各级各类教育实现不同程度的发展，师范教育改革成效显著。20 世纪 80 年代的改革则围绕 1986年颁布的《国家教育政策》和《国家教育政策实施计划》展开，改革主题包括：完善国家教育制度，构建全国课程框架，推进终身教育发展，提高初等教育的入学率和巩固率，提高初等教育质量，推动高中教育职业化，推进自我教育发展，发展自治学院，改进高等学校教学方法，提高高等学校教学与教育质量，建立完善的职业教育体系，提高教师地位。

20 世纪后期巴西的教育改革首先围绕 1961 年的《教育方针和基本法》进行，以教育分权管理体制取代原中央集权式教育管理体制，设立州教育委员会和州教育厅，负责制定各州中小学教育与师范教育政策，确立教育标准和考试标准，提供教育经费。20 世纪 70 年代，为适应国民经济现代化的发展，巴西政府在增加教育经费的同时，对初等教育、中等教育与高等教育分别实施改革。在初等教育与中等教育方面，巴西政府依据 1971 年的《初等与中等教育改革法》，具体开展了延长义务教育年限、推动初等学校与中等学校教育职业化、调整非正规教育、加强成人扫盲教育和成人补习教育等改革，使巴西初等学校与中等学校教育制度得以确立。在高等教育方面，巴西政府主要推行了大学入学考试制度、高等教育贷款制度、研究生教育、大学教育教学与科研并重等主题性改革，极大地激发了巴西高等教育发展的活力。

埃及教育在 1952 年革命后发生了深远变化，政府颁布实施一系列法令，重建国家教育体制，规定国家教育体制由初等教育(6 年)、预备学校教育(3年)、中等教育(3 年)和高等教育(大学 4~5 年或 4~6 年、高等学院 4~5 年)组成，强调教育权利平等；设立中央教育行政机构——教育部负责世俗学校系统管理；设立伊斯兰教事务部管理埃及独特的爱资哈尔学校系统。

为进一步发展初等教育，1953 年埃及革命政府颁布第 210 号法令，建立统一的小学，后又将初等教育年限由 4 年延长为 6 年。小学为所有儿童提供免费的和义务的初等教育。在广大农村地区，为居住分散的儿童设立单班学校，提供初等教育。这一时期还设立了一种名为"预备学校"的免费的中间学校，强调对学生实施双重目标的教育，即为部分有能力接受中等教育和技术教育的学生提供预备教育，也为部分学生参加实际工作提供准备教育。关于埃及小学和初中阶段教育的合并，埃及教育部在 20 世纪 70 年代进行了尝试。具体实施办法是将小学和初中阶段合并为一个八年制教育阶段，运用现代教学方法，向学生提供阿拉伯语、英语、德语、数学、生物、物理、化学、家政、历史、地理等课程。

20 世纪后期埃及中等教育主要由普通中学和技术中学两类学校实施，前者学制 3 年，为就读者提供学术性的升学准备教育；后者则包括培养熟练工人的三年制技术中学和培养技师的五年制技术中学两类。为加强对中等技术教育发展的管理，1970 年埃及成立了中央技术教育委员会，并增加对技术教育事业发展的专门拨款。

20 世纪后期承担埃及高等教育事务管理的教育行政机构是高等教育部，高等教育部下设由政府官员和大学校长组成的大学最高委员会，负责就高等教育发展提出咨询建议。埃及高等学校在改革实践中注重满足埃及经济发展提出的培养高级专门人才的需求，注重开展高水平的科学研究，为社会发展提供技术支持。

20 世纪后期，泰国、韩国、新加坡、马来西亚、以色列等亚洲国家，墨西哥、秘鲁等拉美国家，澳大利亚和南非等国家也都结合各自的社会发展需要和教育实践状况，开展了各自的教育改革，赋予世界教育改革整体画卷更为多样的地方色彩。世界各国在开展本国教育改革的同时，还十分注重开展教育理论和教育方法研究，强化教育理论对教育实践的指导与引领，使教育科学化水平得到空前提升。各国在开展各自教育改革的同时，还注重加强与其他国家的教育交流与合作，借鉴其他国家成功的教育发展经验，使教育国际化水平日益提高。

## 三、20 世纪后期的教育理念与教育思想

20 世纪后期波澜壮阔的人类教育改革，是在不断接受不同的教育思想与教育理论的过程中向前迈进的，为人类丰富多彩的教育思想体系的形成与发展提供了坚实的实践基础。

在 20 世纪后期人类教育思想的演变与发展中，新行为主义、结构主义、建构主义、精神分析学派和人本主义等教育思想流派，是在充分吸收这一时期心理学发展成果并对教育问题进行分析和指导的实践基础上形成的。新行为主义教育思想以新行为主义心理学为基础，主要包括斯金纳（Burrhus Frederic Skinner，1904—1990）的操作主义教育思想、加涅（Robert Mills Gagne，1916—2002）的累积学习理论和布鲁姆（Benjamin S. Bloom，1913—1999）的掌握学习理论，重视就人类学习过程开展研究，提出操作性学习和学习层次理论，倡导程序教学，倡导使用教学机器。新行为主义教育思想的核心教育观点包括：教育即人类行为的有目的塑造，人类行为可以运用教学机器加以强化，人类学习的基本要素包括学习者、刺激情境、记忆内容和动作。新行为主义教育思想的基本观点对 20 世纪后期欧美国家及世界其他国家和地区的教育教学实践产生了直接影响，在深化人类关于教育本质和教学目的新的理解的同时，还为计算机辅助教学及其他现代化教学手段的运用提供了理论支持。

结构主义教育思想的理论基础之一是瑞士心理学家皮亚杰（Jean Piaget，1896—1980）的儿童智慧发展阶段理论和发生认识论。作为日内瓦学派的创始人，皮亚杰一生致力于儿童思维和智慧发展研究，通过大量实验研究揭示了

儿童认知发展的具体阶段：感觉运动智力阶段(出生至2岁)、前运算智力阶段(2~7岁)、具体运算智力阶段(7~12岁)和形式运算智力阶段(12~15岁)。皮亚杰提出教育应遵循儿童智力与心理发展的阶段性特点，教育的任务在于发展儿童智力。关于儿童认知结构与智力发展，皮亚杰强调儿童认知是主体通过动作与客体相互作用的结果，儿童的主体动作(主体与客体的相互作用)为一切经验和知识的源泉，智力或智慧本质上是一种主体对于客体的结构性动作。皮亚杰还提出"适应与图式""同化与顺应""平衡与自我调节"等概念用以解释儿童认知结构的机制和模式。20世纪五六十年代，美国知名心理学家布鲁纳则以基于结构主义方法论和认知心理学的教育教学理论，为结构主义教育思想的形成与发展提供了又一理论基础。布鲁纳提出，人类对知识的追求，旨在探索发现知识或材料的结构。认知是个体通过心理内部机制获得知识的过程，包括知识获得、转化与评价，其间知识可转化为个体经验与智慧。知识可分为动作式知识、映像式知识和符号式知识。在课程与教学实践中，布鲁纳强调要在激发学生内在学习动机的基础上，运用"发现法"，尽可能早地向学生传授具体的学科理论知识，注重发现并向学生传授学科的基本结构。作为与布鲁纳同时代的美国知名心理学家，奥苏贝尔(David P. Ausubel, 1918—2008)重视以结构的视角解析人类的知识和认知过程，主张教学目的在于构建学生的认知结构，将学习分为机械的学习和有意义的学习，并提出开展有意义学习的前提条件：学习材料自身具有逻辑意义；学习者具有开展有意义学习的心向；学习者认知结构中具有同化新知识的具体观念。为开展有意义的学习，奥苏贝尔还就教学原则、教学方法、教学策略等逐一进行了深刻阐述，对中小学教学实践产生了直接影响。整体而言，结构主义教育思想的基本观点包括：教育与教学应致力于发展学生的认知能力，课程与教学内容应纳入学科的基本结构，向学生尽早传授学科的理论知识，教师在结构教学中发挥着辅助者的作用。结构主义教育思想直接为20世纪五六十年代的欧美课程改革提供了理论指导，并引发了现代教学方法与手段的推广和运用。

　　建构主义教育思想基于多元化的理论基础，皮亚杰、科尔伯格（Lawrence Kohlberg，1927—1987）、维果茨基（Lev Semenovich Vygotsky，1896—1934）、奥苏贝尔的心理学和教育学观点均为建构主义教育思想提供了理论支持。建构主义教育思想的主要理论观点包括：学习是一个积极主动的建构过程，学习者依据已有的认知结构有选择性地感知外部信息，主动地赋予知识意义；知识是个人经验的合理化，知识意义源于学习者新旧知识和经验之间反复的、双向的相互作用；学习者的知识建构是多元化的，并受到当时社会文化因素的影响；教师不再是知识的灌输者，而成为教学环境的设计者、学生学习的组织者、课程开发者、意义建构的合作者和知识的管理者。①

　　精神分析学派源于 19 世纪末 20 世纪初奥地利心理学家弗洛伊德（Sigmund Freud，1856—1939）的心理学理论，弗洛伊德注重探讨人的无意识、性、本能、人格和动机问题。阿德勒（Alfred Adler，1870—1937）的个体心理学和荣格（Carl Gustav Jung，1875—1961）的分析心理学则在 20 世纪 20 年代后注重寻找人类动机的社会文化根源，强调社会环境、人际关系及文化因素对个人心理和行为的影响，形成了精神分析学派。在教育问题上，精神分析学派的主要主张包括：教育的目的在于通过引导人的潜意识能力，培养健全和健康人格，使人过上幸福的生活；通过组织游戏、营建良好的学习环境和满足个人内在需要，实现对个人理性能力的陶冶和引导。精神分析学派的一些教育主张对布拉梅尔德（Theodore Brameld，1904—1987）、杜威（John Dewey，1859—1952）、皮亚杰、蒙台梭利（Maria Montessori，1870—1952）、维果茨基等 20 世纪欧美和苏联教育家的教育思想产生了直接影响。

　　人本主义教育思想兴起于 20 世纪五六十年代，以人本主义心理学为基础，兼收人道主义和存在主义的一些观点，其教育目的在于培养身心健康、

---

　　①　参见顾明远、孟繁华主编：《国际教育新理念》，277~282 页，海口，海南出版社，2001。

具有自我实现意识和创新能力的个人，强调学校和教师要为学生发展创造有利的发展条件和健康的成长环境。人本主义教育思想的主要代表人物包括马斯洛（Abraham H. Maslow，1908—1970）、罗杰斯（Carl R. Rogers，1902—1987）、弗罗姆（Erich Fromm，1900—1980）和奥尔波特（Gorden W. Allport，1897—1967）等，他们的教育主张对 20 世纪六七十年代欧美国家的教育实践产生了直接影响。

　　存在主义教育思想和分析教育哲学同为 20 世纪后期的教育思想。前者以布贝尔（Martin Buber，1878—1965）、波尔诺夫（Otto Friedrich Bollnow，1903—1991）、雅斯贝尔斯（Karl Jaspers，1883—1969）为代表，以存在主义哲学为理论基础，主张教育目的在于促成个人自我价值的实现，帮助个人在认识自我的基础上进行自我选择，并对选择结果负责，重视采用对话、问答和讨论的方式开展教学；后者以谢夫勒（Israel Scheffler，1923—2014）、彼得斯（R. S. Peters，1919—2011）等为代表，以分析哲学为理论基础，认为教育哲学的根本任务和当务之急在于开展教育概念和教育命题的分析，务使教育概念内涵准确，教育命题意义明确。

　　为应对“二战”后发达国家社会与教育发展不平衡、国际经济和科技竞争加剧、社会生产领域知识密集型生产取代劳动密集型生产和资本密集型生产并最终导致知识经济时代的来临等挑战，教育理论研究空前活跃，先后兴起了激进主义教育思想、新马克思主义教育思想、教育经济主义思想和终身教育思想。其中，激进主义教育思想的主要代表人物有古德曼（Paul Goodman，1911—1972）、伊里奇（Ivan Illich，1926—2002）、波兹曼（Neil Postman，1931—2003）等。其基本教育主张包括：提倡“自由学校”和“可选择性教育”，以“自由学校”教育取代传统的强制性义务教育，建设“非学校化社会”。激进主义教育思想直接影响了 20 世纪 60 年代的教育改革实践，推动了开放教育运动、自由学校运动和贬抑学校运动的发展。新马克思主义教育思想流行于

20 世纪 70 年代的部分西方国家，马尔库塞（Herbert Marcuse，1898—1979）、布迪厄（Pierre Bourdieu，1930—2002）等为该思想流派的代表人物。就具体内容而言，新马克思主义教育思想的主要内容包括"社会批判理论学派"教育观、"经济再生产理论"教育观、"文化再生产理论"教育观、"国家再生产理论"教育观、"抵制理论学派"教育观。新马克思主义教育思想试图运用马克思主义的一些概念和理论解析资本主义社会教育的新问题和新现象，体现了当代资本主义世界教育实践与教育研究的一些新趋势。教育经济主义思想初步形成于 20 世纪 60 年代，主要代表人物有舒尔茨（Theodore William Schultz，1902—1998）、斯特鲁米林（Stanislav Gustavovich Strumilin，1877—1974）等，主要内容包括"人力资本理论""教育筛选理论""劳动力市场划分理论"等。教育经济主义思想对 20 世纪后期世界各国的教育决策和教育管理实践产生了重要影响。作为一种教育思想，终身教育思想产生于 20 世纪 50 年代，法国教育家保罗·朗格朗（Paul Lengrand，1910—2003）为该思想的主要代表人物。终身教育思想的形成主要是教育理论研究适应现代社会加速变化、人口快速增长、科学技术飞速发展以及人类生活生产方式发生巨大变化的结果，该教育思想打破将教育限定于某一具体年龄阶段的传统教育观念，强调教育过程的统一性、连续性和整体性。在联合国教科文组织的倡导和推动下，终身教育思想发展成为 20 世纪后期世界性的教育思想。

为满足 20 世纪后期世界教育教学改革蓬勃开展和教学质量持续提高的需要，一些新兴的教学方法和教学理论逐步得以发展与推行，其中产生较大影响的教学方法和教学理论包括暗示教学法、范例教学理论、个别化教学理论和社会学习理论。

20 世纪后期，为适应全球性环境变化、国际经济交往方式革新和文化交流频繁、国内民族文化快速发展以及社会现代性和后现代性叠加发展的社会现实，为教育改革提供必要的理论指导和实践引领，先后出现了环境教育、多元文化教育和后现代主义教育等一系列国际性的教育思想，丰富了人类教育思想宝库，并直接指导了世界各国教育事业的发展。

20 世纪后期，部分发达国家各具特色的教育改革实践为教育思想的产生提供了必要的教育实践基础，使教育思想获得前所未有的发展。其中对部分发达国家教育实践和教育事业发展产生较大影响的教育思想有：美国科南特（James B. Conant，1893—1979）、克雷明（Lawrence A. Cremin，1925—1990）等的教育思想和马丁·特罗（Martin Trow，1926—2007）的高等教育大众化理论；加拿大迈克尔·富兰（Michael Fullan，1940—  ）的教育思想；英国布赖恩·西蒙（Brian Simon，1915—2002）的教育史学思想和埃里克·阿什比（Eric Ashby，1904—1992）的教育思想；法国布迪厄的教育思想；德国雅斯贝尔斯等的教育思想；苏联苏霍姆林斯基（В. А. Сухомлинский，1918—1970）、赞科夫（Л. В. Занков，1901—1977）、巴班斯基（Ю. К. Бабанский，1927—1987）等的教育思想；日本的教育民主化思潮，经济高速发展时期的日本教育思想和面向世界、面向未来的教育改革指导思想；等等。

20 世纪后期，对发展中国家教育实践产生较大影响的教育思想主要有：印度拉达克里希南（Sarvepalli Radhakrishnan，1888—1975）的民族民主教育思想、埃及塔哈·侯赛因（Taha Hussein，1889—1973）的教育思想和巴西保罗·弗莱雷（Paulo Freire，1921—1997）的教育思想。发展中国家教育思想的主题是民族主义教育、教育现代化、全民教育以及探讨在国际竞争中处于不利地位的发展中国家如何通过教育发展实现国家富强等。

第一章

# 20 世纪后期的国际社会与教育发展概述

　　20 世纪后期，伴随着雅尔塔体系的结束、东欧剧变、苏联解体，世界政治格局由美苏两极争霸演变为"一超多强"和多极化发展。在民族主义运动频发、追求独立主权的民族国家兴起、和平主义和反战思潮涌现、新传媒出现等诸多国际背景下，各国积极开展本国的经济重建和社会发展事业，教育发展和文明进步成为时代主题。教育发展成为开展国际竞争、发展经济的重要事务，受到前所未有的重视。为促进战后教育事业的恢复，满足大国竞争和知识经济时代的需要，各国不断加大对教育改革的投入，教育改革如火如荼，较好满足了 20 世纪后期各国社会发展及民众接受更多教育和更好教育的需求。

## 第一节　国际政治格局

　　20 世纪后期，随着"冷战"的发展，以美国为首的资本主义阵营因各国追求自身的利益而逐渐分化，以苏联为首的社会主义阵营也出现裂隙，第三世界力量不断成长并开始在国际事务中发挥作用，世界多极化发展趋势显现。①在饱受两次世界大战的战争创伤之后，全世界人民反战情绪强烈，资本主义世界的运作模式招致反思，斯宾格勒的《西方的没落》问世，"欧洲中心论"遭到批判和质疑，文化在全球政治结构重塑中的作用日显，文化变迁特征与多极化国际格局互相成就。

## 一、第二次世界大战与"欧洲中心论"的终结

1914年6月28日，塞尔维亚国庆日，奥匈帝国皇储斐迪南大公夫妇在参加庆典途中于萨拉热窝遭枪杀。奥匈帝国遂向塞尔维亚宣战，并演变成一场同盟国阵营与协约国阵营之间的世界性战争，此即第一次世界大战。战争持续四年之久，大约有6500万人参战，伤亡人数约3000万。战争给整个世界造成严重的经济损失。

在这样的历史条件下，无产阶级革命运动和民族解放运动迅速高涨。俄国十月革命胜利，建立了第一个社会主义国家，资本主义世界被打开了一个缺口。"一战"后，战胜国为了打击战败国，瓜分殖民地，多次召开世界会议，最终构建了凡尔赛—华盛顿体系，以维护资本主义世界和平新秩序。

1929—1933年，资本主义世界遭遇前所未有的经济危机，并由此引发了蔓延于资本主义世界的社会危机，各种社会矛盾激化。为缓解国内危机，德国、日本建立了法西斯政权，伙同意大利，推行侵略与扩张政策以获取资源。1939年，德国闪击波兰，英、法对德宣战，第二次世界大战全面爆发。法西斯国家凭借着其先发制人的优势迅速占领了大片地区，战场不断扩大。在抗击法西斯的过程中，苏联、美国、中国、英国、法国等反对战争侵略、爱好和平的各国人民结成了广泛的反法西斯同盟。经过浴血奋战，各同盟国由被动应战转为主动作战，并最终赢得世界反法西斯战争的伟大胜利。世界反法

---

① 参见徐蓝：《20世纪国际格局的演变——一种宏观论述》，载《历史教学》，2013(20)。

西斯战争的胜利具有伟大的历史意义，这是全世界爱好和平的人民以生命赢取的胜利。

第二次世界大战的结束，不仅意味着德、意、日法西斯国家的战败，还意味着以欧洲为中心的世界格局的结束。经过战争，美国和苏联崛起。在"二战"后期的几次大国首脑会议中，以雅尔塔会议为主，通过了大国划分势力范围的一系列协定，确定根据东西战线的推进程度，把世界划分为东西两大势力范围，战后国际关系新格局就此形成。①

较第一次世界大战而言，第二次世界大战给整个世界带来的是数量更大的物质损失和性质更为严重的社会政治混乱。"二战"期间，军人、平民死亡人数超过5500万，物质损失则为第一次世界大战物质损失的13倍。战争期间，3000万欧洲人逃离自己的家园。战后，1200多万难民在同盟国军队和国际救援机构的帮助下返回自己的祖国，但仍有100多万难民因为政治原因继续过着流亡的生活。

第二次世界大战结束的直接结果，是作为战胜国的同盟国军队对欧洲的进驻和占领，美国、苏联和英国等在希特勒政权垮台后迅速控制了欧洲局势。战争期间，1941年8月14日，英国首相丘吉尔和美国总统罗斯福共同发表《大西洋宪章》；1942年5月，英苏签订互助条约，时限为20年；1943年6月，苏联解散1919年成立的以推翻资本主义为目的的共产国际；1943年11月，联合国善后救济总署成立。这一系列条约的签署和国际组织的成立，反映了美、英、法、苏联等国家战胜强大的法西斯势力、保卫世界和平事业免受损害的决心。

战争结束后，合作者则基于各自利益的追求展开博弈，最终导致战时同盟瓦解，战时的"热战"走向"冷战"。1944年10月，丘吉尔与斯大林在莫斯科会晤，就巴尔干半岛势力范围划分达成一致意见：保加利亚和罗马尼亚被

---

① 参见卢静：《浅谈20世纪国际格局的变迁》，载《外交学院学报》，1999(4)。

纳入苏联的势力范围，希腊被纳入英国的势力范围，南斯拉夫则为苏、英共同势力范围的缓冲地域。1945年2月，丘吉尔、罗斯福和斯大林共同签订《雅尔塔协定》：苏联同意在欧洲战争结束后两到三个月内对日宣战，相应地，苏联将重新获得千岛群岛和1905年日俄战争期间被日本占领的领土和特许权；德国被划分为4个占领区，英、美、苏、法各一个，由同盟国对德管制委员会管辖，柏林由四国共同占领和管辖。《雅尔塔协定》的签订，标志着同盟国在战后欧洲问题合作事务上达到顶峰。1945年联合国成立，其主要任务在于维护世界和平与安全事务，协商处理国际经济、社会和文化问题。联合国下设安全理事会，由美国、苏联、英国、法国和中国5个常任理事国和6个经联合国大会推荐、选举产生、任期两年的非常任理事国组成，负责世界安全事务。

战后德意志帝国和日本帝国的崩溃，导致欧洲和亚洲的政治空间出现了巨大的权力真空，这一地区的权力关系需要重新调整。以美国为首的资本主义阵营和以苏联为首的社会主义阵营展开了长期"冷战"，对世界政治格局产生了重要影响。"作为马克思列宁主义者，苏联意识到要善待在亚洲、欧洲和世界其他地区显著兴起的共产主义运动；同时在捍卫威尔逊民族自决观点中，美国人感到需要遏制共产主义运动的全球扩散。"①

## 二、"冷战"下的两极格局与世界民族解放运动

第二次世界大战之前，法国、德国、英国、意大利等欧洲国家主导着世界的政治局势，国际政治中心在欧洲。"二战"后，资本主义世界各国势力重新洗牌。战争大大削弱了老牌资本主义国家英国和法国的实力。地处战场外的美国，在战争期间将工业生产体系全力投入军备与武器生产，为反法西斯

① [美]威廉·麦克尼尔：《世界史：从史前到21世纪全球文明的互动》，施诚、赵婧译，459页，北京，中信出版社，2013。

国家提供了大量的军火和物资，大发战争财，综合实力增强。在"二战"中，苏联的社会主义制度经受住了战火考验。战后，苏联在全世界人民心中的威望和国际政治地位空前提高。社会主义由1917年在俄国一国的胜利走向多国的胜利。欧亚多国都建立了自己的人民民主政权，最终形成了一个以苏联为首的社会主义阵营。

1947年，美国总统杜鲁门发布相关政策，后被称为"杜鲁门主义"，标志着"冷战"的开始。① 意识形态和社会制度对立的美苏两国各自组织了强大阵营，在全球展开政治、经济、军事等全方位的对抗，国际格局进入以美苏两国为首的资本主义阵营和社会主义阵营的"冷战"新时期。在经济层面，美国出台了"马歇尔计划"，为西欧经济复苏提供经济援助，到1951年12月31日该计划终止实施时，美国共支付125亿美元用于西欧战后经济复苏。1949年1月，苏联则开始实施"莫洛托夫计划"，助推东欧经济复苏。在军事层面，1949年，美国、加拿大和西欧等资本主义阵营国家组成的"北大西洋公约组织"（简称"北约"）成立。1955年，苏联及其东欧盟国等社会主义阵营国家则组成"华沙条约组织"（简称"华约"），以抗衡"北约"。

1953年，国际"冷战"局势趋缓。一方面，在苏联，继任者赫鲁晓夫有意缓和"冷战"局势，改善国内政治生活；另一方面，1953年7月朝鲜战争结束，国际紧张局势得以缓和。美、苏各自对氢弹、远程导弹的掌握，最终导致双方认识到：战争已不再是国家政策的一个可行而有效的工具，"核威慑"对于核武器的拥有者和非拥有者而言，都是不可摆脱的战争危险。20世纪六七十年代，一系列控制核武器的相关协定出台，如1963年的《控制核武器试验协定》，1967年的《禁止空间核武器协定》，1968年的《在现有核国家以外不扩散核武器协定》，促使国际局势进一步缓和。

---

① 参见陆有铨：《躁动的百年——20世纪的教育历程》，306页，济南，山东教育出版社，1997。

20世纪70年代，作为"冷战"两极力量的美国和苏联各自陷入国内发展困境，两国在20世纪五六十年代运转有效的经济发展模式和管理方法开始失效。就美国而言，越南战争的影响，1973—1974年石油输出国组织为报复美国对以色列的支持而禁止对其输出石油，极大地制约了美国经济发展。就苏联而言，"二战"结束后，人口出生率下降，阿富汗战争的影响，20世纪70年代劳动力出现普遍缺乏的状况，可以获得的新资源接近枯竭，提高劳动力生产效率和原料利用效率成为提高苏联社会生产水平的迫切要求。在计划经济生产模式和管理方式之下，工厂每年需要根据政府部门下达的生产计划开展生产，劳动者奖金数量与是否按时生产出一定数量和质量的产品直接挂钩，生产实践中因追求产品数量而牺牲质量的现象不时发生。20世纪70年代开始的阿富汗战争也极大地影响了苏联经济发展，战争一直持续到1989年苏联从阿富汗撤军。1985年开始执政的戈尔巴乔夫致力于以公开性的方式推行改革以提高苏联的经济效率，但改革非但未能取得预期成果，还导致1991年苏联解体，标志着战后"冷战"格局结束。

经过第二次世界大战，殖民地和半殖民地人民的思想水平和组织程度有了极大提高。战后，亚洲、非洲殖民地人民掀起了争取民族解放的高潮，许多被压迫民族相继独立，形成20世纪世界范围的第三次民族解放运动。

在亚洲，菲律宾在取得抗击日本侵略与反对美国占领的胜利之后，实现了民族独立与解放。印度尼西亚在日本投降后宣告独立，在取得抗击荷兰殖民侵略的胜利之后，实现独立。同一时期的缅甸、印度、马来西亚、越南和柬埔寨等国家，先后摆脱英国、法国等殖民国家的殖民统治而独立。在非洲，民族解放运动日益高涨，1953年埃及共和国成立。加纳、几内亚相继独立。在拉丁美洲，大批殖民地和附属国奋力抗争，相继走上独立发展的道路。20世纪50年代中期，亚非地区已有30多个国家获得独立。1955年万隆会议是亚非人民首次摆脱西方大国操纵登上国际政治舞台的标志。不结盟运动、七十七国集团、非洲统一组织等一批不受大国操纵的国际组织应运而生，第三世界作为一支新兴力量登上世界政治舞台。①

实现民族解放、走上独立发展道路的各国，也依据各自的民族文化传统和现实社会发展需要，富有针对性地开展了发展本国教育事业的教育革新运动，不断提升本国教育民族化、民主化和现代化水平。各国积极构建本国教育体系，设定基于满足民族经济和社会发展需要的教育目标与人才培养规格，改进课程设置，更新课程内容，大力发展普及教育，推进男女教育平等，逐步提高教学技术与教学手段的现代化，较好提升了各国的教育水平，满足了社会经济发展与文化建设的需要，巩固了实现政治独立和民族解放国家的自主化发展基础与发展道路。

## 三、走向多极化的世界政治格局

20世纪90年代，历经东欧剧变和苏联解体，"冷战"最终结束。国际格局一时呈现"一超多强"的局面。随着"冷战"结束，美国成为世界唯一的超级大国，德国、日本实力进一步增强，成为美国的竞争对手，尽管就其政治、经济、军事等综合国力而言，仍不足以与美国抗衡，但是其崛起之势愈发强劲。继承了苏联主要遗产的俄罗斯，仍然是能够与美国相抗衡的拥有核武器的国家。作为联合国的常任理事国，俄罗斯在世界政治中的作用仍然不可低估。欧共体向欧盟的成功发展有力地表明了欧洲仍然是国际政治中的一极重要力量。以中国、韩国、印度等为代表的亚洲的崛起，同样显示出该地区国家正在确立和发挥它们在世界事务中的重要作用。作为一个整体，占有联合国多数席位的第三世界国家对国际事务的影响也不容忽视。② 由此可以看出，国际政治格局呈现多极化趋势。

---

① 参见卢静：《浅谈20世纪国际格局的变迁》，载《外交学院学报》，1999(4)。
② 参见徐蓝：《20世纪国际格局的演变——一种宏观论述》，载《历史教学》，2013(20)。

## 第二节  世界经济发展与变革

20 世纪后期动荡的政治局势导致该时期社会发展表现出新的特点和趋势：全球人口数量激增，发达国家和富裕地区人口出生率降至人口更替水平以下；西方世界城市居民的生育控制和妇女解放思想改变了男女分工的内容和表现形式；农村自给自足的生活走向衰落，商品化渗透到农村地区；世界步入知识经济时代。

### 一、战后民族国家经济重建与发展

"二战"期间，相对于英、法、德、意大利和日本等国家遭受极大的战争损失而言，美国则利用战争机会实现了工业生产的快速发展，发展成为世界头号经济强国。"二战"后，经济重建成为各国经济发展主题。

美国经济继续保持战时强劲发展势头，农业发展向机械化、电气化、专业化方向推进，飞机制造、计算机、航天航空、原子能等新兴工业获得前所未有的发展。就经济政策而言，"二战"期间美国延续了此前旨在克服垄断所导致的资本主义经济危机的"罗斯福新政"，在服务于战争需要的过程中发展成为军事国家垄断资本主义。"二战"结束后，杜鲁门政府继续推行"新政"式的国家垄断资本主义经济政策，强调"公平施政"。因其主要精力放在"冷战"事务上，经济发展成效有限。20 世纪 50 年代末，艾森豪威尔政府积极抑制"新政"式国家垄断资本主义，走上一条介于"罗斯福新政"和"自由放任"经济政策之间的中间道路，在经济发展速度上落后于同期的日本、西欧和部分社会主义国家。20 世纪 60 年代的肯尼迪和约翰逊政府，继承"新政"和"公平施政"传统，通过并实施了"新边疆"和"伟大社会"施政纲领，并将"新政"式社会经济改革扩大到教育、卫生等其他领域。20世纪六七十年代，美国经济发展饱受"滞胀"这一新型经济危机的困扰，即生产停滞和通货膨胀交织在一起。相对于传统的以生产过剩为主要特征的经济危机而言，"滞胀"危机更难以应对。紧缩性财政金融政策在抑制通货膨胀的同时，往往导致生产停滞和失业率增加；凯恩斯主义赤字财政政策可以促进生产发展，增加就业率，但又往往加剧通货膨胀。美国中产阶层及新兴垄断势力将"滞胀"原因归结于"新政"及"伟大社会"等充满自由主义色彩的改革，主张回归传统的保守主义经济发展道路。里根政府时期，反对"新政"式的国家干预，一方面，主张通过大规模削减社会福利、非营利事业开支等非国防开支的手段，平衡预算，解决经济发展的通货膨胀；另一方面，则以大幅度减税和增加国防开支的手段，激发生产活力，促进生产发展。里根政府时期的经济发展取得了明显成效，实现了为期六年的低通货膨胀率下的经济增长，经济实力进一步增强。1989年上台的布什政府继承里根政府的经济政策。1993年出任总统的克林顿，以新凯恩斯主义为经济理论基础，采用宏观调控和微观自主并用的经济政策，成效显著。至2000年克林顿任期结束时，美国经济持续增长的时长超美国历史上任何一个增长期。

　　得力于美国的经济援助，英、法和日本等国也在恢复遭受战争破坏的经济的基础上，实现了战后的经济重建和发展。"二战"期间，法国既是"二战"战场，又被法西斯德国占领，战争损失极其严重。因战死亡人数高达63.5万，因战致残者达88.5万人，使得本就存在劳动力资源不足问题的法国，战后劳动力不足问题更为严重。战后法国经济重建主要围绕推行"国有化经济政策"和接受"马歇尔计划"开展。1944年12月14日，法国政府率先将诺尔省和加来海峡省的煤矿收归国有，第二年又将雷诺汽车公司和航空公司收归国有。此后，法兰西银行、里昂信贷银行等私人银行，全部煤矿、二分之一的汽车工业以及80%~90%的煤气和电力企业均收归国有。到1957年，国有企业已掌握 36% 左右的国家资产，法国经济面貌发生明显的变化。① 1947 年 6 月 5 日，美国资助战后欧洲经济重建的"马歇尔计划"出台后，法国积极回应，成立欧洲经济委员会负责该计划的实施。据统计，在"马歇尔计划"实施期间，法国共获得 44 亿美元的资金，直接推动了法国战后经济的恢复与发展。第四共和国时期，法国经济政策深受相互矛盾的"统制经济"和"自由经济"的综合影响。前者主张政府积极干预经济事务，主张政府扩大投资，推进重要经济组织、机构和生产门类的国有化进程，综合采用税收和适度通货膨胀的方式减少政府财政赤字；后者则主张鼓励扩大私人投资，削减政府开支，降低社会福利水平。1946 年成立的计划委员会制订实施的"装备和现代化计划"成效突出，1950 年法国经济不但恢复到战前水平，而且其工业生产超过战前最高水平——1929 年的 25%，并在 20 世纪 50 年代保持持续增长的发展势头。在经济获得快速发展的同时，法国政府注重加强与西欧各国的经济联系。1957 年 3 月，法国、西德、荷兰、意大利、比利时、卢森堡六国共同签署旨在加强各国经济合作的《罗马条约》，成立欧洲共同市场和欧洲原子能机构，直接推进了相关欧洲国家的经济合作与欧洲市场一体化的发展进程。

第四共和国时期法国经济的发展并不能掩盖该时期因私立学校发展、军费增长、工农运动爆发以及阿尔及利亚战争爆发所引发的全面社会危机。20 世纪 50 年代初期，为配合法国政府的"国有化"政策，议会通过了一项将实现国有化的煤矿公司所属私立学校改为公立学校的法案。法国私立学校问题由来已久，天主教会势力在基础学校发展中一直发挥着较强的影响力。在拥有广泛天主教教徒基础的人民共和党的努力下，1951 年议会通过一项资助私立学校 8.5 亿法郎的法案。另外，战后法国军费开支逐年增加，从 1947 年的 2310 亿法郎增至 1953 年的 5380 亿法郎，财政出现严重赤字，只得以增加税收加以弥补，最终导致民众税负加重，生活水平不升反降，罢工和抗议活动

---

① 参见张芝联主编：《法国通史》，545 页，北京，北京大学出版社，1989。

频发，社会矛盾日益激化。阿尔及利亚战争不但直接拖垮了第四共和国，也成为戴高乐第五共和国注重解决的一项重要事务。1959 年戴高乐宣布给予阿尔及利亚自决权，声明在停火 4 年后，阿尔及利亚人民可以以全民公投的方式决定国家前途，其间虽历经军方及其他势力的反对，甚至发展成为局部的武装暴动及叛乱，但在阿尔及利亚人民的不懈努力以及国际舆论力量的协作下，1962 年法国政府与阿尔及利亚民族解放阵线签订协议，阿尔及利亚获得独立，历时 8 年的阿尔及利亚战争宣告结束，在一定程度上缓和了日趋严重的法国社会危机。1968 年"五月风暴"爆发，戴高乐政府解散，法国社会相继步入蓬皮杜和德斯坦执政时期。在经济事务上，蓬皮杜政府主张继承和对话，继承戴高乐政府的政策，与社会各种力量就国家事务开展对话，以求达成普遍的社会共识，着力解决法国社会所存在的经济脆弱、国家活动欠完善和社会结构陈旧等社会发展弊病。①为此，法国政府在工资、退休金和家庭补助上对工人做出适度让步，减少政府对经济生活的干预，鼓励出口，增强法国产品在国际市场上的竞争力。德斯坦政府高举"改革"旗帜，以自由主义理念推进社会改革，采取切实措施改善生产者的工作条件，提高女性与青年的就业率，提高民众生活待遇，将养老金和家庭补助标准提高 5%～10%，加强住宅、学校及各类儿童设施的建设与修缮。这些经济建设措施虽未能为法国社会带来实质性的变化，但在一定程度上改善了法国民众的生活条件，缓和了社会危机。

第二次世界大战结束之后，苏联经济迅速实现恢复和发展，战后两个五年计划的有效实施，使苏联经济得以恢复并超越战前水平。苏联成为仅次于美国的世界第二大经济强国。1953 年 3 月，斯大林逝世，赫鲁晓夫出任苏共中央第一书记。在对内开展批判个人崇拜，实施集体领导，对外派遣军队镇压匈牙利布达佩斯的动乱之后，赫鲁晓夫逐步稳固了自己的权力基础。因

---

① 参见张芝联主编：《法国通史》，581 页，北京，北京大学出版社，1989。

1962 年古巴导弹危机，赫鲁晓夫招致苏联军事、外交精英的反对，最终在 1964 年 10 月下台。相对于苏联国内经济发展成就平平而言，赫鲁晓夫执政期间所取得的突出成就则是在航空航天领域：1957 年，苏联成功发射第一颗人造地球卫星；1959 年，苏联第一次完成火箭登陆月球；1961 年，苏联宇航员尤里·加加林首次完成载人航天飞行，成为世界上第一个进入太空的人。

继赫鲁晓夫之后出任苏共中央第一书记的勃列日涅夫与同期出任总理的柯西金，尽全力保障苏联社会经济和政府运转的稳定，直至勃列日涅夫病重。农业问题一直困扰着苏联的经济发展和民众生活。为发展农业，赫鲁晓夫推行乌拉尔地区、哈萨克斯坦和西伯利亚草原垦殖计划，但未成功。总体而言，该时期苏联经济未实现较为快速的发展，"苏联经济情况仍然非常不理想，按照西方的标准来看，苏联人平均生活水平很低。70 年代中期，整个经济出现停滞，表现为农业失败、长期危机，需要从国外进口谷物"①。其后执掌苏联最高权力的安德罗波夫和契尔年科因任职时间短及身体健康不佳等原因，任职期间苏联经济发展成就平平。苏联经济发展的现代化改革一直要等待表现出浓厚"西化"立场的戈尔巴乔夫执掌克里姆林宫。戈尔巴乔夫希望把苏联建设成为一个更加开放的国家，允许因持不同意见而被驱逐的人回国，致力于使苏联尽快摆脱阿富汗战争，大力推行农业和工业改革。1985 年，戈尔巴乔夫宣布实施一系列重组经济的改革计划。这些受到西方欢迎的经济改革计划，在反对改革的人士看来，则是在动摇苏联共产党的根本领导和社会主义基础，加之 1990 年废除宪法有关党对国家实施绝对控制的规定，进一步拉大了改革派政府与保守派共产党员之间的距离。1991 年 12 月 8 日，俄罗斯、白俄罗斯、乌克兰三国领导人签署《独立国家联合体协议》，宣布组成"独立国家联合体"。1991 年 12 月 25 日，戈尔巴乔夫宣布辞去苏联总统职务。1991 年 12 月

---

① ［美］罗宾·W. 温克、［美］约翰·E. 泰尔伯特：《牛津欧洲史：1945 年至当代》第 4 卷，任洪生译，95 页，长春，吉林出版集团有限责任公司，2009。

26 日，苏联最高苏维埃共和国举行最后一次会议，宣布苏联停止存在，苏联正式解体，俄罗斯成为苏联的唯一继承国。苏联在海外的一切财产、存款、外交机构、使领馆等由俄罗斯接收。苏联解体的直接结果表现为 15 个国家的产生：立陶宛、阿塞拜疆、格鲁吉亚、乌兹别克斯坦、吉尔吉斯斯坦、爱沙尼亚、塔吉克斯坦、拉脱维亚、亚美尼亚、乌克兰、土库曼斯坦、白俄罗斯、俄罗斯、摩尔多瓦、哈萨克斯坦。

新型发展中国家也在积极吸收世界先进生产技术和科学知识的基础上，开始了本国的现代化建设与发展。到 20 世纪五六十年代，工业文明成为世界的主流经济模式。

工业化进程的不断加速在提升社会生产技术基础的同时，也对劳动者的文化知识与技术素养提出更高的要求。工业化生产要求劳动者接受必要的知识教育和职业技术训练。工业化生产所推行的标准化和专业化，也对该时期的教育事业产生直接的影响，使学校教育制度化水平不断提升，课程与教学制定和实施的过程、学业评价标准以及教学实施的方法与手段也逐步向制度化和专业化迈进。

20 世纪五六十年代，在第三次科技革命的推动下，新兴工业，如电子技术、光纤通信、新材料与新能源、生态工程、航空航天等不断涌现并快速发展，人类发展进入"信息时代"。知识、信息以及想象力和创新精神，成为信息时代社会生产的技术基础。在生产领域，新兴工业取代了传统工业，机械的、重复性操作的劳动日益被新型的生产机器所取代，社会生产发展越来越需要一大批接受现代教育、掌握现代文化与技术知识、能够适应复杂生产条件的劳动者。

## 二、知识经济的挑战与民族国家的教育改革

### (一)知识经济的挑战

"二战"以后，在一个相对长期而稳定的国际环境中，世界经济发展获得

第三次科技革命的知识与技术支持。第三次科技革命是以原子能、电子计算机、空间技术和生物工程的发明与应用为主要标志,以信息控制技术为主要特征,与经济、社会发展形成相互推动力量的现代科学知识与技术革命。计算机的发明及其在人类社会各领域中的广泛运用,将人类社会带入一个崭新的知识经济时代,电子计算机以及与之相关的自动化工具成为新的生产工具,信息、技术、知识等新生产要素的地位开始超过原材料、资本、劳动力等传统生产要素,成为推动经济增长和社会进步的新的核心要素。

知识经济的兴起是在具体的社会背景中完成的。"二战"后,人类社会经济全球化和信息化进程的加速成为推动知识经济时代到来的重要背景。当代世界各国在经济、政治、文化等各领域相互联系、交流和互动。在经济全球化背景下,各国生产、生活活动开始跨越原有的自然(如空间)与社会(如文化、制度)壁垒,形成一种相互联系、相互依存的融合发展态势,资本、原材料、人力资源、生产工具、信息、技术、知识等开始在全球范围内流通、传播、交换和融合,这无疑为知识经济的兴起创造了一个开放自由的环境和更为广阔的发展空间。现代高科技孕育下的信息化、网络化社会成为知识经济兴起的另一个重要基础。在信息化社会中,互联网成为知识、信息和技术生产、交流、共享和传播的重要平台。借助于互联网,知识和信息不断渗透到各类生产要素中,转变为生产工具,推动人类劳动、生活和社会经济发展不断走向自动化、网络化和智能化。

1962 年,美国经济学家弗里茨·马克卢普根据第二次世界大战以来至 20 世纪 50 年代末世界生产发展和产业结构变化,创造性提出"知识产业"概念。1973 年,美国哈佛大学教授丹尼尔·贝尔在其撰写的《后现代社会的来临》一书中提出"后工业社会"概念,描述了后工业社会的经济景象。1980 年,美国学者阿尔文·托夫勒在《第三次浪潮》中认为自 20 世纪后期以来人类开始经历第三次技术革命——信息革命;1982 年,约翰·奈斯比特在《大趋势》中提出

"信息经济"概念，认为知识是现代经济社会的驱动力。1986 年，英国学者福莱斯特在《高技术社会——信息技术革命史话》中将未来经济描述为"高技术经济"。1996 年，经济合作与发展组织（OECD）明确提出"以知识为基础的经济"，指出知识经济是以知识为基础的经济，是以现代科学技术为核心，建立在知识和信息的生产、存储、分配和使用之上的经济。① 之后，"知识经济"这一概念逐步为世人所认识和接受。世界银行在《韩国——向知识经济转型》报告中将知识经济定义为："所谓知识经济，就是企业、组织、个人及共同体等，为了更多的经济发展和社会发展而更有效地创造、获取、使用知识（符号化了的和默认的）的经济。而且，在各种经济活动上有效地应用技术知识、政策知识及社会知识的经济。"②

综合来看，知识经济是以知识和信息作为首要生产要素的经济形态，其区别于传统的农业经济和工业经济。就不同经济形态的劳动对象、生产工具以及产业类型而言，农业经济以土地为代表的天然资源为主要劳动对象，以人力、畜力和手工工具为主要生产工具，以农牧业、渔猎业和手工业为主要产业，代表着人类经济发展的最初阶段；工业经济则以煤炭、金属等非再生资源为主要劳动对象，以机器和电力为主要生产工具，以工业等第二产业为支柱产业，使人类劳动生产率得以显著提高，商品生产和交换种类与规模得以丰富、扩大。知识经济则以电子计算机及其他自动化工具作为主导性的生产工具，以知识产业作为主导产业，经济的繁荣直接依赖于知识或有效信息的积累和利用，而与资源、资本、硬件技术数量和规模解除了直接联系。可以说，知识经济意味着人类社会生产领域的一场新变革。

知识经济是一种高度依赖于人力资源的人才经济形态。高技能人才在知

---

① 参见柴少明、赵建华：《面向知识经济时代学习科学的关键问题研究及对教育改革的影响》，载《远程教育杂志》，2011(2)。

② 转引自董仁忠：《知识经济时代的职业教育》，载《教育学报》，2009(1)。

识经济增长中发挥着关键作用,人力资源作为最重要的生产要素参与到社会生产中,经济发展水平及发展速度受到参与生产的高技能人才的数量和质量,以及在生产中应用的新知识和新技术的影响。对于参与国际竞争的各国而言,拥有先进而高效的知识生产与推广应用体系,拥有大量优质的人力资源,也就掌握了在国际竞争中的主动权和制胜法宝。

知识经济还是一种以创新为主要动力的经济形态。知识经济的发展源于新知识的创新和应用,知识创新成为人类社会生产发展的不竭动力,知识创新为知识经济发展提供了源源不断的支持。发展新兴学科和交叉学科,开展基础科学研究,不断开发知识的生产价值和应用价值,成为各国确保参与国际经济竞争并在竞争中立于不败之地的主要策略。

知识经济还是一种有利于实现可持续发展的经济形态。作为一种新的经济增长方式,知识经济的发展更多建立在知识和信息专业化、网络化的基础上,较少依赖于传统资源的消耗,较少对人类生存环境产生较大的破坏,有利于人类经济实现可持续发展。

知识经济作为一种新的经济形态,对现代教育发展提出了全面挑战。

首先,知识经济对课程与教学内容的挑战。在农业经济和工业经济时代,知识作为主要的课程与教学内容进入教育体系。知识是人们借助于实践活动所获得经验的理论化和体系化,是人们对自然界、人类社会及人类思维成果的客观性反映。知识被视为促使社会进步和追求人类进步的重要力量,教育教学活动以知识为本位,实施主知主义教育成为适应农业经济和工业经济时代的教育要求。在知识观问题上,适应知识经济发展的教育,在选择课程与教学内容时,则更为重视知识及其原理的外显性、作为工艺集成的技术性和应用性。课程与教学内容的知识价值,则通过知识生产、分配和使用来实现,效用性成为检验知识价值的根本标准。知识观的这一变革对课程与教学内容提出了全面挑战。

其次，知识经济对人才培养目标与具体规格提出了新要求。在知识经济时代，知识、信息和技术在经济生产与社会事业进步实践中发挥着前所未有的重要作用，也因而受到前所未有的关注，其中知识创新，即生产出新知识或重组已有知识使其发挥新的价值，则是促进知识经济时代生产发展的重要知识制度。无论是新知识的探索性发现，或是对已有知识的重组或再造使其获得新的内涵与意义，均要求人们具有敏锐的观察力、较强的分析综合能力、丰富的想象力、批判分析与知识重构的能力。培养具备这些能力与素质的人才，成为适应知识经济发展的人才培养目标与具体规格要求。

最后，知识经济对人才培养模式提出了新挑战。为满足知识经济对人才素质与具体规格所提出的具体要求，教育理念与教育制度有必要突破此前单一的学校教育范畴，有必要在学校教育和制度化教育的基础上，构建包括学校教育、家庭教育与社会教育一体化发展的教育体系。加强学校教育与家庭教育、社会教育之间的联系，构建多元化的人才培养模式，成为现代教育制度变革的重要问题。

(二)民族国家的教育改革

为应对 20 世纪后期知识经济的挑战，实现社会发展和个人发展，各民族国家依据本国文化传统和教育基础，开展不同主题的教育改革。

20 世纪 80 年代初，从 20 世纪 70 年代经济危机中摆脱出来的美国，借助于以微电子技术为核心的科技革命开始了新一轮的经济回升。在这次经济复苏中，美国产业结构开始从第一、第二产业向第三产业倾斜，以信息技术为主导的知识密集型产业开始取代劳动密集型和资源密集型产业，美国开始了信息化、知识化的历程。产业结构的调整引发了社会对知识创新和作为知识载体的创新型人才的巨大需求。基于这一需求，自 20 世纪 80 年代以来，美国加快了教育改革的步伐，强化教育在国家创新体系中的作用，致力于提升教育质量和培养创新型人才，积极开展以提升教育质量为主题的教育改革。

1983年，美国发布《国家处在危险之中：教育改革势在必行》，加强英语、数学和计算机等课程的教育。1988年，美国在总结1983年以来教育改革成果和存在问题的基础上，重申未来教育改革的重点为课程内容改革。1991年，美国总统布什签发《美国2000年：教育战略》(America 2000：An Education Strategy)，提出以提高全体美国人的知识和技能标准为核心的6项国家教育目标，并为实现目标提出了创建更好和更负责任的学校、培育有创新精神的学校、建立全民皆学的社会、构建学习型社区四大战略。1994年，克林顿政府颁布《2000年目标：美国教育法》(Goals 2000：Educate American Act)，旨在通过明确联邦、州在教育改革中的作用和职责，推动全国范围内系统的教育改革，从而为提高教育质量以及为所有学生提供平等的教育机会奠定基础。

为适应教育质量提升这一教育改革主题，美国还开展了教育体制改革。美国教育改革的重心集中到学区层面，在每所学校设立由校长、教师和其他社区成员组成的地方学校委员会，由该委员会实现对学校的自主管理。另外，教师的专业角色得到重视，教师被赋予足够的专业自主权，以使其在学校中理解和处理教育问题。学校改革要求重新塑造学校工作人员的角色和他们之间的关系，教师不再是被动地等待上级的命令来工作，而成为行动中的"策划者"。① 1997年，美国推行实施"综合性学校改革示范计划"，帮助学校改进整体运行，对于基本学科、教师专业发展、家长参与程度、地方需求分析的运用、采纳以研究为基础的改善方案等进行全方位的变革。推进该计划所需资金由联邦下拨给各州政府，州一级教育机构下拨经费给各学区，地方学区将资金再分拨给符合条件的学校。

20世纪80年代以来，世界经济全球化和信息化水平的提高为英国经济发展带来契机。为重振昔日辉煌，提升国家综合实力和国际竞争力，英国以"追

① 参见蒲蕊：《当代学校自主发展：理论与策略》，158页，广州，广东高等教育出版社，2005。

求卓越"为目标，开展了一系列的教育改革。

为改革传统教育管理的弊端，提高英国学校课程与教学的效率，强化同一所学校班级与班级之间课程的连续性，《1988 年教育改革法》规定：小学开设核心课程和基础课程。核心课程包括英语、数学和科学 3 门课程，基础课程包括现代外语、技术、历史、地理、美术、音乐和体育 7 门课程，共计 10 门课程。除现代外语课程外，其余都适用于初等学校。该法案首次明确了统一国家课程的地位，并成立了全国课程委员会负责国家课程的实施和监督，把英国学校和学区的课程改革推向了一个前所未有的历史阶段，改变了英国传统的课程方向，是英国课程发展史上一项重大的改革。1994 年英国政府实施"特色学校计划"。特色学校是指在达到国家课程标准的前提下，在办学过程中注重打造特色学科，又能向学生提供丰富且平衡的课程的中学。特色学校旨在为每个有能力的学生提供高水平的教育，使每个学生的潜力都能在学校中得到开发，获得知识、能力和人生技能等方面的全面提升。特色学校每三年一评，申请者须具有明确而合理的质量目标，制订学校发展规划，并从合作伙伴处争取 10 万英镑的赞助费（这一标准自 1999 年后降至 5 万英镑），得到认证后可获得政府的相应资助。特色学校有义务利用其特色领域帮助其他伙伴学校共同发展。截至 2003 年，英国的特色学校已达 1444 所，特色科目不断增加，学生可以从艺术、贸易与工业、工程、人文、语言、数学与计算、音乐、科学、运动、技术等科目中任选一个或两个。① 特色学校代表着英国高质量的学校教育，它在推动英国课程改革、促进优质教育发展的过程中发挥着积极作用。为了打造卓越的学校教育，1997 年，布莱尔政府颁布《追求卓越的学校教育》白皮书。此白皮书为卓越学校确定的教育目标为：鼓励中学向特色学校转变；缩小初等教育低学段（5~7 岁）的班级规模；强化小学的数学和英语学习；建立学校质量提升目标，显示学校的绝对绩效水平和相对进

---

①  参见张蓉：《教育制度转型的国际比较研究》，107 页，北京，北京师范大学出版社，2014。

步情况；提高少数族裔学生的学习成绩，促进不同种族学生和谐发展；建议中学在数学、科学、语言三科运用分层教学；建立教育行动区，即政府在一些学校教育质量堪忧的地区建立项目制学校联合体，一般由15～25所学校组成，旨在建立一种工商企业、家长、学校、社区及地方教育当局共同参与的新型伙伴联盟，借助各方力量来提升学校教育质量；等等。①

1999年9月，英国政府宣布从2000年9月起开始实施新的国家课程。新的国家课程主要针对义务教育阶段的学生实施。此次课程改革调整了课程的基本结构，并以提高基础学力为基本方针，从提高学生基础学力的立场出发，特别强调加强对英语和数学的学习指导。

1969年，法国实施以学会学习为主旨的课程改革。1975年，法国政府颁布《法国学校体制现代化建议》，对小学、初中课程进行改革，称为"哈比改革"。在小学课程上，引进技术教育；减少人文、语言课程的课时，增加数理、技术类课程的课时；课程注意从学前到中学的衔接；突出个体意识，实施"支援教学法"。在初中课程上，取消分轨制；提倡能力主义，开展针对性教学；采用课程板块三分化，学生定向弹性化；平衡各学科比例。② 20世纪80年代初，法国教育改革包括两个方面：一方面采取措施减少学业失败人数；另一方面对教学内容进行现代化改革。为了克服学业失败和解决教育不平等问题，1981年法国政府在学业失败率较高的城区或乡村划分出一定的地理区域，实施特殊的教育政策，即"教育优先区"政策。在教育优先区内，以"给与最匮乏者更多，特别是更好"③的思想为宗旨，采取强化早期教育、实施个别教学、扩大校外活动、保护学生健康、加强教师进修等措施，并为区域内各级中小学追加专门经费。在每一教育优先区内建立相应的管理与协调机制。

---

① 参见张蓉：《教育制度转型的国际比较研究》，97～98页，北京，北京师范大学出版社，2014。
② 参见冯生尧主编：《课程改革：世界与中国》，278页，广州，广东教育出版社，2004。
③ 转引自王晓辉：《教育优先区："给匮者更多"——法国探求教育平等的不平之路》，载《全球教育展望》，2005(1)。

为切实加强基础学科教学，法国政府于 1985 年推行一项重大的课程改革：废止自 1969 年开始实行的课时三分制教学计划，重新恢复传统的分科教学。1994 年，法国教育部公布了《新的学校契约——关于中小学 158 条》，强调课程改革应面向新技术和新世界开放。

　　20 世纪后期，日本教育改革的目标为培养复合型的创新人才，以适应日本产业结构、就业结构和消费结构所发生的深刻变化。20 世纪 80 年代中期，为解决日本教育偏重学历、考试竞争过度、青少年心理健康问题突出等问题，日本临时教育审议会制定实施《为使教育适应我国社会变化和文化发展而进行的各项改革的基本方针》，全面修订中小学教学大纲；建立新的教科书制度；建立学习年限弹性化的后期中等教育体系；振兴学前教育和残疾人教育。1996 年，日本中央教育审议会发表《展望 21 世纪我国教育的应有状态》，强调教育应在轻松宽裕的环境中培养学生在未来社会中的生存能力。[1] 1998 年，日本通过《对学校教育法等进行局部修改的法律》，以法律形式推行初中和高中一贯制教育，进一步推动中等教育的多样化。随后，日本还成立"中高一贯推进会议"，积极探索完善中等教育学校的方法和政策，为中高一贯教育政策的推行提供指导性建议。初、高中六年一贯制中等教育学校的创设，成为日本推动中等教育多样化、重视和充实个性教育的重要举措。[2] 20 世纪 90 年代以来，日本教育改革在个性原则的指导下，将培养学生的生存能力作为重要目标。日本教育改革进一步提出要改变传统教育偏重知识灌输的弊端，培养学生自主学习、独立思考的能力，为其适应未来迅速发展、难以预测的信息化社会打下基础。

---

[1]　参见汪辉、李志永：《日本教育战略研究》，31~32 页，杭州，浙江教育出版社，2013。
[2]　参见吴遵民：《当代日本基础教育改革现状与发展趋向》，载《教育发展研究》，2005(19)。

# 第三节  国际教育改革主题

20世纪后期的国际教育改革，是以"教育是促进国家发展的重要力量"这一教育信念为上的。各国教育改革历经了20世纪五六十年代和20世纪80年代两个阶段的改革运动高潮，改革主题既体现了各国的共性要求，也体现了各国的个性特色。

## 一、优先发展教育事业

"二战"以来，世界各国投入巨大的精力发展本国的科技与经济。科技成果投入应用的时间大大缩短。美苏"冷战"以来，苏联首颗人造地球卫星的发射，震惊美国，为了在军备竞赛中获胜，美国开始大力发展教育以培养科技人才。1958年的《国防教育法》在此种背景下发布，其核心内容一是加强自然科学、数学、外语和其他重要科目的教学；二是通过指导、咨询和测验，发现和鼓励有才能的学生。教育事业得到大力发展的一个首要表现就是学校数量和教育投资的增加。"人力资本理论"为教育改革提供了直接的理论支持。美国经济学家舒尔茨的"人力资本理论"强调，教育不是消费性事业，对生产来说是一种投资，也是一种资本，而且人力资本增长的速度比一般物质资本快，人力资本的增长是现代经济最鲜明的特征。依据此理论，初级教育的收益率为35%，中级教育的收益率为10%，高等教育的收益率为11%，教育的平均收益率为17.3%。据此推算，国民总收入增长部分中的33%得益于教育，这一结论直接刺激了许多国家的教育投资和发展。据联合国教科文组织统计，全世界(不含中国、朝鲜、越南等)国民生产总值从1960年的14.1806万亿美元增加到1981年的110.0105万亿美元，约增长了6.8倍，而同期全世界教育公共总开支从515亿美元增加到6275亿美元，约增长了11.2倍；同期世界人

均国民生产总值增长了 4.2 倍，而人均教育开支增长了 7 倍，按学生每人占
有的教育公共费用算，1981 年发达国家生均费为 2272 美元，是 1960 年的 8.6
倍，发展中国家为 221 美元，是 1960 年的 6.9 倍。1960—1982 年，世界初等
教育入学人数从 3.39 亿增加到 5.75 亿，增长了约 70%，入学率从 82% 上升
到 94%；中等教育入学人数从 8309 万增加到 2.368 亿，增长了约 185%；高
等教育入学人数从 1319 万增加到 4959 万，增长了约 276%。① 在西方，教育
历来是各派政治力量进行角逐的重要领域，"教育平等"与"教育民主化"是各
国政治家喊得最响的口号。为巩固和提高他们的信誉与地位，并考虑到在竞
选过程中对选民做出的承诺，不同党派领导人上台后重视教育发展，对教育
进行改革。克林顿在 1997 年连任后，在首次国情咨文中提出：本届政府的首
要任务，是要使全体美国人受到世界上最好的教育。克林顿还提出全美教育
的发展任务：一是要使全美 8 岁儿童学会读写，12 岁少年联机上网受到多媒
体网络化教育；二是使全美 18 岁青年能上大学，普及大学二年教育；三是促
使美国每个公民能够学习，接受终身教育。为完成这三大任务，联邦政府增
拨教育经费，并要求各地政府也要增拨教育费用。克林顿还对全美教育发展
和改革提出了 10 点行动计划和落实措施。德国总统罗曼·赫尔佐克也是位高
度重视教育的总统，多次发表讲话全面论述教育改革。他强调，教育是德国
在 21 世纪知识社会中的立足之本。除了在教育改革方向和内容上提出具体要
求外，他强烈呼吁，面对德国教育存在的问题，特别是人们对教育改革方案
长期议而不决的不满，社会各界要重视教育，要把发展教育作为全民族的核
心话题，通过全民讨论推动教育改革，打破党派之争造成的改革"堵塞"
局面。②

---

① 参见袁振国主编：《对峙与融合——20 世纪的教育改革》，12~13 页，济南，山东教育出版
社，1995。

② 参见周满生：《当前国际教育改革的若干动向和趋势》，载《比较教育研究》，1999(6)。

## 二、基础教育质量与公平并举

教育质量与公平是各国教育改革永远无法忽视的根本问题。就美国而言，20 世纪 60 年代以来教育改革一直追求的首先是教育质量。1958 年，美国国会颁布《国防教育法》，以法令形式要求学校教育转向基础科学知识教育，培养未来尖端科技人才。《国防教育法》要求联邦政府出资资助学校大力改革和加强自然科学、数学和外语("新三艺")的教学。在《国防教育法》的推动下，全国教育协会教育政策委员会于 1961 年通过题为"美国教育的中心目标"的报告，明确宣称进行智力训练是公立中学的基本职能。围绕这一目标，美国制订了天才儿童教育计划，掀起了结构课程改革运动，产生了发现教学法、不分年级教学计划与小组教学等新的教学方法与教学组织形式。20 世纪 60 年代中期到 20 世纪 70 年代初，国内反越战运动与国际石油危机使美国社会动荡不安，种族隔离与贫困问题成为当时十分严重的社会问题。面对这一现实，美国在提高基础教育质量的目标下，对基础教育改革政策做出了某些新的调整。1964 年，联邦政府颁布了《民权法案》，规定任何人不得因其种族、肤色或原国籍而在任何接受联邦资助的教育计划中受到歧视。1965 年，联邦政府又颁布《初等和中等教育法》(The Elementary and Secondary Education Act)，为所有处境不利的儿童提供特殊的补偿教育与财政资助。20 世纪 70 年代中期，在关注天才儿童教育、少数民族儿童教育、处境不利儿童教育以及残疾儿童教育的基础上，美国又把基础教育改革政策聚焦于人数众多的普通儿童上，兴起了旨在提高普通儿童教育质量的"返回基础"运动。1983 年前后，官方和民间有关基础教育改革的研究报告多达 350 份，其中 9 份报告在全美产生了广泛影响。其中由全国优异教育委员会于 1983 年提交的《国家处在危险之中：教育改革势在必行》，明确提出学校教育的基本目标，即学校教育要维护平等和保证质量。这对于美国的经济和社会来说，具有深远的实践意义。这份报告很快成为反映 20 世纪 80 年代美国基础教育改革政策的纲领性文件和各州制定基础教育改革法令的基本依据。20 世纪 90 年代以来，美国教育改革倾向于教育公平。克林顿指出，美国无论是在教育经费、课程还是教育机会方面都存在残酷的不平等，消除这种不平等，不仅需要颁布国家教育目标和国家课程标准，而且需要让每一个学生处于同一起跑线上。

### 三、职业教育的观念与实践

随着世界范围内新技术革命的深入发展和信息产业的迅猛崛起，传统的以农业、工商业、家政业为主要内容的职业教育课程发生了很大变化，传统职业已经让位于那些要求有更多专业资格的服务性活动，技术教育占据了越来越重要的位置。许多国家加强了教育、培训与就业部门的密切协调和合作，长期以来学校职业教育由教育部门负责，职前就业培训、在职培训由劳工部门负责，教育和培训相互隔绝的状况有了明显改变。例如，澳大利亚制定了《通向未来的桥梁——澳大利亚 1998—2003 年的国家职业教育和培训战略》。这个战略着眼于加强教育界和企业界的合作伙伴关系，努力创建一种满足学生与就业者需求以及为终身技能培训打基础的职业教育和培训体制。在世界范围内，联合国教科文组织与国际劳工组织加强了协调与合作，职前教育和就业培训、在职培训将构成一个统一的连续的过程。英国是工业革命的发源地，也是世界上高等职业教育起步较早的国家。

英国高等职业教育的改革与发展折射出其政治、经济、科技、文化的变迁。"二战"结束后，面对日益激烈的国际竞争、雇主对劳动力专门化的积极呼吁以及对高层次技术人才的迫切需求，英国政府深刻认识到，成功的技能开发是国家生产力的核心；行业企业也深刻认识到，发展的关键在于提升劳动力的技能。随着政府支持力度的不断加大和行业企业参与度的不断提高，英国高等职业教育的发展理念不断更新、改革探索更加深入、参与主体更加多元、体制机制更加完善、质量水平大幅提升，逐步形成了特色鲜明的高等职业教育体系，为英国经济尤其是产业经济的发展提供了强大的人才支撑。英国政府发展职业教育的目标之一，就是通过实施职业教育，让民众人人持有职业资格证书，并实现持证就业，提高社会就业率，以确保社会安定。"二战"后至20世纪60年代初，英国政府试图通过发展教育特别是振兴职业教育，为经济复苏、科技发展提供有力支撑。在政府的有力干预和扶持下，职业教育领域高度重视高级技术人才的培养，积极为产业经济复兴培养适用人才。可以说，这一时期职业教育办学层次的"走高"是为了适应经济社会发展，对职业教育而言，意味着历史性、突破性跨越。"二战"后，为了实现教育振兴，英国政府颁布了《巴特勒法案》。该法案作为"二战"后英国实施教育改革的纲领性文件，明确规定了英国公共教育体系由初等教育、中等教育和继续教育三个相互衔接的阶段构成，强调了继续教育机构的主体职能是实施职业教育。《巴特勒法案》首次把技术教育纳入了主流教育，成为英国职业教育史上的里程碑，极大地促进了英国高等职业教育的发展。1961年，英国首相哈罗德·麦克米伦任命了以罗宾斯勋爵为主席的专门委员会，负责审核大不列颠全日制高等教育模式，并向女王提出咨询意见。专门委员会在考察了德国、法国、美国、瑞典等国家的高等教育后，于1963年提交了著名的《罗宾斯报告》。《罗宾斯报告》认为，过去高等教育的目标是培养传教士、法官、律师和医生，是为学习而学习；而现在大学首要的目标就是传授工作技能，是为了人们在竞争中求生存。大学要重视在劳动部门中所必需的技能的教学，其原因不仅在于职业教育自身的重要性，还在于职业教育在现实中所受到的忽略。《罗宾斯报告》提出了以大学为主体，整合教育学院、高级技术学院、继续教育学院的力量，集中实施高等职业教育的设想。《罗宾斯报告》还明确了这一设想的具体实施路径，即在推动高级技术学院升格为工科大学的同时，增加原有大学的专业数和招生数。此外，《罗宾斯报告》还建议赋予部分地区学院和教育学院与大学同等的地位，并成立全国学位授予委员会，由其向地区学院和教育学院的毕业生颁授学位，此举为高等职业教育的快速发展注入了"强心剂"。①《罗宾斯报告》对于英国高等职业教育的意义在于，它把达到当时 25 所大学教育水平的技术教育、管理教育以及继续教育学院和师范学院提供的某些教育都纳入了高等教育的范畴，这对 20 世纪 60 年代以后英国高等职业教育的发展起到了纲领性作用。

## 四、高等教育的新使命和多样化发展趋势

高等教育的规模迅速扩大，高等教育资源需求总量不断上升，高等教育投资增长速度趋缓，需求与供给之间的矛盾加剧。教育规模的不断扩大和教育水平的上升，教育技术手段的不断更新，使高等教育需要的投入大幅度增加。虽然教育仍是各国政府与社会关注的主要领域之一，但相对于国家安全、基础产业与高新技术产业的发展、就业、医疗保健等急需解决的问题来说，高等教育经费在国家公共开支中所能占据的比例是有限的。发达国家每一所著名大学的校长，无不为筹集经费疲于奔命。解决经费一要靠政府增加投资；二要靠发展私立教育，实行成本分担的政策。从整体上看，将公、私立资源都考虑在内，经济合作与发展组织国家教育支出占国内生产总值的 5.9%。数据显示，教育投入在几乎所有经济合作与发展组织国家受到高度的重视，政府支出仍旧是教育资金的主要来源。经济合作与发展组织国家国内生产总值的 4.7%直接用于公立学校的经费支出，私立教育经费占经济合作与发展组织国家国内生产总值的 1.2%。也就是说，私立教育经费约占各国教育经费总投入的 20%。但各国差异很大，从瑞典的 1.8%、土耳其的 2.2%到德国的 22.3%、日本的 22.7%和美国的 25.5%。在许多国家，家庭、企业和私立部门对教育的贡献日益突出，尤其在高等教育阶段，财政机制起着制约入学的

---

① 参见戴少娟：《二战后英国高等职业教育改革与发展研究》，博士学位论文，福建师范大学，2016。

杠杆作用。当前值得注意的一种倾向是中央或地方政府转移部分公共教育经费给私立学校，如在比利时和荷兰，近半数或更多的公共教育经费从政府转移给私立大、中、小学校。高等教育的多样化趋势也非常明显。高等教育在机构、办学形式、课程、学生成分、经费来源等方面进一步多样化。目前，大学已不是唯一的高等教育机构。① 各国的高等教育系统在发生变化，我们很难对其做出明确的分类。针对传统高等学府脱离社会、周期长、不能适应劳动力市场的日益变化、不能满足非正规学习学生的要求等弱点，越来越多的国家采取灵活多样的办学形式、授课制度和学籍管理制度。

## 五、教育管理体制的改革

　　教育管理的市场化或私有化也是 20 世纪 90 年代以来国际教育改革的热门话题。有趣的是，理论界关于这类问题的争论似乎比相应的实际教育改革更加热闹也更为引人注目。对于这个改革过程，理论界有人称之为"私有化"，也有人坚持认为"市场化"是一个更合适的名词，还有人反对所有这些提法，认为它们都违背了教育的根本性质。尽管理论界的这些争论多多少少影响了各国政府的相关政策，但纵观 20 世纪 90 年代以来世界主要国家教育改革的历程可知，市场在教育发展中作用的变化还是相当明显的。从总体上说，很多国家都在教育管理体制中更多地引入了市场机制，试图借此增加校际竞争，激活国家教育体系的创造力，并由此达到全面提高教育质量的目的。但是，不管在哪个国家，我们都没有看到政府对教育的完全放任，上述所谓"市场化"或"私有化"，实际在一定意义上仍然可以看作政府对教育发展的积极干预。回顾和分析 20 世纪 90 年代以来世界主要国家的教育改革，可以看到，那些被人们称作"市场化"或"私有化"的教育改革，实际上不过是政府在调整自身与市场在教育发展中的作用及其相互关系。美国教育改革在 20 世纪 90

① 参见周满生：《当前国际教育改革的若干动向和趋势》，载《比较教育研究》，1999(6)。

年代以来明显地表现出了这种被称为"市场化"或"私有化"的倾向。最突出的措施当数将公立学校交由私营教育管理公司经营的特许学校进行改革。到 1999 年秋，这一改革措施在美国 36 个州外加一个哥伦比亚特区获得了合法化，其中有 32 个州已经实施了这一改革。① 与教育质量和教育公平等问题一样，西方国家的教育市场化改革在相当程度上也是源于选民的压力。一个政党要在这一方面讨好选民，无外乎采取加大教育投入、引入市场机制、增进学校之间的竞争等措施。美国 20 世纪 90 年代以来推行的私有化教育改革，其主要目的一方面是在教育领域为选民提供更多的选择自由；另一方面也是向选民宣示政府促使学校切实提高教育质量的决心。这种教育改革背后的动机，与发展中国家通过市场化引入民间资本补充教育投资的动机有着明显的不同。值得注意的是，美国 20 世纪 90 年代以来的教育改革并非全然的市场化或私有化，它总体上仍然促进和积极干预了教育发展，提高了本国教育系统的效率和为民众提供了更加多元化的教育选择。

　　20 世纪后期发生在世界范围内的政治、经济、文化、科技等领域的重要革新与变化无不最大限度地影响各国教育改革，成为各国教育改革共同面对的挑战。其中，政治领域的民主化，经济领域的市场化，发展模式从传统的一切为了经济增长向社会经济协调的可持续发展方向的转化，以及社会信息化，科学技术在经济增长与发展中发挥重要作用等，尤为直接地影响着 20 世纪后期各国教育改革指导思想的制定，使各国教育改革的指导思想在基础教育、职业教育、高等教育等方面显示出国际化的趋势。把教育改革建立在"教育是促进国家发展的重要力量"的深刻信念之上，增加对教育改革的资源投入，政府在不断增加教育拨款的同时，也在为学校教育多渠道筹集教育经费；改革教育管理体制，市场竞争机制和政府的宏观调控两种调节手段相结合对

---

①　参见项贤明：《当前国际教育改革主题与我国教育改革走向探析》，载《北京师范大学学报（社会科学版）》，2005(4)。

教育实行综合管理，以避免单一手段的弊端，加强教育立法，依法治教；调整教育结构，各国普遍重视加强基础教育，发展职业教育，控制高等教育规模，丰富高等教育的办学形式；关注教育质量与公平，通过立法保障学生的受教育权利，保障教育的财政投入，以及进行不同学段的课程改革，提高学生的综合能力。20世纪后期的世界各国教育改革，在依据本国的国情进行改革的同时体现出国际化的趋势，使得各国的教育现代化进程呈现出异曲同工之妙。

## 六、终身教育与学习化社会建设

### (一)终身教育、终身学习与学习化社会理念

作为一种教育理念，终身教育最早由法国教育家保罗·朗格朗提出。保罗·朗格朗提出，终身教育"并不是指一个具体的实体，而是泛指某种思想或原则，或者说是指某种一系列的关心及研究方法"，是指"人的一生的教育与个人及社会生活全体的教育的统合"。① 曾任联合国教科文组织国际教育发展委员会主席的埃德加·富尔认为，"终身教育并不是一个教育体系，而是建立一个体系的全面组织所根据的原则，而这个原则又是贯串在这个体系的每个部分的发展过程之中的"②。曾任联合国教科文组织教育研究所专任研究员的R. H. 戴维认为，"终身教育应该是个人或诸集团为了自身生活水准的提高，而通过每个个人的一生所经历的一种人性的、社会的、职业的过程。这是在人生的各种阶段及生活领域，以带来启发及向上为目的，并包括全部的'正规的(formal)'、'非正规的(non-formal)'及'不正规的(informal)'学习在内的，一种综合和统一的理念"③。尽管人们对终身教育定义的表述及具体理解存在

① 转引自吴遵民：《现代国际终身教育论》，13页，上海，上海教育出版社，1999。
② 联合国教科文组织国际教育发展委员会：《学会生存——教育世界的今天和明天》，华东师范大学比较教育研究所译，223页，北京，教育科学出版社，1996。
③ 转引自吴遵民：《现代国际终身教育论》，13页，上海，上海教育出版社，1999。

差异，但终身教育的核心内涵却是明确的：终身教育的基本目标是改革长久以来存在于教育领域中的闭锁与僵化的、以学校教育为中心的封闭型教育制度，并通过对学校教育之外的各种教育形式的鼓励建立起一个适应知识社会发展的、富有弹性及活力的开放型教育制度。

终身学习是在终身教育理念不断推进和发展过程中形成的一种理念。在联合国教科文组织、经济合作与发展组织、世界银行等国际组织文件及有关学术刊物中，"终身学习"概念逐渐取代"终身教育"，获得越来越广泛的使用和认可。1989年，联合国教科文组织在北京召开"面向21世纪教育国际研讨会"，将终身学习表述为一种"面向21世纪的学习观"。1994年6月，以"终身学习——面向未来的战略"为主题的第二届经济合作与发展组织国际讨论会在日本召开，提出"终身学习是面向未来的战略"，进一步提高了终身学习在国际社会中的地位。同年11月，在意大利罗马举行的首届"世界终身学习会议"上，欧洲终身学习促进会将终身学习界定为：终身学习是通过一个不断的支持过程来发挥人类的潜能的，它激励并使人们有权利去获得他们终身所需要的全部知识、价值、技能和理解，并在任何任务、情况和环境中都有信心、有创造性且愉快地应用它们。这个定义获得了较为广泛的认同。从终身教育到终身学习体现了教育主体的转移。在传统的教育语境中，教师被视为施加影响的主要力量，学习者被看作接受塑造的客体。而当责任性、能动性、创造性等在人的成长和知识社会的剧变中备受关注，在教育过程中越来越重要的时候，当学习开始成为一种生活方式的时候，当在教与学的矛盾中后者开始占据更加突出的地位的时候，学习者的主体性、能动性和自觉性开始越来越明显地显现出来。终身学习取代终身教育正是对这种主体转移的反映。

"学习化社会"概念，最早见于赫钦斯1968年出版的《学习化社会》一书中。1972年，联合国教科文组织国际教育发展委员会在其发表的《学会生存——教育世界的今天和明天》报告中，采纳了赫钦斯的"学习化社会"概念，并将"学习化社会"理解为"一个教育与社会、政治与经济组织(包括家庭单位与公民生活)密切交织的过程",在学习化社会中,"每一个公民享有在任何情况之下都可以自由取得学习、训练和培养自己的各种手段","教育不再是一种义务,而是一种责任了"。① 随后,联合国教科文组织在其发表的另一份报告《教育——财富蕴藏其中》中再一次重申终身学习与学习化社会在未来社会发展中的重要意义。1998 年,兰森在其《处在学习型社会》一书中将学习型社会的基本内涵概括为 4 个方面:学习型社会是一个需要了解其自身特点和变化规律的社会、一个需要了解其教育方式的社会、一个全员参与学习的社会、一个学会民主地改变学习条件的社会。② 此后,"学习化社会"概念从一种美好的学术理念,逐渐发展成为指导世界各国特别是发达国家和主要发展中国家推动社会与教育变革的根本指导思想之一,主张全民学习、终身学习、多样学习的学习化社会也成为主权国家和国际组织的政治议题与公共政策。

终身教育、终身学习和学习化社会是人类面对知识经济时代到来、人类社会从工业社会向知识社会转型、社会变革步伐日益加快而在教育领域做出的应对策略。面对全球经济一体化,高新技术迅猛发展和知识化、信息化社会挑战,人们需要一种开放性的、多样化的和贯穿终身的学习方式来全面发展自身,以适应不断发生的社会变化和难以预测的变化结果。终身教育、终身学习和学习化社会既是知识经济时代个人生存和发展的需要,也是教育制度配合和促进社会转型的结果。

(二)终身教育与终身学习的实施模式

在联合国教科文组织、经济合作与发展组织、亚太经济合作组织、世界银行等重要的国际组织及一些国家的大力宣传和推动下,终身教育与终身学

---

① 联合国教科文组织国际教育发展委员会:《学会生存——教育世界的今天和明天》,华东师范大学比较教育研究所译,203 页,北京,教育科学出版社,1996。

② 参见顾明远、石中英:《学习型社会:以学习求发展》,载《北京师范大学学报(社会科学版)》,2006(1)。

习已经由理念层面转向实践层面，并通过一些制度化的方式对各国的教育改革产生了重要影响。各国实践终身教育与终身学习的模式主要有以下几种。第一，以立法的形式确立和推行终身教育与终身学习。1976年，在参议员沃尔特·蒙代尔的提议下，美国议会通过了《终身学习法》作为对《高等教育法》的修正。1990年，日本颁布《生涯学习振兴法》。2002年，日本将《生涯学习振兴法》加以修订，即《终身学习完善法》。巴西的《关于青少年和成年人实用读写能力训练及终身教育法》（1967年）、法国的《终身职业教育法》（1971年）、韩国的《终身教育法》（1999年）等，均在法律层面上保证了青少年和成年人受教育的机会与学习的权利。目前，立法已成为各国推进终身教育与终身学习的基本策略。第二，以实施计划或开展活动的方式推进终身教育与终身学习。为促进学习资源的整合与互动，欧盟自1995年起开始实施"苏格拉底计划"和"达·芬奇计划"。① "苏格拉底计划"是针对正规教育体系内部交流与合作而实施的综合行动计划，该计划涉及从幼儿教育到成人教育各阶段的教育内容，分为8个具体的行动计划，其目的在于加强各级各类普通教育的沟通和交流，加强各成员国之间的教育合作和人员流动，促进整个欧盟教育公平的实现。"达·芬奇计划"是专门针对职业教育交流与合作开展的行动计划，该计划希望欧盟各成员国之间通过促进职业教育发展的交流与合作以提高职业教育的质量，创造更多的就业机会，提高人们的竞争力与创业精神。第三，设立推进终身教育与终身学习发展的专门组织机构。1976年，美国通过《终身学习法》，在联邦政府教育部设立终身教育局，并提出教育部分管终身学习的助理秘书的职责范围，如促进和协调联邦政府的终身学习计划、扮演终身学习信息交易所的角色、确定终身学习的有效实施办法和协调的途径、确认实施终身学习的障碍和寻求各级教育部门的各种办事机构的帮助等。

---

① 参见贺中华、南海：《论欧盟构建终身学习体系的实践及其借鉴价值》，载《职教论坛》，2013(21)。

1988年，日本废止了社会教育局，设立了终身学习局作为推动终身学习发展的直接管理机构。2001年，终身学习局更名为终身学习政策局，在日本文部省中居于首位，主要负责发展社会教育团体，援助民间文化教育事业，提供学习信息以建立学习信息网，促进学校向地区、社会开放，制定有助于创建终身学习体系的政策等。日本和韩国还分别设立了终身学习推进会和终身教育协议会，专门负责协调部门、行业之间在终身教育与终身学习推行过程中产生的矛盾、分歧，促进和协调各相关单位之间的相互合作。

其他推进终身教育与终身学习发展的方式还有改革终身教育的资金投入方式、建设推进终身学习的基础设施、开展专门领域的终身教育实践等。

(三)学习化社会建设

20世纪90年代以来，为应对知识经济时代的挑战，学习化社会建设成为许多国家教育体制改革的一项重要内容。1999年，美国州立大学和赠地学院凯洛格未来委员会发表《回到我们的根本：一个学习化社会》的报告。报告援引了1995年一项有关终身学习的调查数据，倡议加快学习化社会建设。该数据显示，99%的美国人认为终身学习可以促进个人的幸福生活，99%的美国人认为终身学习可以提高公司的生产率，99%的美国人认为终身学习对国家经济景气非常重要，98%的美国人认为终身学习能够提高社区生活的质量。[1] 在创建学习化社会的过程中，美国十分重视发挥学校作为社区学习中心的作用，致力于帮助州和社区建设文化与教育体系。1997年，美国教育部提出了《21世纪社区学习中心计划》，要求公立学校面向社区开放，让社区民众在放学后、周末和假期可以在其中学习与活动。2000年，克林顿政府推出《学校为社区中心：规划与设计公民抉择指南》，设想将学校建设成社区学习中心，为社区提供健康安全的学习环境。

---

[1] 参见项贤明：《当前国际教育改革主题与我国教育改革走向探析》，载《北京师范大学学报(社会科学版)》，2005(4)。

1998 年，英国教育与就业部发表《学习的时代：一个新不列颠的复兴时代》绿皮书，将建设终身学习社会作为教育发展的新战略。为了推进学习化社会建设，促进成人教育发展，英国提出建立"产业大学"和"个人学习账户"的政策。"产业大学"是一种开发和推行开放与远距离学习的组织，也是学习者和学习服务提供者之间的一种学习中介机构，它力图通过现代化的网络和通信技术向人们提供高质量的学习服务，使人们在家中、工作场所和社区学习中心都可以灵活、方便地进行学习。"个人学习账户"是用于在职职工个人学习的专项资金账户，资金来源主要有三部分，即政府、雇主、个人，其中个人分担的比例最小，每个账户政府最多投入 150 英镑。建立"产业大学"和"个人学习账户"的政策提高了人们终身学习的积极性。

20 世纪 90 年代中期，欧盟提出了建设学习型城市的主张，并就学习型城市的建设进行了相关研究，实施了相关项目。1998 年，欧盟启动了"迈向欧洲学习型社会项目"，通过对欧洲 80 个学习型城市的考察和分析，提出了学习型城市的基本特征，并开发了相关的指标体系和审计工具。为了倡导并支持学习型城市的发展，建立全球学习型城市网络，联合国教科文组织于 2012 年颁发了《全球学习型城市评价指标体系初步框架》，就学习型城市建设的目标定位、元件构成和基础条件进行了详细分析与阐述。其中的 6 个元件构成也被称为六大基本支柱，即从基础教育到高等教育的各种学习；充满生机的社区学校；有效的工作场所学习；现代学习技术的广泛应用；在学习中提高品质与追求卓越；培育充满活力的终身学习文化。[①]

---

[①]　参见朱敏、高志敏：《终身教育、终身学习与学习型社会的全球发展回溯与未来思考》，载《开放教育研究》，2014(1)。

第二章

# 20 世纪后期美国的教育

在第二次世界大战期间及其后，美国联邦政府不断扩大其参与教育的权限，为教育提供财政支持。在战后的数十年间，联邦政府先后出台了一系列的教育法案以及相关法案，直接推动了美国教育事业的发展。在国家利益的引导下，美国基础教育战略经历了一个发展演变的过程：始于"机会均等优先，提高教育质量"，中经"教育公平优先，提高教育质量"，再到"教育质量优先，确保教育公平"的发展过程。"二战"以后，美国高等教育发展也驶入了快车道。20 世纪 60 年代，美国高等教育发展进入"黄金时期"，高等学校数量与注册学生数量都达到历史新高。两年制社区学院（Community College）学生和研究生成倍增长。20 世纪 70 年代以后，美国高等教育进入普及化阶段。美国高等教育发展呈现多元化、私营化、国际化、公司化、营利性等特点。总之，"二战"后美国教育事业一直处在不断地发展与变革之中。

## 第一节　社会背景

20 世纪上半叶，世界历史的主题是"世界大战"与"经济危机"。20 世下半叶，"和平与发展"成为世界新的主题。两次世界大战重新定义了世界格局，随之而来的影响波及整个人类世界。在此期间，美国教育受到世界大战、国内政治与经济的影响，欲寻求新的突破。

## 一、第二次世界大战后的世界格局和美国社会

### （一）第二次世界大战后的世界格局

德国著名军事理论家克劳塞维茨（Carl von Clausewitz）认为，战争是政治的继续。20世纪世界政治格局的演变以第二次世界大战结束为分界线，此前为战争格局，此后为"冷战"格局。20世纪初期，自由资本主义完成向垄断资本主义的过渡，资本主义国家进入帝国主义阶段，垄断成为资本主义的最大特征和本质。第一次世界大战及其后的经济危机，使国家垄断资本主义在帝国主义各国普遍发展起来。第一次世界大战以后，形成了凡尔赛—华盛顿体系。它是帝国主义国家根据战后力量对比，对世界进行重新瓜分和重新确定的结果。第二次世界大战以后，还形成了雅尔塔体系。它是美、英、苏依据实力划分势力范围，对战后世界秩序重新做出的安排，是大国之间相互妥协的产物。

第二次世界大战使整个世界面貌发生了巨大变化，对20世纪后期的历史发展产生了深远影响。"二战"后，世界政治格局由列强分立转为两极对抗。以美苏为代表的资本主义阵营和社会主义阵营之间展开了激烈角逐。1946年3月，英国首相丘吉尔在美国发表"铁幕演说"，正式拉开"冷战"序幕。1947年3月，美国"杜鲁门主义"的出台，标志着"冷战"正式打响，世界局势的不确定性因素增加，国际利益格局发生深刻变化。

### （二）第二次世界大战后的美国社会

1945年至20世纪50年代中期，美国社会充满着不确定因素。这一时期被历史学家埃里克·戈德曼（Eric F. Goldman）称为"艰难岁月"。埃里克·戈

德曼后来将其研究延伸至 1960 年，他认为 1955—1960 年所发生的事情在很大程度上是之前 10 年的延续。① "二战"以后，欧洲丧失世界中心地位，美国迅速崛起。美国的工业生产总值占资本主义世界的三分之二，外贸出口占三分之一，黄金储备占四分之三，成为世界最大的资本输出国和债权国。美、苏两大阵营形成以后，在政治、经济、军事上展开了激烈的斗争，这一斗争贯穿整个 20 世纪 50 年代。

由于内政外交上的危机，美国社会矛盾不断升级。联邦政府采取了一系列的干预政策。在政治上，美国发起成立联合国；在经济上，实行"马歇尔计划"，即"欧洲复兴方案"；在军事上，建立北大西洋公约组织；在外交上，推行"四点行动计划"。随着国内经济的发展，美国经历了社会变革的转型期，主要表现为由工业化经济体向信息技术型经济体转变；美国文化进一步向多样化发展；人口结构趋向多元化。20 世纪 50 年代后期，随着经济形势的恶化，美国各种社会问题日益严重。民权运动、反战运动、反贫困运动、反主流文化运动等此起彼伏，各种社会批判思潮汹涌澎湃。这些问题也深刻地反映并影响到教育领域。

## 二、第二次世界大战后的美国社会经济

第二次世界大战使美国社会发生了深刻变化。美国经济实力骤然增长，在资本主义世界经济中占有绝对优势。1942 年 5 月末，纳尔逊（Donald M. Nelson）说，"美国今天实际上正在做着前一年所不能想象的事。它正在执行着一个半年前还认为是属于幻想的一些计划"②。以前从事制造业生产的工厂都改为生产作战物资的工厂。"在准备防御和作战的五年当中（从 1940 年 7

---

① 参见 [美] 韦恩·厄本、[美] 杰宁斯·瓦格纳：《美国教育：一部历史档案》，周晟、谢爱磊译，388 页，北京，中国人民大学出版社，2009。

② 转引自 [美] 福克讷：《美国经济史》下卷，王锟译，473 页，北京，商务印书馆，2018。

月 1 日到 1945 年 7 月 31 日），全国耗用在军火生产方面的费用为一千八百六十亿美元……通过五年的生产，全国制出了八万六千三百三十八架坦克，二十九万七千架飞机，一千七百四十万只来福枪、卡宾枪和供佩带的武器，大量的大炮装备与军火，六万四千五百艘登陆艇，千万艘海军战舰、货船和运输舰。"①联邦政府在战后对许多新兴的工业部门、重大科研项目、现代化公共设施进行大量投资。

"二战"以后至 20 世纪 60 年代初期，美国经济增长速度惊人。首先，1946 年，《就业法案》（Employment Act）出台，要求政府"插手"经济，适时调整经济政策。在国际上，美国协同其盟国促使布雷顿森林体系生效，实施"马歇尔计划"，恢复欧洲经济。其次，美国抓住第三次科技革命的历史机遇，大力发展科学技术，发展高新技术产业。科技革命推动资本主义由一般垄断向国家垄断过渡，科学家和技术人员不再是依据自己的兴趣和爱好进行研究与发明，而是按照政府的要求和需要进行研究与生产。最后，联邦政府不断加强对教育的引导，制定并颁布一系列教育法案，促进各阶段教育快速发展，培养社会需要的实用人才。

## 三、第二次世界大战后的美国教育实践

"二战"期间，学校成为国家提高战争能力的工具。迫于战争的需要，所有教育机构承担着为国防进行教育的任务。1941 年 12 月，美国宣布进入战争状态，随即联邦政府建立美国教育办公室临时委员会。美国教育办公室临时委员会建议学校应该重视学生的健康和体质、公民教育、学术科目和职业技能的专门训练。美国教育办公室临时委员会"直接通过政府机构协调有关学校

① ［美］福克讷：《美国经济史》下卷，王锟译，473 页，北京，商务印书馆，2018。

服务战争"①。美国教育办公室临时委员会致力于协调全国的学校推行职业指导，用以满足入伍前的培训需要，"每个年轻人都被视为预备役人员，为武装部队和战争行业服务"②。联邦政府协同战时人力资源委员会发起陆军和海军专业培训计划，以培养陆军和海军专业人才。

美国学校为战争做出了巨大贡献。1946年，全国教育协会发表《教育在战争中的作用》一文对此进行了详细论述。③ 第一，有利于迅速建立一支公民军队。在第一次世界大战中，只有20%的军队成员接受过八年级以上的教育；在第二次世界大战中，约有70%的军队成员接受过八年级以上的教育。第二，约有70000名教师服务于军队，军队中的教学项目由之前的教师担任。第三，为培训官员和专家提供设施与工作人员。1943年4月至1945年12月，陆军学院培训项目共毕业64332人，海军学院培训项目共毕业219150人。第四，完成了一项旨在提高工业生产和食品供应量的培训计划。向2667000名学生提供就业前课程；向4800000名学生提供补充职业课程；向4188000名学生提供农业培训。第五，登记数百万名义务兵役者。许多社区学校建筑被征用，数千名教师作为登记办事员，自愿提供服务。第六，登记市民，分发415000000份配给供应手册。1945年8月，许多教师为配给委员会服务，126000名委员会成员中有近7600名是教育工作者。

在战后的十五年间，美国公立学校入学人数急剧上升。1939—1940年，各级学校入学总人数2953.9万，1949—1950年，达到3115.1万，1959年秋，达到4407.2万；1939—1940年，初等学校和中等学校入学总人数2804.5万，

① Isaac Leon Kandel, *The Impact of the War upon American Education*, Chapel Hill, The University of North Carolina Press, 1948, p.22.

② Isaac Leon Kandel, *The Impact of the War upon American Education*, Chapel Hill, The University of North Carolina Press, 1948, p.21.

③ Isaac Leon Kandel, *The Impact of the War upon American Education*, Chapel Hill, The University of North Carolina Press, 1948, p.37.

1949—1950年，达到2849.2万，1959年秋，达到4085.7万；1939—1940年，高等教育入学总人数149.4万，1949—1950年，达到265.9万，1959年秋，达到321.6万。① 此外，当归来的军人涌入教室时，战后的"婴儿潮"也在十年间冲击着公立学校。1946—1956年，幼儿园和小学的入学人数增长了约37%，从1770万增至2430万。②

## 四、第二次世界大战后的美国主流教育思潮

"二战"以后，随着科学技术的迅猛发展，新兴学科和交叉学科的兴起，以及教育改革的进行，美国出现了许多新的教育思潮，诸如要素主义教育思潮、永恒主义教育思潮、结构主义教育思潮、人本主义教育思潮、建构主义教育思潮以及后现代主义教育思潮等，它们试图从不同角度对教育的理论和实践问题做出各自的阐述，在教育领域形成了百花齐放、百家争鸣的繁荣景象。

"二战"以后，要素主义教育思潮受到各方的关注，其代表人物包括坎德尔（Isaac L. Kandel）、巴格莱（William C. Bagley）、科南特（James B. Conant）、里科弗（Hyman G. Rickover）、贝斯特（Arthur E. Bestor）等。巴格莱认为，"教育……是社会进化的一个基本因素，而教育机构作为有组织的社会机构，其主要义务是把精神遗产一代一代传递下去"③。科南特在《今日美国中学》（*The American High School Today*）中指出，"综合中学的三大目标是：第一，为所有的未来公民提供普通教育；第二，为那些想在学校毕业后立即使用所学技能的学生开设很好的选修课程；第三，为毕业后上学院或大学深造的学生开设

---

① 参见[美]劳伦斯·A.克雷明：《美国教育史3：城市化时期的历程（1876—1980）》，朱旭东、王保星、张驰等译，600页，北京，北京师范大学出版社，2002。
② 参见[美]L.迪安·韦布：《美国教育史：一场伟大的美国实验》，陈露茜、李朝阳译，309页，合肥，安徽教育出版社，2010。
③ [美]巴格莱：《教育与新人》，袁桂林译，94页，北京，人民教育出版社，2005。

令人满意的文理课程"①。正是在科南特等人的影响和推动下，美国于20世纪五六十年代开展了声势浩大的教育改革，并组织编写诸多学科教材。

20世纪70年代，人本主义教育思潮发展至鼎盛时期。人本主义教育思潮的兴起和发展与马斯洛、罗杰斯、奥尔波特、弗罗姆等人本主义心理学家密切相关。马斯洛认为，"教育的功能，教育的目的——人的目的……在根本上就是人的'自我实现'，是丰满人性的形成，是人种能够达到的或个人能够达到的最高度的发展。说得浅显一些，就是帮助人达到他能够达到的最佳状态"②。罗杰斯认为，"有意义的学习……是超出事实性知识积累的学习；它能在个人的行为、未来的行动选择、个人的态度和人格等许多方面都导致真正的变化；这种学习具有弥散性，它不只是知识的增加，而且会渗透到人的生存的各个方面"③。20世纪六七十年代，人本主义教育思潮对美国教育思想、教育目的、教育内容和教育方式产生了极其深远的影响。

20世纪80年代，建构主义作为一种新的认识论和学习理论，对各学科产生了巨大影响，其代表人物有皮亚杰、奥苏贝尔、布鲁纳、格拉塞斯费尔德（Ernst von Glasersfeld）等。皮亚杰提出发生认识论。他认为，每一个认识活动都含有一定的认识结构。布鲁纳认为："任何概念或问题或知识，都可以用一种极其简单的形式来表示，以便使任何一个学习者都可以用某种可认识的形式来理解它。"④格拉塞斯费尔德认为，知识不是以被动的方式感知的，而是由认知主体积极建构的。他强调："没有客观的、真实的知识，而仅仅有主观

---

① ［美］科南特：《科南特教育论著选》，陈友松主译，41页，北京，人民教育出版社，1988。

② ［美］马斯洛：《人性能达的境界》，林方译，169页，昆明，云南人民出版社，1987。

③ ［美］卡尔·R.罗杰斯：《个人形成论：我的心理治疗观》，杨广学、尤娜、潘福勒译，257页，北京，中国人民大学出版社，2004。

④ ［美］布鲁纳：《布鲁纳教育论著选》，邵瑞珍、张渭城等译，135页，北京，人民教育出版社，1989。

的、建构的、有用的知识。"①20 世纪 80 年代以来，建构主义教育思潮在教育理念、教育实践等方面引发了教育世界的革命性变革。

"二战"以后，美国面临着新的世界格局和国内形势，战争对美国的政治、经济、教育产生了重要影响。与此同时，教育在战争中的作用也显现出来。正如美国总统杜鲁门所言："科学技术发展得很快，使战争的新意义可能还没有被所有那些将成为战争受害者的人们所理解；或许也没有使克里姆林宫的统治者所理解。但是在我作为美国总统的这 7 年内，负责作出的决定已使我们的科学和我们的工艺技术达到它们目前的地位。我现在知道这种发展意味着什么。我知道它在将来会意味着什么。"②这些都导致了联邦政府更加关注并参与教育的发展。

## 第二节　"冷战"思维与"二战"后美国教育重建

### 一、第二次世界大战后美国教育改革的前奏

#### （一）生活适应教育和进步主义教育的终结

战后初期，为了解决青少年的就业问题，公立学校被寄予厚望。1945 年 5 月底，全国职业教育大会在华盛顿召开，与会者共同讨论并最终确定了《未来的职业教育》（Vocational Education in the Years Ahead）的报告。与会者纷纷表达了教育应服务于生活、重建美国中等教育等诉求。当时美国著名职业教育家普罗瑟（Charles A. Prosser）应邀做总结发言，发言内容即著名的"普罗瑟倡议"。这一倡议成为生活适应教育运动的开篇。

---

① Ernst von Glasersfeld, *Radical Constructivism: A Way of Knowing and Learning*, London & Washington, D.C., Falmer Press, 1995, pp.176-177.
② 梅孜编译：《美国总统国情咨文选编》，142 页，北京，时事出版社，1994。

普罗瑟认为，"社区职业学校将能够更好地为 20% 的中等教育阶段的年轻人胜任理想的技能性岗位提供服务。高中则为其他 20% 的准备升入大学的年轻人提供服务。那么，剩下的 60% 的人做什么？这些年轻人难以接受生活适应教育，除非公立学校管理者和职业教育的领导一起携手为这些年轻人制订出计划"①。普罗瑟倡议提出解决这一问题的方案。

普罗瑟倡议很快得到各方回应。美国学者认为，此时的高中教育"哪怕不足以使学生谋生，但必须使学生学会生活"②。美国召开了五次地方会议。这五次地方会议的主题围绕普罗瑟倡议而展开，会议提出需要为绝大部分中学生提供生活适应教育，并提议举办一次全国性的大会来推动普罗瑟倡议。

1947 年 5 月，全国性的生活适应教育大会在芝加哥举行。与会代表表达了对目前中等教育的不满，认为大部分中学生需要生活适应教育，提出中学课程必须进行改革，应该按照青少年心理发展过程和生活需要设置课程，而非按照学术逻辑设置课程。1947 年 12 月，美国教育委员会成立了第一届生活适应教育委员会，标志着生活适应教育运动正式在全国范围内全面展开。

生活适应教育的目标在于有效地改革中学课程，使青少年能够为有效的生活做好准备。1947 年 12 月《时代周刊》的调查显示，当时在全美大约有 35个州在不同程度上开展了生活适应改革。这说明，生活适应教育在全国受到了普遍欢迎。其中，比较著名的两项改革分别是伊利诺伊州的中学课程改革计划和密歇根州巴特尔克里克市的中学课程改革计划。简言之，生活适应教育的基本特征是，以实用为目标，开设活动课程、经验课程以及开放课程，摒弃传统的学术课程和学科课程。

然而，对生活适应教育运动的批评早在 1947 年就初见端倪。克雷明指

---

① Joel Spring, *The American School: 1642–2004*, New York, McGraw-Hill, 2005, p.385.
② Franklin J.Keller, *The Double-Purpose High School*, New York, Harper&Brothers, 1953, p.55.

出，对生活适应教育的攻击不是一个孤立的现象，这至少是 20 世纪 40 年代初以来一直在酝酿的风暴的继续。① 1952 年，贝斯特断言"生活适应教育有意识地使教育与科学、学术分离，致使其目标如此琐碎，这将遭到所有有识之士的反对"②。显然，生活适应教育与战后"冷战"的国际形势格格不入。部分史学家认为，生活适应教育是美国教育史上一次糟糕的选择，是一种过时的进步主义教育形式③。1954 年，第二届生活适应教育委员会解散，标志着生活适应教育运动的终结。

"二战"以后，作为对生活适应教育与进步主义教育提出严厉批评的历史学家贝斯特在其《教育的荒原》(*Educational Wastelands*)中，强烈反对美国学校中的反智主义，甚至断言这是由进步主义教育家引起的。这些教育家"阐明教育目的如此琐碎，以至于放弃了对沉思者的尊重，并蓄意把学校从科学和学问的训练中分离出来"④。里科弗认为，进步主义"就如现在的马和马车一样过时了"，"只有在教育目标发生革命性颠覆之前彻底重组美国教育，我们才能有能力在与俄国人的教育竞赛中获胜"⑤。克雷明说："半个世纪来吸引大量美国公众和教育界人士的热情、忠诚、想象和精力的一种运动，在第二次世界大战后十年中变成诅咒的对象。"⑥然而，最终扼杀进步主义教育的是其自身无法满足社会对教育的需求。

---

① Lawrence A.Cremin, *The Transformation of the School: Progressivism in American Education, 1876-1957*, New York, Alfred A.Knopf, 1961, p.338.

② L.Dean Webb, *The History of American Education: A Great American Experiment*, Upper Saddle River, Prentice Hall, 2006, p.263.

③ William G.Wraga, "From Slogan to Anathema: Historical Representations of Life Adjustment Education," *American Journal of Education*, 2010(2), p.185.

④ Arthur E.Bestor, *The Restoration of Learning: A Program for Redeeming the Unfulfilled Promise of American Education*, New York, Alfred A.Knopf, 1955, p.10.

⑤ Hyman G.Rickover, *Education and Freedom*, New York, E.P.Dutton, 1959, p.188.

⑥ 转引自[美]阿瑟·林克、[美]威廉·卡顿：《一九○○年以来的美国史》中册，刘绪贻、李存训、李世洞译，369 页，北京，中国社会科学出版社，1983。

### (二)"红色恐慌"与麦卡锡主义

"二战"以后，由于内政外交上的危机，美国经历了一段"艰难岁月"。1947年3月，美国提出"杜鲁门主义"，美苏"冷战"全面展开。美苏对抗的国际形势对美国国内政治产生重要影响。从1948年起，美国"冷战"政策接连遭到挫折。柏林危机、苏联原子弹爆炸成功给美国带来了一连串打击，在社会各阶层中也引发了"红色恐慌"(Red Scare)。在"冷战"背景下，美国国内推行的政策为麦卡锡主义的兴起创造了有利条件。

"冷战"加剧导致美国国内出现反对"共产主义威胁"的思潮和行动。1945年6月，美国发生"盗窃国会文件"事件。1946年6月，加拿大发生"苏联间谍案"，案件涉及美国原子弹研究部门。这两起案件引发美国国内对共产主义威胁的进一步担忧。1946年10月，联邦调查局局长埃德加·胡佛(Edgar Hoover)在美国退伍军人代表团大会上声称，共产党人已经渗透到国内各个角落。杜鲁门总统于1947年3月21日签署第9835号总统行政令，在联邦政府内部的行政机构中发起了忠诚—安全计划(Loyal-Security Program)。杜鲁门总统的忠诚调查打开了美国反共、反民主政治迫害的闸门。

其实，早在1936年，美国已有21个州和哥伦比亚地区强迫教师进行"忠诚宣誓"，人们甚至建议国会通过决议要求各州普遍实行。① 非美活动调查委员会于1938年6月成立，主要负责调查20世纪30年代在美国日益风靡的法西斯主义和共产主义。随着"二战"接近尾声，美国国内的反共思潮再次抬头，非美活动调查委员会再度活跃起来。1947—1954年，1054名公务员遭到解雇。"忠诚法令"的效力迅速扩展到美国社会的各行各业。据1958年的估计，多达160万名各类专业人员，如科学家、教师、律师和工程师等，在受聘过

---

① Ellen W. Schrecker, *No Ivory Tower: McCarthyism and the Universities*, New York, Oxford University Press, 1986, p.68.

程中接受了忠诚检验，大约 2500 人中就有 1 人未通过忠诚检验而被拒绝聘用。① 美国的学院和大学也成为"忠诚法令"肆虐的重灾区，仅 1948—1950年，就有约 500 名州立和市属学院的教师因拒绝进行"忠诚宣誓"而遭到解聘。

1950 年 2 月 9 日，国会参议员麦卡锡（Joseph R. McCarthy）发表了题为"国会中的共产党人"的演说，宣称美国软弱无力"不是由于美国最强大的敌人派人侵入了美国的海岸，而是因为我们国家某些享有良好待遇的人的卖国行径……"而"国会……已经完全被共产党人渗透了"。② 麦卡锡扬言自己手里握有一份国会里 205 名共产党员的名单，而这些人仍在国会工作，且正在草拟和制定国会的政策。此演说的发表就此拉开了诽谤和迫害进步人士的序幕。此后数年，麦卡锡利用职权大肆进行政治诽谤，许多进步人士以及成千上万的无辜人遭到迫害。

麦卡锡主义在美国整个思想领域造成了极其恶劣的影响。教育也不可避免地受到了重创。此间，联邦最高法院大法官道格拉斯（William O. Douglas）在《纽约时报》上公开发文，表示对麦卡锡主义造成的影响感到担忧。爱因斯坦也呼吁知识分子采取甘地式的不合作方式对当时的忠诚调查进行抵制，各类批判麦卡锡主义的宣传册大量问世。1953 年，美国教材出版者研究所发表了一份官方声明：反对要求教材编写者进行效忠国家的宣誓。他们认为，这一行为不仅践踏了教材编写者的尊严，而且降低了教材质量。因为教材界高度的个性化和竞争体系足以抵制有害的或是颠覆性内容的入侵。

随着国会对"忠诚宣誓"调查范围的不断扩大，教育中的"红色恐慌"在1952 年和 1953 年达到顶点。杜鲁门在他的回忆录里哀叹道：忠诚宣誓进攻"的范围如此广泛，似乎每个人都免不了要受攻击。这是我们这个时代的悲剧

---

① Hans W. Baade and Robinson O. Everett, *Academic Freedom: The Scholar's Place in Modern Society*, New York, Oceana Publications, 1964, p.66.

② Herbert Agar, *The Price of Power: America since 1945*, Chicago, The University of Chicago Press, 1957, p.108.

和耻辱"①。而且，他还在 1953 年 11 月 16 日的电视讲话中直接抨击麦卡锡主义以国家安全的名誉大肆利用谎言和虚假指控来抨击他人，是社会恐惧心理扩散和信仰遭到破坏的结果。1953 年，共和党人艾森豪威尔当选为美国总统，打破了麦卡锡的断言。国内局势的变化，以及麦卡锡越发古怪和无事实根据的指控，最终导致 1954 年参议院对他的谴责。这标志着麦卡锡在政治上遭到破产。

## 二、第二次世界大战后的美国教育重建

### （一）苏联成功发射人造地球卫星和 1958 年《国防教育法》

"二战"以后，美苏两大阵营之间的"冷战"不断升级。1957 年 10 月 4 日，苏联成功发射人造地球卫星，致使美国一片惊慌。苏联成功发射人造地球卫星，意味着美国科技霸主地位受到了挑战，而这次事件也被称为美国科技史上的"珍珠港事件"。美国民众对本国的技术水平、教育质量、军事能力、政治制度甚至是国民素质都提出了疑问。不久，美国大众媒体就将苏联技术的成功归结于教育的成功。社会各界不断对美国教育提出批评。人们普遍认为学校课程缺乏严密性，忽视数学和科学，而苏联人造地球卫星上天似乎也肯定了这一批评。

1957 年 11 月 3 日，苏联卫星 2 号发射成功。11 月 13 日，艾森豪威尔总统发表演讲，他指出苏联仅用了 40 年的时间就完成了从农业国到工业国的转变，并取得了重要的技术成就，建立了严格、高效的教育系统。他认为，美国应该加强军事和科技教育，以应对苏联的威胁。12 月 6 日，美国发射人造地球卫星，卫星升空仅两秒后就坠毁在发射台上。美国国务卿约翰·杜勒斯（John F. Dulles）在次日的国家安全委员会会议上说：昨天发生的事对美国的

---

① ［美］哈里·杜鲁门：《杜鲁门回忆录》第 2 卷，李石译，339 页，北京，世界知识出版社，1965。

外交关系产生了可怕的影响，对美国来说就是一场悲剧。对美国人而言，苏联成功发射人造地球卫星无疑是一柄悬于头顶的"达摩克利斯之剑"，令人寝食难安。

与此同时，来自媒体的连篇累牍的报道将矛头一致指向学校教育的失败，抨击学校课程、师资力量、校园环境，进步主义时期的生活适应教育也受到攻击。里科弗在多个会议上表达了自己的观点：美国的学校教育是失败的。1959年，里科弗指出，教育是当今美国面临的重要问题。他认为，美国正在失去与苏联在军事和技术竞赛上的优势，因为美国的公立学校未能培养出合格的人才。与当时许多批评家观点一致，里科弗指责专业教育者在学校中形成的反智主义氛围，并指出学校是整个美国防御战略中最薄弱的一环。

"二战"结束初期，美国海军和空军就曾建议在1951年发射人造地球卫星，然而国防部认为没有这个必要。1953年10月30日，美国国家安全办公室颁布了新的国家安全政策，文件指出美国安全政策的基本问题是应付苏联对美国国家安全的威胁，避免严重削弱美国的经济或损害美国的基本价值观和制度。艾森豪威尔总统上台以后，一直对外树立和平利用外空的形象。在苏联人造地球卫星升空事件的刺激下，艾森豪威尔总统对空间管理机构实施调整。1958年2月1日，美国第一颗人造地球卫星探险者1号发射成功，3月17日先锋1号卫星成功升空，标志着美国在太空领域取得巨大成功。

为全面应对苏联人造地球卫星升空事件，1958年1月27日，艾森豪威尔总统向国会提交了一份关于国防教育的报告，同时附上关于《国防教育法》的内容构想，他认为国家安全与教育质量关系密切。随后，美国参议院劳工与公共福利委员会、美国众议院教育与劳工委员会就国防与自然科学、外语教学等议题举行听证会。经过半年多的讨论，1958年9月2日，艾森豪威尔总统签署了《国防教育法》。在随后的演讲中，艾森豪威尔总统提出，要通过这个法案加强美国的教育系统，使之能够满足国家基本安全需要。

1958 年《国防教育法》的目的是加强国防，鼓励并支持教育计划的扩展和改善，以满足国家的迫切需要。法案总则指出，基于国家安全的要求，联邦政府应该大力发展青年男女的教育，为他们提供更多的教育机会。各州和地方政府对公共教育拥有管理权。鉴于国家安全的考虑，联邦政府应该对国防教育等提供资助。此外，联邦政府还应该为高校学生提供贷款，并加强自然科学、数学、现代外语的教学，同时设立国防奖学金，用于资助指导、咨询和测验，发现并鼓励有才能的学生等。由此可知，联邦政府资助成为美国教育发展的重要经费来源，联邦政府将教育的地位提升到事关国家安全战略的高度。

1958 年《国防教育法》第一次以法律形式规定了联邦政府的教育责任，开创了联邦政府干预教育的新局面。联邦政府把其原本存在于高等教育和职业教育领域的影响力延伸至整个美国普通教育体系，为联邦政府以后继续参与指导美国普通教育发展奠定了基础。1964 年，国会通过《国防教育法修正案》，联邦政府不仅延长法案时效，还扩大了法案内容，增加了历史、地理等科目内容。1958 年《国防教育法》对 20 世纪五六十年代的教育改革，特别是 20 世纪 60 年代的课程改革运动产生了重要影响。

（二）中小学课程改革运动

1958 年《国防教育法》引发了战后基础教育阶段的课程改革运动。联邦政府着手在自然科学、数学和外语领域开设全国课程。20 世纪 50 年代以后，全国科学基金会(National Science Foundation)的资金不断增加，从而使得它能够扩展自己的课程开发和教育方案。从 20 世纪 50 年代末开始，它先后成立了物理科学研究委员会、普通学校数学研究会、生物科学课程委员会、化学教材研究会、小学科学规划会等，着手开发物理、数学、生物和化学等方面的新课程。此次课程改革得到大批科学家、教育家的支持和推动。

布鲁纳的认知结构理论对课程改革产生重要影响。1959 年 9 月，美国科学院召开了关于改进中小学自然科学教育问题的会议，邀请了 35 名科学家、教育家与学者参会，布鲁纳担任大会主席。布鲁纳以其总结发言为基础，于1960年出版了《教育过程》(*The Process of Education*)一书。在该书中，布鲁纳认为学校缺失的是仔细构建的学习学术科目的方法。虽然学生之间存在发展差异，但是任何年龄的青少年都能够学会像学者那样思考。在布鲁纳看来："我们从一个假设开始，即任何学科都能够以某种智力上的真实形式(some intellectually honest form)被有效地教授给任何发展阶段的任何孩子。"[①]

　　课程改革还得到哈佛大学前校长科南特的大力支持。1957年，科南特在美国卡内基教学促进基金会的资助下，对美国的中学进行了广泛的调查研究，于1959年出版了《今日美国中学》一书。科南特认为，应该大力发展综合中学，兼顾学生的升学和就业等多种职能；建议加强普通教育，设置一些标准学科，要求所有的学生学习4年英语、3年至4年社会研究，九年级后至少学习1年的数学和自然科学，还建议根据学生能力选学不同的课程；建议实行能力分组，提供适合学生个性的课程计划，以及鉴别天才儿童等。

　　在科南特看来，"如果滑铁卢战场是在伊顿运动场上打赢的话，那么在今后50年与共产主义的意识形态的较量中，在美国公立学校的运动场上完全可以赢得胜利"[②]。他在《教育与自由》(*Education and Liberty*)中提出，教育就是使人社会化的过程，教育与社会、政治以及国家理想密不可分。"冷战"时期，政治家主要考虑的是国家的国际地位、国家安全、军备竞赛以及与苏联的意识形态的斗争，而普通民众考虑的则是自己的生存和权利问题。科南特敏锐地察觉到这一问题，他在《贫民区与市郊：评大都市的学校》(*Slums and Suburbs：A Commentary on Schools in Metropolitan Areas*)一书中提出，教育应该关注能人统治社会中的失败者，那些缺乏足够的才智，一旦接受教育后也能对社

------

①　转引自[美]韦恩·厄本、[美]杰宁斯·瓦格纳：《美国教育：一部历史档案》，周晟、谢爱磊译，406页，北京，中国人民大学出版社，2009。

②　转引自[美]L.迪安·韦布：《美国教育史：一场伟大的美国实验》，陈露茜、李朝阳译，314页，合肥，安徽教育出版社，2010。

会做出贡献的人。

　　结构主义理论者认为，学习是儿童基于他们以往的学习构建新思想和新概念的过程。学生是学习的主体，教师在教学中要引导学生主动地掌握知识技能，还要重视发展学生的智能，使他们成为知识渊博和智能高强的人。任何学科都存在一些具有规律性的概念、原理和规则，它们构成了该学科的基础结构。教学不是单纯传授知识和技巧，而是引导学生掌握学科的基本结构，促进学生智能发展，即"不论我们选教什么学科，务必使学生理解该学科的基本结构"①。因此，教授任何一门学科，就是要学生理解和掌握该门学科的基本结构和该学科所特有的研究方法。

　　20世纪60年代美国的课程改革并没有达到预期的设想。尽管这些结构性课程都是学术专家所开发的，但是对这些课程加以实施的却是教学主管和学科教师，他们忽视了教与学之间的内在联系，因而课程改革在实施的过程中连遭挫败，并未取得期望的效果。此外，课程开发者没有预料到新的方法给学生家长带来的不适应有多么严重。由于他们无法让教师、家长以及学生转变到新方法的路径上来，因此这样的课程改革注定失败。不过，课程改革也带来了教学手段、教学方法、教学制度上的一些变革，对20世纪60年代美国教育发展以及其他国家的教育改革产生了一定影响。

## 第三节　教育平等的追求与美国教育变革实践

### 一、教育平等的追求

#### (一)民权运动与教育机会平等的斗争

　　美国的《独立宣言》开宗明义："人人生而平等。"极具讽刺意味的是，

---

　　①　[美]布鲁纳：《布鲁纳教育论著选》，邵瑞珍、张渭城等译，27页，北京，人民教育出版社，1989。

1790 年，国会通过了《归化法》，规定只有白人才能归化为美国公民。1863 年
1 月 1 日，林肯总统颁布《解放宣言》，废除奴隶制，黑人获得了永久自由。
1866 年，国会通过了美国历史上第一部《民权法案》。内战结束以后，为了巩
固战争的胜利成果，也为了政治需要，国会分别于 1865 年通过了《宪法第 13
修正案》，宣布奴隶制为非法；1868 年通过了《宪法第 14 修正案》，承认黑人
的联邦公民地位；1870 年通过了《宪法第 15 修正案》，重申 1866 年《民权法
案》的内容，规定不以种族和肤色为由剥夺任何公民的选举权。

南北战争结束以后，公立学校运动随之展开。在黑人主动要求下，北方
建立了种族隔离学校。黑人主动要求设立种族隔离学校，是为了避免他们的
孩子受到歧视和伤害。在南方，一些州要求所有学校实行种族融合制度，由
于资金问题和种族隔离分子的不断游说，南方各州纷纷开始制定歧视黑人的
法律。1883 年，最高法院宣布 1875 年的《民权法案》违宪。1885 年，南方各
州的公立学校逐渐开始实行种族隔离制度。1896 年，"普莱西诉弗格森案"的
裁决进一步认可了种族隔离制度的合法性，对种族隔离学校制度的形成起了
决定性的作用。最高法院裁定：路易斯安那等州通过的在列车上将白人和黑
人隔离的法律并不违宪。由此确立了臭名昭著的"隔离但平等"（separate but e-
qual）原则。

获得最高法院的支持，南方各州更加肆无忌惮地推行种族隔离制度。19
世纪 80 年代以后，美国南方的立法机关在"隔离但平等"原则的幌子下，制定
了系统、全面的种族隔离歧视法律，统称为"杰姆·克劳法"（Jim Crow Laws）。
"二战"以后，随着世界局势和美国国内政治、经济、文化等社会因素的变迁，
美国黑人与白人之间的种族关系逐渐缓和，黑人争取教育平等权的斗争不断
高涨，国内有关公立学校种族隔离的案件大量出现。"布朗诉教育委员会案"
实际上是 5 个类似案件的合称，它们都对"普莱西诉弗格森案"中"隔离但平
等"原则是否符合宪法提出了疑问。

　　"布朗诉教育委员会案"经历了漫长、复杂的审理过程。根据调查，教育领域根本不存在"隔离但平等"的情况。在全美 19 个实施黑白分校的州中，白人学生平均每人的教育经费是黑人学生的 2.5 倍，白人教师的薪水是黑人教师的 2 倍，而且有 17 个州没有为黑人提供与白人相当的研究生教育。1954 年 5 月 17 日，最高法院首席大法官厄尔·沃伦（Earl Warren）宣布"布朗诉教育委员会案"的最终审判结果，九位大法官认定公共教育领域的"隔离但平等"原则是站不住脚的，在教育上采取种族隔离的做法本来就是不平等的。九位大法官认为，原告及其他处境相同的人所控诉的种族隔离政策，侵害了《宪法第 14 修正案》所保证的黑人的平等权利。

　　"布朗诉教育委员会案"判决以后，随之而来的是数十年的种族斗争和骚乱。1956 年 3 月 12 日，美国国会中有 101 名南方议员（国会参、众两院来自南方的议员共有 128 名）联名签署并发布了"南方宣言"（Southern Manifesto），谴责联邦最高法院的决定是"对司法权力的明显滥用"，认为"布朗诉教育委员会案"的判决包含了法官们的"个人政治观点和社会观点"。① 在 1957 年夏秋之际，南方大规模的抵制运动达到了顶峰，对黑人的暴力威胁、在入学政策中设置隐性的种族隔离、进行法庭诉讼以及关闭公立学校的行为随处可见。其中，最严重的一起冲突事件发生在阿肯色州的首府小石城（Little Rock），史称"小石城事件"。1957 年 9 月，该地教育委员会执行"布朗诉教育委员会案"判决时，遭到当地学校种族融合者的阻挠，最终艾森豪威尔总统动用联邦军队才得以缓解危机。

　　20 世纪 60 年代以后，美国民权运动勃兴，各少数民族利益集团纷纷采取行动，要求联邦政府废除种族隔离，消除种族歧视。1964 年 7 月 2 日，约翰逊总统签署了《民权法案》，标志着联邦政府在民权立法上终于迈出了重要一

---

　　① Tony Badger, "Southerners Who Refused to Sign the Southern Manifesto," *Historical Journal*, 1999(2), pp.517-534.

步。该法不但终止了不平等的选民登记制度，还禁止公共设施中的种族隔离。法案主要内容包括：公民选举权的相关规定；废除公共场所中的种族歧视和种族隔离；废除公共教育中的种族隔离；民权委员会工作的规定；禁止联邦资助项目中的种族歧视；禁止就业中的种族歧视；选民登记和投票统计的相关规定；民权案件的干预；建立社区关系服务机构等。上述规定旨在保障所有美国公民享有同等的权利和机会。

1964 年《民权法案》的颁布加快了废除种族隔离制度的步伐。研究表明，种族失衡对儿童的教育会产生不利影响。1965 年 4 月，联邦政府颁布了《取消学校种族隔离指南》，强调取消种族学校的最后期限。1965 年秋天，只有 6% 的南方黑人学生进入种族融合学校。① 1966 年，卫生、教育和福利部颁布了《取消种族隔离指南》。至 1966 年 9 月，南方 16% 的黑人学生已经进入种族融合学校。② 到 20 世纪 60 年代后期，南方学区纷纷开始向联邦教育署递交废除种族隔离的计划。据统计，1957 年，南方各州和白人一起上公立学校的黑人学生只占黑人学生总数的 4%，到 1964 年不过 9.2%，但到 1966 年 12 月已达到 25.8%，到 1968 年更达到 40%。③ 到 1972 年，有 91% 的南方黑人学生就读于种族融合学校。④

(二)向贫困宣战与联邦政府的教育政策

20 世纪五六十年代，美国社会亟待解决的一个突出问题即贫困。社会学

---

① Gary Orfield, "The 1964 Civil Rights Act and American Education," in Bernard Grofman, *The Legacies of the 1964 Civil Rights Act*, Charlottesville, The University Press of Virginia, 2000, p.101.

② Gary Orfield, "The 1964 Civil Rights Act and American Education," in Bernard Grofman, *The Legacies of the 1964 Civil Rights Act*, Charlottesville, The University Press of Virginia, 2000, p.102.

③ 参见[美]阿瑟·林克、[美]威廉·卡顿：《一九〇〇年以来的美国史》下册，刘绪贻、李世洞、韩铁等译，164~165 页，北京，中国社会科学出版社，1983。

④ 参见[美]L. 迪安·韦布：《美国教育史：一场伟大的美国实验》，陈露茜、李朝阳译，338 页，合肥，安徽教育出版社，2010。

家的研究成果促使联邦政府开始关注这一问题。瑞典经济学家默尔达(Gunnar Myrdal)于1944年出版《美国的两难境地：黑人问题与现代民主》(An American Dilemma：The Negro Problem and Modern Democracy)一书。在这本书里,默尔达认为美国在种族关系问题面临的两难困境是,美国国民的伟大信条与美国贫困现状之间的明显冲突。他认为,穷人受的教育很少,这样会影响他的就业机会;找不到工作或找不到报酬较高的工作,就会导致他没有好的住房条件、医疗保健和饮食,还会影响到下一代人的教育。他指出,走出"贫困圈"的出路是治愈美国白人的歧视或改善黑人的情况。

美国著名政治活动家哈林顿(Michael Harrington)于1962年出版《另一个美国：美国的贫困》(The Other America：Poverty in the United States)一书。该书揭露了美国繁荣背后的一个惊人事实："美国约有4000万至5000万穷人,占美国人口总数的20%~25%。"①哈林顿认为,随着现代科技的进步,美国的贫困不但没有消除,反而加深了。这主要是因为现代职业进一步提高了对劳动者的教育要求,而穷人因为没有条件接受较高的教育,所以被雇主解雇了。更严重的是,穷人子女也陷入了这种恶性循环。那么,如何才能打破这种恶性循环呢?哈林顿指出:穷人无法打破这种恶性循环,因为穷人缺乏社会能量和政治力量,所以只有依靠社会的力量,动用各种社会资源,才有可能帮助这些穷人摆脱贫困。

1962年,哈林顿《另一个美国：美国的贫困》的出版,受到肯尼迪政府的关注。1963年10月,美国著名经济学家赫勒(Walter Heller)着手起草如何消除贫困的计划,随后向国会提交备忘录。同年11月,在这份备忘录被评议之时,肯尼迪总统不幸遇刺身亡。所幸的是,继任的约翰逊总统继承了肯尼迪总统的反贫困计划。约翰逊认为,贫困是其建设"伟大社会"道路上的绊脚石,

---

① Michael Harrington, *The Other America：Poverty in the United States*, Baltimore, Penguin Books, 1962, p.178.

必须根除。1964 年 1 月 8 日，约翰逊总统在国情咨文中宣称："向美国贫困无条件宣战。这场战争的主要武器是更好的学校、更好的医疗、更好的家居、更优质的培训和更多的工作机会。这场战争要让美国人民摆脱脏乱、贫困以及失业。"①

20 世纪 60 年代，联邦政府主要通过立法、扩大福利服务、向低收入人群发放住房补贴、改善卫生条件等措施来消除社会贫困。1964 年 1 月，时任经济顾问委员会主席的赫勒提交《美国贫困问题》的报告，即《赫勒报告》（The Heller Report）。该报告承袭了"贫困循环"的观点，认为贫穷造就贫穷，低收入人群患病率高，流动受限，受教育机会、信息与培训受限。贫穷的家长不能为子女提供良好的健康和教育。该报告还为摆脱"贫困文化"，消除贫困计划提出了一些策略，如建立青年保护服务队（Youth Conservation Corps），扩大教育机会，发展职业教育，实行成人教育计划、提高身体素质计划、增加对老年人和残疾人的帮助计划等。报告还强调，学校教育必须始于学前教育阶段。由此可见，《赫勒报告》的核心就是利用教育来解决美国的贫困问题。

约翰逊总统认为，消除美国贫困的主要武器就是改善教育，增加就业机会。这与《赫勒报告》的基调基本一致。1964 年 8 月 20 日，约翰逊总统签署《经济机会法案》（The Economic Opportunities Act），标志着联邦政府的反贫困之战正式打响。该法案旨在消除美国的贫困、扩大青年接受教育的机会、强化穷人和失业者的安全网、为老年人提供医疗和资助服务。法案的主要内容包括："青年计划"，旨在为 16 岁至 21 岁的男女青年提供教育机会或职业培训，增强他们的公民责任和工作能力；"社区行动计划"，旨在为城市和农村社区提供资助，激励他们利用所有资源进行反贫困之战。除此之外，法案的内容还包括"农村贫困地区的特殊项目""就业和投资激励项目""工作经验计划"以及行政管理和协调工作等。

---

① Joel Spring, *The American School：1642-2004*, New York, McGraw-Hill, 2005, p.392.

1965 年 4 月 11 日，约翰逊总统签署了《初等和中等教育法》，该法与1964 年的《经济机会法案》提出的理论前提基本一致，都把教育视为解决贫困、消除种族歧视的有效武器。法案的主要内容是为城市中的贫民儿童、农村贫困地区的儿童提供资助，改善他们的受教育状况。约翰逊总统曾在一份教育政策文件中强调："只有穷人打开无知的枷锁，我们的反贫困之战才能取得胜利。"①教育总署署长凯佩尔（France Keppel）在该法案的听证会上说："许多世纪以前，阿基米德曾告诉我们'给我一个支点和足够长的杠杆，我就能撬动地球'。今天我们终于有了为贫困学生做点什么的足够强的支点和足够长的杠杆。"②无疑，这个杠杆就是教育，支点就是联邦政府财政资助。

1965 年 11 月 8 日，约翰逊总统签署《高等教育法》，该法的颁布标志着联邦大学资助体系的确立。法案授权向高等教育机构的教学设施建设、图书馆建设、教师培训、大学生培养等提供援助。在美国历史上，该法首次为大学生提供联邦奖学金，主要包括平等机会助学金（Equal Opportunity Grants）、联邦担保学生低息贷款（Low-interest Loans）、联邦工读项目（Work-study Programs）以及国防学生贷款（Defense Students Loans）等。据统计，1956—1966 年，美国高等教育经费从 6.55 亿美元直线飙升至 35 亿美元，为高等院校建设起到了有力支撑。③ 在约翰逊总统任期内，国会相继颁布了六十多项有关教育的法案，约翰逊因此被称为"教育总统"。

（三）《科尔曼报告》与教育机会平等

根据 1964 年《民权法案》的要求，教育总署在两年之内对美国各种族群体教育机会不平等的状况进行调查评估。詹姆斯·科尔曼（James S. Coleman）在

---

① *Public Papers of the Presidents of the United States: Lyndon B. Johnson, 1963-1964*, Washington, D.C., U.S. Government Printing Office, 1965, p.1563.

② Joel Spring, *The American School: 1642-2004*, New York, McGraw-Hill, 2005, p.393.

③ Lawrence E. Gladieux and Thomas R. Wolanin, *Congress and the Colleges: The National Politics of Higher Education*, Lexington, Lexington Books, 1976, pp.12-13.

其调研团队的支持下，进行了为期两年的公立学校调查。科尔曼于 1966 年 7 月 2 日向国会提交总结报告，即《科尔曼报告》(Coleman Report)。研究发现，公立学校中存在严重的种族隔离。绝大多数社会背景相似的学生进入同一所学校。有关种族的调查数据表明，白人学生群体隔离程度最高，黑人学生次之。在种族隔离严重的南方地区，白人学生和黑人学生几乎完全被隔离，同样的情况也发生在白人教师和黑人教师之间。

　　研究还发现，家庭社会经济背景是影响学生学业成就的主因。借助于对学生社会经济背景信息，诸如城市化背景、父母的受教育情况、家庭结构的完整性和家庭大小，以及家庭中的物品和家长在教育中感兴趣的信息的调查发现，这些因素对教育结果的影响相较于学校更为重要。研究还发现，诸多校内因素(图书馆资源、教师素质、实验室数量、课程设置等)对学生的学业成就也有重要影响。例如，就增加学校投入对提高学生学业成就的作用而言，对黑人及其他少数族裔学生的作用比白人学生更大，因为黑人及其他少数族裔学生更容易依赖学校。尽管如此，就影响学生学业成就的因素而言，学校特征与家庭背景因素所起作用相当，而当家庭背景因素这一变量被控制时，学校特征因素对学生学业成就的影响就变得微乎其微。

　　研究还发现，学校中其他学生的素质对少数族裔学生学业成就的影响比学校设施和教师要大。在调查中，科尔曼比较了四组黑人学生的学业成就：第一组黑人学生是在白人学生占绝大多数的教室里学习；第二组黑人学生是在黑人学生与白人学生各占一半的教室里学习；第三组黑人学生是在黑人学生占绝大多数的教室里学习；第四组黑人学生是在全部都是黑人学生的教室里学习。科尔曼提出，少数族裔学生的学业成就与其所在学校的学生主体构成密切相关。一个家庭教育背景较好的白人学生，其周围同学的家庭教育背景对其学业成就的影响微弱；而一个家庭教育背景较差的少数族裔学生，若其周围同学的家庭教育背景较好，则其学业成就极有可能会提高，若其周围同学的家庭教育背景与其类似，则其学业成就无明显变化。由此可以得出，种族融合学校对少数族裔学生能够产生积极的影响。

《科尔曼报告》总结，教育上处于劣势的黑人及其他少数族裔学生很难通过学校来摆脱家庭背景对其学业成就的影响，单靠增加学校投入不能解决种族之间教育机会不平等的问题。《科尔曼报告》建议：借助种族融合的途径或者说主要通过白人学生占大多数的种族平衡学校的创建来促进种族平等、学生学业进步。《科尔曼报告》指出：增加学校投入对解决学校中的教育机会不平等问题所起的作用微乎其微，对于学生学业成就起关键作用的是学生的家庭社会经济背景。显然，报告结论与政府现有的教育政策存在严重冲突。《科尔曼报告》不仅对约翰逊政府的教育策略产生了影响，而且对20世纪60年代后期及20世纪70年代美国教育平等政策的发展也产生了一定影响。

《科尔曼报告》的调查结果还显示，贫困的黑人学生在种族融合学校能获得更好的成绩。"这一发现为那些寻求让贫困的黑人儿童以及其他贫困儿童从底层学校转移到主流教育环境中去的人们提供了武器。"①美国心理学家布鲁姆的研究结果发现，儿童早期的外界刺激和影响对他之后的学习能力具有重要影响。人们开始考虑如何"弥补"贫穷环境中成长的儿童。他们认为，应该鼓励学校提供不均等的投入，以保证均等的产出；学校所要关注的重要平等是结果的平等，而不是公共设施的平等。面对研究者对教育机会平等观念的重新认识，以及少数族裔对教育机会平等的需求，教育工作者恪守帮助消除贫困的诺言，开始了对保证教育结果平等途径的研究。联邦政府与立法机构主要通过立法和调节经济杠杆等措施解决此类问题。

科尔曼的研究结果带来了公共政策的根本变化。联邦政府为了消除社会经济地位对贫困学生造成的种种不利影响，试图通过人为的途径来解决教育

---

① ［美］韦恩·厄本、［美］杰宁斯·瓦格纳：《美国教育：一部历史档案》，周晟、谢爱磊译，432页，北京，中国人民大学出版社，2009。

领域中的不平等问题。针对这一问题联邦政府授权经济机会办公室启动多项补偿教育计划，如就业工作团计划、社区行动计划、开端计划等。除此以外，联邦政府和立法机构制定了一系列法案，如《双语教育法案》《印第安人教育法案》《妇女教育公平法案》《残障儿童教育法案》等，促进弱势群体教育机会平等；改革学校课程，使教学内容易于少数族裔学生接受；实施用校车接送的方式让不同种族的学生入读同一学校，以期通过种族合校，提高少数族裔学生的学业成就等。然而，这些举措都未达到预期的效果。由此可见，教育并不是消除贫困实现"伟大社会"的根本举措。

## 二、生计教育与"回归基础"教育运动

### (一)生计教育运动

1971 年 1 月 23 日，美国教育总署署长马兰(Sidney P. Marland)在全美中学校长联席会上发表演说，首次提倡生计教育。他认为："所有的教育都是，或都将是生计教育。我们教育家所应努力的便是使青年们在中学毕业后，能成为适当有用的受雇者，或继续接受进一步的深造教育。"[①]在他看来，20 世纪 60 年代以来美国出现的种族歧视、学生退学、失业人数增加、工人对劳动的不满以及学校和社会骚动等现象，都说明学校教育的失败——学校未能实施普通教育与职业教育相结合的政策。1971 年 11 月，马兰在《美国教育》月刊中提出，生计教育这个术语基本上是一种观念或概念。它包括 3 个方面的内容：第一，生计教育将是所有学生必须学习的一部分课程，而不只是某些学生必须学习的课程；第二，生计教育应当贯穿于从小学到高中甚至大专院校的所有年级之中；第三，凡中学毕业或中途退学的学生都将掌握维持生计的各种技能，以满足个人和家庭的需要。

20 世纪 70 年代初，生计教育发展较快。1971 年，全国教育研究发展中

---

① 转引自许智伟：《美国生计教育》，4 页，台北，幼狮文化事业公司，1982。

心开始提供基金，着手发展学校本位模式(The School-Based Model)、雇主本位模式(The Employer-Based Model)、家庭—社区本位模式(The Home-Community-Based Model)、居住区本位模式(The Residential-Based Model)的生计教育模式。1972 年，国家教育办公室(U. S. Office of Education)负责推广这 4 种基本模式。其中，学校本位模式是最主要的一种模式。该模式可以划分为 3 个阶段：生计意识阶段(Career Awareness Stage)(K～6 岁)、生计探索阶段(Career Exploration Stage)(7~9 岁)、生计准备阶段(Career Preparation Stage)(10~12 岁)。詹姆斯·古德(James E. Good)认为，"生计教育有三大目标：学习如何生活(Learning to live)、学习如何学习(Learning to learn)、学习如何谋生(Learning to make a living)"①。

1972 年，尼克松总统在国情咨文的一次广播讲话中强调，生计教育是由政府创办的一项最有前途的教育事业，号召全国中小学、高等学校以及社会各界大力支持推广这项运动。事实上，早在 1971 年 9 月，美国商会就致函尼克松总统："我们对合众国教育总署把生计教育作为一项优先任务这样一个新的教育改革运动，感到十分高兴……(由教育总署)所提出的关于改革美国学校中生计教育的那些原则是值得鼓励和赞扬的。"②1973 年年初，美国商会主办了第一届全国生计教育工作会议，有 240 名一流的企业家、教育家与劳工领袖齐聚华盛顿，讨论了如何发挥企业—工业—劳工共同体在生计教育中的作用的 10 个基本问题，后来归纳为"十种设想"。其基本思想是，加强垄断资本对职业教育的控制，把知识同经验和工作密切结合起来，使工作实际上成为教育体系的一个组成部分。

20 世纪 70 年代中期，生计教育运动已在全美推行开来。1974 年，美国国会通过《生计教育法》(Career Education Act)。美国教育总署给生计教育的

① 许智伟：《美国生计教育》，27 页，台北，幼狮文化事业公司，1982。
② 转引自钟启泉：《现代课程论》，453 页，上海，上海教育出版社，1989。

拨款从 1971 年的 900 万美元增加到 1974 年的 6100 万美元。[①] 此外，教育总署还于 1974 年设立生计教育办公室（Office of Career Education）来指导全国生计教育的实施。截至 1974 年，在全美 1.7 万个学区中，已有 30% 的学区引入生计教育。到 20 世纪 70 年代末，有 55% 的学区进行生计教育实验。1977 年，美国还出台了《生计教育奖励法》（Career Education Incentive Act），以鼓励全国各地开展生计教育实验。"到 1978 年年底，已有 21 个州通过了《生计教育法》。1980 年，有 47 个州参与了《生计教育奖励法》。"[②] 这样，在获得了舆论引导、资金支持、法律保障和专家指导之后，生计教育在美国得以迅速推广。

为了更好地推广生计教育，美国教育总署，成人、职业及技术教育局将2.3 万个社会职业划分为 15 个职业群：农业商业和自然资源、卫生、通信与传播、海洋科学、招待与娱乐、公共服务、企业与办公业务、交通、个别服务、制造、环境控制、美术及人性陶冶、消费者与家政教育、营建、买卖和销售。[③] 职业群基本涵盖了工、农、商以及教育等各行各业。生计教育的主要项目包括：生计认知、自我认知、鉴赏与态度、决策技能、经济认知、技能认知、入门认知以及教育认知。这 8 个项目将使教育者得到 8 个方面的成果：生计认定、自我认定、自我社会满足、生计决定、经济了解、就业技能、生计安置以及教育认定。实施生计教育课程的课堂教学，主要运用 3 种教学方法：①把教学内容与各种生计教育联系起来；②把生计教育活动作为达到学术目标的手段；③围绕各种生计活动组织教育活动。

1976 年 11 月 8 日，在休斯敦举行了由学校教师与有关社会各界代表 8000余人参加的生计教育讨论会，进一步明确生计教育实质上是一种扩大的职业

---

① Norton Grubb and Marvin Lazerson，"Rally Round Workplace: Continuities and Fallacies in Career Education," *Harvard Educational Review*，1975(4)，pp.451-474.

② Harold E. Mitzel, *Encyclopedia of Educational Research*，New York，Free Press，1982，p.232.

③ 参见许智伟：《美国生计教育》，177 页，台北，幼狮文化事业公司，1982。

教育。大多数人认为,生计教育有其积极因素。例如,生计教育注重学校教育与校外学习经验的结合,有利于培养学生的劳动态度,使学生获得基本的劳动技能,提高对自己职业的认识。但生计教育过分强调职业、劳动与实际经验,不重视学生系统知识的积累和多方面能力的提升,导致20世纪70年代末生计教育逐渐走向衰败。不过,生计教育仍然是以训练学生掌握一定的职业知识和就业技能、减少失业为目的提出的。生计教育主要致力于解决课程与劳动脱节、学校与社会脱节、教育与生活脱节的问题。在当时,生计教育被认为是解决这些矛盾的有效策略。但是,这些问题源自资本主义市场的经济规律和阶级矛盾,教育改革无法从根本上解决这一问题。

(二)"回归基础"教育运动

"回归基础"教育运动即回到基础学科教育运动,是20世纪70年代美国教育改革的一项重要内容。它是一场由学生家长、教师、商人和政治家等自发组织的、自下而上的基础教育改革运动。① "回归基础"教育运动产生的社会原因包括:①公众对问责制的强烈要求;②国家定期转向保守主义;③离婚率高和家庭解体,导致民众要求学校提供家庭不能够提供的纪律教育;④放任自流。现实的原因包括:①家长经常应教育者要求,在学校事务中发挥更大作用,当他们深入其中,不喜欢或不理解所看到的内容时,试图根据自己的观点重塑政策或计划;②非洲裔或西班牙裔家长声称,他们孩子的基本技能在教学上被忽略或欺骗;③教师认为,若干年来强调人本主义目标、培养独立思考能力和创造性,降低了基本知识和技能的训练要求;④雇主指责高中毕业生缺乏读、写、算的基本能力;⑤高等院校抱怨一般中学毕业生未达到上大学的标准。

"回归基础"教育运动倡导在学校系统中重视基础教育,强调基础知识和基本技能的掌握,加强学习纪律的约束,推崇传统教育。20世纪70年代中

---

① Ben Brodinsky, "Back to the Basics: The Movement and Its Meaning," *The Phi Delta Kappan*, 1977(7), pp.522-527.

期，在美国民众、政府机构、立法机关、教育部门的积极参与和推动下，"回归基础"教育运动迅速席卷整个美国。"回归基础"教育运动的主要内容包括：

第一，强调基础课程教学，注重传统教育。①小学阶段，强调阅读、写作和算术教学及基本能力的培养。②中学阶段，强调英语、自然科学、数学、历史的教学，教科书经过严格的筛选。③取消选修课，增加必修课。取消一切点缀性课程，如泥塑、编织、制作玩偶、长笛、排球等。取消学校的社会服务项目，包括性教育、驾驶教育、禁毒教育、体育等。取缔教育新招，如新数学、新科学、语言学等。增加爱国主义教育的内容(包括爱乡土、爱上帝等)。

第二，采用传统的教学和评估方法。①在日常教学过程中，教学方法主要包括：练习、背诵、日常家庭作业、经常性测验等。②发放成绩报告单，采用传统的等级评分法或百分制记分法，并定期发给学生。③经过考试证明学生确已掌握所要求的基本技能和知识后，方可升学或毕业，取消只凭学满课程所要求的时间即给予升学或毕业的做法。

第三，教师要在学校教育的一切阶段起主导作用，不得开展任何由学生自主进行的活动。

第四，加强纪律管束。"回归基础"教育运动的支持者认为，纪律是维持课堂学习，加强学校管理，学校、教师、学生各司其职的前提和保证。在公共教育系统中实行严格的纪律，能够确保学校对学生的管理作用，发挥教师的主导作用，保证教学任务的完成，维持正常的学校秩序。学校还规定学生的服饰和发型，甚至允许体罚学生。①

---

① Ben Brodinsky, "Back to the Basics: The Movement and Its Meaning," *The Phi Delta Kappan*, 1977(7), pp.522-527.

在"回归基础"教育运动实施过程中不断调整运动思想、内容，逐渐克服自身存在的教育问题与矛盾，教育主张变得更加明确，运动所倡导的教育问责制与最低能力测试制度(Minimum Competency Testings)也逐渐完善并被各州采纳，在部分州、县设立的基础学校获得越来越多的认可。教育问责制主要包括：对公立学校进行问责、对教师进行问责以及对家长进行问责。而作为运动的另一项重要教育制度——最低能力测试制度，则被称为教育问责制的主要工具。由此可见，最低能力测试制度与教育问责制之间存在密切关系，前者是后者的具体表现，后者是前者的制度支持和理论依据。

基础学校作为一种专门开展"回归基础"教育运动的学校，是"回归基础"教育运动最具体、综合、彻底的体现。鲁弗拉(Jean S. Ruffra)在《"回归基础"教育运动》一文中强调："回归基础"学校重视传统课程，爱国主义、竞争以及公民教育，阅读、练习和家庭作业。纪律是这种学校的重要组成部分。简言之，基础学校的目标可以归纳为 5 个大类：①为继续教育而掌握基本技能；②理解并铭记祖国的历史、遗产和政府结构，并以客观的方式进行推理；③促使每个儿童尽力而为；④确保教育问责制的实施；⑤加强对学生父母进行公民身份、尊重、纪律和个人责任的教育。[1]

基础学校除了强调传统课程和纪律教育之外，还强调以下 4 项内容。①教科书的使用。一所基础学校的教学大纲提出，教科书对学生而言是必需的。每位学生手上都要有每门学科的教科书，外加多个补充学习的相关教科书。②家庭作业。迈尔斯(Myers)说，做作业即塑造性格，帕萨迪纳(Pasadena)的 3 所基础学校每周给学生布置 4 个晚上的作业，学生要独立完成作业。③着装要求。基础学校的倡导者认为，适当着装在很大程度上有助于营造一

---

[1] "What Makes a School 'Fundamental'? These Five Purposes and Four Earmarks," *American School Board Journal*, 1976(2), pp.30-31.

种尊重他人的氛围。因此，此类学校对男、女教师以及男、女学生的着装都有严格的要求。④爱国主义。一些基础学校的拥护者表示，爱国主义是一种可以被教导的情感。

综上所述，尽管"回归基础"教育运动因为缺乏明确、具体的目标，缺乏有力的理论基础和组织领导，过分强调基本知识和基本技能的掌握，过分强调考试和成绩而广受诟病，但是"回归基础"教育运动仍然具有明确的积极意义：①有利于培养出一批阅读、写作和计算能力较强的学生；②有利于恢复教师在课堂上的权威，有利于重建必要的学校规章制度；③有利于消除公立学校中课程名目繁多、主次不分等现象；④有利于推行个别化教学，以帮助每个学生获得在复杂社会中生存所需要的基本技能。因此，这场运动对20世纪70年代下半期的美国教育产生了重要影响。

## 第四节 教育优异的追求与面向21世纪的美国教育改革

### 一、新联邦主义教育计划与学校改革运动

#### （一）新联邦主义教育计划

20世纪70年代，随着国家经济和社会生活飘摇不定，美国政治明显转向保守，然而教育上却一直延续着约翰逊时期的教育政策。尼克松总统、福特总统作为保守主义者，试图扭转联邦政府加大教育投入的趋势，但均未获得成功。民主党人卡特总统也未获得成功，而且在很大程度上使美国经济陷入困境。共和党人里根是一位忠诚的保守主义者，他不仅看到经济衰退带来的社会问题，也意识到政府项目的不断扩大所产生的经济负担与社会责任。1980年，里根当选为美国总统，这标志着政治和教育领域内保守主义的复苏。

作为新保守主义的代表，里根政府在教育改革领域采取了带有明显右翼色彩的新联邦主义(New Federalism)教育政策。里根的新联邦主义"提倡削减税收，减少联邦为包括教育在内的公共项目的投入，将政府责任和对国内事务的管理分别划归到州政府和各级地方政府，而且它还号召商业团体更多地参与学校管理和教育目的与标准的制定"①。里根政府教育议程中首要的任务就是削减名目繁多、复杂且混乱的教育项目。1980 年，联邦政府实施的教育资助项目超过了 500 项。为与建立综合补助拨款制度、将事务的决定权留给地方官员的施政纲领保持一致，里根总统首项重要提案就是将《初等和中等教育法》中的第一款、《残障儿童教育法案》、《应急学校援助法案》合并为一个综合补助款项目，并将其他的初等和中等教育项目合并为另一个综合补助款项目。②

1981 年，国会颁布《全国教育联合与改进法案》，虽然该法案并未将第一条款与其他法案合并，但它将 43 个初等与中等学校的分类项目合并为一个综合补助款项目。里根政府对整个项目拨款的总额远低于以前对初等和中等教育这一个项目的拨款额度。从 1980 财年到 1989 财年，联邦政府对初等和中等教育的资助缩减了 17%，对高等教育的资助缩减了 27%。事实上，里根在任期大幅削减联邦政府的教育资助经费，教育部的预算经费在国家整体预算中所占的比例由原来的 2.5% 下降到 1.8%，双语教育计划的资助经费被削减了 54%，贫困教育资助项目的经费被削减了 25%。③

综合来说，20 世纪 80 年代，教育改革家的基本假设是，经济复苏取决于美国教育的振兴。自约翰逊总统以来，联邦政府在国家教育计划制订中发挥

① ［美］L.迪安·韦布:《美国教育史:一场伟大的美国实验》，陈露茜、李朝阳译，380 页，合肥，安徽教育出版社，2010。

② 参见［美］L.迪安·韦布:《美国教育史:一场伟大的美国实验》，陈露茜、李朝阳译，381页，合肥，安徽教育出版社，2010。

③ Maurice R.Berube, *American Presidents and Education*, New York, Greenwood Press, 1991, pp.90-91.

着越来越重要的作用。然而，里根总统认为，联邦政府在教育中的角色应该弱化，反之州政府应该在教育中扮演重要角色。里根政府的教育政策明显受到保守主义政治理念的影响。不过在当时美国经济"滞胀"的状态下，里根政府采取带有保守主义倾向的新联邦主义教育政策具有合理之处。里根政府提倡利用学费退税和教育券制度推动公立与私立学校共同发展。里根政府的多渠道筹措办学经费、市场参与调控教育等设想虽未付诸实施，但为继任者的教育改革提供了参考和借鉴。

（二）学校改革运动

20世纪80年代，随着美日之间经济战的展开和美国国内经济状况的日益恶化，教育成为众矢之的，再次进入公众的视野。为了回应公众对学校教育质量提出的疑问，挽救不断衰退的国家经济与国家竞争力，里根总统于1981年8月26日，任命大卫·加德纳（David P. Gardner）等18人组成全国优异教育委员会。该委员会于1983年提交了《国家处在危险之中：教育改革势在必行》的报告。报告指出："一股平庸主义正在教育中蔓延"[1]，如果一个不友好的国家试图利用我们的教育现状欺压我们，那么此举就意味着向我们宣战。

这份报告致力于从根本上推动美国的教育体制改革，并重申国家对高质量学校和大学的承诺。报告提出需要研究的教育议题包括：评估国家公立与私立学校、学院与大学的教育质量；比较美国学校与其他发达国家学校的教育差异；研究高中入学要求与学生学业成绩之间的关系；确定能使学生在大学获得显著成功的教育计划；评估过去的四分之一世纪的重大社会和教育变化对学生成绩的影响程度；明确我们追求优质教育必须面对和克服的问题。这份报告反映了教育过程中存在的四大问题：①课程内容同一化、低质化和普及化；②学校对于各个年级、考试、毕业以及大学入学要求的低标准；

---

① 转引自汤贞敏、谢绍熺、姚轶洁等：《中国教育问题的哲学解析》，140页，广州，广东高等教育出版社，2016。

③学生在学术性课程中花费的时间在不断减少，没有养成系统的学习习惯；④师资力量不足，质量有待提升。针对上述四大问题，报告提出了相应的解决建议。

继《国家处在危险之中：教育改革势在必行》报告发表以后，全国和各州关于教育状况的报告陆续发表，最终掀起了一场学校改革运动，目的在于提高公立学校的教育质量和标准。该运动促使政治家、商业团体和教育家将他们的关注点转向学校改革。此次学校改革运动分为3个阶段。

第一阶段，对《国家处在危险之中：教育改革势在必行》报告和此后类似报告中的建议做出回应，认为美国学校中存在的问题必须通过自上而下、旨在提高成绩和问责制的政府行为来解决。所采取的主要改革措施有"提高毕业要求，实行标准化课程，增加对教师和学生的考核力度，提高对教师资格的要求"，"各学区也开始强调计算机知识、家庭作业和基本技巧的训练；设立参与户外活动的最低标准；挑选部分学校进行私有化的运营"。①

第二阶段，该阶段的改革建议主要来自一些著名的教育家，他们呼吁进行自下而上的改革，要求解决诸如分权化、地方管理、教师授权（Teacher Empowerment）、家长参与和择校等问题。第一阶段改革的目标是巩固和完善既有的教育制度，但是由于教育制度本身需要进行根本性变革，因此第一阶段的改革并未取得预期成效。第二阶段改革的对象是教育者。第二阶段的改革强调要实现教师专业化的不断发展。第二阶段的改革不仅要实现教师授权，而且还要改革教师培训。第二阶段的改革还要求以教育专家，而不是以教育部设置的教学标准为基础，建立全国教师资格认证制度。

第三阶段，这一阶段的改革提出了比前两个阶段更加综合的改革方案。第一阶段关注学校教育制度，第二阶段关注学校教师，第三阶段主张关注学

---

① ［美］L.迪安·韦布：《美国教育史：一场伟大的美国实验》，陈露茜、李朝阳译，385页，合肥，安徽教育出版社，2010。

生，并试图在学校之外构建一个综合制度来服务学生，其中家庭和学校是服务链条中的核心。"各州和各地教育系统对这些改革建议的回应表明，他们并不关注不同阶段提出的不同的改革方向，他们只是将其视为一系列的改革措施，并且只考虑那些能满足他们眼前需要的措施。因此，那些对学校经费、身份地位和权力再分配的影响较小的，以及那些成本低的、简单的（例如，提高毕业要求）措施大部分都被采用了，而那些改革幅度大、成本高、复杂的措施则没有得到采用，或只是部分得到采用（例如，延长学年）。"①

学校改革运动对学校的影响是复杂的。实际上，教育改革者认为学校改革运动产生了持续性的影响。"第一阶段是州立法机关提高学术水平和教师工资。第二阶段是学校管理者修订学校课程和改革教师培训。教育改革者呼吁第三阶段的学校改革应从根本上重组教育，特别是扩大联邦政府的教育角色。教育部长威廉·贝内特（William Bennett）强烈反对这一立场，他认为'联邦政府不应参与其中'。"②然而，关于学校改革运动的系统研究表明，大部分的学校提升是在《国家处在危险之中：教育改革势在必行》报告发布之前进行的。学校管理者认为，学校改革运动还产生了一些负面影响。他们认为，学校改革运动过分重视标准化考试，忽视了课程的影响和创造性。同样重要的是，随着国家在教育方面的权威不断增强，地方权威受到威胁。

学校改革运动还产生了一些重大的政策影响。第一，教育再次成为国家的事情。国家参与管理教育的权限不断扩大。第二，学校改革运动将政策焦点从约翰逊"伟大社会"以来一直关注弱势群体的学生转向关注最优秀、最聪明的学生。第三，学校改革运动将教育影响从联邦政府转移到各州。第四，学校改革运动将公众的注意力从最有可能实施公平干预的小学转向开始进行

---

① ［美］L.迪安·韦布：《美国教育史：一场伟大的美国实验》，陈露茜、李朝阳译，390页，合肥，安徽教育出版社，2010。

② Maurice R.Berube, *American Presidents and Education*, New York, Greenwood Press, 1991, p.114.

学术训练的高中。

## 二、教育优异的追求：国家教育战略

### （一）国家教育目标与《美国2000年：教育战略》

布什于1989年1月20日正式入主白宫。其实早在1988年10月，布什就在美国《卡潘》(Phi-Delta Kappa)杂志发表文章宣传自己的教育主张。布什认为："教育可以成为我们最强有力的经济项目、最重要的贸易项目和最有效的反贫困项目。无论对于个人的前途还是对于民族的前途，教育都是至关重要的。对于我们的年轻一代，更好的教育意味着得到更好的职业；对于我们的民族，更好的教育意味着具有更富竞争力的美国。"①在竞选期间，布什宣称自己将致力于成为一名"教育总统"。

1989年4月5日，布什总统向国会提交《教育优异法案》(The Educational Excellence Act)。该法案旨在通过实施激励措施，提高美国教育质量。布什总统在法案中提出7项具体的立法倡议：①总统优等学校计划，奖励那些在提高学生学业成绩、创建安全和无毒校园环境以及降低辍学率方面取得实质性进展的公立和私立中小学校；②新的磁石学校计划，支持磁石学校的建立、扩大，而不考虑申请地区是否存在取消种族隔离计划；③教师和校长选择认证计划，协助各州扩大人才招聘，提供资金协助各州制定、实施或提高认证制度，帮助各州招募优秀教师和校长；④总统教育卓越奖，颁发给各州满足条件的优秀教师；⑤无毒学校城市紧急拨款，向那些受到毒品贩运和滥用影响的城市学区提供特殊的帮助；⑥国家科学学者计划，为在科学和数学方面表现优异的高中生提供奖学金，鼓励他们在科学、数学、工程上继续学习；⑦为历史悠久的黑人学院、大学和机构提供额外的配套资金。

布什总统继承了前任总统里根的教育纲领，继续进行学校改革运动。他

---

① 钱家琪：《重振优等教育——乔治·布什的教育战略设想》，载《外国教育动态》，1989(3)。

认为，教育是各州政府的责任，联邦政府的作用就是为各州提供国家纲领。
1989 年 9 月 27 日和 28 日，布什总统召集全国州长协会(National Governors As-
sociation)代表在夏洛茨维尔(Charlottesville)举办了一次全国教育峰会。总统
和各州州长发表联合声明，宣布："这次会议的目的是确定国家教育目标，这
将有利于提升我们国家的竞争力。"①总统和各州州长一致认为，不仅要关注
学生学业成绩、提升学术标准，而且还应制定全国教育目标。峰会明确提出
制定全国教育目标的准备与各州的职责，主要包括：①制定国家教育目标的
进度表；②通过监管和立法手段，一方面强化问责制，一方面确保灵活性；
③明确各州在教育系统改革中的重要职责；④建立教育目标进展情况年度报
告制度。

　　1990 年 7 月 31 日，布什总统与各州州长发表联合声明，宣告成立国家教
育目标小组(National Education Goals Panel)。1990 年 12 月 31 日，国家教育目
标小组发布题为"建立学习型国家"的年报。年报提出，到 2000 年，"①美国
的所有儿童都将做好上学的准备；②高中毕业率将达到 90%；③所有四年级、
八年级、十二年级的学生在一些难度较大的学科，如英语、数学、科学、历
史、地理等中具有竞争力，而且美国的所有学校应保证让学生学会运用自己
的智慧，使其成为有责任感、有未来学习技巧的人，并在美国现代经济建设
中成为有创造力的一员；④美国学生将在世界数学和科学成就中名列前茅；
⑤每一个美国成年人都将成为有文化的人，掌握应对经济全球化竞争必备的
知识和技能，都能行使公民的权利，履行公民的义务；⑥每一所美国学校都
将摆脱毒品、暴力的威胁，为学生学习提供一个有序的学习环境"②。1990—
1999 年，国家教育目标小组每年发布年度报告，其主要内容为：①目标工作

　　①　"A Jeffersonian Compact," *The New York Times*, 1989-10-01.

　　②　*America 2000: An Education Strategy*, Washington, D.C., Department of Education,
1991, p.12.

进展情况；②年度进展情况摘要；③国家进步情况；④各州进步情况。1999
年的年度报告指出："国家教育目标的许多目标已经实现。"①

1991 年 4 月 18 日，布什总统签署《美国 2000 年：教育战略》。文件针对
全国教育目标提出了四大应对策略：①为今天的学生创建更好、更负责的学
校；②为未来的学生创建新一代的美国学校；③把美国建成学习型国家；
④让我们的社区成为学习的场所。布什总统认为："《美国 2000 年：教育战
略》是一项长期战略，有助于我们实现全国教育目标。该战略预计将改变我们
11 万所公立与私立学校，改变每一个美国社会成员，改变每一个美国家庭，
改变我们的学习态度。"②该战略号召全体美国人为创建世界一流标准的学校
通力合作，帮助国家实现优质教育。由此可见，《美国 2000 年：教育战略》的
颁布标志着美国政府已经将教育提升到国家战略地位，体现了联邦政府对教
育前所未有的重视。

(二)《2000 年目标：美国教育法》

1993 年 1 月 20 日，克林顿就任美国总统。就任伊始，克林顿总统继续将
教育摆在优先发展的位置，推行一系列的教育改革。1993 年，国家教育目标
小组发布年度报告《建立学习型国家》，主要针对布什总统提出的 6 项"国家教
育目标"进行年度评估。报告指出，1989 年至 1992 年"国家教育目标"的实施
情况并不理想：许多儿童在入学之时并未做好准备，校园安全问题令人担忧，
美国成年人的文字表达能力平平，教育不公平现象仍普遍存在，国家教育仍
然处于危险之中。因此，制定全国性的教育标准，进一步推进美国教育改革
势在必行。

教育法案的制定并非一蹴而就。1993 年 2 月 24 日，时任美国教育部长

---

① *The National Education Goals Report: Building a Nation of Learners, 1999*, Washington,
D.C., National Education Goals Panel, 1999, pp.1-2.

② *America 2000: An Education Strategy*, Washington, D.C., Department of Education,
1991, p.5.

的理查德·赖利(Richard Wilson Riley)指出，我们必须借助制定实施国家目标来推动整个教育制度建设。立法使国家教育目标成为正式的国家政策。1994 年 1 月 25 日，克林顿总统在国情咨文中强调：希望参众两院慎重考虑，早日通过《2000 年目标法案》。随后，经过参众两院的激烈讨论，教育目标法案终获通过。1994 年 3 月 31 日，克林顿总统正式签署《2000 年目标：美国教育法》，并于 7 月 1 日起正式生效。法案共有 10 章，分别是：①国家教育目标；②国家教育改革的领导、标准和评估；③州和地方教育制度的改进；④家长协助；⑤国家技能标准委员会；⑥国际教育项目；⑦安全校园；⑧少数民族公民教育；⑨教育研究与改进措施；⑩其他事项。该法案是克林顿政府实施教育改革的纲领性文件，是对《美国 2000 年：教育战略》的继承和补充。

第一章"国家教育目标"是法案的核心内容。法案规定了八大国家教育目标：到 2000 年，①入学准备，美国的所有儿童都将做好上学的准备；②完成学业，高中毕业率将达到 90%；③学生成绩与公民素质，所有学生在完成四年级、八年级和十二年级学业时，都具备英语、数学、科学、外语、公民与政府、经济、艺术、历史和地理等学科知识与能力，而且美国的所有学校应保证让学生学会运用自己的智慧，使其成为有责任感的公民和具有未来学习技巧的人，并在美国现代经济建设中成为有创造力的一员；④教师教育与专业发展，美国所有的教师都有机会获得继续提升专业技能的培训，获得指导和培养学生所需的知识与技能；⑤数学与科学，美国学生将在世界数学和科学成就中名列第一；⑥成人教育与终身学习，每个美国成年人都将成为有文化的人，掌握应对经济全球化竞争必备的知识和技能，都能行使公民的权利，履行公民的义务；⑦安全校园，每所美国学校都将摆脱毒品、暴力、枪支和酒精的威胁，为学生学习提供一个有序的校园环境；⑧家长参与，每所学校都将推进家校合作，促进家长参与到学生成长过程之中。

《2000年目标：美国教育法》明确规定，要为实现法案第一章的国家教育目标提供一个框架，要创建优质和公平的教育。在美国历史上，这是第一次以法律的形式确定教育政策。随后，克林顿政府还颁布了1994年的《改革美国学校法》(The Improving America's Schools Act)、1994年的《开端计划法》(Head Start Act)、1998年的《卓越阅读法》(Reading Excellence Act)、1999年的《所有儿童教育优异法》(Educational Excellence for All Children Act)等，联邦政府所采取的这些教育改革措施，明确表达了美国教育政策的转向。《2000年目标：美国教育法》虽然在具体实施过程中出现了各州标准不统一、教师专业发展项目实施不理想等问题，但到20世纪90年代末，共有47个州制定了内容标准，其中有30个州建立了评估制度。① 综上，克林顿政府教育政策的核心内容涉及平等与质量、标准与问责以及择校等。这些改革举措为21世纪美国教育发展奠定了基础。

## 三、教育公平与教育优异的共同追求

### (一)《不让一个孩子掉队法案》

2000年9月30日，美国教育部向国会提交，并向公众公布了《2001—2005年教育战略规划》(The Strategic Plan for 2001-2005)。该教育规划提出"在全国范围内确保教育机会平等并推进教育卓越"的教育发展总体目标。该教育规划围绕总体目标制定了四大子目标：①为所有儿童的学习奠定坚实的基础；②改革美国的教育体制，使之成为世界最佳；③确保所有人都能够接受高等教育与终身教育；④促使教育部成为一个高效的组织。该教育规划成为指导未来5年(2001—2005年)美国教育发展的纲领性文件。2001年1月20日，布什宣誓就任美国总统。三天以后，布什向国会提交了一份教育改革议

① L.Dean Webb, *The History of American Education: A Great American Experiment*, Upper Saddle River, Prentice Hall, 2006, p.337.

案《不让一个孩子掉队法案》(No Child Left Behind Act)。该议案充分体现了布什政府的教育改革主张，也体现了《2001—2005 年教育战略规划》的核心价值理念。

2002 年 1 月 8 日，布什总统正式签署了《不让一个孩子掉队法案》。法案是两党政治妥协的产物，是对 1965 年《初等和中等教育法》的重新修订，其主要目的是加强政府的教育责任，提高学业标准，实行年度测试，进行学术评估，缩小学术成就差距，扩大资金使用的灵活性，赋予家长更多的选择权和提高教师的素质。在签署法案时，布什总统宣布："我们面临着巨大的挑战，没有比这更大的挑战了——我们的意思是确保每一个孩子，而不是某一些孩子，无论他们住在哪里，无论他们的家庭收入如何，在美国都能接受一流的教育……我们应给予美国孩子一个良好的教育。今天就是一个新时代的开始，我们国家的公共教育进入了一个新的时期。"[1]可见，《不让一个孩子掉队法案》的立法目的是为所有儿童提供公平与高质量的教育。以此为起点，美国拉开了新世纪基础教育改革的序幕。

《不让一个孩子掉队法案》共 10 章，主要包括：①提高弱势儿童的学业成就；②高质量教师和校长的培养、培训与招聘；③英语学习有限者和移民学生的语言教学；④21 世纪安全校园建设；⑤促进家长选择和教育创新项目；⑥灵活性与问责制；⑦印第安、夏威夷以及阿拉斯加土著居民的教育；⑧对政府雇员子女就学学区的资助项目；⑨一般规定；⑩对其他法律的废除、更名以及修订。《不让一个孩子掉队法案》的目标是到 2014 年使所有的学生都精通各自所修读的课程。法案的支持者认为："该法案给一整代儿童，特别是给城市里那些学业不精的儿童带来了希望。"[2]也有人认为："法案显得过于烦

---

① George W. Bush, "Remarks on Signing to No Child Left Behind Act of 2001 in Hamilton, Ohio," *Daily Compilation of Presidential Documents*, 2002(2), pp.26-29.

② Lawrence Hardy, "A New Federal Role," *American School Board Journal*, 2002(9), pp.20-24.

琐，而且侵犯了州和地方教育的特权。"①总之，《不让一个孩子掉队法案》是建立在1994年《改革美国学校法》问责和评估要求的基础上的，是对过去十年来美国国家教育政策的继承与发展。法案的核心思想是通过提高美国公立学校的教育质量，促进教育实质上的公平。

《不让一个孩子掉队法案》的特别之处，一是它代表了一个更加系统的实现教育改革和促进教育发展的方法。该法案试图将各种领域的要求和动机联系起来，包括学业测试、校园安全、利用阅读教育促进教师专业发展等。二是该法案虽然提高了州、学区以及学校的高风险测试要求，但提出了学校改进措施。《不让一个孩子掉队法案》自实施以来，在学生学业成绩、标准化考试推广、绩效问责制以及教师质量等方面取得了明显成效。联邦政府在教育经费划拨、教育管理权限、教育绩效监督等方面做了最大努力，但法案在具体实施过程中，仍存在目标过高、标准不统一、经费不足、责权不清等问题。标准化考试也给学校教学、教师和学生等带来了诸多负面影响。事实上，美国社会各界对《不让一个孩子掉队法案》的实施成效各执一词。法案的倡导者，布什总统和联邦政府充分肯定法案在改善美国基础教育方面发挥的重要作用。美国学者肯·古德曼(Ken Goodman)认为，法案的"长期影响和近期效果，都将是破坏美国教育的……其最终目的是让美国教育私有化"②。

(二)《让每一个学生成功法案》

2009年1月20日，奥巴马宣誓就任美国总统。由于经济危机、教育质量下滑等原因，奥巴马政府出台了一系列的教育改革举措。2月17日，奥巴马总统签署了《美国复苏与再投资法案》，将1000多亿美元用于振兴教育。拨款主要用于缓解财政困难、促进教育改革、改进教育项目等。同年7月24日，

---

① William Paul Wanker and Kathy Christie，"State Implementation of the No Child Left Behind Act，"*Peabody Journal of Education*，2005(2)，pp.57-72.

② [美]乔尔·斯普林:《美国教育》，张驰、张斌贤译，243页，合肥，安徽教育出版社，2010。

奥巴马又宣布了"竞争卓越计划"，力推基础教育改革。计划提出，为联邦教育部提供43.5亿美元资助各州改革基础教育。改革主要涉及：①采用国际标准和评估方法为学生进入大学或工作做好准备；②招聘、培养和奖励并留住高效的教师和校长；③建立资料库系统，用来检测学生的表现，并告知教师与校长如何改进教学；④改进成绩差的学校。

2010年3月13日，美国教育部发布了《改革蓝图——对〈初等和中等教育法〉的重新授权》(简称《改革蓝图》)。《改革蓝图》是在《不让一个孩子掉队法案》的基础上，对1965年《初等和中等教育法》的重新授权和最新修订。奥巴马总统在《改革蓝图》的前言中指出："每一个美国儿童都应接受世界一流的教育。今天，接受世界一流的教育是获得成功的先决条件。曾经，美国的教育是世界上最好的……然而，今天已有10个国家超越了我们。不是它们的学生聪明，而是它们懂得如何教育它们的学生……我们必须要做得更好。大家应该齐心协力，完成同一个目标，即到2020年，重获大学竞赛的领导权。我们应该对我们的学生、学校以及我们自己有更高的期待——这应该是我们国家的主要任务。我们要确保每一个高中毕业生能够进入大学或做好就业的准备。"[1]

奥巴马在肯定布什总统签署《不让一个孩子掉队法案》以来8年所取得的成绩的基础上，针对《不让一个孩子掉队法案》执行过程中存在的问题，重新修订并授权《不让一个孩子掉队法案》。《改革蓝图》的主要内容包括：①为所有学生设定明确的目标，即每个学生无论他的种族、民族、语言背景、残疾状况或是未来收入情况如何，都应该从高中毕业而进入大学并为就业做好准备；②联邦政府将致力于提高教学专业化水平，专注于识别、鼓励和奖励卓越的教师与校长；③为每一个学生创造平等的机会和公平的条件，联邦政府

---

[1]  U.S.Department of Education, *Office of Planning*, *Evaluation and Policy Development*, Washington, D.C., ESEA Blueprint for Reform, 2010, p.1.

将明确各级责任，保证各级问责制的公正；④不断完善教育并鼓励创新，促进学生的全面发展。为此目的，奥巴马总统颁布了《州共同核心课程标准》（Common Core State Standards），启动了"为创新而教"和"尊重项目"等。2015年 12 月 10 日，奥巴马总统签署了《让每一个学生成功法案》（Every Student Succeeds Act）来取代《不让一个孩子掉队法案》。

联邦政府颁布《让每一个学生成功法案》，旨在确保每一个高中毕业生能够进入大学或做好就业的准备。该法案主要包括：①改善由州和地方教育机构实施的基础教育项目；②培养、培训并招聘高质量的教师、校长和其他学校领导；③为英语学习者以及移民学生提供语言教学；④建设 21 世纪校园环境；⑤鼓励各州进行教育创新并增加地方教育机构的灵活性；⑥关注印第安、夏威夷以及阿拉斯加土著居民的教育；⑦对政府雇员子女就学学区进行资助；⑧总则；⑨无家可归儿童的教育及其他法律的修订等。由此可见，《让每一个学生成功法案》既延续了 1965 年以来美国关注教育公平问题的精神，又针对《不让一个孩子掉队法案》执行过程中出现的问题进行了修订，体现了美国公众追求教育质量和公平的双重诉求。《让每一个学生成功法案》自颁布以后，在实施过程中仍面临着管理权限、资金分配、标准制定等现实问题，鉴于经济衰退、预算缩减的现实，如何在较短时间内取得成效，各州教育机构能否胜任新的角色仍需拭目以待。

综上所述，20 世纪 80 年代以来，依据具体国情和公众诉求，美国联邦政府不断调整基础教育政策。在教育目标上，美国从教育公平转向教育优异。1983 年《国家处在危险之中：教育改革势在必行》发表以后，联邦政府的教育改革从关注教育公平转向关注教育优异；21 世纪伊始，教育改革兼顾教育公平与教育优异，随后联邦政府教育政策有所倾斜，更加突出教育优异。在管理权限上，20 世纪 80 年代，联邦政府将教育管理权逐渐下放给各州和地方政府；20 世纪 90 年代以后，特别是全国教育目标制定以后，联邦政府调整教育战略，认为教育是国家事务，联邦政府、各州和地方政府应共同管理教育；21 世纪伊始，鉴于教育政策在具体实施过程中出现的各种问题，联邦政府又将教育的管理权还给了各州和地方政府。21 世纪以来，美国基础教育质量有了显著提升，但也存在不少问题。针对这些问题，奥巴马政府提出了一系列的教育改革举措，不断将教育改革推向深入。可以预见，为了确保美国教育的国际领先地位，构建 21 世纪的现代教育体系，美国基础教育改革仍将持续进行。

# 第五节  美国高等教育大众化与美国高等教育改革

## 一、美国高等教育大众化

### （一）高等教育战略地位的确定

"二战"以后，世界政治经济形势发生剧烈变化。美苏之间展开激烈的军备竞赛，发展高等教育的重大战略意义日益凸显。"二战"后不久，联邦政府通过了一系列的教育法案，不断推动高等教育的改革与发展。其中包括 1944 年的《退役军人再适应法》(The Serviceman's Readjustment Act)、1958 年的《国防教育法》、1963 年的《职业教育法》(The Vocational Education Act)、1963 年的《高等教育设施法》、1965 年的《高等教育法》及其 1972 年的修正案等。1958 年的《国防教育法》是美国历史上第一次以法律的形式把教育置于事关国家安全的重大战略地位。以《国防教育法》为契机，随后美国的历任政府都非常重视教育，把教育放在国家发展的战略地位。

1954 年 1 月 7 日，艾森豪威尔总统在国情咨文中提出，青年是国家最宝贵的财富。1958 年 1 月，艾森豪威尔总统强调："鼓励提高教学质量和增加学生就学机会，以便为国家的安全服务。"①1963年1月，肯尼迪总统在教育咨文中指出："教育是自由和进步的基石……提高教育质量和增加教育机会对我们的国家安全和家庭幸福至关重要。我们国家致力于加大对经济的投入。近期研究表明效益最高的投资是教育投资。这些年来，国家发展效率的提高约40%是由教育投资带来的……在新的时代，高质量的教育对于给我们的国家目标和力量赋予新的意义是极为重要的……总之，从任何角度看，教育对国家的利益和个人的利益都是最重要的……联邦的职责是，鉴别国家教育目标，帮助地方和州政府以及私人机构实现这些目标。"②

1968年2月，约翰逊总统在给国会的咨文中，明确表明了政府对高等教育的重视："美国的繁荣和富强、我们国家的利益受着我们的大学极大的影响。我们依靠大学的训练、科研和推广服务，因为知识是农业和工业生产的基础。"③由此可见，美国高等教育在战后之所以能够获得较快发展，是由于联邦政府把高等教育置于国家发展的战略地位，并以法律的形式固定下来，还不断增加教育投入。正如哈佛大学校长普西（Nathan M. Pusey）所言："美国高等教育在1945—1970年所取得的最大成就就是，高等学校获取了大笔经费以支付不断增长的日常开支。"④

（二）社区学院的发展

社区学院的前身是高等教育第一阶段（大学一、二年级）的初级学院，这一名称在"二战"后得以确定并广泛应用。1856年，芝加哥大学首任校长威廉·R. 哈珀（William Rainey Harper）第一次提出"初级学院"这个概念。1892

① 梅孜编译：《美国总统国情咨文选编》，254页，北京，时事出版社，1994。

② David D. Henry, *Challenges Past, Challenges Present: An Analysis of American Higher Education since 1930*, San Francisco, Jossey-Bass Publishers, 1975, pp.127-128.

③ David D. Henry, *Challenges Past, Challenges Present: An Analysis of American Higher Education since 1930*, San Francisco, Jossey-Bass Publishers, 1975, p.130.

④ Nathan M. Pusey, *American Higher Education, 1945-1970: A Personal Report*, Cambridge, Harvard University Press, 1978, p.89.

年，哈珀在芝加哥大学推行改革，把大学教育分为学术学院和大学学院。1896年，二者分别改称为初级学院和高级学院。1901年，哈珀与其他人一起，在伊利诺伊州的乔利埃特高中（Joliet High School）进行改革试验，设立乔利埃特初级学院（Joliet Junior College）。由此可见，哈珀不仅提出建立初级学院的思想，而且将初级学院从理论变为现实。哈珀也被后人誉为"初级学院之父"。初级学院名称的变化过程折射出学院内涵上的变化。简言之，从最初的初级学院到现在的社区学院，这一类型的教育机构也从单一的转学功能发展到现在的复合社区服务功能。

20世纪初期，初级学院发展获得联邦政府、州和地方政府的关注与支持。1920年，联邦政府教育总署组织召开第一次全美初级学院会议，会上成立了美国初级学院协会（American Association of Junior College）。1929年，美国初级学院协会开始出版《初级学院指南》。到1921年，公立初级学院数量为70所，登记入学人数达到8349，私立初级学院137所，登记入学人数达到7651。[①]随着初级学院的进一步发展，人们越来越关注初级学院的教育培训功能。在这一阶段，初级学院被广泛认同的功能主要包括：普及教育功能、准备教育功能、职业教育功能以及指导功能。

"二战"之后，初级学院运动开始向社区学院运动过渡。1946年7月，杜鲁门总统发起成立总统高等教育委员会（The President's Commission on Higher Education）。1947年12月15日，总统高等教育委员会提交了《服务于美国民主的高等教育》（Higher Education for American Democracy）的报告。报告提出"社区学院"这一概念，并界定了社区学院的性质和使命，"社区学院将来可以是公立的，也可以是私立的，但显然多数将是公立的。它们主要是地方或地区性的，它们应由地方管理，应该认真地进行规划，以把它们纳入州综合高等教育体制中。它们主要应从地方社区获得资助，辅之以州政府的支持。不

---

① 参见毛澹然：《美国社区学院》，9页，北京，高等教育出版社，1989。

管社区学院采取什么形式，其目的应是为整个社区提供教育服务，这一目标要求它们具有多种功能和计划……要以最低的价格和最简单的录取方法来发现和发展个人的才智。此外，社区学院还要成为活跃的成人教育中心，努力满足整个社区对中等以后学校教育的需要"①。

"二战"以后，美国社区学院发展迅速。到了 1950 年，根据美国初级学院协会的调查统计，美国全国已有私立和公立的初级学院 634 所，在校学生总数为 562786，平均每所初级学院的入学人数达 887。② 20 世纪 50 年代末以来，美国社区学院发展势头更为强劲，成为高等教育结构中不可或缺的组成部分。1960 年，加利福尼亚州通过《加利福尼亚州高等教育总体规划》（A Master Plan of California Higher Education），该法在美国历史上第一次通过法律形式明确社区学院在高等教育中的地位。

20 世纪 50—80 年代，联邦政府不断增加对社区学院的拨款。据统计，"1975—1976 学年度，联邦、州和地方政府分别拨给社区学院 4.2 亿元、21 亿和 12.16 亿美元，占当年高等教育拨款总额的 8%、19%和 82%"③。1976—1977 学年度，美国共有社区学院 1233 所，其中公立社区学院数量为 1030 所，登记入学人数达到 3939000，私立社区学院 203 所，登记入学人数达到 146000。④ 1976 年，美国社区学院中的少数民族学生占全部在校生总数的 20%。⑤ 由此可见，"二战"之后，美国社区学院发展迅猛，而且社区学院在增加学生接受高等教育的机会方面也发挥着重要作用。

（三）研究型大学的发展

美国研究型大学的诞生是欧洲大学传统与美国现实完美结合的结果。

---

① 王英杰：《美国高等教育的发展与改革》，262 页，北京，人民教育出版社，2002。
② 参见毛澹然：《美国社区学院》，9 页，北京，高等教育出版社，1989。
③ 王廷芳主编：《美国高等教育史》，203 页，福州，福建教育出版社，1995。
④ 参见王廷芳主编：《美国高等教育史》，199 页，福州，福建教育出版社，1995。
⑤ 参见王廷芳主编：《美国高等教育史》，204 页，福州，福建教育出版社，1995。

1862年，哈佛大学校长托马斯·希尔（Thomas Hill）指出："如果我们大学的天才只局限于知识的传播，而不允许知识的增长，那么是时候建立一个新机构，而它的目的是进一步完善学习。"①1876年，约翰·霍普金斯大学成立，标志着美国研究型大学成立，真正开启了现代研究生教育的历史。正如该校首任校长丹尼尔·C. 吉尔曼（Daniel C. Gilman）在就职演说中所言："我们不仅要学习柏林大学高质量的教学模式，更应该看到学术科研的导航仪作用，重视知识的创造。"②1900年2月，美国大学协会（Association of American Universities）正式成立，标志着美国研究生教育进入标准化阶段，研究生院成为美国高校的重要组成部分。美国大学协会在世纪之交的研究型大学扮演了领导者的角色。

1945年7月，美国科学研究和发展办公室主任万尼瓦尔·布什（Vannevar Bush）向罗斯福总统提交了一份报告，即《科学：无止境的疆界》（Science：The Endless Frontier），报告提出要重新认识基础研究，加强理论构建，为战后联邦政府引导科学发展指明了方向。"二战"后不久，美国成立了人力资源和高级训练委员会。1949年，沃尔弗利（Dael Wolfle）受委员会委托对美国人力资源展开调查，并于1954年发表《美国的专业人才资源》（America's Resources of Specialized Talent）的报告，呼吁大力发展研究生教育。他认为："新武器的发展、人民健康水平的提高、生产力的提高和人类财富的增加所需新手段的研制……主要取决于脑力劳动者而非体力劳动者……公民的头脑构成了国家最大的财富。"③1956年，总统中学后教育委员会（President's Commission on Education Beyond the High School）成立，委员会先后发表两份报告，呼吁扩大

---

① Nathan M. Pusey, *American Higher Education*, *1945－1970：A Personal Report*, Cambridge, Harvard University Press, 1978, p.51.

② Francesco Cordasco, *Daniel Coit Gilman and the Protean Ph.D.：The Shaping of American Graduate Education*, Washington, D.C., Rowman and Littlefield Press, 1973, p.57.

③ Nathan M. Pusey, *American Higher Education*, *1945－1970：A Personal Report*, Cambridge, Harvard University Press, 1978, p.64.

教育机会，培养合格大学教师，扩大研究生教育。

1945—1975年，联邦政府投入大量资源发展高等教育。这一时期被称为美国高等教育发展的黄金时期。"高等学校的收入总额从1939~1940年的7.15亿美元上升到1974~1975年的356.9亿美元，增加了43倍以上。"① 1945—1970年，"美国高等院校每年用于业务支出的金额增加了约30倍，从战前的5.22亿美元上升至160亿美元"②。到20世纪70年代初，美国全国开设研究生课程的学校已达740所，可授予博士学位的学校达到350所。正如普西所言："这段时期，美国高等教育的盛名更多来自研究生教育(包括博士后培养)、科研方面的进步，而非本科生教育方面的进步"，"美国研究生院的伟大时代终于到来了，美国在20世纪60年代培养出来的受过高等教育的学生超过20世纪前60年培养的总和。研究生院终于超过本科学院成为美国高等教育的主要机构"。③

在社区学院和研究型大学扩张的同时，综合性大学和营利性院校也在不断发展。到1975年，这些院校的入学人数已占高等教育总入学人数的25%，这些院校颁发了33%的学士学位、30%的硕士学位、30%的第一专业学位、5%的博士学位。综合性大学还包括各类专业学院，如军事学院、技术和商贸学院、城市学院与传统黑人学院。到1975年，社区学院和初级学院达到1200所，其中私立院校有222所。公立社区学院显示了非同凡响的增长：1975年注册人数达500万，相当于过去12年高等教育机构注册人数的总和。营利性院校主要提供各类商贸教育，20世纪40年代后期因为《退役军人再适应法》资助退伍军人而获得巨大发展。战后5年内营利性院校建立了5000多所，但

① 王英杰:《美国高等教育的发展与改革》，32页，北京，人民教育出版社，2002。

② Nathan M. Pusey, *American Higher Education, 1945-1970: A Personal Report*, Cambridge, Harvard University Press, 1978, p.90.

③ Nathan M. Pusey, *American Higher Education, 1945-1970: A Personal Report*, Cambridge, Harvard University Press, 1978, p.83.

是其入学人数没有计入高等教育的相关统计数据中。"1945—1975年30年间，入学人数从200万增加到1100万，增幅超过450%，增速非比寻常。"①入学人数激增和学生运动高涨标志着美国高等教育进入大众化阶段。

## 二、美国高等教育系统的多元化发展

### （一）社区学院的发展与改革

20世纪70年代至20世纪90年代末，美国社区学院不断发展。21世纪以来，美国社区学院发展缓慢，社区学院数量整体呈下降趋势（表2-1）。然而，"对于社区学院的领导而言，社区学院学生人数每年以高达15%的比例递增，这是最令人印象深刻的特征。值得注意的是，登记入学人数从1960年的50万增加到1970年的200万，1980年增加到400万，20世纪90年代末增加到550万，2005年增加到600万"②。根据美国教育统计中心的数据，2010年社区学院登记入学人数增加至750万，2015年降至650万左右。由此可见，美国社区学院发展基本成熟。

表2-1　美国社区学院的数量（1975—2015年）

| 学年 | 社区学院总数 | 公立社区学院数量 | 私立社区学院数量 | |
|---|---|---|---|---|
| | | | 私立非营利性社区学院数量 | 私立营利性社区学院数量 |
| 1974—1975 | 1138 | 896 | — | — |
| 1975—1976 | 1128 | 897 | — | — |
| 1976—1977 | 1133 | 905 | 188 | 40 |
| 1980—1981 | 1274 | 945 | 182 | 147 |

---

① ［美］亚瑟·M.科恩、［美］卡丽·B.基斯克：《美国高等教育的历程》，梁燕玲译，131页，北京，教育科学出版社，2012。

② Arthur M.Cohen and Florence B.Brawer, *The American Community College*, San Francisco, Jossey-Bass Publishers, 2008, p.43.

续表

| 学年 | 社区<br>学院总数 | 公立社区<br>学院数量 | 私立社区学院数量 | |
| --- | --- | --- | --- | --- |
| | | | 私立非营利性<br>社区学院数量 | 私立营利性<br>社区学院数量 |
| 1981—1982 | 1274 | 940 | — | — |
| 1985—1986 | 1311 | 932 | — | — |
| 1986—1987 | 1336 | 960 | 173 | 203 |
| 1990—1991 | 1418 | 972 | 167 | 279 |
| 1991—1992 | 1444 | 999 | 176 | 269 |
| 1995—1996 | 1462 | 1047 | 187 | 228 |
| 1996—1997 | 1742 | 1088 | 184 | 470 |
| 2000—2001 | 1732 | 1076 | 144 | 512 |
| 2001—2002 | 1710 | 1085 | 135 | 490 |
| 2002—2003 | 1702 | 1081 | 127 | 494 |
| 2003—2004 | 1706 | 1086 | 118 | 502 |
| 2004—2005 | 1683 | 1061 | 112 | 510 |
| 2005—2006 | 1694 | 1053 | 113 | 528 |
| 2006—2007 | 1685 | 1045 | 107 | 533 |
| 2007—2008 | 1677 | 1032 | 92 | 533 |
| 2008—2009 | 1690 | 1024 | 92 | 574 |
| 2009—2010 | 1721 | 1000 | 85 | 636 |
| 2010—2011 | 1729 | 978 | 87 | 664 |
| 2011—2012 | 1738 | 967 | 100 | 671 |
| 2012—2013 | 1700 | 934 | 97 | 669 |
| 2013—2014 | 1685 | 934 | 88 | 663 |
| 2014—2015 | 1616 | 920 | 88 | 608 |
| 2015—2016 | 1579 | 910 | 107 | 562 |

资料来源：National Center for Education Statistics。

20世纪70年代中期以后，社区学院已发展成为美国高等教育系统的必要组成部分。社区学院的迅速发展也引起了社会学家的注意。杰尔姆·卡拉贝尔（Jerome Karabel）认为："社区学院的大规模扩张是由于劳动力中技术和专业工人比例的增加。这一增加导致那些想要选择除最低工资以外的任何工作的人寻求高等教育培训，从而增加了高等教育入学的压力……显然，教育机会的扩大，不管它对经济生产力和社会总体文化水平等的贡献有多大，都没有或者几乎没有改变社会流动的总体状况……社区学院的扩展并没有体现高等教育的民主化和更广泛社会中机会的重新分配，反而预示着进入高等教育的一种阶级联系的形式可以再现现有的社会关系。"①兹沃林（L. S. Zwerling）回应了上述观点："社区学院在维护美国社会和经济结构中起着至关重要的作用……社区学院的主要职能是协助引导年轻人获得与其父母已经占据的社会地位基本相同的相应职位。"②多尔蒂（Kevin Dougherty）则认为，社区学院是一把双刃剑，既"促进了高等教育的民主化，又阻碍了学生学士学位的获得。换言之，社区学院确实让更多的学生接受高等教育，但它并没有成功地推动学生攻读学士学位"③。

美国教育部针对1972届高中毕业生的纵向研究报告证实，社区学院在学生的生活中发挥着一定的作用。这一发现为学生利用社区学院实现自己的个人目标提供了证据。"社区学院的真正效益不能用它在多大程度上有助于推翻美国的社会阶层制度来衡量，也不能用它在多大程度上改变社区的现状来衡量。社区学院是一个针对个人的系统，它帮助个人学习他们需要知道的知识，使其成为有用的、负责任的社会成员。社区学院能够而且确实使人们更容易

---

① Arthur M. Cohen and Florence B. Brawer, *The American Community College*, San Francisco, Jossey-Bass Publishers, 2008, pp.418-419.

② Arthur M. Cohen and Florence B. Brawer, *The American Community College*, San Francisco, Jossey-Bass Publishers, 2008, p.419.

③ Arthur M. Cohen and Florence B. Brawer, *The American Community College*, San Francisco, Jossey-Bass Publishers, 2008, p.421.

在社会阶层之间流动。只要人们在分级教育的主流中保持自己的位置，社区学院就可以为任何年龄的个人提供向上流动的渠道。"①社区学院的潜力比其他任何机构都大，因为它关注的是最需要帮助的人。约翰·加德纳（John Gardner）认为："社区学院可以成为一个有效的召集者，一个有价值的论坛，一个讨论共同利益的会议场所。我们相信社区学院可以成为教育和文化复兴的源泉。"②

（二）研究型大学的发展与改革

20世纪80年代，美国研究型大学进入以提高质量为中心目标的时代。1983年4月，《国家处在危险之中：教育改革势在必行》报告发表以后，美国各界对教育问题进行了大讨论。教育界对教育问题的讨论更加热烈，并发表了近百份教育改革报告。1984年10月，《投身学习：发挥美国高等教育的潜力》（Involvement in Learning：Realizing the Potential of American Higher Education）的研究报告发布，此报告简要概括了美国高等教育取得的成就、本科教育面临的诸多问题，并提出了改进本科教育质量的若干建议。此报告认为，本科教育是国家的伟大资源，研究型大学还没有充分发挥本科教育的全部潜力，因此应责无旁贷地担负起发挥美国高等教育潜力的重任。1987年11月，卡内基教学促进基金会主席欧内斯特·博耶（Ernest L. Boyer）出版《学院：美国本科教育的经验》（College：The Undergraduate Experience in America），集中探讨美国高校本科教育问题并提出相关建议。

1995年，美国卡内基教学促进基金会资助成立了研究型大学本科教育委员会（The Commission on the Undergraduate Education in the Research University）。同年7月27日，委员会在普林斯顿召开第一次全体会议，基金会主席博耶主

---

① Arthur M. Cohen and Florence B. Brawer, *The American Community College*, San Francisco, Jossey-Bass Publishers, 2008, pp.437-438.

② American Association of Community and Junior Colleges, *Building Communities：A Vision for a New Century*, Washington, D.C., Rowman and Littlefield Press, 1998, p.16.

持会议。博耶指出："近年来，美国高等教育系统的优势正在丧失，学生和家长也不再盲目接受传统的教育模式，而是提出了一些个性鲜明的想法，这种情况在本科教育尤其是研究型大学的本科教育领域显得尤为突出。成立研究型大学本科教育委员会，就是要对这类大学面临的问题进行调查，并提出合理的发展建议，以促进研究型大学和整个美国高等教育系统的健康发展，满足学生、家长、社会和高等教育自身的要求。"①1995 年 12 月 8 日，博耶因病去世。为了纪念博耶，委员会更名为"博耶委员会"。

1998 年，博耶委员会发布报告《重建本科教育：美国研究型大学发展蓝图》( Reinventing Undergraduate Education：A Blueprint for America's Research Universities )。报告认为，美国高等教育系统是世界上最引人注目的，研究型大学发挥着主导作用。研究型大学在文化、经济和政治领域发挥领导作用。然而，研究型大学的本科教育往往是失败的，而将继续失败。报告指出，研究型大学重视科研忽视教学，重视研究生教育忽视本科生教育。针对上述情况，报告指出，现在需要建立一个研究型大学本科教育的新模式，本科教育经历将成为这个有机体中不可或缺的组成部分。为了富有针对性地解决研究型大学本科教育中存在的问题，实现科学研究与本科教育的良性互动，报告还提出了重建本科教育的 10 条建议。随后，研究型大学掀起了新一轮本科教育改革。

（三）美国高等教育发展的新趋向

1973 年，美国卡内基教学促进基金会制定"高等教育机构分类"( A Classification of Institutions of Higher Education )，把全美 2837 所高等教育机构分为五大类，即博士学位授予大学、综合性大学和学院、文理学院、两年制学院和专门学院。随后，这个分类经过了 1976 年、1987 年、1994 年、2000 年、

---

① Ernest L.Boyer, *Selected Speeches*, *1979-1995*, San Francisco, Jossey-Bass Publishers, 1997, p.65.

2005 年、2010 年、2015 年的不断更新，已经被公众认可。2015 年，美国共有 4664 所高等教育机构，分为博士学位授予大学、硕士学位授予学院、学士学位授予学院、学士学位与副学士学位授予学院、副学士学位授予学院、两年制专门学院、四年制专门学院、部落学院八大类。

　　美国高等教育系统复杂多样，从性质上看，有公立、私立之分；从类型和层级上看，有研究型大学、综合性院校、社区学院、专门学院等。多样化是美国高等教育系统的特征之一。2001 年，理查德·鲁克（Richard S. Ruch）在其著作《高等教育公司：营利性大学的崛起》（*Higher Ed, Inc.: The Rise of the For-Profit University*）中指出："营利性大学成为美国高等教育领域中唯一一个不断增长的部门。未来十年，营利性大学的数量和市场份额将持续增长，而非营利性大学的数量将持续下降。"①营利性院校的历史可以追溯到 19 世纪开办的私营工商学校。营利性院校一般都注重特定的职业技能培训。专业培养计划通常由指定的课程群组成，学生几乎没有选择权，也没有选修课。营利性院校的教师几乎都是兼职。由于政府的推动和多样化发展战略的实施，营利性院校在 20 世纪 90 年代获得长足发展。1990—2015 年，营利性院校增加了 919 所，增长了约 3.7 倍。营利性院校结合地区经济发展的实际需要，培养满足市场需求的专业人才，为地方经济发展做出了显著贡献。当前，营利性院校在美国高等教育体系中占据越来越重要的位置。

　　国际化是美国高等教育系统的又一显著特征。美国高等教育国际化的历史可以追溯到殖民地时期创办的私立学院。1919 年，尼古拉斯·巴特勒（Nicholas Murray Butler）、伊莱休·鲁特（Elihu Root）和史蒂芬·达根（Stephen Duggan）共同创建了国际教育协会（Institute of International Education）。他们认为，国家之间缺乏更深层次的了解是不可能实现长期和持续的和平的，而国

---

① Richard S. Ruch, *Higher Ed, Inc.: The Rise of the For-Profit University*, Baltimore, The Johns Hopkins University Press, 2001, p.21.

际教育交流则为促进国家之间的沟通和理解提供了强有力的基础。"二战"以后，国家安全和外交政策成为美国高等教育国际化兴起的真正推动力。1966年，联邦政府通过《国际教育法》(The International Education Act)，标志着世界上第一部以国家名义制定的国际教育法规出台。到20世纪70年代，高等教育国际化关注范围不断扩大，涉及全球教育、互助教育、多元文化与种族教育。20世纪80年代，高等教育国际化已被视为完整的教育领域不可或缺的组成部分。2000年4月，联邦政府公布《国际教育政策执行备忘录》(Executive Memorandum on International Education)，非常明确地阐述了教育国际化的目标。至此高等教育国际化上升为国家战略。

20世纪70年代以来，美国高等教育发展不断面临新的挑战。正如乔治·凯勒(George Keller)所指出的："美国已经迈入一个崭新的时代，美国的高等教育迫切需要打破其百年的历史结构，并重新设计面向新时代的教育培训。"①21世纪以来，美国社会各界纷纷要求大学进行改革，"要求大学少关注一些经济和研究，而多关注通识教育、领导力和责任感教育以及教师教育这些高等教育的基本目标，认为大学最重要的角色是帮助学生做好就业准备"②。2008年，美国国家公共政策和高等教育中心的报告指出，美国高等教育面临一系列新的挑战，诸如注册人数、教育成本、国际竞争、教育管理以及学生资助等方面。报告还指出，影响高等教育发展的三个主要因素是教育成本、教育质量和入学标准，而且这些因素形成了一个牢不可破的相互作用关系，改变一个就会影响到其他两个。可见，美国高等教育机构将面临历史性的考验。然而，可以肯定的是美国高等教育系统将会继续秉承其一贯传统，在发展过程中不断学习和改进。

① George Keller, *Higher Education and the New Society*, Baltimore, The Johns Hopkins University Press, 2008, p.98.

② Jeffrey Selingo, "What Americans Think about Higher Education," *Chronicle of Higher Education*, 2003(34), pp.10-15.

第三章

# 20 世纪后期美国的教育思想

　　20 世纪后期是美国经济社会大发展的时期，是传统价值观与各种新兴价值观进行碰撞的时期，也是国际竞争日趋激烈的时期，这给美国的教育带来了前所未有的挑战与机遇。这段时期美国教育界涌现出一批著名的教育家，如科南特、布拉梅尔德、科尔伯格、克雷明、马丁·特罗等，他们在基础教育领域、高等教育领域凭借多年实践的积累，凝练出带有强烈个人特征和时代特色的教育思想，引领了一次次教育改革，在一定程度上促进与推动了美国社会的改良，为教育发展与社会进步做出了令人瞩目的贡献。

## 第一节　科南特的教育思想

　　科南特，美国科学家和教育家，曾任哈佛大学校长和美国驻联邦德国大使。

　　1919 年，科南特开始在哈佛大学任教，1931 年出任哈佛大学化学系主任，被同事誉为"科学天才"。在化学研究方面，他发表了上百篇学术论文，编著或合著出版 5 部化学教科书，先后荣获美国化学协会"尼科勒斯奖"、哥伦比亚大学"钱德勒奖"以及其他美国科学学术团体奖项。

1933 年，科南特出任哈佛大学校长，执掌哈佛 20 年。在执教与执掌哈佛大学期间，科南特积极开展课程改革，促进通识教育在哈佛大学的普及与发展，创立实施教师"非升即走"制和任职期限计划，确立哈佛大学学术队伍的新陈代谢和优胜劣汰规则。此外他还创立了学生奖学金制，使哈佛大学在吸引优质生源方面保持着优势。所有这些极大地提升了哈佛大学的人才培养与科学研究水平。

1953 年，受艾森豪威尔的任命，科南特任驻联邦德国波恩高级外交官，开始涉足外交领域。1955 年到 1957 年期间，他又担任美国驻联邦德国大使。科南特的出色外交才华得到联邦德国政府以及艾森豪威尔总统的高度认可。

1957 年，科南特由于种种原因辞去大使职务，参与卡内基教学促进基金会有关美国中等教育发展的调查研究工作。1957 年 2 月至 1958 年 10 月，科南特对美国中学展开了大规模调查，并于 1959 年出版了《今日美国中学》一书，提出著名的改革公立中学的 21 条建议。1961 年 9 月，科南特发表《贫民区与市郊：评大都市的学校》一书，提出了相对温和的改进贫民窟与富裕市郊两大区域学校的建议。1963 年，科南特发表《美国教师教育》报告，提出改进公立学校教师教育的 27 条建议，成为指导美国教师教育改革的新方案。1964 年，科南特发表《美国教育政策的制定》，体现了他对教育政策制定的关注。1967 年，科南特再次对综合中学进行调查，在此基础上发表《综合中学：向热心公民提交的第二份报告》。

科南特是 20 世纪美国伟大的教育实践家之一，在美国战后教育改革中发挥了举足轻重的作用。他把教育和国家命运联系在一起，希望通过学校的力量促进国家民主和科学的进步。他作为要素主义的代表人物之一，把要素主义思想全面贯彻于哈佛大学的课程改革，尤其是通识教育的课程设置中。

## 一、科南特教育思想产生的时代背景与理论基础

### （一）时代背景

科南特生活在一个动荡不安的时代，美国国内社会变革频繁，世界政治风云变幻莫测。他一生见证并参与了美国资本主义大发展的黄金时期、资本主义市场经济的萧条期、纳粹主义的兴起与衰落、新政后的经济复苏、第二次世界大战的冲击、麦卡锡主义的盛行、"二战"后美苏之间的"冷战"等，这些构成科南特教育思想得以产生的复杂时代背景。

科南特越来越清醒地意识到，教育对于一个社会发展的重要性，他在热心参与政治和社会事务的同时，把教育和社会需要紧密地联系在一起，因此他的教育思想具有十分鲜明的时代特色，并且主要围绕社会进步、国家安全以及经济繁荣等方面加以阐释。

### （二）理论基础

1. 科南特的哲学观

（1）要素主义

科南特为要素主义流派的代表人物之一。要素主义认为，人类文化遗产中存在基本的、永恒不变的共同要素，这些共同要素能够维护社会发展的平衡，是一切人都应当学习的必要内容。这种文化中的共同要素主要包括学术、艺术、道德、技术、习惯等，学习者通过共同要素的学习，获得社会所需要的基本的知识、技能和态度。要素主义者还强调教育事务国家至上原则，将教育的社会政治与经济功能放在首位，不过多参与理论流派之间的争论，而是融合各种教育哲学流派的思想观点为教育现实服务，带有鲜明的现实主义色彩。

早期的要素主义者强调以自然科学为核心，建立统一严格的学术标准，而科南特则主张实施综合课程，包括学术课程、专业课程、必修课程以及选修课程，由学生自由选择，制订课程计划，这在一定程度上是对早期要素主

义不足的弥补。此外，科南特强调课程学习以让学生掌握文化中的共同要素为根本任务，并选用经典著作作为主要的教学材料。

（2）清教主义和实用主义

作为生活在 20 世纪上半叶的美国人，科南特的教育思想还不可避免地受到清教主义（Puritanism）和实用主义（Pragmatism）的影响。美国最早的一批移民是来自英国的清教徒，他们的宗教思想对美国社会的各个方面有着十分深远的影响。清教主义强调对传统的尊重和对现实的关照，而这正是美国本土文化的精髓所在。清教主义崇尚自由，反对教条主义，强调不拘泥于教义、教条，注重求实创新、开拓进取、勤俭致富，从而实现拯救灵魂的目的。受清教主义的影响，科南特的教育思想十分尊重美国教育的传统，但又注重改革与创新。

实用主义主要关注现实社会的效用，关注"时时刻刻正在变化的世界，而不是理想主义、现实主义和托马斯主义者所关注的永恒不变的世界"①。实用主义认为，思想是预言、问题解决和行动的工具，反对思想功能是描述、表现和反映现实。实用主义是欧洲功利主义哲学在美国本土化的结果，也是为美国社会多数民众所接受的哲学观点，科南特教育思想中的务实精神正是受到了实用主义哲学的影响。在以实用主义哲学为哲学基础的进步主义教育运动中，科南特接受了智力差异的观点，因此他既强调教育机会平等，也重视发展精英教育，在贯彻民主理念的同时，也注重教育品质的提升。

2. 科南特的知识观

科南特十分注重文理科目的价值，他将普通教育中的必修课程分为三大类：人文科学、社会科学、自然科学与数学。在人文科学领域，科南特要求所有学生学习文学名著，旨在充分理解作品；在社会科学领域，科南特认为

---

① Gerald L. Gutek, *Philosophical*, *Ideological*, *and Theoretical Perspectives on Education*, Boston, Pearson, 2014, p.100.

必须学习西方思想与制度，核心目标在于审视西方遗产中的制度与理论；在自然科学与数学领域，科南特认为应主要发展技术词汇、技能技巧、系统科学史中的事实与理论，除导论性科学课程外，还要提供培养高级专门人才的高深专业课程。

科南特认为无论学生选择什么样的专业，所要学习的科目都要包括文学、历史、政治学、数学、自然科学、艺术和音乐等。"如果一个学生不阅读拉丁文，那么他就无法成为一个优秀的学生；如果一个学生对数学没有深刻的研究，那么他在科学的任何一个分支都不会有大的建树；如果一个学生基础知识没有学好，那么他也不可能学好在大学里需要学习的微积分课程。据我所知，一个人如果不通晓德语，那么他就无法从事化学研究工作。"[1]他认为这些科目的学习，可以促使学生更加有效地交流、分析和判断，还能使学生通过掌握现代科学知识在现实生活中的广泛运用更好地理解科学，这些是西方社会得以延续和发展的基础。

3. 科南特的科学观

科南特一直从事研究和发展科学知识，对科学知识有着十分深刻的理解："科学是一个动态过程，可以直接降低问题解决的经验程度，或者是一个编制网络的过程，这个网络由相互关联的观念和概念体系组成，这些观念和概念来自实验、观察以及进一步的大量实验与观察。"[2]

他认为演绎推理和归纳推理是人类获得知识的两种途径，他更加倾向于运用归纳的经验主义方法来研究教育问题，主要原因在于他十分反感脱离实际的、抽象的教育原理和教育哲学争论，他对于教育史学、教育哲学等学科的发展极为失望。因此，他的许多有关教育方面的建议和论述都是建立在广

---

① James B.Conant, *My Several Lives: Memoirs of a Social Inventor*, New York, Harper & Row, 1970, p.189.

② James B.Conant, *Modern Science and Modern Man*, New York, Columbia University Press, 1952, pp.106-107.

泛的调查研究的基础之上的，他在这些研究中综合运用问卷调查、实地观摩、访谈等方法，通过制图绘表、数据统计等方式对教育现象进行量化分析，从而归纳出一般原理进行解读和诠释。

## 二、科南特的通识教育思想

科南特在担任哈佛大学校长期间，着手开展自由社会通识教育的研究工作。1943 年春，科南特组建由 12 人组成的大学委员会，保罗·巴克（Paul H. Buck）任该委员会主席。大学委员会以科南特的通识教育思想为基础，致力于提高本科生的教学质量，研究并撰写"自由社会中的通识教育目标"。1945 年夏，报告完成，此即著名的《自由社会中的通识教育》（*General Education in a Free Society*）（俗称"哈佛通识教育红皮书"，简称"红皮书"）。该报告就通识教育所做的理论阐述以及课程设置的相关提议得到全体哈佛大学教师的认可，并于 1949 年正式实施。

（一）实施通识教育的必要性和目的性

1. 实施通识教育的必要性

"红皮书"指出："我们必须认识到一个由专家控制的社会是一个不健全的社会。"[1]当时的高等教育培养模式单一，学生不能根据自己的兴趣和爱好选修课程，更不能跨专业学习。科南特提出，实施的通识教育计划致力于解决以下三个方面的问题。

第一，课程过于专业化不利于学生成为全面发展的人。由于时间和精力有限，每个人不可能成为所有领域的专家，当不熟悉某一领域的时候，寻求该领域专家的意见就成为必要。但是在接受专家意见之前，个体必须具有辨别能力，而这一辨别能力只有通过通识教育才能培养出来。通识教育"不是指

---

① James B. Conant, *General Education in a Free Society*, Cambridge, Harvard University Press, 1946, p.53.

一般知识的教育，也不是指适合所有人的普及教育。它是指在整个教育过程中，首先关注学生作为一个负责任的公民的生活的教育"①。专业教育应该只导致大学教育的一部分，专业教育和通识教育应当并行实施，唯如此，针对一个人的教育才算是完整的。

第二，课程过于专业化不利于学生认识社会。在高度专业化的社会里，大多数社会成员只从事某一专业领域的工作，对其他专业则知之甚少，这就导致了社会成员对社会缺乏全面的了解。只有实施通识教育，才能让社会成员不仅能够掌握本专业的知识与技能，而且能够了解其他领域的知识，这样才能对社会有更加深刻的理解，从而促进社会的进步与发展。

第三，课程过于专业化不利于社会经济发展。专业化是社会进步和发展的重要原因之一，但是过度专业化对于社会的发展也是不利的，过分专业化会限制学生的社会适应性，不利于社会经济发展。"在某一职业上的专业化使得整个社会的人力资源流动不具有弹性。社会事业的发展需要能够适应各种环境的人。从目前经济增长的速度、技术发展的速度来看，一个学生在学校所学的专业到谋生时就可能不再有用了。"②

2. 实施通识教育的目的性

科南特认为通识教育具有非职业性、非专业性特征，内容涵盖人文科学、社会科学、自然科学等多种学科领域的基本知识和技能。科南特还认为学习过程不仅是一个传递知识信息的过程，还是一个关注个人道德品质形成的过程，通识教育的目的是培养完整的人，这种人需要具备以下四种能力：①逻辑思辨能力，即作为一个普通公民应该具有在任何实际事务中运用逻辑推理思考问题和处理问题的习惯；②沟通思想的能力，即表达自己让别人能够理

---

① James B.Conant, *General Education in a Free Society*, Cambridge, Harvard University Press, 1946, p.52.

② James B.Conant, *General Education in a Free Society*, Cambridge, Harvard University Press, 1946, p.52.

解自己的交流能力；③明辨判断的能力，即运用已有理论知识、观念对实际情形或事物发展状态、趋势、存在问题、解决途径等做出正确判断的能力；④辨别价值观的能力，教育目的不仅是使学生掌握有关价值观的知识，还要使他们学会把这些观念运用到个人的行为、感情和思想中。哈佛大学的通识教育着眼于学生身体、道德和智力的和谐发展，致力于把学生培养成全面发展的人。"通识教育是自由和文雅教育传统的承续，既不是取得信息，也不是发展特殊的技能，重要的是保护我们的文化。"[①]

(二)通识教育课程设置

课程设置是要素主义教育流派所关注的核心问题，科南特根据哈佛大学的人才培养目标，为哈佛大学制订了课程计划。1945 年，哈佛大学批准了通识教育计划，并于 1946 年正式实施。该通识教育计划所提倡的课程设置主要有：第一，通识教育课程主要包括人文科学领域的课程、社会科学领域的课程、自然科学领域的课程；第二，一、二年级学生要从自己所在系选修 6 门专业课，再从人文、社会、自然科学三大类别的通识课程中各选 1 门，另外还须从其他系的课程中选修至少 3 门；第三，三、四年级也设置通识课程，在一、二年级没有选修通识课程的学生不得选修三、四年级的通识课程；第四，在读的硕士生、博士生可以选修部分三、四年级的通识课程；第五，学生不得选修同属于一个考试级别的两门课程。

"如果承认学校之间存在多样性，则有必要承认学院之间存在更多的多样性。"[②]单一的课程无法满足通识教育目的的实现，因此通识教育课程由各个院系综合开设。从课程设置的总体情况来看，学习重点是要让学生选择尽可能广泛的课程，打下宽泛的知识基础，使不同专业的学生能够掌握西方

---

①　James B.Conant, *General Education in a Free Society*, Cambridge, Harvard University Press, 1946, preface.

②　James B.Conant, *General Education in a Free Society*, Cambridge, Harvard University Press, 1946, p.117.

的文化遗产，从而同属于一个文化体系，并对西方文明社会形成共同的认识。

（三）招生制度改革

科南特在担任哈佛大学校长期间，为了吸引更多的优秀人才，不断改革和调整学校招生政策，出台一系列新的招生政策，为通识教育开展打下了基础。

1. 提高入学门槛

在激烈的国际竞争中，人才是国家发展的动力，培养优秀的人才成为社会关注的焦点，因此科南特更加注重精英教育，特别是重视在校的 15%～20% 的顶尖学生的教育。20 世纪 30 年代，美国经济大萧条抑制了人们消费高等教育的欲望，哈佛大学招生规模也受到限制，为解决这一问题，科南特希望从更广阔的地域招收学生。他认为优秀的人才都是平均分布在不同的地域中的，因此他出台了相应的招生政策，助力哈佛大学招收更多优秀的生源。

2. 扩大招生来源

科南特认为通识教育是扩大教育机会的一种途径，也是在教育过程中体现教育公平的重要方式。"在教育目的上，通识教育没有什么特别之处，不同点在于它应用于 20 世纪美国的普及教育制度中。"[1]1945 年 8 月到 1946 年 6 月，由于《大兵权利法案》的实施，哈佛大学在招生方面扩大了学生来源的社会与地理范围。科南特接受更多有才华的犹太学生，使 20 世纪 50 年代哈佛大学犹太学生的比例保持在 15%～25%。此外，科南特还为女性接受教育提供合理保障，哈佛大学教育学院率先招收了女研究生。种族、性别和地域的限制被打破，加深了来自不同地域、不同社会背景的学生之间的交流，还加深了学生对社会和他人的理解，通识教育也被更多的学生所接受。

---

① James B. Conant, *General Education in a Free Society*, Cambridge, Harvard University Press, 1946, p.48.

（四）教师聘任制度改革

科南特坚信："大学乃大师汇聚之地，若一所大学拥有一流教授，则必然是一所优秀的大学。"①在接任哈佛大学校长时，为保证哈佛大学在吸引人才方面的优势，科南特要求各系根据自己学科的特点，兼顾教学与科研，灵活地聘任高素质教师。他还授权大学委员会可以直接参与教师任命事务，提拔优秀的年轻讲师进入重要职位。科南特还通过限制教授职位和实施"非升即走"制，限制了学术业绩表现平平教师的职务晋升，保证了教师队伍的高质量和高水准。1924 年文理学院教师中非永久性职位占三分之一，而到了 1934年，这一比例上升至一半以上，在人文和社会学系讲师比例高达 60% 以上。

这一系列聘任制度改革，确保哈佛大学一直能够拥有一支高素质的教师队伍，即使在经济危机期间教师工资待遇增长缓慢，哈佛大学仍然吸引到一大批富有才华的青年教师到校任教。

（五）实施本科生导师制

科南特在担任哈佛大学校长期间，极力推行导师制，认为导师能够帮助能力不同的学生，使学生获得具有个性化、针对性的辅导，选择和制订适合自身特点的课程计划。导师的专业领域可以和学生的专业不相符，但是导师必须熟悉接受咨询的学生不同的专业要求和学习方法。导师制的实行需要大量稳定的师资，科南特指出学校必须保证有一批稳定的高素质的教员为大部分学生提供辅导，不称职的导师比没有导师更加糟糕。导师制的实行充分体现了教育过程民主化，是对自由选课制和学分制的有力补充。

通过与导师对学习内容进行讨论和交流，学生认识到了自己的长处和不足，有针对性地发展了个性，提升了思维能力，提高了学习的积极性和持久性，为进一步的学习做好了充分的准备。哈佛大学长期的实践证明，导师制

① Seymour M. Lipset and David Riesman, *Education and Politics at Harvard*, New York, McGraw-Hill, 1975, p.153.

是值得采用的制度。

## 三、科南特的中等教育思想

在《一个分裂世界中的教育》《教育与自由》《今日美国中学》《贫民区与市郊：评大都市的学校》等论著中，科南特集中表述了自己关于美国中等教育的理解与主张。在《一个分裂世界中的教育》中，科南特高度肯定了美国公立中学的价值。在《教育与自由》中，科南特通过比较美国公立中学、澳大利亚中学、新西兰中学和英国中学，具体描述了美国公立中学的一些重要特征，进一步肯定了美国公立中学的价值。《今日美国中学》主要介绍了美国教育的特点、独具特色的综合中学、改进公共中等教育的建议以及综合程度有限的中学四部分内容。《贫民区与市郊：评大都市的学校》一书，则就贫民区与富裕市郊两大区域学校的改进提出了若干相对温和的建议。

为大规模开展美国中学情况的调查，科南特不辞辛劳，奔走各地中学，显示了他对美国中等教育的关切以及改革美国中等教育的决心。他亲自到美国各地中学与校长、教师、家长、学生进行广泛、深入的交谈，深入课堂观摩教学，获得了大量的一手资料。

### （一）综合中学的教育职能

1957—1958 学年，科南特在卡内基教学促进基金会的资助下对美国的综合中学进行调查，从每个州的几十所学校中挑出 3~4 所作为调查对象。科南特组织开展大规模综合中学调查的目的是试图回答以下问题：美国综合中学是否发挥了中学教育的职能？美国综合中学是否能够担负起普通教育、职业教育和大学预备教育三种责任？

科南特认为："这种学校是否有可能令人满意地同时实现以下三种职能：为所有学生提供民主社会未来公民的良好的普通教育；为大多数学生开设发展有用技能的选修课程；很好地教育高才生掌握高级文理课程，特别是掌握外语和高等数学。对美国教育的未来来说，解答这个问题看来是重要的事情。"①

(二)综合中学职能的评价标准

科南特根据调查访谈情况，和同事们一起起草了用于判断某综合中学是否令人满意地发挥了综合中学三大职能的评价标准，该标准分四大项、十五小项，具体内容如下所示。②

第一，评判它对所有学生实施的普通教育是否完备：①英国文学、美国文学和作文课程的设置；②包括美国史在内的社会研究课程的设置；③必修课的能力分组情况。

第二，评判所设的非文理科目选修课是否完备：①男生的职业课程和女生的商业课程的设置；②获得有指导的实习经验的机会；③帮助阅读能力迟钝学生的特殊设施。

第三，评判对擅长文理科目学习的高才生是否有特殊安排：①引起高才生竞争兴趣的特殊设施；②发展阅读技巧的特殊教学；③使高才生受益的暑期课程；④个别化的课程(不分科或没有严格固定的课程)；⑤一个学日按7节或7节以上的课时来组织。

第四，评判其他特色：①学生指导工作的完善程度；②学生的道德风尚；③教室环境的妥善安排；④对具有极不相同的文理科学习能力和职业目的的学生，学校是否成功地促进了他们之间的相互了解(使学生之间有很好的交往)。

(三)关于实现中学职能的建议

科南特对综合中学的调查结论主要包括两个方面：一方面，现有的综合

---

① ［美］科南特：《科南特教育论著选》，陈友松主译，40页，北京，人民教育出版社，1988。

② 参见［美］科南特：《科南特教育论著选》，陈友松主译，43~44页，北京，人民教育出版社，1988。

中学完成了教育美国青少年的使命；另一方面，美国综合中学也存在很多问题，针对这些问题，科南特提出建议和对策。这些建议和对策的基本要点有以下几个方面：①保留美国教育的基本形态，不需要做根本性改动；②改革现有综合中学，在部分地区建立新的综合中学，淘汰小型综合中学；③社区和教育董事会应加强对综合中学的支持。具体建议有以下 21 条。①

建议一：学生辅导制度。无论是"六、三、三"制，还是"八、四"制，小学、初级中学和高级中学的辅导工作之间应当有良好的衔接。辅导员应当具有教师经历，熟悉使用各种测量学生成绩和能力倾向的工具与方法；他们与学生应当保持密切的接触，根据学生的实际情况制订适合学生个性发展的课程计划；他们应当对技能型课程抱有积极的态度，了解阅读能力较弱学生的课程计划，并且随时与任课教师进行合作。

建议二：个别化的课程计划。学校应当使每个学生有个别化的课程计划；辅导员应当为学生选课提出参考性意见，为擅长文理科目的学生推荐一种最低要求的课程计划，为想获得谋生技能以便毕业后就业的学生推荐另一序列的课程；个性化的课程计划避免了按不同课程计划给学生分组的情况，从而避免了给以学习职业技能为主的学生造成压力。

建议三：全体学生的必修课程。①普通教育。全体学生毕业时都要完成必修课程，包括 4 年英语、3 年或者 4 年的社会研究课、九年级 1 年的数学、九年级或十年级至少 1 年的自然科学(生物或者物理)。普通教育的文理课程计划包括在 4 年内完成附有家庭作业的 9 门或 10 门课程，应当占大多数学生一半以上的学习时间。②选修课程。学生需要合格地选学 7 门以上课程，不包括体育；鼓励全体学生在其选修课程计划里加入艺术和音乐；选修课程需要有一个核心，或者以文理性质课程为核心，或者以获得谋生技能的课程为核

---

① 参见[美]科南特：《科南特教育论著选》，陈友松主译，65~92 页，北京，人民教育出版社，1988。

心。③及格和不及格的标准。首先，教师要坚持评定文理选修课学习成绩的高标准，对不能达到所规定的最低成绩水平的学生要毫不迟疑地打不及格的分数。其次，对必修课程必须采用另一个标准。无论学生能力高低，只要学生尽己所能来学习这些课程，则无论他是否达到了一定的成绩水平，都可以给及格分数。

建议四：能力分组。在学生具体学习的必修科目和选修科目中，应当按照他们的学习能力进行分组。

建议五：中学毕业证书的补充证件。除中学毕业证书外，应当发给每个学生具有永久性质的 4 年内所学课程和所得成绩的记录。这种记录可以是一张卡片，可以随身携带，由应聘人向雇主呈阅。

建议六：英语作文。英语作文时间应占学生英语学习全部时间的一半左右，每个学生平均每周写作文一次。为了保证教师有充分时间批改学生的作文，每个英语教师负责批改其作文的学生不可超过 100 人。九年级和十一年级的英语作文测验不仅由教师评分，还要由一个全校性的委员会来评分。对于没有达到应该达到的分数的学生，应当要求他们在十二年级再学习一门英语作文特殊课程。

建议七：可获得谋生技能的多样化课程。为女生设立谋生技能课程，如设置打字、速记、会计、办公机器的使用、家政等课程。结合地方经济为男生开设手工艺和工业课程，应当在十一年级和十二年级安排每周有半天时间学习职业课程。每个专业行业应当设立由业主和劳工双方代表组成的顾问委员会，这些课程可以利用联邦的经费来开设。

学校行政方面应当经常调查职业课程所涉及行业的就业情况，根据市场所提供的就业机会来削减或增设职业课程。在有些社区还应开设一些高级技术课程，它们所需的数学基础往往比建筑或汽车机械方面的课程所经常要求的更高一些。

建议八：特殊照顾阅读能力十分迟钝的学生。有些九年级学生的阅读能力只达到了六年级或六年级以下的水平，应当为他们提供特殊照顾，由专门的教师担任他们的英语和社会研究等必修课的教学。教师给这部分学生上阅读补习课，向他们提供特殊形式的课本，以一些简单的职业课程为主。

建议九：擅长文理科目学习的学生的课程计划。最低课程计划要求包括 4 年英语、3 年社会研究、4 年数学、3 年自然科学、4 年外语(一门)，总计 4 年内要学习带有家庭作业的课程 18 门，每周至少做家庭作业 15 小时。有部分学生有能力学习 20 门以上带有家庭作业的课程，可以在上述建议的最低课程计划之外增设一些文理课程。

建议十：有高度天赋的学生。这类高才生约占学生总数的 3%，需要指定一个专门的指导人员作为他们的导师，要使专门的指导人员在高中全部学习时间内同这类学生保持密切联系。如果针对这类学生开设了特殊班级，就应当让这类学生在十二年级学习一门或者一门以上的大学先修课程( Advanced Placement Program )，学习大学数学、大学英语、大学历史等课程，并且可以设置考试给予这类学生这些课程的大学学分，给予他们学习大学二年级课程的资格。

建议十一：文理科目学习情况报表。地方教育董事会应通过教育局局长要求各校校长逐年制作文理科目学习情况报表，主要对毕业班学习情况进行总结，包括擅长文理科目的男女学生升入两年制学院、四年制学院或大学的百分比。

建议十二：学习的组织。体育课和汽车驾驶课至少每天有 1 节。如果一天有 7 节或 8 节课，每节课可以定为 45 分钟。实验课和工艺课应当安排成连续进行的双节课。

建议十三：学习文理科高级课程的先决条件。坚持学生修读高级课程的高标准，凡报名学习一个序列课程中的每一门课程的学生，须显示出学习该课程所需要的能力。是否批准一位学生报名学习十一年级的数学，就要看他十年级所学数学是否至少得到 C，其他科目的学习要求也一样。

建议十四：不应根据毕业班学生在所有科目上得到的分数确定其在班上的等第。应当督促学院和大学招生人员按照学生的全部成绩记录，而不是根据学生 4 年内学习所有科目得分的平均分来录取学生。

建议十五：文理科目学习优等生光荣榜。在一阶段学习结束时，应当发榜公布那些选修为擅长文理科目学生设置的课程并且学习成绩平均达到 B 的学生的姓名。如果学生 4 年都上了这种光荣榜，应当在他的毕业证书上注明。

建议十六：发展阅读能力的课程计划。应当在全校学生自愿的基础上开设发展学生阅读能力的课程。

建议十七：暑期学校。地方教育董事会应当开办免费的暑期学校，不仅为需要补课的学生开设各种课程，也为那些想利用暑假扩大其选修课程范围的高才生开设各种课程。

建议十八：外语。地方教育董事会仍应使各校随时准备开设第 3、第 4 年的外语课。学习外语的目的是要使学生能够大致掌握这门语言：有能力阅读这种语言的书刊或应用这门语言同该国居民进行流利而准确的交谈。

建议十九：自然科学课程。所有学生都应当通过学习一门自然科学或生物学的必修课程，以获得对自然科学的性质和科学研究方法的理解。这门课程应当按照学生能力至少分为三组来开设。

建议二十：本班教室(Homerooms)。应当组织一个本班教室，使之成为学校里有重大意义的社交单位，使学生在高中学习的全部时间都在本班教室活动，并且应尽量设法使这样的本班教室在了解学生学习能力和职业兴趣上成为反映全校情况的一个横断面。

建议二十一：十二年级的社会研究课程。应当在十二年级开设美国问题或美国政府研究类课程，鼓励学生学习时事，自由地讨论有争议的问题，促进学生对美国形式的政府有所了解，促进不同类型学生之间的尊敬和了解。

## 四、科南特的教师教育思想

科南特的教师教育思想是其中等教育思想的延伸，对美国教师改革产生了深远影响。1961年，科南特接受卡内基教学促进基金会资助，对美国中小学教师的培训进行调查研究，希望通过两年的调查向公众展现教师教育问题的复杂性。调查的第一年，科南特共访问了22个州的77所培养教师的院校，这些院校包括各种类型，有教会学校、非教会学校、师范院校、前身是师范学院后改组而成的四年制学院、招收教育类本科生的综合性大学、提供研究生水平示范课程的名牌高校。调查的第二年，科南特开始集中研究占美国三分之二人口的16个州的学校董事会法令，除此之外，还搜集了有关全国教师供求情况的大量统计资料。1963年，调查成果以《美国教师教育》报告的形式发表。科南特提出对美国教师培养课程设置的建议，制订出小学、中学各科教师的课程计划，还就美国教师的奖励和培训提出了若干建议。

### （一）教师检定方式的失败和建议

教师检定方式主要有三种：第一，采用考试方式；第二，设定学分和特定课程的要求；第三，实行师范院校课程计划。科南特经调查发现，没有一个州严格执行这些要求，导致美国很多任课教师不符合所在州州政府所规定的试用期最低要求。比如纽约州，由于检定规定的种种例外，大约10%的教师是没有获得教学资格合格证的教师。

科南特认为，毕业生欲获得教学资格合格证，需要满足两点要求：一是教师必须有正规的教学实习；二是需要持有本科学位。科南特为师范生培养设置了三道关卡：第一道是各院校，师范生培养院校负责向外输送实习生和指导教师；第二道是州政府，州政府组织教育厅、大学、公立学校相关人员，根据学生实习阶段所表现出来的实际教学能力对其做出鉴定；第三道是地方学校董事会，地方学校董事会负责最后选任教师。

州政府的监督重点应该是教学实习，而不是师范课程计划的制订；州政府应当制定教师任用的规章制度，保证教师在教授一门课程前已经受过相应的充分训练。科南特建议，同各院校订立教学实习合同的公立学校，应当指派某些任课教师指导实习工作。学校应当减少这些在课教师的工作量，提高薪水，从而提高他们从事这项工作的积极性。大学教师也应观摩实习生的课，评价实习生的才能，并以此为依据来调整师范院校的课程。地方学校董事会要求教育局局长找到优秀的教师来充当实习指导教师，同时要求教育局局长随时汇报实习情况，并对实习指导教师提供财政上的资助。州政府为保证实习质量，应对地方学校董事会提供财政上的帮助。

(二)提高教师教育过程质量的建议

科南特认为，要提高师范教育质量，就需要从提高师范生入学质量、提高培养师范生的教师的教学水平、提高向学生所提供课程的价值三个方面着手实施。

1. 提高师范生的入学质量

科南特认为，应以学术能力倾向考试(Scholastic Aptitude Test)为参考，"我们应该努力在全国的基础上从中学毕业班最有才智的三分之一人中招生用以充当我国的教师"①。科南特为准备出任教师的人提出的中学课程学习计划是：4年英语、4年外语、3年数学、3年自然科学、3年历史和社会研究、2年艺术和音乐。

2. 文理学科的学习

科南特认为，博雅教育的目的在于扩大学生理解力，提高学生实事求是的意识，增强学生思考力和行动力。未来教师的教育应当是广博的学术性教育，覆盖了广泛的文理科目：文学、历史、政治学、数学、英语、自然科学、

---

① [美]科南特：《科南特教育论著选》，陈友松主译，237页，北京，人民教育出版社，1988。

艺术、音乐等。科南特认为，有 5 种知识领域只能在大学阶段学习：哲学、社会学和人类学、经济学、政治学、心理学。

3. 专业课程的学习

科南特认为，未来中学教师应该把大部分时间用在他要任教科目的学习上，要"集中专攻"，其专攻科目的课程计划需要有连续性，可以进行综合测验。

4. 教育学课程和教育实习

科南特提出，发展教学技能是教育学的关键，未来教师必须具备 4 种心理因素：第一种是"民主的社会因素"；第二种是教师对儿童行为发展方式表现出一定的兴趣和经验；第三种是掌握有关儿童心理和生理发展的知识；第四种是教学的原理，发展儿童心智的技能。培养教师具备这 4 种能力的一般原理，则来自历史学、哲学、政治学、人类学、社会学和心理学等学术性科目，在教育实践中需要运用的一般原理也来自这些学科。

科南特还认为，应该提高教育学课程的学术水平，取消部分学术性不佳的教育学课程。科南特还十分重视心理学课程对教师培训的作用，并建议有专门的教育实习指导教授来讲授特殊教学法课程。

5. 小学教师的培训

美国当时有 84000 所小学，但很多小学只有 1~3 间教室。在这些小型学校中，每位教师往往承担几个科目的教学。科南特预计，在此后十年，小学前三个年级教师包班仍然是小学教育的主要形式。那么对于小学教师的培养就要注重在多个科目的教学方法和教学内容上为未来教师教学打下基础。

（1）理论基础

科南特赞同教师包班制，他为小学教师培养提出的建议是："幼儿园和小学头三年级教师的专业教育学课程应当不同于四至六年级教师的专业教育学课程"，"培养幼儿园和小学一、二、三年级教师的教学计划，应当对在这些低年级所教的一切科目的内容和教学法都作好准备，而不必对某一门科目或若干相关科目进行深入的学习"，"培养四、五、六年级教师的教学计划，应当对在这些年级通常教的某一门科目或若干相关科目的内容和教学法进行深入学习，而对小学其余科目则只学习一些导论"。①

科南特认为那些更多注意儿童心理学以及有丰富文理科知识的人才对教育低年级儿童感兴趣。教育史、教育哲学和教育社会学对小学教师来说并非必不可少的，而心理学课程则不可或缺。

（2）教学实践

科南特认为，培养小学教师的一切教育学课程都要有"教育实验室"，要为教师提供观察儿童和对儿童进行教学的机会。科南特还十分注重教育实习，他建议："所有未来小学教师都应当参加至少8周的教学实习，每天在教室工作至少3小时，其中至少有3周要在一位协作教师的指导下和一位实习指导教授的视导下，全面负责一个教室的工作。"②

科南特还制订了培训小学教师的课程计划（表3-1）。

**表 3-1 小学教师培训课程计划草案**

| 课程 | | 学期小时数 |
| --- | --- | --- |
| 普通教育必修课 | 英语 | 6 |
| | 西方文学史 | 6 |
| | 历史（至少一半讲外国史，一半讲美国史） | 9 |
| | 数学 | 6 |
| | 哲学 | 3 |
| | 科学（依次学习物质科学和生物科学） | 12 |

① ［美］科南特：《科南特教育论著选》，陈友松主译，309、310页，北京，人民教育出版社，1988。

② ［美］科南特：《科南特教育论著选》，陈友松主译，367~368页，北京，人民教育出版社，1988。

续表

| | 课程 | 学期小时数 |
|---|---|---|
| 普通教育<br>必修课 | 经济学、政治学、社会学、人类学 | 9 |
| | 普通心理学导论 | 3 |
| | 美术(艺术或音乐) | 6 |
| | 体育(不算学分) | —— |
| 专攻课程 | | 30 |
| 专业教育学课程 | | 30 |

资料来源:

[美]科南特:《科南特教育论著选》,陈友松主译,315~316页,北京,人民教育出版社,1988。

6. 中学教师的培训

当时美国师范学院允许毕业生在中学教授两门课程。科南特认为,两门学科证书适应了小型中学缺少教师的情况,但却是以牺牲教学质量为代价的,因此他建议,对于高中教师,培养教师的学校应当颁发一门学科的证书。

科南特将中学教师分为两部分:一是对中学英语、社会研究、数学、科学概论、物理学、化学和生物学教师的培训;二是对外语、音乐、艺术和体育教师的培训。科南特为各个科目的教师都制定了一份课程表(表3-2至表3-5)。

**表 3-2 培养社会研究教师的课程表**

| | 课程 | 学期小时数 |
|---|---|---|
| 普通教育课程 | 历史 | 9 |
| | 社会学和人类学 | 3 |
| | 政治学 | 3 |
| | 经济学 | 3 |
| | 普通心理学 | 3 |
| | 其他课程 | 39 |
| 教育心理学 | | 3 |
| 教育哲学、教育史或教育社会学 | | 3 |

续表

| 课程 | 学期小时数 |
|---|---|
| 高级历史课程 | 33 |
| 高级政治学课程 | 3 |
| 高级经济学课程 | 3 |
| 地理学 | 6 |
| 教学实习和专科教学法 | 9 |

资料来源：

[美]科南特：《科南特教育论著选》，陈友松主译，326~327 页，北京，人民教育出版社，1988。

**表 3-3　培养数学教师的课程表**

| 课程 | | 学期小时数 |
|---|---|---|
| 普通教育课程 | 数学 | 6 |
| | 自然科学 | 12 |
| | 普通心理学 | 3 |
| | 其他课程 | 39 |
| 教育心理学 | | 3 |
| 教育哲学、教育史或教育社会学 | | 3 |
| 物理学或化学 | | 6 |
| 专攻领域(数学) | | 39 |
| 教学实习和专科教学法 | | 9 |

资料来源：

[美]科南特：《科南特教育论著选》，陈友松主译，328~329 页，北京，人民教育出版社，1988。

**表 3-4　培养物理和化学教师的课程表**

| 课程 | | 学期小时数 |
|---|---|---|
| 普通教育课程 | 数学 | 6 |
| | 物质科学 | 6 |
| | 普通心理学 | 3 |
| | 其他课程 | 45 |

续表

| 课程 | 学期小时数 |
|---|---|
| 加修数学，或加修教育史、教育哲学、教育社会学、教育心理学 | 6 |
| 化学 | 21 |
| 物理 | 24 |
| 教学实习和学科教学法 | 9 |

资料来源：

[美]科南特：《科南特教育论著选》，陈友松主译，330 页，北京，人民教育出版社，1988。

表 3-5　培养生物学教师的课程表

| 课程 | | 学期小时数 |
|---|---|---|
| 普通教育课程 | 生物学 | 6 |
| | 物质科学 | 6 |
| | 数学 | 6 |
| | 普通心理学 | 3 |
| | 其他课程 | 39 |
| 教育心理学 | | 3 |
| 教育哲学、教育史或教育社会学 | | 3 |
| 加修物质科学 | | 9 |
| 生物学 | | 36 |
| 教学实习和专科教学法 | | 9 |

资料来源：

[美]科南特：《科南特教育论著选》，陈友松主译，331 页，北京，人民教育出版社，1988。

科南特要求为专攻哲学、历史、社会学、心理学的教师开设教育哲学、教育史、教育社会学和教育心理学课程。如果学院规模过小，则没有必要聘请有教育学头衔的教师授课。此外，各院校需要为每一科目或者密切相关科目(比如物理和化学)配备一位实习指导教师。

科南特认为，培养教师的学院对艺术、音乐和体育教师的招生，需要考虑报考者在青少年时代的学习经历，是否录取他们取决于他们能否显示高水平的技能。这三类教师的教学能力取决于他们在中学时代的基本训练情况。科南特建议此类教师培养计划的设想是把半数时间用在普通教学课程上，希望实习指导教师来指导教学实习，并开设教育心理学课程和教育史、教育哲学或教育社会学课程。

7. 教师的继续教育和在职教育

（1）通过暑假学校和全日制学习来进行教师进修

科南特建议地方学校董事会修改教师薪金评定方法，不把教师薪金和所修课程学分挂钩，而只要求教师获得硕士学位。教师获得硕士学位需要满足两个条件：一是完成暑假学校或者正规全日制学校课程学习任务；二是这样的课程确实可以提高教师的教学能力，而不是看修够了多少学分。教师硕士学位的最终获得需要通过综合考试。

（2）在入学和课程设置上要灵活多样

科南特认为各个高校硕士学位应向所有教师开放，而不再以本科成绩作为入学的标准。无论课程是否是初级性的，都应该给予教师学分，以便为教师提供他们真正需要的课程。但是对于教师在全日制学校学习的大学课程，不应该给予其取得学位的学分。

（3）用试用期制度来激励教师的工作

科南特建议对新入职教师采用试用期，时间一般为 2~3 年。试用期满，如果地方学校董事会认为教师合格，教师则转入正式任用期，该职位为永久性职位，并且薪金会得到大幅度提高。

（4）对进修的教师要给予财政援助

对于那些在暑假学校或者是进行脱产全日制学习的教师，地方学校董事会或州政府应该提供财政援助，学校要提供一个学期的带薪假期，以便他们能学习旨在提高教师能力的硕士学位课程。

（5）在有教学经历后再深入学习教育学课程

科南特认为，教学是一项实践性很强的工作，教师在不具备教学经历前学习再多的教学方法和心理学课程都是没有意义的。教师只有在教学中遇到了问题，有了切身的体会之后，学习教育专业的相关课程才会有明显的效果。因此科南特建议，在本科生的课程计划中把教育学课程减少到最低，而把这种课程的学习安排到教师具有一定工作经验后的研究生阶段，鼓励教师利用4个暑假来学习硕士学位课程。

（6）对硕士学位课程的建议

科南特建议教师参加硕士项目的课程，课程内容中的教学法和心理学应只占一小部分，绝大部分应该是实践教学中的文理科目。这样有利于学生具有广博的学术背景，使学生对英语、文学、历史、经济学、政治、心理学、数学、生物、物理学和化学都有所了解。

科南特建议各大学之间可以相互承认学分，联合培养硕士生；向小学教师和中学教师颁授不同的硕士学位，向小学教师颁授的是小学教育的教育学硕士学位，向中学教师颁授的是各学科(英语、数学、社会科学等)的教育学硕士学位。

科南特的教育思想集中体现在哈佛大学实施通识教育计划的过程当中。这一计划要求通识教育具有普遍性，拓宽了本科生的知识基础，避免了本科生过早专业化，在一定程度上打破了美国高等教育界重实用技能训练轻基础知识学习的局面，逐步扭转了高等教育的培养方向，使美国高等教育从片面重视专业化向重视传授基础知识和基本技能过渡。科南特的教育思想比较重视对人的共同性的培养，以及对共同文化遗产的理解力的开发和培养，具有一定的社会现实意义。20世纪50年代，美苏竞争激烈，随后进行的一系列教育改革在很大程度上受到了以科南特为代表的要素主义教育思想的影响和启发，直至今天通识教育思想依旧在高等教育领域具有广泛的影响。科南特的中等教育思想和教师教育思想对 20 世纪后期美国中学改革和教师培养实践都产生了意义深远的影响。

然而科南特的教育思想也有一定的时代局限性，带有明显的"冷战"思维，认为西方的意识形态是最理想的，因此他只注重西方历史文化的学习；他的教育思想过于注重名著的学习，社会科学和人文科学的教育基本上都是通过名著的学习来实现的，带有明显的局限性。

## 第二节　布拉梅尔德的教育思想

布拉梅尔德，美国教育家、改造主义教育思潮的倡导者。1904 年 1 月 20 日，布拉梅尔德出生于美国威斯康星州的尼尔斯维尔。在威斯康星州里彭学院毕业后，布拉梅尔德于 1928 年进入芝加哥大学攻读研究生课程，师从美国实用主义心理学家米德（G. H. Mead）和塔夫茨（J. H. Tufts）。1931 年布拉梅尔德完成论文《通向共产主义的哲学方法》，于 1933 年正式发表，奠定了他未来研究的基础。1931—1935 年，他执教于长岛大学。1935—1939 年，他执教于纽约阿德尔菲学院。1939—1947 年，他在明尼苏达大学任教。1947—1958 年，他在纽约大学任教。1958—1969 年，他在波士顿大学任教。

布拉梅尔德经常发表有关教学和社会变动之间关系的文章。1936 年，布拉梅尔德在杂志《社会边缘》发表《卡尔·马克思和美国教师》一文，提出很多教师训练学生集体主义思维的方式。此外，布拉梅尔德还经常在杂志《科学与社会》上面发表文章。

布拉梅尔德在明尼苏达州水木中学（Floodwood High School）的教育实践，为其改造主义教育思想的形成提供了实践基础。他开发了一个培养初中生和高中生批判性思维的教育项目，试图让师生意识到教室内外有争议的问题在教育中应发挥重要的作用。布拉梅尔德曾在美国多地和世界许多国家发表演讲，并在不同时期出版多本有关改造主义教育的理论著作，如《新时代的教育》《教育哲学的模式》《教育哲学的改造》《危机时代的教育》以及《作为激进教育哲学的改造主义：一次重新评价》等。

## 一、布拉梅尔德改造主义教育思想的哲学基础

布拉梅尔德的教育哲学观为改造主义，其本人虽非改造主义的创始人，但他却是最早公开支持改造主义哲学的代表人物。布拉梅尔德的教育思想是建立在他的改造主义哲学观基础之上的，两者密不可分。为了应对当时的社会危机，布拉梅尔德认为在学校里践行改造主义是根本的解决方法。他认为："教育有两种主要功能，即传递文化和改造文化。当美国文化正面临危机的时候，教育的这两种功能就显得格外重要"，"改造主义者非常清楚人类发展应该走哪条道路，但是他们并不清楚人类实际上会走的道路"。[1] 改造主义是一种危机哲学，带有某种实用主义倾向，但是又表现出自身的创造性。

### （一）本体论

布拉梅尔德认为，"经验和自然构成了宇宙的形式与内容"[2]，并主张"文化是人自己业已形成的经验体"[3]，文化常与社会概念难以区分地纠缠在一起。个体从属于各个团体，团体制约着个体，人类的历史是各个团体之间冲突的历史，历史是文化实在中的一个基本因素，因而团体是人类经验的文化决定因素。在其本体论中，"未来"也是一个重要概念。首先，他认为，未来

---

[1] Theodore Brameld, *Education as Power*, San Francisco, Caddo Gap Press, 2000, p.75.

[2] Theodore Brameld, *Patterns of Educational Philosophy: Divergence and Convergence in Culturological Perspective*, New York, Holt, Rinehart and Winston, 1971, p.358.

[3] Theodore Brameld, *Philosophies of Education in Cultural Perspective*, New York, Holt, Rinehart and Winston, 1955, p.387.

对于理解过去和现在都是必要的；其次，他强调，知道未来应该是什么样子而进行选择，就能决定未来将会是什么样子的。

（二）认识论

布拉梅尔德认为："认识论的方法和目标乃是由人类物质的、经济的和实际的利益所决定的。"①与实用主义所强调的应当满足人们的短期目的不同，改造主义更加强调对较为长远的未来目标的追求。人们追寻目标的过程就是学习获得知识的过程。在获得知识的过程中，人们更强调知识获得过程中4类内容的获取：①团体中每一个人提出自己要寻求的目标的证据；②公开讨论并交流这些证据；③对这些证据要得到团体一致的同意；④在活动中检验这些达成共识的证据。

（三）价值论

布拉梅尔德认为："价值就是需要的满足。"②人类具有复杂多样的需求，这些需求都是人所要追寻的目标价值。他用"社会—自我—实现"这个包括一切价值的符号来表示人所要追寻的最高价值。大多数人为了追寻这一最高价值，会借助于团体与他人建立的关系追求并实现自我价值，所以这一价值符号不仅表达了个体所要寻求的目标，也表达了个体寻求这种目标所要依赖的团体的作用。

在这种哲学观指引下，布拉梅尔德提议建设一种民主化的学校体系，在教学实践中注重发挥富有争议问题讨论的教育意义。在这种学校体系中，学生应当在改造主义的指引下运用思维并提出问题，学生能够意识到价值观不是一成不变的，必须经过事实长期不断的验证。当然布拉梅尔德的改造主义观点招致很多批评，有些人认为他的改造主义哲学观过于理想化，还有些人

---

① Theodore Brameld, *Patterns of Educational Philosophy: Divergence and Convergence in Culturological Perspective*, New York, Holt, Rinehart and Winston, 1971, p.383.

② Theodore Brameld, *Patterns of Educational Philosophy: Divergence and Convergence in Culturological Perspective*, New York, Holt, Rinehart and Winston, 1971, p.414.

对于教师应成为教室里社会变革的行动者这一论断感到反感。直到半世纪之后，人们才承认其教育哲学的多元化。

## 二、布拉梅尔德改造主义教育思想的基本观点

基于改造主义哲学的基本观点，布拉梅尔德提出如下基本教育观点。

### （一）教育目的即改造社会

布拉梅尔德认为，面对动荡不安的社会，对于教育的要求不应再是简单地适应，而是要通过教育来改造这个危机四伏的社会，通过教育实现共同生活的愿景。教育不再是为了个人的自我实现，而是为了社会的自我实现，即社会群体利益的实现，具体表现为建设新文化、创建世界秩序和培植社会共识。

建设新文化是指引导普通群众管理工业生产系统、参与公共服务事业、建设民族文化制度以及利用天然资源，其标准即实现民主秩序、经济富裕、改进卫生、教育水平提高、美的享受等。教育不仅要致力于国内民主秩序建设，还要致力于在国与国之间实现一种国际间的民主秩序，以防止战争，促进世界和平。而为了建立社会新秩序，必须培植社会共识，即群体共同经验和思想。拥有共同经验的个体之间、群体之间的合作，不仅有助于确定当下社会生活的目标和实现手段，而且能为未来社会提出改造计划，从而达到社会的自我实现。

### （二）学习即达成目标的途径

布拉梅尔德的学习理论以格式塔学派和精神分析学派理论为基础，强调以相互作用和非理性作为学习的条件，一方面指出学习是"学会运用积极改造文化环境的方式，并与文化环境一起发挥作用"[①]；另一方面强调非理性和感

---

① Theodore Brameld, *Education for the Emerging Age: Newer Ends and Stronger Means*, New York, Harper & Brothers, 1961, p.119.

情因素在学习过程中的作用。

布拉梅尔德认为学习是建设社会的途径之一，学习过程分为4个阶段。

第一阶段，证据的学习。直接意识到的经验是学习者可以开始学习的证据，这种证据的学习必须在一个特定的学习情境中完成，这种学习常常以需要满足过程中的不确定、怀疑、混乱的感觉和痛苦的冲突等非理性形式表现出来。证据的学习要提供直接经验和间接经验，直接经验不仅仅是个人的直接经验，还包括个体之间、群体之间的直接经验。

第二阶段，交流的学习。交流的内容包括直接经验和间接经验的证据，交流双方可以表达自己的目标兴趣，又可以了解到别人的目标兴趣。交流可以以不同方式进行，如对话、演说、书写等形式，课堂中的交流还要对社会上的交流方式进行观察和学习，帮助学生形成判断和评价。

第三阶段，共识的学习。共识的学习是继证据和交流的学习之后进行的，学习的目标在于继经验证据的学习与交流之后达成共识。共识取决于适当的量与质的证据和充分的交流。少数学生的异议应受到重视，但也须尊重大多数人的决定。

第四阶段，活动的学习。已经达成的共识应当转化为活动，应该为这种转化提供大量的机会。活动的学习就是在实践中应用并检验大多数人的共识。

以上4个阶段的学习构成了学习的一般过程。布拉梅尔德的学习目的在于通过一致的证实的学习过程，对学生进行说服，宣传改造主义的主张，使学生就他所设计的作为"社会—自我—实现"具体化的理想社会达成共识。

(三)课程即有意义的统一体

20世纪40年代美国要素主义者对进步主义教育的缺陷进行了批判：忽视学习系统知识，而只学习零散的知识片段。他们提出学校应当传授基础知识，把前人创造和积累的经典知识编制成科目，并按次序进行传授。布拉梅尔德认为，当时的课程结构是个缺乏连贯性的教材大杂烩，各门教材之间缺乏有意义的联系。因此，他呼吁必须使课程成为有意义的统一体。

布拉梅尔德认为，"有意义的统一体"课程必须建立在行为科学的基础上。他设计了一个与理想社会相对应的复杂领域的课程体系，包括经济、政治、科学、艺术、教育以及人类关系等复杂领域的课程。

首先，课程目标统一于改造社会这一目标。第一年的课程，一部分是引发动机、提供方向，使学生理解教育目标寻求任务的重要性；另一部分是使学生集中学习经济和政治方面的改造。第二年的课程，根据普通教育的指导方针，学生要研究科学与艺术领域的问题、方法、需要和目标。第三年的课程，学生要研究教育记忆人类关系的问题。第四年的课程，学生要学习达成一致认可的目标时所采用的技术和策略，包括研究手段与目的的关系、评价和选择可行的手段，最后还要重新思考已研究过的各个领域，得出一个综合观点。

其次，课程的课时安排统一于解决问题的活动。教师要"思考适合于他的学生的年龄和环境的解决问题的办法"①。他把一天的课程分成 4 个课时，上、下午各 2 个。在第一课时里，主要围绕中心学科展开小组讨论，得出同意或不同意的结论。在第二课时里，要给学生进行读、写、说以及其他技能的训练。第三课时是全体集会，每个小组呈现自己的研究成果，并与其他小组进行交流，在连续的教学中，不断深化对某一问题的研究。第四课时主要是对第二课时的补充，内容大致相同。

布拉梅尔德的课程设计是建立在改造主义的学习理论基础上的，改造社会这一目标贯穿于每门课程的学习之中，课程设计表现出以社会问题为中心的倾向。

---

① Theodore Brameld, *Patterns of Educational Philosophy: Divergence and Convergence in Culturological Perspective*, New York, Holt, Rinehart and Winston, 1971, p.456.

（四）学校控制即民主的管理模式

布拉梅尔德认为应该改变直线式的管理方式，推广运用寻求"一致的证实"的管理模式。学校应该是一个鼓励批判精神和不同意见的机构。

由社区所有公民团体代表组成校务委员会。市民委员会由教师、学生和社区团体代表组成，研究校务委员会的政策，提出贯彻实施相关政策的具体方案。学生、教师、行政人员、服务人员和家长委员会分别对市民委员会的计划进行研究。最后由这 5 个委员会的代表组成全校委员会，决定这 5 个委员会的权限和职责，并且把这 5 个委员会的意见结合起来，形成可以实施的行动计划。

布拉梅尔德将学校管理模式的实施分为 4 个阶段：①确立"社会—自我—实现"的最高价值；②校务委员会提出总政策；③各校内委员会协商，最后经全校委员会提出具体计划；④行政人员贯彻实行。这一学校管理模式是在试图改进当时美国学校的直线式管理的基础上形成的，但该模式并非一套完整的学校管理体制，而是一个决策过程，且在某种程度上为了追求民主化的学校管理而牺牲了管理的科学性和效率，因而未能从根本上改变美国的学校管理体制。

布拉梅尔德的改造主义教育思想兴起于 20 世纪 50 年代，强调通过教育改造社会，引发了广泛的社会关注，但实际得到的支持却较为有限。原因是多方面的：首先，虽然改造主义教育思想强调改造社会，但在实行中又借用了进步主义教育的理念和操作；其次，改造主义教育思想未提出合适的教育目的，让教育承担了过多的责任，特别是"二战"以后，美国统治阶层追求政治稳定，而布拉梅尔德提倡的社会改造并不利于这一目的的达成，不利于资本主义社会制度的稳定；再次，布拉梅尔德的教育思想深受马克思主义影响，而当时美国社会麦卡锡主义流行，带有共产主义色彩的思想容易受到社会的排挤和敌视；最后，美国社会一直宣称多元价值论，包括改造主义在内的任何追求"社会一致同意"的理论或实践尝试，往往难以获得多数人的认同和好感。

## 第三节　科尔伯格的教育思想

科尔伯格，美国当代著名心理学家和教育家，道德认知发展理论的奠基人，一生独立撰写 75 篇文章和 4 部著作，与别人合作撰写 40 篇文章和 3 部著作，此外还发表了许多特约文章。科尔伯格从事研究生和博士后研究人员指导工作长达 28 年，所培养的很多学生成为道德心理学领域的权威人物。

20 世纪 50 年代末，科尔伯格关于儿童道德推理的博士论文奠定了其一生的研究基础。毕业后，科尔伯格出任耶鲁大学心理学助理教授，之后分别在芝加哥大学心理学系、哈佛大学教育研究院任教授。科尔伯格沿着儿童心理学家皮亚杰儿童道德判断研究的道路，在儿童道德认识发展与道德教育领域辛勤耕耘，建构了关于道德发展哲学、心理学以及道德教育实践策略的理论知识体系，对美国学校道德教育以及其他国家的道德教育实践产生了广泛而深远的影响。

科尔伯格的相关研究成果不仅拓展了皮亚杰的儿童心理发展理论，而且还丰富了心理学家米德和哲学家、心理学家鲍德温(James Mark Baldwin)的理论。在理论探索的基础上，科尔伯格促进了美国 20 世纪 70 年代以后认知发展教育运动的开展，在世界范围内产生了深远影响。很多国家和地区都以科尔伯格的道德认知发展理论作为制订学校德育计划的依据。世界道德教育界权威学术刊物《道德教育杂志》在悼念科尔伯格时写道："他对道德发展和学校道德教育实践所作出的贡献是无与伦比的，在他数十年所致力的这些领域中，他超过了他同时代的所有人。"①在一项使用六项标准(如引用和认可)的实证

---

① 转引自郭本禹：《道德认知发展与道德教育——科尔伯格的理论与实践》，1 页，福州，福建教育出版社，1999。

研究中，科尔伯格被视为20世纪杰出的第30位心理学家。①

## 一、科尔伯格道德发展理论形成的历史背景

科尔伯格道德发展理论的形成，与20世纪六七十年代美国政治、社会以及教育大环境密切相关。首先，第二次世界大战以后，人们身处经济社会大发展的"黄金时代"，相信科学技术和经济发展的力量，但未过多关注道德发展、民族矛盾等社会问题。到了20世纪60年代，美国社会长期积累的社会问题开始显现，各种社会矛盾激化，群众运动此起彼伏，女权运动、黑人运动、性解放运动、反文化运动等对传统的道德价值观提出了严峻挑战。在传统道德价值观瓦解的背景下，人们的精神生活变得迷茫，吸毒、酗酒、犯罪、离婚、邪教组织活动猖獗等一系列社会问题层出不穷，这样的社会风气使得青少年的道德水平日趋下降，重视量化的智力开发和能力培养的传统学校教育对此无能为力。日趋多元的社会价值观导致人们无所适从，社会要求学校肩负起道德教育的重任，以适应社会环境的剧烈变化。科尔伯格的道德发展理论强调培养儿童在面临社会价值冲突时的判断能力和决策能力，适应了时代发展。

其次，20世纪50年代末苏联成功发射了世界上第一颗人造地球卫星，美国上下震动不已。作为应对，美国政府颁布实施《国防教育法》，一场声势浩大的教育改革就此开始。皮亚杰的儿童认知发展理论强调加强学生的智力开发和能力培养，为这场教育改革运动提供了一定的理论基础。科尔伯格以皮亚杰的认知发展理论为基础，沿着皮亚杰儿童道德判断的路线，深入、系统地研究儿童道德认知发展，形成了丰富的理论和实践体系，对美国的教育改革运动和世界教育发展产生了直接影响。

---

① Steven J. Haggbloom, Renee Warnick and Jason E. Warnick，et al.，"The 100 Most Eminent Psychologists of the 20th Century," *Review of General Psychology*，2002(2)，pp.139-152.

## 二、科尔伯格道德发展心理学的基本观点

### （一）儿童道德发展的实质

与皮亚杰观点相近，科尔伯格认为儿童自己持有关于价值观问题的思考方式，能够主动形成他们的道德观念，这些道德观念又形成有组织的思维方式。"我认为发展中的儿童是一位哲学家，能建构关于诸如公平的普遍范畴或问题的意义。"①他强调个体是一个不断思考道德问题的哲学家，个体思维方式即道德认知是一个不断发展的过程。儿童道德发展的过程实质上就是道德认知发展的过程。

科尔伯格认为，道德认知是对是非、善恶行为准则及其执行意义的认识，集中表现在道德判断上。道德判断是人类道德要素中最重要的成分，是道德情感、道德意志和道德行动的前提。儿童的道德成熟，首先意味着其道德判断的成熟，然后是与道德判断相一致的道德行为的成熟，因此，科尔伯格所研究的道德认知发展主要集中于道德判断的发展。道德判断既是一种价值判断，也是一种社会判断，是一种针对规范的判断，是对权利和义务的判断，而不是对喜欢、爱好的价值判断。

### （二）道德判断的结构与内容

科尔伯格认为，道德判断具有两个维度，即内容和结构，不同发展阶段的道德判断既包括具体内容判断，又包括特定结构判断，两者既相互联系又相互区别。首先，道德判断的内容和结构之间相互区别。道德判断的内容是指思考了什么，即思考的对象，其中包括有关的道德事实、道德观念等，具体指个体在面对道德两难时所运用到的规范和要素；道德判断的结构是指如何思考问题，即思考问题的方式，是对道德内容进行思维加工的方法和过程。

---

① 转引自郭本禹：《道德认知发展与道德教育——科尔伯格的理论与实践》，83页，福州，福建教育出版社，1999。

其次，道德判断的内容和结构之间相互联系。内容和结构是道德判断的两个方面，内容体现了结构，结构规定和限制了内容。一方面，儿童的道德判断结构在整体上调控儿童对具体道德问题的认知方向，他们总是以一种特定的模式去认识道德问题，做出相应的判断和选择，并形成道德观念和价值观；另一方面随着儿童与他人交往的相互作用的扩大，随着儿童社会经验的不断积累，道德判断的结构会随之发生改变和重组，因此道德判断的结构是经验内容发展到一定阶段的产物。

(三)道德判断的结构与道德发展的阶段

科尔伯格认为，道德发展的阶段是由道德判断的结构来决定的，而非道德判断的内容。"道德判断的结构和道德判断的内容必须区分开。"[1]科尔伯格按照道德判断结构的不同性质，将道德发展分成三水平六阶段：第一阶段和第二阶段属于前习俗水平，是以服从、避免惩罚及工具性需要和交换为基础的初级道德判断；第三阶段和第四阶段属于习俗水平，是以义务、好人观念以及对于社会法定的规则和权威的尊重为基础的道德判断；第五阶段和第六阶段属于后习俗水平，是以合同式契约、用于裁定冲突的既成程序、互相尊重和分化的正义与权力观念为基础的道德判断。个体虽然在各个阶段的顺序可能不一样，但是总体上呈现顺序性，个体是以一种固定不变的顺序经历道德发展的各个阶段的。

(四)道德发展的条件

科尔伯格认为个体的道德发展沿着垂直和水平两个序列发展：垂直序列的发展是由道德低级阶段向高级阶段的推移，水平序列的发展是从逻辑发展经社会认知发展向道德发展的推移。因此，儿童的逻辑认知发展和社会认知

---

[1]　Lawrence Kohlberg, "High School Democracy and Educating for a Just Society," in Ralph L. Mosher, *Moral Education: A First Generation of Research and Development*, New York, Praeger, 1980, p.25.

发展是制约其道德发展的重要条件。

1. 逻辑认知发展、社会认知发展和道德发展

逻辑阶段的发展是道德阶段发展的必要前提条件，没有较高的逻辑阶段的获得，就不会出现较高的道德阶段的发展。科尔伯格描述的儿童道德判断发展的"三水平六阶段"与皮亚杰描述的儿童逻辑思维发展有相互对应的关系。儿童的智力发展本身并不直接导致道德发展，逻辑思维发展与道德思维发展的联系并不是直接的，这种联系需要通过社会认知方面的中介因素来实现，而个体的角色承担或观点采择的发展是其社会化成熟的重要标志，对道德判断的发展具有非常重要的意义。逻辑认知发展、社会认知发展和道德发展三者的平行关系如表3-6所示。①

表3-6　个体逻辑认知发展、社会认知发展与道德发展的关系

| 逻辑认知发展阶段 | 社会认知发展阶段 | 道德发展阶段 |
| --- | --- | --- |
| 前运算 | 主体性 | 他律 |
| 具体运算 | 自我反思 | 交换 |
| 初始的形式运算 | 相互性的观点/类化的观点 | 期望 |
| 早期的基本形式运算 | 社会和习俗制度 | 社会制度和良心 |

2. 社会道德观点

科尔伯格认为个体的社会认知发展是一种整体性结构的发展，即社会道德观点的发展，包含角色承担和道德判断两个方面，既指个体承担的社会事实观点，又指个体承担的社会价值观点。社会观点是社会事实的观点，道德观点是关于社会价值的观点。科尔伯格的道德判断的三种水平和社会观点的三种水平的对应关系如表3-7所示。②

---

① 参见郭本禹：《道德认知发展与道德教育——科尔伯格的理论与实践》，95页，福州，福建教育出版社，1999。

② Lawrence Kohlberg, *The Psychology of Moral Development: The Nature and Validity of Moral Stages*, New York, Harper & Row, 1984, p.177.

**表 3-7　个体道德判断水平与社会观点水平的对应关系**

| 水平 | 道德判断水平 | 社会观点水平 |
| --- | --- | --- |
| 一 | 前因循水平 | 具体个人的观点 |
| 二 | 因循水平 | 社会成员的观点 |
| 三 | 后因循水平 | 超越社会的观点 |

（五）道德发展的动力

科尔伯格认为，首先，个体道德发展一方面要具备相应的逻辑认知发展条件，另一方面要具备相应的社会认知发展条件，只有在这两个发展条件共同作用下，个体才能获得道德发展。其次，道德发展的动力不是来自先天成熟，也不是来自后天学习，而是来自个体与社会的相互作用。科尔伯格主张相互作用的建构论：基本的心理结构产生于机体结构与外部世界结构的相互作用。个体的道德经验不断结构化，不断同化吸收和调整平衡新的道德经验，从而使个体的道德结构产生新的质变，飞跃到新的发展水平。个体的道德认知就是在一次又一次从不平衡到平衡的质变过程中得到发展的。个体的道德发展过程是按阶段逐步建构的过程，个体的道德概念是在个体与社会的相互作用过程中不断建构而成的。

（六）道德发展的阶段模型

受到康德（Immanuel Kant）道德哲学、皮亚杰对儿童道德认知发展的实证研究以及鲍德温社会心理学理论等因素的影响，科尔伯格认为个体的道德发展过程可以划分为三个水平，每个水平又包含两个阶段，即"三水平六阶段"模型。模型的具体内容如下所示。[①]

水平一：前习俗水平（前因循水平）。

阶段 1：他律阶段，避免惩罚和服从定向。处于该阶段的个体避免因破坏

---

　　① 参见［美］科尔伯格：《道德发展心理学：道德阶段的本质与确证》，郭本禹、何谨、黄小丹等译，165~167 页，上海，华东师范大学出版社，2004。

规则而受惩罚，完全服从，避免对人和物造成物理伤害；如果一种行为没有被发觉或受到惩罚就不是错误的。处于该阶段的个体以自我为中心，不考虑他人的利益，依据物质后果而不是依据他人的心理来裁判其行动。

阶段2：个人主义、天真的快乐主义阶段。处于该阶段的个体在满足自己的需要或利益情况下，也要承认别人有自己的利益。处于该阶段的个体会为了获得奖赏或达到个人目的而遵守规则，在某种程度上会考虑别人的想法和利益，但主要是想得到回报。对的也就是公平的，即一种公平的交易和协定。处于该阶段的个体能够意识到每个人都有自己追求的各种利益，且充满着冲突。

水平二：习俗水平(因循水平)。

阶段3："好孩子"定向阶段，人际关系协调阶段。处于该阶段的个体遵从社会角色期待，能设身处地地考虑问题，但仍不能考虑普遍化的制度观点。处于该阶段的个体认为"为善"是至关重要的，指有良好的动机，表明关心别人，并根据人的行为意图对该行为做出评价；也指维持良性的人际关系，如信任、忠诚、尊重、感恩等。处于该阶段的个体按照自己和别人的标准为善，相信道德规范，愿意维护保持善行的规则和权威，意识到共享的情感、协议和期望高于个人的利益。

阶段4：维护法律和规则的定向阶段。处于该阶段的个体履行个人所承诺的义务，看重从法律中反映出来的公众意见，严格守法，除非它们是与其他规定的社会责任相冲突的极端情况。对的行为是指对社会、团体或机构有所贡献的行为。处于该阶段的个体致力于使机构作为一个整体，避免破坏制度。他们尊重法律和规则不是因为害怕受到惩罚，而是相信法律和规则能够维持社会秩序。

水平三：后习俗水平或原则水平(后因循水平)。

阶段5：社会契约定向阶段。处于该阶段的个体意识到人人都持有不同的价值和观点，而大多数价值和观点都相对于所属的团体，这些相对的价值和观点应该在任何社会中都必须遵守，因为它们是社会契约。有些非相对的价值和观点也应该在任何社会中都必须遵守，而不管大众的意见如何。个体有义务遵守法律，因为个人缔结这种社会契约的目的是用法律来发展所有人的福利和保护所有人的权利。尊重法律和义务是基于整体的功利，即为了绝大多数人的最大利益。以牺牲大多数人的权益为代价的法律是非正义的，需要修改完善。

阶段 6：普遍的伦理原则阶段。处于该阶段的个体相信普遍的道德原则的有效性，根据自己的良心理解是非，并且立志为之献身。特定的法律和社会协议之所以通常是有效的，是因为它们是建立在普遍的道德原则之上的。当法律违背这些原则时，人们会按照原则行事，因为这些原则是公正的。

(七)道德阶段与道德行为

科尔伯格用"优势阶段"理论来说明个体的道德发展，即个体的道德发展的阶段是以优势阶段来进行阶段归档的。对一个人来说，他的阶段使用率超过 50%的阶段就可以作为该阶段的优势阶段，阶段使用率超过 25%，但不足50%的阶段可作为该阶段的次要阶段。[1]

科尔伯格认为道德判断是道德行为的必要条件，分为两种心理功能：一种是道义决策功能，即对什么是正当的判断；另一种是善始善终功能，即按照一个人所判断的正当来行动的责任判断。道德判断不直接产生道德行为，而是通过分化为以上两种心理功能来产生道德行为，因此道德行为是外部行动与内部道德判断的内容贯通一致的结果。

个体所处的道德推理的阶段越高，就越能富有责任地行动，即使个体在面临不同于原本道德情境的新情境时，仍能一如既往地按照判断为正当的情

---

① 参见郭本禹：《道德认知发展与道德教育——科尔伯格的理论与实践》，105 页，福州，福建教育出版社，1999。

境而行动。每一个较高的道德阶段都更具有规定性和普遍性，即一个人判断一种行动应该做，那么他不仅判断这种行动是正当的，而且包括自己在内的所有人都有义务执行这种行动。处于后因循水平阶段的个体的道德判断结构与其内容、道德判断与道德行为能达成很高的一致性。

(八)道德阶段与道德类型

道德类型说是科尔伯格道德认知发展理论的重要内容，他的道德发展阶段理论始终贯穿着道德判断从他律向自律发展的线索。因此，个体道德判断从阶段1向阶段6发展的过程，实际上就是不断地从他律道德向自律道德发展的过程。道德阶段的提高与道德类型的发展是一致的。科尔伯格主张的道德教育的根本目的就是促进儿童的道德发展，使他们达到最高的原则或自律水平。

## 三、道德发展理论的研究方法

科尔伯格认为教师不应该将道德知识和价值体系直接灌输给学生，而是要向学生呈现一个开放性的情境，让学生面临"冲突"。因此，在皮亚杰对偶故事研究的基础之上，科尔伯格提出了两种新的道德教育模式——"道德两难故事法"和"公正团体法"。

道德两难故事法是教师讲授由科尔伯格编制的在道德上难以判断是非的两难故事，学生通过扮演故事中的角色发现道德两难事件，并做出自己的选择。随后教师让学生进行小组讨论，引起他们对于道德冲突的认知，激发他们积极的思维，并且根据回答来判断学生的道德水平处于何阶段，从而促进学生道德判断水平提高。公正团体法是对道德两难故事法的修订和补充，即科尔伯格将以色列集体农庄的一所中学的教育精神应用到剑桥中学的教育实践里，建立一个充满道德氛围、大家共同管理的团体和一套有利于团体发展与学生共同生活的集体行为规范。以上两种道德教育模式都突出了学生参与道德问题的主体地位，从而促进学生道德判断水平的提升。

科尔伯格测量道德判断的具体评分方法经历了从简单到复杂的逐步完善的过程，即理想类型评定法（Ideal Type Rating）、结构问题评分法（Structural Issue Scoring）和标准问题评分法（Standard Issue Scoring）3 个阶段。

## （一）理想类型评定法

科尔伯格最初的道德发展理论称为发展类型理论而非发展阶段理论，因此他的早期研究方法就称为理想类型评定法。这种方法假定一种道德类型与典型的价值内容相联系，道德类型是根据被试者对两难问题的典型反应来界定的，而不直接探究被试者对两难问题反应的思维结构。理想类型评定法是一种方面评分体系（The Aspect-Scoring System），根据道德两难故事的内容，把道德判断分为诸多基本的道德品质方面。科尔伯格把道德判断类型分成 30 个方面，每个方面又分为 6 种水平，这样就构成了 180 个分析单元，根据这个评分系统可以对每个被试者进行分类和评分。

根据被试者的谈话内容即言语陈述来确定他的道德类型。理想类型评定法又可分为句子评定法和故事评定法。前者将道德两难故事的每个方面的典型句子编成评分手册，每个被试者对两难故事的陈述（每次谈话有 50～150 个陈述）可以按照故事的每个方面进行类型记分。① 一个被试者的每个陈述类型分数转化为百分率，再形成被试者使用的类型，只有当被试者有 50% 的陈述达到某一类型时，才能代表该类型的道德判断。后者则是一种整体评分体系（The Globe-Rating System），它是把被试者对两难故事的全部反应根据类型的总体定义按故事的不同方面进行类型记分。以上两种评定方法都是基于内容的分析，强调被试者解决两难问题时所关心的内容并把它们作为相应发展类型的记分标准。

---

① Lawrence Kohlberg, *The Psychology of Moral Development: The Nature and Validity of Moral Stages*, New York, Harper & Row, 1984, p.59.

## (二)结构问题评分法

结构问题评分法以标准判断个体道德发展阶段,每一个判断的标准就是一个特定阶段最显著的推理形式。该方法对道德判断的内容进行标准化处理,并对道德判断的内容和结构进行区分,将问题或价值称为规范。科尔伯格列出了 11 种普遍的问题或价值:法律和准则,良心,个人的情感角色,权威,公民权,契约、信任和交换的公正,惩罚和公正,生命的价值,财产权和价值,真实,性和性爱。每个问题又包含几个不同的道德形式方面。例如,对契约、信任和交换的公正问题的思考包含利他、义务、准则、角色承担、公平等形式方面。[1] 按问题进行分类的内容也产生了一种新的评分单元,这种单元是被试者思考两难故事中某一问题时所用的全部观念。在确定了问题之后,按每个问题来界定阶段思维。科尔伯格编制《结构问题评分手册》,手册详细描述了每个阶段的特征及被试者对每个问题的反应。主试者可以根据评分手册对被试者的反应进行阶段归档,即把被试者的判断归入某一阶段。这种评分手册对阶段的界定比较抽象和固化,评分的自由度比较大,因此结构问题评分法又称为直觉问题评分法(Intuitive Issue Scoring)。

## (三)标准问题评分法

标准问题评分法进一步区分了具体的阶段标准,首先把被试者的谈话材料变成道德判断,接着把谈话中的道德判断与道德判断量表上的标准判断加以匹配,并进行阶段记分,最后通过加权的方法再进一步计算阶段分数。具体评分过程分为 17 步,每一步都有详细的规则。

常用的评分指标有两种:一种是优势阶段,把被试者的判断划归为某一阶段,该阶段即被试者使用最多的优势阶段;另一种是道德成熟分数(MMS),是一种阶段使用率的加权总分,即用每一阶段的使用百分率乘以阶段数再相

---

① 参见郭本禹:《道德认知发展与道德教育——科尔伯格的理论与实践》,137 页,福州,福建教育出版社,1999。

加。道德成熟分数分布范围为 0~600，如果数值是 306，那么说明被试者处于阶段 3。后一种评分指标运用了各个阶段的信息数据，比前一种评分指标具有更大的内部一致性，并且可以使个体之间的分数加以横向比较，从而提高了评分的客观性和可靠性。[①]

## 四、道德教育的实践策略

科尔伯格对学校道德教育所持的基本观点是动态发展的：个体的道德成长是一个在自身与社会互相作用下不断建构的过程，也是个体道德经验不断同化、调整、平衡的过程。这一过程包含了一系列的发展阶段，个体每经历一个发展阶段，他的道德阶段便会出现相应的飞跃发展。

科尔伯格把促进个体道德判断的发展作为道德教育的目的，而发展道德判断的最终目标是改变个体的道德行为。他强调要在促进道德判断和推理的前提下，促进道德判断向道德行为发展，促进思维与行动一致。为了实现这一目的，科尔伯格提出了道德讨论策略和公正团体策略来干预学校的道德教育。

（一）道德讨论策略——道德两难故事法在道德教育实践中的运用

道德两难故事法汲取了苏格拉底教育思想的精华，即为正义而教、引发学生的认知冲突，因此道德两难故事法又被称为"新苏格拉底法"。

1. 道德两难故事法实施的条件与原则

道德两难故事法的有效实施依赖于两个条件：一是要引起学生的道德认知冲突；二是要教育者所提供的推理水平高于学生现有的水平。道德两难故事法在实施过程中必须要遵循两个原则：一是要了解学生现有的道德发展阶段水平，向学生揭示高于他们现有水平的一个阶段的道德思维方式，但是教师向学生提供的道德发展阶段并非越高越好，"发展性道德教育的第一个心理

---

[①]　参见范琪：《科尔伯格》，59 页，北京，北京师范大学出版社，2013。

学原则是，学生只能同化在发展意义上合乎他们自身水平的那些道德说理"①；二是要在学生中引起真正的道德冲突和意见不一，"道德发展上的向前运动不仅依赖于向学生解释下一阶段的思维，而且要使学生体会到在运用他们当前的思维时发生的认知冲突和不确定性，如果不能经历足够多的认知冲突和不确定性，道德的发展就不会发生"②。

2. 道德两难故事法实施的两个阶段

科尔伯格将道德两难问题分为三类：假设的问题、以内容为主的问题和实际的问题。假设的问题不以事实为依据，但假设的情境是可信的；以内容为主的问题以某一学科中的资料为依据；实际的问题则涉及情感。不管教师采用哪种问题，教师必须掌握好问答的技巧以引发学生的认知冲突和道德发展。科尔伯格根据程度划分了道德两难问题提问的两个阶段：一是基础阶段提问法；二是深入阶段提问法。

（1）基础阶段提问法

基础阶段提问法注重师生之间讨论道德问题。教师的作用是确保学生能理解道德两难问题或提出问题，帮助学生正视问题中的道德成分，引导学生做出道德判断，并鼓励学生用不同的观点与别人开展讨论。科尔伯格设计了以下一些不同的提问。

第一，提出道德问题。这种提问涉及"应该"或"对错"的问题。这种提问让学生注意到情境中的某些因素，使两难问题变成道德问题。这种提问可以是："你认为这种行为是对的吗?""你认为应该这么做吗?"

① Lawrence Kohlberg, "Cognitive Development Theory and Practice of Collective Moral Education," in Martin Wolins, *Group Care: An Israeli Approach: The Educational Path of Youth Aliyah*, New York, Gordon & Breach, 1971, p.367.

② Lawrence Kohlberg, "Cognitive Development Theory and Practice of Collective Moral Education," in Martin Wolins, *Group Care: An Israeli Approach: The Educational Path of Youth Aliyah*, New York, Gordon & Breach, 1971, p.367.

第二，提出"为什么"的问题。这种提问要求学生对他们所支持的道德观点做出解释，可以让学生之间不同的思维方式得到暴露，并促进他们之间的交流与讨论。这种提问可以是："为什么你会这么认为？""你为什么会做这样的判断？"

第三，提出使情境变得更加复杂的问题。这种提问通过给原来的问题增加新的信息或情境来增加原来情境的复杂性和认知冲突。这种提问可以是："如果发生了情况 B，你还支持之前的观点吗？"

（2）深入阶段提问法

深入阶段提问法将讨论向深层次引导，要求学生抓住争论的观点和对方的理由基础，促进学生的思维结构发生变化。科尔伯格设计了以下一些不同的提问。

第一，精练提问法。精练提问法应探讨同一提问的众多方面，有 5 种已经总结出来的有效提问法：澄清询问、特殊问题询问、问题之间询问、角色转换询问和普遍结果询问。

第二，强调较高阶段的观点。强调较高阶段的观点有两种途径：一种是学生自己在讨论中运用了较高阶段的观点，教师在听到学生运用较高阶段的推理方式时，就可以鼓励学生揭示其推理的理由；另一种是在全班学生没有察觉到较高阶段的观点时，教师自己应当提出一个较高阶段的观点。

第三，澄清与概括。这种方法要求教师要善于澄清和概括学生所陈述的观点。教师是一个积极的聆听者，聆听可以使教师将学生讨论中的关键因素联系起来。

第四，角色承担询问法。这种方法使学生从自我中心阶段向考虑他人的思想情感和权利方面发展。教师可以给学生安排一些关于道德冲突的合作活动，如角色扮演、辩论、学生制作的戏剧节目、电影、幻灯片等都可以激发学生考虑别人的实际经验。在扮演角色的过程中，学生能关注活动中角色的思维，有机会体会别人的思想。

### (二)公正团体策略——公正团体法在道德教育实践中的运用

公正团体法的基本观点是：一定的道德氛围能使人们认同高于自己所处的道德认知阶段一个阶段或更多阶段的道德观点。公正团体法就是通过共享民主权利或直接参与的民主方式来使学生管理学校这个小社会，从而帮助学生形成确切的公民概念和态度，使学生成为好公民。公正团体法是对道德两难故事法本身存在问题(过分注重道德判断的形式)的矫正和补充，这种方法吸收了柏拉图理想国的教育精神，强调参与和团体的作用，核心是参与式的民主管理，又被称为"新柏拉图法"。

1974年，科尔伯格和同事在剑桥中学建立了"校中校"，开始了公正团体法的道德教育实验。公正团体学校的结构包括5种成分：团体会议、小组会议、顾问小组、纪律委员会和师生商议会议。团体会议每周举行一次，教师、学生和顾问在团体会议中都处于平等的位置，一人一张选票决定大部分规则和政治决定。教师把现存的阶段观念运用于解决团体会议的议题和程序等实际问题中。

团体会议的具体程序如下：首先，在召开团体会议之前，教师先为学生选定一个议题，并且要求学生提出他们自己对于该议题的观点和论据；其次，教师在其管理的班级中对议题做论述并加以分类，鼓励学生之间的相互交流；最后，大家就议题达成决议。这套程序不仅体现了杜威的学校民主观点，而且还体现了杜威要求教师在教育中充当促进者、问题的提出者、讨论的倾听者和民主程序的促进者这一思想。团体会议不仅让学生提出了不同的看法和建议，为自身的看法和建议提出支持的理由，而且有效发挥了团体的凝聚力和舆论监督力。

科尔伯格的教育思想在世界范围内产生了广泛而深入的影响，掀起了美国20世纪70年代之后的认知发展教育运动。不可避免，科尔伯格的教育思想仍面临着各种难题——科尔伯格的理论是否带有文化偏见和性别偏见？怎样从道德认知过渡到道德行为上？被忽视的道德教育理论是否完整？幼儿的判断能力是否被低估？但是他的教育理论和实践对道德教育学起到了部分奠基性的作用，对于亟待提高的道德教育水平和急需改革的硬性灌输方法，具有较大的启发性。

## 第四节　克雷明的教育思想

克雷明，美国历史学家、教育家，1925年10月31日生于纽约，1990年9月4日去世。克雷明在汤森·哈里斯中学毕业后，就读于纽约市立学院，后在哥伦比亚大学师范学院获硕士和博士学位。1949—1990年克雷明在哥伦比亚大学师范学院任教，1974—1984年担任哥伦比亚大学师范学院院长。克雷明曾先后获聘为加利福尼亚大学、哈佛大学和威斯康星大学客座教授，并被美国16所学院和大学授予荣誉博士学位。克雷明曾任美国教育史学会首任会长、全国教育科学院副院长和全国教育学院教师协会会长。从1985年起，克雷明担任美国斯宾塞基金会主席。此外，他还是美国哲学学会会员、美国历史学家学会会员以及美国文理研究院成员。

克雷明一生著述宏富，主要著作有：《美国的公立学校：一种历史的概念》（ *The American Common School：An Historic Conception* ）、《共和国与学校：贺拉斯·曼论自由人的教育》（ *The Republic and the School：Horace Mann on the Education of Free Man* ）、《学校的变革》（ *Transformation of the School* ）、《公共教育》（ *Public Education* ）、《美国教育：殖民地时期的经验，1607—1783》（ *American Education：The Colonial Experience，1607-1783* ）、《美国教育：建国时期的经验，1783—1876》（ *American Education：The National Experience，1783-1876* ）、《美国

教育：都市时期的经验，1876—1980》(*American Education: The Metropolitan Experience, 1876-1980*)等。其中《美国教育：建国时期的经验，1783—1876》在1981年获"普利策历史奖"。有人称赞他："作为一位多产作家，他撰著了大量一流的学术著作，这些著作是所有学习和研究教育史的人必读的。"①

克雷明卓越的学术研究成果，为其在美国和国际上赢得很高的学术声誉。

## 一、进步主义教育观

《学校的变革》是系统展示克雷明进步主义教育观的学术著作。1964年该书荣获"班克罗夫特美国历史奖"。

克雷明认为，进步主义教育在美国教育史上居于重要地位，构成了美国现代文明史的重要内容。进步主义教育协会(Progressive Education Association)在1955年解散了，两年以后它的刊物《进步主义教育》(*Progressive Education*)也停刊了，这标志着美国教育学上一个时代的结束。②克雷明强调进步主义教育运动在现代美国文明史上构成了决定性的一章，是美国对工业革命所做出的教育反应的集中显示。

作为对进步主义教育基础的回顾，克雷明充分强调"美国公共教育之父"贺拉斯·曼(Horace Mann)和教育家哈里斯(W. T. Harris)对美国公立学校发展所做出的巨大贡献，积极肯定"进步主义教育之父"帕克(F. W. Parker)的昆西实验对美国公立学校改革的作用。进步主义教育时代的教育实验，如帕克的昆西实验、杜威的芝加哥大学实验、斯托特(J. H. Stout)的手工训练实验、约翰逊(M. Johnson)的有机教育学校实验、沃特(W. A. Wirt)的葛雷学校实验等，为建立进步主义时代教育与工业的新关系，引导学校教育更好地满足科学技

---

① Joy A. Palmer, *Fifty Modern Thinkers on Education: From Piaget to the Present*, London, Routledge, 2001, p.158.

② 参见[美]劳伦斯·阿瑟·克雷明:《学校的变革》前言，单中惠、马晓斌译，1页，济南，山东教育出版社，2009。

术发展与工业进步的需要，做出了富有成效的探索，在此过程中，美国学校的传统性质得到了改变。

在克雷明看来，19 世纪末 20 世纪初美国手工训练运动的发展和全国工业教育促进协会的努力，为人们重新认识满足工业时代需要的公共教育提供了一种新的实践范例，并进一步强化了人们对美国学校实施变革以满足对有技能的人不断增长的社会需要的必要性与迫切性的认识。

基于对 19 世纪后期美国社会住宅区运动及其对社区影响的分析，克雷明指出，社会改革与教育改革之间存在密不可分的联系，教育发展是促使社会进步的重要手段。他认为，在美国这样一个由移民组成的社会里，要摆脱贫穷、肮脏和疾病的侵袭，实现具有不同文化传统和宗教信仰背景的移民的"美国化"，归根结底要依靠公共教育。但公共教育并非书本知识教育，而是具有更为广泛的社会实践和文化内涵的新型公共教育，是能够为社会改革运动提供基础的公共教育。

关于科学、达尔文主义与教育的关系，克雷明指出，19 世纪 90 年代不仅是美国历史，而且是美国教育理论的一个分水岭。美国学校变革始于英国哲学家、教育家斯宾塞的影响，他的《教育论》一书在美国拥有最广泛的读者。在这场美国学校变革中，一些心理学家、教育家起了重要作用。被誉为"心理学界达尔文"的霍尔（G. S. Hall）确立了"使学校适应儿童"的原则；美国心理学家詹姆士（W. James）的著作在心理学史和美国学术史上均具有里程碑意义；美国心理学家桑戴克（E. L. Thorndike）提出了一种新的学习理论，不仅使心理学成为一门具体的人类行为研究科学，而且有助于教育科学的发展；美国教育家杜威的《民主主义与教育》（*Democracy and Education：An Introduction to the Philosophy of Education*）一书，是自卢梭的《爱弥儿》问世以来对教育学所做的最显著的贡献。

克雷明指出，义务教育的实施标志着美国教育步入了一个新时期。他强调，在推进义务教育的过程中，需要在童工和就业方面采取相应的新措施。

克雷明指出，1919年进步主义教育协会的建立是美国进步主义教育运动史上的一个标志性事件，并对学校教育进程产生了富有意义的影响。伴随着智力量表在教育实践中的应用，对儿童学习能力的关注引发了学习理论的发展，一些新的有关儿童学习和发展的观念日渐成熟：学校必须永远不脱离儿童生活；儿童在学习过程中必须始终是一个积极参加者；教学必须永远不是肤浅的、呆板的；在学校中必须鼓励儿童自由发展创造性潜力。克雷明还十分关注心理分析的教育价值，认为只有善于心理分析的教师才能真正了解学生，才能真正走进学生的生活世界。

在梳理美国进步主义教育协会组建及发展历史的基础上，克雷明指出进步主义教育协会的宗旨在于实现儿童个性最充分和最完善的发展，进步主义教育协会的事业与进步主义教育事业息息相关。进步主义教育协会组织开展的诸多有影响的教育实验，均对美国教育产生了重要影响。进步主义教育协会为美国学校变革注入了活力，进步主义教育协会为美国教育改革事业所做出的贡献，应给予充分的肯定。

克雷明主张，美国要建立包括幼儿园、小学和中学在内的综合性公共教育体系。为促进学校变革和教育发展，社区、州和联邦政府应加强合作，以完成美国教育的主要任务。20世纪美国教育的主要任务之一，即为所有青年提供全面中等教育。20世纪50年代，由于学校萧条、入学率增长以及对训练有素的劳动力的需要等因素，美国教育危机出现。20世纪50年代，美国教育危机的出现及其引发的美国民众对教育的普遍不满，导致美国进步主义教育运动遭受到最猛烈、最尖锐和最全面的抨击。

关于进步主义教育运动失败的原因，克雷明归结为7个方面：①对进步主义教育运动的曲解；②进步主义教育运动和所有社会改革运动所具有的内在否定主义；③进步主义者所建议的做法在时间和能力上对教师提出了过分要求；④进步主义教育运动成为自己成功的牺牲者，这也是社会改革中常有的现象；⑤第二次世界大战后的政治和社会思想所遭受的保守主义影响周期性交替；⑥进步主义教育运动为自己的职业化付出了代价；⑦ 进步主义教育运动没有跟上美国社会不断变革的步伐。①克雷明指出：对于美国进步主义思想以及进步主义教育而言，"也许，它只是等待重新评价和复兴，这种重新评价和复兴最终会来自美国人生活和思想更大的、恢复了活力的改革"②。

## 二、教育史观

克雷明的教育史观集中体现于其三卷本著作——《美国教育：殖民地时期的经验，1607—1783》《美国教育：建国时期的经验，1783—1876》《美国教育：都市时期的经验，1876—1980》中。

### （一）教育史发展的非线性轨迹

克雷明认为，美国教育史发展历程表现出复杂性和多样性。社会与教育之间的关系不是简单的促进与适应的关系，因而不宜简单地强调社会发展对教育的促进作用，而应更加关注所有教育机构和系统的发展对美国社会产生的特定影响。克雷明还十分注重教育与社会之间的相互作用，尤其注重教育在形成美国人共同价值观的过程中所具有的重要意义。美国教育史不仅仅是公立教育机构的历史，而且是一切教育机构的历史。"在19世纪，公立与私立的界定既不明确也不是静态的，而是处于一个不断变化的过程。"③在克雷

---

① 参见[美]劳伦斯·阿瑟·克雷明：《学校的变革》，单中惠、马晓斌译，307~309页，济南，山东教育出版社，2009。

② [美]劳伦斯·阿瑟·克雷明：《学校的变革》，单中惠、马晓斌译，312页，济南，山东教育出版社，2009。

③ Lawrence A.Cremin, *American Education：The National Experience*, *1783-1876*, New York, Harper & Row, 1980, p.165.

明看来，并不存在任何对立的教育派别。

克雷明还指出，公立学校的发展轨迹并非简单的直线上升式，而是充满了变化和曲折。建国后美国公立教育机构在总体数量上是增加的，教育机构更加普及，但是"发展并非全然直线上升，在特定时期的特定地区也出现过下滑"①。

（二）教育史发展的多元动力

在克雷明看来，推动教育发展的动力是多元的，既包括主流文化，也包括边缘文化，即包括科学和理性、西方移民、党派和教派之争等多重因素。

1. 科学和理性的传播

在历史研究中需要发挥科学和理性的力量，要谨慎而严谨地处理史料，去伪存真，建立科学史学，发现和描述历史运动的规律。克雷明认为，知识的普及可以让人们普遍理解人和自然的关系，并且在日常生活中能够将自然社会和人类社会协调起来，最终使大多数人受益。科学和理性的教育是社会进步的主要动力。

2. 西方移民文化的植入

克雷明认为美国教育源于欧洲，欧洲移民在进入美国之时带来了他们的语言、风俗、观念、法律和文学。"到达北美的英国人同时携带《圣经》、奥古斯丁的著作、维吉尔的诗歌和西塞罗的文章等。"②在欧洲移民到来之前，美国本土还居住着印第安人，西方移民最初教育归化印第安人而建立学校，后来则是为定居者子女接受教育而设立学校。③ 总之，西方欧洲移民文化的植入推动了美国教育的发展。

---

① Lawrence A. Cremin, *American Education: The National Experience, 1783－1876*, New York, Harper & Row, 1980, p.484.

② Lawrence A. Cremin, *American Education: The National Experience, 1783－1876*, New York, Harper & Row, 1980, p.18.

③ Lawrence A. Cremin, *Traditions of American Education*, New York, Basic Books, 1977, pp.4-5.

3. 党派和移民之间的争斗

16—17世纪涌入新大陆的殖民者包括英国、葡萄牙、法国、荷兰和瑞典等。文化冲突不仅表现为西方文化和印第安文化之间的碰撞和摩擦，还表现为西方殖民者之间的文化争斗，其激烈程度不亚于前者。各种文化冲突客观上强化了各国殖民者对教育的重视。英国殖民者在文化冲突及其所引发的教育发展的竞争中取得优胜地位。克雷明认为："这种胜利决定着早期美国教育的发展。一方面，它证明了英国教育事业非凡的效力；另一方面，它创造了后来的很多教育形式。英国在人数、财富和殖民组织以及军事力量方面的强大都是保证教育走向胜利的有利条件。"①

（三）强调"和谐"的教育史观

受"和谐论"影响，克雷明强调发挥教育在社会和谐发展与进步中的作用，强调在教育实践中重视培养民众养成自由、平等、进取等品格与价值，主张宣扬美国文化传统的连续性、美国社会文化与心理上的一致性以及美国文化价值观的不可输出性。克雷明"和谐论"史学观在其著作中的具体体现是：以和谐的笔调赞美美国社会内部的连续性和一致性。在《美国教育：建国时期的经验，1783—1876》第六章中，克雷明把党派之斗争视为一种美国公众教育手段，党派冲突将启迪公众的思想。"党派的精神，最根本的是不同观点的冲突。冲突中的每一种不同的观点几乎都带有真理的成分，而这种理性与理性的相互作用，其结果只能是使人们的头脑更敏锐，知识面更宽广，使大众的认识提高到一个新的水平上。"②

---

① Lawrence A. Cremin, *Traditions of American Education*, New York, Basic Books, 1977, pp.6—7.

② Lawrence A. Cremin, *American Education: The National Experience, 1783—1876*, New York, Harper & Row, 1980, p.229.

## 三、教育生态观

克雷明在其著作《公共教育》中率先提出了教育生态学(Ecology of Education)概念,并对其做了深入解析。

### (一)解析"教育生态学"概念

克雷明将由不同教育机构组成的有机体看作一个教育生态系统,并运用生态学的系统观和联系观,对该教育生态系统中各教育机构之间的关系及其与外部社会之间的关系进行分析。他认为,教育生态系统中的各教育机构之间相互联系、相互影响,教育生态系统与社会环境之间也是相互联系和相互影响的。因此,克雷明提出,教育生态学是"不同的教育影响和教育机构之间及其与整个社会之间的相互关系的理论"①。各教育机构之间的关系可以是政治关系、教育关系或者是个人关系,这些关系可以是互补的,也可以是互相矛盾的。这些教育机构的组成结构是多元的,它们共同承担了向下一代传播文化的职责,在维持社会稳定与延续、促进社会变革等方面发挥着至关重要的作用。

### (二)重新定义"教育"概念

克雷明从教育生态学角度重新定义教育,"教育是通过周密的、系统的和持久的努力来传播、激发或获取知识、态度、价值、技能和情感;教育是由这种努力所产生的所有结果"②。在此定义中,克雷明着重强调了教育的目的性和计划性。在克雷明看来,尽管很多无意识的情境也会产生学习,但这些情境并不属于教育的范畴。相对于社会学的"社会化"、人类学的"文化适应"过程而言,克雷明认为教育过程存在更多的局限性。

教育的这一界定还包含了教育的多样性和包容性。教育不仅包含学校教育和教学,还包含受教育者的自我教育;受教育者不仅包含儿童,还包含成

① Lawrence A. Cremin, *Public Education*, New York, Basic Books, 1976, p.24.
② Lawrence A. Cremin, *Public Education*, New York, Basic Books, 1976, p.30.

人；教育的实施机构不仅包含正规学校，还包含其他一些组织或机构，如教堂、图书馆、工厂、博物馆、广播电台和电视台等。

（三）确立教育生态学的研究方法

克雷明认为，对个体教育生态问题的研究，主要应该通过考察个体生活史，尤其是教育生活史来进行，重点考察个体的教育经验。在对个体教育经验实施考察的同时，还应认识到影响个体个性形成的因素是多元的，个体发展轨迹也非一个简单直线上升过程。

此外，克雷明还主张，教育生态学研究还须吸收和利用许多不同学科的知识，如心理学、社会学、政治学、统计学方面的知识，因为这些知识可能指出了某个教育问题或教育现象的潜在意义，并提供相应解释。教育问题研究还须充分理解教育的复杂性和综合性，而教育情境本身往往提供了研究条件和手段，并且是检验研究成果的平台。

美国教育史学的发展经历了从简单的教育叙事到解答人类教育经历的转变。克雷明强调，从服务于国家利益和教育事业发展而言，一部美国教育史的存在价值是值得充分肯定的。美国教育源于英国，美国教育史的书写应基于美国主流文化立场，培育并传递美国社会的核心价值观，关注英国移民文化在美国教育史发展中的作用，展示新教改革者为美国教育发展所做出的历史贡献，赞扬美国白人精英的道德理想。克雷明希望通过教育史研究告诫民众，要避免过去发生的错误，就需要把教育史视为一种思考现在和未来的方式。基于教育史发展的非直线性观念，克雷明强调去中心化的教育史研究和解释。克雷明教育生态学思想的核心在于将教育视为一个有机的、复杂的和统一的系统，与外部社会有机联系在一起，运用联系观、动态观、平衡观检视教育。克雷明开拓了教育科学的新领域，但在教育生态学研究框架的建构方面还存在不足。

## 第五节 马丁·特罗的高等教育大众化理论

马丁·特罗,美国著名的教育社会学家、加利福尼亚大学伯克利分校公共政策研究生院教授。1926年,马丁·特罗出生于美国纽约,1943年因"二战"中断大学学业,服役于美国海军并获上尉军衔;1947年获机械工程学士学位;1948年进入哥伦比亚大学社会学系,接受研究生教育,并于1956年获得博士学位;1969年任教于加利福尼亚大学伯克利分校公共政策研究生院,后晋升为教授;1976—1988年,兼任加利福尼亚大学伯克利分校高等教育研究中心主任;1993年退休,后成为公共政策研究生院荣誉教授,并继续在高等教育研究中心从事研究工作,直到逝世。

1995年,受梅隆基金会和哥伦比亚大学委托,马丁·特罗参与美国高等教育的认证和绩效问题研究。同年10月,他发表《高等院校问责》(Accountability of Colleges and Universities)报告,对美国高等教育与绩效评估产生了重大影响。

马丁·特罗一生在政治社会学和比较教育领域著作颇丰,主要著作有《右翼极端主义》(Right-Wing Radicalism)、《工会民主》(Union Democracy)、《英国的学术》(The British Academics)、《教师与学生》(Teachers and Students)、《大学与社会》(University and Society)、《新知识生产》(The New Production of Knowledge);论文集有《高度教育化社会中的大学:从精英到大众化高等教育》(The University in the Highly Educated Society: From Elite to Mass Higher Education)、《发达工业社会高等教育变革论文集》(Essays on the Transformation of Higher Education in Advanced Industrial Societies);此外,他还发表了150多篇论文和研究报告,被翻译成多种文字,产生了广泛的国际影响。①

---

① 参见马万华主编:《马丁·特罗生平》,见《多样性与领导力——马丁·特罗论美国高等教育和研究型大学》,2页,北京,教育科学出版社,2011。

## 一、高等教育大众化理论的核心内容

高等教育大众化是一个世界性的高等教育问题，"二战"后受到各国的普遍关注。马丁·特罗首创了高等教育大众化理论。20世纪50年代末，马丁·特罗即关注高等教育大众化对现代社会的意义，致力于相关理论和实证的研究。20世纪70年代，马丁·特罗以高等教育毛入学率为指标，探讨高等教育数量增长与性质变化间的关系，将高等教育发展的历史分为精英、大众和普及三个阶段，形成了"高等教育阶段论"；将学者对高等教育大众化的态度分为四种模式，形成了"高等教育模式论"。高等教育阶段论和高等教育模式论是其高等教育大众化理论的核心内容。此外，他就宏观的高等教育规模、功能、观念和微观的课程、教学、入学要求、学术标准等各方面，做了系统、详尽的比较研究。20世纪80年代，马丁·特罗通过对"二战"后至20世纪70年代英国高等教育的批评和对同期美国高等教育的赞扬，阐述其独特的高等教育大众化观念，进一步发展完善了高等教育大众化理论。

## 二、高等教育阶段论

"二战"之后，美国高等教育规模发展迅速，到20世纪60年代，在校大学生的数量已经超过18~21岁适龄青年的一半，同期西欧高等教育规模也在成倍扩大。高等教育规模的扩大引发了高等教育理念、职能、管理等方面的一系列变革。马丁·特罗深入探讨和阐述了高等教育毛入学率，并以高等教育毛入学率为指标将高等教育发展分为精英、大众和普及三个阶段。"一些国家的精英高等教育，在其规模扩大到能为15%左右的适龄人口提供学习机会之前，它的性质基本上不会改变。当达到15%时，高等教育系统的性质开始改变，转向大众型；如果这个过渡成功，大众高等教育可在不改变其性质的情况下，发展规模直至其容量达到适龄人口的50%。当超过50%时，即高等教育开始快速迈向普及时，它必然再创新的高等教育模式。"①

马丁·特罗剖析了精英、大众和普及三个阶段高等教育理念、职能、课程和教学等方面质的变化。

第一，在理念上，当入学人数较为有限时，接受高等教育被普遍认为是社会地位高或者天赋好的人的特权；在入学人数达到或者超过适龄人口15%的大众教育阶段，人们把接受高等教育看成具有一定资格的人的权利；在入学人数达到或者超过适龄人口50%的普及阶段，接受高等教育则被看成一种义务。

第二，在职能上，精英高等教育主要是塑造统治阶层的心智和个性，为学生在政府和学术专业中充当精英角色做好准备；而大众高等教育的对象则更为广泛，包括社会中所有技术和经济组织的领导阶层；普及高等教育的主要目的是提高人们对迅速变化的社会的适应能力，为大多数人在发达工业社会条件下生活做准备。

第三，在课程和教学方面，精英高等教育的课程是高度严格和专业化的，课程内容往往取决于一个有教养的人所应当具备的素质，教学组织形式主要是个别指导和讲座，师生之间的关系为师徒关系；大众高等教育的课程趋于模块化和灵活化，学生所取得的模块课程学分可以互换，因而学生在主要的学习领域或专业之间的流动性随之提高，教学形式以讲授为主，以讨论式教学为辅，强调知识和技能的培养；普及高等教育的课程界限被打破，学习和生活之间的关系被打破，师生关系不再局限于直接的个人关系，而成为更新、更为复杂的关系，因为部分课程的传授是基于远程函授、电视、计算机和其他技术的辅助实现的。

第四，在学校类型和规模方面，精英高等教育是2000~3000名寄宿学生

---

① Martin Trow, "Problems in the Transition from Elite to Mass Higher Education," Conference on Future Structures of Post-Secondary Education, Paris, 1973.

的小社会；大众高等教育的典型是综合性大学，是由 30000～40000 名学生和教师组成的寄宿与走读相结合的大学城；普及高等教育机构的规模不受限制，大多数学生很少或从来不去校园住，他们几乎不构成任何意义上的小社会。

第五，在学术标准方面，精英高等教育设有共同的和相对较高的学术标准；大众高等教育的学术评价标准趋向多样化，在不同的学术机构中标准的严密性和特点均不相同；普及高等教育的评价标准倾向于参考学生的"增值评价"或者说"发展性评价"，学校愿意招收一些学术水平较低的学生，并为此出台实施一些开放式的招生政策。

第六，在内部管理方面，精英高等教育一般由高级教授控制，不具备学术资历的群体或人员在决策中的影响力很小；大众高等教育不同层次的工作人员和学生都享有校内管理权；普及高等教育中出现了冲突，此冲突类似于社会政治机构中的冲突，因此民主参与形式也被引入高校的内部管理之中。

总之，马丁·特罗认为，高等教育发展是一个动态过程，在从一个发展阶段向另一个发展阶段转变的时候，高等教育的方方面面都会发生变化。这种变化是必然的，是教育规律在发展中的必然反映。他的高等教育发展"三段论"思想、用于衡量高等教育发展的量变和质变的指标，可为国家制定高等教育发展政策提供必要的参考依据，具有一定的前瞻性。

## 三、高等教育模式论

20 世纪 60 年代末 70 年代初，美国高等教育正从大众阶段向普及阶段转变，西欧各国的高等教育则从精英阶段向大众阶段转变，各国情况不一，所选择发展模式各有不同，影响各国选择的发展模式的因素也是多样的，其中高等学校学术人员对高等教育所持的价值取向和态度对各国所采取的发展模式产生了深刻影响。马丁·特罗将高等学校学术人员不同的价值观与多种发展模式结合起来，进行分类，用矩阵将高等教育大众化分为四种不同的发展模式："传统的精英主义者""传统的扩张主义者""精英主义改革者"和"扩张主义改革者"。

第一，传统的精英主义者。传统的精英主义者认为，高等教育的功能主要有两个方面：一方面是教育少数富有才能并已在精英中学接受过严格训练的学生，为从事需要大学学位的职业做准备；另一方面是为少数人的科学研究和学术生活做准备。这种教育源于古希腊的"柏拉图学园"和欧洲中世纪大学的学术导向及与之相应的古典、人文学科教育，是欧洲高等教育办学的主导方向。马丁·特罗认为，这种精英主义的办学模式虽然强调的是严格的学术标准而不是社会地位，强调学术价值和科学探索的价值，但实际上它无法做到向每一个社会阶层的学生开放，因此有悖于民主的时代精神。他指出，持这种观念以及与之相应的办学模式很难加快高等教育大众化的速度。

第二，传统的扩张主义者。传统的扩张主义者认为，在不改变传统的精英高等教育根本方向的情况下，扩大精英高等教育系统的规模是可能的。他们一方面支持大学规模的扩大，另一方面又极力维护大学的传统价值观。这些主要是以英国为代表的西欧一些国家及其学者所持的高等教育发展观。马丁·特罗在《从精英向大众高等教育转变中的问题》("Problems in the Transition from Elite to Mass Higher Education")一文中分析了战后英国等西欧国家高等教育大众化的扩张模式，指出英国像欧洲大陆一样，到目前为止，高等教育规模的扩大主要是扩大精英大学系统。但是受传统、组织、功能和财政的限制，传统的高等教育机构不可能实现无限制的扩张。"为20%或30%的适龄人口提供教育机会的高等教育系统的成本，若要与为5%的适龄人口提供教育机会的精英高等教育相同，那么一个社会不管多么富裕，也无法负担这样一个高等教育系统。"①此外，他还指出："这种单一的精英教育模式的短期扩张是可能

---

① Martin Trow, "Problems in the Transition from Elite to Mass Higher Education," Conference on Future Structures of Post-Secondary Education, Paris, 1973.

的，但长期的大规模扩张将受到严峻挑战，其结果只能是，要么改革，要么停止增长。"①

第三，精英主义改革者。持这种观念的学者较少，他们所持的观点与传统的扩张主义者的观点相左。精英主义改革者反对传统的扩张主义者在不改变精英高等教育原有系统结构情况下的任意扩张，认为这种扩张只会拖垮高水平的精英教育系统。他们提出，在不改变大学作为人类社会最高水平的智慧工作中心的前提下，欲逐步推进高等教育的现代化发展，必须减缓或暂停高等教育规模扩张，为高等教育系统的改革腾出时间和空间。

第四，扩张主义改革者。马丁·特罗指出，政治激进分子、社会科学和人文科学的年轻教师多为扩张主义改革者，他们不愿选择以传授高深学问、培养各学科思想家为主的"学术价值取向"，而是选择以培养社会所需的各种从业人员为主的"社会价值取向"。他们认为大学的许多传统形式和功能是高等教育扩张和民主化的最大障碍，要普及高等教育，必须对传统的高等教育系统进行改革：一方面要采取民主化的方式，扩大招收不同阶层的学生；另一方面必须满足社会经济、政治活动的广泛需要。②

马丁·特罗在阐述上述四类发展模式后，接着分析了精英高等教育向大众和普及阶段转变过程中所产生的两难问题——规模扩张与质量、平等的矛盾以及扩大招生与毕业生过剩的矛盾，进一步阐述了自己对高等教育大众化发展模式的见解。

首先，在规模扩张与质量、平等相互矛盾的问题上，马丁·特罗认为大众和普及高等教育所依赖的质量评价标准不能沿袭传统的精英高等教育的标准，应持多样化的评价标准。他认为在精英教育"一元主义"的前提下讨论平

---

① Martin Trow, "Problems in the Transition from Elite to Mass Higher Education," Conference on Future Structures of Post-Secondary Education, Paris, 1973.

② Martin Trow, "Problems in the Transition from Elite to Mass Higher Education," Conference on Future Structures of Post-Secondary Education, Paris, 1973.

等问题是过于理想化的平等，脱离了现实，应该在为公众提供尽可能多的上大学机会的基础上，考虑平等问题。他赞同扩张主义者的观点，即宁可降低水平也要扩张，决不为平等而限制发展。

其次，在扩大招生与毕业生过剩相互矛盾的问题上，马丁·特罗认为不能以精英教育时代的传统就业观念看待当今大众与普及阶段大学生的就业问题，要树立大众教育时代的就业观。"大学毕业生失业的问题从来就不是说他们无法找到与非大学毕业生进行竞争的工作，而只是没找到与自己身份相适应的工作。然而，大众高等教育打破了这种毕业与就业之间的传统联系，它允许大学毕业生在不失尊严的情况下寻找任何地方的工作。"①对所谓"高学历、低就业"现象不能简单地加以否定，大学生从事这些工作，可通过发挥创新精神，运用知识和创造力去改造这些工作。

马丁·特罗在从事发达国家高等教育发展过程的研究中，独创性地提出了高等教育发展的三个阶段——精英化、大众化与普及化阶段，全面而充分地揭示了三个阶段高等教育的不同特征，提出了分析高等教育发展过程的重要概念与手段，为理解世界高等教育发展过程提供了重要的理论工具。不过，马丁·特罗所提出的高等教育模式论，是源于工业化社会高等教育发展进程所做的分析框架，是一种理想模式。在马丁·特罗的分析框架中，主要运用的是美国和欧洲的材料，对于在世界高等教育体系中占据相当比例的发展中国家的高等教育发展模式涉及有限。因此，在运用和借鉴马丁·特罗的高等教育大众化理论分析世界不同国家和地区的高等教育发展问题时，必须考虑相关国家和地区的基本情况与高等教育的特点，对其加以必要的修正。

---

① Martin Trow, "Problems in the Transition from Elite to Mass Higher Education," Conference on Future Structures of Post-Secondary Education, Paris, 1973.

第四章

# 20 世纪后期加拿大的教育

　　加拿大位于北美大陆，领土三面被大洋环抱，国土面积为 998.47 万平方千米，是一个多民族、多元文化的移民国家。加拿大行政区划分为 10 个省和 3 个地区，首都为渥太华，位于安大略省。从 1990 年开始，联合国发展计划署曾连续 7 次将加拿大评定为最适宜人类居住的国家（每两年评选一次），在人均收入、人均寿命及教育程度 3 项指标中，加拿大教育得分最高。

　　17 世纪初叶起，法、英竞相在加拿大建立殖民地。1763 年，加拿大被英国独占。直至 1867 年，英国议会通过《英属北美法案》，加拿大成立自治领，标志着加拿大作为一个国家诞生。而加拿大的真正崛起、国际地位的迅速提升是在"二战"以后。

　　"二战"后加拿大国际地位的迅速提升为其教育的发展创造了极为有利的氛围和空间。20 世纪后期，加拿大的教育在探索、变革中有了长足的发展。

## 第一节　社会背景

### 一、"二战"后加拿大的经济发展与社会福利制度的建立

　　加拿大自然地理条件优越，物产富庶，各种自然资源十分丰富。殖民地

时期的加拿大便以皮毛贸易、渔业、林业和矿产开采为主要经济支柱,成为西方国家觊觎且竞相争夺的区域。加拿大的自然资源包括矿产、森林、水力、水产等。其中,加拿大矿产资源储量大,品种多样,铀、铜、镍产量居世界前列,锌、钴、金、铂金、银等储量也很丰富。① 加拿大森林广阔,林业兴旺,是世界第三林业大国。丰富的自然资源为"二战"后加拿大经济的发展提供了重要的物质基础。

(一)加拿大工业发展与城市化进程的加速

虽然第二次世界大战给加拿大的社会和经济造成了一定冲击,但从另一方面看,经过第二次世界大战,加拿大的国际地位得到了显著提高,其军需工业也获得了长足发展。事实上,到"二战"结束时,加拿大已成为世界第四工业强国(其工业实力仅次于美国、苏联和英国),战争的影响以及一些重要工业部门的出现改变了加拿大的产业性质,加拿大经济由以农业为主体转向以工业为主体。

经过了战时"繁荣"的加拿大,在战后进入了另一个经济繁荣的时代。战时加拿大政府采取措施,对转向军工生产的私人企业实施许多激励措施,此时则激励它们回归和平生产,抑或将战时工厂加倍折旧处理,以低价格出售给接受重新开业条件的厂家。总之,加拿大政府通过积极干预,刺激经济复苏,促使加拿大经济在经历1945—1946年的短暂停滞徘徊之后,很快超过战时生产的高峰期,出现了直至20世纪70年代末的长期繁荣,一举获得并长期保持着世界领先工业强国的地位。② 20世纪五六十年代,加拿大便实现了国家现代化,并将落后地区尤其是西部地区纳入国家工业化的轨道。这一过程以20世纪40年代的石油发现为开端,使得西部地区获得了追赶东部地区工业化历程的动力与依托——加拿大西部地区工业化历程以石油和矿产开发

① 参见李节传:《加拿大通史》,7~8页,上海,上海社会科学院出版社,2018。
② 参见李节传:《加拿大通史》,305页,上海,上海社会科学院出版社,2018。

为动力，而东部地区则以制造业为主。① "二战"后的经济繁荣也促使加拿大更加依赖对外贸易的快速增长，加之工业化的持续推进，使加拿大更加依赖国外的资本、专业技术、专门产品和原材料，相应地世界各国也对加拿大的产品提出了更多要求，推动加拿大的国际贸易量以空前速度增长。②

随着工业的发展以及工业人口的增加，加拿大城市化步伐大大加快，到 1961 年已有 71% 的人口生活在城镇，加拿大成为世界上城市化程度高的国家之一。③ 20 世纪 70 年代中期以前，加拿大经济增长率创战后最高速度，年平均增长率为 7%；20 世纪 70 年代中期之后虽有下降，仍高于英、美两国，人均生产总值居世界第四位。20 世纪 70 年代加拿大国内生产总值排在资本主义国家第七位，人均国民收入排在第三位。1978 年加拿大成为"七大工业国集团的小兄弟"。④ 经济的蓬勃发展、工业化进程的加速均对加拿大教育的发展提出了新的要求。20 世纪 60 年代末，加拿大联邦政府和省级政府对教育非常重视，教育投入大幅增长，达到 66.747 亿加元，较 1958—1959 年增长了 5 倍多。教育投入占国民生产总值的比例达到 7.9%（1958—1959 年教育投入占国民生产总值的比例为 3.3%）。⑤ 在此形势下，加拿大教育的蓬勃发展就在意料之中了。

（二）加拿大社会福利制度的建立

在 20 世纪 30 年代席卷西方世界的资本主义经济危机中，加拿大社会与经济发展都受到了破坏性影响。这一影响使加拿大政府逐渐改变了以往"守夜人"的观念，开始采纳英国经济学家凯恩斯（John Maynard Keynes）的国家干预理论，政府治理开始从"守夜人"时期进入了积极干预时期。在积极干预的政

---

① 参见李节传：《加拿大通史》，312 页，上海，上海社会科学院出版社，2018。
② 参见李节传：《加拿大通史》，305 页，上海，上海社会科学院出版社，2018。
③ 参见贺国庆、朱文富等：《外国职业教育通史》下卷，164 页，北京，人民教育出版社，2014。
④ 参见李节传：《加拿大通史》，332 页，上海，上海社会科学院出版社，2018。
⑤ 参见贺国庆、朱文富等：《外国职业教育通史》下卷，165 页，北京，人民教育出版社，2014。

府治理理念指导下，为了实现公民参与、公正与公平、合理划分政府职能、扩大社会福利资源的四大目标，加拿大政府逐步制定了一整套公共福利制度，其中包括高福利的老年人社会福利制度、儿童社会福利制度、失业与医疗保险制度以及教育福利制度。①

高福利的社会福利制度在"二战"中及战事结束初期的具体实践，是在自由党政府的主持下将自由企业制度与福利国家制度相结合。此时的自由党政府主张以自由企业制度作为福利国家制度的基础，并且以福利国家制度缓和自由资本主义的矛盾。② 1941年，加拿大全国几乎达到零失业，并且实施了失业保险制度，保证了整个国家从战时向和平时期的平稳转变与过渡。③ 同时，加拿大为复员军人提供了大量的教育、培训和重新就业的机会，这是包括美国在内的几乎所有其他国家都未能做到的。20世纪五六十年代，加拿大福利国家制度全面推行。除战后经济空前繁荣这一基本因素外，加拿大政府采取的推动措施也发挥了重要作用。1963年，加拿大经济委员会（Economic Council of Canada）成立，专门负责协调国家的经济发展战略，以使丰富的自然资源切实造福于民生。这一时期，加拿大国民生产总值以每年5.5%的速度持续增长，人民普遍感到生活幸福。④

经济的繁荣和社会福利制度的实施提高了加拿大人的生活水平。1945年后，加拿大人均收入普遍增长，几代人以来第一次实现了一个人的收入就能够支撑一个家庭的梦想，伴随而来的是家庭规模的前所未有的扩大。20世纪50年代以前是加拿大出生率降低并抵制移民的年代；而到1951年时，5岁以下儿童已占加拿大人口的12%。战争结束后，复员军人回归家庭是出生率迅

---

① 参见许江媛：《教育的力量：加拿大公共教育发展史研究》，83页，北京，九州出版社，2009。
② 参见李节传：《加拿大通史》，304页，上海，上海社会科学院出版社，2018。
③ 参见李节传：《加拿大通史》，304页，上海，上海社会科学院出版社，2018。
④ 参见李节传：《加拿大通史》，308页，上海，上海社会科学院出版社，2018。

速提高的原因之一，此番生育高峰一直持续到 20 世纪 60 年代。[①] 加拿大人口从 1945 年的 1200 万极速增长至 1961 年的 1800 万。[②] 人口数量的急剧膨胀以及人口结构的改变，都要求教育及时做出反应，并利用这一契机实现自身发展。由于经济状况的好转和物质生活水平的提高，民众的价值观、教育观也发生转变——开始将教育视作获得美好生活的手段，从而更加关注教育的发展，希望获得更多的教育机会，并开始将高等教育视为促进经济和社会发展的重要因素。

## 二、"二战"后加拿大国际地位的提升与政治局势的更替

### （一）"二战"后加拿大国际地位的提升

自 1867 年加拿大建立自治领之时，加拿大的民族意识已开始萌发，但此时的加拿大作为一个国家的独立地位尚未正式确立。"一战"结束后，在巴黎和会上，时任总理的罗伯特·博登（Robert Laird Borden）积极为加拿大争取独立代表权，经不懈努力取得了单独代表权、和约单独签署权以及议会批准权。至 1931 年，英国议会通过《威斯敏斯特法案》，正式确立了英国与各自治领的关系，宣布英国的自治领——加拿大、澳大利亚、新西兰、南非和爱尔兰均为英联邦内自由和平等的国家；各自治领议会与帝国议会平等，英国议会的任何一项法律，未经自治领承认对自治领均不适用，自治领可以修改和废除过去帝国议会通过的任何法案，自治领颁布的任何法律无须经英国议会批准；各自治领内政外交自主。[③] 此为加拿大成为一个具有独立地位的国家之始。

---

① 参见李节传：《加拿大通史》，309 页，上海，上海社会科学院出版社，2018。

② 参见贺国庆、朱文富等：《外国职业教育通史》下卷，164 页，北京，人民教育出版社，2014。

③ 参见许江媛：《教育的力量：加拿大公共教育发展史研究》，77 页，北京，九州出版社，2009。

1939年9月1日,第二次世界大战爆发。9月10日,加拿大作为一个独立的国家对德宣战。一个星期后,英国宣布承认加拿大享有全面外交权。自此,加拿大步入了在国际舞台上大展宏图的崭新时代。第二次世界大战中,加拿大作为美国的盟国,派遣了92万军队赴欧洲作战,为盟军的胜利做出了重大贡献。加拿大国家实力的增强以及在"二战"期间为反法西斯事业做出的巨大贡献,使得它的国际声誉显著提高,确立了它在战后国际事务中的重要地位。到20世纪60年代时,加拿大以求真务实的态度立足于国际舞台。在时任加拿大总理的圣劳伦特(Louis St. Laurent)的领导下,加拿大灵活斡旋于美、苏两个超级大国之间,并妥善处理本国与英国和美国的关系,"加拿大不仅仅独立于大英帝国和英联邦,而且作为一个中间力量……积极发挥它在国际事务中中间人的作用"①。

### (二)繁荣发展之后的危机萧条与政局更替

#### 1. 特鲁多时期

经过了20世纪五六十年代经济高速发展的黄金时代,1968年,特鲁多(Pierre Elliott Trudeau)出任加拿大总理,加拿大进入了为期16年的"特鲁多时期"——一个自由主义的时代。富裕的年轻一代政治家对传统政治家长期追求的平稳日益不满,要求开拓、变革和创新,追求自由,这也反映了进入工业社会以后人们信心的增强和精神面貌的焕然一新。②

任何时代的自由,财富都是基础。依托前一时期的繁荣和积累,特鲁多执政初期,国家经济发展势头仍较为强劲,国民收入水平也在持续提升。按1970年价格计算,加拿大国民生产总值是856亿加元,国民收入300亿加元,到1980年时,分别增加到2900亿加元和1300亿加元。③ 但与前一阶段相比,

---

① 转引自许江媛:《教育的力量:加拿大公共教育发展史研究》,77~78页,北京,九州出版社,2009。
② 参见李节传:《加拿大通史》,328页,上海,上海社会科学院出版社,2018。
③ 参见李节传:《加拿大通史》,332页,上海,上海社会科学院出版社,2018。

特鲁多时期所面临的新问题、新矛盾层出不穷：金本位制取消，资本主义国家间国际贸易体系崩溃；石油输出国组织提高石油价格，能源危机的冲击；通货膨胀、财政赤字、高失业率、经济"滞胀"；魁北克省分离主义倾向增强；东、西两大地区之间的纷争；联邦政府与各省政府之间的矛盾等。诸多矛盾都在这一时期涌现，加拿大联邦政府必须面对和处理。面对复杂的矛盾，特鲁多提出了加快经济发展、维护主权、为和平与安全工作、促进社会公正、加强生活品德、保障自然环境和谐的六项原则，实施国家能源计划、反外国资本控制法、全面的社会保险制度并重新修正宪法①，以着力维护国家独立，振兴民族精神，在重重危机中推动社会发展。

事实上，在 20 世纪 60、70 年代之交，加拿大经济就已从巅峰开始回落。20 世纪 70 年代前期，由经济繁荣及美元贬值引发的加拿大的通货膨胀已失去控制，石油价格震荡引起的经济危机造成国家税收下降，解决失业问题的费用又不断增加，使得加拿大政府陷入债务危机，财政赤字不断攀升。自由主义观念的流行还带来了魁北克省分离主义的加剧以及西部草原 3 省与东西海岸各省的地方主义的抬头。②

2. 马尔罗尼时期

马尔罗尼时期始于 1984 年保守党领袖马尔罗尼（Martin Brian Mulroney）上台执政之时。此时上台的保守党面临着巨额联邦赤字和失业率居高不下的困境。为应对种种矛盾危机，马尔罗尼政府认为只有吸引外资才是促进经济繁荣、减少赤字、降低失业率的有效途径。③ 马尔罗尼没有继续特鲁多时期已获成功或尚未成功的那些经济改革，而是迎合加拿大商界的愿望，放弃了特鲁多时期限制美国资本的各类举措，以签订美加自由贸易协定推动加拿大经济

---

① 参见许江媛：《教育的力量：加拿大公共教育发展史研究》，146 页，北京，九州出版社，2009。
② 参见李节传：《加拿大通史》，336 页，上海，上海社会科学院出版社，2018。
③ 参见李节传：《加拿大通史》，353~356 页，上海，上海社会科学院出版社，2018。

发展。马尔罗尼政府提出了振兴经济、扩大贸易、吸引投资和寻找新市场的政策与措施,大力推行经济自由化和市场化;并积极实施私有化,减少政府对经济的干预;提高利率,稳定加元,降低通货膨胀率。对外则放弃传统的贸易保护主义政策,积极推进与美国贸易的自由化。① 此外,自 1985 年起,马尔罗尼就开始对国家福利制度开刀,削减福利以缓解加拿大联邦政府的债务与赤字压力。

这一系列改革政策在稳定加元和控制通货膨胀方面发挥了积极的作用,但由于与其主要贸易伙伴美国相比,加拿大的经济竞争力有限,这些措施最终未能挽救加拿大的经济颓势。此时在世界发达国家"七强"中,加拿大联邦政府的财政赤字规模和失业率均高居第二位,而经济增长率仅居第六位。② 经济增长乏力、财政赤字与失业率居高不下,导致保守党的支持率直线下降,这成为马尔罗尼政府在1993年大选中惨败的重要原因。

3. 克雷蒂安时期

以克雷蒂安(Jean Chretien)为首的自由党政府重新上台后,在很多方面延续了马尔罗尼时期的保守主义改革趋向,大力推行以减少财政赤字和促进经济增长为中心的经济政策,并对战后以来形成的社会福利制度进行了全面的结构性改革,由此带来了国家宏观经济环境的巨大变化,使加拿大主要宏观经济指标在世界发达国家"七强"中位居前列。

首先,面对1993年联邦政府高达420亿加元的巨额财政赤字以及更加庞大的欠债规模,克雷蒂安政府吸取前届政府教训,采取了各种有效措施理顺财政收支,降低公债规模。1994年的政府预算案堵塞税收漏洞,冻结联邦税收,限制失业保险,强行减少防务和补贴给加拿大广播公司的主要

---

① 参见许江媛:《教育的力量:加拿大公共教育发展史研究》,153~154 页,北京,九州出版社,2009。

② 参见许江媛:《教育的力量:加拿大公共教育发展史研究》,154 页,北京,九州出版社,2009。

或特别开支。① 其次，改革社会福利体系，提高公共支出配置效率。20 世纪 90 年代初的经济衰退已使加拿大人接受了减少公共利益的观念。克雷蒂安政府认为，往届政府推行的失业保险计划削弱了加拿大人的就业能力，无法鼓励人们对不断变化的经济条件做出积极的调节与适应，故而将失业保险更名为雇佣保险，重新找到工作者不再享受生活补贴、抚恤金和相应的权利。② 最后，迎接知识经济的挑战，推动经济长期增长。克雷蒂安政府在扩大对基础设施的投资、增加对新技术的投入、加大对人力资源及教育的投资力度、实行税收减免和转移支付等方面做出了巨大努力。在克雷蒂安政府当政的 10 年间，虽然种种弊端依旧存在，但加拿大经济日益趋向进步和技术升级，从资源工业和制造业转向信息服务。原先广泛覆盖的电话系统已发展为世界性传真输送和计算机网络的中枢，网络发展和高密盘等信息技术不断更新。③

经过了"二战"结束初期的繁荣与发展，加拿大的经济实力、综合国力和国际地位显著提升，至 20 世纪 70 年代中期，加拿大已跻身世界发达国家"七强"之列。经济的繁荣为加拿大教育事业的发展奠定了坚实的物质基础，国际政治地位的上升也为其教育发展提供了自由、独立自主的巨大空间。然而繁荣之中潜藏着危机，进入 20 世纪七八十年代以后，加拿大经济与社会所遭遇的重重危机，又使得其教育要在面对经费缩减的窘迫中，不断实现自身调整以适应社会的改革步伐。加拿大产业模式的更新和新技术的不断发展与应用，也为加拿大教育的发展提出了新的任务与挑战。

---

① 参见李节传:《加拿大通史》，357 页，上海，上海社会科学院出版社，2018。
② 参见李节传:《加拿大通史》，357 页，上海，上海社会科学院出版社，2018。
③ 参见李节传:《加拿大通史》，359 页，上海，上海社会科学院出版社，2018。

## 第二节 公共教育实践

作为加拿大历史上具有宪法意义的法律，1867年《英属北美法案》和1982年《加拿大宪法》都曾规定，加拿大各省立法机构是唯一有权为该省制定各类教育制度和教育法规的部门，从而在法律意义上确立了加拿大各省相对独立的教育管理体系。各省议会负责教育立法，省政府教育部负责法律执行，联邦政府只设立由各省教育部长组成的教育部长联合会，定期与联邦政府、国务部和财政部等机构协调商议全国的教育计划。①

### 一、加拿大公共教育的分权管理体制

加拿大的行政管理体制具有地方分权管理的性质②，在加拿大的教育发展史上，联邦政府从未设立过全国统一的教育行政管理机构。

（一）加拿大联邦政府的教育管理职能

作为加拿大最早颁布的宪法——1867年《英属北美法案》规定，加拿大的教育事业为地方事业，自治领中央政府的教育管理权悉数交予各省政府，各级教育立法和学校设立批准均由各省立法机关负责。因此，在宪法意义上，加拿大联邦政府无权直接管理各省教育事务，各省教育官员亦不归联邦政府管辖。

鉴于现实情况，《英属北美法案》也赋予了加拿大联邦政府在某些教育事

---

① 参见许江媛：《教育的力量：加拿大公共教育发展史研究》，163页，北京，九州出版社，2009。

② 加拿大的教育行政体制为分权管理体制。联邦政府依据宪法规定负责某些特定的教育事务。20世纪中期以后加拿大公共教育的行政管理基本形成三级组织结构，即省教育部、学区教育局、学校，属于典型的分权管理模式。分权管理的优势在于使中、下层管理者在决策时具有更大的灵活性，能更好满足地方教育发展的多样性要求，对外部环境变化做出快速反应。参见许江媛：《教育的力量：加拿大公共教育发展史研究》，246~247页，北京，九州出版社，2009。

务上的专门职责。例如，法案中专涉教育事务的第 93 条规定，教育的控制权
给予各省，联邦政府则拥有干预权。此外，联邦政府还有权拒绝承认地方法
规，并可宣布地方计划具有国家意义而对其实行接管。显然，宪法保留了联
邦政府的最终决定权。① 此外，该法案第 91 条规定，加拿大联邦政府必须负
责教育事务中的审查、编纂统计军人及其子女、土著居民以及劳改犯的教育；
法案第 146 条则为随后不久加入联邦的西北地区和育空地区的印第安人和爱
斯基摩人的教育事务概由联邦政府内政部直接管理提供了法律依据。②

(二)省级政府的教育管理职能及其分权化趋势

加拿大各省政府分别设有各自的教育部，负责确定本省的教育政策、教
育目的，指导、协调并管理本省所辖的各类公立、私立及教会学校，负责本
省教育经费的分配，制定课程指南和评估标准，培训教师，审定教师资格，
实施全省统一考试以便监控本省教育发展的方向和质量。各省教育部内部常
分设若干部门，分别负责不同领域教育事务的管理。③

加拿大公共教育初建之时，各省教育部对教育实施集权管理。进入 20 世
纪中期，各省公共教育管理逐渐出现分权化趋势。20 世纪 60 年代，加拿大三
省(魁北克省、安大略省和新不伦瑞克省)教育部开始推行独具特色的地区分
权管理，即创建地区性的省教育分部，在各省内部进一步实行分权化管理。
1965 年，魁北克省决定建立新的地区委员会，成立多个地区教育局，以加强
地方部门与省教育部的联系。安大略省和新不伦瑞克省也都在 20 世纪 60 年
代开始了大规模的省教育部重组。1965 年，安大略省教育部长威廉·戴维斯
(William Davis)将该省中小学的教育监管整合为一体，并专设一位教育督办统

---

① 参见许江媛：《教育的力量：加拿大公共教育发展史研究》，85 页，北京，九州出版社，
2009。

② 参见许江媛：《教育的力量：加拿大公共教育发展史研究》，85~86 页，北京，九州出版社，
2009。

③ 参见许江媛：《教育的力量：加拿大公共教育发展史研究》，163~164 页，北京，九州出版
社，2009。

一负责中小学教育阶段的管理工作。事实上，省教育部门集权管理的概念已在逐渐消失，取而代之的是将整个安大略省划分为若干个"小安大略省"，在各地设置地区教育督办，下设若干督察辅佐其工作。由此，获得充分授权的地区教育督办得以更加有效、迅捷地处理地方上的教育事务，而不再像从前凡事诉交安大略省立法委员会处置。1967年，新不伦瑞克省将全省划分为七大地区，并在各地区设立省教育部地方办公室，各设一名地方教育主管负责该地区的教育管理事务。①

从课程与教材、学校监管及考试测评几个方面看，20世纪中期高度集权管理的特征也逐渐淡化，分权化趋势显著。在课程构建方面，省教育部倾向于只保留对课程关键因素的集权管理；在解释或调整课程方面，地方政府被赋予了相当大的职权。例如，在安大略省，地方可在规定的书目中自行选择教材；新不伦瑞克省的课程与研究理事则在1967年正式承诺，"19世纪60年代赖尔森博士所开创的，此后又传播至加拿大其他各省的中央集权式教育管理，将按照美国和英国的模式，取而代之以地方和学校的分权管理"②。此时，加拿大其他省份的教育部虽未实施像新不伦瑞克省这样大刀阔斧的改革，但在课程设计方面也开始逐步放宽地方教师委员会的权限，允许校董事会和任课教师对课程进行更为灵活的调整。③ 在考试测评方面，在加拿大公共教育史上一直由各省教育部举办联考来决定在校生的升级和升学。而从20世纪30年代起，各省便纷纷取消联考，转而由各学校及任课教师来决定学生的升级和升学。安大略省在1926年便开始实行推荐学生直升中学的做法，至1950年时，大学入学考试成为安大略省仅存的联考。至1966年，安大略省教育部

① 参见许江媛：《教育的力量：加拿大公共教育发展史研究》，95页，北京，九州出版社，2009。
② 转引自许江媛：《教育的力量：加拿大公共教育发展史研究》，93页，北京，九州出版社，2009。
③ 参见许江媛：《教育的力量：加拿大公共教育发展史研究》，93页，北京，九州出版社，2009。

决定取消大学入学考试。①

## 二、"二战"后至 20 世纪 60 年代加拿大公共教育的实践与变革

### （一）初等教育的变革

20 世纪 20—60 年代，在加拿大公共教育领域的变革中都不难看到进步主义教育的影响，加拿大进步主义教育的实践甚至还在某种程度上影响了美国。而伴随"二战"结束、"冷战"揭幕、苏联人造地球卫星率先成功发射，对进步主义教育的批判之声也在加拿大响起，进步主义运动在加拿大也经历由盛转衰的过程。"二战"结束到 20 世纪 60 年代，加拿大各省公共初等教育的实践呈现出三大取向。

1. "持续进步"与"等级指导"

"持续进步"最早是在 1948 年由不列颠哥伦比亚省教育部出台的一项教育政策。该政策尝试打破学年制，将六年制小学划分为初级、中级两个层级，并根据学生的能力（智商）水平对每个层级内的学生再进行分组：智商水平较高的学生完成一级别的学业可能需要 2 年，而智商水平一般的学生则需要 3 年，智商水平较低的学生则需要 4 年。这一改革打破了初等教育整齐划一的学年制度，体现出灵活、个性化的特点。到 20 世纪 60 年代，这一建立在"等级指导"基础上的"持续进步"政策已在语言艺术和数学教学方面显现出优势，并得到广泛认可与好评。例如，不列颠哥伦比亚省的语言艺术课就是遵循"等级指导"原则组织教授的。1962 年，艾伯塔大学的沃尔特·沃思（Walter Worth）曾言："加拿大全国各地许多学校体系都已经采用了或者正在实验持续

---

① 参见许江媛：《教育的力量：加拿大公共教育发展史研究》，94 页，北京，九州出版社，2009。

进步计划、按能力等级分类，初级单位以及诸如此类的改革措施。"①20世纪60年代后期，加拿大另有3省依照"持续进步"原则进行了初等教育体系的改革：萨斯喀彻温省在进行了一段非年级化小学实验后，于1964年在全省范围内推行"持续进步"教育；魁北克省和新不伦瑞克省也相继于1965年和1966年正式在六年制小学中实施这一制度。而在其他省的一些地方学校也开始尝试重组学校体制，如艾伯塔省的埃德蒙顿市和卡尔加里市两地就实施了"持续进步"原则基础上的学校制度重组。②

　　加拿大的"持续进步"教育实践甚至影响了美国。在美国芝加哥大学任教的加拿大学者约翰·古德莱德(John Goodlad)，即由于宣传"持续进步"原则(或按照他自己的说法"非年级化学校")而成为美国"持续进步"教育的主要倡导者。

　　2. 对儿童个体差异的日渐重视

　　1958年，艾伯塔省教育部副部长斯威福特(W. H. Swift)博士曾指出当时加拿大教育发展的一个新趋势，即不同形式的对儿童个体差异的关注正在与日俱增。而这一趋势的出现，一方面可说是受到了进步主义教育的影响，另一方面则是来自1957年苏联人造地球卫星率先成功发射后美国、加拿大国内对于进步主义教育的批判。在20世纪60年代"持续进步"与"等级指导"的推广和实践中，通过施用新的学校组织结构，加拿大公立小学的教师与管理者尝试根据学生智商水平(高、中、低三层次)选用不同的课程和教材，根据学生不同的学习能力采用相应的教学方法。在此过程中，各省公立小学需要在年级(分级)的基础上再划分若干班级或群体，以便对那些在先前大班规模下无法顾及的迟钝或聪颖的学生给予更多关注。而1957年苏联人造地球卫星率

---

　　①　转引自许江媛：《教育的力量：加拿大公共教育发展史研究》，111页，北京，九州出版社，2009。

　　②　参见许江媛：《教育的力量：加拿大公共教育发展史研究》，112页，北京，九州出版社，2009。

先升空也使包括美国、加拿大在内的西方国家警醒地意识到在"冷战"背景之下培养科学技术人才的重要性与紧迫性。① 由此，对天才儿童的发现并为其提供有针对性的教育，成为一项具有重要意义的教育事务。

3. 回归"学科中心"的改革实验

进步主义教育对儿童活动的重视与对学科教材的忽视，在20世纪50年代末到20世纪60年代遭到了猛烈批评。在加拿大，对进步主义教育批判最激烈的是大学教授，他们认为各专业学科在进步主义课程体系下已遭重创。而苏联人造地球卫星的成功发射，进一步引发了包括加拿大在内的西方国家的数学以及自然科学课程教学改革热潮的出现。

1960年，布鲁纳撰写的《教育过程》面世，该书要求课程设计及教材编排不仅要依据儿童认知发展的顺序、特点，也要遵循学科的基本概念与原理的连续性，要求教材体现螺旋式的课程系统。受该书影响，加拿大教育界人士与公立学校教师一同努力，于20世纪60年代在加拿大公立小学推动了一系列富有成效的教育改革：①公立小学课程逐渐由以儿童为中心向以科目为中心转变，学习结构模式回归传统教育理念下的分科学习；②在布鲁纳"任何学科都能够用在智育上是正确的方式，有效地教给任何发展阶段的任何儿童"②观念的影响下，先前在中学阶段才开设的数学、自然科学等课程，提前在小学阶段引入；③引入新的教学方法，如为数不少的加拿大小学采用奎辛纳数学教学法（Cuisenaire Method of Teaching Mathematics）教授数学，用布鲁纳提倡的"发现法"组织自然科学教学，小学历史课要求儿童自己查阅原始资料，地理课上要求儿童动手测绘等压线以及地形图等；④公立小学对教师的要求标准提高，要求教师必须了解最新的教学方法，掌握智障儿童与残疾儿童教育

① 参见许江媛：《教育的力量：加拿大公共教育发展史研究》，110~111页，北京，九州出版社，2009。
② ［美］布鲁纳：《教育过程》，邵瑞珍译，49页，北京，文化教育出版社，1982。

研究方面的最新资讯；⑤引入教师协同教学形式。20 世纪 60 年代，协同教学由美国传入加拿大，被加拿大公立小学广泛采纳。所谓"协同教学"，即由两名以上教师合作，负责担任同一群组学生的全部教学或其主要部分的一种教学组织形式。利用这种分工合作的教学形式能够在兼顾教师个人专长与学生个体差异的基础上，开展大规模的教学活动。①

可见，自第二次世界大战结束至 20 世纪 60 年代，加拿大初等教育领域变化显著，在对进步主义教育的传承与批判中，积极探索、实验创新成为这一时期加拿大初等教育领域发展的主题。②

(二)中等教育的改革与发展

加拿大的中等教育自 20 世纪二三十年代开始有了较大发展。截至 20 世纪 30 年代，加拿大各省已基本实现了免费的中等教育。加拿大青少年中断学业或被迫退学的现象日渐减少，在校读书的时间普遍延长。1944 年，加拿大颁布《家庭津贴法》(Family Allowance Act)，家庭津贴成为加拿大第一个普遍性福利计划，在一定程度上减少了低收入家庭学生就学的后顾之忧。至第二次世界大战结束后，加拿大各省普遍实施全学年的义务教育，并规定年龄在 6 岁至 16 岁的未成年人必须接受教育，完成这一期间教育后即相当于中学毕业。因此，至"二战"结束时，加拿大中等教育已从早期培养社会精英的文法学校逐渐向普通民众敞开大门，成为继公立小学之后为普通民众服务的更高一级教育机构，中学的课程设置也由重视传统人文学科向兼顾职业训练的实用科目转变。

1. 中等教育"学科中心"取向的课程改革

"二战"后，加拿大中等教育从精英教育向大众教育的转变、中等学校对

---

① 参见许江媛：《教育的力量：加拿大公共教育发展史研究》，114~115 页，北京，九州出版社，2009。

② 参见许江媛：《教育的力量：加拿大公共教育发展史研究》，115 页，北京，九州出版社，2009。

传统人文学科课程的变革已成大势所趋，但当偏向实用的新型课程、新型学校出现时，却难免因被贴上"进步主义"标签而受到猛烈批判。在反对者眼中，正是进步主义教育带来了一个缺乏学术标准的时代，为社会培养了大批能力平庸的毕业生。这些学生对学科知识学习缺乏真正的兴趣，对应当掌握的知识一无所知。因此他们认为，以实用为导向的中学根本无法为学生提供必要的文理科教育。

20世纪五六十年代，加拿大各地掀起一场自然科学、数学等学科课程改革的浪潮，重新强调课程的学术性，并为那些成绩优异且希望进入大学学习的学生拓宽学术视野，进一步提升其心智发展水平。在对美国学校数学研究小组等相关学术团体规定的课程进行细致调查后，加拿大课程改革委员会对加拿大中学课程大纲进行了一系列调整、革新。1961—1962年，安大略省成立了专门的数学委员会，对由欧洲和美国传播到加拿大的课程理论与方法进行评估。20世纪60年代，加拿大各省成立了许多类似的委员会，通常由授课教师和学科专家共同组成，其根本宗旨就是重建中学知识结构，并重新评估中学的教学方法。授课教师与学科专家合作进行了丰富多样的教学实验，如在现代数学、科学课程中施用"发现法"，并尝试将程序学习、协同教学等教学方法引入中学课堂。以上改革项目显示，当时加拿大中等教育领域强调课程的学术性，大学备考课程尤其受到重视。与此相立，加拿大中学自然科学和数学课程的难度不断加深，高级中学的学生已开始学习先前大学阶段才接触的概念与原理。这一变化直接导致了两大结果：其一，中等教育所面临的课程压力进而影响到初等教育阶段，使原先中学阶段的部分课程不得不下放至小学；其二，使准备进入大学学习的学生与直接就业的学生之间的鸿沟进一步扩大，从而客观上敦促了中学职业技术教育的发展。①

---

① 参见许江媛：《教育的力量：加拿大公共教育发展史研究》，126页，北京，九州出版社，2009。

## 2. 公立中学职业教育的发展

加拿大中等教育阶段职业教育的发展与第二次世界大战的爆发有着直接关联。战争爆发之时，作为海外英联邦国家中的一员，加拿大担负起生产重要战备物资的重任，这对其工业制造业提出了很高要求。为了完成这一任务，加拿大联邦政府于1942年通过了《职业培训协调法案》（Vocational Training Coordination Act）。该法案规定，加拿大联邦政府为面向现役军人、退伍军人、失业人员以及企业管理人员开展的职业培训项目提供资金支持，其中就包括在中学开设的职业培训课程。该法案的颁布标志着加拿大公立中学中的职业教育进入了快速发展时代。

1945年，加拿大联邦政府出台了《职业学校援助协议》（Vocational Schools Assistance Agreement），为各省创办综合高级中学提供资金援助。1960年，在《职业学校援助协议》的基础上，联邦政府又推出了《职业技术培训援助法案》（Technical and Vocational Training Assistance Act）。至1966年，在《职业技术培训援助法案》的推动下，联邦政府为各省899个职业教育项目提供了经费支持，这些项目大多围绕新建职业培训学校或在公立中学中增开职业培训课程而进行。在20世纪40—60年代，加拿大联邦政府通过颁布一系列法令、与各省政府共同合作，实现了中学职业教育的迅速发展。从职业培训的课程范围上看，加拿大公立中学所承担的职业教育课程从最初单纯以农业技术教育为主，扩展到工业技术教育，乃至商业培训。在此过程中，联邦政府与各省教育部门还加大了对职业培训师资培养的支持力度。加拿大公立中学职业教育翻开了新篇章。

## 三、20世纪70—90年代加拿大公共教育的调整与变革

自第二次世界大战结束至20世纪60年代，加拿大公共教育领域的发展与变革十分迅速，20世纪60年代被誉为加拿大公共教育发展的"黄金时代"。

进入 20 世纪 70 年代，伴随着经济发展速度放缓、经济危机以及"滞胀"的出现，加拿大公共教育进入了一个新的历史时期——发展与危机并存的时期。有调查显示，55%～65%的加拿大人在 20 世纪六七十年代对公立学校教育充满信心；而这一比例此后便呈下降趋势，至 20 世纪 90 年代初低至 45%。① 公众对于公共教育满意度的下降也成为该领域变革的动力。20 世纪 70—90 年代，加拿大政府通过变革解决公共教育发展过程中出现的种种问题，如管理体制的政府垄断、课程体系的分科壁垒、缺乏统一标准等，以满足新时代国内外社会、经济、科技迅猛发展对人才的需求。

（一）加拿大公共教育管理体制的调整

自 19 世纪后期创建以来，加拿大公共教育体制一直由政府掌握，负责向普通民众提供教育服务。长期以来，公共教育被视为一种理应由国家或政府提供的公共服务，从而形成了政府对公共教育的垄断局面。时至 20 世纪七八十年代，许多发达国家行政改革浪潮兴起，公共选择理论、新公共管理理论、新自由主义理论等新思想不断涌现，都对这场改革起到了推波助澜的作用。对传统行政管理的实践进行回顾、反思，并期待能适应、融入新时代和新环境，是这场行政改革运动的主旨。在这一时期，加拿大的传统公共教育体制也经历了一次包括教育理念、教育制度和学校运行机制在内的全面改革。②

1. 校本管理模式的尝试

作为 20 世纪中期以来加拿大公共教育领域分权化趋势的继续，同时也因受到各种行政管理新思想的影响，20 世纪 70 年代在加拿大艾伯塔省出现了"校本管理"（School-Based Management）的最初尝试。所谓"校本管理"，即以学校为本位或以学校为基础的管理，是一种以权力下放为中心的学校管理思

---

① Neil Guppy and Scott Davies, "Understanding Canadians' Declining Confidence in Public Education," *Canadian Journal of Education*, 1999(3), pp.265-280.

② 参见许江媛：《教育的力量：加拿大公共教育发展史研究》，156 页，北京，九州出版社，2009。

想与管理模式。该模式强调教育管理重心的下移，强调教育行政部门给予学校更大的权限和自由，使中小学成为自我管理、自主发展的主体，使学校能根据自身的需要确定自身的发展目标和方向，提高学校管理的效率。①

加拿大艾伯塔省的埃德蒙顿公立学校学区是加拿大最早尝试校本管理的地区。1975 年，在该学区教育主管迈克尔·斯特姆比特斯基(Michael Strembitsky)的倡导下，该学区开始小规模地推行行政控制型②的校本管理实验，即根据各公立学校实际情况实施校本财政预算(School-Based Budgeting)，扩大校长在财政、人事和课程领域的决策权。1976—1979 年，该地区共有 7 所公立学校参加了校本财政预算实验。通过校本财政预算以及扩大的校长决策权，埃德蒙顿公立学校学区把更多的教育资源用在学生身上。实验结果表明，校本管理模式的实施极大地提高了公立学校的适应性、责任感和有效性。根据该学区的成功经验，艾伯塔省于 1994 年开始在该省更大范围内实施校本管理。③

自 20 世纪 90 年代后半期起，加拿大其他省份也开始借鉴艾伯塔省的校本管理经验，陆续下放财政权力，加强学校的地方化管理与控制，推行分权式的公共教育管理体系，强调发挥学校基层管理人员和教师的积极性，强调学区、校方高层行政人员与社区、家长、学生共同决策，共同参与教育教学改革。④ 1996 年，新不伦瑞克省取消了学校董事会，代之以由选举产生的家长理事会。家长理事会有广泛的决策权和监督权，代表学区居民或家长积极地参与教育工作。在该省公共教育体制的改革者看来，学校课程应直接反映家长与社区的价值和偏好，如果家长与社区掌握学校课程、预算、人事等方

---

① 参见许江媛:《教育的力量: 加拿大公共教育发展史研究》，165 页，北京，九州出版社，2009。

② 一般而言，校本管理共有 4 种常见模式: 行政控制型模式、专业控制型模式、社区控制型模式和平衡控制型模式。

③ 参见许江媛:《教育的力量: 加拿大公共教育发展史研究》，166 页，北京，九州出版社，2009。

④ 参见许江媛:《教育的力量: 加拿大公共教育发展史研究》，166 页，北京，九州出版社，2009。

面的决策权，则可提高学校的适应性，这是社区控制型校本管理模式的样板。该模式以市场为导向，强调社区的教育需要符合学生及家长的需要。然而，该模式的弱点十分明显。在总结多年校本管理经验、教训的基础上，加拿大许多省份逐渐形成了一种新的校本管理模式——平衡控制型模式，即充分利用校长、教师等专业人员的专业知识做好关键决策，兼顾家长和社区意见与需求的管理模式。

2. "选择学校运动"的兴起

在 20 世纪 80 年代美国"选择学校运动"影响下，20 世纪 90 年代加拿大各省陆续开始借鉴美国做法，"选择学校运动"在加拿大兴起。

学习美国明尼苏达州"选择学校运动"的经验，艾伯塔省成为加拿大第一个开办特许学校①的省份。1994 年 5 月，艾伯塔省政府通过了创建特许学校的相关立法，宣称特许学校是对公共教育体系的有益补充，能够进一步完善地方的公共教育服务。在立法授权下，艾伯塔省在 1994—1999 年开设了 12 所特许学校。

依据公共选择理论，打破政府对于公共教育的垄断、建立公私部门之间的竞争便是管理体制改革的最好出路。公共教育的生产者可以是政府，也可以是市民志愿组织、私人企业、非营利机构或公民个人。② 特许学校的开办无疑符合该理论的精神。与传统公立学校相比，特许学校享有更大的自治权，除遵守一般办学机构必须遵守的基本法律法规外，不受当地学区对一般公立学校管理条款的约束。且特许学校不隶属任何教派，不收取学费，对所有入校学习的学生一视同仁。特许学校的出现为父母及学生提供了公立学校范围

① 特许学校，一种新型公立学校形式，源于美国的"选择学校运动"，是指在政府相关法律许可下，将公立学校的办学权授予一些社会团体、企业、教育团体、家长团体、教师、个人或其他机构，由这些非政府组织或个人来开办并经营的公立学校。参见许江媛：《教育的力量：加拿大公共教育发展史研究》，168 页，北京，九州出版社，2009。

② 参见许江媛：《教育的力量：加拿大公共教育发展史研究》，156 页，北京，九州出版社，2009。

内自主择校的机会,增加了学生获得高质量教育的机会。

除艾伯塔省以特许学校为主的学校选择方式以外,加拿大不列颠哥伦比亚省、安大略省、曼尼托巴省和魁北克省等省份在 20 世纪 90 年代还采用了另一些学校选择方式。这些省份的中小学学生及其家长享有相当广泛的选择范围,可以选择在公立学校、教会学校或私立学校就读,还享有很多独特的教育计划,如家庭教育或混合教育计划、虚拟教育计划等。

20 世纪 70—90 年代,加拿大公共教育体制的调整、变革主要体现在校本管理的尝试及"选择学校运动"中。公共教育的市场化、民营化使加拿大公立学校日趋重视来自学习者的要求,使学习者享有更多的自主权与选择权,把更多的教育机会带给了普通民众,因此也可被视为教育民主化的表现形式之一。类似的改革也在同一时期很多西方国家的公共教育领域中发生,各国都采取了一系列市场化、民营化措施改造政府垄断的公共教育体制,试图重构国家与教育、政府与学校之间的关系。

(二)加拿大公共教育领域的课程改革

在石油危机、经济危机的冲击与社会、科技迅速发展的敦促下,20 世纪 70—90 年代加拿大公共教育领域改革的要求日益迫切,各省纷纷出台基础教育改革的文件以推进课程改革。

加拿大公共教育领域的课程改革热潮兴起于 20 世纪 80 年代中期,多项基础教育课程改革文件出台,奠定了加拿大自此至 21 世纪初课程改革的基调。其中安大略省的课程改革颇具代表性。安大略省的课程改革强调通过创建国家课程建立起统一的课程标准,而科学课程又是国家课程的重要组成部分。此次改革遵循了问题发现、规定大纲、以重要文件推动改革、评价体系建构、课程教材制定以及科研的推动六步思路。事实上,早在 20 世纪 60 年代布鲁纳的《教育过程》风靡加拿大公共教育领域之时,霍尔·丹尼斯(H. Denis)所倡导的"综合课程"就要求将不同科目按照专题进行整合。至

1978 年，安大略省政府颁发新的小学科学课程大纲，规定了科学教育的目标和内容，拉开了课程改革的序幕。1984 年，科学理事会发表报告《每个学生的科学教育：为了明日的世界教育加拿大人》，以加拿大学校科学教育的首次全国性调查为基础，吹响了中小学科学教育改革的号角。马尔罗尼政府上台后，强调改进、加强一至六年级的科学教育，公布了《科学发生在这里》报告，明确提出科学教育应注重科学、技术和社会。至此，安大略省科学课程改革的雏形基本形成。1998 年，安大略省又颁布了具有权威性的一至八年级课程大纲《科学与技术》，是年 3 月正式颁布小学科技教育课程，9 月开始分阶段实施新课程，2002—2003 年实现了全面推广。直至 2000 年，安大略省教育部门出版了配套教材《技术教育》(*Technology Education*) 供中学十一、十二年级使用。通过此番举措，安大略省公共教育领域的科学教育新课程得到了大范围推广，作为国家课程中的"基础板块"固定了下来。①

在不列颠哥伦比亚省的课程改革中，该省皇家教育委员会的重新组建对此次改革与该省教育的长足发展起到了极为关键的作用。皇家教育委员会重组后，受省政府委托，对该省教育与社会发展提供咨询，先后颁布的一些标志性文件写明了该省课程改革的任务，规定了课程改革的宗旨和进程。1988年 8 月，经过近一年半的广泛调查与研讨，皇家教育委员会完成了"最后的调查报告"。该报告认真分析了过去 20 年该省经济产业、国民家庭构成等的巨大变化，对学校教育提出了新要求。1989 年 1 月，皇家教育委员会颁布了《学校系统法令》《政策的指导方针》，勾勒出该省公共教育领域的学校任务、教育目标及课程改革的蓝图。是年下半年公布的《2000 年——未来的课程与评价的结构》则重建了新课程评价体系。② 通过颁布这一系列重要文件，不列颠哥伦

①　参见管洪云：《20 世纪 80 年代以来加拿大基础教育课程改革述评》，载《浙江教育学院学报》，2009(4)。

②　参见管洪云：《20 世纪 80 年代以来加拿大基础教育课程改革述评》，载《浙江教育学院学报》，2009(4)。

比亚省的课程改革在实现课程的综合化与各阶段课程的连续性上不断前进，培养学生应对日趋多元化与信息化的社会。历次重要文件明确了课程改革的目标，即使学生获得知识、态度和技能，在智力、性格和事业方面得到发展，成为有教养、有思考能力、能适应新变化的公民。该省通过建立新的全省课程结构、为学生提供共同课程来达成上述目标。其中，突出新社会公民素质和注重共同课程的做法为加拿大其他省份借鉴采纳。

萨斯喀彻温省的课程改革同样成效显著。该省新编制的"K-12一贯制"核心课程包含了从幼儿园到十二年级的一贯制课程，将12年一贯制的连续学习视为一个整体，在这一整体视野下完成具体门类课程的设计。随着年级升高，各门课程循序渐进，逐步深入。此外，该省新课程的特色体现在必修课基础上，核心课程增添了基本学习要素，各要素贯穿于各门学科的教学之中，包括6个方面的能力素质：语言交往、数字计算、评论性思维与创造性思维、科技观念、正确的社会价值观和独立学习。此番课程改革采用了共同课程与灵活课程相结合的方式，有利于学生素质发展最终目标的实现，也符合新时代对于人才的需求。因此，萨斯喀彻温省成为加拿大20世纪80年代课程改革的重要楷模，其影响波及整个北美，被誉为北美课程革新的先驱。[1]

从各省课程改革案例中不难看出，加拿大公共教育领域课程改革注重统一课程标准，强调共同核心课程，以更为综合化的课程培养学生的综合素养；科学课程则将课程重点放在科学、技术和社会的联系上，要求课程真正促进学生学以致用，以应对未来社会的不断发展。[2] 这些都代表了加拿大公共教育领域课程改革的目标和基础教育的发展趋向。

---

[1]　参见管洪云：《20世纪80年代以来加拿大基础教育课程改革述评》，载《浙江教育学院学报》，2009(4)。

[2]　Brian O'Sullivan, "Global Change and Educational Reform in Ontario and Canada," *Canadian Journal of Education*, 1999(3), pp.311-325.

## 第三节　高等教育政策与高等教育实践

　　加拿大高等教育发展始于魁北克神学院的建立。早期加拿大学院的创立与宗教有着密切联系。伴随着数世纪以来加拿大经济、社会和科学的发展，加拿大高等教育与社会生产生活的联系日益密切，已形成了高度发达、具有多样性特征的高等教育体系。加拿大现在是世界上高等教育入学率比较高的国家，其多所大学在世界大学排名中名列前茅。加拿大高等教育在发展过程中既有法、英古典大学的血脉，也深受美国大学现代模式的影响，积累了独特的经验，形成了自身的特色。[①]

　　第二次世界大战后至20世纪七八十年代是加拿大高等教育发展的重要时期。加拿大高等教育的分权管理体制和高等教育体系的多样性特征逐渐形成。加拿大高等教育机构大致可分为两类：一类是大学；另一类是没有学位授予权的中学后教育机构，包括专科学院、职业学院、社区学院、应用艺术与技术学院（College of Applied Arts and Technology）等。[②] 承担20世纪60年代以来加拿大省级中学后教育体系扩展这一新职能的（公立）学院，则被统称为"社区学院"。在"二战"后高等教育的发展进程中，大学继续扩张发展，学院层次的高等教育发展翻开新的篇章。

### 一、以"软联邦制"为特征的高等教育分权管理体制的形成与演变

　　在西方国家中，加拿大或许是唯一一个从未创办过国立大学且从未颁布过全国性高等教育法案的国家，它甚至没有指定一个负责高等教育事务的（联

---

　　① 参见李桂山：《加拿大社会与文化散论》，88~89页，北京，北京航空航天大学出版社，2008。

　　② 参见李桂山：《加拿大社会与文化散论》，89页，北京，北京航空航天大学出版社，2008。

邦)政府部长。在高等教育政策方面，虽然加拿大联邦政府的确扮演着某种重要角色，但这一角色是在联邦政府与省政府之间关系的上下摇摆和关于加拿大宪法的争议中逐渐演化而来的。① 加拿大宪法规定："教育是各省政府的职责，各省政府对各自的高等教育拥有立法权和管理权。"②出于对宪法的尊重，加拿大联邦政府一直没有直接干预各省的政策领域。作为加拿大高等教育经费的主要贡献者，联邦政府却不拥有制定高等教育政策的直接权力。联邦政府对高等教育政策产生影响主要通过宪法授予的创制权来实现，该创制权在教育领域主要涵盖职业培训、学生财政资助、科学研发以及国家文化建设等。联邦政府的创制权对高等教育的发展究竟产生了多大影响，这仍是个存在争议的问题。③ 可见，在高等教育管理中，加拿大实行的是分权管理体制，高等教育的立法与管理的自主权主要掌握在各省手中，联邦政府则间接发挥其支持与制约作用，这一体制被称为"软联邦制"④。

事实上，在第二次世界大战以前，加拿大联邦政府对高等教育的发展很少过问。⑤ 战争结束后"退伍军人福利教育计划"的实施，一般被视为联邦政府干预高等教育的开端。⑥ 正是向符合入学条件的退伍军人提供高等教育福利

---

① 参见[加]格兰·琼斯主编：《加拿大高等教育——不同体系与不同视角(扩展版)》，林荣日译，364页，福州，福建教育出版社，2007。

② 转引自李桂山：《加拿大社会与文化散论》，88页，北京，北京航空航天大学出版社，2008。

③ 参见周光礼：《加拿大的高等教育政策：历史与现状》，载《世界教育信息》，2008(7)。

④ 软联邦制，即加拿大联邦政府不直接干预各省在某领域中的政策制定或人员安排，以柔软、间接而非强硬、直接的手段去影响该领域的发展，让各省政府充分发挥管理作用的制度。参见[加]格兰·琼斯主编：《加拿大高等教育——不同体系与不同视角(扩展版)》中文版序，林荣日译，5~6页，福州，福建教育出版社，2007。

⑤ 此前加拿大联邦政府曾在高等教育领域采取过两项措施：其一，1874年，在金斯敦创建了一所皇家军事学院，旨在承担中央政府负责国防事务的职能；其二，1916年，建立了科学与工业研究咨询委员会，即后来为人所知的国家研究委员会。参见[加]格兰·琼斯主编：《加拿大高等教育——不同体系与不同视角(扩展版)》，林荣日译，367~368页，福州，福建教育出版社，2007。

⑥ 参见[加]格兰·琼斯主编：《加拿大高等教育——不同体系与不同视角(扩展版)》，林荣日译，367页，福州，福建教育出版社，2007。

的决定，改变了从前联邦政府对高等教育过问不多的状态，并使之介入了高等教育的政策领域。20 世纪 50 年代，加拿大联邦政府曾决定根据大学在校生规模和各省人口数量直接向大学拨款，却遭到安大略和魁北克两省的抵制。1958 年，联邦政府改变做法，通过新成立的加拿大大学基金会进行资金分配，但仍难消除魁北克省的忧虑。直至 1966 年，联邦政府宣布以向各省政府进行财政转移支付的方式取代向大学直接拨款，自此联邦政府对高等教育进行经费支持的主要方式转变为在不设附加条件的前提下，向各省进行财政转移支付。这一转移支付的数额达到各省高等教育经费的 50%。20 世纪 70 年代加拿大经济进入萧条期后，由于财政紧张，联邦政府逐步改变先前做法，直至 1995 年最终停止向各省进行财政转移支付，转而通过一系列以研究开发为重点的新计划激励大学开展科学研究。

在 20 世纪后期加拿大的高等教育管理中，以"软联邦制"为特征的分权管理体制逐渐形成，联邦政府对于高等教育的发展进行了更多参与和干预，发挥了更为重要的作用。

## 二、战后经济繁荣时期加拿大高等教育的发展：1945 年至 20 世纪 70 年代前期

战后加拿大经济繁荣、工业化水平提升为高等教育发展准备了条件，也对其发展提出了新的要求。1945—1970 年可谓加拿大高等教育蓬勃发展的黄金时期，大学的不断扩张与学院层次高等教育机构体系的建立，成就了该时期加拿大高等教育领域的繁荣发展。

（一）战后经济繁荣时期加拿大大学层次的蓬勃发展

战后经济繁荣时期也是加拿大高等教育迅速发展的重要时期。大学入学人数迅速增长，公立大学的发展得到了联邦与省两级政府的合力资助。当"一所大学"的理念不再能满足现实需要时，各省都建立了新的大学。

### 1. 两级政府共同资助

根据"退伍军人福利教育计划"，联邦政府为每个符合条件进入大学学习的退伍军人支付学费；大学每招收一名退伍军人入学，即可获得 150 加元的拨款。① 这项计划的成功推行极大地推动了加拿大高等教育的发展。当 20000 名退伍军人陆续开始他们的大学学习时，加拿大大学的在校生数在 1945—1946 学年增长了 46%，在 1946—1947 学年，这一人数增至 3.5 万。② 随着大学之门向退伍军人敞开，加拿大民众也渴望进入大学求学，新生一代开始将接受高等教育视为迈向成功人生的重要手段。即使不将退伍军人入学人数计算在内，在 1941—1951 年，加拿大大学的在校生总数也增长了近 70%。③ 其后大学注册入学的人数继续增长。1951 年，加拿大 18 岁青年进入大学学习的比例为 1/20；到了 20 世纪 60 年代中期，这一比例达到 1/10；再到 20 世纪 70 年代早期，这一比例达到 1/6。④

随着高等教育需求的迅猛增长，大学开始向联邦与省两级政府寻求资助。在关于政府是否应增加对高等教育的资助的争论中，支持者已将高等教育视为一种"公共利益"，认为战后加拿大的经济与工业在转型中取得了巨大成功，经济繁荣赋予了加拿大崭新的国家目标、国家形象与国际地位，高等教育已成为加拿大经济、文化和社会发展的重要组成部分。在将高等教育视为"公共利益"这一观念的影响下，政府拨款逐渐成为加拿大大学（和学院）的主要收入来源。联邦与省两级政府共同为高等教育体系提供资助：联邦政府的资助主

---

① 参见[加]格兰·琼斯主编：《加拿大高等教育——不同体系与不同视角（扩展版）》，林荣日译，368 页，福州，福建教育出版社，2007。

② 参见[加]格兰·琼斯主编：《加拿大高等教育——不同体系与不同视角（扩展版）》，林荣日译，368 页，福州，福建教育出版社，2007。

③ 参见[加]格兰·琼斯主编：《加拿大高等教育——不同体系与不同视角（扩展版）》，林荣日译，368 页，福州，福建教育出版社，2007。

④ Charles M. Beach, Robin W. Boadway and R. Marvin McInnis, *Higher Education in Canada*, Montreal, McGirll-Queen's University Press, 2004, p.81.

要是向各省进行财政转移支付、向研究和技能培训提供直接拨款以及采取其他专项措施；省级政府的资助主要是提供日常经费和基建经费。① 到 1967—1968 学年，加拿大高等院校运行费和基建经费合计 11. 3 亿加元，占加拿大国民生产总值的 1. 4%，这一比例较 1950—1951 学年增长了 13 倍。②

2. 大力发展公立大学与"一所大学"的理念

联邦与省两级政府为高等教育体系提供的资助主要投放到了公共高等教育领域。在两级政府的资助之下，着力发展公立大学成为该时期加拿大高等教育大学层次发展的重要特征。这一时期西部 4 所省立大学都被授予颁发大学学位的公共垄断权力，而且对学位颁发权的控制以及只向世俗性大学提供公共资助的做法，在其他省同样得到强调。1949 年，当纽芬兰成为加拿大第十个省时，该省政府就将纪念学院转型为纪念大学——一所世俗性的省立大学。纪念大学采用了两院制③的管理结构，并拥有学位授予的垄断权力，其做法与西部省份"一所大学"④的理念相似。

早在 1868 年，安大略省政府就已决定，只对世俗性的大学提供公共资助，而在这样一个大学规模不断扩展、政府拨款不断增加、高等教育需求日益增长的新时期，许多宗教大学也开始重新考虑未来的发展方向。到 20 世纪70 年代早期，加拿大的大学基本上都已被定义为公立世俗性教育机构了。

公立大学代表着加拿大高等教育的最高水平。与美国最好的大学与学院主要集中在私立领域不同，加拿大中学后教育的重心完全偏向公立，不管是

---

① 参见［加］格兰·琼斯主编：《加拿大高等教育——不同体系与不同视角（扩展版）》，林荣日译，373 页，福州，福建教育出版社，2007。

② 参见侯建国：《加拿大高等教育改革与发展》，53 页，北京，高等教育出版社，2006。

③ 两院制：加拿大大学二元管理的通用模式，其一是指大学董事会，主要负责行政管理与财政事务；其二是指大学评议会，主要负责学术事务的管理。参见［加］格兰·琼斯主编：《加拿大高等教育——不同体系与不同视角（扩展版）》，林荣日译，5 页，福州，福建教育出版社，2007。

④ "一所大学"是指加拿大历史上出现过的每省设立一所世俗性省立大学，采取两院制管理结构且拥有颁发学位的垄断权力的高等教育体制。参见［加］格兰·琼斯主编：《加拿大高等教育——不同体系与不同视角（扩展版）》，林荣日译，370 页，福州，福建教育出版社，2007。

大学层次，还是学院层次都是如此。这也是加拿大高等教育的独特之处与优势所在。①

3. 大学层次的拓展

在大学随后的发展中，为了满足社会发展对高等教育的新要求，"一所大学"的理念逐渐被抛弃，先前"一所大学"的附属学院或分校也被授予了独立大学的资格，有些省还兴建了新大学，各省拥有的大学的数量不断增加。

在不列颠哥伦比亚省，维多利亚学院发展为维多利亚大学；1963 年，该省又新建了西蒙弗雷泽大学。1966 年，艾伯塔大学的卡尔加里分校发展成独立的卡尔加里大学；1967 年，该省政府又创建了莱斯布里奇大学；1970 年，以开放式招生课程专门进行远程教育的阿萨巴斯卡大学也建立起来。1967 年，曼尼托巴大学的两所学院——布兰顿学院和联合学院，被整合为布兰顿大学和温尼伯格大学。1974 年，萨斯喀彻温大学的里贾纳分校成为里贾纳大学。②

(二)战后经济繁荣时期加拿大学院体系初步建立

在大学层次以外，加拿大的学院体系也在 20 世纪 60 年代获得了长足发展。与大学一样，加拿大学院层次存在公立与私立学院之间的竞争，且公立学院是其最为重要、最具优势的部分。加拿大公立学院种类繁多，包括初级学院、社区学院、普通与职业教育学院、职业学院、专科学院、地方性学院以及大学在地方开设的学院等。而很多时候"社区学院"则被用作各类公立学院的统称，凡是将教育入学权利、教育公平和满足地方社会经济实际需要作为优先考虑的学院，均统称为"社区学院"。

20 世纪五六十年代加拿大经济与工业的繁荣、人口的增长及社会对高等教育需求的增加，刺激着加拿大各省创办公立学院的热情。此时的加拿大民

<hr/>

① 参见[加]格兰·琼斯主编:《加拿大高等教育——不同体系与不同视角(扩展版)》译者前言，林荣日译，6 页，福州，福建教育出版社，2007。
② 参见[加]格兰·琼斯主编:《加拿大高等教育——不同体系与不同视角(扩展版)》，林荣日译，371 页，福州，福建教育出版社，2007。

众已不再将接受义务教育阶段之后的教育视为教育特权或教育奢侈品，这些都为加拿大学院层次的发展提供了直接动力。在这一时期，除边远省份外，加拿大多数省份纷纷兴建各类公立学院，公立学院体系已初步形成。

第一，艾伯塔省。随着阿拉斯加公路的开通以及1947年大油田的发现，艾伯塔省的经济结构进入了由以农业为主向工业化方向转变的重要时期。[①]1957年该省创办了加拿大第一所地区性的公立初级学院——莱斯布里奇初级学院(Lethbridge Junior College)。为加速初级学院的发展，艾伯塔省议会1958年通过了《公立初级学院法案》，阐述了发展公立初级学院的相关政策，明确了行政机构设置和学院资金来源。20世纪60年代，艾伯塔省公立学院的数量有了很大增加，红鹿学院(Red Deer College)、哈特药学院(Medicine Hat College)等先后建立。

第二，安大略省。安大略省是战后加拿大经济转型的主要受益者之一，其经济结构的调整和工业类型的多样化都催生对技能劳动力需求的持续增长。为加快职业技术人才的培养，该省政府1946年创办湖首技术学院(Lakehead Technical Institute)，1948年创建赖尔森技术学院(Ryerson Institute of Technology)。至1956年湖首技术学院已发展为地位与大学相当的湖首文理与技术学院(Lakehead College of Arts, Science and Technology)。1965年，该省成立了一种新型教育机构——应用艺术与技术学院。此类学院所开设的课程更贴近本省经济的实际需求，不开设学分转移课程。应用艺术与技术学院发展迅速，仅在1965—1967年就有19所学院成立并对外招生；至1970年，全日制在校生人数已达35000，此外还有数量大致相当的兼职学生。[②]应用艺术与技术学院为安大略省经济发展培养了大量适用的职业技术人才。

---

① 参见曾子达：《加拿大社区学院》，30页，北京，北京大学出版社，1994。
② Glen A.Jones, *Higher Education in Canada: Different Systems, Different Perspectives*, New York and London, Garland Publishing, 1997, p.146.

　　第三，魁北克省。作为魁北克省教育改革的开端，1961 年该省政府在对全省教育状况进行全面调查的基础上，提出为该省法语学生和英语学生建立一个协调、统一的教育体系，即小学 6 年，公立中学 5 年，随后进入义务、免费、综合性的普通与职业教育学院，由此在该省学院层次构建了一个全新的社区学院网络。进入普通与职业教育学院的学生拥有两种选择：一是学习两年普通教育课程之后进入大学学习(在大学学习三年即可获得学士学位)；二是学习三年职业教育课程后直接就业。① 1967 年，第一批 12 所法语教学的普通与职业教育学院建立。次年，魁北克省又相继开办了另外 11 所，共招收了 38000 名学生。1969 年第一所英语教学的普通与职业教育学院——道森学院(Dawson College)建立；1970 年魁北克省创办了第二所，即法尼尔学院(Vanier College)。普通与职业教育学院体系的建立，不仅大幅提升了魁北克省高等教育的入学率与民主化水平，也使得该省拥有了更为广泛、灵活、多样化的高等教育体系。

　　第四，萨斯喀彻温省。萨斯喀彻温省草原广阔，至 20 世纪六七十年代其国内生产总值仍有一半来自农业。第二次世界大战结束后，为提升农村生活质量，省政府于 1956 年建立皇家农业与农村生活委员会(Royal Commission on Agriculture and Rural Life)，对农村社区状况进行考察并提出改进农村生活的 16 项报告，其中特别强调继续教育的作用。在这些报告的影响下，萨斯喀彻温技术专科学院、萨斯喀彻温中心技术学院、里贾纳技术学院等先后建立，承担中学后职业培训的任务，开设各种商业和技术课程，为经济发展培养急需的技术人才。不同的是，萨斯喀彻温省的社区学院归属于该省继续教育部，主要由地区负责管理(而非省负责管理)。这些社区学院采取租用教学设施的方式办学，聘请其他院校的教师兼职授课，社区需要哪些课程，就与学院签

---

　　① 参见[加]格兰·琼斯主编：《加拿大高等教育——不同体系与不同视角(扩展版)》，林荣日译，171 页，福州，福建教育出版社，2007。

订合同。因此学院起到了教育与服务中间人、经纪人的作用，这种"经纪人模式"在当时是独特、大胆的创新。

到 20 世纪 60 年代末，加拿大大多数省份都已拥有满足本省经济发展需求、扩大民众高等教育入学机会的地方性短期高等教育机构，社区学院体系初步形成。1966—1967 年，加拿大社区学院共有 125 所，在校学生 80203 人，在校学生占 18~24 岁同龄人口的比例达到 14.2%。① 社区学院在发展的早期阶段，基本不授予学位，以扩大入学机会、满足地方社会经济发展需要为主要宗旨。在为各省提供转学教育、职业教育、补习教育和各种社会服务的过程中，社区学院为加拿大社会和经济发展做出了重要贡献。

## 三、经济萧条时期加拿大高等教育的调整与改革：20 世纪 70 年代中期至 20 世纪 90 年代

20 世纪 60、70 年代之交，受石油危机与经济"滞胀"的影响，加拿大高等教育的扩张和发展速度放缓。虽然直至 20 世纪 70 年代中期，中学后教育在校生人数仍在继续增长，但此时加拿大的政治和经济环境却已发生了巨大变化。经济动荡，通货膨胀，失业率升高，加之战后生育高峰已过，政府方面教育投入减少，学费上涨，学生负债高，就业困难，入学人数增长速度缓慢。伴随着加拿大经济经历由战后繁荣增长到萧条紧缩的转变，这一时期加拿大高等教育由蓬勃发展时期进入了调整改革、平稳发展时期。

（一）经济萧条时期大学层次的调整与改革

第二次世界大战后加拿大高等教育的迅速发展是多种因素综合作用的结果，其中加拿大联邦政府和省政府的大力资助为其提供了重要的物质基础。而到了 20 世纪 60、70 年代之交，受石油危机和经济"滞胀"的影响，加拿大各省税收大幅减少，联邦与省两级政府都出现了财政紧缩的状况，迫使它们

---

① 参见侯建国：《加拿大高等教育改革与发展》，90 页，北京，高等教育出版社，2006。

不得不改变对大学的资助政策，使得加拿大高等教育，特别是大学层次进入了稳定体制结构、稳步发展、提高效率的时期。在此后的 20 年中，加拿大没有任何一个省份进行过大规模的高等教育改革。

1. 联邦与省两级政府削减资助带来的大学财政紧缩

由于经济环境的变化，在 1976—1977(财政)年度，联邦政府推出了一项新的财政计划——"专项财政拨款计划"，该计划将联邦和省的多种涉及卫生保健和中学后教育的资金安排机制整合起来，形成一个依据新公式进行资金分配的财政转移支付包。① 根据该计划，转移支付给高等教育的资金是无条件的，即各种款项被转移给各省，省政府有权决定这些资金的分配和使用。可在此后的几年中，联邦政府发现本应用于中学后教育的转移支付款项却被一些省份转为他用，用在了道路、桥梁等公共设施建设中。

到了 20 世纪 80 年代后期，在马尔罗尼政府的领导下，联邦政府重新修改"专项财政拨款计划"的拨款公式。为了缓解联邦财政赤字，联邦政府减少了转移支付给各省的资金，还缩减了大量与高等教育有关的专项支出，其中包括一些研究委员会的预算支出。到了克雷蒂安政府时期，在 1995 年的财政预算中，联邦政府则将"专项财政拨款计划"与加拿大援助计划合并，从而大幅缩减了财政转移支付额度。这一举措标志着联邦财政转移支付作为支持中学后教育的一项重要资金来源的终结。②

在此期间，各省政府也在调整其公共支出的方向，开始缩减对高等教育的投入。到 20 世纪 70 年代初，全国性的经济萧条使安大略省经济增长速度减缓，省政府注意到快速扩张的高等教育对资金的巨大消耗，开始缩减对高等教育的投入。自此安大略省高等教育的扩张基本结束，且此时高等院校学

---

① 参见[加]格兰·琼斯主编：《加拿大高等教育——不同体系与不同视角(扩展版)》，林荣日译，375 页，福州，福建教育出版社，2007。

② 参见[加]格兰·琼斯主编：《加拿大高等教育——不同体系与不同视角(扩展版)》，林荣日译，376 页，福州，福建教育出版社，2007。

生总数的实际增长已低于政府的预测。在短短几年内，人们关注的焦点便从如何最大限度地扩大高等教育规模转向在新的经济萧条背景下如何削减或稳定教育开支。① 由于经费紧张，因此几乎所有高等院校都开始积极争取私人捐赠。自 1973 年起，艾伯塔省一改 20 世纪 60 年代以来高等院校运行费以全日制在校生数和不同项目的花费作为下一年度拨款基数的做法，改为综合考虑学校前 3 年的运行费后，核拨下一年度的运行费。20 世纪 80 年代初期，不列颠哥伦比亚省进入经济萧条期，此时不仅联邦政府增加了对转移支付资金增长的限制，该省政府也开始连续两年削减大学和学院的运行费，削减比例分别为 5% 和 3.5%，一些有利于高等教育发展的政策也进行了调整、变更。② 为适应经济萧条的状况，不列颠哥伦比亚省议会对 1977 年的《学院法案》做了重大修改，对高等院校的拨款标准进行调整，如规定严格控制公立高等院校教职工工资增长，大学教授工资水平维持不变或降低。③

由于大学教职员工薪金一直是大学开支当中很大的部分，因此此时不良的经济形势对大学教师群体十分不利。虽然 20 世纪 60 年代在大学教师和学生的倡导下，加拿大的大学完成了管理机制的改革，多数大学的董事会都设有教师和学生代表席位，其评议会和董事会会议也变得更加开放、透明，这些变革促使人们更多地参与到了大学的管理过程当中；但是面临两级政府争相削减高等教育经费，这些变革在确保教职工的职位方面却很难发挥作用。因而从 20 世纪 70 年代开始，作为保护教师利益的一种手段，大量教师协会逐渐走向联合，开展集体谈判。正如突迪弗（Tudivor）指出的那样，到 20 世纪 80 年代中期，整个情形就大不相同了，29 个校园超过 50% 的教员都联合了起来。即使在那些未设立教师工会的学校里，教师协会也和学校达成契约式的

① 参见侯建国：《加拿大高等教育改革与发展》，106 页，北京，高等教育出版社，2006。
② 参见侯建国：《加拿大高等教育改革与发展》，103 页，北京，高等教育出版社，2006。
③ 参见侯建国：《加拿大高等教育改革与发展》，103 页，北京，高等教育出版社，2006。

协议，协议内容涉及有关工资磋商程序以及职位任命、任期和晋升等磋商步骤。①

各级政府对高等教育拨款的缩减几乎无可避免地引发了学费的上涨。在特鲁多时代建立的福利制度下受惠良多的加拿大大学，在新的经济环境中也不得不开始寻求降低成本和增加收入的途径。自 20 世纪 80 年代起，大学入学率的增长超过了大学收入的增长，尤其是来自政府资助的部分，从而导致大学生人均享有资源水平下降；且自 1984 年起随着大学公共资金的缩减，学生学费水平已攀升至 1950 年以来至 20 世纪末半个世纪里的最高水平。除不列颠哥伦比亚省和魁北克省以外，其他各省大学均提高了收费。到了 20 世纪 90 年代，克雷蒂安政府的改革要求各省将 20 世纪 60 年代以来对大学和学院的资助改为鼓励银行对学生发放贷款。学生举债是他们的双亲未曾经历过的，未有收入即已负债的情形被美其名曰"收入应急预付"。② 经济萧条、学生负债上学、毕业后又面临就业困难，致使一些学生陷入困境之中。

2. 在专项经费资助政策下大学间差异扩大

进入 20 世纪 70 年代经济萧条期后，加拿大联邦政府逐步改变先前做法，削减直至放弃了向各省进行财政转移支付，还对中学后教育实施了另一些重要举措，如提出一系列以研究和开发为重点的新计划来激励大学层次的科学研究，以促进经济的复苏和发展。

长期以来，联邦政府一直是大学研究活动的主要资助者，这一资助工作主要通过三个拨款委员会来完成。这些拨款委员会管理着一些同行评议的研究资助项目以及研究生和博士后奖学金项目。由于联邦政府按照"专项财政拨款计划"给予高等教育机构日常经费支持，因此这些拨款委员会仅负责支持研

---

① 参见［加］格兰·琼斯主编：《加拿大高等教育——不同体系与不同视角(扩展版)》，林荣日译，374 页，福州，福建教育出版社，2007。

② 参见李节传：《加拿大通史》，357~358 页，上海，上海社会科学院出版社，2018。

究项目的直接费用。① 到了马尔罗尼政府时期，联邦政府划拨给研究委员会的资金有所削减，但制订了一些着力加强大学与以工业为基础的研究工作之间联系的新计划。尽管每个拨款委员会都继续支持探求式的研究工作，但崭新的"战略性"拨款计划则在不断增加。联邦政府还制订实施了一个联邦"杰出中心"计划，旨在把来自不同地区、不同大学的研究人员和相关工业机构联系起来。②

事实上，除联邦政府外，各省政府也都在稳定或适度降低按学生人数计算的拨款，以便创造更高的效率、提供新的专项资金来激励教育机构去满足特殊的优先性需要，并有针对性地向某些具有特殊优先权的机构提供资金。例如，这一时期安大略省政府的多数改革都是在不改变大学运行费拨款政策的前提下，试图改变大学的办学方式。为鼓励大学参与工业研究，安大略省政府施行了"配套拨款计划"，以鼓励大学和工业部门进行合作研究；还设立了新的竞标项目，投入大量资源支持建立多个杰出人才中心（Center of Excellence）③，网罗优秀专家从事与工业相关的技术研究，致力于对本省经济发展具有战略意义的研究领域。艾伯塔省政府 1970 年设立大学专项基金，为特殊项目拨付专款，向 6 所大学拨付了 2500 万加元。1980 年，该省政府又宣布了一系列拨款方案：设立医学研究基金、奖励基金（The Heritage Scholarship Fund）、艾伯塔教育捐赠基金（Alberta Education Endowment Fund），并从艾伯塔遗产信用基金（Alberta Heritage Trust Fund）中划拨出 4.8 亿加元为上述基金提供长期的资金支持；该省政府还从艾伯塔教育捐赠基金中拿出 8000 万加元用于私人捐款的配套资金，以吸引私人资金资助高等教育，且效果显著。

---

① 参见[加]格兰·琼斯主编：《加拿大高等教育——不同体系与不同视角（扩展版）》，林荣日译，376 页，福州，福建教育出版社，2007。

② 参见[加]格兰·琼斯主编：《加拿大高等教育——不同体系与不同视角（扩展版）》，林荣日译，376 页，福州，福建教育出版社，2007。

③ 参见侯建国：《加拿大高等教育改革与发展》，107 页，北京，高等教育出版社，2006。

1986年、1988年省政府的拨款数额持续上涨，到20世纪90年代初期，政府和私立基金对高等教育的投入总额为4亿多加元。① 虽然各省的拨款计划对大学中的科研活动起到了重要作用，但总体说来，联邦政府在为大学提供研究资助方面仍然发挥着主要作用。

以专项经费资助大学科学研究的措施标志着在加拿大高等教育政策领域政府角色的巨大转变，这些措施也对加拿大高等教育的发展产生了重大影响。一方面，与20年前相比，加拿大高等教育的"公共性"已逐渐淡化。大学的日常经费减少，加之大量新的专项资金投入研究和开发领域，无疑影响了大学内部教学与科研的平衡；且事实上大多数专项科研投资仅仅集中于少数学科和专业领域，这又会对不同学科领域大学教师的工作境遇产生巨大影响，以至于大学在加拿大社会中所扮演的角色也随之改变。② 另一方面，虽然加拿大大学内部从未区分过明显的学校等级(这一特征被称为大学层次的"有限差异")，但是根据各所大学不同学科领域研究实力与水平的差异，这些措施无疑正在增加大学内部的不断分化，推动多样性产生。③ 而这种差异又会进一步体现为地区之间的差异，因为大西洋沿岸和草原省份的大学并不是专项研究资助的主要受益者。

(二)经济萧条时期加拿大学院层次的稳步发展

在经济紧缩与动荡中，由于加拿大联邦与各省政府都重视加强职业技术人才的培养，采取措施加强社区学院建设，加拿大学院层次保持了稳步发展的势头：大部分省份社区学院体系继续发展完善，为西北地区服务的育空学院和北极学院建立起来。加拿大社区学院还创造了具有鲜明特色的发展模式：

---

① 参见侯建国：《加拿大高等教育改革与发展》，104页，北京，高等教育出版社，2006。
② 参见[加]格兰·琼斯主编：《加拿大高等教育——不同体系与不同视角(扩展版)》，林荣日译，380页，福州，福建教育出版社，2007。
③ 参见[加]格兰·琼斯主编：《加拿大高等教育——不同体系与不同视角(扩展版)》，林荣日译，377页，福州，福建教育出版社，2007。

爱德华王子岛省的荷兰学院的"能力本位评价"（Competency Based Evaluation）模块教学法闻名于世；在萨斯喀彻温省，社区学院的内涵被拓展为"社区教育空间"。进入 20 世纪 90 年代后，加拿大各省继续颁布纲领性文件，积极推进学院层次的改革。

1. 加拿大社区学院体系进一步发展完善

在加拿大联邦政府的推动下，加拿大各省认识到职业教育对培养、培训技能劳动力，推动经济发展的重要性，采取措施加强社区学院的建设。在艾伯塔省，社区学院在这一时期保持稳定增长势头，不断有新学院创办或改组出现。1970 年格兰特·梅斯万社区学院（Grant Macewan Community College）在埃德蒙顿建立，1975 年艾伯塔职业中心和弗米利恩（Vermilion）农业学校分别更名为凯奴学院（Keyano College）和湖地学院（Lakeland College）。湖地学院是加拿大第一所省际学院，为艾伯塔省东北部地区和萨斯喀彻温省西北地区提供教育服务。1978 年凯奴学院与 3 所农业学院转变为公立学院。在 20 世纪 70 年代，加拿大 30% 的学徒工是从艾伯塔省培训出来的，该省学徒工培训在加拿大享有盛誉。1981 年省议会通过《技术学院法案》，对技术学院的管理体制进行调整，技术学院由省政府直接管理改为由董事会负责，获得了管理上的自主权。1986 年，艾伯塔艺术学院从艾伯塔技术学院中独立出来，开设了四年制的毕业文凭课程。

进入 20 世纪 70 年代后，新不伦瑞克省政府将高等教育领域发展重点由大学转向社区学院。接受该省高等教育委员会的建议，1973 年新不伦瑞克省通过《社区学院法案》，决定成立新不伦瑞克社区学院。1974 年，在联合 9 所职业与技术学校的基础上，新不伦瑞克社区学院成立，社区学院事务由董事会管理，隶属于省教育部。1980 年，该省政府调整社区学院的管理体制，将社区学院纳入继续教育部管理，其目的在于适应本省经济和社会发展，及时调整课程内容、专业设置，满足劳动力市场的需求。

20世纪七八十年代也是加拿大边远省份学院体系建立的重要时期。例如，育空地区，地广人稀，高等教育资源长期匮乏，1963年创立的白马职业培训中心(Whitehorse Vocational Training Center)是其高等教育的发端。20世纪70年代，随着西北地区的石油开发，加快发展育空地区教育的呼声也日渐高涨。1979年，专家教育调查组向该地区政府提供了一份调查报告，建议以白马市为中心，创办一所独立管理的综合性社区学院，为学生提供学分课程和非学分培训课程。1983年，育空职业技术培训中心①与不列颠哥伦比亚大学在育空地区开设的两年制文科教育项目合并组成育空学院。1987年，由该地区教育部发布的《关于学院管理与实施的白皮书》(White Paper on College Governance and Phased Implementation)和次年由地区议会通过的《学院法案》都强调育空学院属于育空社区，鼓励当地民众关心学院发展，参与学院管理，并批准成立育空学院董事会，要求社区成为董事会的主导力量。② 育空学院开设了成人教育、职业教育和普通教育课程，满足了当地居民的教育需求，将社区成人教育和普通高等教育相结合，做出了有益尝试。除育空地区外，西北地区是加拿大第二个自治区，人口中土著居民占比58%。③ 发展教育、扩大民众的受教育机会是西北地区政府面对的艰巨任务。1982年，该地区教育特别委员会发表调查报告，建议创办一所学院，面向西北地区民众开设技术与职业课程、普通教育课程、成人与继续教育课程以及大学一、二年级的转移学分课程等。西北地区政府接受了这一建议，创办蒂巴查学院(Thebacha College)，该学院1986年更名为北极学院，并迁往地区首府黄刀市。1987年、1988年，北极学院的奥罗拉(Aurola)校区、基瓦丁(Keewatin)校区、吉蒂迈特

① 白马职业培训中心于1965年更名为育空职业技术培训中心。

② Glen A.Jones, *Higher Education in Canada: Different Systems, Different Perspectives*, New York and London, Garland Publishing, 1997, p.299.

③ Glen A.Jones, *Higher Education in Canada: Different Systems, Different Perspectives*, New York and London, Garland Publishing, 1997, p.299.

（Kitimeot）校区相继建成，该学院成为拥有多校区，为西北地区提供广泛、多样教育的高等学校。至20世纪90年代初，北极学院保持了迅猛发展的势头，1991—1992学年学生数量达到8078，其中近75%是土著人，学生来自西北地区的66个社区、育空地区、艾伯塔省、魁北克省等。①

2. 加拿大社区学院形成特色鲜明的发展模式

到20世纪七八十年代，加拿大已拥有很多办学特点鲜明、教学质量优异的社区学院，其中爱德华王子岛省的荷兰学院以"能力本位评价"模块教学法闻名于世，而萨斯喀彻温省则以"社区教育空间"模式拓展了社区学院的内涵。

爱德华王子岛省的荷兰学院于1969年创立。在首任院长唐纳德·格伦迪宁（Donald Glendenning）博士的带领下，荷兰学院率先实行"能力本位评价"模块教学法，并取得成功。该教学法将课程划分为若干学习模块，将职业能力和技能分成若干单元，学生不需完成全部课程，而是通过教学服务系统，根据自身的兴趣、能力选择不同单元学习。其核心是以能力为基础，因材施教。在"能力本位评价"模块教学法推行初期，荷兰学院只发给学生显示其所掌握技能的一纸证明；至20世纪80年代后期，才开始向学生颁发毕业文凭，还向用人单位提供学生能力、资格保证。如果学院记录证明学生已掌握某种技能，而用人单位发现情况不符，那么荷兰学院将免费对这名学生进行再培训。荷兰学院的"能力本位评价"模块教学法取得了巨大成功，得到了用人单位的广泛赞誉。荷兰学院也由此而扬名国际，与国内外多所院校开展教育合作，推广该模式经验。

在萨斯喀彻温省，1971年社区学院咨询委员会成立，并向该省教育部长提交了《法里斯报告》（Faris Report）。该报告建议创办不同于传统意义的新型"社区学院"，即由志同道合的人组成被称作"社区"的社会空间，通过这一"社区"空间影响身处其中的人的行为。报告倡导像创办学校一样，培育一种

___
① 参见侯建国：《加拿大高等教育改革与发展》，120页，北京，高等教育出版社，2006。

社会现象，调动各种社会力量，对现有提供终身学习机会的教育服务方式进行协调安排，尽可能利用租赁的设施开展教学，聘请其他院校的教师兼职授课，以便使教育活动具有最大的效率、灵活性与创新性。此类社区学院不颁发学位或证书，作为其他教育机构(如能够根据协议提供课程和证书的大学与技术学院)的经纪单位，与大学或技术学院签订协议，为学生开设学分课程。社区学院的管理机构董事会由具有广泛代表性的社会各界人士组成，决定一个社区需要哪些课程与教育活动，并协调实施。社区学院具有社区发展代言人和教育机构的双重身份。以《法里斯报告》为基础，萨斯喀彻温省 1973 年通过了《社区学院法》。至 1987 年，全省共有社区学院 16 所，均由当地居民组成的董事会——"七人委员会"管理。1988 年，省政府将城市的 4 所社区学院与萨斯喀彻温应用技术学院合并，将农村划分为 9 个区，创办了 9 所农村社区学院。到 20 世纪 90 年代初，萨斯喀彻温省有 30000 名学生在社区学院学习。①

3. 推进社区学院后续发展的纲领性文件

经过 20 世纪 60 年代以来的持续发展，加拿大社区学院已达到相当高的发展水平。20 世纪 90 年代初，各省继续推进学院层次的改革，其基本精神主要体现在以下几份纲领性文件(报告)当中。

第一，《面向 2000：普通与职业教育学院的发展》。1990 年，魁北克省教育部下属的普通与职业教育学院委员会发表《面向 2000：普通与职业教育学院的发展》报告，分析了当时种种社会问题给教育带来的冲击，并指出了普通与职业教育学院所面临的一个主要问题，即约三分之一的学生在一年级不断变换课程，有的甚至跨度很大，从社会科学学科转入自然科学学科，抑或相反，也有部分学生更换了学校。普通与职业教育学院委员会经调查分析发现，学

① 参见侯建国:《加拿大高等教育改革与发展》，112～113 页，北京，高等教育出版社，2006。

生之所以大量变换课程、调整专业，是因为他们职业选择目标模糊和对学业失败恐惧①；普通与职业教育学院委员会还认识到，魁北克省的社会主导价值观正在由20世纪七八十年代的集体主义向21世纪的个人主义转变，为了迎接这一挑战，普通与职业教育学院除继续提供以职业培训和终身学习为目标的教学计划外，更要通过教学研究中心和研讨班等多种途径提高学院教师的教学水平。该报告对魁北克省乃至加拿大其他省份的社区学院课程设置、教学质量的提高起到了推动作用。在这一纲领性报告引导下，魁北克省以普通与职业教育学院为代表的短期高等教育机构通过灵活、自主、个性化的教学安排，不断提升教学水平，以适应个人主义价值导向下新世纪的教育发展。

第二，《当代技术：现实世界的现实技术》。不列颠哥伦比亚省也是加拿大短期高等教育发展较快的省份之一。1991年，时任省技能、培训与人力资源部部长的丹·米勒（Dan Miller）采取的两项措施对社区学院的发展产生了重要影响：一是扩大职业学院学位授予权，二是推动社区学院管理结构的变革。议会批准，允许社区学院的教师、学生代表加入学院董事会，参与学院事务管理；同时，社区学院成立由教学院系负责人组成的教育委员会，负责社区学院的专业、学科建设事务。社区学院的两院制管理在不列颠哥伦比亚省率先实行。同年，丹·米勒发表报告《当代技术：现实世界的现实技术》，提出5项建议：其一，企业、人力资源部门和教育部门要关注高等职业教育，加大投入，进一步增加高等职业院校的在校生人数；其二，进一步密切中学与工厂、企业的联系，要求中学开设职业教育学分课程；其三，扩大本省民众的受教育机会，在全省范围内设立10个社区技术中心；其四，重视培训技能型劳动力，成立不列颠哥伦比亚人力资源发展理事会，提供全省劳动力培训方面的咨询和指导；其五，变革救济方式，将救济金转变为培训经费，

---

① Glen A. Jones, *Higher Education in Canada: Different Systems, Different Perspectives*, New York and London, Garland Publishing, 1997, p.182.

为受救济者提供职业技能培训，使之成为自食其力的劳动者。该报告受到不列颠哥伦比亚省政府的肯定和众多院校、企业的欢迎，其实施进一步促进了该省社区学院的发展，培养的各类人才在竞争激烈的劳动力市场上赢得一席之地。

第三，《生活与学习：教育与培训所面临的挑战》。20 世纪 90 年代，教育与培训、教育与经济发展的关系等问题日益受到加拿大省级政府的关注。1991 年，新不伦瑞克省政府成立教育专家委员会。1993 年，该委员会发表了《生活与学习：教育与培训所面临的挑战》的报告，报告就教育功能、终身学习、社区学院发展等方面提出了 39 项建议：全面、系统地阐述了教育与培训，教育、培训与经济发展的关系，反对将教育与培训，终身学习与学生的计算、分析、交流等基本技能的发展截然分开的做法；建议创办新不伦瑞克远程教育与培训网，以便进一步为全省民众提供平等的教育机会。教育专家委员会肯定了社区学院在全省各类人才教育与培训活动中的重要功用，还指出了其管理方面存在的问题，建议加强对社区学院资金运行的管理，要求使用有别于 20 世纪 80 年代实行的资金分配办法和管理模式管理社区学院，强化教师的职业技能，提高教学质量和人才培养质量。此外，教育专家委员会还就学生流动、学分转移、高校拨款、学生学费等方面提出多项建议。1993 年 4 月，省政府在充分肯定教育专家委员会的工作后，宣布创立新的社区学院，并成立新不伦瑞克教育委员会，确保男女教育机会平等，方便学分转移，实施学习中心计划，发展远程教育，提高民众的职业技能。省政府还要求高校要重视教学质量，改善教师结构，切实履行教学、科研和社会服务的职能。1994 年，新不伦瑞克省开通电信教育网，以远程教育课程为民众提供了更为丰富的教育机会，成为社区学院教育的有力补充。

## 第四节 迈克尔·富兰的教育思想

20世纪80年代以来，伴随经济全球化和高新科技的迅猛发展，世界范围的教育改革浪潮此起彼伏，基础教育改革也不断掀起热潮。加拿大基础教育改革也在不断推行，但在改革中出现了国家强制法令推行与教师改革积极性发挥的协调问题、课程结构调整与教师专业发展的统一问题以及多元文化传统与国家统一课程标准的冲突问题等一系列问题。①

迈克尔·富兰多年从事教育改革的理论研究和实践，成果卓著，成为在北美乃至世界范围内教育改革领域享有很高学术声誉的学者，被视为教育改革理论研究领域的国际权威。迈克尔·富兰关于教育改革的著述颇丰，受到学界的广泛关注和好评，包括《教育变革新意义》，教育改革三部曲《变革的力量——透视教育改革》《变革的力量：续集》和《变革的力量——深度变革》，《学校领导的道德使命》等。其中，迈克尔·富兰的教育改革三部曲已成为当代教育改革基本规律探讨中十分有影响力的著作。在此三部力作中，迈克尔·富兰运用复杂、科学的原理和非连续性教育理论，对教育变革问题进行了多角度、全方位、深层次的探讨，尤其对教育变革的目标、动力、变革过程的复杂性及其变革的内在机制与系统性等问题进行了深入、客观、系统的剖析，揭示了教育变革的非线性和复杂性特征。迈克尔·富兰认为，教育变革要有明确的道德目标，人们对学校变革的复杂性要有足够的预料和认知；他将教育工作者观念的变革视为教育变革的基本动力，认为自上而下地推行变革是很难奏效的；他强调在变革中处理好学校、学区与州三级之间互动关系的必要性。迈克尔·富兰将学校视为社会中学习型组织的代表，要求学校

---

① 参见管洪云：《20世纪80年代以来加拿大基础教育课程改革述评》，载《浙江教育学院学报》，2009(4)。

在学习型社会的形成中发挥引领作用。

　　基于对20世纪60年代美国课程改革失败的审视，以及对此后本国教育改革进程及存在问题的分析，迈克尔·富兰决心寻找一种更为客观、更符合实际的思维方式去思考教育改革的问题。在《变革的力量——透视教育改革》一书中，迈克尔·富兰曾这样记述："我们一直在进行着一场艰苦的战斗，过去的30年，我们不断努力使每一项革新的措施和政策到位。在20世纪60年代，我们天真地把大笔的钱财投入全国范围的课程建设、开放式学校及个别化教学等方面。当时预期会产生某种结果，尽管并没有明确的计划。当我们期待的结果与实施的现实相去甚远时，我们简直大失所望。实际上'实施'一语在60年代甚至还没有被使用，也没有作为一个问题来考虑。"[1]"将想法付诸实践是一个远比人们意识到复杂得多的过程。"[2]迈克尔·富兰认为，20世纪60年代美国教育改革的失败足以证明，不重视改革计划实施的环节，足以让计划落空；仅从政策、计划制订的角度对教育改革过程进行思考是远远不够的。

　　也正基于此，迈克尔·富兰提出，观念的变革才是教育变革中的根本力量，对教育进行变革需要的是一种崭新的思维方式。而教育变革的责任最终将落在每一位教育工作者——行政人员和教师的肩上。[3] 这也正是自上而下的结构变革难以成功的原因所在。迈克尔·富兰还指出，周全考察变革所必需的要素也是十分重要的，要了解在复杂的体制下变革不可能是一帆风顺的，变革过程中必然充满着各种意外的情形，所以必须经由学习型组织，帮助人

---

　　① ［加］迈克尔·富兰：《变革的力量——透视教育改革》，中央教育科学研究所、加拿大多伦多国际学院组织翻译，6页，北京，教育科学出版社，2004。

　　② Michael Fullan，"Large-scale Reform Comes of Age," *Journal of Educational Change*, 2009(2-3)，pp.101-113.

　　③ 参见［加］迈克尔·富兰：《变革的力量——透视教育改革》，中央教育科学研究所、加拿大多伦多国际学院组织翻译，10页，北京，教育科学出版社，2004。

们形成新的思维方式去对待不可知的事物。① 但是首先，在发起一场教育变革之前，对于这场变革要做到什么、将去向何处，必须形成清晰、明确的认识。

## 一、教育变革的道德目标

　　教育变革为何如此重要而紧迫？教育变革的目标究竟是什么？在这些问题上，迈克尔·富兰引用古德莱德的观点，认为学校负有促进批判性文化适应的职责。"学校在我们的国家是惟一的机构，它专门承担着使年轻人适应一种政治上的民主……学校在培养有教养的人时是主要的运作者。有教养的人获取对真、善、美的认识，并以此来判断他们自己和社会的美德和缺陷……这是一种道德的责任。"② 由此可见，学校教育变革的目标必然是关乎道德的。促进社会道德的改善，即教育变革的深层次目标与终极目的。若具体到学生个体发展的层面，则该目标可表达为：不论学生自身的背景如何，教育都有责任促使他们的一生发生积极的变化，缩小他们之间学业水平的差距，使之在充满活力且日趋复杂的社会中具有生存的能力，并成长为富有工作成效的公民。③ 这便是一场大规模的根本性教育变革所追求的最终目标及其获得成功的证明。

　　教育变革的道德目标是能够对学生的成长与生活产生重要影响的因素，也是促使教育变革者持续进行复杂教育变革的关键动因。教育变革者必须明确意识到其所参与、推动的变革在道德上具有重要的价值。只有意识到这一点，行政人员和教师才会不断投入变革工作中去，才可能在一个永远变化的

---

　　① 参见[加]迈克尔·富兰：《变革的力量——透视教育改革》，中央教育科学研究所、加拿大多伦多国际学院组织翻译，9 页，北京，教育科学出版社，2004。
　　② 转引自[加]迈克尔·富兰：《变革的力量——透视教育改革》，中央教育科学研究所、加拿大多伦多国际学院组织翻译，14 页，北京，教育科学出版社，2004。
　　③ 参见[加]迈克尔·富兰：《变革的力量——透视教育改革》，中央教育科学研究所、加拿大多伦多国际学院组织翻译，9 页，北京，教育科学出版社，2004。

世界中不断改善自己的工作，在不断前进中与变革的力量做斗争，并控制这些力量。

对于教育变革的道德目标所包含的具体内容，迈克尔·富兰是这样阐述的：一场规模宏大的教育变革需要崇高的道德目标及其带来的激情的推动；在每一层次上(班级内、学校范围内、学区内，乃至整个国家范围内)缩小差学生与好学生之间的差距是取得整个体系变革突破的关键；专注于缩小这种差距是所有教育工作者的道德责任，教育工作者必须了解整个教育体系的大环境，并主动与他人合作；缩小教育成绩差距是社会发展必不可少的一部分，也是从目前存在的种种危险中提升社会凝聚力、健康与经济状况的重要手段；调动尚未发掘的公众道德目标的潜在力量，使公众与政府、教育工作者结成联盟，将是教育变革推进过程中能够取得的最伟大的进展。[1]

缩小学生之间学业差距这一学校变革的道德目标中包含着宏大的社会变革的理想。向这一目标前进，使学校教育成为社会公平与发展中不可或缺的推动力量。在学校变革中，教师、教育管理者和政策制定者都必须致力于改变课堂中、学校内以及校际的教育环境与条件；为达到这一目标，他们还必须监控所有的变革尝试和相关实践(而不只是关注学生成绩获得提高的总体趋势)，并及时采取应对行动。[2] 此外，若能调动起公众潜在的道德力量，使公众与政府、教育工作者结盟，则能够更好地将教育变革推向深入，使之作用于社会的改善。

## 二、教育变革的动力

在对教育变革的道德目标进行阐释之后，迈克尔·富兰指出，处理好道

---

① 参见[加]迈克尔·富兰：《变革的力量——深度变革》，中央教育科学研究所、加拿大多伦多国际学院组织翻译，26~27 页，北京，教育科学出版社，2004。

② 参见[加]迈克尔·富兰：《变革的力量——深度变革》，中央教育科学研究所、加拿大多伦多国际学院组织翻译，20~21 页，北京，教育科学出版社，2004。

德目标和变革动力之间的关系是有成效的教育变革的核心。

迈克尔·富兰认为，教育变革中的根本动力并非来自政策、计划的自上而下推行，变革力量的真正源泉是教育工作者的头脑，即观念的变革。迈克尔·富兰将变革的动力定义为对变革的本质和变革的过程的自觉认识，认为教育变革需要的是一种崭新的思维方式，并由此得出教师才是教育变革和社会进步的动力，教育变革的责任最终将落在每一位教育工作者——行政人员和教师的肩上，要求每一位教育工作者必须成为熟练的变革力量。①

因此，每一名教育工作者都应被视为教育变革的一个支点。如果每位教师都努力参与到教育变革中去，则会产生强大的杠杆作用，他们有能力对其所做的工作进行适当的符合教育变革目标的控制。为了做好教育变革的主体，增强自身的变革动能，迈克尔·富兰认为教师需要具备四种核心能力：构建个人愿景的能力、探索能力、控制能力和协作能力。

第一，构建个人愿景的能力。教育工作者个人愿景的形成与变革的道德目标紧密相连。迈克尔·富兰认为，每一位教师必须拥有未来教育的愿景，并乐于与他人分享，从而汇聚成理想教育的共同愿景。愿景不是教育变革的领导者才需要的，而是每一位教师都必须拥有的。迈克尔·富兰引用布洛克（Bloch）的言论："我们都很重视做些有意义的工作，真正为我们的顾客服务，善意对待他人，在工作方式上坚持正直。"②教育正是一种具有目标和远见的工作。

培育个人愿景，意味着不断省思，应从反复思考自己投身教学的初衷开始，以迫使自己对于所从事的教学工作及其理想状态，逐渐形成某种清晰的认识。迈克尔·富兰认为，愿景恰恰代表着我们对于现实的某种失望，把我们同未来的愿景联系起来是"带着我们对机构及其工作方式的怀疑从暗室里走

---

① 参见［加］迈克尔·富兰：《变革的力量——透视教育改革》，中央教育科学研究所、加拿大多伦多国际学院组织翻译，10页，北京，教育科学出版社，2004。

② 转引自［加］迈克尔·富兰：《变革的力量——透视教育改革》，中央教育科学研究所、加拿大多伦多国际学院组织翻译，20页，北京，教育科学出版社，2004。

了出来"①。而通过反思，则可以唤醒教师内心可能已被压抑多年的愿景。

教师个人愿景的构建需从以下几个方面入手：其一，将个人的目标和见解作为开始的议题；其二，作为教学变革的推动力，教师需要更加正面、积极地表达自己的愿景，并需要以不断增长的技能去追求道德目标，不断提升对于自身所能发挥作用的认识；其三，教师需要认识到个人的目标并非私人的事，有价值的思想需要在交流与协作中汇聚，只有与他人携手才能将一个个单独的个人愿景提上社会的议事日程；其四，教师个人在教学中的目标应当不断推进，直至与社会的改善联系在一起；其五，教师要认识到教学的目标亦处于变革之中。②

迈克尔·富兰强调构建教师个人愿景的重要性，将允许现状存在、为维护现状而工作的教师视为反叛者。迈克尔·富兰认为教师只有构建起对于理想教育的个人愿景，才可能在教学中有目的地进行变革，成为社会上道德变革的首要动力。③

第二，探索能力。在未来充满变革的社会环境中，具备探索能力意味着教师的个人愿景和目标不可能是一成不变的。伴随社会环境的变化，教师关于教育变革的个人愿景不会是一幅静止的图景，而将伴随社会的变革、教育需求的更新不断变化。迈克尔·富兰认为，个人愿景的构建与探索能力包含着教师个体对其看重的事物的表达与拓展。变革的发生源自这种动态的张力。④

---

① 转引自[加]迈克尔·富兰：《变革的力量——透视教育改革》，中央教育科学研究所、加拿大多伦多国际学院组织翻译，20 页，北京，教育科学出版社，2004。

② 参见[加]迈克尔·富兰：《变革的力量——透视教育改革》，中央教育科学研究所、加拿大多伦多国际学院组织翻译，20~21 页，北京，教育科学出版社，2004。

③ 参见[加]迈克尔·富兰：《变革的力量——透视教育改革》，中央教育科学研究所、加拿大多伦多国际学院组织翻译，21 页，北京，教育科学出版社，2004。

④ 参见[加]迈克尔·富兰：《变革的力量——透视教育改革》，中央教育科学研究所、加拿大多伦多国际学院组织翻译，22~23 页，北京，教育科学出版社，2004。

在个人目标形成的阶段，探索能力十分重要。在个人目标的形成中，教师需要汲取各种信息、观念，并从困难的环境和周围发生的各种争论中获得信息与能量。教师只有通过学习和与周围环境的交流、互动，才能构建起个人的目标与愿景。探索是活力和自我更新的发动机。① 探索意味着不断学习，并将继续学习的标准、习惯和技巧加以内化；意味着通过学习不断修正个人愿景。在后现代不断变化、充满未知的社会环境中，探索是教育工作者必须具备的一种思维方式。② 只有终身学习、终身探索，教师才能保持永不枯竭的变革动能。

第三，控制能力。迈克尔·富兰认为，控制能力是变革能力的另一关键组成部分，即要求人们须以行动的方式找到新思想和新方法，而不仅仅停留在思考的层面。控制能力意味着行动的效率，有助于加深对于情境与问题的理解。没有控制与行动，新的思维方式就无从产生，控制与思维二者相互作用、相互推动。控制能力的获得意味着创造性的生活和工作。只有在控制中，个体才能完成自我超越。

控制与愿景和探索的关系极为密切。③ 当教师开始在其职业生活中运用控制的方法时，则他需要进行两项基本活动：一是不断澄清目标和愿景；二是不断学习，更清晰地认识当前的现实。二者并举便能产生出"创造性的拉力"。将控制能力运用于学习，则学习不再意味着获取更多的信息，而是提高个体在生活中真正需要的产生结果的能力。④ 一种终身的有成效的学习意味着我们必须知道新的思想适用于何处，并且必须善于运用这些思想。

---

① 参见［加］迈克尔·富兰：《变革的力量——透视教育改革》，中央教育科学研究所、加拿大多伦多国际学院组织翻译，22 页，北京，教育科学出版社，2004。

② 参见［加］迈克尔·富兰：《变革的力量——透视教育改革》，中央教育科学研究所、加拿大多伦多国际学院组织翻译，22 页，北京，教育科学出版社，2004。

③ 参见［加］迈克尔·富兰：《变革的力量——透视教育改革》，中央教育科学研究所、加拿大多伦多国际学院组织翻译，23 页，北京，教育科学出版社，2004。

④ 参见［加］迈克尔·富兰：《变革的力量——透视教育改革》，中央教育科学研究所、加拿大多伦多国际学院组织翻译，23 页，北京，教育科学出版社，2004。

为了使教育变革富有成效，控制能力是非常关键的，因此控制能力的获得必须贯穿教师职业生涯的始终。只有当教师逐渐习惯于未知事物的存在，他们才能认识到某种创造性的突破总是在经历了一段时间的模糊认识、混乱、探索、试验和紧张以后才能获得。唯有此时，不论是对付目标明确的变革或是不可预期的变革，教师的信心都会增强。

第四，协作能力。协作能力对于个人的学习和发展非常重要，正在成为后现代社会的必备能力之一。如果不与他人交往，个人所学将十分有限。个人力量又是协作力量产生的基础。如果没有个人的力量，协作多半只是形式而缺乏内容。只要个人乐于探索、思想开放，其力量就将伴随着与他人的有效协作而变得更为强大。事实上，在学习型组织中，个人与小组所掌握的学习内容会相互促进，人们需要在相互学习中共同完成任务。① 协作的技巧和关系是学习与继续学习的必要条件，并最终成为推动社会进步的力量。就教育工作者的协作而言，小范围的协作指形成师友关系、群体关系和团队建设的态度与能力等；较大范围的协作指在机构中的工作能力。②

协作能力也是教育工作者共同愿景形成的必要基础。教育变革是更大规模的、更具群体性的行为，每一个个体都自发地付出努力、做出贡献，还将自己看作与他人相互关联的个体。③ 简言之，教育变革是在明确的道德目标的指引下，经由具有探索和控制能力的个体的通力协作而逐步实现的。在变革过程中，道德目标和变革动力二者是动态关联的，二者之间相互需要、相互

① 参见[加]迈克尔·富兰：《变革的力量——透视教育改革》，中央教育科学研究所、加拿大多伦多国际学院组织翻译，25页，北京，教育科学出版社，2004。
② 参见[加]迈克尔·富兰：《变革的力量——透视教育改革》，中央教育科学研究所、加拿大多伦多国际学院组织翻译，25页，北京，教育科学出版社，2004。
③ 参见[加]迈克尔·富兰：《变革的力量——深度变革》，中央教育科学研究所、加拿大多伦多国际学院组织翻译，16页，北京，教育科学出版社，2004。

限定。①

## 三、教育变革的过程

对于教育变革的过程，迈克尔·富兰将其置于复杂性理论的框架下进行分析。迈克尔·富兰认为，教育变革的过程是复杂的、渐进的和非线性的。有效的教育变革在过度控制和未知、无序之间徘徊。变革过程是一个不可预测和难以控制的过程，而有效变革则意味着以更有效的方式去客观地认识、思考和处理这一过程。有效的教育变革的核心并非实施最新的变革政策的能力，而是在教育的变革预期或非预期的种种变化中生存下去的能力。②

变革的过程为何如此复杂？首先，若尝试列出所有可能对变革产生影响的因素，则可看到这些因素是十分复杂且多样的。其中任何因素都可能会与问题的解决有关，并为有成效的变革所需要。其次，还要考虑到变革过程中那些不可避免的意外因素的出现，如相关政策的改变或被重新解释、关键领导人的离任或相关重要人员的离开、新技术的发明、移民的增加、可利用资源的缩减以及激烈冲突的爆发等③，并且这些因素之间相互作用的方向与力量都是难以计算的。因此，没有人能够预知变革的成败，也无法预知变革将向着怎样的方向发展。迈克尔·富兰引用圣吉（Senge）对于"细节化的复杂性"和"变化的复杂性"的有关区分，认为前者包括对影响一个问题的全部变数的认定，而后者才是变革的真正领域，是真正难以确知的。④ 因此，变革的成功

---

① 参见[加]迈克尔·富兰：《变革的力量——透视教育改革》，中央教育科学研究所、加拿大多伦多国际学院组织翻译，25~26 页，北京，教育科学出版社，2004。

② 参见[加]迈克尔·富兰：《变革的力量——透视教育改革》，中央教育科学研究所、加拿大多伦多国际学院组织翻译，11 页，北京，教育科学出版社，2004。

③ 参见[加]迈克尔·富兰：《变革的力量——透视教育改革》，中央教育科学研究所、加拿大多伦多国际学院组织翻译，27 页，北京，教育科学出版社，2004。

④ 参见[加]迈克尔·富兰：《变革的力量——透视教育改革》，中央教育科学研究所、加拿大多伦多国际学院组织翻译，28 页，北京，教育科学出版社，2004。

"不可能是在行动之前早就形成的某种共同的意图的实现。相反，成功只能是根据我们确定的不断变化的问题的程序，发现通过我们采取行动出现的模式"①。

因此，在迈克尔·富兰看来，进行有计划的变革是傻瓜的游戏，解决问题的方法是更好地理解和处理变革的不可预测性和复杂的变革机制以及有效利用各种社会因素来促进变革的实现。迈克尔·富兰指出，复杂性理论首要关心的是在无序中如何产生秩序，这需要变革的道德目标的指引。虽然变革的过程从动态上看是复杂和不可预见的，但无序并不意味着混乱，而是各种矛盾和复杂事物在进行着各自的活动。道德目标将作为"奇异的吸引物"，推动混沌状态进入周期性运动的格局。道德目标并非引导该过程，而是利用该过程。②

如此看来，有效变革的关键就是在混沌的边沿时刻做好准备，强调对一个组织的不同部分之间的相互关系进行管理性的思考，以及为了更大范围的适应而对缺乏控制可能出现的问题进行管理性的思考。③ 在迈克尔·富兰看来，那些善于变革的人对于变革中不可预测和变化无常的特征颇具慧眼，并积极寻找解决问题的办法，尽可能去应对和影响通往理想目标模式过程中的更多的方面，而且一旦行程开始，他们更容易发现新的目标。④ 迈克尔·富兰借用斯泰西(R. Stacey)对于复杂的适应性机制的论述，指出应对该机制的系统是以一种学习的方式运行的。一种学习活动的开展是在其他学习活动的环境下进行的，它所带动的是所有学习活动的共同变化，从而进入一个更高的

---

① 转引自[加]迈克尔·富兰：《变革的力量——透视教育改革》，中央教育科学研究所、加拿大多伦多国际学院组织翻译，28~29页，北京，教育科学出版社，2004。

② 参见[加]迈克尔·富兰：《变革的力量——透视教育改革》，中央教育科学研究所、加拿大多伦多国际学院组织翻译，25~26页，北京，教育科学出版社，2004。

③ 参见[加]迈克尔·富兰：《变革的力量：续集》，中央教育科学研究所、加拿大多伦多国际学院组织翻译，11页，北京，教育科学出版社，2004。

④ 参见[加]迈克尔·富兰：《变革的力量——透视教育改革》，中央教育科学研究所、加拿大多伦多国际学院组织翻译，19页，北京，教育科学出版社，2004。

系统之中。① 此时，真正的变革便发生了。

## 四、教育变革的三级体系

　　通过对欧美一些国家、地区教育变革实践历史的回顾与分析，迈克尔·富兰认为大规模的或整个体制的变革已成为当今教育变革的趋势。② 由此，他以"三级论"来阐释教育体系的根本性变革问题。"三级"是指学校、学区和州三个教育管理层级。迈克尔·富兰认为，教育体系的根本性转变需要在三个不同层级内及各层级之间的相互作用中进行，这意味着在一个国家范围内，学校内部、学区内的各学校之间、学区之间及学区与州之间需要更多、更密集的互动，仅仅依靠其中一级的努力无法取得根本性变革的成功。简言之，学校、学区和州每一级都应负起两方面责任，即一方面努力增强自身内部的协作，另一方面努力增进与其他层级之间的互动③，这样教育体系的根本性变革才可能发生。

　　就学校层级而言，迈克尔·富兰认为，想要取得教育变革的成功，必须关注教学实践中需要改变的地方，关注变革能够给教室带来怎样的变化。④ 其一，学校应当将变革的目标放在更深刻的层次上，不应仅满足于提高学生的读写能力和数学能力，还必须关注学生在教学过程中的全面参与，深层次的理解能力、思维技巧与解决问题能力的提升，情感、道德方面的发展等。⑤ 只

---

　　① 参见[加]迈克尔·富兰：《变革的力量：续集》，中央教育科学研究所、加拿大多伦多国际学院组织翻译，10 页，北京，教育科学出版社，2004。

　　② Michael Fullan，" Large-scale Reform Comes of Age，" *Journal of Educational Change*，2009(2-3)，pp.101-113.

　　③ 参见[加]迈克尔·富兰：《变革的力量——深度变革》，中央教育科学研究所、加拿大多伦多国际学院组织翻译，54~55 页，北京，教育科学出版社，2004。

　　④ Michael Fullan，" Change Theory as a Force for School Improvement，" *Intelligent Leadership*，2007(6)，pp.27-39.

　　⑤ 参见[加]迈克尔·富兰：《变革的力量——深度变革》，中央教育科学研究所、加拿大多伦多国际学院组织翻译，7 页，北京，教育科学出版社，2004。

有教师高度专注、充满活力地投入教学，变革的深层次目标才可能实现。其二，学校中现有的绩效测量方式与奖惩措施的结合，并不利于教育变革的深入。一所学校不仅需要激励和责任机制，更需要指导行动和实施战略的理论，这些理论能够增强教师回应这些激励措施和责任要求的能力。① 其三，教师和教育领导者要了解变革的进程，并通力合作。教师和教育领导者共同的创造性与主体意识会形成有广泛根据的专业判断，这是学校实现变革的重要保证。

就学区层级而言，由于在教育变革中最为关键、最具实质性的变革是教师专业群体整体文化的变革，因而学区必须提供机会、创造条件促进教师教学能力与技巧的提升，改变教师的工作条件，增强教师的"集体能力"，以推动他们改善自身的工作实践，保持恒久的工作动力。学区还需督促校长更负责任地开展工作。学区需要帮助校长思考如何在他的学校里创造一种帮助学生获得更佳学习成果的文化体系与氛围，校长必须负起这一责任。

迈克尔·富兰认为，学区需要注意自身所推行的政策能否激发教师和校长的工作激情与能量——他们的内在动力。② 将教育变革推向深入是学区的重要任务。为了实现这一目标，学区需要制定清晰的预期目标，然后适度放权。严密控制型的政策也许能够取得短期的成效，但却不可能将教育变革推向新的境界。而那些具有指导意义的深层次观念才是引领教育工作者，特别是教育领导者进行深层次、持续性变革的真正推动力。因此，学区需要增强学校团队和学区教育局职员的整体能力，对如何理解变革的过程、如何应对抵制情绪、如何建立和发展合作型文化以及如何增强领导能力等策略问题进行更加明晰的思考和把握。③

---

① 参见［加］迈克尔·富兰：《变革的力量——深度变革》，中央教育科学研究所、加拿大多伦多国际学院组织翻译，57 页，北京，教育科学出版社，2004。

② 参见［加］迈克尔·富兰：《变革的力量——深度变革》，中央教育科学研究所、加拿大多伦多国际学院组织翻译，85 页，北京，教育科学出版社，2004。

③ 参见［加］迈克尔·富兰：《变革的力量——深度变革》，中央教育科学研究所、加拿大多伦多国际学院组织翻译，72 页，北京，教育科学出版社，2004。

在与州的关系中，学区可以将州政府的政策作为杠杆，通过沟通、互动，将学区一级的变革项目与州的政策进行有机整合。而有时，学区的策略措施必须同政策性干预和州政府一级提供的条件进行抗争，学区的领导者需要通过有效利用、协调、转换或者忽略州政府的政策来实现学区教学目标。①

就州层级而言，其主要责任是制定推动和确保教育变革发生且持续进行的相关政策。迈克尔·富兰认为，教育变革至少涉及三层面相互关联的政策系列：与课程、学生成绩评估和教师学习相关的政策，与教师、教育管理者的个人职业发展相关的政策，改善教育工作者工作条件的政策。每一政策系列都需要高质量的政策和高质量的实施过程。如果各政策之间不能相互作用、相互学习，则每一政策系列的影响力都将被弱化。② 而有效的政策系列的形成又有其观念基础，这些观念包括教学专业的高效性、高质量政策的实施以及反馈机制的建立等。

政策制定者的工作主要包括三个方面：①做好开始阶段的工作，从变革的中心问题开始调整政策（如课程大纲、成绩评估与教师学习）；②不断向地方教育工作者阐明变革的大方向，倾听他们所担心的问题，努力做到变革过程中各种信息更大程度的清晰、透明；③为地方教育工作者提供与外部连接的机会。③ 作为政策制定者，他们必须提出并传达变革的理念，重视自身所提出的理念，并实施这些理念。政策制定者只有不断学习，重视自身理念的更新与发展，才能形成复杂性理论的思维方式，并从州这一层级切实推动教育的变革。

迈克尔·富兰认为，"三级论"的核心在于，变革的责任是共同的、相互

---

① 参见[加]迈克尔·富兰：《变革的力量——深度变革》，中央教育科学研究所、加拿大多伦多国际学院组织翻译，88 页，北京，教育科学出版社，2004。

② 参见[加]迈克尔·富兰：《变革的力量——深度变革》，中央教育科学研究所、加拿大多伦多国际学院组织翻译，96~102 页，北京，教育科学出版社，2004。

③ 参见[加]迈克尔·富兰：《变革的力量——深度变革》，中央教育科学研究所、加拿大多伦多国际学院组织翻译，91 页，北京，教育科学出版社，2004。

作用的。然而推进教育变革的三层级之间的关系不宜过紧，应当将资源投入每一层级的机能发展中去。在三层级之间，在每一层级内部，都应广泛开拓互动沟通渠道，检测每一层级的行为表现，努力巩固、强化有光明前景的模式和业已取得的成就。① 迈克尔·富兰要求教育工作者相信受道德目标和最佳知识指引的变革体系自身的威力，并认为在变革过程中不可忽略的另一关键因素是该体系中每一个层级领导能力的发展。②

## 五、教育变革的前景——学习型社会和学习型个人

迈克尔·富兰认为，21世纪的社会要求人们具备在充满活力的、多元文化的全球背景下独立且相互合作、积极应对变革的能力，而在所有社会机构中，学校是有潜力从根本上达成这一目标的唯一机构。教育的最终目的是建构起一个学习型的社会和一个人人有学习能力的地球。由于社会的种种变革总会切实地发生在每个人身上，因此必须帮助每个人形成在后现代社会中驾驭变革的能力。变革不可避免，而成长是可以选择的，个人可以选择应对外界变革的方式。学习型社会的形成，必须基于个人学习能力的增长，而个人的学习和成长正是社会的系统性变革得以发生的重要依托。③

迈克尔·富兰认为，使未来社会中每个人学会学习的关键因素是教师。因此教师成为社会中学习的楷模与表率，须率先将不懈的内心的学习和外在的学习结合起来。④

---

① 参见[加]迈克尔·富兰：《变革的力量——深度变革》，中央教育科学研究所、加拿大多伦多国际学院组织翻译，88~89页，北京，教育科学出版社，2004。
② 参见[加]迈克尔·富兰：《变革的力量——深度变革》，中央教育科学研究所、加拿大多伦多国际学院组织翻译，122页，北京，教育科学出版社，2004。
③ 参见[加]迈克尔·富兰：《变革的力量——透视教育改革》，中央教育科学研究所、加拿大多伦多国际学院组织翻译，158页，北京，教育科学出版社，2004。
④ 参见[加]迈克尔·富兰：《变革的力量——透视教育改革》，中央教育科学研究所、加拿大多伦多国际学院组织翻译，158页，北京，教育科学出版社，2004。

所谓"内心的学习"，即表明变革过程首先要从个人的内心开始。面对未来复杂多变的社会，每个人都必须学会竞争和成长。教师应当从那些在不利条件下能够有效学习的人身上寻找到有价值的经验和教训。"人们，他们学会控制内心的经历，他们将能够决定他们生活的质量。"①此外，只有首先学会管理好自己的生活，才有可能帮助他人改善生活。迈克尔·富兰此处引用奇克森特米哈伊(M. Csikszentmihalyi)对"具有目的的自我"所做的特征分析来说明作为变革动力的个体所应具备的素质：①确定目标；②变得沉浸于活动之中；③注意正在发生的事情；④学习欣赏即时的经验等。

教师比任何人都更应该拥有自身的目的。与同事保持协作固然重要，但人与人之间的关系并不是走向个人成功的唯一通道。甘于孤独的能力是感情成熟的一个伟大标志，是个人意图和创造力的源泉，而新的个人意图是成功革新的核心。当要求内心态度改变时，甘于孤独的能力是一种宝贵的资源。而在环境发生了重大变化以后，也许需要对外界存在的重要性和意义进行基本的重新评估。学习、思考、革新和保持与自己内心世界的接触都是由孤独所促成的。②此外，注意正在发生的事情意味着对变革的考虑，焦点仍然是由个人的目标来确定的，但是，个人有足够的灵活性云注意和适应外部的事件。正如奇克森特米哈伊所言："有一个本身具有目的的自我的结果——学会确定目标、开发技能、对反馈敏感、知道怎样集中精力和参与其中。"③

拥有正确的个人学习态度，对理想的个人生存以及制度的变革都是极其重要的。然而，要想实现制度的变革，无疑需要他人的帮助。

外在的学习是关于联系和协作的问题。迈克尔·富兰认为，人们需要将

---

① 转引自[加]迈克尔·富兰：《变革的力量——透视教育改革》，中央教育科学研究所、加拿大多伦多国际学院组织翻译，162页，北京，教育科学出版社，2004。

② 参见[加]迈克尔·富兰：《变革的力量——透视教育改革》，中央教育科学研究所、加拿大多伦多国际学院组织翻译，164页，北京，教育科学出版社，2004。

③ 转引自[加]迈克尔·富兰：《变革的力量——透视教育改革》，中央教育科学研究所、加拿大多伦多国际学院组织翻译，163页，北京，教育科学出版社，2004。

内心的学习和外在的学习结合在一起。迈克尔·富兰引用复杂性理论倡导者斯泰西的叙述，认为新知识和新变革根深蒂固地存在于人类的相互交流与关系之中：

> 知识永远是一个过程，而且是一个关系性的过程；因为它不可能只是存在于一个个体的大脑当中，同时它也是一种可以提取、分享的组织资产。知识是一种对话沟通的行为，而学习则会在人们讲话的方式和相互关系模式发生改变时发生……因而，一个组织的知识资产存在于其成员的相互关系模式之中。①

迈克尔·富兰认为，教师是一个学习共同体，高度协作的学校文化是教师进行工作并不断相互学习的氛围和条件，教师共同体的知识共享主要通过协作活动来实现，进而促进教师集体的专业成长。不仅如此，迈克尔·富兰所谓"外在的学习"还指出了教师与周围相关机构和人士的高度互动、协作的必要性。②

关于外在的学习，迈克尔·富兰提供了以下几点启示：①个人必须使自己成为创新、变革的力量；②"当个人、机构和社会通过持续地扩大和加强它们相互依存的联系来加深它们的相互关系时，成长、变革和最终的进化就发生了"③；③将他人视为"整体的人"做平衡、全面的评价，设法了解与自己共

---

① ［加］迈克尔·富兰：《变革的力量——深度变革》，中央教育科学研究所、加拿大多伦多国际学院组织翻译，59~60 页，北京，教育科学出版社，2004。

② 参见王立：《教育变革中的教师发展——迈克尔·富兰教师教育思想述评》，载《高等理科教育》，2011(6)。

③ 转引自［加］迈克尔·富兰：《变革的力量——透视教育改革》，中央教育科学研究所、加拿大多伦多国际学院组织翻译，165 页，北京，教育科学出版社，2004。

同工作的人，对建立协作关系是重要的①；④个人驱动的内心和外在的学习的结合是制度变革的最好策略与动力②；⑤由于个人在其一生中将在不同的学习组织之间不断转换，因此在这种流动中建构有成效的学习关系的能力十分重要。有这种能力的人越多，就越可能建立起接触，产生出新的学习经验。③

从长远来看，只有当教师将内心的学习和外在的学习结合起来，其内心的学习才能够改变外部的条件。教师有责任帮助所有学生成为内心的和外在的学习者，使学生与逐渐扩大的社会领域联系在一起。这就需要教师在相互协作和与周围机构的协作中，在微观领域为学生的一生带来改变，在宏观领域推动学习型社会的发展，并在二者之间建构起动态、复杂的教育模式。毕竟，教育的任何变革策略都必须同时关注个人与他身处其中的文化和制度的变革。④

在学习型社会的构建中，学校责无旁贷地成为重要的依托和引领力量。迈克尔·富兰强调，学校的变革不是孤立的，一个学习型组织与其周围环境的互动十分重要，学校变革的成功依赖于健康的环境。因此构建学习型社会的变革焦点必然汇聚到所有的机构及其相互关系上。而学校教育在其中富有一种独特的责任，即在与其他部门的合作中起到领路人的作用。⑤

---

① 参见［加］迈克尔·富兰：《变革的力量——透视教育改革》，中央教育科学研究所、加拿大多伦多国际学院组织翻译，166 页，北京，教育科学出版社，2004。

② 参见［加］迈克尔·富兰：《变革的力量——透视教育改革》，中央教育科学研究所、加拿大多伦多国际学院组织翻译，167 页，北京，教育科学出版社，2004。

③ 参见［加］迈克尔·富兰：《变革的力量——透视教育改革》，中央教育科学研究所、加拿大多伦多国际学院组织翻译，168 页，北京，教育科学出版社，2004。

④ Michael Fullan, "Change Theory as a Force for School Improvement," *Intelligent Leadership*, 2007(6), pp.27-39.

⑤ 参见［加］迈克尔·富兰：《变革的力量——透视教育改革》，中央教育科学研究所、加拿大多伦多国际学院组织翻译，11 页，北京，教育科学出版社，2004。

第五章

# 20 世纪后期英国的教育

　　第二次世界大战之后，英国的政治、经济和军事实力遭到重创，国际地位明显下降。战后初期，被战争打乱的社会秩序亟待恢复，国内各领域的重建工作也迫在眉睫。1943 年《教育改造》(Educational Reconstruction)白皮书的发表和《巴特勒法案》的出台，为战后教育的恢复与重建指明了方向。直到 20 世纪 60 年代末，伴随着经济的持续、稳步增长，英国不仅建立起了由初等教育、中等教育和继续教育三个相互衔接的教育阶段构成的公共教育体系，还通过实行免费公立中等教育政策和综合中学运动扩大了中等教育的入学机会。进入 20 世纪 70 年代，受石油危机的影响，英国的经济陷入困境。为提高各级各类教育质量，确保教育对经济发展的促进作用，英国政府从 20 世纪 70 年代中期开始对课程、考试、教师教育、高等教育体制等多个方面进行改革。在这一过程中，中央政府加强了对教育的直接控制和管理。20 世纪 80 年代之后，尤其是《1988 年教育改革法》颁布之后，中央、地方和教师之间的伙伴关系进一步瓦解，中央集权的教育管理体制初步形成。

　　20 世纪后期，英国教育学界涌现出了一批以布赖恩·西蒙和埃里克·阿什比为代表的优秀学者。他们以深刻的思想理念和对教育事业的无限热忱，为战后英国教育发展做出了突出贡献，并对其他国家和地区的教育理论与实践产生了积极影响。

# 第一节　教育民主化改革与"二战"后英国教育重建

1945 年，随着德国军队的无条件投降，饱受战争摧残的英国人民开始在废墟上重建家园。在教育领域，由于战后人口结构的改变和人口出生率的提高，因此初等教育和中等教育的改革成为教育重建的首要工作。① 战时发布的有关中学课程与考试、公学和师范教育改革设想的多篇教育报告，以及 1943 年教育委员会颁布的《教育改造》白皮书和 1944 年获准通过的《巴特勒法案》，为"二战"后英国教育重建和民主化改革提供了重要的政策指导。

## 一、教育重建的社会背景与指导理念

第二次世界大战在打破旧秩序的同时，也为战后新秩序的建立创造了契机。首先，战争环境使英国人民形成了史无前例的凝聚意识。战争期间，尽管阶级之间的差别和偏见依然存在，但是法国沦陷、不列颠之战的不利战局以及持续不断的空袭，都让英国人民意识到了全民团结的必要性。而且与和平时期相比，战时疏散、躲避轰炸等特殊情况也促进了各阶级人民之间的相互理解与合作。正如英国史学家马威克（Arthur Marwick）所说："在战时岁月里，对于轰炸的谈论以及普遍分担民族危亡的险恶处境混淆了阶级界线……在战争即将结束时，人们普遍感觉到阶级之间的壁垒已被消蚀，民族作为一

---

① 1940 年，英国政府在初等教育和中等教育领域的财政支出占当年教育财政支出的 73.9%。在战后重建期，这个比例依然居高不下。1950 年，英国政府 64.7% 的教育财政支出都分布在初等教育和中等教育领域。参见 A. H. Halsey, *Trends in British Society since 1900: A Guide to the Changing Social Structure of Britain*, London, Macmillan, 1972, pp.6-9。

个整体空前团结。"①这种凝聚力和团结意识是英国战后重建与恢复社会活力的首要前提。其次，战时政策催生了"平等主义"的社会思潮。"二战"期间，英国下层民众也和中产阶级、上流贵族一样承担起了拯救民族危亡之重任。全体民众不分老幼妇孺，几乎都在以不同的方式投身战时工作。而且，一视同仁的配给制度、工人充分就业带来的收入提升以及对高收入群体实行的高税收政策，也都进一步促进了阶级间的平等。"平等主义"思潮的蔓延对战后重建和改革的目标与方向产生了重要影响。最后，在维护战时生产和社会秩序的过程中，英国中央政府直接管控国家事务的权力得到扩张②，为战后重建政策的制定和落实提供了有效保障。

在上述背景下，英国民众要求建立战后社会新秩序的呼声日益高涨。1940 年 7 月，《泰晤士报》刊登的一篇《新欧洲》（"The New Europe"）的文章指出：在新秩序里，民主不仅意味着对公民投票权的维护，还包括对他们工作和生活权利的维护；自由也不仅仅指简单的个人主义而排除社会组织和经济规划；平等更不是消除了社会和经济特权的政治平等。民众对民主、自由和平等的新理解对英国战后的社会改革提出了新的要求。作为战后重建工作的重要组成部分，教育领域的情况也不例外。截至 1942 年秋，新闻界、劳工组织、教师团体以及其他政治和社会群体已经就教育领域的诸多问题展开了广泛讨论，形成了要求教育改革的一致诉求。对以丘吉尔为首的战时联合政府来说，如何应对这些诉求、用什么样的指导理念制定改革举措成为决策者要考虑的首要问题。

从民众对战后重建提出的改革要求出发，20 世纪前期在英国政治和经济

---

① ［英］阿瑟·马威克：《两次世界大战对英国政治和社会的影响》，见王觉非：《英国政治经济和社会现代化》，607 页，南京，南京大学出版社，1989。

② Roy Lowe, *Education in the Post-War Years: A Social History*, London, Routledge, 1988, p.4.

学领域占据主流地位的"新自由主义"①无疑是战时联合政府制定改革政策的重要指导理念。与古典自由主义强调个人不受约束的消极自由不同，以格林（T. H. Green，1836—1882）为代表的新自由主义者认为，自由不等于无拘无束的放任，而是一种积极地发展个人能力并且通过为社会共同利益做贡献来实现个人能力的机会，是积极自由。② 基于对自由的理解，新自由主义主张政府应该以积极的姿态，通过经济干预等手段为公民实现真正的自由创造条件和便利，让社会弱势群体和贫困成员也能拥有发展个人能力、为社会共同利益做贡献的平等机会。在这一理念的指导下，战时联合政府制定了一系列改革政策。其中，社会影响范围最广的当数 1942 年发表的《贝弗里奇报告》（Beveridge Report）。该报告制定了面向所有人的社会保险、儿童津贴、国民医疗服务等诸多福利政策，为全体人民提供了从出生到死亡的全方位的社会保障。在教育领域，战时联合政府制定的对战后教育重建与发展产生深远影响的则是 1943 年的《教育改造》白皮书和《巴特勒法案》。

## 二、《教育改造》白皮书

面对社会各界不断涌现的教育改革诉求，1940 年年末至 1941 年年初，教育委员会的一些高级官员在常务秘书莫里斯·霍姆斯爵士（Sir Maurice Holmes）的领导下成立了一个非正式小组。小组成员就"普及中等教育""提高离校年龄""设置非全日制继续教育"等议题展开讨论，并向教师组织、地方教育当局、教会等民间团体分发了探讨上述教育问题的绿皮书——《战后教育》

---

① 也有学者将其译为"新的自由主义"。无论何种译法，都不能将 New Liberalism 与 Neo-Liberalism 混同起来，后者形成于 20 世纪晚期，倡导一种全球性经济体制，主张建立自由市场合作组织，反对政府对经济的直接干预。参见李小科：《澄清被混用的"新自由主义"——兼谈对 New Liberalism 和 Neo-Liberalism 的翻译》，载《复旦学报（社会科学版）》，2006(1)。

② Wilfred Carr and Anthony Hartnett, *Education and the Struggle for Democracy: The Politics of Educational Ideas*, Buckingham, Open University Press, 1996, p.51.

(Education after the War)。①

1941 年 7 月 20 日,保守党议员巴特勒(R. H. Butler)就任教育委员会主席。在他的领导和组织下,教育委员会从《战后教育》绿皮书的主要议题出发,开展为期两年的调查研究,于 1943 年 7 月发表了第一份战后教育改革的官方文件——《教育改造》白皮书。白皮书的问世极大地推动了战后英国教育民主化的改革进程。

白皮书的基本宗旨是通过多元化的方式为所有年轻人提供受教育机会。文件开篇表明:"政府改革的意图在于为儿童谋求一个更加幸福的童年和更加美好的人生开端;实施更加全面的教育举措,确保年轻人获得教育机会,为拥有不同资质的人提供多种发展途径……"②围绕这一中心思想,白皮书规定:"教育是由连续阶段构成的持续过程,基于这一原则,政府应重新规划教育布局。"③教育布局主要包括以下几个方面。

第一,设置充足的幼儿园来满足义务教育年龄(5 岁)以下儿童的教育需求。

第二,义务教育阶段的离校年龄从 14 岁提升至 15 岁,并在条件允许的情况下延长至 16 岁。

第三,义务教育由两阶段组成,5 岁到 11 岁是初等教育,11 岁至离校年龄之前是中等教育。

第四,中等教育阶段的学校主要包括文法中学、技术中学和现代中学三类,学生根据 11 岁资质测验的结果进入不同类型的中学就读。

---

① Brian Simon, *Education and the Social Order*, *1940-1990*, London, Lawrence & Wishart, 1991, pp.58-59.

② Stuart Maclure, *Educational Documents: England and Wales*, *1816 - 1967*, London, Chapman & Hall, 1968, p.206.

③ Stuart Maclure, *Educational Documents: England and Wales*, *1816 - 1967*, London, Chapman & Hall, 1968, p.206.

第五，关于继续教育，义务教育阶段之后的学生，在 18 岁之前应该在中等学校接受全日制继续教育，或者在青年学院（Young People's College）接受半日制继续教育。

第六，为公共教育体系之外的学校制定有效的监察和注册制度；为民办学校制定新的财政和管理方案，并承认宗教教育在学校生活中的特殊地位。

第七，在教育行政管理体制方面，由地方教育当局负责初等教育、中等教育和继续教育阶段的管理工作。地方教育当局应就本地区现有的规章制度和教育需求展开综合调查，向教育委员会递交发展规划。

考虑到白皮书的基本宗旨，上述有关中等教育的改革内容是白皮书的核心任务。为打破上流社会对中等教育的入学垄断，白皮书规定，义务教育由初等教育和中等教育两阶段构成。这说明中等教育已经成为所有人都必须经历的教育阶段。以往只有中产阶级和贵族子弟才能享受的中等教育开始向工人阶级和下层民众的子弟敞开了大门。关于中等教育的组织形式，白皮书遵循战前《斯彭斯报告》（Spens Report）提出的三类中学（文法中学、技术中学和现代中学）的主张。

白皮书发表 10 天后，《诺伍德报告》（Norwood Report）发表。报告在详细阐述三种思维类型的基础上重申中等教育的"三轨制"。报告认为，学生的思维类型可以分为三种：第一种类型的学生只对"学习本身感兴趣"，并且"能够抓住论点或者跟得上连续的逻辑推理"，这种类型的学生适合文法中学的课程，能够"进入依赖学识的专业领域或者承担起高级管理职务或商业岗位"[1]；第二种类型的学生的兴趣和能力存在于"应用科学或应用艺术领域"，技术中学的教育可以使他们为从事需要熟练技艺的行业做准备[2]；第三种类型的学生

---

[1]　Stuart Maclure, *Educational Documents: England and Wales, 1816-1967*, London, Chapman & Hall, 1968, p.201.

[2]　Stuart Maclure, *Educational Documents: England and Wales, 1816 - 1967*, London, Chapman & Hall, 1968, pp.201-202.

更善于同具体事物而不是抽象观念打交道，他们只对当下发生的事情感兴趣，眼界有限，但是在理解某些要点或者处理特定类型事务的时候会有惊人的反应速度，这些学生的能力可以在现代中学得到发展。① 同白皮书一样，《诺伍德报告》加速了文法中学、技术中学和现代中学的分轨。

借用英国教育家弗雷德·克拉克(Fred Clarke，1880—1952)的话来说，《教育改造》白皮书只是民主讨论的议程，是教育民主化改革的开始，而不是结束。战后教育新格局的最终确立还要待《巴特勒法案》的颁布与实施来完成。

## 三、《巴特勒法案》

1943 年 12 月，在白皮书的基础上，巴特勒向议会提交了一份教育草案。该草案于 1944 年 8 月 3 日获得御准，正式成为教育立法，即《巴特勒法案》。

(一)法案的主要内容

法案共由五部分构成，包括中央行政、法定教育体系、独立学校、其他杂项规定和补充条款等多方面的内容。

《巴特勒法案》的颁布与实施确立了战后英国新的教育体制，相关规定和原则为战后英国近半个世纪的教育改革与发展奠定了坚实基础，其主要内容包括以下几个方面。

第一，重新界定中央教育机构的权限和职责。将教育委员会改组为教育部。教育部长的主要职责是促进英格兰和威尔士人民的教育不断发展与促进致力于该目的的机构不断发展。地方教育当局应该在教育部长的管理和指导下执行国家政策，为各地区提供综合、多样的教育服务。

第二，改组地方教育行政。规定郡议会(Council of the County)和郡级市议会(Council of the County Borough)为地方教育当局。

---

① Stuart Maclure, *Educational Documents: England and Wales*, *1816－1967*, London, Chapman & Hall, 1968, p.202.

第三，公共教育体系包括初等教育、中等教育和继续教育三个衔接的教育阶段。由地方教育当局负责各级学校的创办和维持，具体措施有：①开办初等学校和中等学校，向所有学生提供满足不同年龄、能力、资质和求学期限的教学与训练；②为不满 5 岁的儿童开设保育学校（Nursery School）或校内幼儿班（Nursery Class）；③为不在任何学校或教育机构接受全日制教育的义务教育超龄者设置郡立学院（County College），保证继续教育计划的顺利开展；④为身心伤残的儿童提供特殊教育。此外，法案还特别规定由地方教育当局维持的上述学校一律免收学费。

第四，通过财政资助的手段缓和双轨制学校间的对立局面。依据办学主体不同，初等学校和中等学校可以分为郡立学校和民办学校两类。前者由地方教育当局开办，后者由教会等地方教育当局以外的其他机构或团体开办。地方教育当局有权对民办学校实施资助。按照受助程度和承担的相应责任，民办学校又可以分为受控学校（Controlled School）、受助学校（Aided School）和特别协议学校（Special Agreement School）三类。受控学校不承担学校运营的任何费用，受助学校和特别协议学校则需要支付学校运营、校舍改建或维修的各种开支。

第五，设置学校管理委员会。每所郡立或民办中小学都应设置学校管理委员会（人数不少于 6）。郡立中小学管理委员会的成员由地方教育当局任命。民办中小学管理委员会的成员则由地方教育当局和学校主办团体按规定的比例任命。

第六，规定义务教育的年龄为 5~15 岁，并在适当时机将年龄上限延长至 16 岁。

第七，宗教教育首次被确定为中小学的法定教育义务。所有郡立学校和民办学校在上课日（指非假日）开始前都应该组织在校生参加集体礼拜。

第八，将地方教育当局的权限和职责扩展至学校教育的辅助性服务领域。

由地方教育当局维持的学校不仅应免费向学生提供医疗和膳食服务，还应免费向学生提供娱乐、社交、体育训练的活动设施以及便于学生就读的交通设施服务。

(二)《巴特勒法案》的历史意义与影响

《巴特勒法案》为"二战"后英国教育的重建提供了法律框架和政策指导。它的颁布和实施对英国教育制度的发展具有划时代的重要意义。

1. 加强国家对教育的控制和管理

"二战"前，英国的教育行政管理以地方教育当局为主体，教育委员会对教育事务只有监督权而没有真正的管理权。在《巴特勒法案》中，这种分权管理的局面得到扭转，国家对教育的控制力度空前加强。

首先，在中央机构层面，将教育委员会改组为教育部，地方教育当局必须在教育部长的管理和指导下执行国家政策。例如，地方教育当局为本地区制订的初等学校和中等学校发展计划以及地方教育当局局长的任命都需要获得教育部长的批准。另外，教育部长对地方教育当局和学校管理委员会的渎职行为也有权干预和处理。

其次，在地方教育管理层面，法案取消了 1902 年教育法规定的"第三部分地方当局"，规定郡议会和郡级市议会为地方教育当局。地方教育管理机构的调整和精简，在一定程度上改善了地方教育行政管理的混乱状况，有利于中央教育政策的下达和执行。

最后，政府通过财政资助和登记注册的方式将权力扩大到了民办学校和独立学校。民办学校在接受财政资助的基础上，通过不同程度的改组，在很大程度上被纳入了公共教育体系之中，接受政府的监管。

2. 确立统一的国民教育制度

《巴特勒法案》确立了由初等教育、中等教育和继续教育三个相互衔接的教育阶段构成的公共教育体系，改变了英国教育体制中长期存在的无序状态。

虽然 1870 年《初等教育法》和 1902 年《巴尔福教育法》分别确立了英国公立初等教育制度和公立中等教育制度，但是直到"二战"之前，英国的初等教育和中等教育仍然是两个独立存在的教育系统。"初等教育面对 16 岁以下的儿童，对 14 岁以下儿童则实行强迫教育……中等教育一般是从 10—11 岁开始的……"①初等教育和中等教育之间不仅互不衔接，而且还存在教育时间重合的问题。《巴特勒法案》第 7 和第 8 条明确规定，以 10 岁零 6 个月为界，地方教育当局应向不满该年龄的学生提供初等教育，向达到这个年龄但是在 15 岁以下的学生提供中等教育，两个阶段相互衔接。另外，以郡立学院为依托开展的继续教育也被纳入公共教育体系当中，成为初等教育和中等教育之后的第三个教育阶段。那些没有进入大学或者没有在任何学校或教育机构接受过全日制教育的义务教育超龄者，将在郡立学院接受身体训练、实科训练和职业训练，为履行公民职责做准备。

3. 推动教育改革的民主化进程

20 世纪前期，受新自由主义理念的影响，英国政府奉行的是以发展公民个人能力为准则的"发展型民主制"（Developmental Democracy）。"发展型民主制"的拥护者认为，强调个人放任自由、反对国家干预的"保护型民主制"（Protective Democracy），忽视了自由的核心要素，即个人做出选择和实施行动的能力。由于能力的欠缺，大多数普通民众事实上根本无法享受到真正的自由和平等。因此，国家应扩大公民的权利，创造发展个人能力不可或缺的条件，尤其是公民的受教育机会。《巴特勒法案》不仅是战后教育重建的指导方针，更有力推动了这一时期教育改革的民主化进程。

一方面，法案坚持普遍性原则和个性化原则相统一。就普遍性而言，法案致力于扩大所有人的受教育机会。地方教育当局不仅要开办公立中小学，还要设置保育学校、特殊教育学校、继续教育学校以满足不同阶段、不同类

---

① 王承绪、徐辉主编：《战后英国教育研究》，6 页，南昌，江西教育出版社，1992。

型学生的教育需求。在此基础上，法案兼顾学生的个性化要求。例如，第8条规定明确提出，地方教育当局应向所有学生提供能够满足他们不同年龄、能力、资质和求学期限的教学与训练。义务教育阶段儿童的父母的职责也从让儿童接受基础的读、写、算训练，转变为让儿童接受适合其年龄、资质和能力的全日制教育。

另一方面，人人平等的理念贯穿法案始终。法案改组公共教育体系的规定使得中等教育成为面向所有儿童的教育阶段。不论阶级出身如何，任何人都能平等地享有中等教育的入学机会。而且，法案废除了公立中小学的收费规定，促进了初等教育尤其是中等教育的普及。另外，"基础教育"①是下层民众能够接受的唯一的教育形式，这种说法在某种程度上蕴含着"低级""廉价"等歧视观念。法案在行文中用"初等教育"②取代"基础教育"，体现了对所有阶级民众的一视同仁。

(三)《巴特勒法案》的遗留问题

《巴特勒法案》虽然对英国战后教育重建和教育现代化发展做出了巨大贡献，但是法案在制定和后续的实施过程中依然遗留了诸多问题。

首先，公学未被纳入公共教育体系当中。作为独立学校，法案除了要求公学必须登记注册之外，未对公学制定任何改革举措。公学依然是为上流贵族子弟服务的精英中学，没有向其他阶级民众敞开大门。

其次，法案未对中等教育的组织形式做出明确规定。关于如何开展中等教育，法案第11条只是要求地方教育当局自行制订中等教育发展计划，没有对中学类型和中等教育的实施方式做出更进一步的详细指示。很显然，在战后重建的特殊时期，为了管理上的便利，出于对地区人口、社会和经济需要的实际考虑以及思想意识上固有偏好的影响，地方教育当局事实上更倾向于

---

① 基础教育的英文为 Elementary Education。
② 初等教育的英文为 Primary Education。

采用文法中学、技术中学和现代中学"三轨制"来恢复中等教育秩序。① 1945年5月8日，教育部发表《国民学校：计划与目的》(The Nation's Schools：Their Plan and Purpose)，正式开始推行"三轨制"中等教育。然而，由于三类中学的发展史离不开与之关联的社会阶级，所以在实施过程中，三类中学不可能拥有同等的教育地位和社会地位。例如，文法中学依然被看作优等生的殿堂，培养社会精英的场所；而技术中学在20世纪50年代的招生人数占同时期中学生总数的比例还不到4%，远远没有实现10%~15%的招生预期。② 三类中学发展不平衡的问题最终引发了20世纪50年代后期开始的综合中学运动。

最后，法案中的某些内容脱离了战后恢复期的社会现实，为相关规定的最终落实带来了困难。战争结束时，英国不仅背负高昂的国债，教育领域的损失也极为惨重，诸多校舍在战争时期被关闭。由于政府财力薄弱和学校硬件设施的缺乏，法案关于独立学校的规定一直推迟到1957年才开始实行，将最低离校年龄提高到16岁、扩大公立幼儿园和推行继续教育也都被大大推迟。

尽管《巴特勒法案》存在上述问题和缺陷，但是"二战"后英国教育高速发展的史实证明，该法在总体上适应了英国的特殊国情。而且，作为战后构建福利国家体制的重要组成部分，《巴特勒法案》为推动英国政治、经济和社会领域的改革与发展提供了持续动力。

## 第二节　教育质量保障与教育体制改革

经过战后初期的恢复与重建，英国社会的各项公共事业在20世纪60年

---

① Gary McCulloch, "Local Education Authorities and the Organisation of Secondary Education, 1943-1950," *Oxford Review of Education*, 2002(2-3), p.236.

② Gary McCulloch, *Failing the Ordinary Child? The Theory and Practice of Working-Class Secondary Education*, Buckingham, Open University Press, 1998, p.60.

代进入了蓬勃发展阶段。经济的高速增长、社会保障体系的完善、充足的就业机会都为教育事业的发展奠定了坚实的基础。这一时期，以儿童为中心的进步主义教育在初等教育领域广为开展；废除11岁选拔考试，公立中等教育的综合改组运动也全面开展；在高等教育领域，伴随着《罗宾斯报告》的出台，自治的大学和公立的多科技术学院及其他地方学院双重体制结构确立，英国的高等教育也获得了长足发展，入学人数大幅增加。

进入20世纪70年代，受石油危机的影响，英国的经济遭受了沉重打击。通货膨胀的加剧、失业率的上升迫使政府不得不重新思考教育与经济发展之间的关系。教育在促进经济繁荣和社会稳定方面的能力遭到了质疑。学校的教育质量也引起了社会各界的广泛关注。1976年，工党首相卡拉汉(J. Callaghan)在牛津大学拉斯金学院(College of Ruskin)发表以提高教育质量为主题的演讲，拉开了教育大辩论的序幕。此后，直到20世纪80年代末，如何提高并保障各级各类教育的质量与效益成为历任政府教育改革的核心任务。为实现这一任务，中央政府通过实施全国统一的课程和考试制度、建立全国教师教育认证体系、改革高等教育管理体制等举措加强了对学校教育的直接控制和管理。中央、地方和教师之间的伙伴关系开始瓦解，中央集权的教育管理体制逐渐形成。

## 一、实施全国统一课程，确立国家课程标准

《巴特勒法案》颁布之后，英国中央政府开始真正承担起公共教育的发展职责。依据法案规定，教育部长对地方教育当局拥有实际领导权。然而事实上，直到20世纪80年代初，没有一位教育部长真正行使过这项职权。例如，英国教育史学家邓特(H. C. Dent)说："真正使英国教育制度'运转'的是这样一个事实：办教育的各方，如中央与地方的行政官员、教师以及民间团体，

互相之间结成了伙伴关系。"①英国教育的管理和领导权实则掌握在各级教育体制中的团体与个人之手，也就是说"人们充分理解并公认的管理和领导权其实却属于各级教育体制中的团体和个人"②。从理论上来说，英国公立学校的世俗教育应由地方教育当局负责，但实际上，与课程设置相关的决定权通常掌握在每所学校的教师或者校长手中。这种做法在保障教学灵活性的同时，也带来了另一个弊端，那就是缺少统一的课程标准，教学质量良莠不齐。20世纪70年代，教育改革者在对学生的读、写、算能力以及学校教育与社会的适应性等问题表示忧虑的同时，也将教育质量的下降在很大程度上归咎于教师的散漫无能和对进步主义教学法的盲目推崇。因此，加强教师以外的团体对课程的干预和控制成为改革的主要方向。

1976年，工党政府上台后，教育和科学部（Department of Education and Science）③就卡拉汉首相提出的"初等学校的读、写、算教育""综合中学的课程""考试制度""16~19岁无法接受高等教育的年轻人的一般问题"发布了一份教育报告——《英格兰的学校教育：问题和倡议》（School Education in England：Problems and Initiatives）黄皮书。黄皮书建议，教育和科学部不仅应加强对学校的领导力，还应该对学校的课程和教学法施加影响，具体而言，就是要在所有学校引进"共同的核心课程"（A Common Core Curriculum）。1977年，教育和科学部在递交给议会的绿皮书——《学校中的教育：一份咨询文件》（Education in Schools：A Consultative Document）中再次指出，教育和科学大臣不应放弃对教育的领导职责，而是应该与合作伙伴就课程的框架达成一致协议，尤其是关于"共同的核心课程"的问题，因为在某一个特定的教育阶段，

---

① ［英］邓特：《英国教育》，杭州大学教育系外国教育研究室译，56页，杭州，浙江教育出版社，1987。

② ［英］邓特：《英国教育》，杭州大学教育系外国教育研究室译，56页，杭州，浙江教育出版社，1987。

③ 1964年，教育和科学部成立，取代教育部成为中央一级的教育行政机构。

所有的学校和学生会拥有共同的教育目标。另外，针对绿皮书中提出的向地方教育当局和学校搜集课程实施现状的倡议，教育和科学部以及威尔士教育局于 1979 年发布了一份信息汇总报告——《地方当局有关学校课程的安排》（Local Authority Arrangements for the School Curriculum）。报告在对中央政府、地方教育当局、学校董事会和教师在课程方面的职责进行分析后指出，中央教育机构应该在国家统一课程框架的形成过程中起到领导作用，并且应该将促进这样一种框架的发展看作首要职责。作为课程框架发展的第一步，教育和科学大臣邀请陛下督学处（Her Majesty's Inspectorate）就它们所了解的学校信息起草一份可行的课程意见。

1980 年，陛下督学处发布《关于课程的看法》（A View of the Curriculum）。文件着眼于学校教育的连续性主要讨论了中小学阶段的课程问题，并且特别强调统一的课程框架既要反映适宜于所有儿童的共同的教育目标，也要兼顾不同儿童的能力和特征。同年，基于地方教育当局对课程实施现状的审查以及陛下督学处的课程意见，教育和科学部以及威尔士教育局公开发布咨询文件——《学校课程的一种框架》（A Framework for the School Curriculum）。文件就中央政府、地方教育当局和学校在课程方面的职责，以及义务教育阶段的修习科目等问题向社会各界征集建议。在综合各方建议之后，教育和科学部及威尔士教育局于 1981 年正式发布修订文件——《学校课程》（The School Curriculum），初等教育和中等教育阶段的统一课程框架初步形成。首先，对于各级教育管理机构的职责，文件指出，中央政府的职责在于从国家政策和需求出发关注教育的整体内容与质量；地方教育当局应该依据国家政策制定适合本地区的课程政策和目标；至于具体的授课内容和实施方案，决定权在各个学校，中央政府和地方教育当局无权干涉。其次，课程设置的总体宗旨是要将初等教育和中等教育阶段的课程需求看作一个整体，同时兼顾不同的学生需求和能力。最后，除了宗教教育之外，英语、数学和科学是所有义务教育阶段学生都要学习的必修科目。另外，学校还应兼顾历史、地理、音乐、艺术、工艺、体育、现代外语等科目的教学。1981年之后，学校课程与考试委员会(School Council for Curriculum and Examinations)、教育和科学部、陛下督学处等多个组织或机构又相继发表了十余份探讨学校课程的文件或报告。从20世纪70年代中期开始的对学校课程的这种持续关注和讨论，最终促使全国统一课程在《1988年教育改革法》中首次以法律的形式被确定下来。

1988年7月29日，英国国会正式通过《1988年教育改革法》。法案涉及公立中小学的全国统一课程与考试制度、高等教育的财政资助和地方教育当局的管理体制等多方面的改革举措，被认为是20世纪后期英国教育史上最重要的教育法案。

《1988年教育改革法》指出，实施全国统一课程的目的是促进学生在精神、道德、文化、智力和体力方面的发展，以及为这些学生获得成人生活的机会、责任感和经验方面做准备。由此出发，法案规定，公立学校的课程既包括为所有在校生开设的宗教课程，也包括为所有处于义务教育阶段的学生开设的全国统一课程。其中，全国统一课程包含核心科目和其他基础科目两类。核心科目包括数学、英语和科学三门，在威尔士的使用威尔士语的学校，核心科目还应包括威尔士语。基础科目主要由历史、地理、工艺、音乐、艺术和体育构成，中学阶段还应包括现代外语，在威尔士的非威尔士语学校，威尔士语也属于基础科目。无论是核心科目还是基础科目，每门科目都应对以下三个方面做出规定：①不同能力和不同程度的学生在每一主要阶段结束时应掌握的知识、技能和理解力，即"成绩目标"；②不同能力和不同程度的学生在每一个主要阶段需要接受的事实、技能和活动，即"学习计划"；③为了解学生在各主要阶段的成绩目标方面所达到的成绩而在每一主要阶段结束或邻近结束时对他们进行评定，即"评定安排"。

另外，为保证全国统一课程的顺利实施，法案还在英格兰设全国课程设置委员会，在威尔士设威尔士课程设置委员会。课程设置委员会除了负责对公立学校的课程进行全面审查之外，还需要向教育和科学大臣提供课程改革方面的咨询服务，并通过发行出版物和参加相关辅助活动向大众传播学校课程方面的信息。

全国统一课程打破了英国长期以来学校课程的混乱局面。《1988年教育改革法》通过设置共同课程以及为每门科目制定不同的成绩目标和学习计划，在一定程度上限制了教师在学校课程上的随意性，为公立中小学的课程教学提供了统一的国家标准。

## 二、实施全国统一考试，确立统一成绩评定标准

与课程计划紧密联系的是对学生的学业成就和能力进行测验和考核。因此，对公立中小学来说，提高教育质量的另一项重要举措就是建立全国统一的考试制度，实施统一的成绩评定标准，只有如此才能促进学校内部教学大纲的有效实施，实现不同学校之间教育质量的可比性，促进英国公立中小学整体教育质量的提升。

20世纪80年代之前，对英国中小学学生学业成绩和能力的考核通常由学校教师负责，学生只有在义务教育阶段结束并且需要取得相应文凭时才参加校外正式的公共考试。在英格兰和威尔士，这类得到社会公认的文凭考试主要包括普通教育证书普通等级(General Certificate of Education O-level)考试和中等教育证书(Certificate of Secondary Education)考试两类。前者是为少数能够接受五年中等教育的学生设置的学校证书考试和大学入学考试，由8个独立的委员会主持，其中多数隶属于大学；后者主要面向中等教育阶段的大多数考生，由14个学校教师占主导的地方考试委员会负责。普通教育证书普通等级考试的成绩分为A~E五个等级；中等教育证书考试的成绩分为1~5级。学

校课程与考试委员会在 1978 年曾指出，中等教育证书考试成绩 1 级相当于普通教育证书普通等级考试成绩的 A~C 级。也就是说，两类考试在成绩等级上有部分重叠之处。然而，由于两类考试委员会各自为政，在课程大纲的编制和成绩等级的评定方面缺乏合作与沟通，导致同一门课程往往出现多个不同版本的考试大纲，而且相互重叠的分数等级也缺少更加明确的关联说明。因此，为避免造成教学过程中的混乱局面，学校往往过早地让学生选择关于某门科目是参加普通教育证书普通等级考试还是中等教育证书考试。这种武断决定无法最大限度地发挥各门科目的教学资源优势。

为解决双轨制考试存在的诸多问题，1976 年，学校课程与考试委员会提议设立一种共同的考试制度。教育和科学部采纳了上述建议，在 1977 年递交给议会的《学校中的教育：一份咨询文件》中建议设置一种复合式的证书考试制度。这种考试不同于以往两类考试采用的单科考试的方式，而是一种由多门科目组合构成的综合考试。1978 年，教育和科学部以及威尔士教育局发布《中等学校考试：一种 16 岁以上的单系统考试》( Secondary School Examinations：A Single System at 16 Plus ) 白皮书，正式提出以单系统的普通中等教育证书( General Certificate of Secondary Education ) 考试取代普通教育证书普通等级考试和中等教育证书考试。白皮书特别指出，教育和科学部应密切参与新的考试制度的筹备工作，并且认为中央政府有必要加大对新制度的协调力度，只有这样才能实现新的课程大纲和考试制度的顺利实施。在中央政府的协调下，所有考试委员会将采用统一标准来制定课程大纲，进行成绩评定和审核。对学生而言，单系统考试制度将使他们更加全面地进行课程学习，有效提升学业成绩。

1979 年，以撒切尔夫人为首的保守党政府上台。为加强中央对学校课程与考试事务的影响，保守党政府在 1982 年解散了一直以来由教师控制的学校课程与考试委员会，成立学校课程发展委员会( Schools Curriculum Development

Council)和中等考试委员会(Secondary Examination Council)。新成立的两个委员会成员多数都由教育和科学大臣任命,教师代表只占少数。

《1988年教育改革法》的颁布与实施确立了全国统一的考试和成绩评定制度。法案将义务教育阶段的学习分为4个阶段:5~7岁、8~11岁、12~14岁、15~16岁,并且要求在每一个学习阶段结束或临近结束时对学生的每门科目实行成绩评定。按照规定,全国统一课程的每门科目都应包含若干成绩目标,每项成绩目标又分为10个等级水平。学生在7岁时要求达到水平1~3;11岁时要求达到水平3~5;14岁时要求达到水平4~8;16岁时要求达到水平5~10。每个阶段的成绩评定既包括外部的全国统一考试,也包括学校内部的教师评定。需要说明的是,义务教育结束时的16岁统考就是普通中等教育证书考试,该考试在1988年首次举行。教师评定主要由平时的测验以及按统一模式和指标操作的档案与成绩记录构成。此外,法案还提出设立学校考试和评定委员会(School Examination and Assessment Council)取代中等考试委员会。新成立的委员会负责全面审查考试和评定工作,中央政府借此将实施统一考试的权力掌握在了自己手中。

全国统一考试制度的确立,一方面在很大程度上削弱了义务教育阶段教师对学生考核的自主权,另一方面也为教育消费者衡量学校的教育质量提供了统一标准。根据这一标准,家长可以对不同学校甚至是不同地区的教育状况进行比较。对生源流失的担忧极大地激发了各地区各学校主动提高教育质量的自觉性。

## 三、加强中小学教师教育,建立国家教师教育认证体系

任何教育方案的实施都离不开学校教师的支持。因此,提高教师的专业素养是提高教育质量的关键。20世纪70年代中期以来,除改革学校课程和考试制度外,加强教师教育尤其是提高教师职前教育质量是英国政府提高中小

学教育质量的另一项重要举措。

1972年，保守党政府执政初期就发布过关于全国教师教育状况的《詹姆斯报告》。报告提议实施由"个人教育""职前培养与入职培养""在职教育与培养"三阶段构成的教师教育。为使三阶段的教育相互衔接、有效运行，报告提议应在中央一级成立教师教育与培训国家委员会（National Council for Teacher Education and Training），在地方成立教育学院与学部地区委员会（Regional Council for Colleges and Departments of Education）。前者的成员均由教育和科学大臣任命，主要负责制订全国教师教育计划并为所有专业教学资格提供官方认证；后者按照教师教育与培训国家委员会制定的总体方针制订本地区的教师教育计划，并且负责合理分配地区内由中央提供的教师教育经费。同年，教育和科学部发表《教育：一个扩张的框架》（Education：A Framework of Expansion）白皮书，涉及教师在职教育、教师入职培训、教师培养课程、教师培养机构及其管理等多个方面的内容。白皮书指出，教师培养计划应推出一种新的方案来促进教师培养质量的提高。为此，白皮书重点阐述了对教师教育机构的结构重组，主张削弱大学对教育学院的控制，将教育学院并入公共高等教育部门，从而加大政府对教师教育的影响，提高教师教育机构的管理效率。1977年，新上台的工党政府在递交给议会的《学校中的教育：一份咨询文件》绿皮书中同样花费不少篇幅讨论了教师在职前、入职和在职阶段的培养问题。绿皮书同意《教育：一个扩张的框架》的结构重组主张，认为教师培养应该与其他形式的高等教育尤其是技术和商业教育进行整合，以促进教师对外部世界的认识和了解。在管理体制上，绿皮书指出地方教育当局担负教师教育与培养的主要职责，但也承认这种做法容易带来地区间教师教育在发展规模和质量上的不平衡。因此，教育和科学大臣应加大对教师教育工作的全面协调和安排。

进入20世纪80年代，政府将教师教育的重点转到对教师的职前培养上来。1983 年和 1984 年，教育和科学部相继出台《教学质量》(Teaching Quality)白皮书和《教师职前培养：课程的认证》(Initial Teacher Training：Approval of Courses)等文件，从中央层面确立了教师职前培养课程的认证标准和认证程序。课程改革成为这一时期确保教师职前培养质量的关键。

《教学质量》白皮书指出，师资力量对维持和提升国家的整体教育质量至关重要。优秀的教师不仅需要熟练掌握所教学科的知识和将这些知识传授给不同年龄、能力、天资和背景的学生的能力，还要具备有效处理课堂以外问题的能力。围绕这些需求，教育和科学大臣建议课程认证标准应尤其强调以下三个方面的内容。第一，教师职前培养应包含至少两年全日制高等教育水平的学科课程教学。这两年课程可以作为修读研究生教育证书课程之前的准备，也可以融入三年制或四年制"并进式"教育学士课程。第二，教师职前培养应注意根据教师预期教学对象的年龄特点调整所选学科的教学方法，并且加强语言和数学能力的训练。第三，教师职前培养应包括与学校教学实践密切相关的学习和对学校教学活动的实际参与。①

基于《教学质量》白皮书的建议，1984 年教育和科学部发布第 3 号通知——《教师职前培养：课程的认证》，首次正式确立了教师职前培养课程的认证标准。认证标准涉及师范生选拔、职前教育课程的内容与实施要求、师范生实习、教师教育机构任职教师的素质、合格教师的资格认定等多个方面的内容。为解决长期以来地区之间教师教育发展不均衡的问题，通知主张成立中央一级的教师教育认证委员会(The Council for the Accreditation of Teacher Education)，负责全国教师职前教育课程专业认证事务。

与课程和考试制度的改革类似，20 世纪 70 年代中期以来，中央政府逐渐加强了对教师教育的控制力度，大学和地方教育机构的影响力日渐衰弱。在

---

① 参见赵敏：《英格兰与威尔士中小学教师职前教育政策发展研究(1944—2010)》，博士学位论文，华东师范大学，2019。

教师教育认证委员会的领导和协调下，教师教育的整体质量持续提高，英国中小学教师的专业素养得到提升。

## 四、改革公共高等教育管理体制，提高大学经费使用效率

20世纪70年代爆发的经济危机同样给英国高等教育的发展带来了挑战。严峻的经济形势迫使大量的大学毕业生面临无法就业或只能勉强临时就业的艰难处境。在这种情况下，高等教育不再被政府视为一项投资，而被看作一项费钱的事业。① 1979年，保守党政府重新上台后，改革多科技术学院及其他地方学院的管理体制，提高高等教育的质量与效率，成为促进高等教育为经济发展做贡献的重要举措。

20世纪60年代中期以来，英国高等教育一直实施的是自治的大学和公立的多科技术学院及其他地方学院的双重管理体制。后者大多隶属于地方教育当局，资金、地产、房产、设备以及教职员事务都由地方教育当局负责。由于地方教育当局过于烦琐的管理流程，以及对学院的资助和规划已经无法满足多科技术学院及其他地方学院面向全国的发展需求，1987年，《高等教育：迎接新的挑战》（Higher Education：Meeting the Challenge）白皮书建议，取消地方教育当局对多科技术学院和规模较大的主要从事高等教育的地方学院的控制权。脱离地方教育当局控制的这部分学院，其经费将由新成立的多科技术学院和其他地方学院基金委员会（Polytechnics and Colleges Funding Council）负责。《1988年教育改革法》接纳了白皮书的建议，规定包括多科技术学院和其他地方学院在内的主要高等教育机构脱离地方教育当局的管辖，成为独立的法人团体，取得与大学同等的法人地位。法案还要求成立多科技术学院和其他地方学院基金委员会，取代原来的由地方教育当局代表占多数席位的规划机构——全国地方高等教育咨询委员会。新成立的委员会不属于任何部门，

---

① 参见王承绪、徐辉主编：《战后英国教育研究》，320页，南昌，江西教育出版社，1992。

其成员多数来自工商界和高等教育界，由教育和科学大臣任命。地方教育当
局对高等教育的影响力大大削弱，中央政府通过多科技术学院和其他地方学
院基金委员会间接取得了对这部分高校的控制权。

  为提高大学经费的使用效率，中央政府也对大学的拨款体制进行了改革。
《1988 年教育改革法》规定将大学拨款委员会( University Grants Committee )改
组为规模较小的大学基金委员会( University Funding Council )。与前者不同，
大学基金委员会是独立的法人团体，成员由 15 人构成，其中有 6~9 人必须是
工商、金融等社会各界的优秀人士。政府为整个大学系统提供规划方针，大
学基金委员会在中央方针的指导下将政府划拨的经费分配给大学。通过这种
方式，自治的大学也在一定程度上被纳入了国家对高等教育发展的整体规划
之中。

  20 世纪 70 年代中期以来，英国教育改革的意图和目标从根本上来说都是
提高各级各类教育的质量与效率。与战后重建期和 20 世纪 60 年代不同，这
一时期政府对教育的关注从教育机会平等转变为教育的经济效益和社会效益。
保障教育质量说到底保障的其实是教育对经济和社会发展的促进作用。要实
现这一目的，势必要对原有的教育管理体制有所改变。加强中央对各级各类
教育的控制和管理成为提高教育质量的重要手段。这种倾向在 20 世纪 80 年
代的教育改革尤其是《1988 年教育改革法》中体现得尤为明显。但是就中央与
地方教育当局的关系而言，二者之间的合作并没有终止。中央的权力主要体
现在对标准的控制和对发展方向的宏观把握上，具体过程的实施还有赖地方
教育当局和地区内的各所学校。进入 20 世纪 90 年代，改革依然在继续。
1992 年《继续和高等教育法》的颁布促进了高等教育一元制的形成；同年，
《选择与多样化》( Choice and Diversity )白皮书的发表、《1993 年教育法案》的
出台，进一步巩固了《1988 年教育改革法》中提出的公立学校脱离地方教育当
局成为中央直接拨款学校的措施。保守党政府继续加强中央控制，削弱地方

教育当局权力的做法，引发了以布赖恩·西蒙为代表的众多学者的强烈谴责。所有这些讨论和争议又为新一轮的教育改革埋下了伏笔。

## 第三节　布赖恩·西蒙的教育史学思想

### 一、生平与事业

　　布赖恩·西蒙，1915 年 3 月 26 日出生于曼彻斯特市的迪兹伯里（Didsbury）。他是家中次子，另有兄妹各一人，妹妹 1929 年因病去世。他的父亲是当地有名的工业家和政治活动家，曾出任曼彻斯特市市长（1921—1922 年），并于 1923—1931 年，两度出任国会议员。1947 年，因对社会公共事业做出的杰出贡献，其父受封成为迪兹伯里的第一任"威森肖西蒙男爵"（Baron Simon of Wythenshawe）。他的母亲也是公共事业的热心人士，尤其关注女权问题和教育问题，曾担任曼彻斯特市教育委员会主席。在 20 世纪早期，布赖恩·西蒙的父母是英国著名的自由主义思想家、活动家。

　　布赖恩·西蒙早年的教育经历与父母秉持的自由主义价值观和公民教育理念密切相连。正如其父在日记中写的那样："没有任何事情能让我如此欣喜，那就是看见我所有的三个孩子都能够全身心地投入公共生活当中，我希望看到他们能够向着那个目标而接受合理的培养。"[1]因此，对布赖恩·西蒙来说，家庭教育是他早年教育经历的重要组成部分。父母不仅为他和兄妹延请法语、经济学等核心科目的家庭教师，也会专门请教练指导他们在音乐和体育方面的训练。布赖恩·西蒙曾回忆说："……有专业的网球教练教我们入门技巧，也有当地高尔夫俱乐部的职业选手教我们高尔夫……哈雷管弦乐队

---

　　① 转引自 Gary McCulloch and Tom Woodin, "Learning and Liberal Education: The Case of the Simon Family, 1912-1939," *Oxford Review of Education*, 2010 (2), p.192。

的横笛和单簧管演奏者则分别教罗杰和我学习这些乐器。"①

　　作为家庭教育的重要补充，布赖恩·西蒙是在格雷沙姆学校（Gresham's School）接受的正规教育，这为他日后思想观念的形成打下了坚实的基础。这所位于诺福克郡（Norfulk）的进步学校，不仅注重培养学生关注社会问题的意识，而且强调对学生的自我控制能力与合作精神的训练。在这里，布赖恩·西蒙十几岁的心灵中萌生了阶级意识和公平理念。他在作文中曾不止一次地流露出对教育问题的关注以及期望通过教育解决社会问题。例如，1929 年，14 岁的布赖恩·西蒙就主张资助学校建设，否则"穷困孩子将不得不在那些气味呛人、不利于身体健康的小镇中生活，长大之后变得矮小、孱弱"②。在后来的另一篇历史论文中，他还提到教育是解决社会和国际难题的必备要素，教育教会我们实现民族间的相互合作。③ 1933 年，布赖恩·西蒙在德国的萨勒姆王宫中学（Schule Schloss Salem）访问学习了两个学期。尽管希特勒在这一年开始登台执政，校长库尔特·哈恩（Kurt Hahn）也在布赖恩·西蒙入校后不久被纳粹分子逮捕，但他还是在这里体会到了相当程度的自由。布赖恩·西蒙后来回忆起这段经历时认为，纳粹主义的亲身经历促使他内心政治意识的形成，而且也使他获得了思想上的独立。④

　　1934 年，布赖恩·西蒙成为剑桥大学三一学院的本科生。脱离父母的教育安排，他第一次按照自己的意愿选择研修英语专业。为此，布赖恩·西蒙

---

　　① 转引自 Gary McCulloch and Tom Woodin, "Learning and Liberal Education: The Case of the Simon Family, 1912-1939," *Oxford Review of Education*, 2010 (2), p.193。

　　② 转引自 Gary McCulloch and Tom Woodin, "Learning and Liberal Education: The Case of the Simon Family, 1912-1939," *Oxford Review of Education*, 2010 (2), p.195。

　　③ 转引自 Gary McCulloch and Tom Woodin, "Learning and Liberal Education: The Case of the Simon Family, 1912-1939," *Oxford Review of Education*, 2010 (2), p.195。

　　④ 转引自 Gary McCulloch, "A People's History of Education: Brian Simon, the British Communist Party and Studies in the History of Education, 1780-1870," *History of Education*, 2010(4), p.446。

特地向父亲写信保证，自己依然会时刻保持关注外部世界的意识，使自己具备刻苦工作及思维清晰的能力。① 1935 年，布赖恩·西蒙加入英国共产党，并于 1957—1972 年成为执行委员会成员。可能是受此影响，他后来放弃英语专业，转而学习经济学。与课程学习相比，布赖恩·西蒙将更多的心思投入学生政治和社团活动当中。他很快就成了剑桥大学教育学会的重要人物，邀请许多著名的激进思想家来此讲学。在各种学生活动中，他遇到了后来的妻子——琼·皮尔（Joan Peel）。1937 年，布赖恩·西蒙从剑桥大学毕业之后，选择进入伦敦大学教育学院②接受教师培训，为亲自实践自己的教育理念做准备。

1938 年，布赖恩·西蒙被指派到新成立的英国工党教育咨询委员会（Labour Party Education Advisory Committee）工作，并被选举为国家学生联合会（National Union of Students）在伦敦大学教育学院支部的秘书长。1939—1940 年，布赖恩·西蒙担任国家学生联合会主席。此后，因为工作关系，他广泛参加了各种国际学生会议。甚至在"二战"爆发前不久，他还到访过莫斯科。这一时期布赖恩·西蒙的教育思想主要体现在他 1943 年发表的《一个学生关于大学的看法》（"A Student's View of the Universities"）中。

1941 年 2 月 12 日，志同道合的信念促使布赖恩·西蒙和琼·皮尔最终走进了婚姻的殿堂。结婚时，琼·皮尔是《泰晤士报教育增刊》（*Times Educational Supplement*）的助理编辑，而布赖恩·西蒙已经是多塞特郡军团（Dorsetshire Regiment）的一名士兵。他后来又转入皇家信号兵团（Royal Corps of Signals），隶属于联络总部军团（General Headquarters Liaison Regiment）③。服役期间，他不仅与影星大卫·尼文（David Niven）结下了一生的友谊，还始终保持着与妻

---

① 转引自 Gary McCulloch and Tom Woodin, "Learning and Liberal Education: The Case of the Simon Family, 1912-1939," *Oxford Review of Education*, 2010 (2), p.197。

② 2014 年之后，伦敦大学教育学院成为伦敦大学学院的附属机构。

③ 即"幻影军团"（Phantom Regiment）。

子以及父母探讨有关教育和人类社会发展问题的通信联络。他曾在 1940 年写给父母的信中说，"我们所有的努力都必须是为了造就那些能够和谐地共同工作与生活、拥有共同的理念和目标的人"，如此将能带来"人类发展的各种可能"。① 因此，复员之后，布赖恩·西蒙便回到曼彻斯特走上了教学岗位。他先后在这里的一所小学和瓦尔纳街道现代中学( Varna Street Secondary Modern School )任教。后来，他又在索尔福德文法学校( Salford Grammar School )执教了三年。

1950 年，受当地教育改革热情的吸引，布赖恩·西蒙加入莱斯特大学成为教育学院的一名讲师。当时，教育学院的研究者正与当地教育部门一起合作开发综合学校( Comprehensive School )的新体系。此后，布赖恩·西蒙在这里度过了三十年的教学和研究生涯。他 1964 年晋升为副教授，1966 年晋升为教授，直到 1980 年荣誉退休。在这期间，他不仅为倡导综合学校四处奔走，还发表了一系列与教育政治学和教育史相关的著作与文章，成为该领域的重要学者。1953 年，布赖恩·西蒙发表《智力测验与综合学校》("Intelligence Testing and the Comprehensive School")，给提倡智力测验的游说者以致命一击，并且使当时英国中学盛行的 11 岁甄选考试成为教育政治学领域未来几年的中心议题。他在两年后的《普通中学》("The Common Secondary School")中又扩大了对这个问题的讨论。1958 年，布赖恩·西蒙与罗宾·佩德利( Robin Pedley )等人共同创办了《教育新动向论坛》( Forum for the Discussion of New Trends in Education )，并以此为宣传阵地促进了废除 11 岁甄选考试运动的高涨。1970 年，基于大量问卷调查的结果，布赖恩·西蒙与卡罗琳·本( Caroline Benn )合作发表了《半路：英国综合学校改革报告》( Halfway There: Report on the British Comprehensive School Reform )。该报告通过考察当时学校

---

① 转引自 Gary McCulloch and Tom Woodin, "Learning and Liberal Education: The Case of the Simon Family, 1912-1939," *Oxford Review of Education*, 2010 (2), p.194。

教育综合化的程度和性质，进一步推动了英国综合教育的改革进程。

　　除此之外，布赖恩·西蒙也对"二战"后英国教育史学的发展做出了突出贡献。1960 年，他出版《教育史研究，1780—1870》①（ *Studies in the History of Education, 1780-1870* ），提出从阶级利益冲突的视角来解释英国教育历史的新观点，"代表了英国教育史学的一个十分重要的转折点"②。在这本书中，布赖恩·西蒙认为 18 世纪末 19 世纪初英国的教育体系，并不是像当时历史学家声称的那样是开明慈善的产物，而是阶级社会中掌握权力和资源的那部分人用来巩固既定社会秩序的工具。随后，他又在 1965 年、1974 年和 1991 年先后出版了《教育与劳工运动，1870—1920》（ *Education and the Labour Movement, 1870-1920* ）、《教育改革的政治，1920—1940》（ *The Politics of Educational Reform, 1920-1940* ）以及《教育和社会秩序，1940—1990》（ *Education and the Social Order, 1940-1990* ）。这四本系列书籍可以称得上是"20 世纪后半期研究英国教育史的杰出成果"③。

　　1967 年，布赖恩·西蒙开始参与教育史学会的筹建工作，并于 1972—1975 年担任学会第二任主席。1979 年，在他的大力倡议下，国际教育史常设会议（International Standing Conference for History of Education）成立，他出任首任主席（1979—1981 年）。迄今为止，该会议仍然是联络各国教育史学者的重要媒介。此外，布赖恩·西蒙也对 20 世纪六七十年代英国教育心理学的转向起到了关键作用。为了揭露"二战"后普遍流行的心理测量的缺陷，反对依据测验结果对儿童进行分类，他将亚历山大·鲁利亚（Alexander Romanovich Luria）和维果茨基等苏联心理学家的学说引进了英国，试图通过另一种界定认知技能的方式为所有儿童创造平等接受教育的机会。1980 年，布赖恩·西蒙从

---

① 1974 年再版时更名为《两个民族与教育结构，1780—1870》（ *The Two Nations and the Educational Structure, 1780-1870* ）。
② 史静寰、延建林等：《西方教育史学百年史论》，136 页，北京，人民教育出版社，2014。
③ 史静寰、延建林等：《西方教育史学百年史论》，136 页，北京，人民教育出版社，2014。

莱斯特大学教育学院退休，但他依然没有停止对国内教育事业的关注。出于对《1988 年教育改革法》的不满，他撰写《扭曲的规则》("Bending the Rules")控诉当局政府的失责行为。1997 年、1998 年和 1999 年，在生命的最后几年，布赖恩·西蒙相继出版了《寻找祖父：亨利·西蒙》(*In Search of a Grandfather: Henry Simon*)、《教育里的一生》(*A Life in Education*) 以及《亨利·西蒙的孩子们》(*Henry Simon's Children*) 等书籍，对自己的一生和家族历史进行了回顾。

2002 年 1 月 17 日，布赖恩·西蒙在莱斯特的家中因肺癌去世，享年87 岁。

## 二、四卷本"教育史研究"的内容概览

布赖恩·西蒙一生为综合学校运动以及英国教育史学的发展做出了杰出贡献。他留下了至少 35 本著作，百余篇随笔、报告、文章以及大量未出版的资料。① 在所有这些成果中，最能体现布赖恩·西蒙教育史学思想的，当数他 1960—1991 年相继出版的四卷本的"教育史研究"。这四本著作的问世不仅确立了布赖恩·西蒙教育史学家的牢固地位，也使他成了"教育历史"的创造者。

(一)《教育史研究，1780—1870》

1960 年，布赖恩·西蒙发表"教育史研究"的第一卷——《教育史研究，1780—1870》。他在序言不仅表明了自己对教育史的整体理解，也指出了自己的写作意图：

> 从更普遍的角度来看，教育史充满着各种事变与趣味，涉及生活的方方面面，涉及社会中所有阶级的观念和利益。因此，本书的

---

① David Reeder, "Brian Simon: A Tribute," *History of Education*, 2002(4), p.307.

撰写就是为了引起人们对那些忽略之处的关注，并且试图将改革者的理念及其倡导的变革与当时的社会和政治冲突联系起来。①

该书涉及的时间主要集中在19世纪。但是，布赖恩·西蒙"并不打算将其写成包含教育立法、理论以及机构在内的完整史，而是选择将注意力集中在一些更加重要的理念和趋势上"②，这些理念和趋势不仅对当时的教育，而且对后续的教育发展也产生了深远影响。

《教育史研究，1780—1870》共七章。第一章"教育改革的先驱们"，主要介绍18世纪晚期，在英格兰中部以及北部地区，尤其是伯明翰和曼彻斯特等制造业中心，那些具有前瞻性的工业家及专业人员对教育提出的新需求。在工业革命的大背景下，面对土地贵族统治的束缚以及科学技术的飞速发展，伊拉斯谟·达尔文（Erasmus Darwin）、托马斯·戴（Thomas Day）、玛利亚·埃奇沃思（Maria Edgeworth）、约瑟夫·普里斯特利（Joseph Priestley）、威廉·罗斯科（William Roscoe）等代表新兴工业中产阶级的启蒙者分别提出了自己的教育理念。

第二章至第五章从不同角度探讨19世纪前半期的教育形势。其中，第二、第三章主要介绍中产阶级的教育改革及其为本阶级和工人阶级子弟制定的方针政策与学校体系；第四、第五章主要介绍工人阶级为争取教育权益而做出的抗争。在第二章"教育与改革的抗争，1800—1832"中，布赖恩·西蒙首先论述了以詹姆斯·穆勒（James Mill）和杰里米·边沁（Jeremy Bentham）为代表的激进政治分子的教育主张及实践。接下来在介绍中产阶级对传统大学以及文法学校进行的抨击之后，重点阐述了他们通过改造文法学校、成立新

① Brian Simon, *Studies in the History of Education*, *1780–1870*, London, Lawrence & Wishart, 1960, p.13.
② Brian Simon, *Studies in the History of Education*, *1780–1870*, London, Lawrence & Wishart, 1960, p.13.

的私立学校以及大学学院的方式构建了服务于本阶级的教育体系。这一时期，为了迫使土地贵族在政治和经济领域做出让步，两个新生的阶级——资产阶级和工人阶级结成了统一战线。然而，随着《1832年改革法案》的出台，中产阶级开始参与政权统治，他们与工人阶级的联盟随之瓦解。因此，在第三章"中产阶级与工人教育，1800—1850"中，布赖恩·西蒙首先介绍了工人阶级对资产阶级的挑战，接着阐述了激进分子主张的为广大劳工民众设置的集体指导和技工学校，最后说明了《1832年改革法案》通过之后工人阶级所处的不利形势。为了争取更多的教育权益，工人阶级自18世纪末就开始了抗争。布赖恩·西蒙在第四章和第五章分别论述了1790—1832年与1832—1850年两个时期的工人运动与教育。在1832年之前，工人阶级已经通过自学、星期日学校、合作社、机械学院等方式开展了多种多样的教育形式。然而面对资产阶级与土地贵族的双重压力，有组织的工人运动直到1832年之后才最终形成。宪章运动不仅充分表达了工人阶级要求参与国家管理、改善经济地位的意愿，也表明了他们有意识地构建本阶级教育理论与实践的诉求。与之伴随的是欧文科学馆（Owenite Halls of Science）、宪章会所与学校（Chartist Halls and Schools）等独立教育组织的出现。尽管如此，上述由民众普遍管理的免费且涉及对象广泛的教育形式并没有取得最终的成功。

在最后两章"国家与教育，一种教育体系的建立"以及"国家与教育，工人阶级的初等学校教育"中，布赖恩·西蒙着重论述了1850—1870年，国家采取的限制工人阶级教育权益的多项措施。为了应付规模与力量日益壮大的工人阶级，资产阶级反过来与土地贵族结成了同盟，他们通过重组大学、改革"公学"的方式"定制"了专属上流社会阶层的学校体系，并且将捐助建立的文法学校改造成适应三个社会阶级和不同职业群体的学校。对工人阶级来说，他们得到的仅仅是与之相"适应"的初等教育。正如布赖恩·西蒙所说，19世纪末确定的这种教育等级体系"为资产阶级与工人阶级的进一步斗争设置了战场"①。

《教育史研究,1780—1870》的出版,不仅为英国国内的教育史研究注入了一股期待已久的新鲜空气,也奠定了布赖恩·西蒙教育史学思想的基调,那就是"对教育变革的任何一种解释,都必须考虑到不同的社会阶级和社会集团制定和阐明各自政策这样的事实"②。

(二)《教育与劳工运动,1870—1920》

1965 年,布赖恩·西蒙发表《教育与劳工运动,1870—1920》,从工人阶级运动的立场出发,探讨了自《1870 年教育法案》颁布之后五十年内的教育发展状况。③ 然而,他并不打算讲述这一时期英国教育发展的所有方面,而是主要关注那些在新的民主政治条件下最能体现工人阶级观念与活动的领域。④

全书分为三个部分,由十章构成。第一部分"民主与教育,1870—1900",共四章。布赖恩·西蒙首先介绍了社会主义与新工会主义的崛起,以及在这种背景下诸如威廉·莫里斯(William Morris)等社会主义先驱者的教育理念和教学实践。接下来他着重论述了为保证社会和谐而出现的一些包括工人俱乐部、成人学校、睦邻运动等在内的新举措。然而,工人阶级追求社会公正与统治阶级维护既定秩序的矛盾并没有被上述活动所掩盖。这种矛盾也依然存在于"公学"与初等学校教育体系当中。"公学"旨在为上流统治阶级提供教育支撑,而初等教育体系却通过阶级分类的手段向不同阶级的子弟提供不同的课程和教学。因此,在这部分的最后一章,布赖恩·西蒙从阶级斗争的视角

---

① [俄]卡特林娅·萨里莫娃、[美]欧文·V. 约翰宁迈耶主编:《当代教育史研究与教学的主要趋势》,方晓东等译,17 页,北京,教育科学出版社,2001。

② [俄]卡特林娅·萨里莫娃、[美]欧文·V. 约翰宁迈耶主编:《当代教育史研究与教学的主要趋势》,方晓东等译,16 页,北京,教育科学出版社,2001。

③ Brian Simon, *Education and the Labour Movement, 1870-1920*, London, Lawrence & Wishart, 1965, p.11.

④ Brian Simon, *Education and the Labour Movement, 1870-1920*, London, Lawrence & Wishart, 1965, p.13.

出发探讨了工人阶级为扩大受教育机会、反对阶级分类的教育体系而做出的努力，主要涉及工人阶级的批判与改革设想、免费教育、学校供餐、童工等问题。

第二部分"转折点——《1902年教育法案》"包括三章，论述的重点集中于1900—1902年。在这一时期，教育成为政治领域讨论的首要问题。阿瑟·鲍尔弗(Arthur Balfour)的保守党政府从帝国主义情怀以及英国国教的教育利益出发，废除了由地方选举的教育委员会和学校委员会，授权郡及郡级市议会为地方教育当局，管理本地区的教育事务，使得中等教育乃至高等教育更直接地处于中央管理之下。为了阻止中等教育发展成面向所有阶级成员的教育体系，当局政府也废除了初等教育阶段为工人阶级子弟提供的不同形式的高级学校(Higher Grader School)，建立了为少数人服务的中等教育制度。因此，布赖恩·西蒙认为，《1902年教育法案》不能被看作为所有16岁的学生提供平等教育机会的产物，而是"服务于某一个阶级利益的政策"①。

第三部分"劳工的关键教育问题，1903—1920"，着重叙述了第一次世界大战之前，学校教育和成人教育中的新举措及其面临的压力与挑战。关于1903—1914年的中等教育与学校的福利服务，布赖恩·西蒙将注意力主要集中在了学校供餐、医疗检查及童工等问题上。接下来关于1900—1920年成人教育的发展，布赖恩·西蒙主要论述了拉斯金学院、民众联盟(Plebs League)和劳工学院全国委员会(National Council of Labour Colleges)为促进工人阶级成人教育而做出的努力和贡献。

《教育与劳工运动，1870—1920》是布赖恩·西蒙从工人阶级的立场出发，自下而上地审视教育发展的产物，他歌颂了劳工运动在推动英国教育进步中发挥的重要作用。正如布赖恩·西蒙在书中最后总结的那样，这一时期教育

---

① Brian Simon, *Education and the Labour Movement*, *1870-1920*, London, Lawrence & Wishart, 1965, p.239.

体系中发生的改变，从根本上来说是工人阶级斗争的结果，他们从劳工运动中吸取到的重要经验就是，没有坚持不懈地施压，就没有任何成果的获得。①

（三）《教育改革的政治，1920—1940》

与前两卷相比，1974 年出版的《教育改革的政治，1920—1940》的研究时间跨度相对较小。布赖恩·西蒙将关注的目光主要投向了两次世界大战期间英国政治领域发生的变革以及政府在此期间出台的教育政策。显然，如书名所示，这本书的重点在于强调政治领域应对教育改革而采取的相应措施。尽管如此，布赖恩·西蒙却特意强调，这本书的写作意图仍然与前两卷相同，围绕教育的发展来讨论和阐述本时期行政管理的变迁与各种政治派别的争论。②

全书分八章，按年代顺序介绍了二十年间的教育与政治情形。从内容总量上看，这本书较前两卷更为具体和丰富。此外，布赖恩·西蒙在前两卷中一直强调的"阶级"因素在这本书中几乎消失不见，取而代之的是不同政治派别之间以及个人之间的意见冲突。前两章"战后压力，1920—1922""从交替到对抗，1922—1926"主要介绍了第一次世界大战之后，英国国内经济面临的挑战及其对教育和政治带来的压力与影响。其中最重要的事件当数 1924 年代表劳工利益的工党首次组阁。自此之后，英国政府再也不是仅仅表达资产阶级和贵族利益的工具。在第三章"通过重组的改革，1926—1928"中，布赖恩·西蒙重点叙述了哈多委员会及其报告对面向所有人的中等教育的强调。然而，这一诉求并没有因为工党政府的上台而获得成功。教育经费的缩减、提升学生离校年龄的失败等问题也依然存在。此外，这一时期英国国内普遍流行的智力测量对教育领域产生了重要的影响。在第六章"巩固金字塔：区别与分

---

① Brian Simon, *Education and the Labour Movement*, *1870–1920*, London, Lawrence & Wishart, 1965, p.363.

② Brian Simon, *The Politics of Educational Reform*, *1920–1940*, London, Lawrence & Wishart, 1974, p.11.

类"中，布赖恩·西蒙认为西里尔·伯特(Cyril Burt)倡导的智力测量是对学生进行分类教育的辩护。学生依据测量结果进入不同的学校的做法进一步使他们分流进入了不同的社会阶级。

这本书还在末尾附录了许多有价值的统计表格。这些数据主要涉及教育委员会的预算，教育资本的投入，基础教育阶段的师生比、生均花费与结构重组，以及中等教育阶段的学校与学生的数量、免费名额的数量与比例、年录取人数与免费名额、机会指数、中等学校的费用收入、生均花费等多个方面。这些表格使得这本著作成为所有探讨两次世界大战期间英国政治与教育状况的研究中，资料最为扎实的学术成果。

(四)《教育和社会秩序，1940—1990》

1991年，布赖恩·西蒙发表"教育史研究"系列书籍的最后一部——《教育和社会秩序，1940—1990》。与上一卷类似，这本书主要着眼于教育政策的制定以及围绕这些教育政策产生的各种不同的观念与争斗。在表达上述意图时，布赖恩·西蒙写道："教育政策的制定通过保留和改变的方式与社会秩序的不同构想紧密相连——因为教育能够调整社会结构。"[1]也就是说，政策的形成受社会中各种不同的目的和因素的影响，所以政策的制定过程就是一个斗争的过程。[2] 在上一卷中几乎消失的阶级斗争，在这里又重新出现。由于苏格兰的教育发展遵循不同的政治传统，所以布赖恩·西蒙特地提醒这本书讨论的范围仅涉及英格兰和威尔士的情况。[3] 此外，与前三卷仅仅作为历史的回顾者不同，布赖恩·西蒙于"二战"后开始在曼彻斯特和索尔福德的中小学执教，又在1950年加入莱斯特大学教育学院直到1980年退休，他是这一时期

---

[1]　Brian Simon, *Education and the Social Order*, *1940-1990*, London, Lawrence & Wishart, 1991, p.17.

[2]　Brian Simon, *Education and the Social Order*, *1940-1990*, London, Lawrence & Wishart, 1991, p.18.

[3]　Brian Simon, *Education and the Social Order*, *1940-1990*, London, Lawrence & Wishart, 1991, p.17.

教育实践的亲历者与教育发展的见证人。

　　全书按年代顺序编写，共分为三部分，由十一章构成。第一部分包括四章内容，主要关注"二战"时期直到 20 世纪 50 年代的教育情况。布赖恩·西蒙首先讨论了战争期间国内教育面临的困境与挑战，第一章最后阐述的《巴特勒法案》成为战后教育发展的法律依据。接下来两章布赖恩·西蒙介绍了工党政府与保守党政府统治时期，经济与政治困境对教育产生的影响。在最后一章"爆发的背景，1956—1960"中，布赖恩·西蒙认为 1956 年或 1957 年是战后缓慢发展时期的转折点，为 20 世纪 60 年代的教育进步奠定了基础。第二部分的四章在布赖恩·西蒙看来是这本书的核心，集中讨论了 20 世纪 60 年代的教育状况。[1] 尽管以撒切尔夫人为代表的保守党人士认为这是"沉闷的 60 年代"，但是布赖恩·西蒙却将这十年看作英国教育的黄金期，是初等、中等以及高等教育领域中"进步、改变甚至是变革"的爆发期。[2] 1963 年的《罗宾斯报告》不仅促使英国高等教育阶段受教育人数的增加，还促进了新大学与综合技术学院的建立。另外，中等教育阶段文法中学与现代中学长期分裂的局面得到扭转，依据心理测量而实施的入学筛选体系被综合学校代替。《普洛登报告》(Plowden Report)中强调的"教育过程的核心在于儿童"成为主导 20 世纪 60 年代初等教育的正统思想。与这一时期突飞猛进的发展不同，第三部分讨论的 20 世纪 70 年代和 20 世纪 80 年代的教育情形被布赖恩·西蒙称作"绝对的灾难"。经济上的不景气加上财政危机导致了政治和教育领域的"一路下滑"。"一路下滑：20 世纪 70 年代"正是布赖恩·西蒙在这部分的第一章对工党政府以及保守党政府执政时期的整体描述。20 世纪 80 年代，激进的保守党右派颁布了一系列教育法案。然而，包括颁布与实施《1988 年教育改革法》在

　　① Brian Simon, *Education and the Social Order*, *1940-1990*, London, Lawrence & Wishart, 1991, p.19.

　　② Brian Simon, *Education and the Social Order*, *1940-1990*, London, Lawrence & Wishart, 1991, p.223.

内的右派举措都是布赖恩·西蒙极力抨击的对象。在他看来该法案同《1902 年教育法案》类似，是保守党政府无视议会中其他政党代表反对意见的产物。因此，使所有儿童都能获得平等接受中等教育的机会又重新渺茫起来。尽管如此，布赖恩·西蒙在书中最后依然对未来充满了期待。虽然"在持续不断地致力于保障所有人都能获得全面教育方面，最近这半个世纪是一个充满了斗争、倒退，却时有成功的时期"，但"斗争依然会继续"。①

从第一卷的发表到最后一卷的出版，布赖恩·西蒙的"教育史研究"横跨了大约 30 年的时间。这 30 年间，国际和国内局势发生了不少改变，后现代主义者与后结构主义者也开始大行其道，但布赖恩·西蒙的教育史学理念及其对教育公平的坚持却始终如一。对他来说，教育的历史就是不同阶级和势力不断斗争的历史。教育史充满着进步、倒退与反复。但是，因为教育变革时刻处于各种利益纠葛的复杂环境中，所以教育史上发生的任何事件都应该放置于经济、政治的整体环境中来考察与理解。

### 三、布赖恩·西蒙教育史学的立场、视角与进步观

#### (一)"工人阶级"的立场

基于对传统教育史学精英主义立场的批判，布赖恩·西蒙教育史研究代表的始终是处于英国社会中下层的工人阶级的利益。这种为工人阶级发声的主张，集中体现在其 1965 年发表的《教育与劳工运动，1870—1920》当中。布赖恩·西蒙在这本书开头就表明他是从工人阶级的立场出发的，探讨《1870 年教育法案》颁布之后五十年内的教育发展状况。② 此外，对《1870 年教育法案》和《1902 年教育法案》的批判性分析，更加生动地凸显了布赖恩·西蒙从劳动

---

① Brian Simon, *Education and the Social Order*, *1940-1990*, London, Lawrence & Wishart, 1991, p.558.

② Brian Simon, *Education and the Labour Movement*, *1870-1920*, London, Lawrence & Wishart, 1965, p.11.

人民的立场出发审视英国教育史的主张。

1870 年和 1902 年的教育法案，往往被传统教育史学家看作推动英国初等教育和中等教育获得长足发展的重要文件。但是从工人阶级的立场出发，布赖恩·西蒙认为这两部法案对英国教育的促进作用并不显著。实际上，1850—1870 年的二十年见证了英国教育等级体系的确立，不同类型的学校在社会秩序中扮演着不同的角色，而《1870 年教育法案》的颁布就是这种情况发展到顶点的产物。① 尽管该法案不仅确立了面向工人阶级的初等学校普及体系，也建立了选举产生的学校委员会，但是工人阶级的完整教育诉求并没有得以实现。"公学"依然是上流社会的专属物，底层劳动人民得到的仅仅是被认为"适合"他们的初等教育。因此，《1870 年教育法案》是资产阶级和土地贵族联合应对工人阶级的措施，不是慈善开明的产物。至于常常被看作解决一系列政治、宗教等问题的《1902 年教育法案》，布赖恩·西蒙认为它仅仅是"服务于某一个阶级利益的政策"②。《1902 年教育法案》不仅完全废除了由地方选举的教育委员会和学校委员会，也废除了初等教育阶段为工人阶级子弟提供的不同形式的高级学校。19 世纪八九十年代取得的一些教育进展被破坏，所以在布赖恩·西蒙看来，该法案非但不是打破各种困局的利器，反而是资产阶级政府制止自下而上发展教育改革的反动措施。

（二）"阶级利益冲突"的视角

"先进的工业社会中充满对立的社会势力之间的矛盾和分裂。这种分裂和冲突必然会直接地反映到教育界中来。其结果是教育界成为……一个经常对立的，或至少是敌对社会阶级和社会集团之间的战场。"③因此，布赖恩·西

---

① Brian Simon, *Education and the Social Order*, *1940-1990*, London, Lawrence & Wishart, 1991, p.11.

② Brian Simon, *Education and the Labour Movement*, *1870-1920*, London, Lawrence & Wishart, 1965, p.239.

③ ［俄］卡特林娅·萨里莫娃、［美］欧文·V. 约翰宁迈耶主编：《当代教育史研究与教学的主要趋势》，方晓东等译，16 页，北京，教育科学出版社，2001。

蒙认为,"对教育变革的任何一种解释,都必须考虑到不同的社会阶级和社会集团制定和阐明各自政策这样的事实"①。不同阶级之间的利益冲突就成为阐释和理解英国教育体制发展历程的最佳视角。

作为马克思主义教育史学家,布赖恩·西蒙在尝试理解18世纪末到19世纪初英国的教育发展时,认为"最清楚、最有条理的"②解释模式应该是"卡尔·马克思的著作和分析中所描述的三个阶级的模式"③。在布赖恩·西蒙看来,这一时期的教育体制是土地贵族、资产阶级以及工人阶级三方利益冲突的产物。19世纪初,为了迫使土地贵族在政治和经济领域做出让步,新兴的资产阶级和工人阶级结成了联盟。随着1832年改革法令的出台,资产阶级开始参与政权统治,双方的统一战线也随之瓦解。资产阶级反过来又同土地贵族联合起来,共同压制工人阶级的不断壮大。这种阶级之间的不断斗争最终使得英国在19世纪末建立起了适应不同社会阶级的教育等级制度。

20世纪以来,教育变革中的阶级矛盾主要体现在资产阶级和工人阶级之间。从工人阶级的立场出发,布赖恩·西蒙认为推动英国教育发展的动力既不是传统教育史学家所描述的教育法案,也不是某些精英人物的思想理念,而是作为一支独立政治力量的劳工阶级和他们发动的一系列劳工运动。工人阶级通过争取教育权益的斗争,推动了英国教育事业的发展。因此,在《教育与劳工运动,1870—1920》的最后,布赖恩·西蒙指出这一时期教育体系中发生的改变,从根本上来说是工人阶级斗争的结果④;在《教育和社会秩序,

① [俄]卡特林娅·萨里莫娃、[美]欧文·V.约翰宁迈耶主编:《当代教育史研究与教学的主要趋势》,方晓东等译,16页,北京,教育科学出版社,2001。

② [俄]卡特林娅·萨里莫娃、[美]欧文·V.约翰宁迈耶主编:《当代教育史研究与教学的主要趋势》,方晓东等译,16页,北京,教育科学出版社,2001。

③ [俄]卡特林娅·萨里莫娃、[美]欧文·V.约翰宁迈耶主编:《当代教育史研究与教学的主要趋势》,方晓东等译,16页,北京,教育科学出版社,2001。

④ Brian Simon, *Education and the Labour Movement*, *1870-1920*, London, Lawrence & Wishart, 1965, p.363.

1940—1990》中，面对五十年工党政府和保守党政府执政下的教育进步和倒退，布赖恩·西蒙也充满期待地说："斗争依然会继续。"①

可见，在布赖恩·西蒙这里，阶级利益的冲突才是人类教育发展的最终动力。

（三）"非线性"的总体进步史观

"由于这种斗争的延续，教育事业的发展不会以线性方式进行，每一件事也不会不断地改进……相反，教育发展是艰难的，甚至是尖锐斗争的结果，当各种条件有利时，教育就取得各种进展，反之就出现倒退。"②布赖恩·西蒙从阶级利益冲突的视角解释英国教育史的主张，使他站在了辉格派直线进步观的对立面。

作为一名社会主义者，布赖恩·西蒙坚信历史发展的总体趋势是进步的，世界范围内的教育进步也是不争的事实，只不过这种进步不是直线式的。他认为，传统教育史学家将教育史描述为一种持续不断的进步史与历史发展的事实不符。就资本主义制度下的教育发展而言，"在一个时期内所取得的进展并不意味着接踵而来的一定是更大的进展；历史也并没有赞同对通常发生的经济、社会和政治事件用所谓的'辉格党'的看法来解释——每一件事都是逐渐地、有规律地、始终如一和均匀地在改善的说法。恰恰相反，在向前发展的阶段之后，接踵而来的常常是反复，使已取得的进展化为乌有"③。例如，1880—1900年通过设置地方选举的教育委员会和学校委员会而实现的教育自治，以及通过阶级斗争而实现的工人阶级教育状况的改善，都随着《1902年教育法案》的颁布而土崩瓦解。因此，教育历史的发展进程本身就是一个混杂着

---

① Brian Simon, *Education and the Social Order*, *1940-1990*, London, Lawrence & Wishart, 1991, p.558.

② [俄]卡特林娅·萨里莫娃、[美]欧文·V. 约翰宁迈耶主编：《当代教育史研究与教学的主要趋势》，方晓东等译，18页，北京，教育科学出版社，2001。

③ [俄]卡特林娅·萨里莫娃、[美]欧文·V. 约翰宁迈耶主编：《当代教育史研究与教学的主要趋势》，方晓东等译，5页，北京，教育科学出版社，2001。

前进与倒退、革新与复辟的复杂过程。

基于这种"非线性"的总体进步史观,布赖恩·西蒙认为:"教育史不但要记载进步,还要记录倒退;不但要记载教育设施的提供,还要记载教育设施的剥夺。"①教育史学家既不能只关注积极的进步,也不能只书写消极的倒退,应试图确立一种全面的、整体的教育史研究。

## 四、论教育史研究的整体性

布赖恩·西蒙在系统研究英国教育史之初,即1960年首次发表《教育史研究,1780—1870》时,就明确说过,"教育史充满着各种事变与趣味,涉及生活的方方面面,涉及社会中所有阶级的观念和利益"②,他的目的就是"引起人们对那些忽略之处的关注"③。在布赖恩·西蒙看来,教育史并不是如传统教育史学家描述的那样只包含社会精英和正规学校教育,也应该包含底层民众及与其相关的非正式教育。

### (一)视线下移:普通劳动人民的教育史

与以往教育史学家的精英主义立场不同,布赖恩·西蒙从工人阶级的立场出发,认为工人阶级以及其他底层劳动人民的教育实践和经验在教育发展的过程中也发挥着重要作用。他反对教育史只关注那些精英人物的理念以及为统治阶级服务的"公学"和文法学校的发展史,主张将长期以来被忽略的底层民众吸纳进教育史的研究当中,甚至还应该把他们的教育活动看作观察教育发展的最佳视角。基于这种考虑,布赖恩·西蒙把工人阶级组织起来的成

---

① Brian Simon, "The History of Education 1966," in Peter Gordon and Richard Szreter, *History of Education: The Making of a Discipline*, London, The Woburn Press, 1989, p.69.

② Brian Simon, *Studies in the History of Education*, *1780 - 1870*, London, Lawrence & Wishart, 1960, p.13.

③ Brian Simon, *Studies in the History of Education*, *1780 - 1870*, London, Lawrence & Wishart, 1960, p.13.

人学校、工人俱乐部、技工养习所等教育机构都纳入了自己的研究范围，并最终于 1965 年发表了专门探讨工人阶级教育史的《教育与劳工运动，1870—1920》。该书是布赖恩·西蒙自下而上地审视英国教育发展的产物。它的问世表明布赖恩·西蒙将底层民众的教育史放置在了与精英阶级教育史同等重要的地位。劳动人民的教育历史不是空白的。劳动人民不仅没有缺席英国教育史的发展进程，事实上还是推动英国教育进步的关键力量。

然而，底层民众往往被排除在学校教育之外。所以，要考察影响大多数人的更广泛的教育活动，构建一种整体史的研究框架，就必须扩大教育的内涵，必须从学校之外去寻找。

(二)视野扩大：学校外的非正规教育史

布赖恩·西蒙认为，教育是所有对个体的和社会的发展具有形成性作用的影响，这种影响不仅包括教育者有意识地营造合适的环境以培养学生在艺术、科学、宗教等领域中的能力，还应该包括学校之外非可控因素对学生的影响。学生不仅是教育体制内的受教育者，更是来自不同家庭、地域、种族和阶层的带有种种社会印记的人。这些印记影响着学校教育目的的实现，它们有可能促进也有可能阻碍学校教育效果的发挥。从这个角度来看，研究者几乎不可能将学生在学校受到的教育和他在学校之外的社会经历之间划出清晰的界限。因此，布赖恩·西蒙主张，要描绘一幅兼顾整体的教育史画卷，教育史学家就必须确立"大教育观"，将研究视野扩大到所有可能对人的发展产生影响的活动、制度和理念中。

从"大教育观"出发，工人阶级组织的自发教育，以及资产阶级妄图控制底层民众意识形态的廉价读物，都被囊括进了布赖恩·西蒙的教育史著作当中。此外，要考察学校外的非正规教育的历史，还必须扩大研究资料的选择范围。政治宣传品、报刊、备忘录、监狱日记等与传统教育史教材中记录的历史事件毫无关联的文献构成了布赖恩·西蒙整体教育史研究的基础。

然而，布赖恩·西蒙的整体教育史并不是包罗万象的教育史，他几乎在"教育史研究"四卷本的每本序言中都有过类似的表述，那就是他不打算将其中的任意一本书写成涵盖某一时期方方面面的历史，而是主要将精力集中在那些最能体现教育变革的社会运动和政治斗争上。因此，布赖恩·西蒙倡导的从整体上考虑教育的发展其实是在教育所处的社会大环境中来进行的。

## 五、论教育史研究的社会性

教育史研究的整体性即体现社会属性的整体性。教育史学家不仅要考虑影响教育发展的外部环境和教育的社会功能，还要将社会中广泛存在的普通人纳入研究中。

### (一)教育史研究的任务：教育变革与社会变革之关系

在《教育史研究，1780—1870》的序言中，布赖恩·西蒙除了说明教育史的丰富性和复杂性之外，还表明自己努力的方向是"将改革者的理念及其倡导的变革与当时的社会和政治冲突联系起来"[1]。也就是说，他要在一种广阔的社会和政治环境中进行教育史研究。布赖恩·西蒙之所以产生如此想法，主要是因为：首先，教育的发展不是在真空中发生的，而是与所处的社会环境密切关联，因此，只有了解"影响这种形势发展的环境"[2]，才能更准确、全面地认识教育史上的理论、机构和实践活动，从而客观、公正地判断当下流行的各种教育现象；其次，教育能够调整社会结构，不论学生来自哪一个社会阶层，他们都可以通过接受教育增加个人发展的机会，所以说，教育变革与社会变革之间是一种相互体现、相互影响的关系。在这种相互关系中，布

① Brian Simon, *Studies in the History of Education*, *1780-1870*, London, Lawrence & Wishart, 1960, p.13.

② ［俄］卡特林娅·萨里莫娃、［美］欧文·V. 约翰宁迈耶主编：《当代教育史研究与教学的主要趋势》，方晓东等译，3 页，北京，教育科学出版社，2001。

赖恩·西蒙认为"探索教育社会功能的发展，力图评价教育在不同社会发展阶段的作用，从而对教育在当今发挥的作用达到更深刻的领悟，乃是教育史研究的主要工作之一"①。

布赖恩·西蒙在研究英国教育变革的基础上指出，"对教育能否影响社会变革的问题不可能存在简单的答案。教育与社会之间的关系是随时间及不同的环境而变化的"②。例如，1870年设置的由选举产生的地方教育委员会，通过比例代表选举制保证了所有主要政治集团和宗教团体的利益，扩大了民主范围。而1902年的教育法案则意图通过废除地方教育委员会、集中管理学校内部课程、集中管理和限制中等教育的方式，制止自下而上发生的社会变革。因此，教育变革可能会促进也可能会阻碍社会变革，二者之间的关系并不存在一成不变的说法。

（二）教育史研究的社会功能

布赖恩·西蒙认为教育史研究的功能也充分体现着社会性。这种功能是通过影响社会中更广泛存在的普通人而实现的。也就是说，教育史研究面向的不应该仅仅是学者和改革者等教育领域的精英人士，还应该包括普通人。只有让普通人都能明白英国教育的发展历程，才能最终实现社会的整体进步。在这些普通人中，最能有效地将教育史的研究成果转化为社会发展动力的当数学校的教师。

首先，教育史研究能够促使教师认清工作的性质。在布赖恩·西蒙看来，"世界上最难做到的事就是一个人能客观地观察一个本身直接参与的系统，历史研究就是达到上述目的的强有力的手段"③。对教育发展历史的了解，可以

① Brian Simon, "The History of Education 1966," in Peter Gordon and Richard Szreter, History of Education: The Making of a Discipline, London, The Woburn Press, 1989, pp.55-56.
② ［俄］卡特林娅·萨里莫娃、［美］欧文·V. 约翰宁迈耶主编：《当代教育史研究与教学的主要趋势》，方晓东等译，16页，北京，教育科学出版社，2001。
③ ［俄］卡特林娅·萨里莫娃、［美］欧文·V. 约翰宁迈耶主编：《当代教育史研究与教学的主要趋势》，方晓东等译，19页，北京，教育科学出版社，2001。

使教师认识到教育上的某些制度、活动与理念，过去曾经发生过哪些变革，当下的教育现象又是由哪些因素造成的，而身处其中的教育系统作为过去教育系统变革的结果，今后也必将面临变革。因此，教育史研究对教师思想解放起到的作用，莫过于让他们理解到，"事物并不总像现在那样，而且事物也不必保留现在这个样子"①。

其次，教育史研究能够提高教师的批判意识，进而推动社会进步。每名教师在完成岗前培训，进入学校之后，就成了教育系统的一分子。然而，这个系统在布赖恩·西蒙看来是保守的，会自觉抵制社会发展引起的各种变化。倘若对整个系统的运转起关键作用的教师，不能对其角色和职责具有一种批判意识的话，教育系统就会失去与它存在其中并为之服务的社会的联系。教师通过了解历史事实、认清工作性质而获得的历史判断力，能够保证他们获得变革的动机。这种动机就是教育为社会进步做出贡献的基础。然而，布赖恩·西蒙主张的教师应该拥有的批判意识，并不是指他们在不具备基本职业技能的情况下的普遍质疑。那些准备从事教学工作的人，必须首先"将他的智力和精力主要放在学校工作和作为一名优秀教师所必备的课堂教学技巧上"②，之后才能有心智和精力利用闲暇进行历史研究，如此才能获得最大的收益，培养出真正的批判意识。

总之，"布赖恩·西蒙的研究证明，与广阔的社会背景联系起来的教育史的确是一个有着巨大潜力的金矿，教育史学者在此大有可为"③。

---

① 转引自[俄]卡特林娅·萨里莫娃、[美]欧文·V.约翰宁迈耶主编：《当代教育史研究与教学的主要趋势》，方晓东等译，19 页，北京，教育科学出版社，2001。

② [俄]卡特林娅·萨里莫娃、[美]欧文·V.约翰宁迈耶主编：《当代教育史研究与教学的主要趋势》，方晓东等译，20 页，北京，教育科学出版社，2001。

③ Harold Silver, "Brian Simon's Political History of English Education," *Historical Studies in Education*, 1992(2), p.289.

## 第四节 埃里克·阿什比的教育思想

### 一、生平与事业

埃里克·阿什比，"二战"后英国著名的植物学家、教育家，1904 年 8 月 24 日出生于伦敦的莱顿斯通（Leytonstone），是家里的长子。父亲赫伯特·查尔斯·阿什比（Herbert Charles Ashby）是一名商务职员。

#### （一）求学经历

1916—1923 年，埃里克·阿什比就读于伦敦城市学校（City of London School）。入学之初，他主要学习的是古典文学，在英语作文和演说辩论方面表现优秀，曾多次获奖。但是，因为不擅长拉丁文和希腊文，埃里克·阿什比又将精力投向了化学和数学等理科专业。扎实的英语和数理基础对他一生事业的发展起到了重要作用，尤其是在化学与生态学研究中对统计学的有效利用。不过，埃里克·阿什比在这所学校的总体成绩并不优异，没能顺利赢得牛津大学和剑桥大学的奖学金。

1923 年，埃里克·阿什比获得莫蒂默奖学金（Mortimer Scholarship），进入伦敦帝国理工学院（Imperial College）学习。他原本打算主修化学，辅修物理，但是入读第一年就改变了这个计划，转而主攻植物学和地质学，将化学作为辅修科目。尽管他改变了研修计划，但依然没有放弃数学课程的学习。受约翰·法默（John Farmer）和布莱克曼（V. H. Blackman）等著名植物学教师的影响，埃里克·阿什比最终决定将学习精力集中在植物学上。1926 年，他被授予理学学士学位，同时获得植物学一级荣誉学位和地质学辅修一级荣誉学位称号。鉴于他的优异表现，约翰·法默推荐其担任帝国理工学院的助理教员。接下来这个难得悠闲的夏天，埃里克·阿什比是在德国度过的。在这里，他很快就发现了自己德语方面的天赋。因此，掌握基本的德语知识之后，他便着手翻译德文著作,并于 1931 年出版译著《环境与植物发育》(*Environment and Plant Development*)。

(二)执教经历

1926 年秋季开学,埃里克·阿什比正式成为帝国理工学院植物学专业的一名助教。1929 年,受联邦奖学金的资助,他开始了在芝加哥大学以及卡内基教学促进基金会沙漠研究实验室为期两年的学习。在这里,通过与世界顶级植物学家的接触,埃里克·阿什比扩大了自己在植物生态学领域的研究视野,并决定回国后开设生理生态学方面的课程。1931 年,他回到帝国理工学院,顺利晋升为讲师。同年 12 月 26 日,埃里克·阿什比与海伦·玛格丽特·法里斯(Helen Margaret Farries)走进了婚姻殿堂。

1935 年,感到晋升无望的埃里克·阿什比在布莱克曼的极力斡旋下,从帝国理工学院离职,成为布里斯托大学植物学专业的副教授。在布里斯托大学,他主要讲授遗传学。试图将生理学与遗传学结合起来的想法,使他对"杂种优势"(hybrid vigour)产生了浓厚的兴趣。基于量化研究的结果,他认为杂种之所以在体型、生长繁殖力等方面比本亲表现得更有优势,主要是因为胚胎的增大而不是遗传特征。他的结论受到学界同人的广泛关注,但同时也引起了许多学者的攻击和批评。后续研究也确实证明,埃里克·阿什比将杂种优势仅仅归因于胚胎的大小是过分简单化的想法。在布里斯托大学,他还收获了两份人生大礼:1935 年长子出生,两年后次子也顺利诞生。

1938 年,埃里克·阿什比离开布里斯托大学成为悉尼大学的植物学教授。受悉尼大学苏格兰传统的影响,他一到这里就开始着手对植物学系进行现代化改革。然而,澳大利亚卷入"二战"之后,埃里克·阿什比不得不将更多的精力投入战时工作当中。他不仅服务于变性酒精委员会,还负责筹建用以认证和分配国内科技资源的科技联络局。他还曾出任澳大利亚国家研究委员会主席。

1944 年年底，由于在战争期间的突出表现，本想回校任教的埃里克·阿什比被任命为澳大利亚驻莫斯科公使馆的科学顾问。在莫斯科，他结交了斯大林、莫洛托夫（Vyacheslav Molotov）、李森科（Lysenko）、安德烈·维辛斯基（Andrei Vishinsky）等苏联重要人物。他将自己的经历记录在了《科学家在俄罗斯》（*Scientist in Russia*）这本书中。在书中，他还对支撑苏联科学发展的教育体系发表了个人见解。

1946 年 2 月，埃里克·阿什比返回悉尼，随后曾短暂参与了澳大利亚国立大学的筹建工作。为满足"二战"后不断扩大的退伍军人的教育需求，以及应对大学应该如何促进国家发展等新的形势与挑战，埃里克·阿什比为悉尼大学的战后改革也贡献了诸多心力。同年，在多次拒绝澳大利亚政府的行政职务和悉尼大学的校长职务之后，心系教学与科研的埃里克·阿什比接受了曼彻斯特大学的邀请，重新回到了植物学的怀抱。此后三年，埃里克·阿什比靠着一如既往的热情和天分促使曼彻斯特大学一跃成为英国知名的植物学学府。

（三）高等教育管理经历

1. 女王大学时期

1949 年年初，新情况的出现为他的离职埋下了伏笔。参议院希望埃里克·阿什比能够担任北爱尔兰贝尔法斯特女王大学校长职务。埃里克·阿什比最终接受了参议院的邀请，对此他是这样解释的："我认为……与理论比起来，我对人更感兴趣；与纯粹的科学比起来，我对教学和教育问题更感兴趣；而与解决植物的难题比起来，我对解决关于人的难题更感兴趣。"[1]他于 1950 年出任女王大学校长，迎来了事业发展的新时期。埃里克·阿什比在此后 9 年的任职时间里，展现出了天才般的组织能力和领导能力。在北爱尔兰政府的经费支持下，他通过招募高水平的学术人才、提高低级别教师的工作保障、

---

① 转引自 J.Heslop-Harrison, "Eric Ashby Baron Ashby, of Brand on, Suffolk, Kt.24 August 1904-22 October 1992," *Biographical Memoirs of Fellows of the Royal Society*, 1995(41), pp.2-18。

实行透明化和民主化的决策机制等措施,将女王大学打造成了拥有巨大发展潜力的学术中心。

2. 剑桥大学时期

1957年春天,埃里克·阿什比又迎来了新的机遇。剑桥大学克莱尔学院(Clare College)向其发出邀请,询问他是否有意担任该学院的负责教师。面对这次机会,埃里克·阿什比有些心动。尽管他在女王大学的改革进展顺利,但是作为校长,超负荷的工作无法让他实现自己的所有设想和抱负。因此,埃里克·阿什比接受了克莱尔学院的邀请,这里相对轻松的工作环境让他看到了希望。1957年的秋天,他被如期选举为该学院的负责教师。1959年,结束了在女王大学的工作之后,他正式入职克莱尔学院。此时,包括克莱尔学院在内的整个剑桥大学正处于急剧变革之中。就任初期,他的主要职责是执行学院激进自由主义的招生政策,即任何有能力的学生不论其出身和社会背景如何都能平等入学,甚至连女性也能获得入学机会。

在埃里克·阿什比任职期间,克莱尔学院所发生的最具里程碑意义的事件当数克莱尔学堂(Clare Hall)的成立。1964年理查德·伊登(Richard Eden)提议成立一个与克莱尔学院有特殊关系的高级研究机构,为额外增加的教学人员、博士后、访问学者以及研究生提供工作和学习资助。同年,为了给该计划筹措经费,埃里克·阿什比前往美国向克莱尔学院的校友及福特基金会寻求帮助。最终,在他的不懈努力和领导下,筹建方案顺利执行。1966年,作为研究性机构的克莱尔学堂获得大学的正式认可。

1967—1969年,埃里克·阿什比担任剑桥大学校长。20世纪60年代那场席卷全球的学生运动给他的校长生涯带来了巨大挑战。为了妥善处理学生的不安定情绪,防止大规模学生运动的爆发,他不仅成立了专门的委员会,还允许持不同态度的学生和职员在任何时间拜访他的住所。此外,面对学生的静坐示威,他没有选择暴力镇压而是持同情的态度,期望通过温和的方式化解危机。

基于这一时期对高等教育的思考，埃里克·阿什比在 20 世纪六七十年代发表了诸多教育成果，主要包括：《大学的社区》( *Community of Universities* )、《技术与学术》( *Technology and the Academics* )、《任何人，任何学习》( *Any Person, Any Study* )，以及提出"大学遗传环境论"（该理论至今对理解大学教育的发展依然产生着深刻影响）的《科技发达时代的大学教育》( *Adapting Universities to a Technological Society* )。

3. 对非洲高等教育的考察

埃里克·阿什比任职女王大学校长期间，曾于 1954 年受大学校际委员会（Inter-University Council）邀请，同东非高等教育调查组的其他成员一起在当年暑假访问英国在东非的三处领地。这次访问激起了埃里克·阿什比对非洲教育的研究兴趣。从 1954 年起直到 1966 年担任剑桥大学校长之前，他始终保持着对该地区以及第三世界国家高等教育发展状况的密切关注。其间，他到访非洲 10 次，足迹遍布十余个国家，并且为这些国家和地区的教育发展提供了切实可行的改革方案。

实地考察之后，埃里克·阿什比认为大学校际委员会的行动方针并不能真正解决非洲高等教育发展存在的根本问题。为践行自己的理念，1959—1960 年，他受邀出任一个由卡内基教学促进基金会资助的为独立后的尼日利亚提供大学发展建议的委员会的主席。这个由美国、非洲和英国学者组成的委员会于 1960 年发布调研报告《教育投资》( Investment in Education )，促使尼日利亚政府成立了 4 所新大学和一个永久性的尼日利亚大学委员会。在此期间，基于对非洲高等教育和西方文化之关系的深刻理解，埃里克·阿什比于 1964 年出版专著《非洲大学与西方传统》( *African Universities and Western Tradition* )。两年后又与玛丽·安德森( Mary Anderson )合作发表充分反映其高等教育生态学思想的著作——《大学：英国、印度、非洲》( *Universities: British, Indian, African* )。

除了对非洲教育的关注之外,埃里克·阿什比在任职剑桥大学时期还担任了许多社会职务。例如,20世纪60年代,在英国大学体系急剧扩张的背景下,埃里克·阿什比曾为大学拨款委员会效力8年。20世纪70年代,面对环境污染和基因重组可能带来的危害,埃里克·阿什比也为这两个领域公共政策的制定投入了大量心力。1970—1973年,他还曾担任皇家环境污染调查委员会第一任主席。他主张的"谁污染谁买单原则"(Polluter Pays)为后续环境污染政策的制定提供了有益思路。

1975年退休之后,埃里克·阿什比依然没有停止对环境问题和教育问题的探讨。1981年,他与玛丽·安德森合作发表《洁净空气政治运动》("The Politics of Clean Air")。1978年,他还协助美国学者奥伯特·克拉克·坦纳(Obert Clark Tanner)在犹他大学、牛津大学等世界顶尖大学开设坦纳讲座,该讲座以传授人文价值为宗旨沿办至今。作为犹他大学坦纳讲座的开讲人,埃里克·阿什比的报告题目是"探寻一种环境伦理学"(The Search for an Environmental Ethic),他试图为环境科学领域的难题寻求具有人文关怀的解决方案。

1992年10月22日,埃里克·阿什比在剑桥大学的阿登布鲁克医院(Addenbrooke's Hospital)去世。他为推动植物学的发展、英国与非洲高等教育的改革以及环境保护政策的制定付出了毕生心力。鉴于其在社会诸多领域做出的突出贡献,埃里克·阿什比被授予爵士勋衔(Knight Bachelor),并获封"阿什比男爵"(Baron Ashby)称号。

## 二、论高等教育生态学

埃里克·阿什比曾说过,他关于教育的论点都是"离开实验室,放下科学报表,走进会议室和办公室,从事安排议事日程和行政规划"[1]所得出的结

---

[1] [英]阿什比:《科技发达时代的大学教育》,滕大春、滕大生译,5页,北京,人民教育出版社,1983。

论，"是一个行政管理人员日常工作的副产品"①。因此，作为一名成功的大学管理者，他的教育思想主要体现在高等教育领域，尤其集中在对大学问题的探讨上。1966 年，埃里克·阿什比与玛丽·安德森合作出版《大学：英国、印度、非洲》，正式提出"高等教育生态学"的概念，首次将生态学研究引入高等教育领域。植物学家出身的埃里克·阿什比，开创性地运用"遗传""环境""基因""进化"等生物学术语，从生态学的角度重新审视了大学的内涵与形成机制、大学的移植与发展变革等高等教育领域的关键问题。

（一）大学的内涵与形成机制

埃里克·阿什比在《科技发达时代的大学教育》中明确指出："大学是继承西方文化的机构。它保存、传播和丰富了人类的文化。它象动物和植物一样地向前进化。所以任何类型的大学都是遗传与环境的产物。"②这一观点成为埃里克·阿什比高等教育生态学的理论根本。他认为，大学作为有机体，就其遗传而言，"表现为大学教师对'大学意义'共同的一致的理解。例如，大学应代表人类的精华、客观无私、发展理性、尊重知识的固有价值……如果这种共同的认识强而有力，就形成一种强而有力的内在逻辑"③。内在逻辑对高等教育体系的作用，犹如基因对生物体系的作用，是保持体系特性的关键，"是这种体系的内在回转仪"④。大学的环境则是指资助和支持大学的社会体系与政治体系，是影响大学的外在因素。大学的形成与发展就是这两种内、外因素相互作用、协调平衡的结果。

---

① ［英］阿什比：《科技发达时代的大学教育》，滕大春、滕大生译，5 页，北京，人民教育出版社，1983。
② ［英］阿什比：《科技发达时代的大学教育》，滕大春、滕大生译，7 页，北京，人民教育出版社，1983。
③ ［英］阿什比：《科技发达时代的大学教育》，滕大春、滕大生译，114 页，北京，人民教育出版社，1983。
④ ［英］阿什比：《科技发达时代的大学教育》，滕大春、滕大生译，139 页，北京，人民教育出版社，1983。

埃里克·阿什比以 19 世纪德国大学理念对英、美现代大学的影响为例，生动阐释了遗传与环境因素在大学形成过程中的作用。在他看来，"有机界中与大学中一些新形态的出现，都要经过更新或杂交的过程"①。埃里克·阿什比将德国大学理念看作"遗传基因"，将英、美两国的大学传统和社会风尚看作"外在环境"，认为 19 世纪英、美新型大学的出现，就是德国大学的"遗传基因"在新环境中形态变异的结果。

在英国，高等教育的竞争不像德国那样激烈，牛津大学和剑桥大学长期居于支配地位。所以这两所高校秉持的理念对英国大学的发展起着决定性作用。以牛津大学和剑桥大学为代表的英国大学认为，大学的主要功能是为教会和政府培养有教养的服务人员，而不是探究学问的知识分子。大学不仅应该以家长式的权威对学生的课程、修业年限和考试时间做出严格规定，还应该限制学生在教材和学科研习顺序上的自由选择。因此，基于这些外部环境，德国大学倡导的研究精神以及鼓励学生独立、自由的观点，始终没能在英国扎根落户。但是，德国大学赋予教师的教学自由却在英国大受欢迎。"它不仅被接受而且扩大到教室以外，甚至使大学教授有权越出他的专业范围，毫无顾虑地公开发表自己的主张。"②埃里克·阿什比认为，之所以如此，主要是因为"英国大学从来就不是政府的组织机构。它们过去是、现在仍旧是自治团体"③。与英国不同，德国大学的理念在进入美国之后面对的却是另一番景象。"在美国，最有力的环境因素不是象牛津、剑桥那种历史悠久而权威极大

① [英]阿什比：《科技发达时代的大学教育》，滕大春、滕大生译，7 页，北京，人民教育出版社，1983。
② [英]阿什比：《科技发达时代的大学教育》，滕大春、滕大生译，10 页，北京，人民教育出版社，1983。
③ [英]阿什比：《科技发达时代的大学教育》，滕大春、滕大生译，11 页，北京，人民教育出版社，1983。

的大学统治权，而是对高等教育所持的功利主义态度。"①这种态度促使美国人开始反对希腊文和拉丁文等继承欧洲古典传统的守旧课程，而对德国大学的科学课程、探究精神以及学习自由颇多青睐。德国大学理念中那些未被英国接受的部分却在美国生根发芽。

可以说，英、美现代大学的血液中都包含德国大学的基因。但是，从"遗传环境论"的角度出发，埃里克·阿什比认为英国和美国的现代大学并不是德国大学的原版复刻，它们与德国大学之间只有类似血缘的关系，是各国为适应本国的学术传统和社会风尚对德国大学的"遗传基因"改良取舍的结果。除此之外，埃里克·阿什比还注意到，英、美现代大学的一些观念也回流到德国，重新对德国大学的理念产生了影响。例如，英国大学实行的寄宿制以及注重学生品德修养的教育理念，都出现在了德国高等教育的改革政策之中。因此，从整体上来看，"十九世纪的大学理想是德、美、英等国教育遗产的'混血儿'"②。

(二)大学的移植

埃里克·阿什比有关大学移植的观念充分体现在《大学：英国、印度、非洲》一书当中。他在此书开篇就指出，"为了生存，一所机构要满足两个条件：必须足够稳定地保持它得以产生的理念，必须有足够的行动同支撑它的社会保持联系"③。也就是说，大学只有在保持自身内在逻辑的同时，积极适应外部环境才能顺利生存和发展。对移植大学来说，情况更是如此。他通过对印度、非洲等热带英语系国家和地区的大学移植状况进行分析，提出了自己的

---

① ［英］阿什比：《科技发达时代的大学教育》，滕大春、滕大生译，11页，北京，人民教育出版社，1983。

② ［英］阿什比：《科技发达时代的大学教育》，滕大春、滕大生译，19页，北京，人民教育出版社，1983。

③ Eric Ashby, *Universities: British, Indian, African*, London, Weidenfeld and Nicolson, 1966, p.5.

大学移植观。

首先，大学的生长同生物进化一样，是自身的内在拓展与外在环境相适应的过程。因此，大学的移植，即对先进国家的大学教育方法和制度的引进，也应该在效法的基础上注重对本国环境的适应。埃里克·阿什比认为，从整体上来看，19 世纪英国向印度输出大学模型的做法是一次失败的尝试。英国在印度成立的大学既没有形成高质量的教学体系，也没有建立高水平的学业评价标准。英国模式在向印度大学移植的过程中，由于过分强调西方文化而忽视了印度当地的文化传统。所有这些都导致印度的大学不仅无法具备国际影响力，也无法满足印度经济与社会发展的需求。在埃里克·阿什比看来，造成上述失败的主要原因在于：来自英国的大学基因忽视了对印度当地的政治、经济和文化环境的适应。因此，20 世纪 60 年代，基于印度的失败教训，英国大学模式在向非洲移植时，除了积极革新以适应当地的社会现实和发展之外，还与美国大学的经验结合，探索出了一种更适合非洲高等教育发展的新模式。正如埃里克·阿什比所言："我们在印度的部分失败教训促使我们在非洲取得了部分成功。"①

其次，原型大学与移植大学之间不是简单单向输出的关系，而是相互促进的关系。埃里克·阿什比曾说："西方文明在遗传中无疑是有优势的……西方文明在注入非洲的村村寨寨发挥其优势的过程中，本身也受到非洲价值观的影响。"②这种反方向的影响又为发源地大学的发展带来了新的启示，就如英、美大学的办学经验向德国回流一样。

---

① Eric Ashby, *Universities: British, Indian, African*, London, Weidenfeld and Nicolson, 1966, p.142.

② Eric Ashby, *Universities: British, Indian, African*, London, Weidenfeld and Nicolson, 1966, p.13.

### 三、论大学的发展与变革

除了从生态学的角度审视大学的内涵与形成之外，埃里克·阿什比还着重论述了大学未来的发展与变革。他认为在当今这个时代，大学已经不是过去那种可以仅靠内在规律吸收营养和发育成长的封闭有机体，而是已经成为经济发展和国家生存不可或缺的必备事物。① 因此，不论是大学未来的发展方向，还是大学应对时代变迁进行的变革，都受到内外多种力量的影响。

（一）谁的手在干预大学？

埃里克·阿什比用动力学 0 点运动类比，认为处在 0 点上的英国大学在发展时一共面临三个方向的干预力量："第一种力标明'政府'，有时指的是内阁，有时指的是国会，有时指的是国务大臣，有时指的是教育与科学部的官员。第二种力是大学教育经费评议会和一些帮助大学搞专业研究的研究会。第三种是大学本身内在逻辑所产生的力量。"②埃里克·阿什比认为，政府以及大学教育经费评议会等外在力量不能成为主导大学发展的核心力量，"大学各部门应该怎么办，要由从事高等教育的人来决定，这一点是主要的。就是说，要取决于大学的内在逻辑"③。也就是说，决定 0 点运动的主力应该是每个大学自身的内在逻辑，即大学工作者遵循传统信念所产生的力量。"换言之，大学是在它所能利用的资源范围内，按照教师的意志发展的。"④因为"大学的教学同医学临床一样，具有高度技术性。外行人要求教授和医师作出什么贡献，是可以的。让外行人去指点教授应如何教学或医师应如何处方，那

---

① 参见［英］阿什比：《科技发达时代的大学教育》，滕大春、滕大生译，12 页，北京，人民教育出版社，1983。

② ［英］阿什比：《科技发达时代的大学教育》，滕大春、滕大生译，51 页，北京，人民教育出版社，1983。

③ ［英］阿什比：《科技发达时代的大学教育》，滕大春、滕大生译，140 页，北京，人民教育出版社，1983。

④ ［英］阿什比：《科技发达时代的大学教育》，滕大春、滕大生译，51 页，北京，人民教育出版社，1983。

就荒唐了"①。

　　然而，由学者的手主导大学，并不意味着大学的发展可以忽视其他外在力量的干预。埃里克·阿什比坚信干预大学的手多些比少些好，而且这些手只有联合成一体才是大学未来发展最好的保障。

　　(二)寻求内外平衡的大学变革

　　如埃里克·阿什比所说，大学是遗传与环境的产物，所以大学在发展演化的进程中，也像其他生物体系一样，在外部环境变化时会经历进退两难的困境。"一方面它们本身必须改变以适应社会的新形势，否则将遭受社会的抛弃；另一方面，它们在适应社会的改变中，又不能破坏大学的完整性，不然就将无法完成它们所承担的社会职责。"②因此，大学在变革过程中要处理好自身与社会之间的矛盾关系。埃里克·阿什比认为，影响大学发展尤其是大学体系和规模的力量不外乎有三个：入学者的压力，即学生要求入学的力量；人才的需要，即雇主需要毕业生的力量；大学的内在逻辑。其中，前两种属于来自社会环境的外部力量，最后一种是大学自身的内部力量。"在所有先进国家中……如果这三种力量之间失去平衡，高等教育体系必将垮台。"③所以，具体而言，大学变革的目标就是要寻求这三者之间的动态平衡。

　　那么，发生在大学中的变革究竟应该如何进行？埃里克·阿什比认为，当外部环境力量迫使高等教育体系改变时，变革往往会遇到两种遗传的阻力。其一是高等教育体系内存在的反对任何变革的习惯势力；其二是高等教育工作者所遵循的信条，因为这些信条并非永远符合社会对高等教育的要求。也

　　① [英]阿什比：《科技发达时代的大学教育》，滕大春、滕大生译，60~61 页，北京，人民教育出版社，1983。
　　② [英]阿什比：《科技发达时代的大学教育》，滕大春、滕大生译，13 页，北京，人民教育出版社，1983。
　　③ [英]阿什比：《科技发达时代的大学教育》，滕大春、滕大生译，13 页，北京，人民教育出版社，1983。

就是说，当外部环境的力量主导大学变革时，这两个原本对维护高等教育体系稳定和种系特征起积极作用的内在逻辑就会变成变革的阻力。又因为其他两种环境力量的变化无常，所以埃里克·阿什比主张大学中的变革应着眼于大学内在逻辑的变革。"我所称为内在逻辑的力量，也就是大学的传统力量，必将有所改变，以便适应日益增长的其他两种社会环境力量。"①

首先，埃里克·阿什比强调大学变革最重要的应该是内在逻辑的主动变革，因为一旦大学能够养成主动进行组织内部更新的习惯，一切变革的问题就都可以迎刃而解。反之，如果大学自身不能主动进行变革，到了非外力推动便不能变革时，"受外力推动的变革往往是非常激烈的，以致会危害大学的传统"②。由此也可看出，埃里克·阿什比反对激烈的、突变式的变革。从生物学的角度来看，"大学的进化很象有机体的进化，是通过继续不断的小改革来完成的。大规模的突变往往会导致毁灭"③，因此，变革要以渐进的方式来完成。其次，大学作为学术组织，与部队、政府和企业部门的政策实施路线不同，"科学和学术上的政策，除某些属于实用研究的门类以外，其余都是起源于工作台、实验室和午餐漫谈，然后向上向外渗透的"④。大学的变革是建立在内在逻辑基础上的自下而上的变革。

## 四、论科技人文主义教育

埃里克·阿什比认为，大学在面对自身与社会之间的矛盾时，急需解决

---

① ［英］阿什比：《科技发达时代的大学教育》，滕大春、滕大生译，13 页，北京，人民教育出版社，1983。

② ［英］阿什比：《科技发达时代的大学教育》，滕大春、滕大生译，20 页，北京，人民教育出版社，1983。

③ ［英］阿什比：《科技发达时代的大学教育》，滕大春、滕大生译，20 页，北京，人民教育出版社，1983。

④ ［英］阿什比：《科技发达时代的大学教育》，滕大春、滕大生译，94 页，北京，人民教育出版社，1983。

的问题主要有两个:"大学体系应该具有多大范围? 大学应该教些什么?"①在他看来,社会上要求扩充大学体系的压力只是一个相对单纯的现象,大学可以通过协调内外多种力量缓解这个压力,而引起更多争议的却是对大学所设学科,即大学教授内容的讨论。

(一)寓人文于科技的教育主张

在埃里克·阿什比所处的时代,他敏锐地感受到西方发达国家正处于史无前例的危机之中。科技发展,这个从前能解决一切危机的"灵丹妙药"反而成了这场危机的源头。能源消耗、人口增长等问题日益凸显,核武器的发明使人深陷恐怖之中,传统技术与特有风格也被标准化的大规模生产所破坏。"原来那种只要经济无止境地增长就能给全世界人民带来普遍利益的前景,变成了海市蜃楼。"②那么,解决危机的出路在哪里? 埃里克·阿什比认为,人们社会价值观的转变正是希望之所在。而改造人们价值观念的任务则毫无疑问地落在了教育机构身上。大学作为重要的教育机构,不仅为经济增长和技术改进培养人才,也是社会价值观念发展和创新的庇护所。改革学科课程成为大学培养新型价值观的突破口。

尽管科学技术的快速发展给人类社会带来了诸多危机和恐慌,埃里克·阿什比也曾经说过,"有教养的人要重于受过专业训练的人"③,但他依然反对大学因此而减少科学技术的教学,毕竟20世纪社会进步取得的辉煌成就很多都得益于科学技术的普及和应用。另外,"科学技术的普及不仅是对物质世

---

① [英]阿什比:《科技发达时代的大学教育》,滕大春、滕大生译,13页,北京,人民教育出版社,1983。

② [英]阿什比:《科技发达时代的大学教育》,滕大春、滕大生译,2页,北京,人民教育出版社,1983。

③ Eric Ashby, *Adapting Universities to a Technological Society*, London, Jossey-Bass Publishers, 1974, p.104.

界进行改造的工具，也是将个人与社会整合起来的媒介"①。科技教育本身也有其内在的人文因素和价值，即使齿轮机械课程也照样渗透着浓厚的人文主义精神。② 比如，一位普通的工程师想要在热带非洲的原始部落修筑一条公路，他就不得不考虑这条公路对当地原始村落的影响。虽然他不需要成为一名专业的人类学家，但他却不能忽略自己工作的社会影响。③

　　既然如此，科学技术的专门化与文化的共同核心之间又该如何协调？埃里克·阿什比认为，唯一的解决办法就是在科技教育中增设人文学科，并且着重阐明科技成就在伦理道德上和社会生活上所产生的后果，使人看清即使是筑一条公路、修一个飞机场或设一所广播台，都能引起人们生活上的深刻变化。只有把这样一些思想灌注在科技与政治中，才可使西方国家无灾无难地步入21世纪。④

（二）"核心辐射"的课程模式

　　究竟该如何在科技教育中落实人文精神？埃里克·阿什比认为，西方各国在20世纪中后期探索的以必修课形式进行的文、理兼容的课程模式，以及通过跨学科课程的方式促进文、理交叉渗透的做法都有不尽人意之处。自然、人文与社会学科在大学课程中的简单堆砌忽视了内在逻辑的完整性，因此无法从根本上实现科技教育与人文教育的有机融合。对此，埃里克·阿什比提出，应该以"核心辐射"的课程模式改革大学的科技教育。

　　他在《技术与学术》一书中说道："我认为可以把专业学习，冶金也好，牙

---

① Eric Ashby, *Any Person*, *Any Study*: *An Essay on Higher Education in the United States*, New York, McGraw-Hill, 1971, p.96.

② Eric Ashby, *Technology and the Academics*: *An Essay on Universities and the Scientific Revolution*, London, Macmillan, 1963, p.76.

③ Eric Ashby, *Technology and the Academics*: *An Essay on Universities and the Scientific Revolution*, London, Macmillan, 1963, pp.82-83.

④ 参见[英]阿什比：《科技发达时代的大学教育》，滕大春、滕大生译，48 页，北京，人民教育出版社，1983。

科学也好,挪威语也好,全都一样作为核心,在其周围团聚着与专业学习有关的自由教育课程。这些课程必须和专业有关。通向文化的道路应该贯穿一个人的专业,而不是绕过专业。"①简言之,所谓"核心辐射",即以学生的主修专业为圆心,以相关程度为半径,开设与主修专业紧密相关的人文课程。例如,"叫一个想做物理学家的学生花费时间去学习西方文化遗产,他可能会很不耐烦。假如叫他以物理学为学习中心,讨论物理学在历史上的影响,物理学对社会产生的结果以及物理学与伦理学的关系之类的科目,他就会注意了。一个学生只要认识非专业学科与专业学科的关系,他会热心钻研这些学科的"②。

关于人文课程的设置,埃里克·阿什比提出以下四个标准:其一,不能选择那些在中学教授过的学科;其二,应按照真正的人文课程的授课方式来讲授,不仅要涉及人类创造性的社会活动,还要包含评价这些活动的是非观、善恶观以及正义和自由的观点;其三,课程教授的方法应与现代世界及现代技术相关联;其四,教学过程应加强对学生个性发展的指导。③ 依据这些标准,埃里克·阿什比设计出了包括语言与交流,法学与伦理学,工业心理学,社会学与社会人类学,技术发展史,政治理论、机构、行会与贸易组织史,以及工业与社会史等七种课程在内的人文课程体系。④

(三)融技术于社会的通才教育目标

关于大学教育的目标,埃里克·阿什比曾援引莫柏莱(Moberly)在《大学

---

① Eric Ashby, *Technology and the Academics: An Essay on Universities and the Scientific Revolution*, London, Macmillan, 1963, p.84.

② [英]阿什比:《科技发达时代的大学教育》,滕大春、滕大生译,18页,北京,人民教育出版社,1983。

③ Eric Ashby, *Technology and the Academics: An Essay on Universities and the Scientific Revolution*, London, Macmillan, 1963, p.86.

④ Eric Ashby, *Technology and the Academics: An Essay on Universities and the Scientific Revolution*, London, Macmillan, 1963, pp.86-87.

危机》中的话哀叹道："大学教学生如何制造炸弹或建筑教堂，却不教他们对于制造炸弹或建筑教堂二者如何进行选择。"①当下的大学教师只专注精准知识的教授，却对知识与社会之间的关系，甚至为人处世的态度、伦理道德和生活作风等问题不闻不问。教师的这种态度和做法无异于抛弃了大学理应承担的道德教育的传统责任，导致"师生关系倒退成教师单纯出售知识与技术的关系，变成为顾客与杂货商之间的那样缺乏人性的关系"②。

在埃里克·阿什比看来，大学教育的"困难不在于大学不能成功地对科技时代的短期要求做出及时的回应，而在于大学将会陷于科技教育从而失去科技教育的完整性"③。这种完整性不是学生对文理知识的全面掌握，而是所学知识与社会之间的完整联系，是学生在运用科学技术时对社会道德和价值观念的综合考虑。也就是说，人文精神融入科技教育的真正旨趣在于，在教育过程中应包含社会道德的内容。正如埃里克·阿什比总结的那样，"只有能够把技术融入社会范围内的学生才可以宣称他拥有通才教育，否则他就不是一个合格的技术专家"④。

①　[英]阿什比：《科技发达时代的大学教育》，滕大春、滕大生译，86页，北京，人民教育出版社，1983。
②　[英]阿什比：《科技发达时代的大学教育》，滕大春、滕大生译，86页，北京，人民教育出版社，1983。
③　Eric Ashby, *Technology and the Academics: An Essay on Universities and the Scientific Revolution*, London, Macmillan, 1963, p.87.
④　Eric Ashby, *Technology and the Academics: An Essay on Universities and the Scientific Revolution*, London, Macmillan, 1963, p.84.

# 第六章

# 20 世纪后期法国的教育

　　第二次世界大战之后，追求教育机会平等成为法国乃至整个世界教育改革的主题。民主化、现代化和职业化成为教育改革的主旋律，综合学校的兴起以及中学和高等教育课程多样化的发展成为这个阶段教育发展的重要内容。20 世纪上半期法国已经实现了小学义务教育的普及，进而产生了对更高层次教育的需求。随着社会安定发展和人口出生率上升，中等教育入学率增长很快，进入中学学习的人数不断增加。从确保学生入学机会平等到使学生享有平等的教育的中学教育改革，其中包括的中学结构改革、课程改革成为第二次世界大战后到 20 世纪 70 年代法国教育改革的主题。至 20 世纪六七十年代中学教育改革结束之时，法国社会、政治和经济的发展致使产业结构、物质生活和传统道德以及社会价值观都已发生很大变化，且变化成为一个永久的特征，"把人民武装起来使之在一个变化的社会中生活"成为所有有关教育问题论述的常用语。在这样的背景下，高等教育大众化、国际化及其质量保障成为 20 世纪 80 年代后法国高等教育改革的主题。在 20 世纪后期的半个世纪里，法国各级各类教育在数量和质量上都有了很大发展，学校组织、管理与指导原则更加民主，教育结构更加多样，教学内容更加职业化、教育方法更加现代化，教育更加强调适应国家和社会的发展。

## 第一节　教育民主化改革与"二战"后法国教育重建

在法国，从第一次世界大战开始直到20世纪30年代，政府及教育界人士一直致力于"统一学校运动"，力求通过学校统一化改革，实现初等教育和中等教育的衔接，高等教育向一切中学毕业生开放，为所有人提供"统一的教育"，最终建立民主、平等的社会。然而，第二次世界大战的爆发中断了"统一学校运动"。第二次世界大战结束前夕，西欧很多国家开始了教育重建的准备工作。法国在阿尔及利亚的流亡政府为再次启动改革而设立了一个委员会，提出战后重建教育的规则和目标，建议对所有15岁之前的学生实施义务教育，包括普通小学教育和中学的第一个定向阶段，提供普通教育课程，之后再提供专门的中学教育与职业教育课程。1944年，这些提议开始在法国本土修订，成为"二战"后法国教育重建的先声，拉开了法国新的教育改革的序幕。从此，法国教育进入了一个激情与实验并存的阶段，一个各种新教育开始复兴和迅速发展的阶段。

### 一、战后法国教育民主化改革的探索：《教育改革方案》

在西欧教育重建背景下，法国政府组建了一个由法国著名物理学家郎之万（P. Langevin，1872—1946）和儿童心理学家瓦隆（H. Wallon，1879—1962）任主席的教育改革委员会，即"郎之万—瓦隆委员会"。此委员会于1944—1947年领导了一场教育民主化改革，颁布了法国教育史上具有里程碑意义的《教育改革方案》（又称《郎之万—瓦隆教育改革方案》）。《教育改革方案》强调重建法国教育体系，推行新的教育改革，力求每个阶段的教育都能给予学生信心与收获，充分发挥学生潜能，使其接受适应社会的训练，以更好地为社会发展服务。为此，《教育改革方案》就法国各级各类学校的组织和制度以及教育内容与方法的改革做出了具体规定。

教育公正、教育民主和教育制度的自由是《教育改革方案》着重体现的总体教育理念。《教育改革方案》努力实现的目标是：教育面前人人平等，每个学生都获得充分发展其能力的机会。《教育改革方案》就战后法国教育改革提出了六项原则。

第一，社会公正原则。人人都有受教育的权利，每个人受教育的机会只能以其能力为依据。

第二，社会上的一切工作（不论手工的、技术的、艺术的和学术的）价值平等，任何学科的价值平等。

第三，人人都有接受完备教育的权利。学生首先接受学校教育的一般方向指导，然后接受职业方向指导。

第四，在加强专门教育的同时，适当注意普通教育。普通教育是一切专门教育和职业教育的基础，学校应成为传播普通文化的中心。

第五，各级教育实行免费。

第六，加强师资培养，提高教师地位。

针对法国教育的弊端和社会发展对教育提出的新要求，《教育改革方案》提出，义务教育的起始年龄仍为6岁，义务教育年限延长至18岁；依据学生的发展水平，构建一个更简单、更统一、更协调的全新教育体系。该教育体系分为三个阶段。

第一阶段为3岁至11岁的初等教育。尽量满足3~6岁儿童接受幼儿教育的需求，儿童6岁时开始进入初等学校接受共同的普通教育，主要任务是让儿童掌握人际沟通、有效表达的方法，在认知社会、认知世界的过程中实现自我认知。

　　第二阶段为 11 岁至 15 岁的方向指导定向期，学生在完成初等教育之后不需考试，均可进入中等教育阶段。在这一阶段，学校继续为学生提供共同的普通教育课程，同时教师通过对学生能力、兴趣、禀赋的系统观察给予个性化定向指导，为学生提供适切性教育。

　　第三阶段主要指 15 岁至 18 岁的确定期，旨在培养公民和劳动者。经过 4 年的方向指导教育，学生根据自己的能力、兴趣、禀赋分别进入三种不同类型的学校学习：具有较强抽象思维能力的学生进入学术型学校，继续学习古典人文学科、现代人文学科、理论学科和应用学科等方面的课程，接受理论性知识教育；具有较强活动能力而理论学习能力薄弱的学生进入技术型学校，学习商业、工业、农业和艺术等方面的课程；那些手工劳动能力超过理智能力的学生进入艺徒制学校，学习手工实践操作与普通教育相结合的课程。这个阶段的教育与社会职业界联系密切，具有较大的灵活性和多样性，提供满足各类学生需要的课程模块与学科群。通过接受这三种类型的学校教育，学生能够具有更加明确的职业定向，毕业后能更好地适应职业生活。

　　根据《教育改革方案》，义务教育结束后，那些学术型学校毕业的学生若有能力，可进入高等教育阶段预科班学习，之后进入高等院校学习。这个阶段的课程将更加注重满足国家和社会需求，专业方向更加明确，学生可以接受高等技术培训，也可以进行文学、艺术与科学研究。学生毕业后可以到各级学校担任教师，也可以进入各研究领域从事更加专业化的研究。

　　为了体现公正性，《教育改革方案》一方面推迟义务教育阶段的终止年龄，另一方面重建初等教育与中等教育之间的有效衔接。《教育改革方案》尤为强调各阶段对学生的方向指导与诊断，要求辨别学生的优势与不足，实现因材施教。《教育改革方案》要求对 11~15 岁的学生按其能力加以分组和定向，通过筛选择定不同的专业，教学中尽量采用小班教学形式，鼓励学生的创造性，培养学生的社会责任感。《教育改革方案》特别重视学校在普及文化、技术培训、公民教育以及激发学生对文化的兴趣等方面的作用。

郎之万召集了很多社会名人和积极分子参与教育改革。但是，要真正贯彻落实这个改革方案，不仅需要整个教育体系、结构的调整与变革，也离不开资金支持和系统的政策保障。当时很多人认为郎之万—瓦隆委员会提出的《教育改革方案》虽然很系统，但正在恢复战争创伤的法国还无法支撑对教育系统进行全面重建，而这却是《教育改革方案》成功的必要前提。最后，《教育改革方案》因实施代价太高而被国民议会否决。但《教育改革方案》自提出后一直被国内外教育学者关注和研究，成为之后15年法国历次教育改革绕不开的议题，并引发了法国国内各种教学方法以及中等教育组织方面的实验，为1959年法国教育改革提供了启示，被誉为"法国教育史上的里程碑"[1]。该方案还成为其他国家和地区教育改革所借鉴的蓝本，加拿大魁北克省就曾直接借鉴这一改革方案结合魁北克省的实际情况拟定了《帕伦特报告书》。

## 二、新班制教学改革

从1945年开始，法国200多所不同类型的中学开始推行新班制实验，3年后发展到600个班。最初从中学的低年级开始逐渐延伸到国立高中与市立高中，最后扩展到整个法国中学体系的各个层次。最初为了进行实验，法国建立了许多新的实验班和试点中学，其中，塞夫勒中学和蒙热隆中学成为试点学校的表率。到1953年时，这些新班级成为示范班级，法国由此涌现出一大批实验学校，亦称示范国立高中。与传统中学班级相比，新班级表现出这样一些特点：①提供相同科目的作业，准备同样的考试；②班级规模限制为25人，配备接受过专门训练的教师，接受活动中心的支持；③学习内容安排注重符合学生兴趣、发展水平和个人才能，学科科目安排注重相互关联和学

---

① ［澳］W.F.康纳尔：《二十世纪世界教育史》，孟湘砥、胡若愚主译，591页，长沙，湖南教育出版社，1991。

生兴趣发展，取消教科书，注重提供包含更多艺术作业、劳动教育以及适合在社会和自然环境内学习的普通教育课程；④采用大量新式教学方法，鼓励学生个人阅读，教师、学生与家长之间保持密切沟通和联系。

法国新班制改革引发社会公众和教育专家对法国现行课程的批判，为1959年教育法令颁布和教育结构、内容及方法改革奠定了基础。

## 三、高等教育与企业关系重构

面对第二次世界大战后百废待兴的状况，法国效仿苏联计划经济的做法，由国家主导推动经济、社会与教育发展。1946年，法国成立了以政治家和经济学家莫内（J. Monnet）为首的国家计划委员会，其中恢复教育尤其是发展高等教育被提上了议事日程。从理念上，该委员会主张教育并非单纯的"消费"事业，教育还具有促进经济增长的作用，具有"投资"功能。在该理念指导下，法国加大教育投资力度，教育经费占国民生产总值之比从1950年的6.65%上升到1957年的10.3%。

第二次世界大战的结束开启了法国后工业时代的大门，科学技术迅速发展，核物理学、空间学、信息技术、生物学等科技领域进入了发展的黄金时代。在战后重建过程中，为迅速恢复各行业的生产能力，法国政府对汽车、保险、银行、电力等行业的重要企业进行国有化改革。政府在社会改革尤其是教育改革进程中发挥着决策者的作用。在政府的全面统筹、引导下，高等教育在战后进入了跳跃式发展阶段，诸多国家级研究机构成立。1946年3月，法国颁布法令恢复工程师职衔委员会的战前职能，委员会成员分别由法国工业部、劳动部和社会发展部来任命。国民教育部再次掌握了大学校的管理权，1946年中央理工学校归国民教育部管辖，被列入高等教育范畴并获得国家财政拨款。1947年，国立高等工程师学校成立。1948年，工程师博士文凭在法国设立。1957年，国立应用科学学院在里昂成立。1958年，信息工程学校

（ESIEA）成立。根据国家发展需要，协调综合性大学与大学校的分布，大学校尤其是工程师学校采取分学科联考制度，要求学生通过会考后再接受两年的预科学习才能入学。重新规划高等艺术和工艺学校的发展，学制改为5年，1950年，工艺工程师学制改为4年。为满足国家发展需要，国民教育部决定，到1960年要培养12000名工程师，到1971年培养20000名工程师。① 从20世纪50年代开始，国家工艺学校开始开展面向在职人员的继续教育，有些课程甚至可颁发文凭，被称为"提供人生第二次机会"的大学。

战后法国高度重视新兴学科，尤其是科学技术在国家以及高等教育发展中的作用。1956年11月，法国国家科学研究发展委员会在冈城（Caen）召开首届"全国科学研究与科学教育"研讨会，作为国家科学研究发展委员会的发起人，著名政治活动家孟戴斯－弗朗斯（Mendes-France）在会上呼吁发挥科学研究对于促进各级教育发展与转变的作用。与会学界代表及政府决策者也一致认为，没有科学研究的发展，就无法确保经济的持续增长和教育的持续发展。政府应采取一切措施，增加科学研究投入，确保公众的努力得到最大限度的发挥。因此，法国从20世纪50年代后期开始实行通过科学研究促进工业增长的科研政策，大力增加科研经费投入。1959年，科研经费占国民生产总值的1.14%，到1967年这一比例提高到2.23%。科研经费的增加有力地推动了新兴学科的发展，生物学（遗传学、生物化学、生理学），化学（理论化学、结构化学、物理化学、核化学），物理学（理论物理、原子和分子物理、固体物理、电子学），数学（概论与统计、信息与对策论、应用数学）等学科都得到了迅速发展。

高等教育尤其是综合性大学在发展科研的同时，开始探索与企业的合作。之前，法国只有高等专科学校和工程师学校与企业合作，综合性大学以追求纯粹学术为使命，与企业缺乏联系。学界大多认为，综合性大学与企业的合

---

① 参见熊璋主编：《法国工程师教育》，34页，北京，科学出版社，2012。

作会破坏其自由、平等，会影响其对纯学术的追求，大学校正因为与企业合作培养管理干部和专业人员，培养的是"缺乏文化的人"；而很多企业界人士认为，综合性大学的教育根本不考虑社会实际需求与企业发展，不关心大学生的就业和未来发展；大学生也深感综合性大学的教育已经严重脱节于社会发展，在求学时常常将综合性大学置于最后选项。随着科学的发展，越来越多的学者意识到综合性大学与企业合作的必要性，认为综合性大学的基础研究应与教学紧密结合，同时开展应用研究。企业界人士也希望综合性大学承担相应的知识和技术支持等社会服务功能。1957年10月，法国特意以加强综合性大学与企业合作为主题在东南部工业城市格勒诺布尔（Grenoble）召开了一次重要的研讨会，与会者要求打破综合性大学传统的封闭性，使综合性大学与企业之间的合作及交流实现常态化和制度化。虽然综合性大学走出自我封闭的过程是艰难的，但这次会议释放了综合性大学与企业合作势在必行的重要信号，在一定程度上推动了法国高等教育与企业的合作。

## 四、师范教育体制的重建

　　"二战"期间，法国师范学校曾经历关闭，由普通中学代为培养学前教育和小学阶段教师。战后法国师范教育的首要任务就是重建师范教育体系。第二次世界大战后，法国经济重建与工业发展以及世界范围内的科学技术革命，均对初等教育和中等教育提出了更高要求，师范教育必须实施改革以满足初等教育与中等教育发展对于合格教师的需求。在20世纪前期"统一学校运动"和1947年《教育改革方案》的影响下，法国师范教育也随着初等教育和中等教育的统一化进程呈现出由两轨走向统一的趋势，虽然在这一阶段效果尚不明显，但却影响着师范教育的重建。

　　（一）初等教育师资制度

　　据1886年10月30日法国颁布的《初等教育法》，师范学校负责为幼儿学校、小学、高级小学(小学初中班)培养教师。1887 年 1 月 18 日的法令规定，师范学校由学区长领导，按照国民教育部指令办学，实行寄宿制，学制 3 年。报名者须年满 16 周岁但不超过 18 周岁，并承诺为公共教育服务 10 年，身体健康，已获得相当于初中毕业水平的初等证书。各师范学校的招生人数由国民教育部长根据学区和省的建议确定。学生入学或升级事宜须由学区长批准，考取相当于高中毕业的高等证书方可结业。为方便学生实习，所有师范学校都应设 1 所附属小学和 1 所幼儿园。师范学校开设的课程应包括公民道德、阅读、写作、法国语言文学基础、历史(尤其是法国史)、地理(尤其是法国地理)、算术、基础几何、土地丈量、应用物理与应用自然科学、农艺学或家政、图画、音乐、体操和军训、手工、教育学、外语等；每学年安排 2~3 次教育实习，每次为期 1 周左右。①

1946 年 6 月 6 日和 7 日，法国再次颁发了两部法令，在重申上述原则的基础上，将师范学校学制改为 4 年，前两年为普通教育阶段，主要任务是为高中毕业会考做准备；后两年为职业准备阶段，高中会考通过者可直接接受职业培训。职业准备阶段师范生学习课时量大，每周 14~15 小时，此外体育 3 小时、实践 13 小时、自修 17~18 小时。修习的主要课程包括：心理学、社会实际情况研究、职业道德与学校立法、普通文化、初等教育的理科教学。②培训结束时，由学区领导组织各省考核。考试方式包括口试、笔试和实践考试，考试合格者被授予教学能力证书，凭借此证书可进入国家公职人员行列，由学区统一分配工作。初等教育师资制度的变化说明，仅有高中文化水平和简单的职业准备已不符合初等学校教师的任用标准，反映了社会发展对初等教育教师水平要求的提高。

(二)中等教育师资制度

在法国，不同于初等教育教师管理，中等教育教师实行严格的证书制度。

---

① 参见邢克超主编：《战后法国教育研究》，303~304 页，南昌，江西教育出版社，1993。
② 参见邢克超主编：《战后法国教育研究》，304 页，南昌，江西教育出版社，1993。

"二战"后法国中等教育教师类型主要包括：会考教师、证书教师、初中普通教育课教师、职业高中教师、技术教育教师以及占中学教师人数 10% 以上的其他类型教师。教师类型不同，培养制度各异。

　　会考教师从 1821 年开始设立，是法国中学地位和级别最高的教师，持高级教师证书，亦称中学高级教师，多任教于高中，约占法国中学教师总数的 1/10。教师会考由国家组织，竞争性非常强，报考者须受过 4 年高等教育且持有相应学位，录取人数由国民教育部长和公职部长共同确定，报名人数通常为招聘名额的 5~10 倍。考试科目设文学、语言、科学、艺术、体育五个方向，近 30 种专业。考试分初试、复试：初试为 2~3 门笔试，有些专业还有口试和实践考试；复试为 2~3 门笔试，另有一次模拟教学，淘汰率很高。教师会考的组织方式及其地位一直延续到 1972 年。此后为了解决竞争考试不能完全满足需求的问题，为了为在职教师提供新的晋升路径，也为了吸收一些有教学经验的人加入，法国开始免试从在职的低职称教师和行政人员中招取少量会考教师，人数不超过应聘名额的 1/9。[1]

　　证书教师，持中等教育教学能力证书，属于第二级别的教师，既可执教高中，也可在初中任教，约占法国中学教师总数的 1/3。该证书自 1922 年首先在外语专业设置，战后扩大到中学所有学科，涵盖 13 个专业。与教师会考不同，该证书招收标准略低，学历要求少一年，考试分理论和实践两部分，当中间隔 1 年，考试成功率为 10%~20%。通过教师会考初试的可直接录用为证书教师。证书教师大多来自综合性大学，没有受过系统的师范训练。随着科学的发展，社会要求提高教师素质。1952 年，法国决定在每个学区设立一个地区教育中心，负责未来中学教师的师范培训。所有通过证书理论考试的考生统称为实习教师，需到该中心接受为期 1 年的培训，通过证书实践考试后方可得到证书并获得工作岗位。该中心专门负责中等教育师资的职前培训，

---

　　① 参见邢克超主编：《战后法国教育研究》，312 页，南昌，江西教育出版社，1993。

不具有独立的教学设施和独立的学校性质，也没有专职教师和专门校舍，而是一种实习指导教师和师范实习生的集合中心，由每年遴选出来的国立中学的优秀教师担任实习指导教师，培训内容包括教育制度、教育理论、教育方法、教育手段、教育对象等方面的知识，培训方法包括教学、讨论、调查、研究、实习等。这种"无形的学校"切实发挥着中等教育师资职前培训的功能，到 20 世纪 60 年代时扩展到会考教师。1957 年，法国政府决定在每所大学的各学院建立中学教师预备学院①，支持出身贫寒的学生准备中等教育教学能力证书考试，以确保中学教师质量，但由于经济与社会原因，到 20 世纪 70 年代末此类学院被撤销。

(三)职业教育师资制度

法国职业高中教师主要由设在巴黎、里昂、图卢兹、南特、里尔的六所国立学徒师范学校培养，约占中学教师总数的 1/5。国立学徒师范学校成立于 1945 年，实行全国招生与分配，报考者不得超过 40 岁，报考资格包括：接受过两年高等教育并有一年以上职业经验者；高中毕业且有 3 年以上职业经验者；职业高中毕业且有 5 年以上职业经验者。考试分初试和复试，初试为笔试，报普通专业者需考试 2~3 门与职业高中普通课有关的科目，报职业专业者需考法语、数学、制图和 1 门专业技术课。初试通过者进入复试，再进行 2~3 个与所报专业相关的科目问答。复试通过后，经国家考试委员会批准入学，成为实习教师。国立学徒师范学校学制 2 年，分专业培养职业高中教师，培训内容分专业培训和教育培训两部分。专业培训安排在前四个学期，主要目标是深化、更新并调整专业知识。教育培训通常安排在后两个学期，主要由"入门实习""试讲练习""应用实习"等组成。教学形式灵活多样，没有全国统一的计划和大纲。通过培训，实习教师通过实践考试后，经全国委员会审

---

① 由于其培养中学教师的性质，因此被称为"中学教师预备学院"。参见顾明远、梁忠义主编:《法国教育》，319 页，长春，吉林教育出版社，2000。

查和批准，获得职业高中教学能力证书，然后分配到职业高中任教。

法国中学还有占教师总量 1/5 的教学助理以及各类别较低的职业技术课教师。到 20 世纪 80 年代，法国逐渐形成了大学与专门机构相结合，以大学为主；学术教育与职业培训相结合，先后分别进行的中等教育教师培养体系和制度。[1]

"二战"后法国初等教育、中等教育以及职业教育师资制度一直处于健全与完善之中，职前师范培训得以强化，新的教师培养机构、新的教师资格证书和新的教师培养机制不断产生，教师队伍的专业化和规范化水平得到切实提升，较好地满足了该时期法国教育事业发展的需要。

## 第二节 法国教育体制与教学内容的现代化追求

20 世纪 50 年代末，经历恢复与重建的法国经济进入高速发展的"黄金时代"，第五共和国的建立使得政局稳定下来，法国社会也发生了显著变化，人民生活水平明显提高，公众的教育态度与需求也发生了很大改变。教育的重要性受到越来越多普通民众的认可，人们在提升自身教育期望的同时，也开始质疑并反思当下的教育目的、教育内容和教学方法。诚如一位教育家 1965 年所言："机密泄露了。教育就是力量这一简单的方程式突然被全世界的群众掌握了。选择职业的力量，获得你所需求的生活标准的力量，开发世界资源的力量，控制和掌握别人的力量，——所有这些都可看到是教育所授予的。"[2]学校改革的目标包括：建立面向群众的学校，将实用性职业教育纳入

---

[1] 参见顾明远、梁忠义主编：《法国教育》，319 页，长春，吉林教育出版社，2000。

[2] 转引自[澳]W.F.康纳尔：《二十世纪世界教育史》，孟湘砥、胡若愚主译，685 页，长沙，湖南教育出版社，1991。

正规学校系统，促进中等教育多样化，审视陈旧的教学内容、教学方法，培养适应未来社会变革的人才。法国教育改革与发展步入一个探索、激荡与醒悟的历史阶段。

## 一、1959年《贝尔敦法令》与统一中学的建立

1958年，法兰西第四共和国结束，戴高乐第五共和国建立，法国开始步入稳定繁荣与现代化国家建设阶段。1946年，迦玛(A. Camus)批评当时的教育："世界变化着，人类与法兰西自身也变化着。法国教育并没有变化。这个国家的儿童仍然被教导如何在一个业已消失的社会里生活与思考。"①为促进法国教育适应世界发展，同时保持原有的重智传统，1959年1月6日戴高乐政府上台后进行了一次影响深远的教育改革，颁布法令将义务教育年龄提高到16岁。为6~12岁的学生建立普通小学，之后经过两年定向教育进入中学。那些经过考核明确不适合升入中学的学生，可以继续接受一些小学课程或职业课程，直到16岁离校。该法令于1969年全面生效。戴高乐政府还颁布了《贝尔敦法令》调整教育结构，具体内容包括：①建立学制4年的市立普通教育中学，取代原来的小学补充班；②取消小学生进入中学时的入学考试；③规定各类中学的前2年为观察期，实施共同基础教育；④将原来的技术中学和国立职业学校升格为市立技术教育中学，培养技术工人和低级职员。②这样，中学前两年为定向课程，之后的课程可决定学生继续学习的课程：三年制短期普通课程，五年制长期普通课程。后者是国立高中提供的大学预备课程的扩大，其前两年可向三个方向分流——古典的、修正古典的、现代的；中间两年可向七个方向分流——三种古典的、两种现代的、两种技术的；最

① 转引自[澳]W.F.康纳尔：《二十世纪世界教育史》，孟湘砥、胡若愚主译，594页，长沙，湖南教育出版社，1991。
② 参见邢克超主编：《战后法国教育研究》，123页，南昌，江西教育出版社，1993。

后一年为学位考试的第二部分，可向五个方向分流——哲学、实验科学、数学、应用数学以及经济与人文科学。[①]

1959年法国教育体系的重构代表着向民主化的"统一学校"改革迈出具有实质性意义的一步，大多数学生都可接受7年的普通教育，平民子弟能够接受中等教育，职业教育也被纳入正规中等教育体系中。但实际上，由于一种作为终结性教育的小学继续教育依旧存在，加之国立高中古典分流对定向学习年限的占用，在一定程度上削弱了改革的力量。虽然中学阶段提供一系列职业课程满足现代化国家发展的需要，然而这次改革却将职业课程分散在不同类型的学校，并没有建立真正意义上的综合中学，这就使得法国中学教育不能真正满足国家和社会现代化发展的需求。20世纪60年代，在法国，除了一些示范国立高中之外，很多学校开始提供涉及多个领域的现代化课程供学生选择和探索，可视为对不断推进的现代化进程的回应。定向之后的两年教育结束后或在下一阶段再次调换方向是很难的，机会极少，其比例仅为1%，很少有学生能够调换课程。此外，45%~50%的学生选择继续留在小学结束教育，没有进入定向教育。可见，如果像郎之万—瓦隆委员会所设想的将义务教育延伸到中学阶段，那么中学教育必须进行重构。[②]

## 二、1963年改革与市立中等教育学校的出现

鉴于1959年教育改革所存在的教育体系僵化、界限模糊以及观察期太短、定向作用虚弱等缺陷，人们再次提起郎之万—瓦隆委员会所主张的向所有学生提供四年普通中学的普通课程，希望能以示范国立高中为榜样，借鉴其所实施的定向班级、学校咨询、多边学校模式的早期中学教育。在此背景

① 参见[澳]W.F. 康纳尔：《二十世纪世界教育史》，孟湘砥、胡若愚主译，595页，长沙，湖南教育出版社，1991。

② 参见[澳]W.F. 康纳尔：《二十世纪世界教育史》，孟湘砥、胡若愚主译，596页，长沙，湖南教育出版社，1991。

下，为满足法国社会对综合性中等学校教育的需求，在法国教育官员克雷斯蒂昂·富歇(C. Fouchet)的推动下，1963 年 8 月 3 日法国政府颁布法令，决定建立一种新型的综合性中学——市立中等教育学校，将小学补充班、市立普通教育中学、国立中学的前 4 个年级等实施第一阶段中等教育的所有机构，统一按地理布局和学校规模进行调整与改组，实施统一的中等教育。在学校内部则开设长期、短期和过渡 3 类教学班，长期班分古典班和现代班，均导向高中毕业会考，短期班主要实施职业教育，过渡班主要接收学习困难的学生，绝大多数学生直接就业或导向学徒。[①] 这些班的课程设置、教学大纲也因此各不相同。从 1968 年开始，在市立中等教育学校进行了以不同方式对学生进行分组的广泛实验。在每所学校内，成立三种类型的小组：法语、数学与现代语言能力同等组；广泛的社会科学能力同等组；科学、图画、音乐与手工混合能力组。市立中等教育学校一经建立便得到快速发展，到 1967 年，市立中等教育学校作为一种新型中学迅速增加到 1500 所。[②] 到 1972 年，80%的法国中学生进入市立中等教育学校学习。

就整体而言，市立中等教育学校的出现是 1959 年改革的补充与继续，在许多情况下，它们与市立普通教育中学联合在一起，开始承担国立中学低年级的教学。就法国中学教育的未来发展而言，市立中等教育学校居于中心地位，且重要性与日俱增。市立中等教育学校的发展为法国中等教育改革奠定了牢固基础，并开始改变法国中等教育的性质。随着 1969 年义务教育离校年龄提高到 16 岁这一规定的实施，中学教育作为英才教育的观念开始转变。此外，教学实践改革启动，但仍更多停留在形式层面，方向指导仍形同虚设，三种不同类型的小组仍保留了原有学校的性质与目标，班与班之间学生很难

---

① 参见邢克超主编：《战后法国教育研究》，125 页，南昌，江西教育出版社，1993。

② 参见[澳]W.F.康纳尔：《二十世纪世界教育史》，孟湘砥、胡若愚主译，596~597 页，长沙，湖南教育出版社，1991。

互相流动。并且，由于不同学校和班级的历史传统、办学定位和师资力量不同，教师之间也难以沟通、融合。也就是说，实际上市立中等教育学校并未真正完成第一阶段各类中等教育机构实现统一的目标。直到20世纪70年代中期，法国仍保留着市立中等教育学校、市立普通教育中学、国立中学和市立技术教育中学等学校类型。

## 三、法国学校体制与教学现代化：哈比改革

为进一步调整、完善教育结构，德斯坦总统上任后，第一任国民教育部长勒内·哈比（R. Haby）即开始酝酿实施教育改革。1975年7月11日，法国政府颁布第75-620号法令，开始了"哈比改革"。

哈比改革的主要目的在于满足法国社会现代化生产与发展对各级各类合格劳动力的需求，同时加强职业教育，推进教育现代化进程。在勒内·哈比看来，法国教育的目标在于"促进儿童的发展，使其获得文化知识，并为其未来的职业生活和行使人和公民的义务作准备"[1]。因此，哈比改革的指导精神是重建法国教育制度，使其适应当今世界，特别是适应急剧工业化和城市化的社会。为此，要简化教育的组织结构，并使其更加灵活和促进学习机会的平等，从而在缩小社会的不平等中发挥真正的作用。[2] 哈比改革重新设置与调整了法国教育体系，1976年12月28日颁发关于幼儿学校和小学教育的第76-1301号法令、关于小学家长委员会的第76-1302号法令、关于初中教学和方向指导的第76-1303号法令、关于高中教学的第76-1304号法令以及关于初中和高中行政与财务管理的第76-1305号法令[3]，涵盖了从幼儿园到高中的各个教育阶段。

---

① 转引自邢克超主编：《战后法国教育研究》，126页，南昌，江西教育出版社，1993。
② 参见邢克超主编：《战后法国教育研究》，126页，南昌，江西教育出版社，1993。
③ 参见邢克超主编：《战后法国教育研究》，126页，南昌，江西教育出版社，1993。

哈比改革对学前教育、初等教育与中等教育的宗旨、体制、教学内容、课程设置进行了系统而全面的改革,明确了幼儿教育的意义、性质、内容、方法和管理等问题;强调小学教育要尊重学生的个性差异,小学教育应加强与幼儿学校和初中教育之间的衔接;实施初中阶段单轨制统一学校教育,实现了从双轨制走向单轨制的决定性一步;设辅导课和加深课,实行个性化教学;加强对学生升学与就业的方向指导;扩大对学生及家长的经济帮助。

哈比改革的具体内容有以下几个方面。第一,学前教育阶段,指出学前教育的目的是进行儿童个性启蒙,发现儿童未来学习、发展可能存在的障碍与问题,及早预防与弥补,全面发展城市和农村的学前教育,要求所有 5 岁适龄儿童均进入幼儿学校或小学幼儿班。第二,小学教育阶段,实施统一教育,学制 5 年,共分预备阶段(1 年)、基础阶段(2 年)和中级阶段(2 年)。小学教育的主要目的是培养学生获取各种知识的基本能力,实现学生智力、情感、身体等的全面发展,与家庭合作共同对学生进行道德和公民教育。在教育过程中应采取多样化手段与措施,尊重学生个体差异,使每个学生都得到适合自己的教育,争取家长更多地参与学校工作,最大限度地避免留级等学业失败现象。第三,初中教育阶段,取消 1959 年改革后第一阶段仍存在的 3 类教学班,建立一种面向所有适龄学生的完全统一的综合性初中,学制 4 年,共分两个阶段。第一阶段 2 年,为观察阶段,实施共同的基础教育,经过观察期后允许个别年满 14 岁的学生转入职业培训;第二阶段 2 年,为方向指导阶段,在开展统一教育的基础上开设一定的选修课。第四,高中教育阶段,分普通高中、技术高中和职业教育高中 3 种,分别实施导向不同方向的不同类型的教育。普通高中学制 3 年,毕业生参加高中会考,为高等教育输送生源;技术高中学制 3 年,毕业生参加技术类高中毕业会考,为高等技术教育和职业社会输送人才;职业教育高中属于不完全中等教育,学制 2~3 年,可招收初中观察阶段结业生，直接为职业社会培养技术工人或低级职员。①

哈比改革历时七年，通过改革建立了初中阶段非选择性的四年制综合学校，真正确立了单轨制的统一初中体制，促进了法国中等教育结构的民主化，改变了法国中等教育的性质，从制度层面保证了法国适龄青少年接受平等教育的机会，为法国年轻一代文化水平的提高提供了保障。

## 四、课程与教学现代化改革

从 20 世纪上半叶开始，法国初等教育和中等教育逐步开始普及，受教育人群日益壮大，所有适龄儿童均可接受初等教育和中等教育。与此同时，"二战"后科学知识快速更新与发展，尤其是自然科学知识日新月异，但此时法国中小学教科书内容落后于社会现实需要和现代科学知识的发展，中小学课程设置和教学内容亟须改革。教育科学研究领域的新成果使人们对教育理念、教育功能、教育过程及儿童发展都形成了全新的认识。在此背景下，法国在不断调整教育结构的同时，开始推动学校内部的课程与教学现代化改革。法国政府与学术界多次组织科学家、教育学家和任课教师研究、探索中小学课程与教学领域的相关问题，设计新的教学大纲，编写新教材，更新教育内容，将现代科学的新发明、创造和研究成果引入教材之中。这一时期的课程与教学现代化改革主要表现为：现代数学运动、跨学科的尝试、科学教育的加强、普通教育内容中技术教育的引入、补习课和加深课的设立。

### （一）现代数学运动

20 世纪六七十年代，法国乃至全世界中小学课程领域掀起了一场旨在促进数学教育内容现代化的改革，即"现代数学运动"（亦称"新数学运动"）。伴随着现代科学的发展，数学作为一门历史悠久的基础学科的工具价值日益凸显，数学的应用范围从物理科学扩及化学、生物学、生命科学、经济科学、

① 参见邢克超主编：《战后法国教育研究》，126~127 页，南昌，江西教育出版社，1993。

管理科学、语言学、心理学等各个领域。法国素来重视数学教育,重视数学教育在培养人的抽象和演绎能力方面的作用,并且在数学教育领域居于世界领先地位。受美国课程改革的影响,为了实现数学教学现代化,1964年,法国根据现代数学的模式制定全国中小学数学教学大纲,削减了传统的欧几里得几何学内容的比例,增加了集合、微积分、线性代数、概率论等大量高等数学的内容。由于时间仓促,新教学大纲在教学内容、课程深度以及教学方式方面未能充分考虑学生的认知水平和学习能力,在教学中出现了一系列问题。例如,教学内容过分强调概念的形成,过度使用纯演绎的方法,片面重视理论,导致培养的学生演绎逻辑能力较强、实际计算能力较弱;教学内容过深,只有少数具有数学天赋的学生能够适应学习进度,大多数学生则无法适应;相当数量的中学数学教师因缺乏相应培训而无法适应新大纲教学。在这种形势下,新大纲教学难以为继。1977年,哈比改革重新调整了中小学数学教学大纲,保留了现代数学的部分合理内容,强调对学生进行更为全面的基础训练,取消了现代数学运动的有关内容,数学教学得以朝着符合教育规律的方向发展。

(二)跨学科尝试

20世纪六七十年代,为改变中小学教学中传统分科课程教学所导致的学科之间的相互隔绝,探索一条可从整体上将各学科有机整合起来的模式,使各学科教学更为统一、协调和系统化,以便培养学生对自然与社会的整体认知能力,部分欧洲国家在课程改革方面开展了废除科目和跨学科教学的探索。皮亚杰、布鲁纳等的课程和教学研究成果为跨学科教学提供了理论支持。受此影响,法国在20世纪60年代末也开始尝试一种全新的教学计划,集中就初等教育的课程计划、学科结构以及教学方法实施改革。根据1969年8月7日的国民教育部部令,小学课程实行合科的课时三分制教学法,所有学科被划分为3部分:第一部分为基本工具学科或基础学科,包括法语和数学;第二部分被称作启蒙课或知识学科，包括历史、地理、自然、公民教育、手工、图画、音乐等；第三部分为体育。国民教育部部令建议基础学科课程安排在上午授课，启蒙课和体育课安排在下午。国民教育部部令规定小学各年级周授课时数为 27，其中基础学科 15 学时（其中法语 10 学时、数学 5 学时），启蒙课 6 学时，体育课 6 学时。[①] 此次改革在借鉴欧洲跨学科理念的基础上，期望通过灵活的启蒙教学，培养学生的自主观察与探索能力，提高教学获得感。哈比改革开展了跨学科尝试，在初中教学计划中增设了"实验科学"。1978 年7 月 7 日的国民教育部部令调整了小学各年级法语、数学、启蒙课和体育课的授课时数，分别为 9 学时、6 学时、7 学时和 5 学时。跨学科教学是教学思想的现代化改革，符合知识发展、技能养成和人才培养的内在要求，也为教师发挥个人主观能动性进行教学创新提供了机会，但这种方法的实施要求教师具有很强的主动性、创新性和丰富的知识储备与较强的教学能力，现实中能胜任的教师为数不多。

（三）加强科学教育

法国普通教育历来推崇理性，重理论、轻实践，重文科、轻理工和实用学科。"二战"后，为适应科学技术的发展，教育内容现代化成为当务之急。其中一项重要工作就是在普通中小学教育中引入现代科学知识。20 世纪 50—70 年代，法国多次修订中小学教学大纲，突出科学教育内容。1945 年颁布的国民教育部部令规定，小学要开设传授科学知识的"观察练习"课。1969 年，法国小学实行跨学科尝试后，"观察练习"课的教学内容被纳入启蒙课之中。之后哈比改革进一步强化并完善了科学教育，每周增加了 1 节启蒙课，制定了新的教学大纲，科学教育内容与方法更加多样，以培养小学生的科学态度、观点与思维，使他们掌握更多的科学知识。中等教育第一阶段的科学课在"二战"后更名为"观察科学"，主要运用观察教学法，开展博物性质的教学。1968

---

① 参见邢克超主编：《战后法国教育研究》，131 页，南昌，江西教育出版社，1993。

年，观察科学课改为生物课，增加了实验和操作，内容变化不大。1977 年，哈比改革提出的教学计划把初中各年级开展的有关科学教育统称为"实验科学"，整合了生物、地质、物理和化学等四个学科的知识，注重基本概念教学，同时也强调观察、测量、操作、实践等实验活动，重视引导学生在实践活动中理论联系实际、掌握实验方法、提高科学知识水平和钻研科学的自觉性。

（四）普通教育中技术教育内容的引入

伴随着经济的发展，法国普通教育的社会功能和经济功能日益凸显，到 20 世纪 70 年代时，技术教育被引入普通中小学。1977 年，国民教育部部令规定，初中各年级增设手工技术教育。手工技术教育并非针对某一职业的专门培训，而是传授基本科学技术知识与技能的综合教育，目的在于提高学生未来从事技术工作和适应社会的能力。该课程综合物理、化学、技术、手工等多领域的内容，通过观察、测定、组装、制图、制作、表述等开展教学，让学生从生活实际应用出发，通过实验、练习和操作，将所学科学技术知识运用到实践之中，知晓职业活动的大致环节，了解常用材料的具体性能，学会使用简单工具进行拆卸、安装、维修等。此外，初中第三、第四年还开设了车间劳动技术、建筑技术及第三产业技术等方面的技术选修课。技术教育内容的引入有助于提高普通教育学生的动手能力和技术素养。

（五）补习课和加深课的设立

随着十年制义务教育的全面落实与中等教育的普及，法国中小学学生人数在 20 世纪 50 年代至 20 世纪 80 年代初增长迅速，入学人数增长最为突出的是中等教育阶段，但同时也产生了生源水平参差不齐、个性差异大、学业失败等问题。为解决这些问题，1977 年 3 月，法国国民教育部专门颁布部令，在中小学内开展适合每个学生知识基础与认知水平的教育，规定在小学和初中设立补习课和加深课，在小学主要针对法语和数学方面的学困生，在初中则针对法语、数学、现代外语方面的学困生，帮助他们弥补学业漏洞，达到正常进度要求。对于优秀学生，虽然并不增加学习内容，但从深度和广度方面对他们进行辅导，以更好地挖掘他们的学习潜力。这种因材施教的教育理念固然科学、必要，但在实践中却因需要足够的师资和资金支持，而未能得到普遍落实。

总而言之，"二战"后至 20 世纪 70 年代末，法国普通教育课程教学改革的总趋势表现为：现代化成为这一阶段法国课程与教学改革的主旋律。例如，削减古典语言的比例，现代语言、数学、自然科学成为中小学课程的核心内容，一些实用性较强的职业技术基础知识融入普通中小学课程教学之中，且教学内容更加重视不同类型知识的融合。哈比改革后，拉丁文和希腊文不再列入法国初中各年级的必修基础课，仅保留在初中三、四年级的选修课中。

## 五、高等教育结构调整

"二战"后，秉持整体的教育改革和教育面前人人平等理念，郎之万—瓦隆委员会曾设想在高等教育阶段将大学校预备班和综合性大学低年级合并为两年制的大学预科，将大学校归并到综合性大学成为专业学院。由于政治、经济及教育传统势力抵制等多方面原因，这一设想未能成为现实。1968 年前，法国高等教育基本上仍保持着综合性大学与大学校双轨模式。但由于社会经济发展和各类学科自身的发展，高等教育在层次结构、学科结构和类型结构方面出现了如下一些变化。

1954 年，法学院学制由 3 年增至 4 年，前两年学习普通文化，后两年学习专业知识，专业方向分私法、公法和政治经济学。1957 年，法学院更名为法学与经济科学学院，1959 年增设经济学学士学位，增加了数学教学的比例。①

---

① 参见邢克超主编：《战后法国教育研究》，178 页，南昌，江西教育出版社，1993。

1958 年，文学院改称文学与人文科学学院，随着战后社会学、人口统计学、人种学、人文地理学、心理学等人文学科教学与研究的发展，该学院增设了相应的学位。理学院的专业文凭也随着学科的分化由原来单一的普通物理分为电子学、光学、热动力与物理机械 3 种，之后又增加了基础物理文凭。

1966 年，法国全国高等教育改革委员会提议重新组织大学教学结构，将本科 4 年教学分为两个阶段：第一阶段 2 年，开展各学科领域的普通教育，考核通过者颁发大学理科(或文科)学业文凭，考试委员会根据学生情况，指导他们选择下一阶段的专业；第二阶段开展 2 年的专业教育，考核合格者分别授予学士学位和硕士学位，硕士学位为新设学位。博士教育为法国高等教育的第三阶段，主要致力于研究训练。该阶段第一年为博士预备阶段，考核通过者获得深入学习文凭，方可继续攻读博士学位。此外，1966 年，法国在综合性大学内部创建大学技术学院，其为短期高等教育，此举丰富了法国高等教育类型。1984 年 7 月 5 日的《高等教育指导法》进一步统一了第三阶段博士学位的名称——大学博士学位。同年的《萨瓦里法案》规定增设新的国家文凭——大学科技学习文凭，同时加强对学生的专业信息指导。至此，法国形成了普通教育、专业教育和高深的学术研究彼此联系又相互独立的三段式学位制度。大学医学院、药学院以及大学技术学院和高级技术员班均颁发相应的文凭，再加上大学校那一轨，法国的学位制度呈现出双轨制、多层次、碎片式特征。

## 六、职业教育改革与发展

"二战"后，为重振经济，法国大力恢复与发展可直接服务于经济的职业教育，通过战时职业教育机构的国家化、规范化，调整中等职业教育结构，资助企业兴办学徒培训中心，新创高等职业教育机构等措施，完善职业教育结构，培养国家经济发展和产业转型所需要的人才。其主要做法有如下几个方面。

首先，将那些为战时培养劳动力的机构国家化、规范化。1944 年将"职业培训中心"改为"学徒培训中心"，并纳入国家职业教育体系，接受国家教育部门的统一领导。1948 年，国民教育部承认私立学徒培训中心，次年明确该中心的使命在于培养工商业工人，为其制定课程，配备师资，并提出相应培养要求。学徒培训中心学制 3 年，学生毕业可获"职业能力证书"。

其次，调整、完善职业教育结构，提升职业教育机构的水平与层次。1945 年，工商实践学校升格为市立技术中学，招收初中前 2 年的结业生，学制 5 年，毕业合格者授予技术教育证书。1959 年教育改革将义务教育延长到 16 岁，规定学生在义务教育阶段最后 3 年要接受一定的职业教育。这次教育改革进一步提高了职业教育的地位，将市立技术中学升格为国立技术中学，培养技术员。国民教育部举办的学徒培训中心改为市立技术教育中学，培养熟练工人。1967 年，法国又在市立技术教育中学内设立两年制职业学习证书班。进入 20 世纪 70 年代，哈比改革建立了四年制统一初中，前两年为观察期，提供普通教育；后两年为方向指导期，对学生进行一定的职业教育。哈比改革还将市立技术教育中学改为与普通高中、技术高中并列的职业教育高中。法国中等职业教育结构不断趋于完善。

最后，创办高等职业教育新机构——大学技术学院和高级技术员班。这两类机构属于短期高等教育，承担高等职业教育功能，能较好满足社会需求，广受学生和社会青睐，发展速度较快。

1956 年，为满足社会对技术人员的需求，法国创办了高级技术员班，招收高中毕业生或市立技术中学毕业生，学制 2 年，共计 120 学分，毕业合格者授予"高级技术员证书"。高级技术员班大多数设在条件较好的技术高中，还有一些由职业协会、工商协会等机构和学徒培训中心单独或合作举办。高级技术员班分私立和公立，其中一些私立班与国家签订合同，它们在教学大纲、课时、招生等方面与公立班基本相同，在财政和教学方面接受国家的监督、指导，高级技术员班的学生约有40%就读于私立班。高级技术员班涉及145个专业，培养这些专业的中级技术干部，专业划分较细，技能培养具有明显的岗位针对性和实践性。毕业生具有较为扎实的普通文化知识和水平较高的专门技术，绝大多数毕业生直接走向就业岗位，从事技术员工作，有意者也可继续深造。

进入20世纪60年代，法国形成了大型工业集团，生产、研究和开发日益成为企业发展的关键，传统职业开始重组，新型工作岗位出现，新的技术设备在各个行业领域不断出现。这些新变化提高了对劳动力的要求，工业生产需要大量能够独立操作、组织和管理生产并能随时解决实际问题的熟练技术人员，需要不断进行反思、掌握相应的表达与交流方式以及学会适应不断变化的环境的工程师。1964年9月，法国政府决定在综合性大学设立具有公立性质的专门提供高级技术教育的学院，其以会考成绩为标准面向所有高中毕业生招生，学制两年，教育内容比普通大学更为具体，直接与各行业企业对接，提供的几乎全是技术性的专业课程，第一年为基础理论课，第二年是专业课和实习，课程设置强调多样性、综合性和实际应用，注意培养学生较强的适应能力。专业师资来源于综合性大学、企业和职业机构，企业界干部和技术人员参与教学。其培养目标是："为工业和第三产业的活动培养干部和高级技术员，这些人的任务是将抽象的设计或理论研究的结果具体化。""造就直接协同经济、管理和工业尖端力量工作、协助工程师进行研究、计划、发展和生产的较高级的技术人才和中间领导人员。"①学生毕业后，获得"高等技术文凭"，大部分学生通过相应的考试，担任国家部门和企业的中级干部与技

① 转引自刘志鹏：《法、日、美、英、联邦德国的短期高等教育》，载《江汉大学学报(社会科学版)》，1984(2)。

术人员，一部分学生继续到普通大学进行学习。由于其学制比综合性大学及大学校短一年，符合社会需求与广大学生及其家长的预期，并且在综合性大学内部为学生提供了一个全新的选择，从而避免了设立新的教育机构所引发的矛盾与冲突，因此这一决定得以顺利通过。1965 年，首批 4 所大学技术学院成立。1966 年 1 月 7 日法国颁布法令明确了大学技术学院的法律地位，11 所大学技术学院应运而生，1966 年顺利招收了 1503 名学生。大学技术学院属于法国独特的教育机构，既满足了持续扩大的学生群体接受高等教育的需求，也满足了经济发展对中层管理人员的需求。

## 七、大学结构重组与现代大学制度的确立

"二战"后，法国社会物质生活逐渐丰裕富足，人口出生率上涨，青年人口数量攀升，基础教育民主化以及随之而来的高等教育大众化，使得广大民众对高质量的高等教育和精神文化的需求日益提升。但当时法国大学管理体制僵化、低效，学院行政管理色彩浓厚，课程内容较为陈旧，教学方法单一，师生关系冷漠，大学生学业失败与就业困难问题同时存在。在存在主义和后现代主义哲学思想的启迪下，法国青年更多关注社会价值和精神文化。"如果国家不采取适当办法解决大学的发展问题，那将会招来酿成全国性灾难的学校大爆炸。"[1]在波兰、意大利、西班牙、英国和美国等域外学生运动的影响下，1968 年 5 月，法国爆发了一场震惊全国的学生运动，史称"五月风暴"。"把大学还给学生"成为这场运动的口号，自由、民主的现代精神成为大学生的首要诉求。作为"社会高等神经系统"和社会再生产机制的法国大学此时面临重大危机。重建大学，确立现代大学制度成为政府平息叛乱、缓和学生与政府之间矛盾的当务之急。戴高乐政府指派时任国民教育部长的埃德加·富

---

① 转引自[法]让-皮埃尔·勒·戈夫：《1968 年 5 月，无奈的遗产》，胡尧步、韦东、高璐译，33 页，北京，中国青年出版社，2007。

尔对大学制度进行了全面调查与反思,于 1968 年 11 月颁布了《高等教育方向指导法》(又称《富尔法案》),对法国大学的管理和结构进行调整与改革。该法案提出了创建现代大学制度的自治、参与和多学科改革原则,成为法国大学日后改革与发展的总基调。

第一,自治。1968 年《高等教育方向指导法》第 3 章"管理自治与参与"第 11 条规定:"根据现行法令与补充条款规定,大学及其内部的教学与研究单位能够自主决定其地位、内部结构、与其他大学单位的联系。"①这就使法国大学从法律上获得了管理内部事务、自主办学的职权。同时,该法案重组大学的组织结构,解散原有的 23 所大学,打破原有的学院制结构,按照"教学与研究单位"重新组成 67 所新型大学,以此削弱保守、僵化的教授权威,加强了大学层面的行政权力。该法案第 4 章"教学自治与参与"第 19 条规定,大学可以根据学校实际情况,灵活应对外部多样化需求,自主开设课程,决定教学方式、教学内容和教学考核方式,颁布大学文凭,聘请外籍教师等,享有真正的内部治理自主权。大学的财政自治权方面,该法案第 5 章第 26 条规定,法国"具有科学性、文化性的公共机构自主决定其物质设施以及来自省政府的基金"②。每所大学都有一个通用的财政预算,在一定范围内拥有管理支配国家预算拨款和公立以及私立机构捐赠的自由。法国学界观察到:"自 20 世纪 70 年代以来,所有大学都在公共财政预算的限制内享有了一定程度的经济自治。"③自治改革使法国大学在内部管理、教学和科研、经费分配等方面拥有了一定的自主权;但向来崇尚自由与平等的法国大学教授因担心校长权力过于集中,左右翼之间激烈争论,学位、全国性统一会考以及教师人事任

① Alain Bienayme, *Systems of Higher Education: France*, New York, Interbook Inc., 1978, p.126.

② Alain Bienayme, *Systems of Higher Education: France*, New York, Interbook Inc., 1978, p.132.

③ W.R.Fraser, *Reforms and Restraints in Modern French Education*, London, Routledge & Kegan Paul Ltd, 1971, p.25.

命权依然由国家掌控，大学学位在就业市场上认可度低，大学自治改革成效有限。

第二，参与。回应学生诉求，大学在国家集权管理的框架内，建立学校、地区和国家各级咨询委员会，"咨询委员会在国家规划的框架内制订高等教育计划，实现大学普通政策与学习课程之间的协调，对国家文凭和学位提出建议"①。学校由教职员工、学生和地方代表组成的理事会管理，由理事会选出的主席——校长来领导，各级代表体现了不同教师组织和学生组织的利益与要求，校长经常不定期地组织召开校长协商会，讨论公众关心的教育政策，并向国民教育部提供建议。作为一个富有活力的机构，校长协商会在大学自治和民主化过程中发挥着不可忽视的作用。② 这种多方参与管理的原则是对国家集权管理制度的调整。埃德加·富尔认为"参与"与"管理"是同义的，可以使参与者各取所需而不至于引发左右两派的争端，同时实现了雅各宾派所谓民主与平等："大学由大学工作人员、教学人员、学习者……来管理……它是在尽可能最好的条件下确保为我们所管理的社会服务的。"③《高等教育方向指导法》规定大学要邀请一些校外著名人士，尤其是在国家经济和社会活动方面持有见解的人参与学校决策过程，并且规定"理事会中外界人士的数量，不得少于成员总数的1/6，不得多于1/3"④。该规定不仅促进社会力量参与大学管理，而且鼓励大学建立与外部世界之间的联系，以更好地满足社会需求。从长远看，参与改革体现了政府推出的共同管理的理念，有利于减弱国家的强权控制，增强校级权力，所有大学利益相关者均可以参与大学管理，有利于

---

① W.R.Fraser, *Reforms and Restraints in Modern French Education*, London, Routledge & Kegan Paul Ltd, 1971, p.25.

② 参见高迎爽：《法国高等教育质量保障体系研究——基于政府层面的分析》，64 页，北京，中国社会科学出版社，2014。

③ W.R.Fraser, *Reforms and Restraints in Modern French Education*, London, Routledge & Kegan Paul Ltd, 1971, p.44.

④ 瞿葆奎主编：《法国教育改革》，张人杰选编，158 页，北京，人民教育出版社，1994。

决策的正确性与大学自我管理的合理性。然而，在现实中，学生和青年教师只获得了形式上的民主参与和发言权，很少真正发挥作用。《高等教育方向指导法》的作用仅限于指导，存在较大的模糊性，常常导致一些参与管理的群体之间不负责任地争吵，致使该法案在现实中无法落到实处。

第三，多学科。这是与大学自治改革、参与改革相对应的、深入大学结构的一项根本性改革，旨在打破传统大学单学科学院之间的藩篱，让每个学院在继续保持本专业特长的同时，努力向多学科和多专业的综合方向发展。开设多学科、多专业的综合性课程，尽可能地实现文学艺术与科学技术的结合。在大学的不同学科之间建立广泛的联系，开展多学科的教学与研究。《高等教育方向指导法》规定："每个学区内可以建立一所或几所大学(以前通常是一个学区一所大学)。大学应该是多学科的，文学院、艺术学院、理学院与技术学院应尽量加强联系。然而，大学可以拥有一个占优势的专业领域。"[1]多学科原则的实施使法国大学结构实现了较为彻底的变革。"最大的改革是在巴黎进行的，象中心索邦分成了100多个教学和科研单位，这些教学和科研单位最后组成了7所大学，有些大学只是原来较大学部的一部分。"[2]这些教学与科研单位的重组为教师、研究人员、学生和管理人员提供了更灵活的组织支持，推进了跨学科的科研创新和新课程改革，代表了法国大学办学理念的变革，推动了原有的专业设置和学科结构的综合化改革，促进了法国大学满足社会现实与大学生就业的需求。学界评价多学科的大学结构"既符合启蒙传统精神，又能满足当代国家需求"[3]。原普遍的单学科大学为多学科大学所代替，扫除了结构性障碍，具有深远的历史意义；但从总体来看，多学科改革

---

① Habiba S. Cohen, *Decade of Change and Crisis: The New French Universities since 1968*, Boulder, Westview Press, 1979, p.391.

② 王承绪主编：《学术权力——七国高等教育管理体制比较》，57~58页，杭州，浙江教育出版社，1989。

③ W. R. Fraser, *Reforms and Restraints in Modern French Education*, London, Routledge & Kegan Paul Ltd, 1971, p.4.

只是建立了多学科结构，尚未实现"多学科结构和多学科教学之间的融合"①，加之法国单学科学院传统的影响，这次多学科改革并未建立起现代意义上的多学科高等教育结构。

自治、参与和多学科改革重建了法国大学的自治与民主管理体制，确立了大学与社会接轨、担负社会责任并从中汲取发展动力的组织结构，代表着法国大学史上一个新阶段的开始。法国教育史学家安托万·普罗斯特(Antoine Prost)认为这次改革"严重地冲击了帝国大学制度下的以院系为基础的大学教育理念"，法国大学"通过立法的形式获得了新生"。② 事实已经证明了《高等教育方向指导法》与现实的适切性，它所构思的体系具有可行性。

## 八、职业继续教育的发展

法国注重通过立法推动继续教育发展。1963 年 12 月，法国颁布了《职业培训法》。1971 年 7 月 16 日，法国议会通过了 4 部职业教育方面的法案，即《职业训练法》《终身继续教育组织法》《技术教育基本法》和《企业主承担初等阶段职业技术教育经费法》。根据规定，在职人员享有继续教育的权利。《职业训练法》确定了职业教育的方向；《终身继续教育组织法》着重对学徒制培训进行改革；《技术教育基本法》就组织继续职业培训做出规定；《企业主承担初等阶段职业技术教育经费法》旨在改革学徒培训税，并进一步保证学徒培训的经费。随后法国国民教育部又公布了 30 多项实施这些法令的决定，规定全体职工有权享受带薪培训假，并强制各企业资助继续教育；规定在同一个企业中同时享受培训假的人不能低于总人数的 2%。法国政府部门通常设有培训机

---

① Habiba S. Cohen, *Decade of Change and Crisis: The New French Universities since 1968*, Boulder, Westview Press, 1979, p.276.

② Christine Musselin, *The Long March of French Universities*, New York, Routledge Falmer, 2004, p.32.

构,如国家青年部设有法国青年政治研究学院,环境部设有全国水务培训中心,许多综合性大学也设立成人教育培训中心,形成了覆盖各个大区、省和市镇的培训网络,承担国家各级各类单位的培训任务。从整体上看,这些培训机构可分为直接培训机构和间接培训机构,前者包括公共教育机构、企业职工教育机构、民办的成人教育协会、个体营利性成人教育机构等,主要进行职工培训;后者则开展筹集资金、提供咨询服务等活动。

20 世纪 80 年代,法国希望通过调整职业教育、完善职业培训体制、改革学徒制来解决青年失业率、犯罪率高的社会问题,于 1981 年 9 月公布《提高青年人的职业水平和社会地位》报告,致力于建立和完善辍学青年职业培训体系。该报告指出,改变学校职业交替制度,采取工学交替制、累积学分制以及谈判制,确保学生理论与实践相结合。由专门企业和机构负责对 16~18 岁的辍学并失业青年开展集中培训,对尚未定向的失业青年提供为期 6 个月的职业指导性培训,对已有职业定向的青年进行最长两年的职业培训;协助职业高中对在校学生提供职业培训。除提供奖学金补助外,还增加职业高中学制的灵活性,规定中途退学的学生之前所修学分都应获得承认,并允许其在今后的工作中修满剩余的学分。允许中途退学学生重返职业高中学习,在接受 3~6 个月的职业培训后获得相应的职业文凭。改革学徒制,政府为学徒提供法定最低工资 10% 的酬金,并对招收学徒的工厂、企业实施免税政策。对于 18~21 岁的青年,政府采取工作分享制和灵活的工作时间,为其进入职业社会提供多种渠道,设计实施半日性合同以及季节性合同制度,保证青年的职业培训时间。明晰培训层次与合同性质的关系,为青年进入职业社会提供更有力的法律保障。此外,政府确保青年享有生活条件、身体状况、法制教育以及兵役等方面的福利,将青年吸引到城市和国家生活中来。1984 年 2 月 24 日,法国颁布的《职业继续教育改革法》重申职工带薪培训假制度,进一步强调对 18~25 岁的青年实行工学交替的职业培训。

## 第三节 法国初等教育与中等教育现代化实践

20 世纪 70 年代末，在世界性经济危机的影响下，法国经济在经历战后高速发展之后，不可避免地进入了一个经济增长缓慢、通货膨胀加剧、青年失业问题严峻的时代，政府在调整经济政策和推行改革的同时，尝试从教育、科技发展等领域找到破解困境的密钥，希望教育能够应付国际经济竞争和技术发展的挑战，成为国家现代化的尖刀。进入 20 世纪 80 年代后，法国政坛更迭频繁，国民教育部长几经轮换，教育主张各异，改革行动也各有侧重，但基本精神和总政策方针仍坚持"分权、现代化与适应"的基本方向。法国政府组织学者和专家按照教育类别分专题开展调查研究，就教育改革提出具体建议并提交相应报告，共同推进全面教育改革。法国政府以调查报告为先导，继以立法手段推进，推动、开展了面向教育系统和社会的全面而深入的改革。

### 一、初中教育改革的蓝本：路易·勒格朗《为了民主的初中》报告

法国初中历来被视为国家教育体系的基础。战后的二三十年间，法国历届政府曾多次对初中教育进行改革，但均未能从根本上提升初中教育的质量。法国的初中一直面临学生留级率高、基础知识掌握率低等问题，将近 1/3 的毕业生没有掌握基本语法，不具备应有的阅读和数学解题能力，直接影响着国家人才培养的质量。1981 年，社会党人执政后，时任国民教育部长的阿兰·萨瓦里（Alain Savary）于 1981 年 11 月 13 日向路易·巴斯德大学的教育学教授路易·勒格朗（Louis Legrand）求助，请他组织专门委员会对法国小学与初中、初中与高中之间的过渡和衔接等问题进行全面调查、研究。路易·勒格朗团队经过 1 年多的调研，在 1982 年年底向法国政府提交了《为了民主的初

中》的报告,该报告于1983年公开发表。

该报告全文近40万字,详尽地阐述了法国初中当时所面临的严重的教育质量下降的问题:①初中生的知识掌握不足,尤其是阅读能力很差,留级率不断上升;②1975年哈比改革规定的初中生不分水平混合编班的原则未得到认真落实,不利于初中阶段义务教育的实行;③初中生过早进行定向选择,大量学生在完成前2年观察阶段学习之后即转入职业前教育适应班、艺徒预备班和职业高中,接受不同程度的职业教育,造成每个年龄组中30%~40%的学生没有接受足够的教育,没有获取应有的学识和能力,致使法国青少年文化素质下降;④初中未能很好地履行其应有的社会职责,反而在一定程度上放弃了自身职责。总之,该报告显示,法国初中教育的基础性和民主化功能遭到破坏,理论与实践严重脱节。①

该报告从学生、师资、师生关系、教学内容等方面分析了产生上述问题的原因。学生方面,学生智力水平及学习基础参差不齐,学生出身和家庭情况各异,再加上地区教育水平不均衡,导致部分学生无法适应初中阶段的教学,教师组织教学难度很大,学生留级或过早终止普通中学教育比例较大。师资方面,初中教师类别、级别繁多,地位不一,加之各种教师督查制度的实施,致使教师之间在教学上互不交往,师生之间亦缺乏互动和往来。教学内容方面,教学内容大多脱离实际,课程设置缺乏内在联系。教学方式方面,教学以语言传授为主,学生之间互动较少,形不成学习共同体,学生缺乏学习动力与学习兴趣。

为解决上述问题,建立真正民主的初中,该报告呼吁取消对学生进行过早的淘汰性选择,改变学生学业失败现状,培养学生自立能力和责任感,重

---

① 参见教育发展与政策研究中心:《发达国家教育改革的动向和趋势——美国、苏联、日本、法国、英国1981—1986年期间教育改革文件和报告选编》,222~223页,北京,人民教育出版社,1986。

建符合社会发展需要的、能够体现法兰西民族文化水平的初中教育。为此，该报告提出了以下几条建议。

第一，建立新的教学组织。为解决学生个性化差异问题，建议取消教学班，按年级设立一种新的教学组织——教学体，教学体内部设教学组。每个教学体由 78~104 名不同水平的学生组成。每个教学体分 3 至 4 个教学组，每个教学组不超过 26 人，属于混合式教学组。但对法语、数学、现代外语 3 门课程实行同学科同水平的分组教学。

第二，重新调整教学内容。重视音乐、艺术、体育等启蒙学科的教学。加强综合技术课和跨学科课程教学，为学生创造实践和动手操作的条件。用能反映现代世界技术成果的综合技术课取代原来的手工劳动课，用具有一般启蒙性质的人文科学与自然科学取代原来的历史、地理、公民教育等课程和实验科学。

第三，保证每个学生学业成功。每学年开始时，教师小组要就每个学生过去的学习情况撰写观察报告，以此为依据调整教学计划，重新划分教学组。

第四，建立教师监护制度，使每个教师切实在学习安排、学习方法、时间支配等教学和教育方面负起责任，帮助学生实现自立和自我社会化。监护教师需协调学生同其他任课教师以及行政管理人员之间的关系，定期与学生见面解决其日常生活与学习中的问题，全面评定学生学习情况，并负责对学生进行思想品质方面的教育。

第五，统一教师工作量，改变教师工作方法、教师职责与工作量评价标准。教师的基本工作组织为教师小组，几个教师小组组成教学部，代替原来的年级组织。

第六，增设学科教学委员会，调整校务委员会，完善学校的各级教学管理机构。学科教学委员会由每个学科选出的一名教师代表组成，定期召开会议，协调同一教学体内不同学科的教学工作。

第七，重新培训教师，提高师资质量和初中教育质量。

该报告成为法国政府改革初中教育的蓝本。政府以此报告为基础，组织教师、学生、家长及社会各界人士围绕初中教育改革展开了全国性大讨论，在听取全面意见的基础上，开始了初中教育改革。由于种种原因，路易·勒格朗的改革方案未能得以全部实施，但其若干原则得到许多学校的支持，并取得了一定的效果。例如，法国在确保学生成功方面，通过多次改革，对学困生进行额外辅导；在不同类型教育制度层面建立融通机制等。

## 二、高中教育改革的规划：安托万·普罗斯特《21 世纪前夕的高中及其教育》报告

法国高中学制 3 年，组织结构较为稳定，教育质量和社会声誉很好，一直令法国人引以为豪；但到 20 世纪 70 年代，法国高中出现了入学率低、辍学率高、教育质量下降等现象，严重影响了法国青年一代的文化素质，引发了社会各界的普遍担忧与批评。为了更好地、有针对性地解决法国高中教育中存在的问题，1982 年下半年，法国国民教育部长专门委托巴黎第一大学教授安托万·普罗斯特组成一个有 9 名专家的调查组，围绕法国高中教育的现实状况进行了历时一年多的深入而全面的考察研究。1983 年 11 月，该调查组在综合各界专家、社会团体、各级教育行政部门意见的基础上，结合对许多高中进行考察及与高中教师座谈的结果，向政府提交了《21 世纪前夕的高中及其教育》的报告。该年年底政府向全国公布了该报告，并以此指导法国高中教育改革。

该报告全文 288 页，约 30 万字，详细分析了法国高中教育近 20 年来出现的人数激增，成分、结构和培养目标改变，教学内容不断更新等巨大变化，以及当前存在的学生负担重、课时偏多、教学内容脱离实际，过于强调教学，对学生方向指导不足，教学方法缺乏科学性，对学生独立思考、自学和实践

能力培养不足等问题。为更好地改进法国高中教育，报告提出了 11 项具有针对性的建议。①

第一，加强各学科之间的协调，实现教与学的均衡一致。

第二，调整教学内容，改进学习方法。

第三，鼓励学生独立工作，培养学生的独立工作能力。

第四，修改教学大纲，使教学内容进一步多样化。

第五，调整高中内部生活，使学生的学习、生活和课外活动平衡。

第六，关心学生学习，定期对其学习情况进行总结。加强对学生的观察与方向指导，改革现行考试制度，简化考试方法。

第七，消除隔阂，灵活管理，打破教学上的闭塞状态。促进普通高中教育和中等职业教育之间的相互转换，提高课程的现代化、职业性和适应性。

第八，让学校拥有发挥自身主动性的空间。

第九，发展学校之间、学校同社会有关机构之间的合作。

第十，对高中的教师和工作人员进行再培训，鼓励教师开展相应的教育研究。完善教师招聘条件，提高教师的素质，发展对学科教学方法的研究，充分利用计算机、视听设备等现代化教学设备。

第十一，缩小地区差异，增加高中教育的入学人数。

该报告的基本精神与具体建议直接影响了之后法国高中教育的改革。例如，在学校层面成立对话协调机构，负责发现教学中存在的主要问题，制订计划，组织有关部门之间人员合作；逐步提高高中教学内容的现代化，使高中教学内容适应不同的教育目标，重视高中教育对学生未来发展的重要意义；在教学内容中扩大职业教育的比例，促进普通教育与职业教育之间的相互转换；调整课程设置，延长对学生方向指导的时长；等等。

———————————

① 参见吕达、周满生主编：《当代外国教育改革著名文献》德国、法国卷，261~267 页，北京，人民教育出版社，2004。

### 三、国家未来教育规划原则:《未来教育的建议》

法国社会党人执政后,协同教育界人士试图规划未来的教育,构想未来教育的蓝图。1984年2月13日,时任法国总统的密特朗邀请法兰西学院院长伊夫·拉波特(Ive Laporte)组织教授和专家就教育问题开展研究,并形成相关报告。法兰西学院全体教授经过1年多的共同讨论与研究,于1985年年初向总统提交了《未来教育的建议》的报告。

该报告围绕一切教育都应不断传授新知识、造就新形势所需人才的目标,为未来的法国教育改革提出了九大基本原则。①

第一,尊重科学的统一性和文化的多样性。学校教育应致力于实现科学所固有的理智的普遍性与历史科学的相对性的结合,使对科学理智的依赖和对文化理智的领悟协调一致,加强学生认识上的灵活性和适应性。

第二,学校教育形式应多样化。杜绝实践和知识之间、"纯学习"和"应用"之间的隔离,强调科学和社会的联系。

第三,增加学生成功的机会。减少学校成绩决定一切、以学业成败定终身的现象。多设专业,鼓励不同专业之间转换,减少互相割裂。教育体制建设应确保学生在不同专业之间转换,增加课程设置的灵活性,对学生提供针对性较强的方向指导。

第四,在多样化中寻求统一。协调自由主义和国家干涉主义,在各种不同的自治学校之间创造真正的竞争条件,保护条件较差的个人和学校,确保真正的自治与竞争。

第五,及时调整教学内容。

第六,统一学校所传授的知识。避免日益专门化倾向,实现文化和教育

---

① 参见吕达、周满生主编:《当代外国教育改革著名文献》德国、法国卷,300~304页,北京,人民教育出版社,2004。

的统一，建议用历史的观点进行教学。简化学历认证，发展欧洲统一的高等教育与文凭体系。

第七，提倡连续、交替的教育。

第八，利用现代化的传播知识的技术。

第九，在自治中求开放，并通过自治扩大开放范围。

该报告为日后法国各级教育改革提供了思路，影响着20世纪末至21世纪初法国教育的改革与发展。法国加入博洛尼亚进程、欧洲教育一体化以及"大学三千禧年规划"等都是这一规划原则的具体体现。

## 四、中小学教育均衡发展："教育优先区"政策

20世纪70年代以来，法国经济在经历战后高速发展之后进入了"滞胀"期，经济萧条，失业率高，非法移民日趋严重，社会两极分化加剧，大中城市的近郊和移民聚居区形成了许多新的贫民区。这些社区社会环境恶劣，治安状况差，中小学校生源质量、校风校纪以及教学质量均不如人意。为了支持城市近郊、移民聚居区等薄弱区域处于不利处境的学生，缩小地区间与学校间条件上的差距，确保校际均衡，1981年，法国政府推出了"教育优先区"政策，重点扶持薄弱社区的小学和初中，直接给予这些地区处境不利的学生更多的关注与支持。1982年政府开始划分教育优先区，划分标准是学校的地理位置、社会环境、学生家长的社会职业状况，以及当地学前教育入学率、中小学留级率、外籍学生比例、中小学校网的密度等教育外部与内部的具体指标，通常是社会问题严重的移民区和学生辍学率、失业率较高的地区。教育优先区每3年评审一次，一旦受扶持的地区达到了国家规定的标准，政府将终止支持政策，转而支持其他薄弱地区。1989年7月10日法国颁布的《教育方向指导法》指出，教育优先区的划分是法国政府为提早预防学生学业失败而提出的，目的是为来自贫困地区的学生提供一种特殊的教学指导。进入20

世纪 90 年代，法国政府在继续推行这一政策的基础上，把实施范围从小学扩及各类中学。1990 年 2 月，国民教育部发出通知明确指出，这一政策的首要目的是使处境不利学生的学业成绩得到提高。

"教育优先区"政策是一项系统化的方案。法国政府制定了组织严密的监管体系：成立大学区领导小组，负责监督学校安置情况；成立由大学区督学任命的教育队伍；成立教育优先区委员会，教育优先区委员会需将自身的行动计划与市镇预防违法委员会、地方安全行动小组、社会环境委员会等其他机构的行动协调一致。为了更好地推进教育优先区计划，对被确定为教育优先区的学校，法国政府制定了一系列相关的政策予以支持，主要包括：增拨教育经费，以改善学校的教育环境与教学设备；增派教师，加强对原有教职人员的培训；提高该地区的教师待遇，国家设立专门的教师津贴，鼓励教师支援落后地区；缩小班级规模，减少班级人数，以利于教师对学生的个别辅导；鼓励教育优先区的幼儿及早进入免费的幼儿学校，接受正规的学前教育，以弥补学前教育的不足。1988 年，政府要求创建教育优先网络，教育优先区内需要帮助的中小学与本学区内非扶持地区的初中、高中组建不同形式的教育优先网络，共同交流经验、分享资源，推广先进案例，共同推动教育优先区教育事业的跨越式发展。教育优先网络负责人与大学区官方签订学业成功合同，期限通常为 3~4 年。合同中明确阐述了学校在教育优先网络目标确定、人员安排、时间安排、资金筹集、教学辅导、师资培训等方面采取的措施。大学区委员会跟踪并监督合同的执行。学业成功合同的签订让学校进一步明确了自身责任，有助于学生提高自身竞争力，学校的毕业率和就业率也因此得以提高。

师资方面，1988 年，法国政府通过一项决议，多年来在教育优先区任教的小学教师可优先晋升为中学教师，初中教师可优先晋升为特级教师，体育教师和拥有中学师资证书的教师有优先获得高中和大学教师学衔的权利，以此吸引、鼓励教师到教育优先区任教。资金方面，教育优先区的教学设备、教师及岗位服务人员的工资均由政府提供，为确保教育优先区人员与资金，政府为教育优先区学校的教师、校长及其他工作人员发放额外津贴，教育优先区学生的教育经费也高出其他地区10%～15%，"教育优先区初中教师与学生的比例平均为1∶21.2，而非教育优先区的这一比例为1∶23.2"[①]。此外，政府优先安排教育优先区的各种职位，为教育优先区计划的顺利实施提供全方位的保障。

"教育优先区"政策的实施是法国政府主导的直接扶持处境不利地区教育的一项成功举措，1995—1996学年，全国教育优先区的数目已由1982年的355个增加到563个，包括小学5400所、初中800所、高中150所。在教育优先区内就学的中小学生有112万人，约占全国中小学生总人数的9%。[②] "教育优先区"政策真正体现了"给与最匮乏者更多，特别是更好"[③]的理念，"标志着人们对教育机会均等的认识与实践发生了重大转变，它承认必须把最大的努力放在需求最大的那部分人上，摒弃了传统的均等观念——信奉所有公民均等享受公共服务的原则"[④]，在提高法国教育质量、促进义务教育均衡发展、推进教育民主化进程方面取得了显著成效。

## 五、重视个别化教学和方向指导

为深入推进教育平等，进入20世纪80年代后，法国在为学生提供入学机会平等和质量相同的教育的同时，更加重视个别化教学，强调对学生的方

---

① 王晓辉：《教育优先区："给匮者更多"——法国探求教育平等的不平之路》，载《全球教育展望》，2005(1)。

② 参见吴式颖、李明德主编：《外国教育史教程》，437页，北京，人民教育出版社，2015。

③ 转引自王晓辉：《教育优先区："给匮者更多"——法国探求教育平等的不平之路》，载《全球教育展望》，2005(1)。

④ 朱家存：《教育均衡发展政策研究》，221页，北京，中国社会科学出版社，2003。

向指导，以适应每个学生的发展水平，保证所有学生在接受教育后均达到一定的发展标准。为此，法国政府专门针对小学和初中的补课与个别化辅导做出强制性规定，并划拨专款用于支付提供个别化辅导教师的额外薪酬，以此确保个别化辅导计划的顺利实施。政府规定，对学业后进生进行课外辅导是学校应尽职责。小学阶段，学校应对那些数学与法语学习有困难的学生开设补习课；初中阶段，补课内容包括数学、法语和外语。

到20世纪90年代，为解决学生水平参差不齐、学业失败等问题，提高教育质量，法国广大中小学在教学方法上普遍重视个别化教学，出现了个别化辅导、小组活动、有指导的个人学习、同学科同水平小组教学等教学方式和方法，尊重学生的个体差异，根据每个学生的学习能力和认知水平，提供针对性较强的指导与帮助。这些教学方式和方法得到了广大中小学任课教师的普遍认同，并广泛运用于日常教学实践。与此同时，20世纪90年代，法国大学、中学教育更加重视对学生的方向指导，即给予学生在升学和就业方面的指导，以更好地促进学生分流，在多样化的教育结构中，使学生找到适合个人发展和社会需要的学业方向，做出正确的职业选择。1989年《教育方向指导法》第8条明文规定，学生有权利得到关于学业、职业方向的指导，这是受教育权的一个组成部分。学校和教育共同体特别是教师和方向指导人员应帮助学生确定其学业和职业方向，并为学生完成学业和学业结束后的就业提供方便。在该法案的指导下，法国重点对初中毕业班、高中一年级和大学一年级的学生提供方向指导。对于初中毕业班的学生来说，主要是帮助学生在高中阶段的普通教育与职业教育之间做出选择；对高中一年级的学生来说，主要是帮助学生在高中二年级不同学科分组之间做出选择。为此，法国在地区一级设地区信息与方向指导中心，方向指导顾问、班主任、学生及其家长共同协商做好学生方向指导工作。从1985年开始，大学第一年也成为方向指导年，教学不分专业，只设几个大的学习方向，学生需在这一年中在教师指导下就未来专业方向做出选择。

个别化教学和方向指导符合因材施教原则和法国提倡的平等、博爱精神，符合教育科学规律，在促进学生学业成功、推动教育平等方面取得了显著成效。到20世纪90年代末，法国大中小学的留级和淘汰现象有所控制，在一些实验学校已经取消了留级制度，这避免了以往"筛选"所造成的人力资源的浪费。当然，在实施过程中法国教育普及、入学人数激增，导致相关学校方向指导力量相对不足，许多学生得不到足够的、必要的方向指导，从而导致学业失败。因此，对学生的个别化教学与方向指导将持续成为法国教育改革的重点。

## 六、中小学新教学大纲的实行与计算机教育的引入

法国从20世纪70年代开始在教学中使用计算机。1980年以前计算机仅用于高中，此后进入普通中小学校。1982年，法国中小学开始实施"信息交流和传播工具入门"计划。该计划的主要内容是对学生进行信息交流与转换的各种训练，包括语言信息交流、运用信息技术等，为学生提供大量的实践机会，培养学生理解和分析信息的能力。计算机技术在中学被列为必修课。[1] 1985年，法国中小学开始实施新的教学大纲，在小学开设法语、数学、科学及技术、历史及地理、公民教育、艺术教育和体育七门课程；初中教学内容也进行了调整，原来的人文科学分为历史和地理两科，自然科学分为物理科学和地质生物科学两科，并将手工和技术教育改为工艺学。[2] 同年，法国政府推出中小学普及计算机计划。1986年，法国政府规定学生在结束义务教育时，必须完成200小时的计算机操作训练，掌握计算机基础知识。1985年以后，法国政府先后向中小学提供12万台计算机。到1987年，全国超过20%的小学

---

① 参见吴式颖、李明德主编：《外国教育史教程》，436页，北京，人民教育出版社，2015。
② 参见吴式颖、李明德主编：《外国教育史教程》，436页，北京，人民教育出版社，2015。

配备了一个拥有 6 个终端的微型网络。全国各类中学建立了 11000 个信息实验室，每个实验室一般拥有 6 台以上家庭式或半专业式微型计算机。① 至 20世纪 80 年代末，法国中小学计算机普及计划已基本完成。为确保信息科学技术普及教育工作的有效开展，从 1985 年起，法国政府投资开办了各类长、短期教师培训班，先后对 10 万余名中小学教师开展信息技术知识与操作能力培训。

## 七、中小学与企业等劳动市场联系的加强

一直以来，法国中小学教育通常被认为是学校或教育系统的事情，与外界联系很少。随着社会经济的发展，政府和广大民众对教育及其功能的认识发生了相应变化，希望学校教育培养目标的制定应关注企业需求。早在 20 世纪五六十年代时，一些有识之士就开始呼吁加强企业与学校之间的联系，让企业参与学校教育，以便使教育更好地服务于社会。20 世纪 70 年代末，法国时任国民教育部长的比拉克(Burak)提出，教育应向企业开放，企业应为教育提供义务职业培训。1984 年，国民教育部长舍韦内芒(Chevènement)进一步出台了学校与企业结对合作的政策，要求学校与其周围企业签约组建联盟，学生可以参观企业，到企业实习或参加培训，企业给予学校物力、财力支持，资源共享，共同协商解决教育问题，共同承担教育责任。这既缓解了学校办学的经费压力，还避免了教育脱离实际的盲目性，丰富了教师和学生的生产实践知识与经验，是一项较为成功的新举措。至 1986 年，全法有上万个企业和学校签订了合作协议。

与此同时，法国中小学教学改革也开始关注劳动市场，普通教育中逐步渗透职业教育。小学增设科学技术课，并在五年级开设"企业班"；初中取消了手工技术课，增设工艺教育学科，主要包括机械与自动化、电气、管理与文秘等，整合了理论、生产、贸易和操作等各个环节的内容；高中每周至少

---

① 参见邢克超主编：《战后法国教育研究》，152 页，南昌，江西教育出版社，1993。

安排4小时的工业科技选修课，普设计算机类课程。法国政府规定，从1985年开始，未掌握专业技术的普通中学毕业生可再入学接受培训，还可以接受6~9个月的职业培训。职业高中取消了淘汰制度，确保学生学到实用技术。法国各中小学通过校内外的改革，加强了与企业等劳动市场的联系。

## 八、追求教育机会与结果平等：《教育方向指导法》

1988年，密特朗总统确定了教育优先发展的战略，为加强教育与研究，将国民教育部升格为国务部，位居其他各部之前。社会党总书记若斯潘（Lionel Jaspin）担任国民教育部长。若斯潘继续推行教育民主化、现代化改革，更加重视教育平等，追求教育机会和教育结果平等，并将其视为最重要的教育改革原则。他提出教育改革方针，认为吸纳所有适龄儿童入学是学校第一职责；反对统一化、标准化办学，提倡多样化学校与教学，以适应多样化水平的学生，让所有学生都得到发展；大力发展职业教育，为学生进入职业生活做好准备。

1989年7月10日，法国颁布实施《教育方向指导法》，明确指出：教育是全民族的头等大事，教育在国家发展和社会生活中居于优先地位，实施"科教兴国"战略，依靠科学技术和教育确保法国跨世纪的发展。该法案要求，要使教育与社会、经济、文化密切合作，进一步实现中等、高等教育的衔接；10年内所有适龄青年至少取得职业能力证书或职业学习证书；通过高中会考的人占同龄人的比例从当时的38%~40%提高到80%；任何完成义务教育但未达到相应水平的人均可延长学习年限；加强各年级之间的衔接，开展连续性教育，使教育适应每个学生的发展特点，促进教育平等，帮助学生获得成功。[1]国民教育部还提出了5年内的教育目标："使走出校门而无资格的青年人数减少一半；使高中毕业人数占同龄人的比例提高到65%；使未被学生和家长接

---

① 参见邢克超主编：《战后法国教育研究》；238页，南昌，江西教育出版社，1993。

受的方向指导决定的数目减少一半。"①

在这种背景下，职业教育成为教育战略的重点，职业教育体系的层次结构、形式结构、专业设置日趋科学、合理和多元化，教育内容和教学方法不断更新，教育质量日益提高，学生人数以及获得证书毕业的人数也不断增加。据统计，1987年，获得职业高中毕业会考证书的有880人，到1990年时增至23850人。②

为解决法国师范教育存在的教师职业吸引力下降、生源数量少、师资质量参差不齐等问题，《教育方向指导法》第17条规定：自1990年9月1日起，在每个学区创办一所培养小学教师的学院，这些学院各自附属于本学区一所或几所在人员和资金上保证其法定职责得以履行的大学。在某些学区可创办几所培养小学教师的学院或不附属于大学的公立科学、文化与职业机构。培养小学教师的学院根据国家规定的方向进行师资的起始职业培训。这种培训包括全体教师需共同接受的基础教育和按照学科与教学水平设置的专业教育。培养小学教师的学院应参与教学人员的继续教育和教育研究。③ 1989年8月31日，法国政府又公布了附加报告，明确提出要在综合性大学内建立教师教育大学学院，改革法国的师资培养制度。从教师教育大学学院的入学条件来看，通常要求具有大学3年或相等学历方可提出申请，经过档案审查和必要的面试后，进入教师教育大学学院接受两年的培训，这使得生源质量明显提高。此类学院依附于一所或者几所综合性大学，可以利用大学的物质和信息资源，大学教师亦承担部分教学工作，此类学院和大学的联系更加紧密。从1992年开始，法国所有教师将从至少持有学士学位者中招聘，入职后将结合专业培训，接受共同的职业基础培训。④ 教师教育大学学院的建立及其教师培

---

① 邢克超主编：《战后法国教育研究》，239页，南昌，江西教育出版社，1993。
② 参见邢克超主编：《战后法国教育研究》，239页，南昌，江西教育出版社，1993。
③ 参见瞿葆奎主编：《法国教育改革》，张人杰选编，657页，北京，人民教育出版社，1994。
④ 参见吕达、周满生主编：《当代外国教育改革著名文献》德国、法国卷，336页，北京，人民教育出版社，2004。

养事务的开展提高了法国教师的学历和水平，整合了原来分散的师资培养机构，承担了职前培训、继续教育等工作，成为学区内唯一培养中小学及学前教育师资的师资培养机构，形成一轨制的师范教育制度，得到各领域培训者的支持，在法国教育改革中发挥了越来越重要的作用。

打破传统的年级教学组织形式，构建新的教学组织形式。《教育方向指导法》第4条规定，自幼儿学校起至小学学习结束，共分3个学习阶段。法国政府1990年政令决定1991—1992学年首先在33个示范省实施，1992—1993学年在全法国更大范围推行。这项改革打破了从学前教育到小学阶段年级的概念，把2至11岁的幼儿教育和小学教育合为一体，共分为3个连续的阶段，每个阶段包括3个学年。第一阶段为2岁至5岁的初步学习阶段，包括学前阶段的小班和中班；第二阶段为5岁至8岁的基础学习阶段，包括学前阶段的大班和小学前2年；第三阶段为8岁至11岁的深入学习阶段，主要是小学后3年。每个学习阶段都按照学生能力和认知水平实行司学科同水平分组教学，以学生为中心组织教学，注重学生的个体差异，让每个学生都按照自己的节奏来学习，从而更好地适应不同学习水平的学生，确保所有学生都拥有平等的学习机会和实现学业成功的机会。

《教育方向指导法》被认为是全体国民对教育的运行进行深刻反省的根本大法。该法案对法国整个教育体系的改革与发展进行了指导性规定，影响了法国20世纪末和21世纪教育的发展。

根据1989年《教育方向指导法》相关规定，法国政府对高中进行了一系列的改革：一方面，政府加大经费与人员编制的投入，扩建校舍，购置设备，以迎接大量学生入学；另一方面，政府改革高中课程，调整高中学科分组。时任国民教育部长的若斯潘在1991年4月22日提出的"关于高中改革的建议"中主张，终止普通高中当时实行的A、B、C、D、E学科分组，建议普通高中只设L学科组（文学）、ES学科组（经济与社会）和S学科组（科学）。最终方案由国民教育部来决定。但高中学科分组改革的总趋势和大致思路已明确，就是压缩分组数目，拓宽同一学科组的内容，以便改变以往过于死板、僵硬和过细的学科分组，增强学生选组的灵活性，加强各学科组之间的沟通、转换和协调。①

1993年，法国高中开始采用新的学科分班方法。到1994年，高中改革主要涉及毕业班学生。改革内容包括：鼓励并帮助教师采用多种模式的教学，让学生有意识地选择不同的成功路径，尽力培养学生独立思考、主动学习、努力创新的精神；为不同方向的学生新设选修课，选修课每周2小时，可以在多媒体大厅组织远距离教学，文科学生选修计算机课，理科学生选修艺术史课，经济类学生选修文学课，科技和第三产业的学生选修计算机和管理课；鼓励学生学习外语，设法到国外进行交流，鼓励所有高中与外国学校合作，以便学生参加在国外举行的为期一个月的语言学习班；为扩大就业机会和可能，高中可开设艺徒专业，与艺徒培训中心签订契约，进行合作。这些改革旨在使法国教育更适应不断出现的新变化和新形势，探索培养多学科、多层次的有用人才。

## 九、国家课程委员会与《课程宪章》

20世纪90年代，基础教育改革在法国备受重视，中小学教育质量和课程改革等教育内部微观层面的改革成为重要关注领域。按照1989年7月10日颁布的《教育方向指导法》，1990年法国成立了国家课程委员会，具体负责全国课程和教学大纲的编写工作。1992年2月，国家课程委员会公布《课程宪章》这一纲领性文件，首次对全国中小学课程编排事务加以规范。②

《课程宪章》明确规定，法国今后仍然坚持中央集权制的课程管理体制，并以《政府公报》的形式颁布课程大纲。《课程宪章》对课程大纲做出界定：

① 参见邢克超主编:《战后法国教育研究》，171~172页，南昌，江西教育出版社，1993。
② 参见王晓辉:《简评法国的〈课程宪章〉》，载《课程·教材·教法》，1994(6)。

"课程大纲是在《政府公报》中颁布的规定性文件，是为在各学科和各年级建立'教学公约'的服务于全国的官方文件，即是说，在此框架中，教师或教学组在教学上作适合于学生的选择，而学生对这种选择也负有责任。此外，这个文件在明确教育体系中的不同年级和确定学生应当获得的能力方面具有一定功能。"①为此，《课程宪章》确立了编写课程大纲所依据的原则、课程大纲颁发的方式以及在其有效期的协商方式。《课程宪章》明确提出课程编制应使教学工作以学生为中心，使全体学生具备较高的素质。《课程宪章》强调了学生的地位，要求教师适应学生的特点，同时也要求学生自我负责。此外，《课程宪章》强调促进实现教育体系目标的必要协调——单一学科与全部学科的协调；学生发展的阶段与速度的协调，知识与能力的协调，客观要求与主观态度的协调。《课程宪章》还针对大纲编写和颁发以及实施过程的每一环节都提出严格要求：要求确保大纲编写机构的透明度，以保证大纲制定的严肃性和科学性；要求编写人员具有广泛性，集思广益，发扬民主；大纲实施前要让教师做好充分准备；课程避免频繁变动，有效期至少 5 年；为了更好地改进提高，大纲实施过程中要进行有效的审查和评估。

另外，《课程宪章》要求对从小学到高中的各科知识融会贯通，进行一体化的纵向、横向综合的学科体系改革，并最终形成两类工具书出版物：一类是汇聚一个学科的全部大纲的单卷本；另一类是根据学习阶段或年级，按照教学途径和系列，编排的不同学科的分组大纲，以供每个人对学科间的协调有所了解。这样，不同阶段的教师都可免费了解整个教育阶段的全部大纲和附加资料，从而使教师拥有整体观，避免过分局限于自己所教授的学科。学生及其家长拥有了这些资料后则能够更加明确学习目标和学习进度安排，从而增加学习的主动性。

《课程宪章》为 21 世纪法国现代课程大纲改革指明了方向，后来法国出现

---

① 转引自王晓辉：《简评法国的〈课程宪章〉》，载《课程·教材·教法》，1994(6)。

的面向 21 世纪的"共同基石"与"共同文化"中学课程改革的要旨与《课程宪章》的要求是内在统一的，具体体现了《课程宪章》的基本精神：以人为中心促进学科、课程的协调、平衡发展，课程的重点从学科、教材、书本转向学生个体本身，开启了对个性化教育的新追求。

## 第四节　高等教育的改革与发展

自郎之万—瓦隆改革之后，民主化思想成为法国各级各类学校改革的推动力量，而伴随民主化思想的持续发酵，现代化成为不可逆转的趋势。《萨瓦里法案》的实施推动了法国高等教育现代化改革的进程，昙花一现的《德瓦凯法案》彰显了法国大学对自治、竞争、效率的追求，《大学 2000 发展规划》体现了在上述改革原则下高等教育均衡化与职业化的探索。《阿塔利报告》(Rapport de la Commission Présidée par Jacques Attali)、科研机构与企业的合作、《博洛尼亚宣言》(Bologna Déclaration)等从实践层面加快了法国高等教育市场化和国际化的进程。

### 一、高等教育现代化改革：《萨瓦里法案》

1968 年《高等教育方向指导法》颁布实施后，法国大学入学人数持续增长，科技发展以及人口因素的影响直接冲击着高等教育，教育经费掣肘大学发展，社会民众对大学教育诟病颇多。密特朗执政期间将改革发展高等教育作为振兴法国经济、赶超世界一流强国的重要战略。时任国民教育部长的阿兰·萨瓦里以高等教育自治为核心，围绕高等教育现代化、民主化和职业化三大主题筹划新的改革，于 1983 年 12 月 20 日颁布《高等教育法》，亦称《萨瓦里法案》。该法案 1984 年 1 月 26 日由密特朗总统签署执行。该法案围绕大学自治，提出调整高等教育管理体制和经费投入体制，提出促进法国大学现代化、民主化和职业化发展的一系列方案，确立了大学合同制、质量评估制度以及大学内部管理制度等。

《萨瓦里法案》是对 1968 年《高等教育方向指导法》所提出的自治、参与、多学科改革原则的进一步发展。在大学功能方面，《萨瓦里法案》规定"公立高等教育应当：有助于开展各类教育都必需的科学研究，提高全民族和每个人的科学、文化、职业水平；有助于执行国家和地区发展计划，加速经济进步，落实为满足当前需要和将来发展而制订的就业政策；有助于缩小社会和文化方面的不平等，实现男女平等，保证所有既有愿望又有能力的人都能接触最高形式的文化和科学研究"①。该法案还第一次以法律形式确认了高等教育的职业性以及法国高等教育机构的社会服务功能。该法案将 1968 年《高等教育方向指导法》确立的"教学与研究单位"改为"培训与研究单位"，强调高等教育的职业培训、科研转化等社会适应性。

《萨瓦里法案》的改革重点集中于高等教育现代化问题，关注促进大学自治与适应社会发展。该法案第 26 条明确规定了高等教育机构的内部治理结构。大学校务委员会、科学审议会和教学与大学生活委员会为大学内部重要的决策与行政管理机构。② 在管理体制改革方面，该法案进一步深化了大学的自主权，促进了不同利益群体的广泛参与。

《萨瓦里法案》第 20 条在重申 1968 年《高等教育方向指导法》所规定的高等教育管理、教学自主权的基础上，明确提出了大学合同制改革。大学通过与国家签署发展合同的形式获得经费资助，具有一定的行政管理和财政方面的自主权，政府和大学双方的责任与权限更加明确。虽然这一合同并不具有法律效应，但通过合同起草、签署、验收等一系列程序确保了政府投资与高

---

① 瞿葆奎主编：《法国教育改革》，张人杰选编，413 页，北京，人民教育出版社，1994。
② 参见瞿葆奎主编：《法国教育改革》，张人杰选编，424 页，北京，人民教育出版社，1994。

等教育规划的合理性，促进了大学的自省、自觉与自主意识，有利于政府逐步放权与高等教育机构自治能力的逐步提高。①《萨瓦里法案》提出成立国家评估委员会，规定国家评估委员会为公立的科学、文化、职业性机构，并明确该机构的使命是评估高等教育使命的完成情况。在1984年《萨瓦里法案》颁行后，法国政府又颁布了一系列文件，进一步完善、强化大学的财务自主权和自主决策权。1986年，法国又提出一个新的《高等教育法》草案，进一步申明高校自主权。

为促进高等教育适应社会与企业发展，解决综合性大学毕业生学业失败率高、就业难的问题，《萨瓦里法案》明确规定了法国大学第一、第二、第三阶段的教育目标及其考核标准，还提议设立专门负责提供国家不同部门科研发展、就业趋势、职业资格等方面信息的高等教育远景与指导部际委员会，为大学生就业提供信息指导。法案提出大学与企业开展全面深度合作，"职业界参与高等教育的组织；派代表参加课程计划的制订；派实际工作者参加教学活动"②，大学实行工读交替式教学，安排学生到企业或行政管理部门实习。法案还提出通过加强教学内容的职业性、教学方法的现代化推动法国大学适应社会发展，促进学生就业。

《萨瓦里法案》及1986年出台的《高等教育法》围绕集权式管理体制进行了系统性改革，从体制机制上强化大学职权，推行民主式、科学化管理，加强高等教育的职业化与实用性，推动大学走向开放，与企业联合办学。然而在实施过程中，《萨瓦里法案》受到法国教育界和科技界传统势力的批评与抵制，他们认为《萨瓦里法案》的实施导致大学"政治化""工会化"和"市场化"，认为这是一次坏的改革。上述力量的反对使得改革未能得到彻底实施。按规定，

---

① 参见高迎爽、王者鹤：《法国现代大学制度的成长路径——1984年〈萨瓦里法案〉及其影响分析》，载《高教探索》，2012(1)。

② 瞿葆奎主编：《法国教育改革》，张人杰选编，414页，北京，人民教育出版社，1994。

《萨瓦里法案》只有大学校长签字同意后方可在其领导的大学内生效，在实施过程中，一些大学则因校长未予签字仍继续执行 1968 年《高等教育方向指导法》，但大学所属各学院基本上按照《萨瓦里法案》规定运行，自主权和自治性进一步加强，发展也更加多样化。

《萨瓦里法案》逐渐得到落实，法国高等教育的社会功能日益受到重视，大学合同制得以推行，大学教育内容日益现代化、职业化，教学方法日益信息化，自治程度有所提高。《萨瓦里法案》在之后法国高等教育体制机制改革中发挥着重要作用。

## 二、昙花一现的自治、竞争、效率：《德瓦凯法案》

1986 年 3 月，法国右翼的保卫共和联盟与民主联盟在大选中获胜，希拉克出任总理，法国历史上首次出现左翼总统与右翼总理共治的政治格局。在高等教育领域，新政府上任伊始，即多次声称推行教育改革，尽快起草一部新法案取代《萨瓦里法案》，并确立自治与竞争的改革基调。1986 年 4 月，希拉克在国民议会上指出："在高等教育方面，自治的原则最终将要具体化，无论是新生入学时的选拔，还是毕业时领取文凭，都是如此。"[1] 为此，希拉克政府在国民教育部增设 1 名主管高等教育与研究的部长级代表，全面负责综合性大学事务，另设 2 名分别主管普通教育和职业教育的教育国务秘书。1986 年 6 月，新政府批准了新任命的高等教育与研究部部长级代表——德瓦凯（Alain Devaquet）拟定的体现"自治、竞争、效率"原则的高等教育改革方案，史称《德瓦凯法案》。

《德瓦凯法案》强调大学的自主权，尤其是财务自主权，鼓励竞争。该法案第 17 条规定，公共高等教育机构拥有国家直接调配的设备、人员和资金。每年行政经费和研究经费以"一揽子包干"的方式拨付。公共高等教育机构拥

---

① 转引自邢克超主编：《战后法国教育研究》，192 页，南昌，江西教育出版社，1993。

有以下权限：签订在限定的期限内为其提供公共或私人赞助的契约；参加投资或开设分公司，以其作为高校的资金支持；等等。该法案规定学校内部实行财务监督、信息资源公开，公开学校部分信息。法案第2章"财务制度"第4条规定：行政管理委员会协商应在被选出的多数委员会参加下进行，其结果按本机构章程规定的条件公布于众。第18条规定：每个公共高等教育机构的行政管理委员会投票表决其年度预算，年度预算要做到收支平衡，并以适当形式公布。

该法案还强调教学人员与大学生的民主权。法案第3章"高等教育教学人员和大学生"第21条规定：根据大学传统，高等教育教学人员除了应受宽容和客观原则约束之外，在其履行自身教学职责和从事研究活动时，享有完全独立和充分发表意见的自由。该法案强调大学尤其是教授的科研任务。法案第25条明确规定：教授的职责在于领导科研中心、准备教学计划、对大学生进行指导、组织教学小组等。法案第26条谈到针对教授、其他教学人员以及大学生的惩戒权。

为解决当时大学入学人数激增、师资不足所导致的教学质量下降、学生学业失败率高的问题，该法案规定大学有权决定新生招生标准和招生人数，择优录取，提高注册费，颁发体现本校水平和特色的文凭，组建具有自治权的联盟等。这项改革打破了以往高中会考通过者可直接进入大学的历史传统，且提高注册费的措施增加了普通家庭的经济负担，直接影响了学生和家长的利益，因而遭到学生和家长的强烈反对。《德瓦凯法案》所秉持的改革理念与国家提高大学升学率的目标相悖，与密特朗"消除不平等现象"的施政纲领相左。此外，各大学颁发文凭、择优录取引发了大学间的竞争，与"服务于公民"的大学宗旨相斥，被视为大学职能与民主化方向上的倒退。因此，该法案在现实中遭遇强烈抵制。1986年11月18日至12月8日，法国爆发反对《德瓦凯法案》的学生运动，3周内扩大到巴黎及外省几十个城市，这是自1968年

"五月风暴"以来最大规模的学生运动。强大的社会压力，再加上不同政党之间的斗争，希拉克政府不得不在 12 月 8 日宣布撤销《德瓦凯法案》，德瓦凯本人也引咎辞职。政府规定，国民教育部在全国范围内进行广泛协商、调查，新政策出台之前，各大学仍执行 1984 年《萨瓦里法案》和 1968 年《高等教育方向指导法》。

## 三、高等教育均衡化与职业化改革：《大学 2000 发展规划》

1990 年 6 月 26 日，法国在索邦大学召开全国高等教育会议，与会者包括政府官员、高等教育相关部门领导以及教育领域专家和学者。与会者就法国当前由高等教育大众化所引发的教育质量问题和青年学生失业问题进行了深入探讨，提出了在 20 世纪 90 年代通过优化资源配置和高等教育均衡化，实现高等教育"质"与"量"均衡发展的目标，发布了《大学 2000 发展规划》，简称"U2000 规划"。

面对 20 世纪 80 年代以来日益复杂的社会问题和强烈的市场需求，密特朗政府决意充分发挥高等教育在地区经济发展中的作用，同时减轻政府经费负担，鼓励社会参与办学，实现高等教育经费来源多元化和地方化。"U2000 规划"在实现高等教育"质"与"量"均衡发展的过程中，秉持三个原则：一是继续加强知识的生产与传播，加强教学与研究之间的联系，发挥高等教育的科学与文化功能；二是加强高等教育职业培训，培养国内（或国际社会）需要的工程师、技师和管理者，发挥高等教育的经济功能；三是协调临近地区大学的科学知识功能，促进大学适应当地环境，实现高等教育地方化。

"U2000 规划"是法国国土资源整治规划的重要组成部分。权力下放政策与合同制改革为地方当局及当地企业参与高等教育公共事务管理提供了合法依据，大学自主管理能力的提高为大学自我治理以及与地方进行协商、合作提供了可能。"U2000 规划"的重点任务之一是建设、翻修教室，改善学生受教育条件，扩大大学实有面积以接纳新生。"U2000 规划"力求改善当地大学生均建筑面积，到这一规划实施结束时，法国大学生均建筑面积从 1989 年的 4.5 平方米增加到 5 平方米。① "U2000 规划"鼓励地方参与高等教育经济资助，实现了高等教育经费来源的多元化。法国地方行政区域团体对高等教育的资助不断增长，国家资助呈逐渐减少态势。政府依然是法国高等教育主要的资助者，通常首批设备经费主要由政府提供，但大部分建筑经费则由地方行政区域团体提供。在地方行政区域团体中，地区政府是高等教育机构的主要合作者。可以说，"U2000 规划"是政府向地方行政区域团体转让高等教育费用这一复杂过程的开端。"U2000 规划"提出的经济资助方式是在已有合作关系基础上的一大创新。

"U2000 规划"旨在通过重建和新建法国大学，重新部署法国高等教育，实现高等教育均衡发展。具体而言，这种均衡主要体现在法兰西岛（指大巴黎地区）和外省之间、大城市和中等城市之间、各教学领域之间。如此不仅可以缓解入学人数增加给巴黎高等教育带来的压力，同时也解决了巴黎之外地区经济、教育落后的问题。因此，"U2000 规划"是国家发展的战略性选择，重新部署了法国高等教育整体格局，重新调整大学的布局，逐步实现学区之间、法兰西岛与外省之间、不同教育机构之间的均衡发展和合理布局。这是健全法国高等教育结构体系、实现高等教育民主化和大众化目标的重要基础。

从长远看，"U2000 规划"所推进的新大学建设只是实现了高等教育"外延式"均衡，现实中却遗留了很多问题：一是均衡是相对的，巴黎地区的大学没有得到任何发展；二是许多的地方办学点通常规模较小，单学科居多，学科重复设置，分散了教学资源，不利于多学科综合性人才的培养，降低了法国

---

① Délégation à l'aménagement du territoire et à l'action régionale, *Développement universitaire et développement territorial: l'impact du plan Université 2000* (1990-1995), Paris, La Documentation française, 1998, p.15.

高等教育的国际竞争力。但正如总理米歇尔·罗卡尔在国务会议上所呼吁的那样："高等教育并不是在大学之内按照内部逻辑发展的……它是在适应外部社会的过程中根据外部逻辑发展的，来自社会外部的推动力是不可抗拒的。"①虽然该规划在改善学生学习、生活条件方面成效不甚显著，但它促进了适应社会发展的职业教育的勃兴，构建了法国政府、社会与高等教育机构之间合作和协商的框架，实现了高等教育与社会的有效对接，使高等教育机构开始"在类似市场的环境中试图找准自己的位置以适应环境"②，促进了法国大学自治。"U2000规划"为这一时期法国高等教育改革提供了政策基础，积极迎接大量学生的挑战，重新塑造了大学与地区的关系，促进了高等教育的地区化发展，在一定程度上实现了高等教育机构的结构分化与均衡发展。

## 四、贝鲁改革

随着高等教育民主化、大众化趋势的发展，1995年法国大学注册工作启动伊始，即有许多新生表达对大学现状的强烈不满，他们要求政府兑现拨付给大学的款项。文化再生产等批判性理论的发展让学生日益认识到，高等教育双轨制所造成的学校差异以及学校间资源的不平等，成为导致学生学业失败和未来发展机会不平等的重要原因。学生进而要求政府改善条件较差大学的状况。1995年10月9日，鲁昂大学理学院学生首先宣布无限期罢课，引发了全国大学生罢课运动。到11月21日，上街游行的大学生多达10万人。为了平息学生运动，解决大学现存问题，1996年，法国启动了多项高等教育改革。是年4月，法国国民教育部直接组建大学咨询会，提出了大学改革的十

---

① Délégation à l'aménagement du territoire et à l'action régionale, *Développement universitaire et développement territorial: l'impact du plan Université 2000* ( 1990–1995 ), Paris, La Documentation française, 1998, p.15.

② [英]玛丽·亨克尔、[英]布瑞达·里特主编：《国家、高等教育与市场》，谷贤林等译，20页，北京，教育科学出版社，2005。

大问题。5月，法国国民议会召开专门会议讨论高等教育问题。时任国民教育部长的贝鲁(Bayrou)提出了改革原则与方向：发挥高等学校在信息化社会中的知识传播功能，强化工艺技术教育和对学生的方向指导，促进学生成功就业；加强高等学校和科研机构及企业之间的合作；加强大学的国际交流与合作；改革大学管理体制；借鉴德国经验，重申工业技术教育的价值，鼓励企业开展培训、投资教育。①

6月18日，贝鲁在巴黎大学阐述了大学改革的基本方案，回应了当时社会争论最为激烈的招生、注册费和中等教育功能问题。

一是在大学第一阶段设立一个为期10个月的"学习入门期"，将每学年3学期制改为2学期制。在第一学期建立师生之间和新老生之间的经常性对话制度。将学科划分简化为文、理、法、经济、技术，组建学科委员会，由该委员会决定本学科的教学与考试事务。

二是从高中一年级开始，加强对学生的方向指导，鼓励高中生与大学教师、职业界人士广泛接触，自主选择专业方向，制订定向计划。一直到大学第二学期之前，学生仍有权更改自己的专业计划。

三是政府建立与家庭收入、住所和学校之间距离以及学习费用等方面因素有关的新型"学习补贴"制度。扩大大学生参与大学管理，切实保证大学生的地位。

四是在现有的大学技术学院和工程师学校的基础上发展技术学科，试行大学职业学院，争取6~10年内实现普通教育与技术教育的平衡。

五是在大学第一、第二阶段设立职业基础课，使学生了解职业界的基本情况，加强学生与企业界的联系。

六是重申大学的科学研究功能，鼓励大学与其他大型科研机构共同承担科研任务，重视应用研究。

---

① 参见李兴业：《90年代法国高等教育发展回眸》，载《比较教育研究》，2000(5)。

七是提议所有欧洲国家大学在第二阶段设立"欧洲大学学期",建立欧洲区域内大学生定期学习交流机制,促进大学的国际开放和交流。

八是大学的教学和科学研究功能并重,反对教师评价的唯科研标准,大学教师还应承担指导学生的使命。

贝鲁强调推进大学现代化改革,建立现代大学管理机构以更好地管理大学。国家既要保证高等教育机会平等、文凭的价值和公正的待遇,还要满足地方发展的需求和大学自主办学的需求。①

贝鲁的上述计划公布后得到许多支持;由于财政预算支持是如此庞大改革得以成功的关键,因此也招致不少批判。根据改革建议,1997年4月,法国颁布了有关大学教学组织、学生、科研和大学事务的《大学教育改革法令》,在大学组织内部开展系统而深入的改革。首先,大学教学组织方面,分为3个阶段,重点改革第一阶段,解决学生方向指导与学业失败现象。其次,调整专业设置和课程安排。删除神学,增加科学技术和工程师科学技术两个学科专业群,把大学第一阶段的9个学科门类重组为8个学科专业群,每个学科专业群设置3个课程组,即基础课课程组、认识和选择其他专业课程组、大学学习方法课程组。最后,在大学第二阶段增设"职业实习组"和"欧洲大学学期",促进学生对企业的了解,培养学生的欧洲意识和国际视野。② 然而,在民众的热心期盼中,此次改革却由于1997年6月法国总统希拉克宣布提前举行大选,法国右派政府解体,左翼政府执政,社会党人阿莱格尔(Claude Allègre)被任命为新的国民教育部长而破产。但这次改革提出的思路和方案为以后的改革奠定了基础,之后法国颁布的《阿塔利报告》和参与的欧洲高等教育一体化进程以及实施的学位制度改革,都可视为这次改革的落实与深化。

---

① 参见李兴业:《90年代法国高等教育发展回眸》,载《比较教育研究》,2000(5)。
② 参见李兴业:《90年代法国高等教育发展回眸》,载《比较教育研究》,2000(5)。

## 五、高等教育市场化与国际化：《阿塔利报告》

1998 年在联合国教科文组织在巴黎召开的世界高等教育大会上，各与会国家代表达成了共识，将高等教育视为促进社会发展的重要部分，强调高等教育在促进社会进步、经济发展和文化繁荣方面的社会责任。在这种趋势下，时任法国国民教育部长的阿莱格尔任命著名经济学家雅克·阿塔利（Jacques Attali）为高等教育改革委员会主席，联合一批经济界人士对法国高等教育发展状况进行调查，并于 1998 年春发布题为"建立欧洲高等教育模式"的报告，简称《阿塔利报告》。该报告提出建立与欧洲接轨的高等教育体系，通过推进高等教育国际化，根除法国高等教育体制弊端，促使法国高等教育具有与欧洲一致的质量标准。该报告成为引领 21 世纪法国高等教育与研究发展的重要指南。

《阿塔利报告》在肯定法国高等教育体制卓越性的基础上，指出法国现行高等教育体制存在较大的问题。为建立与欧洲接轨的高等教育，《阿塔利报告》力图通过实施"358"学位制度改革，打通大学和大学校之间的鸿沟，实现高级技术员班或大学技术文凭与大学文凭之间的转换，使法国复杂多样的高等教育机构之间互相融通，提高法国高等教育的国际透明性与开放性，并通过采用欧洲学分转换制度促进学生的国际流动。

该报告重申了要加强教学与科研之间的联合，提高大学的科研质量。为此，该报告提出改变法国高等教育管理方式，建立大学与企业之间的联系，鼓励大学创办企业，并通过改变大学教师—研究者的评估方法来促进科研转化，以提高法国科研的竞争力。

为避免可能出现的论战与冲突，雅克·阿塔利提出了构建欧洲高等教育模式的具体建议，加强法国高等教育国际化建设。他认为，假如法国的精英更好地认识世界，世界的精英更好地认识法国，法国将成为一个世界强国。因此，如果可能的话，法国学生应在国外大学获得某个阶段的文凭。作为互惠，法国高等教育机构也应热情迎接外国学生和研究者。理想的状况是，世界上所有国家中最聪明的学生都愿意将在法国大学学习作为其学术生涯的一部分。法国政府试图通过创建"一个教育的欧洲"，实现一个"就业的欧洲"，将法国高等教育参与市场竞争的范围扩大到欧洲乃至整个世界。与此同时，为提高法国高等教育的国际吸引力和竞争力，《阿塔利报告》提出了"大学三千禧年规划"，共同致力于法国高等教育市场的国际化进程。1998 年《索邦宣言》(Sorbonne Déclaration)、1999 年《博洛尼亚宣言》的发表和博洛尼亚进程的启动标志着《阿塔利报告》的正式实施。

1998 年，法国利用巴黎索邦大学 800 年校庆之际，联合德国、意大利和英国签署了著名的《索邦宣言》，宣布建立欧洲高等教育区(European Higher Education Area)，创建欧洲一致的新学位制度。1999 年，在意大利博洛尼亚大学 900 年校庆时 29 个欧洲与会国签署了《博洛尼亚宣言》，重申《索邦宣言》，博洛尼亚进程正式启动。博洛尼亚进程是在欧洲各参与国政府推动下，各参与国的教育部长对除大学内部设施之外的大学制度、内部组织结构、学位制度和学生就业等方面进行协商的过程。从 1998 年《索邦宣言》签署到 2006 年的几年间，5 次教育部长峰会在巴黎、博洛尼亚、布拉格、柏林、波尔根等城市召开，博洛尼亚进程的覆盖范围扩大，触及的内容逐步深入。

《索邦宣言》确定了博洛尼亚进程的基本准则和欧洲高等教育区的共同框架，强调通过逐步建立一致的资格框架和学位制度，提高课程的国际透明性和对资格文凭的认可。1999 年 6 月，《博洛尼亚宣言》进一步提出了促进欧洲质量保障合作、形成高等教育的欧洲视野的目标。2001 年 5 月，《布拉格公告》(Prague Communiqué)将加强欧洲高等教育区的吸引力视为博洛尼亚进程未来两年的一个重点事项，而构成欧洲高等教育区吸引力的根基就是教学、科研以及管理服务的质量。2003 年 9 月在柏林召开的会议是博洛尼亚进程中的又一项重要内容，《柏林公告》(Berlin Communiqué)主张将在机构、国家和欧洲层面上发展质量保障视为未来两年博洛尼亚进程的优先重点事项。2005年5月，波尔根峰会上明确提出了高等教育质量保障的问题，要求实施欧洲高等教育质量保障协会报告中所提出的质量保障标准与指南，开发可与欧洲高等教育区所采用的认证框架相兼容的国家认证框架。高等教育质量保障的国际化成为欧洲高等教育区建设的重点。

博洛尼亚进程是促进欧洲各参与国高等教育质量保障全面发展的过程，可分为三个阶段：第一、第二阶段致力于教育制度改革，这是调整高等教育结构的基础性阶段，如法国进行的"358"学位制度改革；第二阶段还致力于各国高等教育质量保障的具体技术层面，如质量评估标准与指南的制定等；第三阶段即发展博洛尼亚进程的工具——学分转换制度、补充证书等，可以视为拉动博洛尼亚进程的"马车"，亦即高等教育质量保障的管理性工具。博洛尼亚进程是从结构质量、要素质量到工具动力循序渐进的发展过程，各参与国关注的重心逐渐从政策的制定过渡到对实施措施的探讨。

到20世纪90年代，法国学位复杂多样，名称众多，不易被其他国家和地区的学生与相关人员所识读，尤其是与其他国家和地区的学位不等值，导致法国很难进行国际学分、学位转换，严重影响了法国高等教育的国际知名度与透明性，不利于法国人才国际流动和国际化劳动市场的形成，阻碍了法国在欧洲一体化进程中的发展。在创建欧洲高等教育区的背景下，法国时任国民教育部长的阿莱格尔提出"根据全欧洲的要求，使结构现代化"的战略。法国以学位制度改革为切入点，在保持本国原有学位特色的基础上，启动了一场自上而下的、有步骤、有计划的学位制度规范化改革，简化原有学位体系，建立起与国际接轨、与欧洲一致的学士—硕士—博士三级学位制度。

按照新学位制度规定，高中毕业会考文凭依然是法国高等教育的准入文凭。通常情况下，学生入学学习3年后获得大学学士学位（180学分），5年后获得硕士学位（300 学分），8 年后获得博士学位。按照法国习惯说法①，学士、硕士和博士可表述为 BAC＋3、BAC＋5 和 BAC－8，这次改革遂亦称为"358"学位制度改革。

新学位制度分为学士、硕士、博士三个阶段，高等教育的许多机构都被整合到该学位制度当中，大学校也获得了可与大学类比的框架。除医学、牙医学和药剂学外，整个学位制度图呈现金字塔形。新学位制度采用学分形式，用新的框架使所有高等教育机构具有可与欧洲以及世界其他国家比较的透明性，各级学位的学习年限更接近国际常规体制。新学位以五年制硕士学位取代此前的四年制硕士学位，法国出现了历史上真正意义的硕士。并且，硕士学位对大学校开放，大学校不需对主要专业做任何改动，就可提供具有硕士学位价值的、对外国学生具有较大吸引力的新课程。

新学位的就业指向也更加明确。根据新学位制度，取得学士学位或同等学力的学生可申请注册攻读新制硕士一年级课程，在获得过渡文凭（修满 240 学分）后进行定向，可选择以就业为目标的职业型硕士，也可选择以从事研究为目标的学术型硕士，此后才开始新制硕士二年级课程，以获得硕士学位（300 学分）。为推动"358"学位制度改革顺利、高效地进行，法国政府颁布了一系列与学士、硕士和博士学位相关的法令，提出了新学位的目标及相关要求，并设立了相应的质量评估机构。

新学位制度优化了法国高等教育结构，加强了法国各类高等教育机构之间的联系，优化了高等教育资源配置与整合，为同一地区高等教育机构开展合作教学提供了制度性前提，为高等教育国际化扫除了结构性障碍。新学士学位将大学技术学院、高级技术员班、大学校预备班和大学普通教育机构的

_____

① 由于法国高中毕业会考文凭 BAC 是进入高等教育的重要凭证，加之法国高等教育学制复杂，人们习惯于用"BAC＋X"的形式说明接受高等教育的年限，因此法国以前的学士文凭即 BAC+2，硕士文凭即 BAC+4，博士文凭则通常为 BAC+8。

文凭整合为职业学士和研究学士学位，从而增加了法国高等教育国际透明性与易读性，在扩大并节省教育资源的同时，为促进学生学业成功提供了多样化机会。新硕士学位的创建推动了大学校向社会开放，促进其与国际接轨，保证了教育公平和社会公正。高等教育双轨交叉融合的趋势将消除以往对立、分裂的弊端，实现两类教育资源之间的优势互补。

新学位制度鼓励各高校间尤其是同一地区的高校间开展合作教学，开发联合学位（包括学士、硕士和博士）。这些在法国高等教育发展史上都是极具创新性的，为政府创建高等教育与研究集群奠定了实践基础。

法国在"358"学位制度改革中开始采用欧洲学分转换制，学位课程、实习及已有学习经历等都可按照学分来计算，这更有助于国际学历资格认证和高等教育国际化。自 1998 年起留法学生人数开始增长，实施"358"学位制度改革后，2006—2007 年，留法学生人数为 265000，2008 年，留法学生人数增至 266400。2000 年时，中国留法学生不到 400 人，2004 年时，在法中国留学生已多达 4 万人。[1] 在此期间，中法两国创建的 18 个联合实验室中有 12 个是在 2002 年之后建立的。新学位制度为在职人员培训和继续深造提供了便利，进一步强化了法国高等教育机构与企业界的联系，提升了科研产品转化的速度，促进了学位与职业之间联系的加强。

新学位制度奠定了法国参与构建欧洲高等教育与研究区（Area of European Higher Education and Research）[2]的制度基础，为法国高等教育国际化扫除了障碍。实际上，"358"学位制度改革不仅是形式上的变革，更是法国根据欧洲乃至国际标准进行的高等教育结构、课程设置、学位评估等所有层面的变革，确保了法国高等教育在国际高等教育市场上的竞争力。这一改革使得法国在

---

[1] 参见董泽芳、张继平、聂永成等：《公平与质量：高等教育分流的目标追求》，259 页，武汉，华中师范大学出版社，2018。

[2] 欧洲高等教育与研究区因欧洲高等教育区后来逐渐强调研究而发展形成。

新学位制度改革中走在欧洲其他国家前列。2002 年，有 3 所法国大学开始试行新制学位；到 2004 年学年开始时，75% 的法国大学实施了新制学位；到 2005 年秋季入学时，90% 的法国大学加入这个进程。① 正如评估专家在评估法国"358"学位制度改革实施情况后所言，在法国一场不知不觉的革命正在进行。博洛尼亚进程规定新学制最后的实施期限是 2010 年，法国已提前 5 年实现了这一目标。

## 六、科研机构及其与企业的合作

法国基础研究和科技创新能力在国际上一直处于领先地位，但在应用研究尤其是在科研转化方面却相对落后，科研质量高，转化效益低，科技发明与工厂、企业联系不紧密。因而，技术创新遂成为该阶段法国高等教育科研改革的主题，与企业建立联系、提高科研效益成为法国高等学校科研改革的重要方向。各学区的大学都确立了为企业服务的理念。蒙彼利埃第三大学为实施公共服务政策，促进大学适应经济发展，在合同中提出了职业化设想。大学将建立具有职业目的的大学文凭，或在国家层面上或按照专业人员的要求进行培训，并确保促进其与区域（当地企业）合作。除了进行科研开发之外，有的大学还积极在大学内组建企业。

1998 年 3 月，法国全国科研成果鉴定所名誉主任纪尧姆（Henri Guillaume）针对法国实验室之间以及实验室与企业之间缺乏联系的弊端，提出了公共经费分配要围绕创建新型企业、支持中型企业、加强公共研究和企业之间的联系而进行的主张。1999 年 7 月 12 日法国政府颁布《创新与研究法》，再次提出科研机构与企业建立合作关系的四条建议：一是改革管理体制，打破科研机构与企业之间的壁垒，通过科研人员流动推动科研机构与企业之间

---

① 参见董泽芳、张继平、聂永成等：《公平与质量：高等教育分流的目标追求》，259 页，武汉，华中师范大学出版社，2018。

合作。大学和科研机构的教授、研究员、博士、管理人员等均可以在本单位与企业之间流动，可以创建企业，也可以以合作者身份或经理身份参与企业管理，以更好地实现科研转化。科研人员可以通过科研成果参与企业投资，或以企业董事参与管理，在此期间保留公职，可在最长不超过6个月的期限内，回原单位或继续留在企业任职。二是在大学与科研机构中创建"孵化器"，在大学、科研机构和企业之间建立专利管理、技术服务等不同类型的事务所，简化科研转化的程序，直接促进科技转化。三是鼓励各科研机构和具有公益性的机构创办企业。四是优化创建创新型企业的投资环境。实施法律改革，创新型企业法人只要占公司股份的25%即可，而之前普通企业法人股份占有比例需高达75%。"创新投资公共基金"面向创新型企业倾斜。企业创立研究贷款，专门用于聘用年轻的科研人员。通过法律保护创新型企业，允许创新型企业享有简单股份公司的法律规定，以便更快地积累和吸引资本，并保持对公司的控制权。

为建立大学和经济发展之间的直接联系，雅克·阿塔利提议，在大学和企业界之间必须建立一个经济情报机构，这将扩大它们之间合作的范围。1999年10月12日，蒙彼利埃第三大学科研开发工作小组负责人、欧洲中心成员沙萨涅（M. Chassagne）向国家科学理事会提议，建立一个研究开发机构，并建立大学—研究—企业的外部联系。这种机构的目标就是在研究内容方面考虑来自外部企业的建议，与经济界负责人建立交流关系。

## 七、高等教育现代化："大学三千禧年规划"

到1997年，法国留学生人数下降，本国学生人数趋于稳定，甚至略有减少。法国政府计划在现有基础上进一步提高学生和教师的学习与生活条件，创造促进法国高等教育国际化及提高其国际吸引力的条件。1997年12月13日，以《区域可持续性治理与指导法案》和《高等教育与研究集体服务纲要》的出台为背景，法国提出"大学三千禧年规划"，旨在改进巴黎地区教育和生活质量，提高法国高等教育的国际吸引力，增强高等教育对社会的开放性，提高科研质量，促进科研创新，增强法国经济发展动力和法国高等教育国际竞争力。时任国民教育部长的阿莱格尔将"大学三千禧年规划"概括为"少点混凝土，多点灰色物质（指相对于教室等硬件建设而言的软实力的环境建设）"。1998年秋，阿莱格尔将"大学三千禧年规划"付诸实施。

　　"大学三千禧年规划"是在"U2000规划"基础上继续促进法国高等教育与研究为经济和科技发展服务的一项系统工程，其主要任务之一是改进教学—研究—企业之间的关系，其中一个重要目标是从地方当局获取50%以上的研究经费。法国政府通过"大学三千禧年规划"为高等教育机构与企业界建立职业性对接提供政策保证，为大学变为"企业的孵化器"和"经济扩展中心"提供机会，使大学成为国家经济发展的动力中心和技术集散地。为使高等教育有助于企业的创建与发展，提高科研效益，阿莱格尔在"大学三千禧年规划"中提出在高等教育管理中引入企业管理文化，即按照企业管理模式，使法国高等教育机构树立服务社会的理念，在整个高等教育中必须渗透一种真正的科技文化；在所有的学科内，都应发展一种企业文化，并鼓励从高中开始，确保课程与社会的长期需求之间的紧密联系；引入竞争、合作与交换机制，追求合作各方经济利益最大化。改革要体现实用性，即将高等教育发展作为经济活动的苗圃，为新生企业提供技术支持，必要时还可以设立风险投资基金、采取公司控股方式，开发新的经济活动形式。这为整个法国高等教育生态系统带来了新的变化。

　　博士生院是在"大学三千禧年规划"中为提高法国科研质量和竞争力而发展起来的集教学与科研为一体的教育机构。"大学三千禧年规划"规定，在博士研究生培养过程中必须安排博士研究生将很大一部分时间用于企业实习，在企业实施实习生"辅导制"。博士生院要从国家重点领域中选择两三个联合的、有价值的主题，在国家资助下立项研究，将这些主题作为未来四年的研究中心和资源分配重点。这能迅速地促进博士研究生科研成果的转化，大大提高科研的经济效益。"大学三千禧年规划"鼓励教师与研究者学习企业管理知识，充分利用科研成果，在校内创建企业或参与校外企业。"大学三千禧年规划"鼓励教师的国际、国内流动，那些拒绝离开自己的家庭和地区的教师将被取消公务员身份，或者降职、减少工资，通过改变教师评价标准、促进教师流动的方法来推动教师提高科研效益。

为解决"U2000规划"在外省建立许多规模小且分散的大学所导致的学校竞争力弱的问题，"大学三千禧年规划"建设了外省资源的"卓越中心"，在新的大学版图中，法国被划分为八大主要省区，在这些省区出现了几个"省区大学集群"。在省区大学集群内设置协调一致的课程、设立等值的学位文凭(如硕士文凭)以及教师交换与流动的共同标准等。由于通信交流技术的发展，省区大学集群可以超越学区地理限制，通过网络与周边国家的学校建立联系。省区大学集群的建设促进了法国大学与大学校之间以及各类高等教育机构之间的联系，打破了法国高等教育机构地域布局的分散状况，有利于实现资源共享和高等教育进一步均衡发展。2000年时，高等教育与研究部的合并在一定意义上促进了领导部门之间的连接与合作，有利于对大学的全面管理，促进教学与科研之间的联系。

"大学三千禧年规划"的另一项重要使命就是弥补"U2000规划"在实验设施、图书馆等现代化设施方面的不足(尤其是巴黎地区)，促进教学与科研的现代化。"大学三千禧年规划"主要围绕以下三大主题实施：一是继续致力于新大学的创建与完善活动，补充新大学所应具备的设备；二是重新均衡分配巴黎及近郊地区的文献资料；三是为巴黎地区图书馆创建足够的工作岗位，以提高图书馆管理与服务质量。从"大学三千禧年规划"整体来看，图书文献建设是与大学教学、科研相联系的。从图书馆的地理位置看，"大学三千禧年规划"所提供的经济资助主要致力于强化大学与研究的联系，图书馆大多坐落在塞纳河左岸，这将改变巴黎地区的文献版图。大学图书馆的内容规划根据学科和科研状况而进行，实现了大学图书馆功能与使命的均衡发展，并通过对古籍以及一些有特色的文献资料的重新分配创建特色典藏，从而提高了大学图书馆在欧洲的知名度。

为促进学生和教师流动，吸引更多外国留学生和优秀人才，"大学三千禧年规划"中另一项重要措施是改善学生生活设施，将四分之一的经费用于改善学生的生活条件。在每个大型的大学城内创建一所专属于某个国家的国际楼，并从教学内容、语言、奖学金等各方面做好全面准备。1997—2002 年，法国在大学阶段采用面向国际开放的现代化教学内容，鼓励外国学生来法国学习，其中"学习在法国"项目的创建意味着法国大学与国外交流、合作方面的重大进展。法国还创立了流动奖学金，在教学、社会待遇方面给予外国留学生同样的待遇，进一步促进了学生和学者的国际流动，提高了法国高等教育的吸引力，提升了法国高等教育的国际形象，扭转了法国大学入学人数日渐减少的局面。

总之，20 世纪 80 年代以来法国高等教育改革的主要内容即政府逐步放权，扩大学校自主权，加强产学研合作，促进大学与企业之间的合作、交流，促进大学生就业。20 世纪 90 年代以来，高等教育现代化和国际化成为法国高等教育改革的重点，让科技发展的红利惠及高校，同时发挥高校及科研机构在科技创新体系中的引领作用，提升法国高等教育国际吸引力与竞争力，成为法国高等教育改革的重要内容与趋势。

## 第五节　布迪厄的文化再生产教育理论

布迪厄是法国当代著名的社会学家、人类学家和教育学者。从 20 世纪五六十年代开始，布迪厄就针对主流社会科学提出了许多历史性见解，其中最具影响力的是文化再生产理论。这一理论建构了法国教育系统运行机制的理论分析框架，指出法国高等教育系统不仅不能很好地消除阶级社会中业已存在的不平等，相反还会再生产这种不平等，并且使之固化、合法化。这一理论在教育学和社会学理论中占有重要地位。

## 一、生平与教育实践

布迪厄文化再生产理论的形成与其成长经历有着一定关联。1930 年，布迪厄出生在法国比利牛斯–大西洋省的小城当吉恩（Denguin），父亲是邮递员。中学时布迪厄表现优秀，1951 年考入法国社会学家的摇篮——巴黎高等师范学院。作为来自小城市的平民出身的外乡人，布迪厄在巴黎高等师范学院这一精英养成机构中，在巴黎人占据支配地位的文化语境下，其在学术上和思想上都是孤独的，在内心深处埋下了仇视所谓"知识权威"的种子。从巴黎高等师范学院毕业后，布迪厄到外省中学任教，次年参军入驻北非，并在阿尔及利亚开始进行人类学和社会学研究。在此期间，布迪厄成为一位深入一线调查与研究的社会学家和人类学家，并逐步形成悲悯、尖锐与负责任的学术情怀，确立了其社会科学研究的平民立场。1964 年，布迪厄担任法国高等研究实验中心主任，之后成为欧洲社会学中心的奠基人和主要负责人，身边聚集了一大批志同道合的学者，他们共同完成了很多著作。1964 年，布迪厄出版《继承人：大学生与文化》（*Les Héritiers：Les Étudiants et la Culture*），1970 年，出版《再生产：一种教育系统理论的要点》（*La Reproduction：Éléments pour une Théorie du Système D'Ens eignement*）。在这些集中研究法国高等教育体系的著作中，布迪厄推翻此前将教育视为促进社会向上流动的工具的论调，提出"学校是一个生产并且再生产文化与社会不平等的主要场域"的观点，向法国既有的文化制度和教育体制提出挑战。1981 年，布迪厄获得法兰西学院教席，

1985 年获法兰西学院社会学终身教授头衔。1984 年和 1989 年布迪厄分别出版《学术人》（*Homo Academicvs*）和《国家精英：名牌大学与群体精神》（*La Noblesse D'État：Grandes Écoles et Esprit de Corps*），对法国高等教育进行了更为系统而深入的研究。至 2002 年病逝，布迪厄一生共发表 340 篇论文，出版专著 50 余部，涵盖社会学、教育学、哲学、文学、语言学、宗教学、政治学等多个学术领域。

布迪厄的文化再生产理论在学界和社会上产生了深远影响，其创新性观点唤醒了广大读者对社会中各种不平等现象的警觉，为人们理解教育问题提供了全新的视角，极大地推动了西方人文社会科学理论与方法论的重大发展。《继承人：大学生与文化》一书为 1968 年法国学生运动提供了理论武器。1993 年，布迪厄荣获法国科研中心颁发的金质学术奖章，2000 年荣获英国皇家学院颁发的赫胥黎奖。法国总理若斯潘称赞布迪厄"绝对是当代社会学界的一位大师，法国知识界的一位巨人"。2002 年，布迪厄因患肺癌去世。法国社会学家阿兰·图汉（Touraine）做出了中肯评价："他的去世是一个震动，因为知识界整体，尤其是我的工作范畴，当然不是全部但有一部分是围绕着布迪厄展开的。无论正面的还是负面的，他是一个必不可少的参照。由于我的方向、我的工作一直是与他的背道而行的，这使我可以直言不讳地说他的工作是重要的。"①

## 二、布迪厄文化再生产理论的社会背景与理论基础

布迪厄文化再生产理论的产生与 20 世纪后期法国社会政治、经济及教育发展状况相关。20 世纪中期之后，法国社会发展步入恢复重建期，法国人民致力于建设一个民主化、高福利且强大的新国家，在思想深处更加渴望民主、自由与平等。1947 年《教育改革方案》所宣扬的民主精神一直影响着法国教育

---

① 转引自张宁：《法国知识界解读布迪厄》，载《读书》，2002(4)。

改革。在高等教育领域，战后的经济繁荣为高等教育大众化提供了物质基础，也为毕业生提供了就业市场，第三次科学技术革命的发展，使得政府和个人都认识到教育的经济功能与人力资本提升的价值，教育因此获得更大的动力，更多平民子弟因而也获得更多接受高等教育的机会。人们普遍相信教育民主化改革能够促进个人更好的发展，促使社会更加平等、进步。

随着经济的繁荣与社会变革，法国思想界、学术界兴起了批判性反思热潮。法国人开始对社会、对现代化、对西方思想进行深入反思，涌现出存在主义、结构主义、功能主义、冲突论、建构主义等各种理论思潮。政治上日益形成更加民主、包容的对话和协商体制，社会运动和批判被视为推动社会发展的积极力量，并成为社会常态。法国教育民主化改革取得显著成就。但人们同时发现，出身底层的学生仍很难进入高等教育尤其是精英高等教育领域，即使进入后也很难实现很好的职业发展。这一发现与教育民主化改革的宗旨相悖。当时盛行的功能主义等既有理论难以解释教育和社会中普遍存在的不平等现象；而致力于解释社会不平等的社会冲突论对结构功能主义的挑战正在各领域中展开，也为对教育的批判与反思提供了理论支持。

此时的法国，怀疑一切、反对权威、追求民主成为青年学者和大学生的诉求。他们质疑法国现存的教育体制与文化模式。在当时的法国思想界，海德格尔(Martin Heidegger)、黑格尔、胡塞尔(Edmund Husserl)、尼采、弗洛伊德和马克思的理论为青年一代的追求提供了理论支持与精神指导，以梅洛·庞蒂(Maurice Merleau-Ponty)、萨特(Jean-Paul Sartre)、德里达(Jacques Derrida)和福柯(Michel Foucault)为代表的存在主义者成为法国青年的精神导师，影响、指引着青年一代反抗权威，批判传统的教育体制。成长于这个时代的布迪厄在学习和生活中深受这些理论思潮的影响。此外，布迪厄还深受哲学家柯瓦雷(Alexandre Koyré)以及社会学家韦伯(Max Weber)、迪尔凯姆(Émile Durkheim)思想的影响，使其在方法论、认知方式以及知识储备、分析性概念等方面受到启发。

布迪厄还对马克思主义进行了深入研究，最后从社会学立场出发，在吸收与发展前人理论的基础上，综合语言应用与现象学，分析阐释当代社会的文化再生产这一中心场域，创建了具有多维理论基础的、多学科开放整合的、反思的与象征性的社会学理论，对法国教育尤其是高等教育展开研究，提出了独特的文化再生产理论。他对这一理论的系统阐述集中体现在《再生产：一种教育系统理论的要点》、《符号暴力》(*Symbolic Violence*)等著作中。

## 三、文化再生产理论的实现途径——学校教育

文化再生产理论被视为新马克思主义再生产理论的一部分，有别于以往的经济再生产理论。布迪厄作为该理论的主要代表人物，进一步应用马克思的再生产理论考察资本主义社会的文化和阶级关系及社会统治之间的联系，并从这种联系出发考察学校教育，从文化分析角度揭示文化再生产在资本主义社会阶级关系存续中的作用，并指出学校教育在这一过程中扮演的关键角色。布迪厄认为，资本主义社会的教育与经济之间虽然存在一定的正向关系，但这种关系需要通过文化这一中介间接地实现。学校及教育具有相对独立性和自主性，间接地接受社会和经济的影响，而非直接附属于社会和经济。学校场域传递的文化是文化再生产的核心。布迪厄认为，传递文化是学校教育的主要职能，学校通过传递文化来服务社会，这种被传递的文化在阶级社会中代表着某种社会力量，这种社会力量与统治阶级的文化和品位直接相关。从表面上看，学校客观、公正地传递文化，而实际上却是在隐秘地通过对统治阶级文化或主流文化的传递、生产和分配，使现存的社会关系和社会秩序成为自然与必然，从而实现了现存社会关系的再生产。学校通过传递文化为再生产现存社会关系服务。

布迪厄所谓"文化再生产"，是指学校教育具有的文化再生产、社会再生

产以及自身再生产的功能。这里所谓"再生产"不是简单的复制,而是指延续、维持并发展。"文化再生产"指社会主导文化的再生产,"社会再生产"指社会等级结构通过代际继承得以维持,"自身再生产"则指教育体系自身的维持与延续。

## 四、关于文化、文化资本和教育的关系

布迪厄在马克思资本论的基础上,首次提出"文化资本"这一概念。在布迪厄看来,阶级社会的文化既有统治阶级文化,也有其他阶级或社会团体的文化,既有主导文化,也有附属文化。每个人通过其原生家庭所属阶级的文化背景而形成不同倾向的语言和社会交往习惯或能力,直接影响他的语言方式、专业技能、知识储备、思维模式、行为举止、对成功机会的把握等,这些虽然不同于经济资本,但却具有类似经济资本的功能,因此被称为个人的"文化资本"。拥有文化资本意味着拥有文化权力,衡量个人文化资本的多寡主要看其所属家庭高级文化教养的多少。布迪厄把文化资本的存在形式分为三种:身体化的存在形式,如个体通过社会化而内化的欣赏与理解能力;涉及客体的客观化的存在形式,如书籍、艺术品等;机构化的存在形式,如教育文凭制度。[①] 在资本主义社会,上层阶级的子女因其父母雄厚的经济和文化实力而拥有优越的文化资本,而弱势阶层子弟则在文化资本拥有上处于劣势。不同社会背景的儿童因其文化资本的差异而影响他们的入学、专业选择和学业成功。学校教育所宣扬和传递的主导文化通常是统治阶级文化或社会主导文化,来自上层阶层的子弟因其文化资本与学校教育所传递的主导文化相近而特别容易融入,并相对容易取得成功。相反,那些文化资本处于劣势的学生因其文化的隔阂而难以融入,通常其文化资本要么被削弱,要么被同化。

①　参见[美]戴维·斯沃茨:《文化与权力:布尔迪厄的社会学》,陶东风译,88~89 页,上海,上海译文出版社,2006。

统治阶级通过学校教育使下层阶层儿童接受、认同上层社会的文化，从而使统治阶级的文化合法化。布迪厄认为资本主义教育体系，就是通过文化资本的不平等分配来实现资本主义不平等的社会关系再生产的，貌似"自然""公正"而又"合理"，实则掩盖了统治阶级的真实目的，缺乏公正、合理性。

## 五、习性

布迪厄在阐述文化资本时，还提出了"习性"概念。他所谓"习性"，指"持久的、可转换的潜在行为倾向系统，是一些有结构的结构，倾向于作为促结构化的结构发挥作用，也就是说作为实践活动和表象的生成和组织原则起作用，而由其生成和组织的实践活动和表象活动能够客观地适应自身的意图，而不用设定有意识的目的和特地掌握达到这些目的所必需的程序，故这些实践和表象活动是客观地得到'调节'并'合乎规则'，而不是服从某些规则的结果，也正因为如此，它们是集体地协调一致，却又不是乐队指挥的组织作用的产物"①。概而言之，习性就是文化资本的具体化，是社会主导文化与社会结构的内化，也是生产社会行为和再生产社会结构的外化。布迪厄认为，学校教育通过长期的、不中断的灌输来培养习性，从而在教育对象身上产生预期的变化。

习性的形成具有不可逆性。原生家庭所培养的习性即初始习性，是日后其他习性形成的本源与基础。初始习性与学校文化越接近，教育效果越好。相反，初始习性与学校教育所宣扬的文化及习性距离越远，越易于形成冲突，导致自我排斥和自我放弃。这样，学校教育将社会资本和文化资本的不平等转化为学校里文化认知与能力的不平等，进而转化为社会地位的不平等。因此，文化资本的占有习性的培养在文化再生产过程中均具有重要意义。

---

① ［法］皮埃尔·布迪厄：《实践感》，蒋梓骅译，80~81页，南京，译林出版社，2003。

## 六、"符号暴力"

布迪厄认为，语言作为一种交流工具，负载着文化信息，是具有服务功能的符号系统。一旦语言形成一统，其所具有的符号则具有了强制性功能，即"暴力作用"。因此，布迪厄从语言学和社会学的视角提出了"符号暴力"的概念。"所谓'符号暴力'，就是统治阶级通过文化影响的微妙作用，从而达到阶级控制的目的。因此学校的作用，就是通过这种'符号暴力'的方式，来传递统治阶级的文化，排斥其他阶级的文化，保证统治阶级文化的再生产，以巩固统治阶级对学校教育的统治。"①学校教育就是通过语言这一中介将其所宣扬的统治阶级文化传递给所有的学生的，让学生在学习文化知识的过程中被统治阶级文化所同化。因此，资本主义社会学校教育过程的本质就是实施"符号暴力"的过程，整个教育体系具有实施"符号暴力"的能力。所谓实施"符号暴力"的能力，是指"强加一些意义，并通过掩饰那些成为其力量基础的权力关系，以合法的名义强加这些意义的能力，在这些权力关系当中加进了自己的、即纯符号的力量"②。布迪厄认为，资本主义社会学校教育通过课程设置实施"符号暴力"。课程具体内容的选择、课程在教学体系中的地位都会体现"霸权课程"的要求。法国高等学校的"霸权课程"通过强调符合统治阶级利益与价值的文化和知识，贬低和削弱工人阶级及其他阶层或群体的知识，从而突出中、上层阶级的文化资本。布迪厄认为，教育行动是建立在专断权力基础上的文化专断，其本质或客观结果都属于"符号暴力"。"符号暴力"的实施离不开权力的基础。只有在赋权的情况下，教育才能发挥强制性的令人必须信服的"说服""交流"与"训导"作用，即文化专断。可以说，学校文化的选择或专断，不是由个人决定的，而是由社会的权力关系决定的，反映了统

---

① 黄济：《教育哲学通论》，275 页，太原，山西教育出版社，1998。

② [法]P. 布尔迪约、[法]J.-C. 帕斯隆：《再生产——一种教育系统理论的要点》，邢克超译，12 页，北京，商务印书馆，2002。

治阶级的利益。通过文化专断实现社会主导文化的再生产，实现了资本主义教育的三大核心功能：其一，保存、灌输、神化文化遗产，这是资本主义教育最基本的、内在的功能；其二，再生产不平等的社会—阶级关系的外在功能；其三，合法化功能。①

布迪厄的文化再生产理论影响了法国日后的学校课程改革，他提出的课程文化观为课程理论的发展提供了新的生长点。布迪厄认为，学校教育在实现文化、社会和教育的再生产过程中，课程作为教育内容和合法化的文化发挥了重要作用。课程作为文化资本，是一种象征符号性资源，是具有强制性的社会主流文化。从运作机制上看，课程常常与个人的前途命运、社会地位、个人成功与自我实现等联系起来，以至于课程成为决定个人身份、资格、财富的手段或标志。② 因此，课程必须与文化相联系，考虑文化层面的因素。这为法国 20 世纪 90 年代的"共同基石"与"共同文化"课程提供了理论支持。

对不平等和苦难的揭露与批判贯穿于布迪厄的整个学术生涯，他的文化再生产理论有助于我们深刻认识法国资本主义社会学校教育的职能，较之前的经济再生产理论表现出较大的突破与创新，但其局限是过分注重学校教育及其文化传递的相对自主性，未能全面分析学校教育与经济的密切关系。布迪厄将学校视为再生产统治阶级文化和意识形态的静态机构，忽视了学校教育内部存在的抵制、斗争等复杂关系，未能真正全面地反映资本主义社会学校教育的现实，忽略了文化作为一种结构过程同时兼具的改造功能，表现出结构主义倾向和悲观主义色彩。此外，布迪厄过于重视意识形态因素，认为教育系统完全被文化资本等再生产因素所控制，完全忽视了教育过程可能包含的文化改选与革新的作用。

---

① 参见[美]戴维·斯沃茨：《文化与权力：布尔迪厄的社会学》，陶东风译，219～220 页，上海，上海译文出版社，2006。

② 参见黄忠敬：《论布迪厄的课程文化观》，载《外国教育研究》，2002(3)。

值得充分肯定的是，布迪厄的文化再生产理论代表着教育民主化理论的形成，指出了法国高等教育双轨制所产生的社会不平等，揭露了教育不平等的社会根源，呼吁改革教育体制，改变了人们的传统教育观念，在一定程度上促使了 1968 年"五月风暴"的爆发，在社会上激起了教育民主化改革的浪潮。针对法国高等教育领域长期存在的学业失败现象，布迪厄从不同学生所属社会阶层拥有的文化资本的类型进行分析，揭示了导致学业失败的深层制度原因。布迪厄的文化再生产理论是对教育功能的冷静批判与反思，转变了之前学界一味对教育功能所做的正向解读，为批判教育生产社会不平等提供了理论基础，揭开了为民主表象所遮掩的法国教育参与社会不平等再生产的内在机制。这使布迪厄的文化再生产理论受到学界的广泛理解与支持，对国际社会学界和教育学界都产生了深远的影响。

"二战"后到 20 世纪 80 年代之前，法国教育改革的重点主要是确立新的中等教育体制，大力推动教育民主化建设。20 世纪 80 年代以后，教育结构、教学内容和升学制度改革成为法国教育改革重点，与学业失败做斗争、强化对学生的方向指导、提高教育质量与教育效益都是该阶段法国教育改革的主要任务。进入 20 世纪 90 年代后，政权更迭并未触动法国教育改革的总方针，提高教育质量、促进教育民主与自由、加强职业教育、教育规模与质量并重、促进所有学生学业成功、将学生置于教育系统的中心成为各级各类教育教学改革的主要任务。20 世纪 90 年代末，法国致力于高等教育管理体制改革，政府权力下放，高校自主权加大，注重科研应用与开发，强化国际化战略，取得了很好的效果。总之，"二战"后，法国教育经历了从初等教育到高等教育、从教育民主化到教育现代化、从教育外部改革到内部系统化革新的变革历程，虽然此间的改革有主动，有被动，有的规划有余而落实不足，但法国在尊重教育传统的基础上，不断探索科教强国之路，步履艰难而笃定地在国际化背景下持续推进着教育改革事业。

第七章

# 20 世纪后期联邦德国的教育

　　第二次世界大战的结束揭开了各国恢复教育秩序的序幕，而对于作为战败国的联邦德国而言，则意味着全方位的教育重建和教育改革。为扫除战争给联邦德国教育带来的阴霾，应对 20 世纪后期世界格局、人口、经济、技术等方面的变革，联邦德国在继承传统教育优势的基础上，开展教育重建和改革。联邦德国在教育体制、普通教育、高等教育、职业教育、师范教育、继续教育等方面开展了教育改革，在教育政策的制定、学校类型的丰富、课程与教学的优化等方面取得了明显的成效，还在教学论、职业教育等领域为世界教育做出了独特贡献。德意志的民族性格、战争遗留影响、20 世纪的社会巨变，共同造就了这一时期联邦德国的思想者，雅斯贝尔斯、克拉夫基（Wolfgang Klafki）与福利特纳（Wilhelm Flitner）在教育思想领域提出了兼具永恒性与时代性的思想观点，成为人类教育的精神财富。

## 第一节　"二战"后初期联邦德国的教育改革与重建

　　1945 年，第二次世界大战后"世界的分裂"首先是欧洲以及德国的分裂。①

---

① 参见［德］乌尔夫·迪尔迈尔、［德］安德烈亚斯·格斯特里希、［德］乌尔里希·赫尔曼等：《德意志史》，孟钟捷、葛君、徐璟玮译，311 页，北京，商务印书馆，2018。

根据雅尔塔会议精神，苏、美、英、法四国于1945年6月发表了《关于共同管制德国的联合声明》，德国被划分为四个占领区，成立的"管制委员会"作为占领期间德国境内最高权力机构。同年7月，苏、美、英三国签订了《波茨坦协定》，确定了四国管制初期处置德国问题的基本原则。此后四年内，各占领区逐渐开展了土地改革、政权建设、币制改革等一系列符合占领国立场的重建举措，持续不断的政治对峙导致东西占领区差异逐渐加大。1949年5月8日，整个西占区议会委员会通过了《德意志联邦共和国基本法》，9月15日以康拉德·阿登纳为总理的第一届联邦德国政府正式成立。同年10月，在苏占区成立了德意志民主共和国。

## 一、"二战"后初期的社会状况及各占领国的教育重建举措

战后初期，联邦德国的重建任务是全方位的，政局动荡之下的大规模人口流动、农工业生产和商品交易受到重创、民众基本生存保障薄弱，民众对未来充满不安全感。政治方面，战后初期的联邦德国处于内忧外患之中，一方面纳粹化统治在国内的残余影响亟待清除，另一方面欧洲人民认为"抵御一个德意志强国的重新崛起与抵御苏联的威胁并没有什么不同"①。经济方面，城市交通运输、工业生产等基础设施遭到严重破坏，整个联邦德国1946年的工业生产只是战前1936年的33%，战争结束时国债已达7000亿马克。② 生活方面，整个联邦德国四分之一的住宅被炸毁，人们只能挤在毁坏了的房屋、防空壕、地下室生活，生活必需品、医疗及药品缺乏，饥饿和疾病成灾。但受欧洲一体化、第三次技术革命等影响，联邦德国在某些方面又呈现出复杂的发展趋势，如这一时期以信息技术发展为主导的科技革命对联邦德国产生

---

① [德]乌尔夫·迪尔迈尔、[德]安德烈亚斯·格斯特里希、[德]乌尔里希·赫尔曼等：《德意志史》，孟钟捷、葛君、徐璟玮译，312页，北京，商务印书馆，2018。

② 参见吴友法：《德国现当代史》，270页，武汉，武汉大学出版社，2007。

了一定影响，在纳粹时期受到限制的各类现代文化艺术风格逐渐被接受，纳粹战争和德国分裂等政治主题开始受到文化圈的极大关注。① 战争对教会组织没有产生本质性的创伤，教会在重建运动中扮演了重要的社会角色，尤其是天主教会和新教教会在政策制定方面具有一定的政治影响力。总之，战后初期联邦德国在政治、经济、技术、文化等方面的发展状况，既限制了教育改革的步伐，但也是教育体系赖以重建的基础。

战后联邦德国教育的衰败主要表现在教育设施损毁严重、教师严重不足、纳粹时期的教育制度与思想残留、专家人才智力资源丧失等。尽管存在难以克服的困难，但绝大多数基础学校、大部分中等学校和某些职业学校还是在 1945 年秋季重新开学，"除了新近来到而常常不能立即被接纳的被驱逐者外，实际上所有到上基础学校年龄的儿童都进入了学校"②。美、英、法各占领国对战后德国问题进行了系统研究，如美国在 1942 年专门成立了战后外交政策咨询委员会，为制订战后对德计划提供政策依据；英国持有与美不完全相同的对德态度，在 1944 年颁布了《英国德国手册》；法国对德怀有更深刻的战争仇恨，制定了以 1945 年戴高乐讲话为基本框架的对德政策。虽然各占领国对联邦德国的政策与举措不同，但基本态度是既要遏制德意志帝国侵害世界的野心，也要帮助联邦德国社会正常运转，更要符合占领国的近期和长远利益。因此，"战败的德国也在同各国占领当局提出的教育改造建议的不断对抗中进行了教育重建"③。

在 1945 年的《波茨坦协定》中，管制委员会提出了以改造纳粹教育为重点的民主化教育重建。采取的措施包括：废除纳粹时期建立的中央集权的教育

---

① 参见[德]乌尔夫·迪尔迈尔、[德]安德烈亚斯·格斯特里希、[德]乌尔里希·赫尔曼等：《德意志史》，孟钟捷、葛君、徐璟玮译，355 页，北京，商务印书馆，2018。

② 黄志成译：《美国赴德教育代表团报告(1946)》，见瞿葆奎主编：《联邦德国教育改革》，李其龙、孙祖复选编，243 页，北京，人民教育出版社，1991。

③ 张瑞璠、王承绪主编：《中外教育比较史纲》现代卷，张人杰本卷主编，1 页，济南，山东教育出版社，1997。

管理体制，实行地方分权的教育管理体制；恢复魏玛共和国时期的学校教育制度；清除学校内部的纳粹分子；整顿教学内容，废除教材中有关血统论、宣扬民族主义和法西斯思想的内容。1946年，美国对战后联邦德国的教育进行了深入考察，并在《美国赴德教育代表团报告》中分析了制约联邦德国教育发展的因素，提出了教育重建的基本任务是清除纳粹的影响，发展民主。美国政府在有关联邦德国再教育政策的声明中讲道："德国人民的再教育，只有作为他们全面恢复计划中的一个组成部分，才能够取得成效。因而，民族文化和道德的再教育，必须与适合于恢复和平德国的经济稳定和适合于希望最终恢复国家的统一和自尊的政策相联系。"①因此，各占领国对包含新闻广播、文化宣传、媒体出版等在内的整个文教体系进行了监督与改造，这与联邦德国经济和政治民主化改造相一致。1947年6月25日，管制委员会发布《德国教育民主化的基本原则》："(1)保证一切儿童享有同等的教育机会；(2)在一切教育机构里实行免费教育，并为生活困难的学生提供生活补助；(3)所有6至15岁的儿童均须受全日制义务教育，此后，如不再继续受高一级的全日制学校教育，年满18岁前，须继续受部分时间制学校教育；(4)改革学制结构，在义务教育阶段不分轨，建立统一的综合学校体系；(5)加强公民教育。"②

　　各占领国在教育重建中以清除纳粹影响、尽快克服物质困难、追求民主化理想为目标，就当时情况来看，联邦德国再教育政策的实施效果是明显的。1947年春，美占区曾就联邦德国再教育政策的实施效果做过调查，结果显示联邦德国民众对再教育的必要性给予了较明确的认识：有50%的被调查者认为再教育是仅次于生产(占73%)和供应食品的稳定(占60%)的第三个最为迫

---

　　① 转引自黄志成译：《美国赴德教育代表团报告(1946)》，见瞿葆奎主编：《联邦德国教育改革》，李其龙、孙祖复选编，228页，北京，人民教育出版社，1991。

　　② 滕大春主编：《外国教育通史》第6卷，王桂、李明德本卷主编，243页，济南，山东教育出版社，2005。

切的任务。①

## 二、地方分权的教育管理体制

战后初期，各占领国对联邦德国的重建在一定程度上加速了生产、生活秩序的恢复，但联邦德国教育的整体改革和快速发展仍需建立在独立而稳固的管理体制和社会体系的基础之上，教育管理体制改革是当务之急。20 世纪前期的教育管理体制与后期有一脉相承的关系：一方面，魏玛共和国时期的1919 年宪法《魏玛宪法》规定了"国家、州和乡镇协力设立公共机构负责青少年的教育事宜""全部教育事业处于国家监督之下"，奠定了联邦制国家三级分权的教育管理体制；另一方面，第三帝国时期希特勒实行中央集权式政治统治，下达了"设立国家科学、教育和国民教育部""设立单独的犹太人学校""建立法西斯化的阿道夫·希特勒学校"等一系列集权式命令，这为战后初期教育管理体制的改革设置了障碍。

1949 年颁布的《德意志联邦共和国基本法》是联邦德国教育行政体系的法律基础，第七条"教育事业"第一款提出"整个教育事业受国家监督"，第二至第六款对开办私立学校、取消完全中学预科学校等事宜做出规定。② 联邦制思想在德国的国家法理论和政治现实中都有着悠久的传统。③ 联邦制的基本特征是若干个国家通过宪法组成一个联盟国家，这个联盟国家及其内部成员国在一定的权责分配下均拥有立法、行政和司法等国家权力。从联邦制来理解地方分权的教育管理体制，即教育既接受联邦的监督，也遵循各州的规定。联

---

① 参见张沛：《凤凰涅槃——德国西占区民主化改造研究》，227 页，上海，上海人民出版社，2007。

② 参见杭州大学中德翻译情报中心：《联邦德国及巴伐利亚州高等教育法规选编》，3 页，杭州，杭州大学出版社，1991。

③ 参见杭州大学德汉翻译和信息中心：《联邦德国普通行政管理及教育行政管理》，6 页，杭州，杭州大学出版社，1994。

邦对教育事业做出整体性规定，如规定公立学校教师享有和履行国家官员的
权利与义务、对经济和教育落后地区进行财政支持等；而各州规定具体方面，
如义务教育年限，"黑森州、下萨克森州和北莱茵-威斯特法伦州规定普通义
务教育为8年半，西柏林、不来梅州、汉堡州、石勒苏益格-荷尔施泰因州规
定普通义务教育为9年"①。总之，在恢复魏玛共和国时期教育管理体制的基
础上，联邦德国建立了地方分权制教育管理体制，废除了希特勒统治时期的
中央集权制，具体表现为联邦、州或直辖市、地方政府三级管理体制，也对
应着三种学校教育经费来源。

为实现联邦德国在教育事业上的共同意志，尊重和保持各州教育发展的
地方特点，1949年10月8日，教育部长常务会议成立，内设若干专门委员
会：学校委员会、高等学校委员会、艺术教育和成人教育委员会等。1953年
9月22日，联邦内务部和教育部长常务会议倡议成立德国教育委员会。比较
而言，前者定位偏向于教育政策的协调机构，其讨论决议经各州议会批准进
而发展成各州法律；后者定位偏向于各类教育问题的咨询机构，协助联邦政
府和各州调研教育发展状况，通过专家建议的方式促进教育事业发展。②

## 三、普通教育改革与1959年《总纲计划》

战后初期，联邦德国在初等教育和中等教育领域开展了恢复基本教育条
件、肃清纳粹残余影响的工作，取得一定成效后，普通教育质量、受教育机
会、学制改革等问题成为发展重点。1955年2月17日，各州代表签订《联邦
德国各州关于统一教育事业的协定》(又称《杜塞尔多夫协定》)，协定就各州
学期安排、中间学校和高级中学名称、学校组织形式与类型、各州之间的考

---

① 张可创、李其龙：《德国基础教育》，23页，广州，广东教育出版社，2005。
② 参见滕大春主编：《外国教育通史》第6卷，王桂、李明德本卷主编，243~244页，济南，
山东教育出版社，2005。

试互认等方面做出统一规定，协定有效期为十年。1951 年，高级中学与高等学校的代表在蒂宾根形成了"蒂宾根'大学与中小学'会议决议"，决议强调要通过加强中学与大学之间的联系，一方面提升中学的教学质量，另一方面为大学提供更适合大学生活和学习的入学者。决议主张提高教师在高级中学教学上的自由度，选取学校开展教改实验，改革高级中学教师职务考试制度。

德国教育委员会认为，相比几十年来德国所历经的重大变革，1955 年的《杜塞尔多夫协定》只是对战后初期教育困境的外部适应，"占领国的改革试验对德国的特殊关系大体上作出了错误的判断；而且这些改革试验是由非常不同的教育观点所决定的"①。因此，应对仓促而激进的改革保持怀疑，应对教育事业进行全面的进一步的审查。1959 年，德国教育委员会发布《关于普通教育的改革和统一的总纲计划》，这一文件是对联邦德国普通教育体制问题的深入探讨和详细规定。《总纲计划》提出，在联邦德国的教育体制改革原则上保持国民学校、中间学校、高级中学的三轨性，同时在改革实际中兼顾教师、家长、生活三个维度。如何解决国民学校的贫困化问题、是否延长基础学校时间、中等教育如何分流、如何设计有利于分流的中间阶段，诸如此类的问题都在《总纲计划》中得到讨论。《总纲计划》的核心内容是新的学制结构：首先，新的学制结构要适应现代社会的劳动分工，对应"一种比较早地同工作和职业相衔接的、一种中间学校的和一种高级中学的"②三种教育目标；其次，要符合每个学生的受教育能力；最后，要有助于保持人民思想的统一。就此，《总纲计划》分基础学校、促进阶段、主要学校、实科学校、高级中学五个层次和类别做了详细规定，同时也强调了各层次和各类别之间的升级与转换方式。

---

① 德国教育委员会：《关于普通教育的改革和统一的总纲计划(1959)》，见瞿葆奎主编：《联邦德国教育改革》，李其龙、孙祖复选编，281 页，北京，人民教育出版社，1991。

② 德国教育委员会：《关于普通教育的改革和统一的总纲计划(1959)》，见瞿葆奎主编：《联邦德国教育改革》，李其龙、孙祖复选编，292 页，北京，人民教育出版社，1991。

在基础学校方面（1~4学级），提出要对所有学生进行4年统一的教学，建立不超过30名学生的小班，注意采用正确的工作方法，建设适宜的教室。在促进阶段方面（5~6学级），提出一方面应扩大所有学生一起接受基本文化教养的共同部分，另一方面应适度采取分组教学以在2年之内完成挑选和分流，但始终应以符合10岁至12岁学生特点的方式进行。在主要学校方面（7~9学级或10学级），由于将会有一半以上学生在主要学校接受普通教育，因此教育事业的健康发展将取决于主要学校。主要学校要培养学生掌握适于现代社会生产方式的基本技术，加强和改进基础数学与自然科学教学，激发学生理解国家集体的含义、树立未来的政治责任感、养成有益身心的业余习惯。在实科学校方面（7~10学级或11学级），强调这种以实践技术为基础的学校是应技术经济和工业发展的要求而建立的，与各个阶层的生活密切相关，要特别注意实科教育和普通教育的关系。在高级中学方面，提出高级中学承担着传承古典文化，塑造现代文明，并为国家培养后继力量的任务，主要分为完全中学（7~13学级）和学术中学（5~13学级）两种类型，选择进入哪种类型的高级中学取决于学生的天资、兴趣方向和父母的愿望。在高级中学教育全过程中必须特别重视"普通的科学基础教育，发展独立思维能力和加强非科学的教育领域"[1]三个基本要求。其中，完全中学分为自然科学和语言两个分支，语言分支中含德语、英语、法语、俄语、数学等课程，自然科学分支中含德语、数学、自然科学、英语等课程，而两者中政治教育都是必需的。学术中学比完全中学更强调培养学生的欧洲文化和学术传统素养，学生通过五年级的一次能力考试进入学术中学。学术中学的学习内容对学生的理解力和想象力有较高要求：五年级拉丁语，七年级英语、俄语，八年级希腊语或法语；以这些语言所撰写的诗歌、历史、哲学、数学等古典文献巨著。

---

① 德国教育委员会：《关于普通教育的改革和统一的总纲计划（1959）》，见瞿葆奎主编：《联邦德国教育改革》，李其龙、孙祖复选编，326页，北京，人民教育出版社，1991。

《总纲计划》对联邦德国普通教育学制的过去与未来做了深刻探讨，从教育目标到学校类型、从课程教学到转学考试、从教师与学生到家长与社会，都显示出审视和改革普通教育的紧迫性。坚守传统方面，《总纲计划》认为中等教育分流所显示的三轨性既符合不同类型学生和家长的需求，也符合社会发展对人才的需求；改革创新方面，《总纲计划》强调了不同类型学校教育内容的差异与特点，指出教育方式要符合该年龄阶段学生的心理特点。相对于《总纲计划》的三轨制普通教育立场，1960年德国教师联合会发表的《革新德意志学校计划》(又称《不来梅计划》)，却倾向于建立统一的学校制度，提倡教育机会平等，建议把从早期教育到大学的整个教育系统理解为一个统一体，反对传统的、僵化的分轨学校体系，反对普通教育和职业教育分裂，反对区分学术性教师和非学术性教师，强调使学生获得科学的基础教育。①

## 四、高等教育改革的准备与设想

自19世纪初德国现代大学设立至20世纪初，百余年内德国大学一直都是世界高等教育的典范。历经两次世界大战，加之20世纪的技术变革，战后初期的联邦德国高等教育处于百废待兴的局面。

### (一)战后初期高等教育状况及思想界的反思

"二战"后，联邦德国高等教育的危机体现在：办学设施遭到了致命损坏，战胜国拆除了科学基础设施，只有少数几所大学保持完好；入学人数增加，资源不增反降，教席数量少，导致师生比严重失调，大学超载运行；传统的大学生活被破坏，教学和科研相结合的模式无法实施，学生将大学看作培训之所。另外，德国纳粹势力驱逐犹太人的过程促成了一次"整体性的文化转

---

① 参见张可创、李其龙：《德国基础教育》，27页，广州，广东教育出版社，2005。

移"，难民中约有 1.2 万名文化精英，其中 1400 名是科学家。① 大学之外的科研机构在承担科研任务方面表现突出，给大学造成一定的竞争压力，如科学院、马克斯·普朗克科学促进学会等各类科研机构。

"德国大学在本质上是健康的"，"一战"后重建时期普鲁士教育部长贝克尔（C. H. Becker）的这一名言，同样适用于"二战"后的联邦德国。② 处于战败阴影下的德意志民族掀起了一波反思浪潮，以知识界和思想界人士、政治精英、教派领袖为主体，对德国历史进行反思，希望能够寻找一条不受东西方强权制约的、维护德意志民族国家统一的道路。众多言论对高等教育的恢复与重建产生了刺激作用，其中思想界以雅斯贝尔斯为代表。1945 年战争结束，雅斯贝尔斯即出版杂志《转变》，帮助德国人从已经沦为道德和精神废墟的人世里确定自己的方向，他坦承罪责问题是德国人灵魂存亡的问题，所有德国人都犯有某种意义上的罪行，德国人应承认和接受相应的处罚，如果没有一个净化的过程，德国人就不会发现真理。③ 1946 年，雅斯贝尔斯的《大学之理念》（*The Idea of the University*）出版。

（二）各占领国重建高等教育的举措

战后初期，美国和英国在考察各自占领区高等教育现状后，发布了两份重要的调查报告，一是 1947 年美国的《美国占领区各州高等学校体制改革方针：1947 年专家委员会的建议》（又称《施瓦巴赫方针》），二是 1948 年 10 月英国的《高等学校改革研究委员会关于高等学校改革的报告》（又称《蓝皮鉴定书》）。前者重点阐述了变革大学内部秩序、强化大学自治和管理，后者具体阐述了高等学校的现状和改革建议。《高等学校改革研究委员会关于高等学校

① 参见李工真：《文化的流亡——纳粹时代欧洲知识难民研究》，125~126 页，北京，人民出版社，2010。
② 参见[德]汉斯格特·派泽特、[德]格茜尔德·弗拉姆汉：《联邦德国的高等教育——结构与发展》，陈洪捷、马清华译，6 页，北京，北京大学出版社，1993。
③ 参见丁建弘：《德国通史》，396 页，上海，上海社会科学院出版社，2012。

改革的报告》认为，战后联邦德国的高等学校无法满足技术、政治和社会变革的时代需求，大学着重训练专家型知识分子而不是培养人，大学内部是彼此孤立的专业学院，而非整体性的大学组织。《高等学校改革研究委员会关于高等学校改革的报告》建议将德国传统高等教育的三个关键词"研究、教学和教育"调整为"人、探究和教学"，强调三者齐头并进。①《高等学校改革研究委员会关于高等学校改革的报告》将联邦德国现存高等学校划分为五类，即大学、技术高等学校、特殊专业方向的高等学校、神学高等学校和艺术及音乐高等学校、师范高等学校，分别对每个类别进行分析和建议，认为各类高等学校均需妥善处理普遍性学习和专业性学习间的关系。此报告虽未在当时付诸实践，但其内容历史性地延续了德国的大学传统，也前瞻性地指出了20世纪后期高等教育的发展方向。《高等学校改革研究委员会关于高等学校改革的报告》有关高等教育改革的建议对20世纪50年代联邦德国高等学校的发展起到了不可忽视的作用，各占领国也在美因茨大学（1946年）、萨尔布吕肯大学（1948年）和柏林自由大学（1948年）创建过程中发挥了重要作用。

（三）建立学术委员会

由于纳粹统治期间实行文化教育事业的集权化管理，因此恢复高等学校自治、促进学术事业发展成为战后初期高等教育改革的紧迫任务。1949年4月22日成立的大学校长会议，是联邦德国高等院校自愿联合组成的独立机构，主要组织各高等学校讨论高等教育和科学研究的政策，协调各校的利益，协调国际合作，促进交流与发展的同时也为立法机关提供咨询。然而，20世纪50年代的高等教育改革存在各州步调不一致、联邦层面改革受到地域限制等问题，因此，20世纪50年代末期联邦和各州共同筹设学术委员会。1957年9月5日，通过了《联邦和各州关于建立学术委员会的协定》，由联邦代表、

---

① 参见赵子剑：《联邦德国高等学校类型结构变革研究（1945—1976）》，博士学位论文，河北大学，2017。

州代表、学术代表等组成学术委员会，负责以各州计划为基础制订全国科学促进总计划，每年提出一个亟待解决的项目，对联邦和州科研基金的使用提出建议。但后期学术委员会在制订科研计划方面所起到的作用并不明显，仅在跨州的全国性教育政策咨询方面发挥了作用。

## 第二节　20世纪六七十年代联邦德国的学校教育实践

　　20世纪六七十年代是"二战"后联邦德国教育改革实践最丰富、成效最显著的时期。在发展国家经济和探索教育规律的基础上，联邦德国相继出台实施了一系列涉及学制改革、机构改革和培养模式改革等的政策。联邦德国的教育改革实践既体现了20世纪后期国际教育发展的整体趋势，也发挥了其在世界各国教育发展中的示范作用。

### 一、20世纪六七十年代的国内外社会状况

　　经济基础是教育改革的重要条件。1947年的"经济奠基之年"、1948年的币制改革、市场自由化和"马歇尔计划"，使得联邦德国在20世纪50年代出现了"经济奇迹"，国民生产总值位居主要资本主义国家的前列。20世纪50年代初期，联邦德国已恢复到战前经济水平，而欧洲一体化的不断推进，更为联邦德国的经济发展提供了有利条件，外加朝鲜战争对经济贸易和军火工业的刺激，综合促成20世纪50年代联邦德国经济增长速度始终处于世界领先水平。

　　20世纪50、60年代交替之际，西方各国开始重新思考教育与经济发展的关系，以美国经济学家舒尔茨等为代表形成了"教育经济学理论"或"人力资本理论"。1961年，经济合作与发展组织在华盛顿召开会议，集中讨论两个教育

问题：一是"根据下一个十年内社会、经济发展要求，确定成员国教育任务的特性和规模"；二是"在不发达国家的教育扩张超出自身需求的情况下，经济合作与发展组织如何做出反应以同时满足来自各方的需要"。① 从国际比较和历史回顾的角度来看，联邦德国的教育财政投入不但落后于其他工业国家，也在某些方面落后于德意志帝国时期。以 20 世纪 50 年代末 60 年代初为例，联邦德国给学校划拨的费用在国民生产总值中的占比，1958 年以前是逐年增加的，但之后则不断下降：1958 年为 3.31%，1959 年为 3.26%，1962 年更低至 2.99%。② 由于国内的经济发展扩大了人力资源需求，1957 年苏联成功发射第一颗人造地球卫星激发了各国之间的科技竞争与教育竞争，因此联邦德国包括教育在内的各项社会事业的落后引起了各界重视。

20 世纪 60 年代后期，学生运动的爆发对联邦德国教育发展产生了重要影响。20 世纪 60 年代后期，由于经济下滑、国内政治力量矛盾冲突、美苏"冷战"以及第三世界国家的国际影响日益增强，因此联邦德国学生的政治热情高涨，改革高等教育的呼声渐强，形成了一场反现存教育体制的斗争。③ 联邦德国教育体制中的不平等主要存在于城乡、不同宗教信仰者、社会阶层和性别之间，尽管战后学制改革已经加大了教育体系内不同分支之间的渗透，但一些传统歧视并未消失。在学生运动中，联邦德国的大学、教育体制、社会文化观念以及政治立场都受到了强烈的批判和抗议，进而引发了社会、文化和教育变革的发生与发展。

---

① 赵子剑：《联邦德国高等学校类型结构变革研究(1945—1976)》，博士学位论文，河北大学，2017。

② 参见[德]皮希特：《德国的教育灾难》，见瞿葆奎主编：《联邦德国教育改革》，李其龙、孙祖复选编，342 页，北京，人民教育出版社，1991。

③ 参见许平、朱晓罕：《一场改变了一切的虚假革命：20 世纪 60 年代西方学生运动》，114 页，上海，上海人民出版社，2004。

## 二、20世纪60年代教育改革大讨论及1964年《汉堡协定》

联邦德国20世纪六七十年代的教育改革始于20世纪60年代的大讨论，皮希特(Georg Picht)的《德国的教育灾难》、达伦道夫(Ralf Dahrendorf)的《教育是公民的权利：为一种积极的教育政策辩护》以及《柏林声明》的发布，充分反映了联邦德国战后至20世纪60年代中期的教育现实、20世纪六七十年代所面临的教育需求，以及传统与未来意义上根深蒂固的教育体制和文化问题。

（一）20世纪60年代教育改革大讨论

1964年，皮希特发表了《德国的教育灾难》系列文章，提出教育困境就是经济困境，触及了教育改革的敏感神经。皮希特通过分析1963年11个州的文化教育部长所提交的1961—1970年的需求调查，明确提出联邦德国教育的三项主要特征，并将此概括为"德国的教育灾难"。第一，学生剧增，教师严重缺乏，且"成绩质量的提高取决于教师数量的增加"①。皮希特进行了一个简单测算：到1970年，学生人数大约增加200万，约有44%的教师将退职，按现行教师任职条件，考察高中生总数及其升入高校的比例，只有约30万高校毕业生都成为教师才能填补教师缺口，这显然不可能。第二，中等教育的发展水平代表着一个民族的潜在智力，而在此方面不仅联邦德国各州差异极大，其与经济合作与发展组织其他成员国也有很大差距。1960年，联邦德国各州学生达到中间学校毕业学历的比例为：石勒苏益格-荷尔斯泰因州最高为24%，萨尔州最低为5%。而挪威、荷兰、瑞典、比利时、法国等经济合作与发展组织成员国这一比例都达到30%。国民学校外语课的开设情况显示，学习外语的学生所占比例西柏林最高为73.6%，莱茵兰-法耳茨州最低为1.7%，近半数州这一比例低于15%。② 在经济合作与发展组织成员国中，1970年相应

① ［德］皮希特：《德国的教育灾难》，见瞿葆奎主编：《联邦德国教育改革》，李其龙、孙祖复选编，350页，北京，人民教育出版社，1991。
② 参见［德］皮希特：《德国的教育灾难》，见瞿葆奎主编：《联邦德国教育改革》，李其龙、孙祖复选编，351~353页，北京，人民教育出版社，1991。

年龄的高中毕业生占同龄人的比例，联邦德国为 6.8%，位居各成员国末位；挪威为 22%，排名第一。第三，农业经济发展所依赖的农村学校教育所面临的问题更为严重，单班国民学校居多，现代化程度低。北莱茵-威斯特法伦州就有 787 所单班国民学校，1039 所两个班级的国民学校。在巴伐利亚州，一个班级的学校从 1945 年的 600 所增加到 1958 年的 2200 所。① 为此，皮希特针对"德国的教育灾难"提出几点建议：乡村学校现代化、使高中毕业生的数量翻一番、培养师资、联邦要认识到并承担其责任等。

1965 年，同样以经济合作与发展组织和联邦德国的调查研究报告为基础，达伦道夫撰写了《教育是公民权利：为一种积极的教育政策辩护》，认为教育政策不是经济的需要，也不是人们附加的愿望，而是个体自由和社会自由的基础，每一个公民应该享有真正的、能使用自己权利而接受教育的机会。② 同时，他也提出保证法律规定层面和得以实现的教育机会层面的统一才是一项可信的、积极的教育政策。达伦道夫集中论述了高等教育改革，具体涉及作为高等学校首要任务的人才培养、高等师范学校改革、大学人才培养模式改革等问题。1964 年 3 月，文化教育部长在柏林召开第 100 次会议，听取教育委员会《关于在经济合作与发展组织中国家的教育计划的报告》等内容，发表了《柏林声明》。声明提到，欧洲的教育发展趋势为：扩大和改善学校教育以提高青年整个教育水平；提高各类学校毕业生的数目；培养每个人达到其能力的最高限度；提供更适合个人能力的教育机会，采取措施使学生进入与他们相适应的教育轨道；加强所有现存学校之间的渗透性；建立新的继续学校形式。合作、试验、交流，成为这一时期欧洲教育发展的主题。

以上远非 20 世纪 60 年代教育改革大讨论的全部，联邦德国被置于国际

---

① 参见[德]皮希特：《德国的教育灾难》，见瞿葆奎主编：《联邦德国教育改革》，李其龙、孙祖复选编，354 页，北京，人民教育出版社，1991。

② 参见赵子剑：《联邦德国高等学校类型结构变革研究（1945—1976）》，博士学位论文，河北大学，2017。

政治、经济和社会的整体状况下接受审视，国际比较和州际比较两种途径为教育改革提供了明确的方向和指标，如教育目标的民主化诉求、教育学制的平等与流动、教育资源的均衡、教师的数量与质量等，这些都成为联邦德国20 世纪六七十年代教育改革政策与实践的重要课题。

(二)1964 年《汉堡协定》及一系列教育改革举措

鉴于《杜塞尔多夫协定》(1955 年)十年有效期即将期满，在详细阐述学制结构的奠基性文件《总纲计划》(1959 年)和倡议建立统一学校体系的《不来梅计划》(1960 年)基础上，1964 年 10 月 28 日，联邦各州代表签订《联邦德国各州就教育领域中的统一问题签订的协定》(又称《汉堡协定》)。协定就联邦德国各州全日制九年义务教育(允许十年)中学年和暑期安排、各级各类学校的统一名称、学校组织与类型、语言教学次序、各州之间的考试互认等方面做出统一规定。1968 年 10 月，联邦德国又对《汉堡协定》进行了修订。

为加强各州在落实《汉堡协定》和实施教育改革中的交流，《汉堡协定》签订当年的 12 月，各州文化教育部长第 105 次会议发布了《关于教育领域里急需采取的措施》，关注并强调了各州学校在教育改革中遇到的细节问题。例如，"国民学校延长一年至第 9 学年，并把国民学校改称为'主要学校'的问题"[1]；加强教师业务培训，尤其是技术、音乐、体育的专业培训；主要学校在五年级的外语教学问题；农村地区学校按类分轨，并调整运输津贴以解决不能就近入学而产生的交通费问题；助学金制度问题等。此外，联邦德国各州还制定了如《关于专科学校的统一规定》(1966 年)、《关于统一高等专科学校的协定》(1968 年)、《关于专科高中的总纲协议》(1969 年)、《关于基础学校工作的建议》(1970 年)等。

在教育行政管理方面，1969 年 5 月 12 日，联邦政府修改了《德意志联邦

---

① 文化教育部长会议：《关于教育领域里急需采取的措施(1964)》，见瞿葆奎主编：《联邦德国教育改革》，李其龙、孙祖复选编，384 页，北京，人民教育出版社，1991。

共和国基本法》，扩大了联邦政府管理教育的权限，先后成立了联邦教育和科学部（1969年10月）和联邦与州教育计划委员会（1970年6月），为联邦德国下一阶段教育改革的深化准备了条件。

## 三、20世纪70年代学校教育改革及1970年《教育结构计划》

"60年代末，西德一体化改革的雄心最大。"[①]1966年3月17日联邦德国专为下一阶段的教育改革成立德国教育审议会，其任务在于提出教育经费需求、教育结构改革建议、教育事业发展的长期和短期计划等。进入20世纪70年代后，联邦德国便由之前的讨论与争论转向联邦范围的教育改革实验。

（一）1970年《教育结构计划》

1970年2月13日，德国教育审议会以建议的形式提出了《教育结构计划》，全面解析了社会各界所关注的教育改革问题，以"基本原则""基本观念"和"概述"三部分充分阐释了教育目标、原则方针、结构改革、课程改革，以及各级各类学校教育改革的具体问题。依据联邦宪法和各州宪法的精神，《教育结构计划》提出，教育的任务是"使个人能够享受自由发展个性以及自由选择职业的权利"，这是解决所有教育问题的出发点。教育改革的总目标是实现公民受教育的基本权利、提供机会平等的教育系统、满足个人对教育的追求与社会的要求。《教育结构计划》认为应依据学生智力和体力发展特点，将有组织的教育系统划分为初级教育领域、初等教育领域、中等教育领域和继续教育领域，并就高等教育领域单独提出一项建议。这是联邦德国教育政策第一次涉及全部的各级各类学校教育。

《教育结构计划》所提出的改革原则为各州制订改革计划、各学校推行改革指明了方向。第一，教育结构改革与课程改革要保持密切联系，仅着眼于

---

① 张瑞璠、王承绪主编：《中外教育比较史纲》现代卷，张人杰本卷主编，92页，济南，山东教育出版社，1997。

学校组织，忽视社会生活和科学发展的变化，无法取得改革效果。第二，科学决定学习，要按照科学规律协调普通教育与职业教育的关系、理论学习与实践学习的关系、学习与成绩的关系，同时注意开展个别化学习和社会学习。第三，教育系统内各教育轨道之间要相互渗透，教育过程要注重多角色（学生、家长、教师、专家等）参与的作用，教育机构要注重应变能力。教育系统的渗透性应包括某一种教育轨道内部的学科或课程的转换，也应包括不同学校教育（面向职业或面向高校）轨道之间的转换，还应包括学校教育与校外教育轨道之间的转换。第四，注意教育改革的地区差异性，在整体改革目标和原则之下要充分依据各地区独特的教育经验和条件，避免机械化。《教育结构计划》还以教育学、心理学和社会学等学科的理论为科学依据，详细阐述了早期学习、不间断的继续教育、课程改革、分组教学、学习目标的设计与评价、开展教育指导等六个方面的科学理念。

在初级教育领域，建议3岁以上儿童接受有组织的幼儿园教育，使其定向能力与集中能力、感知能力与运动能力、抽象能力与语言能力得到很好的发展，因此幼儿园建设异常重要，同时幼儿园教育也要与家庭教育和初等教育保持协调。

在初等教育领域，分为两年的入门阶段、两年的基础阶段以及两年的定向阶段，要为6足岁以后的儿童提供机会平等的初等教育，改革教学内容以适应经济和社会变革，开展将定向阶段并入基础学校的实验。

在中等教育领域，分为中等教育第一阶段和第二阶段，第一阶段要力求使主要学校、实科学校和完全中学等类型的学生接受共同的基础教育，实施一体化原则下的分组教学，达到中等教育第一阶段的合格水平，尽量获得下一阶段接受专门教育的方向。为达成此目标，要取消三种类型中学之间学科教师的转换界限，设立共同核心课程，修改教学计划，加强师范教育和教师进修。中等教育第二阶段为改革重点，以升学为目标或以就业为目标是中等教育第二阶段的两种途径，而分流的实质并非受教育机会的不均等，而是课程上的合理分流。这一阶段的学校类型比较复杂，包含完全中学高级阶段、职业学校和企业培训、职业补习学校、职业专科学校、专科学校、高级专科学校和专科高中。其中，完全中学的高级阶段以升学为目的，学生接受丰富的普通理论教育，而面向职业教育的诸多学校类型，首先接受第一学年——"职业基础教育年"的职业基础教育，然后接受两年的专业教育，同时也接受普通教育的理论课程学习。架起两种途径之间桥梁的是专科高中，这一类型学校的建立"提供了完全中学高中阶段与中等教育第二阶段直接同职业教育相关的教育轨道的交叉的可能性"①。由于中等教育第二阶段改革的复杂性和重要性，1972 年联邦德国文化教育部长会议进一步签订了《关于改组中等教育第二阶段中完全中学高级阶段的协定》，对这一阶段的课程教学、学科设置与学程设计、毕业与考试等做了详细规定。

（二）建立综合中学的实验学校与 1973 年《联邦德国教育总计划》

以中等教育为重点的学校教育结构改革是联邦德国 20 世纪六七十年代教育改革的核心，联邦德国在《教育结构计划》提出之前便正式启动了中等教育综合化改革。1969 年，德国教育审议会提出"建立综合中学的实验学校"的建议，并签订了实施该计划的协定。建议提及在城市和农村开展建立一体化的和分化的综合中学作为实验学校，而中级阶段和高级阶段应具备不同的结构特点：在五年级至十年级的中级阶段，取消带有不同教育目标的分轨，加强选修分组教学；高级阶段要授予学生直接进入职业领域的资格和进大学学习的资格。同时，建议也明确提出综合中学建设并非一项短期的尝试，而是一项"在教学计划修订方面、建立教育咨询机构方面、改革成绩评价方面和改变

---

① 德国教育审议会：《教育结构计划(1970)》，见瞿葆奎主编：《联邦德国教育改革》，李其龙、孙祖复选编，601 页，北京，人民教育出版社，1991。

学校组织方面的长期发展任务"①，为保证实验效果，需在联邦德国建立40所以上实验学校。

1973年，在《教育结构计划》基础上，联邦与州教育计划委员会提出了《联邦德国教育总计划》，阐述了战后至20世纪70年代教育改革的效果，提出了未来教育改革的关键点，并对联邦与州及地方的教育经费做出规定。与《教育结构计划》不同的是，《联邦德国教育总计划》提出初级教育阶段、初等教育阶段、中等教育第一阶段、中等教育第二阶段、第三教育阶段(含高等学校和其他具有职业资格的教育机构)、继续教育阶段的划分，加强了整个教育系统的连贯性和一致性。由于各州在教育改革实验中已积累了一定的基础，《联邦德国教育总计划》提出更为明确且带有一定强制性的规定，如针对中等教育第一阶段明确提出将五年级、六年级确立为定向阶段，各州应尽快试行定向阶段，于1976年之前正式实施定向阶段，从1976年起试行中等教育第一阶段毕业证书。针对中等教育第二阶段，《联邦德国教育总计划》依据协调普通教育和职业教育的原则，认为应调整和扩建职业学校，有计划地分化发展完全中学高级阶段。此外，《联邦德国教育总计划》还提及特殊教育不应局限于特殊学校，可向普通教育靠拢。

可以看出，开展综合中学实验改革、建设普通教育与职业教育相互渗透的一体化学校系统，仍是1973年《联邦德国教育总计划》的重要任务。在实践中，改革派与传统派争论不休，改革派主张建立一体化的综合学校，认为综合学校比传统的多轨制学校更能使处境不利的居民阶层的子女享受到均等的教育机会；而传统派"则主张维持分轨学制，即继续发展主要学校、实科学校和完全中学，只同意对合作式的和一体化的综合学校这种新的教育途径进行

---

① 德国教育审议会：《建立综合中学的实验学校(1969)》，见瞿葆奎主编：《联邦德国教育改革》，李其龙、孙祖复选编，463页，北京，人民教育出版社，1991。

实验"①。各州在教育政策上的差异导致改革效果不一，持保守政策的州存在逆转一体化改革趋势的现象。据 1986 年统计，联邦各州拥有一体化综合学校 249 所，学生 196263 人，仅占这一教育阶段学生总数的 5.3%，但在西柏林、汉堡、黑森、北莱茵-威斯特法伦等州，综合学校已作为第四种正规学校固定下来。② 20 世纪六七十年代，教育结构一体化改革是欧洲主要国家教育改革的整体趋势，从理论上讲，"一体化"是指把以前地位不同的教育机构联合在一起，或建立新的有多取向目标和内容的机构。一体化不是不要分化，而是主张在同一机构内实行分化，是多样化和一体化的结合，目的在于为学生和社会的教育需求提供多种选择。

（三）聚焦学校教育中教学与学习的改革

《教育结构计划》（1970 年）强调了结构改革与课程改革密切相关这一原则。事实上，联邦德国 20 世纪六七十年代的教育改革即同步开展教育结构改革和课程改革，具体内容涉及学校课程与教学内容是否符合经济、社会和技术发展的要求，教师是否具备专业的教育学、心理学以及教学法知识，学生学习是否遵循科学的学习规律等。为此，《教育结构计划》和《联邦德国教育总计划》（1973 年）都重点提出了改革课程内容、教学方式以及学生学习方式的要求。

20 世纪六七十年代的联邦德国，基于心理学、社会学、遗传学、教育学等基础学科，产生了丰富的教学与学习理论，成为这一时期教育教学改革的重要支撑。1968 年德国教育审议会编写的《才能与学习》报告重点阐释了"天资与学习""成熟与学习""动机与学习""思考与学习"等理论观点，结合社会学理论讨论了学生家庭状况对学习的影响。这些理论观点对该时期学校教学

---

① 滕大春主编：《外国教育通史》第 6 卷，王桂、李明德本卷主编，260 页，济南，山东教育出版社，2005。

② 参见滕大春主编：《外国教育通史》第 6 卷，王桂、李明德本卷主编，260~261 页，济南，山东教育出版社，2005。

组织、教学计划、教学方法、教师行为、促进低能儿童发展等产生了直接影响。

　　完全中学高级阶段的教学与学习改革也受到重点关注。1961 年 9 月，文化教育部长会议提出《根据萨尔布吕肯总纲协议精神对州教学管理提出的关于完全中学高年级教学论与教学法的建议》，对"教学内容的选择""高级阶段特殊的工作方法"以及教学所需的"外部条件"提出建议。该建议明确了完全中学高级阶段的教学任务，为学术性学习提供了一种普通的基础教育，提出为有较高智力要求的职业训练创造条件。在教学内容方面，该建议提出要减少学科数量，使每个学科有充分的时间讲解透彻；保证教学内容的集中性；教学计划中应包含"适合于阐述实际领域的本质的教学内容"，可按"范例教学"理念选择教学内容，即"通过个案和特殊可迁移到普遍的那些教学内容"。[①] 在教学方法方面，该建议提出学生在脑力劳动中的态度和技术都应被重视；学生在指导下完成小课题研究，课堂讨论、教师报告、分组教学等都是教师应采取的教学方式；教师不仅要掌握自己的学科，还要了解其他学科对整个教育的作用。在教学外部条件上，该建议强调论文、辞典、仪器、学科教室等基本教学工具和场所要充足，力求每个班级最多 20 名学生。约十年后的 1972 年，文化教育部长会议签订了《关于改组中等教育第二阶段中完全中学高级阶段的协定》，决定在联邦各州统一贯彻执行教学与学习改革，其中涉及课程与教学改革的内容主要有：高级阶段教学分必修领域和选修领域，课时之比约 2：1，必修领域包括语言—文学—艺术、社会科学、数学—自然科学—技术、宗教、体育五个课业领域。[②]

---

　　① 文化教育部长会议：《根据萨尔布吕肯总纲协议精神对州教学管理提出的关于完全中学高年级教学论与教学法的建议（1961）》，见瞿葆奎主编：《联邦德国教育改革》，李其龙、孙祖复选编，336 页，北京，人民教育出版社，1991。

　　② 参见文化教育部长会议：《关于改组中等教育第二阶段中完全中学高级阶段的协定（1972）》，见瞿葆奎主编：《联邦德国教育改革》，李其龙、孙祖复选编，605~606 页，北京，人民教育出版社，1991。

### 四、高等教育与继续教育改革政策与实践

　　高等教育改革在联邦德国教育改革乃至社会发展中处于优先地位，战后至 20 世纪 50 年代末，努力按照德国大学传统模式恢复原有大学和新建大学，1949 年成立大学校长会议、1957 年成立学术委员会以协调并推进高等教育改革，为 20 世纪六七十年代大刀阔斧的高等教育改革准备了条件。整个 20 世纪六七十年代，高等教育的规模与结构接受着经济社会发展和民众高等教育诉求增长等多方面的考验。

　　（一）高等教育规模扩张与 1960 年《关于扩建学术性机构的建议书》

　　20 世纪五六十年代，社会经济与科学技术的快速发展导致人才需求不断加大，中等教育民主化和一体化改革导致高等教育适龄人口增加。联邦德国高等教育发展的"超载"与"危机"情况严重，新生入学人数猛增，高等学校数量却低于德意志帝国时期高等学校数量，大学教席数量和基本教学科研设施严重不足，教学和科研相统一的大学模式无法实现，部分高等学校因不堪重负而实施"入学申请限制"政策。

　　1960 年，学术委员会发表《关于扩建学术性机构的建议书》，在回顾德国高等教育发展史和对现状进行分析的基础上，进一步明确了大学科研和教学统一原则，提出了扩充现有高等学校和建立新型高等学校的建议。学术委员会预测，高等学校学生数量"将在 1964 年达到最高峰约 24 万学生"[1]，而 20世纪 70 年代急速扩张的学生规模证明了之前的估计过于保守。作为《关于扩建学术性机构的建议书》的延伸，1962 年学术委员会又推出《推动建立新的高等学校》，对高等教育需求扩张进行更为精准的分析，认为学生争相涌入传统学术性综合性大学，存在盲目追求精神教育的社会风气。本着为社会各行各

---

　　① 转引自赵子剑：《联邦德国高等学校类型结构变革研究(1945—1976)》，博士学位论文，河北大学，2017。

业培养职业人才的目的，应新建更多精英教育之外的高等学校。"60年代中期以来，联邦德国开始新建若干所大学，其中波鸿(Bochum)、康斯坦茨(Konstanz)、比勒费尔德(Bielefeld)、不来梅(Bremen)这4所新大学努力塑造了明显的不同于传统大学的新特征……被称为'改革(型)大学'。"①

20世纪60年代，学生接受高等教育的目的存在职业取向和学术取向之差别。1966年，学术委员会发表《重新安排学术性高等学校学习的建议书》，建议调整大学的教育目标、课程设置与学习模式，以解决学生数量增加以及学习需求差异化等问题。该报告建议将大学的学习过程分为"基础学习"和"高级学习"两个阶段。"基础学习"阶段不超过四年，为学生未来职业提供必要准备，培养学生具有批判思维，授予"文科硕士"或"国家考试"学位。"高级学习"阶段为少数具有科研兴趣和能力的考试合格者提供研究性学习。"基础学习"阶段又细分为两段：前段偏重基础知识学习，后段侧重职业性学习和研究性学习。尽管《重新安排学术性高等学校学习的建议书》反映了多样化的高等教育目标，对科研型和职业型人才培养同等重视，且对教学、科研和实践关系进行了调整，但仍招致部分人反对。反对者认为，该建议书所提出的改革举措明显表现出现代社会功利化导向对大学传统的侵犯。此外，学生对学习和考试时间的机械安排也持抵制立场，致使此项学习差异化改革没有得到有效开展。

（二）高等专科学校发展与综合高等学校改革实验

仅扩大高等教育规模必然无法解决高等教育所面临的危机，20世纪60年代各界对高等学校和科学事业的讨论覆盖了规模与结构、科研与教学、管理与组织、学制与课程等各方面，如把过于庞大的学院改为较小的单位、打破正教授对大学管理的垄断、规定标准修业年限、推行以项目为中心的学业等，

① 赵子剑：《联邦德国高等学校类型结构变革研究(1945—1976)》，博士学位论文，河北大学，2017。

但更重要的在于整个第三级教育(幼儿园和小学是第一级、中学是第二级)结构的改革。1973 年，经济合作与发展组织在巴黎召开关于"中学后教育的未来结构"会议，人们对多样化模式进行了重点讨论，认为多元社会的高等教育必须采用多样化形式，也有人指责多样化系统会产生不平等现象，但是注重高等学校多元化、差异化、特色化的理念仍然成为时代主流。这一时期，在联邦德国高等学校体系结构改革中，最为主要的两项举措是高等专科学校的发展和综合高等学校改革实验。

从 1970 年开始，在原属中等教育范畴的、职业导向的中等专科学校基础上，各州开始建立高等专科学校。其学科专业大多是经济、设计、农业等，教学实践性强，学制大多是 3 年至 4 年，以培养具有职业能力的从业者为主，同时也进行一些应用型的科学研究。行政高等专科学校是一种特殊形式的高等专科学校，为公职管理部门培养非技术型的中层官员。从改革效果来看，1970—1980 年，高等专科学校大学生增长了 70500 名，远远超过其他类型高等学校学生的增长，进入 20 世纪 80 年代后期，高等专科学校的学生数量约占全部高等学校学生的五分之一(新生占三分之一)，是高等学校体系中除大学之外规模最大的组成部分。①

20 世纪 70 年代初，高等教育学校结构综合化改革也是主要趋势之一，通过建立包含学术性、应用性等各种类型培养计划的大学，以达到拓宽高等学校入学途径、增加学生流动性、分散综合性大学科学研究功能、消灭不同类型和层次高等学校的差别等目的。1970 年科学审议会的《综合高等学校建议书》、1973 年的《教育总体规划》乃至 1976 年的《高等教育总纲法》都提出了开展综合高等学校改革的建议，可以说，综合高等学校改革实验是意图把整个第三级教育领域改造为综合高等学校体系的一个庞大的改革计划。综合高等

---

①　参见[德]汉斯格特·派泽特、[德]格茜尔德·弗拉姆汉：《联邦德国的高等教育——结构与发展》，陈洪捷、马清华译，22 页，北京，北京大学出版社，1993。

学校改革处于较大争论中，并没有得到联邦及各州持续青睐，从1970年开始建立至20世纪80年代后期，仅存于黑森州1所和北威州5所。联邦德国计划在一所学校内兼有大学、师范学院、高等专科学校、艺术学院等多类型职能并非易事，既无法满足经济与社会发展对高度专业化人才和精深化科研成果的需求，也不符合德国大学传统对科研与教学、学术与职业、理论与实践关系的界定。

（三）高等教育双类型结构确立与1976年《联邦德国高等教育总法》

随着高等专科学校的建立与发展，传统类型高等学校数量增加、规模扩大，联邦德国高等教育体系"双类型结构"（大学和高等专科学校领域）逐渐确立。其中，大学领域包含四种高等学校：保持传统专业设置的大学、以工程和自然科学为重点的大学、综合高等学校、在校生人数较少的"专科高等学校"（如独立的神学院、艺术学院）。而高等专科学校领域内的学校更是千差万别，由于大多由中等专科学校发展而来，专业设置、办学模式、学生人数等方面彼此差异较大，三分之一的高等专科学校学生人数在1000以下。

1969年修改联邦德国宪法时，在联邦和各州共同任务中增添了数条关于高等教育的内容，强调"联邦政府和州政府应共同协调高等教育规划，开展科研促进活动，共同对高等教育领域的建筑和设施进行投资"①。这为联邦转变建议方式为立法方式，以统筹、推进和服务高等教育改革提供了法律依据。

为高等教育立法以保持全国高等教育发展的稳定性、统一性和优越性是一个持续努力的过程，整个20世纪60年代也仅以各高等学校章程为主。随着各项高等教育改革建议的提出，各州高等教育改革经验的积累，20世纪60年代末期大学生对高等教育的批判，以及1969年修改的宪法赋予联邦制定纲领性法规的权限，1976年《联邦德国高等教育总法》终于生效。这是联邦德国高等教育中第一部适用于各州的纲领性法律，其内容涉及高等学校任务、入

---

① 转引自杨明、赵凌：《德国教育战略研究》，176页，杭州，浙江教育出版社，2014。

学、成员、组织和行政管理、国家认可、州教育法的配套等。《联邦德国高等教育总法》规定高等学校的任务是开展科研、教学、学习等活动，扶植和发展各种科学与艺术。其在总则中明确规定和阐述了科研自由、教学自由和学习自由是高等学校人员的基本权利。《联邦德国高等教育总法》对科研、教学、学习等活动做了详细规定，涉及课程、考试、科研任务、成果发表和经费资助等。《联邦德国高等教育总法》对教授的受聘条件予以严格规定，除了要求自高等学校毕业、有能够证明科研能力的博士学位以及额外的学术成就外，还规定至少从事过为期五年的职业实践，其中至少须有三年是在高等学校范围外进行的。针对各州高等教育的实际情况，在《联邦德国高等教育总法》生效后三年内，各州须根据第一章至第五章的规定颁布相应的实施办法。

《巴伐利亚州高等教育法》针对本州所辖 9 所综合性大学、4 所高等艺术学校、10 所高等专科学校以及其他非国立高等学校的全部事务做出纲领性规定，后又于 1978 年、1988 年分别修订法律文本。关于高等学校的总任务以及准则性问题，《巴伐利亚州高等教育法》与《联邦德国高等教育总法》保持严格一致，但在经费、管理、注册、学校规划等方面又做出更为详细的规定。例如，《巴伐利亚州高等教育法》规定由巴伐利亚州根据州财政情况向高等学校提供经费；每所高等学校都要制订本校高等教育长期发展计划，并每四年修订一次；参加高等学校学习、考试和国家考试的学生，无须交纳费用，这也适用于额外学习、补充学习和提高学习。

（四）以民众高等学校为主体的继续教育的改革与发展

作为联邦德国教育体系的重要组成部分，联邦德国的继续教育在 1970 年的《教育结构计划》中被阐释为，"这种有组织的学习一直延伸到生命的后期，并且教育思想要不断更新"，使得民众"跟上一切生活领域的发展步伐，从而能使个人得到发展"。① 历史上，有组织的继续教育出现于19世纪上半期，自由资产阶级和工人阶级为争取自身权利，成立组织对工人实施普通教育。1919年，《魏玛宪法》第148条规定，联邦、各州及乡镇地区的民众教育应该被促进而发展。"二战"后，联邦德国继续教育广泛存在于公立和私立教育机构中，以民众高等学校为主，其他类型机构为辅。公立教育方面，如中等教育阶段的全日制补习中学、实科夜校、完全中学夜校，职业教育体系中企业和学校实施的职业继续教育；私立教育方面，如工会、经济部门和教会实施的继续教育。从教育内容或目的来看，联邦德国继续教育又可分为普通继续教育、职业继续教育和社会政治继续教育。民众高等学校属于公立教育机构，以普通教育为主，教育内容具有广泛性和基础性，教学形式多样，帮助民众在学习能力、判断能力、活动能力方面得到提升。20世纪50年代初，各州民众高等学校组织成立了联邦德国民众高等学校联合会，下设教育工作中心(1957年设立于法兰克福)、阿道夫-格林研究所(1973年设立于马尔)、国际合作事务处(1969年设立于波恩)。联邦德国社会政治继续教育主要依靠广泛设立的政治教育中心来实施。

进入20世纪六七十年代，联邦德国继续教育得到进一步发展。1960年，德国教育事业委员会发表《关于德国成人教育的形势与任务》年鉴，这份文件虽然主张扩展继续教育，但仍将其与少数群体联系起来，违背了继续教育应面向所有人的原则。② 这一时期继续教育改革与发展具体表现为：第一，通过不同类型学校之间的相互渗透，促使继续教育机构化；第二，通过联邦及各州加强继续教育相关立法和规定，促使继续教育法制化；第三，加强继续教育实施效果调查与研究，促使继续教育学术化。20世纪60年代末至20世纪

---

① 德国教育审议会：《教育结构计划(1970)》，见瞿葆奎主编：《联邦德国教育改革》，李其龙、孙祖复选编，493、498页，北京，人民教育出版社，1991。

② 参见庞学铨、[德]克劳斯·迈泽尔主编：《中德成人教育比较研究》，151~152页，北京，中国社会科学出版社，2004。

70年代期间，黑森州、北莱茵-威斯特法伦州通过了《继续教育与国民高校法》；1969年通过《劳动促进法》，为提升个人职业能力提供了法律保障和资金支持；20世纪70年代，若干州通过了《教育休假法》，以保障所有雇员能够拥有接受继续教育的时间。① 20世纪60年代末，联邦德国加强了继续教育的调查和研究，设继续教育方向的教育学硕士学位，提升了继续教育的学术水平。

## 五、职业教育改革政策与实践

欧洲主要国家的职业教育起源于中世纪的学徒训练，联邦德国也不例外。20世纪，联邦德国职业教育开始由师徒合同式关系逐渐向宏观政策调控式关系转变，由私人企业控制的独立的职业训练制度向公共教育事业的重要组成部分转变。"许多德国人把20世纪70年代看成是德国工业发展的顶峰时期。'德国制造'不只是非常好的产品的标志，也是一个非常有效的工业体系的象征"②，联邦德国工业的快速发展，是以成熟的职业教育培养了一批高素质技术人才为基础的。

（一）职业教育学校类型丰富与1969年《联邦职业教育法》

"二战"后，德国重视职业教育的传统逐渐复兴，但青年对于工业、商业等传统行业的兴趣大于大工业时代下的众多新兴行业；各地政府机构、各种行业协会和职业学校之间虽存在合作，但经费困难是这一时期职业教育改革所面临的普遍问题。20世纪60年代，教育改革与经济发展的关系成为联邦德国教育改革所遵循的重要逻辑之一。社会各界普遍认为，固定资本投资的生产效率在很大程度上取决于对教育、研究和技术的发展是否投放了足够的资

---

① 参见庞学铨、[德]克劳斯·迈泽尔主编：《中德成人教育比较研究》，155页，北京，中国社会科学出版社，2004。

② 戴继强、方在庆：《德国科技与教育发展》，200页，北京，人民教育出版社，2004。

金,且因对人的投资是缓慢地取得成果的,故要制订长期的投资计划。① 这对职业教育改革的刺激更为直接和有力。经济体量的变化要求经济结构变化,经济结构变化导致职业需求变化,1950—1961 年,一些职业萎缩,如农林业、家务职业、矿工、纺织工等;一些职业发展超过平均水平,如工程师、技术员、化工业、电工等;一些职业发展较快但仍占较小比例,如建筑业、交通业和商业等。联邦德国职业培训开支比 20 世纪 50 年代初期有较大增长,但要提高从业人口的平均技术水平,仍须持续提高职业教育质量。

"二战"之前已存在的职业学校主要是职业学校、职业专科学校和专科学校,且均拥有较长的发展历史。18 世纪的星期日学校发展为 19 世纪普通教育性质的进修学校,进入 20 世纪,为满足经济发展需求开始以职业为标准划分所有的进修学校,最终发展成 20 世纪的职业学校。职业学校采用部分时间制的学习形式,为不升学的主要学校(中等教育阶段学校的一个主要类别)毕业生提供义务职业教育,学制 3 年。职业专科学校针对某一门类职业设立,招收对象为主要学校毕业生,至少安排一年全时制学习,含工业、商业、家政、外语、音乐等职业方向。专科学校一般招收接受过一定职业训练的青年。"二战"后,新增职业补习学校和专科高中两类职业学校。职业补习学校设立于 20 世纪 50 年代,为那些已接受或正在接受职业训练的青少年提供部分时间制的普通教育和职业理论教育,使其达到与实科学校相当的教育水平。专科高中出现于 20 世纪六七十年代,为学生获得高等专科学校入学资格而做准备,通常修业 2 年,主要招收实科中学毕业生,最终形成一条从实科学校到专科高中再到高等专科学校的职业教育升学途径。1975 年 12 月 8 日,文化教育部长会议发布关于《职业学校划分标志》的决议,规定职业教育学校名称共五类:

---

① 参见专家委员会:《对教育与经济发展的意见(1965/1966)》,见瞿葆奎主编:《联邦德国教育改革》,李其龙、孙祖复选编,388~389 页,北京,人民教育出版社,1991。

职业学校、职业专科学校、职业补习学校、专科高中和专科学校。① 职业教育体系除包括学校职业教育体系外，还包括"与直接的生产过程分离的训练场所"，也被泛称为"训练工场"。②

职业教育立法是保障和推进职业教育改革的关键，在德国具有悠久的历史传统。1869年发布的"工商业条例"是19世纪德国第一项有关职业教育的权威性法规，1953年发布了"手工业条例"，对职业培训和违纪处罚做出了具体规定。依据《德意志联邦共和国基本法》和各州宪法，州政府对学校教育负有立法和管理责任，因此学校职业教育由各州政府负责，企业培训相关立法由联邦政府负责。1969年的《联邦职业教育法》主要包括：职业培训合同的签订、职业教育的权限分配和实施、职业教育专业委员会的设立和建立联邦职业教育研究所。具体来说，职业教育包含职业培训、职业进修和改行培训，适用于州教育法有效范围内的职业学校以外的职业教育。之后，联邦对此法又有补充和修订，如1972年着重补充了职业教育经费来源和用途，1981年修订了关于联邦职业教育研究所的内容，并公布为《职业教育促进法》。但是，1969年《联邦职业教育法》适用范围是有限的，学校职业教育、公务员职业教育、海员职业教育排除在适用范围之外。

(二)职业教育、普通教育并立及1973年决定实施"职业基础教育年"

学校职业教育改革虽未得到联邦立法的规定，但其与20世纪六七十年代联邦德国学校教育结构改革是并行推进的。参照1973年《联邦德国教育总计划》，在教育机会平等、促进学生兴趣爱好和个人才能发展、消除中等教育阶段普通教育和职业教育学制上的鸿沟等精神的引导下，学校教育结构中等教育层次上职业教育与普通教育逐渐并立，与此相关的学校职业教育改革主要涉及中等教育第一阶段建立综合学校体系、完全中学高级阶段教学结构和学

---

① 参见孙祖复、金锵主编：《德国职业技术教育史》，92页，杭州，浙江教育出版社，2000。
② 李其龙、孙祖复：《战后德国教育研究》，131页，南昌，江西教育出版社，1995。

科内容改革与建立综合高中实验。具体来说，1970年的《教育结构计划》以及对其做出深化的1973年的《联邦德国教育总计划》，均认为"中等教育第一阶段以普通教育的多轨制结构为特征，那么中等教育第二阶段的特征是普通教育与职业教育两个体系平行"①。以北莱茵－威斯特法伦综合高中实验为例，主要学校和实科学校毕业生在分化的课程条件下做好从事职业活动、进高校修业两种准备，通过打破传统的完全中学的固定学科体系、采用灵活组合的学程制，促进普通教育和职业教育课程一体化。

20世纪六七十年代，联邦德国的职业教育体系可视为由职业预备教育、职业基础教育和职业专业教育三阶段组成。② 职业预备教育是指初等教育阶段在主要学校开设的劳动学教育。早在20世纪20年代初，在企业训练实践中便开始强调基本职业系统训练，避免实施狭隘的专业技巧练习。1969年公布的《联邦职业教育法》规定，职业基础教育在组织形式上要求与企业劳动分离，教育内容上要求理论训练占较高比重。1973年9月6日，文化教育部长会议决定开始在联邦范围内实施"职业基础教育年"。"职业基础教育年"依照职业领域、规定的学习领域、文化教育部长会议的总纲教学计划实施。一个职业领域中包含若干种具有共同基本知识和技巧的不同职业，如1978年规定有13个职业领域(经济与管理、金属制造、电气技术、建筑技术、木材技术、编织技术与服装、化学物理与生物、印刷技术、色彩技术与室内设计、保健、卫生、营养与家政、农业)，220门训练职业课程；学习领域包含跨职业领域的学习领域(德语、社会学、体育、宗教等)，职业领域特有学习领域，选修领域。其实施形式包含纯学校训练形式、学校和企业合作形式和纯企业训练形式。"职业基础教育年"的设置，适应了经济社会中日益更替的职业结构给职业教育体系带来的不稳定性，也为青少年接受专业化程度较高的职业教育打

① 孙祖复、金锵主编：《德国职业技术教育史》，110页，杭州，浙江教育出版社，2000。
② 参见李其龙、孙祖复：《战后德国教育研究》，139页，南昌，江西教育出版社，1995。

下基础。

### (三)"双元制"职业教育模式的深化

德国传统认为应将职业训练看作一种教育过程。职业教育质量的保证需要受教育者在理论知识和实践技巧两方面同步提升，这一特点决定了联邦德国职业教育模式的"双元制"(Dual System)特征。20世纪初，各企业开始推行现代化职业培训模式，与工业界独立职业教育模式相比，职业学校教育体系发展比较缓慢。随着国家对职业学校的干预加强，20世纪三四十年代企业与职业学校在教学、管理和经费方面的合作更为紧密。1964年，德国教育委员会在《对历史和现今的职业培训和职业学校教育的鉴定》中，首次使用"双元制"一词。1969年，《联邦职业教育法》奠定了"双元制"的法律基础。"双元制"是指通常由私营的企业和公立的职业学校，在既分工又合作的基础上，针对同一批训练对象，为实现共同的训练目标而实施职业教育的模式，其"双元"体现在学校和企业、公立和私立、受州教育法约束和受联邦管理等方面。

联邦德国"双元制"职业教育模式是一个复杂而严密的有机体系，其实施过程的重点在于专业划分、职业培训条例、框架教学计划三个方面。第一，联邦德国统一制定的专业目录是企业职业培训和学校职业教育实施的依据。联邦依据劳动力市场需求变化逐年调整专业目录，其核心在于"把社会职业分类转化为符合教育规律的培训职业分类"[1]，其过程在于按技能要求、知识要求、行为要求等方面进行职业分解，再依据技能、知识、行为点的分布将具有相似内容的职业归类。第二，职业培训条例和框架教学计划是"双元制"职业培训的教学法律依据，是经职业培训各方参与者协调后的产物。[2] 职业培训条例主要包括培训职业名称、培训期限、培训职业主要内容、考试要求、培

---

① 　张熙：《德国双元制职业教育概览》，57页，海口，海南出版社，2000。
② 　参见国家教委职业技术教育中心研究所：《历史与现状——德国双元制职业教育》，133页，北京，经济科学出版社，1998。

训框架计划五大方面。培训框架计划包含应传授的知识和技能内容及其时间安排，一般被条目化为不同专题，每个专题用一句话概括核心内容；其制定途径包含问题研究、案例研究、岗位分析和数据处理等。在培训框架计划的基础上，各企业依据自身规模再制订出相应的企业培训计划。企业培训计划一般包括培训场所计划、学徒个人培训计划、实训教师安排计划及其授课计划。从职业培训条例到培训框架计划，再到企业培训计划，均是对企业的培训与教学进行指导，而框架教学计划则是对职业学校教学进行指导。框架教学计划按照培训学年划分，包括学习范围、学习目标、学习内容和学习时间四方面内容，第一年以提供宽广的职业基础教育为目的，第二年主要传授专业基础知识，第三年则以专业知识和技能掌握为主。

## 六、师范教育的改革政策与实践

在德国历史上，随着国民教育制度的建立和完善、普通教育学校对教育质量要求的提高，师范教育发展与改革逐渐受到重视。"二战"后的师范教育发展重在解决教师"双轨"培养和理论与实践脱离的问题，并推进师范教育高等化。

### （一）对教师"双轨"培养的讨论及师范高等学校涌现

培养教师的学校主要有师范学校、师范学院、大学。至"二战"前，一直是小学教师由师范学校培养，中学教师由大学培养。随着教师培养在国民教育发展中地位的提升，教师"双轨"培养的做法不断受到质疑，20 世纪上半叶，汉堡一地出现小学教师由大学哲学系培养的做法。1919 年，魏玛宪法第143 章第 2 条提出，师范教育的基本原则是统一实行高等教育，这意味着要求把师范教育统一到大学水平，但如何落实这一规定引起了进一步讨论。英占区下萨克森州的奥尔登堡最先在 1945 年 10 月成立了三年制师范学院，1948年更名为"师范高等学校"。之后，各地逐渐改建或者新建师范高等学校，到

20 世纪 50 年代师范高等学校达到 80 所。20 世纪 60 年代以来，大多数州的师范高等学校逐渐消失，或与大学合并。至 20 世纪 90 年代，所有的教师都由大学培养，仅有巴登-符腾堡州、石勒苏益格-荷尔斯泰因州还保留着独立的师范高等学校。

（二）"一段制师范教育"改革的尝试

联邦德国在师范教育入学、培养、考核方面有严格规定。完全中学高级阶段毕业生有资格选读大学师范专业，接受修业阶段和见习阶段的培养，通过国家考试，获得教师资格证书，才可以成为正式教师，享受国家官员待遇。教师培养以掌握教育教学、评价学生、指导学生、从事教改等方面的知识和能力为目的，主要进行执教学科、教育科学和社会问题方面的课程教育，修业阶段主要是理论学习，见习阶段主要是实践学习。联邦德国各州在教师培养的课程设置上分为两种模式：一种是以执教学校类型，即以主要学校、特殊学校、实科学校等学校类型设置课程，如巴伐利亚州；另一种是以执教学校所属教育阶段，即以初等教育、中等教育第一阶段、中等教育第二阶段等教育阶段设置课程，如北莱茵-威斯特法伦州。尽管师范教育的两阶段制（修习和见习）在大多数州普遍实施，但也有人提出其缺点和不足，即综合性大学中修业阶段理论脱离实践。20 世纪 60 年代开始，联邦德国师范教育开展了一场以推进机构设置、专业学习、发展阶段一体化为目标的改革。早在 1960年，德国教师联合会在不来梅提出《不来梅计划》时，就反对区分学术性教师和非学术性教师，倾向于建立统一的师范教育培养体系。1970 年 10 月，联邦各州文化教育部长会议同意"两阶段制师范教育紧密结合的结构改革方案"。同年，下萨克森州在奥登堡大学实施一段制师范教育改革实验，对各类学校教师统一进行 10~12 学期的一体化培养。至 1979 年，奥登堡大学按一段制师范教育模式培养了 220 名师范毕业生，大多是小学、主要学校、实科中学的教师。但由于各州、各党派对师范教育意见不一，整个 20 世纪 70 年代一段制师范教育模式未能广泛实施。①

### (三)在职教师进修的形式与内容

联邦德国对提升在职教师能力的支持体现在教师进修组织的多样化和进修内容的丰富上。相关教师进修组织及活动包括:州一级的专门教师进修机构,民间教师团体建立的教师进修机构(如教师工会),市、县、社区等组织的教师进修活动,高等院校开设的教师进修课程,教师远程教育,各中小学内部组织的教师进修等。联邦德国各中小学在职教师提升的做法多样,以课程与教学为核心,促进教师能力与学校教育共同发展。1974 年,德国教育顾问委员会提出将课程发展与教师进修相结合的倡议,后经三年实验,归纳成"CELF"计划。②

## 第三节　20 世纪 80 年代联邦德国的教育政策与教育发展

"二战"后至 20 世纪 70 年代末的教育改革与发展,使联邦德国更加清晰地认识到教育事业的重要性,20 世纪最后几十年继续坚持以往的教育改革重点。为应对 20 世纪 80 年代联邦德国政治格局、经济发展、科学技术等方面的新变化,在整体延续前几十年教育改革原则的基础上,联邦德国的教育政策与学校实践呈现出新的发展态势。

### 一、20 世纪 80 年代的社会状况

政党行为对联邦德国教育改革有着重要影响。联邦德国《德意志联邦共和

---

① 参见成有信:《十国师范教育和教师》,80 页,北京,人民教育出版社,1990。

② 参见滕大春主编:《外国教育史》第 6 卷,王桂、李明德本卷主编,251 页,济南,山东教育出版社,2005。

国基本法》和《政党法》（1967 年通过）共同制约联邦议会的政党行为。1961 年之后，联邦德国长期维持三党局面，分别是基督教民主联盟和基督教社会联盟结成的联盟党、社会民主党与自由民主党。联盟党和社会民主党轮流执政，三党制格局在 20 世纪 80 年代以前没有改变。① 1980 年，联邦德国成立绿党，其主要成员有环境保护主义者、和平主义者、核武器和核能反对者、激进的"左翼"分子和形形色色对现实不满的人，该党派主张建立一个既能满足人类生活需要，又能保持自然界生态平衡的经济体系。绿党在联邦德国政坛发展很快，1984 年在第二届欧洲议会选举中以 8.2% 选票率取代了自由民主党，成为影响联邦德国政局的第四个政党。②

从 20 世纪 60 年代中期开始，联邦德国经济增长速度下降，但国民经济仍保持平均每年 5.9% 的增长速度。1973—1975 年经济危机期间，联邦德国经济增速持续下降，至 20 世纪 70 年代末 80 年代初国民经济遇到不少困难。1982 年科尔任总理后，采取缩减政府和社会福利开支、减轻企业负担、促进投资等刺激经济发展的一系列政策，促使国民经济缓慢回升。整个 20 世纪 80 年代，联邦德国的工业生产、交通运输业、农业、对外贸易等方面在欧洲范围内表现不俗，重视科学技术和教育事业，造就庞大的科技队伍和高素质的职工队伍是促成其经济发展的重要原因，联邦德国自身也认为这是"进步的中枢神经"。③ 1988 年科学研究与发展经费占国民生产总值的 2.9%，居欧洲各国之首。在经济变化、政党引导、民众生活需求的影响下，环境保护、空间和交通规划、民众福利、青少年教育和业余活动、外籍工人融入等问题，都成为社会讨论的重点。

① 参见吴友法：《德国现当代史》，330 页，武汉，武汉大学出版社，2007。
② 参见吴友法：《德国现当代史》，340 页，武汉，武汉大学出版社，2007。
③ 参见吴友法：《德国现当代史》，348 页，武汉，武汉大学出版社，2007。

## 二、20 世纪 50 至 70 年代教育改革形成的一致意见

为引导 20 世纪 80 年代联邦德国教育改革，1985 年，克莱姆( K. Klem)等人提交了《教育改革总结》。总结提出，从改革过程来看，从最初强调经济政策与现代化对教育的指引，再到后来以社会政策和教育学观点为主要依据，体现出覆盖整个社会的、连贯的、相互协调的教育改革过程。从改革结果来看，通过对 20 世纪 80 年代既定现实与 20 世纪六七十年代提出的改革目标进行对比可知，二者相去甚远，如统一的中等教育学校系统尚未建立，普通教育和职业教育尚未达到一体化等；但现代学校与 20 世纪 60 年代的学校相比仍发生了很大变化，如创建了定向阶段和综合中学，实现了各学科课程现代化，基础学校教学论发生了变化，在职业学校范围内扩展了第二种教育途径，实现了师范教育学术化，继续教育向社会开放的程度更大了等。

克莱姆等人认为，以往教育改革的准则体现在以下几个方面：废除不平等；实行民主化和参与学校管理；科学定向和课程修订；教育交往的人道主义化；教育结构的变化。① 20 世纪 60 年代"信奉天主教的乡村女工"的艺术形象，恰恰代表了教育系统中四个方面的不平等：宗教信仰、社会阶层、男女性别和区域差别。尽管以往的教育结构调整对废除不平等做出了贡献，但 20 世纪 80 年代各州青少年教育机会的不平等始终明显存在，联邦德国教育在实行民主化管理和共同参与方面的进展有限，学校自主性无法体现。实践证明，广义的机会平等仅仅通过教育系统改革是难以实现的。

20 世纪 70 年代，联邦德国提出学校教育的"科学定向"原则以及"课程改革"方案。1970 年的《教育结构计划》提及，"教育内容从根本上说要通过科学而被学生认识，不管这些教育内容是属于自然科学领域还是属于技术、语言、

---

① 参见[德]克莱姆等：《教育改革总结》，见瞿葆奎主编：《联邦德国教育改革》，李其龙、孙祖复选编，685~722 页，北京，人民教育出版社，1991。

政治、宗教、艺术或经济领域，都是如此"①。但在改革实践中，联邦各州出现了强调分科和强调综合两种路线，前者引向单纯的学科基础知识，后者引向与生活环境接近的基础教学。由 20 世纪 70 年代进入 20 世纪 80 年代，针对"科学定向"原则的讨论与质疑、改革与实验从未停止。克拉夫基强调"科学对于教学的意义就在于使学生在一定程度上获得对现实与对自己的认识，向他们传授对待世界的相应的行为能力"②，这一解释又引向了"面向学生"原则，强调教育过程要充分结合社会整体环境和学生日常情况。过去几十年的课程改革共体现出三种趋势：一是课程现代化，将新领域知识纳入课程内容，建立完全新型的学科等；二是发展各学科间的相互关系，如将地理、历史和政治统一为社会学科，将物理、化学和生活统一为自然学科等；三是针对学生与教师在教学过程中产生的兴趣而制定开放课程或封闭课程。③ 总之，20 世纪 80 年代新技术、环境与和平受到威胁等新状况，使得"科学定向"原则和"课程改革"方案在 20 世纪 80 年代继续得到审视。

### 三、20 世纪 80 年代各级各类教育的政策与发展

进入 20 世纪 80 年代，联邦德国继续推进中等教育一体化改革。一方面，1982 年文化教育部长会议签订《关于互相承认一体化综合中学毕业生的总纲协议》，规定了学习期限、学科与学时和分组教学等前提条件，只要满足前提条件，学生在一体化综合中学中取得的毕业资格，与主要学校毕业资格、实科学校毕业资格、转入完全中学高年级的资格具有同等地位；另一方面，20 世

① 转引自[德]克莱姆等：《教育改革总结》，见瞿葆奎主编：《联邦德国教育改革》，李其龙、孙祖复选编，705 页，北京，人民教育出版社，1991。

② [德]克莱姆等：《教育改革总结》，见瞿葆奎主编：《联邦德国教育改革》，李其龙、孙祖复选编，708 页，北京，人民教育出版社，1991。

③ 参见[德]克莱姆等：《教育改革总结》，见瞿葆奎主编：《联邦德国教育改革》，李其龙、孙祖复选编，710~712 页，北京，人民教育出版社，1991。

纪70年代所提倡的完全中学高级阶段课程改革受到批评，主张完全中学高级阶段要突出普通教育性质，避免过度强调实用性和职业性。为此，1987年各州文化教育部长会议签署了决议，要求在高级阶段课程中增加基础知识的课时数，各州、各学校加强外语、数学、德语等核心课程的教学与考试。课程改革方面，各州、各学校编制课程标准、修订教学大纲、改革教材教法、推动教师进修和更新学校教学设备等。20世纪80年代，萨克森州实施名为"新技术与学校"的课程改革运动，主要围绕三个方面进行：让学生了解新技术的应用领域，认识新技术的基本原理和结构；注重教材改革中的教师培训，设立计算机中心，使教师及时了解新技术教育的发展，基于新教材设计、使用与评价新的教学方法；让教师和学生亲自体验新技术和设备的功能。① 整体看来，20世纪80年代联邦德国教育结构改革中，中等教育第一阶段的"定向阶段"改革发展较快，如下萨克森州、不来梅州、西柏林州的绝大部分学生都接受四年制基础教育外加五、六年级定向阶段教育。而关于建立"综合中学"的实验改革并不如意，尽管1984年联邦德国约有300所综合中学，但都未取代分轨制中等教育学校体制，大部分州仍完整地保存着三轨制学校结构，综合中学仅作为个别实验学校存在。但必须认识到，不同类型学校之间，通过调整教学计划、课程与教学和学习与考试等途径，已有效提高了互通性。

相较20世纪六七十年代的高等教育改革，20世纪80年代又有了新发展。1985年修订了《高等学校总纲法》，重点推进高等教育结构多样化、教学和科研相结合与扩大高等学校自主权等改革。为适应高等教育改革，1987年和1993年又先后两次修订《高等学校总纲法》。从1976年联邦德国大学校长会议通过《保证德国高等学校科研》报告，到1988年德国科学委员会发表《德国高等学校90年代发展展望》，联邦德国一直延续了对高等学校科研工作的重视与支持，强调科学研究对社会发展和人才培养的重要性，继承了科研与教学

---

① 参见杨明、赵凌：《德国教育战略研究》，298页，杭州，浙江教育出版社，2014。

相结合的传统。与此同时，20 世纪 80 年代欧洲共同体国家均认识到高等教育学生国际交流的重要性，联邦德国政府一方面提供或筹措资金支持本国学生赴国外学习，另一方面成立资金项目吸引外国学生来德学习，如高等专科学校提供与其他欧洲机构共同组织的联合课程项目。① 职业教育方面，1981 年修订了《职业教育促进法》，在其第六条基础上建立联邦职业教育研究所，发挥其在协调联邦政府、工会和企业雇主关系中的作用，对职业教育训练体系进行研究与开发，大大提升了职业教育的学术化水平。

## 四、信息技术教育、天才教育和环境教育的新发展

20 世纪 70 年代初，微电子技术迅速发展，信息社会逐渐代替工业社会。联邦德国认识到信息技术在国际竞争中的重要作用，于是提出将新技术纳入普通教育体系，对学校教育提出相应要求。从整体上，联邦德国希望通过教育使学生批判性地评价信息技术，以对个人、社会负责的态度利用这些技术并主动去影响"技术化社会"。要完成这一任务学生必须具备如下能力：通过体验去认识信息技术的应用领域；认识这些技术的基础和基本结构；能够从社会、经济、环境与美学角度判断信息技术的作用。② 信息技术教育在各州立法、基础教育体系和高等教育体系中都有所体现。例如，1980 年巴伐利亚州颁布了《电子技术专业教学总纲》，1982 年又颁布了《信息学专业教学总纲》，规定在信息技术教育中实施以实践为重点的教学，兼顾基础知识与专业知识教学。联邦层面，1984 年，以"关于媒体和新工艺学对教育与科学的影响"为主题展开集中讨论，联邦与州教育计划和科研促进委员会颁布了"关于在学校教育和职业训练中开展信息技术教育"计划，1985 年进一步提出"在高等教育领域开展信息技术教育"计划。当信息技术教育在各阶段均有所铺开后，联邦

---

① 参见贺国庆主编：《西方大学改革史略》，29 页，石家庄，河北教育出版社，2011。
② 参见徐斌艳：《个性与社会责任融于一体的德国教育》，载《外国教育资料》，1999(2)。

德国又在 1987 年颁布了《信息通信技术的一般概念》政策文件，并建议从小学阶段开始实施，但实际上绝大多数州的信息技术学习是扩展性学习，专家建议在更高年级进行。

19 世纪中叶，英国心理学家研究英国历史上的天才人物，开创了现代天才儿童研究的先河。"二战"后，天才教育是许多欧美发达国家的重要战略，人们普遍认为对天才儿童实施及时鉴别、开展针对性培养、充分发挥其潜力，对培养杰出人才具有特殊意义。20 世纪 80 年代，人口老龄化、人口生育率降低和人力资源匮乏等趋势加剧，培养优秀的适应未来发展的人才已成为各国教育面临的严峻问题，西方各国在天才教育研究和实施上加快了步伐。1985 年 8 月，在汉堡举行了"关于高才能高天资儿童的研究第六次世界大会"，49 个国家的 500 名专家参会。联邦德国在天才儿童教育方面采取了众多举措，建立联邦、各州以及社会各界的相关组织，推行天才教育计划，培养天才教育师资等。1985 年，联邦德国政府设立天才教育署，此后各州设立天才基金会；德国明斯特大学与中小学合作实施"挑战—鼓励"天才教育计划[1]；慕尼黑大学等高校开设天才教育课程，广泛展开各地天才学生课后研习和夏令营活动；汉堡专门设立跨州高才能儿童问题咨询中心。值得注意的是，慕尼黑大学从 1985 年开始，随机抽样 30000 人并从中筛选出 1800 名天才儿童，对其开展追踪研究，研究结果揭示了天才儿童能力倾向有不同类型，主张以智力、创造力、动手操作能力、社会竞争能力、音乐能力等方面来区别不同类型的天才儿童，为天才儿童的因材施教提供了理论依据与实际措施。[2]

联邦德国从 20 世纪六七十年代开始便有组织地实施环境教育。在 20 世纪 80 年代，开展环境教育已成为联邦各州的共识，联邦各州将环境教育置于

---

① 参见李建辉主编：《天才教育学》，90 页，广州，中山大学出版社，2014。

② 参见张泓：《世界天才，有才能儿童教育的研究状况和动态——出席"第八届世界天才、有才能儿童教育大会"见闻》，载《外国中小学教育》，1990(1)。

中小学课程体系的优先战略地位。1980年10月17日，文化教育部长会议通过关于环境与教学的决议，规定所有学校必须实施环境教育，以"培养学生的环境意识，使他们自觉拥护环境管理，并在课后养成有益于环境的有责任心的行为"①。环境教育发展也经历了一个明显的转变，早期的环境教育仅关注对大自然的保护和合理利用，1988年世界环境与发展委员会在《我们共同的未来》中提出可持续发展概念后，环境教育转为以促进自然和社会的可持续发展为目的。在环境教育实施方面，各学校并未单独开设一门环境教育新课程，而是将其渗透性融入整个课程体系中，主要以户外教学实践活动为主，如鼓励师生共同参与校园建设，开发环境教育的隐性课程。联邦各州开展环境教育形式各异，如巴伐利亚州《环境教育指引》对不同学段中如何将环境教育内容渗入常规课程做了详细规定。下萨克森州1987年9月开始实施17~25岁青年"资源生态学实践活动年"的试探性研究，要求青少年在学校教育结束、进入职业训练前，用6~12个月的时间，在各种组织和机构中开展生态学实践活动，以获得关于生态环境的知识，增强保护生态环境的意识。

## 第四节　雅斯贝尔斯的教育思想

雅斯贝尔斯是20世纪存在主义哲学奠基者之一。雅斯贝尔斯对历经两战的德国社会、人类文化与命运进行了深度剖析，对教育现实和教育基本问题进行了系统思考，直接影响了德国的教育发展与改革实践。

### 一、雅斯贝尔斯教育思想形成的主要背景

雅斯贝尔斯认为，"真正的哲学直接产生于个体哲学家在其生存环境即历

---

①　转引自祝怀新、潘慧萍：《德国环境教育政策与实践探析》，载《全球教育展望》，2003(6)。

史环境中所遭遇的问题",也有学者将雅斯贝尔斯的生存哲学理解为"对人的生存的危难极境所作的一种描述"。① 因此,对雅斯贝尔斯哲学理论与教育思想的解读,要始于对其个人生平和主要实践活动的关注。

1883年,雅斯贝尔斯出生于奥尔登堡,早年就读于奥尔登堡文科中学,中学毕业后在海德堡和慕尼黑曾学习三个学期的法学,后在柏林、哥廷根的短暂学习之后,又回到海德堡学习医学,1908年获医学博士学位。20世纪20年代,雅斯贝尔斯作为一位精神病理学领域的科学家崭露头角,所著《普通精神病理学》教材在1920年、1923年、1946年三次出版。虽然雅斯贝尔斯从未在某一个大学里接受过哲学教育,但他自中学阶段便习惯进行哲学思考,这让他自童年便学会了如何与纠缠于身的疾病坦然相处;早年对大量哲学著作的阅读,使其在担任心理学教职期间能够将心理学与社会、伦理、宗教、哲学等方面问题联系起来,与各学派开展哲学辩论,逐渐形成自己的哲学思维,并于1922年正式任职海德堡大学哲学教授。20世纪30年代是雅斯贝尔斯哲学著作集中发表的时期,也是他被裹挟进入动荡的德国社会与政治的时期。他的代表作《哲学(三卷本)》《时代的精神状况》《理性和生存》在20世纪30年代陆续出版,他于1933年被迫离开行政职位,1937年被迫辞去教授职位,1938年被禁止发表言论,1943年所有著作被禁。

雅斯贝尔斯为战后大学重建做出了重要贡献,被描述为"一个探索者类型的教师,一个教师类型的教育家"②。贯穿其一生的研究和教学工作与重建大学的实践,为其教育思想的形成提供了实践基础。随着"二战"结束,德国政治环境有所改观,在占领国对德国实施重建以后,雅斯贝尔斯立即作为号召者和组织者参与到大学重建之中。他曾任职的海德堡大学是纳粹的最激进的

① [德]卡尔·雅斯贝尔斯:《生存哲学》出版前言,王玖兴译,2页,上海,上海译文出版社,2013。

② [德]汉斯·萨内尔:《雅斯贝尔斯》,程志民、宋祖良、谢地坤译,215页,北京,中国社会科学出版社,1992。

大学，重建的谈判过程困难重重，但仍在 1945 年 8 月顺利任命了校长、副校长，组织了师资队伍，逐步恢复了神学系、医学系等系所的课程，雅斯贝尔斯担任了第一任大学评议会成员，也正式担任了教职。其间，雅斯贝尔斯将其始终秉持的大学理念进行推广，除了发表公开演讲、到处联络和谈话、起草文件章程外，还将其在 1923 年撰写的《大学之理念》重新出版。得益于雅斯贝尔斯等人的努力，重建中的德国大学赢得了占领军政府的尊重。雅斯贝尔斯也被大家公认为这一时期"大学的代表人物和保护人"①。

在雅斯贝尔斯长达 40 余年作为大学教师的执教生涯中，他认为大学最不应放弃的原则就是研究和教学相结合，他自己始终严格践行这一原则。他的讲演风格和训练学生的方法，透露着对真理的追求、对客观性的坚守，他并不想成为学生追随和服从的对象，"他只不过想引起人们注意，产生不满，提出疑问，克服困难，并向生活发出呼吁"，雅斯贝尔斯想做一个"苏格拉底式的教师"。②

面对战后德国百废待兴的局面、德意志人民内心的创伤和占领国重建联邦德国的复杂态度，作为德意志思想的代表，雅斯贝尔斯试图在政治、历史、伦理等问题上发出声音，他创办杂志《变革》，撰写文章，呼吁人们正视纳粹时代的罪责，追求自由、民主和全世界各民族的统一。雅斯贝尔斯的政治观点在当时的德国并没有受到追捧，而是招致了许多论战。1948 年他和夫人迁居巴塞尔，被德国新闻界评价为"背叛"和"逃跑"。面对外界非议，雅斯贝尔斯在巴塞尔大学开启了又一个人生阶段。巴塞尔时期的雅斯贝尔斯在哲学道路上继续开拓新方向，他以对人类历史文化的极大尊重完成了一个世界哲学史的庞大计划，撰写了《大哲学家》，提出了"轴心时代"等具有影响力的观

---

① ［德］汉斯·萨内尔：《雅斯贝尔斯》，程志民、宋祖良、谢地坤译，79 页，北京，中国社会科学出版社，1992。

② ［德］汉斯·萨内尔：《雅斯贝尔斯》，程志民、宋祖良、谢地坤译，222 页，北京，中国社会科学出版社，1992。

念。他认为："哲学史是生存哲学的一个形式。"①雅斯贝尔斯的思想得到如下评价："当人们在从法学到医学、从医学到心理学、从心理学到哲学的转变中想看出破裂时，看到的却是一种发展过程。"②

## 二、雅斯贝尔斯对时代教育危机的认识

20世纪前期的德国绝不是一个可以让思想家畅所欲言的国家，受政治环境及其个人身份所限，雅斯贝尔斯以"保全一个能思维的身体"③为底线，鲜有对教育现实进行直接的抨击，更多是哲学性思考和表达，但这并不影响他对所处时代教育危机的深刻揭露。雅斯贝尔斯的教育思想，正源于对教育危机的揭露，这也体现了其教育思想的个人风格、时代特色以及永恒价值。

（一）教育中精神价值的"失落"

19世纪后期科学技术的进步、工业化的加剧、社会阶级的变动和世界政治格局的动荡，成为20世纪教育发展无法回避的现实，历经两次世界大战的德国社会更是在政治、经济、军事、信仰等方面产生了问题。19世纪中叶至20世纪中叶的百余年来，人们在提高教育的技术性和直观性方面做出了巨大努力，如各级各类学校的建立、教学法的改进、教材的编制、教育信息技术的使用等。但雅斯贝尔斯认为，"在这丰硕的成果后面却隐藏着巨大的阴影"，那就是"所取得的一项项成果终使人们看不到对整体精神培养的迫切性"。④他认为，西方教育传统重视对人的整体精神的培养，任何时代绝不应为满足

---

① ［德］汉斯·萨内尔：《雅斯贝尔斯》，程志民、宋祖良、谢地坤译，131页，北京，中国社会科学出版社，1992。

② ［德］汉斯·萨内尔：《雅斯贝尔斯》，程志民、宋祖良、谢地坤译，104页，北京，中国社会科学出版社，1992。

③ ［德］卡尔·雅斯贝斯：《生存哲学》，王玖兴译，104页，上海，上海译文出版社，2013。

④ ［德］雅斯贝尔斯：《什么是教育》，邹进译，32页，北京，生活·读书·新知三联书店，1991。

专业精细化而降低原来作为人的教育的总体要求。在对教育的理解方面，雅斯贝尔斯认为，当前人们普遍将教育仅仅理解为，出于科技、经济和军事的目的，将青年培养成有用之才。这一理解应该受到批判，因为所谓"有用之才"仅是服务于某些专业的工人，不代表他们接受了真正的教育。真正的教育，不能停留于技能的训练，要通过科学思维方式的训练，达到理性的培养。

雅斯贝尔斯认为，他所处的时代放大了知识、科学和教育的功利性。他提出："当某一科学被运用于经济之中时，这门科学马上身价百倍……假如这门科学与国家的存亡有着密切的关系，那么这门科学的功能就会发挥到极点，这种状况在现代科技肇始就已形成，直到原子武器的时代仍然如此。"[①] 过于功利的知识、科学和教育对学生的残害是无法挽回的，雅斯贝尔斯批判当时德国大学和技术学院："无休无止地招收学生，增加所谓必需的讲座和练习，象填鸭般地用那些诸如形而下之'器'的东西，塞满学生的头脑，而对本真存在之'道'却一再失落而不顾"，这一做法的后果便是"削弱了原初的精神生活，削弱了学生的反思能力，以及独立自主的个性和对一个问题反复思考的习惯"。[②] 因此，在雅斯贝尔斯看来，虽然教育可以为人类世界带来促进生存和发展的直接利益，但若忽视教育对人的理性、整体性和精神追求的培养，那教育也便失去了精神价值，其危害是不可估量的。对此，雅斯贝尔斯甚至断言："什么地方缺乏这种冷冰冰的、机械的科学，教学法和病态的心理学，那里就有重视全人教育的出色的教育存在；但什么地方导向整体的历史性精神被破坏殆尽，那里的教育事业就会陷入危险之境。"[③]

---

① ［德］雅斯贝尔斯：《什么是教育》，邹进译，49 页，北京，生活·读书·新知三联书店，1991。
② ［德］雅斯贝尔斯：《什么是教育》，邹进译，33 页，北京，生活·读书·新知三联书店，1991。
③ ［德］雅斯贝尔斯：《什么是教育》，邹进译，34 页，北京，生活·读书·新知三联书店，1991。

### (二)教育中"全盘计划"的危害

随着国家主义、民族主义教育的兴盛,19世纪至20世纪中叶,西方国家陆续开始为国民教育提供公共支持,政府参与大学创建、普及义务教育、提高师范教育和职业教育质量、关注边缘化群体的教育等。"二战"后,教育理论、教育改革、教育计划讨论之声响彻联邦德国乃至整个西方教育界,教育发展与国家和民族的整体命运捆绑在一起,教育改革与发展也顺势在"全盘计划"之下运转着。教育改革计划的重要作用固然无法忽视,但雅斯贝尔斯通过对教育改革现实的哲学分析,做出了客观判断。"当代人类所制定的计划、建立的机构和系统已经大大地超过应有的限度,它们渗透到整个人类存在的空间,人们似乎不是为了今日生活,不是为亲在之在的当下感悟,反而无视现在而转向未来,这种本末倒置的作法,将人紧紧攫住,以扼杀人类的存在。"[①]

雅斯贝尔斯进一步认为:"教育计划的范围是很狭窄的,如果超越了这些界限,那接踵而来的或者是训练,或者是杂乱无章的知识堆集,而这些恰好与人受教育的初衷背道而驰。"[②]他对教育计划的狭窄性的分析是深刻的:真正的教育培养人的理性和精神,其内在逻辑是人的整体性和独特性;而教育计划是解决作为群体组织的家庭、学校、国家、民族乃至人类世界的现实问题,其内在逻辑是人的一致性和群体的共同利益。因此,教育计划与人的教育虽有一定范围的重叠,但如果在执行教育计划的过程中,超越了界限,自然就产生了"全盘计划"的危害。从20世纪60年代起,联邦德国的教育改革以心理学为理论基础,唯心理学马首是瞻。雅斯贝尔斯对此做出批判:"心理学家打算作为人类的主管,实在是一个不可置信的怪现象。心理分析在科学外表下,不顾科学因素的整体性俨然作为一场信仰运动,这一运动在美国已

---

① [德]雅斯贝尔斯:《什么是教育》,邹进译,23页,北京,生活·读书·新知三联书店,1991。

② [德]雅斯贝尔斯:《什么是教育》,邹进译,24页,北京,生活·读书·新知三联书店,1991。

成为可笑而荒唐的现象。"①

雅斯贝尔斯并不否认教育计划的意义，也不允许教育发展的无计划性。但他强调，制订切实可行、包罗万象和井然有序的教育计划，需要充足的准备，并且"最重要的是规定计划的界限和以认真的态度来处理计划"②。与教育计划相比，雅斯贝尔斯认为："真正的教育总是要靠那些不断自我教育以不断超越的教育家才得以实现。他们在与人的交往中不停地付出、倾听，严格遵守理想和唤醒他人的信念，以学习的方法和传授丰富内容的方式找到一条不为别人所钳制的路径。"③雅斯贝尔斯对教育计划的分析对开展教育改革有极大的警示意义。

## 三、雅斯贝尔斯论教育的本质

教育源于人类的生命本能，满足人类的生存需求，因此也需要以人之本性为核心。雅斯贝尔斯以人性为出发点探讨教育之可能，"人在自我的生成上有几种需要尽其全部人性去冲破的阻力"④，即不可改变的个人本质、内在的可塑性和人的原初的自我存在，由此也对应三种冲破阻力的方法：训练、教育和纪律、存在之交流。雅斯贝尔斯认为："每个人在自身中都要与这三重阻力相遇，都须经过自我训练、自我教育、与自我进行敞亮交往的过程。"⑤

### （一）教育是通过对话进行精神的交流

在历史发展中，人类形成了经院式教育、师徒式教育、苏格拉底式教育

---

① ［德］雅斯贝尔斯：《什么是教育》，邹进译，31 页，北京，生活·读书·新知三联书店，1991。

② ［德］雅斯贝尔斯：《什么是教育》，邹进译，35 页，北京，生活·读书·新知三联书店，1991。

③ ［德］雅斯贝尔斯：《什么是教育》，邹进译，24 页，北京，生活·读书·新知三联书店，1991。

④ ［德］雅斯贝尔斯：《什么是教育》，邹进译，2 页，北京，生活·读书·新知三联书店，1991。

⑤ ［德］雅斯贝尔斯：《什么是教育》，邹进译，2 页，北京，生活·读书·新知三联书店，1991。

三种基本类型，而雅斯贝尔斯认为苏格拉底的对话式教育应被视为可取的教育类型，其过程包含对话、哲学式反讽、游戏、顿悟、生成等一系列重要环节。他认为苏格拉底式教育不是知者随便带动无知者，而是使师生共同寻求真理。虽然经院式教育、师徒式教育、苏格拉底式教育都强调学生对绝对真理和教师具有敬畏之心，但在苏格拉底式教育中，"学生的敬畏心情表现在精神的无限性上，在这无限的精神内，每个人要负起超越自身存在的责任"①。雅斯贝尔斯坚信："所谓教育，不过是人对人的主体间灵肉交流活动(尤其是老一代对年轻一代)，包括知识内容的传授、生命内涵的领悟、意志行为的规范、并通过文化传递功能，将文化遗产教给年轻一代，使他们自由地生成，并启迪其自由天性。"②教育不是训练、照料、控制，而是通过交往、对话达到精神的交流。

雅斯贝尔斯认为，教育所涉及的知识分为原初知识与现行知识，两种知识的可教性和传递性不同，如数学、天文学、医学知识可以直接传递，但"关涉人的存在本源和根本处境的哲学却无法传递"③。教育过程中的间接传递方式显得更为接近教育过程的本质。如果说教育的过程是师生共同追求真理的过程，那么对话便是真理的间接传递，雅斯贝尔斯将对话过程表述如下："其过程首先是解放被理性限定的、但有着无限发展的和终极状况的自明性，然后是对纯理智判断力的怀疑，最后则是通过构造完备的高层次智慧所把握的绝对真实，以整个身心去体认和接受真理的内核和指引。"④尽管这种存在主

① [德]雅斯贝尔斯：《什么是教育》，邹进译，9页，北京，生活·读书·新知三联书店，1991。
② [德]雅斯贝尔斯：《什么是教育》，邹进译，3页，北京，生活·读书·新知三联书店，1991。
③ [德]雅斯贝尔斯：《什么是教育》，邹进译，17页，北京，生活·读书·新知三联书店，1991。
④ [德]雅斯贝尔斯：《什么是教育》，邹进译，19页，北京，生活·读书·新知三联书店，1991。

义哲学性的表述使人难以直接对应教育的过程，但可以理解为，对话的过程始终伴随人的理性、思维、精神意志的运动，只有发生了这一运动过程，才能说发生了教育。因此，教育的过程不只是知识的传递和扩充，而且是在理性和意志的运作下，形成一定的思维方式和行为方式，是精神陶冶的过程。雅斯贝尔斯进一步强调，追求真理的过程也是认识你自己的过程。依据雅斯贝尔斯的解释，我们可以认为，教育的过程是对话的过程，是精神陶冶的过程，是追求真理的过程，是认识你自己的过程。

(二)教育与民族、国家、社会的关系

19世纪末到20世纪60年代，雅斯贝尔斯历经德意志帝国、魏玛共和国、纳粹德国、"二战"后盟军占领和东西德分裂时期，他无法回避对德意志民族历史与命运的思考，因此，思考教育与民族、国家和社会的关系，是雅斯贝尔斯教育思想的重要内容。雅斯贝尔斯认为，从本质来讲，"教育依赖于精神世界的原初生活，教育不能独立，它要服务于精神生活的传承，这种生活在人们的行为举止中直接表现出来，然后成为他对在的关注和国家的现实态度，并在掌握创造性的精神作品中得到高扬"①。从历史与现实来看，教育一直在被宗教、民族和阶层所形塑，他认为，"在柏拉图的《理想国》中，国家和教育机构达到了最大的统一。教育在单个个人的心中成为人类全体未来的希望，而全体人的发展又是以单个个人教育发展为基点的"②，这是一种理想的状态。雅斯贝尔斯对教育与民族、国家和社会关系的论述，其本质在于将作为个体精神世界的教育与作为全体精神空间的教育融为一体，如他所言，"教育正是借助于个人的存在将个体带入全体之中。个人进入世界而不是固守着自己的一隅之地，因此他狭小的存在被万物注入了新的生气。如果人与一个更

①  [德]雅斯贝尔斯：《什么是教育》，邹进译，42页，北京：生活·读书·新知三联书店，1991。
②  [德]雅斯贝尔斯：《什么是教育》，邹进译，43页，北京：生活·读书·新知三联书店，1991。

明朗、更充实的世界合为一体的话，人就能够真正成为他自己"①。

为了民族的安全与未来，雅斯贝尔斯认为家庭教育、学校教育、自我教育以及教师的培养都很重要，但在促进个人对国家的责任意识方面，政治教育和历史教育显得尤为重要。他首先认为，应该让正在成熟的孩子接触公共事务，了解国家的实际情况，至青壮年便要承担公共事务上的个人责任。在政治教育中，雅斯贝尔斯认为应该认清暴力、现实和自由的关系，理解"政治的本然意义是要建立一个持久坚固、可以让'自由'随意表达的国家体制"②。更为重要的是，政治教育要指导学生通过研读政治思想书籍、研讨日常生活问题来获取相关知识，形成独立的政治思想。在历史教育方面，雅斯贝尔斯认为，清晰的历史意识、面对现实的勇气和判断的能力都是非常重要的。论及德国的历史，他认为，历史的事实不会改变，应改变的是对历史的评价，若不能正视和反省历史，"我们所面对的将是一个与二次大战的灾难完全不同的另一个大灾难"③。

### (三)教育的人文性更贴近本真教育

为了适应科学技术主导的现代生活，实用性学科主导了教育内容。雅斯贝尔斯强调，要区分本真教育和专门训练，本真教育旨在实施精神陶冶，其所包含的原始的人类求知欲一直在推动科学和技术的进步。在教育内容方面，雅斯贝尔斯十分重视以人类伟大作品为基础的古代文化的陶冶作用，"西方每一个伟大时代的出现都是重新接触和研究古代文化的结果。当古代文化被遗

---

① [德]雅斯贝尔斯:《什么是教育》，邹进译，54 页，北京，生活·读书·新知三联书店，1991。

② [德]雅斯贝尔斯:《什么是教育》，邹进译，60 页，北京，生活·读书·新知三联书店，1991。

③ [德]雅斯贝尔斯:《什么是教育》，邹进译，59 页，北京，生活·读书·新知三联书店，1991。

忘之时，整个社会所表现出来的就是野蛮"①。他认为，教育的成功不在于语言的天才、数学的头脑和实用的本领，而在于具备精神受震撼的内在准备，古代文化可以给予人精神受震撼的力量，人文教育可以实现一个人的自我教育。论及与此相关的人道主义，雅斯贝尔斯认为"有一种未来的人道主义是可以想象的，那就是把中国和印度的基本人道思想吸收到西方文化之中，发展成为带有各种不同历史背景的一种全世界的居民共同享有的人道主义"②。但在这里，人道主义并不是终极目标，"它只创造了一种精神空间，让每个人能够、而且必须在这种精神空间里争取他自己的独立生存"③。

从教育的人文性出发，雅斯贝尔斯强调了生活秩序教育、艺术教育和宗教教育的必要性。他认为，领导一个民族的是礼俗而非知识，礼俗培养了整体的精神。结合对孔子的"礼"的思想的阐释，雅斯贝尔斯强调礼俗教育普遍存在于人的行为和意识中，"礼"可以成为人的第二天性，对个体的礼俗教育可以形成一个民族的精神氛围。在艺术教育方面，他认为艺术可以拓展思维方式，培养道德意识，补充理性所不能带来的精神感受。在宗教教育方面，他认为学校要开设宗教方面的课程，"尽管这些想象一时不会产生特别的影响，但对儿童来说，这笔精神财富将伴随他们一生而受用无穷"④。

## 四、雅斯贝尔斯论大学之理念

德国大学的辉煌历史与"二战"后所遭受的重创形成巨大反差。20世纪上

---

① ［德］雅斯贝尔斯：《什么是教育》，邹进译，109页，北京，生活·读书·新知三联书店，1991。

② ［德］雅斯贝尔斯：《什么是教育》，邹进译，110页，北京，生活·读书·新知三联书店，1991。

③ ［德］雅斯贝尔斯：《什么是教育》，邹进译，111页，北京，生活·读书·新知三联书店，1991。

④ ［德］雅斯贝尔斯：《什么是教育》，邹进译，96页，北京，生活·读书·新知三联书店，1991。

半期，雅斯贝尔斯面对纳粹的迫害对德国大学产生了复杂的情感："从已经政治化了的大学中被开除出去，这也许并不很痛苦。使雅斯贝尔斯真正感到悲伤和惶惑的是，他要失去与直接提问和批评的青年人的接触：'过去每天可以感觉到青年人的要求，这种要求曾使我的工作很容易进行，而现在，在内心的真正变化中，这种要求不得不由自己设立的训练来代替了。靠着这种训练，一切有才智的而又不能在大学执教的人就活下去了。'"①

(一)大学是追求真理的精神生活

面对 20 世纪上半期德国大学的灾难，雅斯贝尔斯认为有必要重申"大学是什么"这一基本问题。他对大学做出三种本质性描述："大学是一个由学者与学生组成的、致力于寻求真理之事业的共同体"；大学是一个既传授学问又可以让学生积极主动参与科学研究的"特殊类型的学校"；大学是"这样一处所在，在这里，凭着国家和社会的认可，一段特定的时光被专门腾出来尽最大可能地培养最清晰的自我意识(self-awareness)"。② 同时，大学内的学术自由和学生的学习自由也是大学的本质特性。雅斯贝尔斯认为，大学的唯一目的就是追求真理，其内涵包括：既要探索真理，又要传播真理；追求真理是一项人权，不受任何限制；追求真理需要人全心全意认真投入。雅斯贝尔斯进一步提出，人类的基本求知意志是追求真理的起点和动力，人类对统一性和整体性的追求，也只有在大学的专门研究实践中才能体现。那么，大学与国家、社会的实际需求毫无关系吗？雅斯贝尔斯认同大学自然会服务于实际目的，如提供社会所需的职业训练等，但追求真理这一目的超越一切实际目的，它会给予实际目的以"更大的清晰度、更大的力度、更冷静的态度"③。

① ［德]汉斯·萨内尔:《雅斯贝尔斯》，程志民、宋祖良、谢地坤译，67 页，北京，中国社会科学出版社，1992。

② ［德]卡尔·雅斯贝尔斯:《大学之理念》，邱立波译，19~20 页，上海，上海人民出版社，2007。

③ ［德]卡尔·雅斯贝尔斯:《大学之理念》，邱立波译，20 页，上海，上海人民出版社，2007。

大学致力于科学事业，科学是人类精神生活的重要组成部分，因此大学本质上应是一种特殊的人类精神生活。雅斯贝尔斯以存在主义哲学观为基础，结合对科学内涵的历史考察和理性分析，深入阐述了作为一种人类精神生活的大学。从科学观念史来看，狭义的科学和广义的科学共存，大学既从事狭义层面的科学事业，又不应局限于此，走向广义层面科学的大学才能达至人类的精神生活。雅斯贝尔斯认为，古希腊科学建立在一个"封闭而有限的宇宙"概念基础上，近现代"新科学"将所有事物交由科学观察来检验。他提出，狭义的科学"是讲究方法的（methodical），是有内在说服力的（cogent），是普遍有效的（universally valid）"①。雅斯贝尔斯坚定地认为："科学被局限在具有说服力和普遍效力这一点上，科学研究与发现就也就被限制在不是对于存在本身，而是对于存在表象的研究上。"②他认为，广义的科学"包括了所有以推理和概念的方式获得的清楚理解"，是一种关乎生命价值的思维类型，"在范围上和明晰的自我省察是一致的"。③ 同时，狭义的科学与广义的科学是互补的，在某些情况下，广义的科学是狭义的科学的基础。因此，广义的科学更接近存在本身，从事广义层面科学的大学才能更接近人类的精神生活。

追求真理是大学的终极目的，科学事业是人类求知的途径，这决定着大学是一种坚守科学观念、科学立场、科学方法的精神生活。雅斯贝尔斯认为，精神、人的存在和理性是科学观念的基石，"正是这三条才可以把求知的激情转变成朴素的苏格拉底式的无知"④。这种无知是进行科学探索和大学教育的

①　[德]卡尔·雅斯贝尔斯：《大学之理念》，邱立波译，27页，上海，上海人民出版社，2007。

②　[德]卡尔·雅斯贝尔斯：《大学之理念》，邱立波译，34页，上海，上海人民出版社，2007。

③　[德]卡尔·雅斯贝尔斯：《大学之理念》，邱立波译，34页，上海，上海人民出版社，2007。

④　[德]卡尔·雅斯贝尔斯：《大学之理念》，邱立波译，54页，上海，上海人民出版社，2007。

基础。科学立场的内涵十分丰富,其内容包括:追求知识的整体性而不是实用性,保持好奇心和强烈的求知欲,具备随时接受质疑和批评的精神等。雅斯贝尔斯认为科学方法的特性,"就是怀疑与问难的态度,就是作出普遍性结论时的谨慎,就是下断语的时候不忘记说明限制和条件"①。在大学坚守科学观念、科学立场和科学方法这一问题上,雅斯贝尔斯重点强调了认清哲学与科学的关系,科学需要哲学的指导才能立足,哲学也认为捍卫思维的科学模式对于捍卫人类的尊严不可或缺。与此同时,雅斯贝尔斯对现实主义的自然科学和人文主义的人文科学也做了解释,他认为,两者虽然泾渭分明,但都从属于科学研究。大学中两种类型的科学都具有极大的教育价值,但这取决于"知识成果在多大程度上被转化成了实际的观察、实际的沉思和对我们周遭世界的实际理解"②。

(二)科学研究和教学相结合是大学的基本原则

从西方大学史来看,人的教化、科学研究和职业训练是大学所承担的基本任务。雅斯贝尔斯沿袭德国大学传统,认为科学研究是大学第一位的任务,但更为重要的是,"科研和教学的结合是大学至高无上而不可替代的基本原则"③。雅斯贝尔斯认为,大学中的科学研究具备三个要素:包括学习和实践在内的狭义上的工作;沉浸式投入;智识的良知。唯有具备以上三点才能取得知识的进步。他认为,科学研究应充满"生机",体现在"思想者们与自己的时代之间建立一种'有来有往'(give and take)的关系",进一步说,即大学要

① [德]卡尔·雅斯贝尔斯:《大学之理念》,邱立波译,57页,上海,上海人民出版社,2007。
② [德]卡尔·雅斯贝尔斯:《大学之理念》,邱立波译,61页,上海,上海人民出版社,2007。
③ [德]卡尔·雅斯贝尔斯:《大学之理念》,邱立波译,73页,上海,上海人民出版社,2007。

充满"既有理性色彩又不失人类心智意义上的生命元气"。① 雅斯贝尔斯认为，只有亲身从事科学研究工作的人才能够真正地传授知识，因此最好的科学研究人员也应该是首选的教师；反之，科学研究本质上依托于知识的整体性和各方面的充分交流，因此教学工作本身也是科学研究工作的促动因素。

雅斯贝尔斯认为，大学教育是一种精神塑造的教育，是一种苏格拉底式的教育，教师的传授是自由的，学生的学习也是自由的，"大学的宗旨就是在理性王国的领地之内，装备一切必要的工具，提供一切可能的条件，引导每个人开辟全新的知识疆土，引导学生无论在作什么决定的时候都能够反躬自省，引导他们注意培养自身的责任感"②。具体到大学教学而言，雅斯贝尔斯列出了讲座、研讨会、实验、讨论等多种常规传授方式。他提到，虽然讲座这一传授方式备受批评，但这仍是表达学者思想观点和学术历程的主要方式，尤其是精心准备的讲座，其中演讲者的语调和手势都含有可意会不可言传的精神实质。而在研讨会和实验等传授方式中，教师和学生可以实地接触材料，直接达至问题的要害和学问的细节。雅斯贝尔斯特别强调，大学教学切忌落入俗套，教学大纲、课程作业等人为限制会将大学教学禁锢在一定范围内，"图书馆中的独立阅读与研究、材料的收集和游历，应该从一开始就作为正式课堂教学工作的补充被提上议事日程"③。

雅斯贝尔斯特别强调交流的重要性，他指出大学既是教师与学生的共同体，也是所有学科的统一体，因此必须加强交流。他认为以追求真理为共同目标的大学成员都负有精神交流的义务。真正的交流发生在观念受到质疑之

---

① ［德］卡尔·雅斯贝尔斯：《大学之理念》，邱立波译，71 页，上海，上海人民出版社，2007。
② ［德］卡尔·雅斯贝尔斯：《大学之理念》，邱立波译，84 页，上海，上海人民出版社，2007。
③ ［德］卡尔·雅斯贝尔斯：《大学之理念》，邱立波译，95 页，上海，上海人民出版社，2007。

时，在辩难或讨论的过程中产生合作，这是探求真理的一个途径。大学成员之间的交流，是合作性的科学研究而不是集体性的工作，后者只是一种智力工业化，而前者具有精神传统的连贯性，是自发的，通常表现为思想流派的形成。在学科交流方面，雅斯贝尔斯进行了更为广泛的历史性分析，梳理了自大学初创便存在的神学、法学、医学以及哲学的特性和历史变迁，认为大学内学科和课程的分类是缓慢的历史发展的产物，这一过程也显示了人类学习新知识的能力是无穷的。当前大学存在理论学科与实践学科、自然学科与文化学科等以对比分类形式呈现的学科，但我们要认识到相互对立的学科门类在科学思维上是相辅相成的。雅斯贝尔斯认为，为了满足社会需求，大学在知识门类、系科划分、机构设立方面不断膨胀，尤其是技术系科占据大学中越来越多的领域，大学仿佛成了一个"学术商场"。面对此种现象，雅斯贝尔斯认为科学可以被细分为新的研究领域，但要使新领域能够接下来发展成为一个与普遍性理念保持联系的整体，一方面要关注知识的统一性，另一方面要与真正重要的人类生活相关联。以技术系科的扩张为例，雅斯贝尔斯认为，技术系科可以有独立存在的领域和独特的任务，但仍应是哲学系科的附属，应从内在逻辑上扎根在作为哲学系科一个组成部分的基础性学科里面。如此，大学就成为技术和人类精神生活相互对话的场所。

（三）国家与社会要保护大学成为"一个时代的心智良知"①

大学自诞生之时便被赋予自治权，但随着民族、国家、社会环境的复杂化，大学所处的环境、所赖以存在的条件也不得不被重新审视。雅斯贝尔斯十分坚定地认为，大学要成为一个时代的心智良知，这要在民族、国家和社会的保护之下才能实现。大学是一个制度化的实体，作为理念的大学如何转化成作为制度的大学，这决定了大学的品质。在实践中，尽管大学的制度无

———————————

① ［德］卡尔·雅斯贝尔斯：《大学之理念》，邱立波译，174页，上海，上海人民出版社，2007。

法为所有优秀的学者提供良好的学术环境，尽管大学的制度很容易被权欲熏心的学者所利用，但"倘若没有一种制度存在，单个学者的学术生命和学术工作就有付诸东流的危险"①。雅斯贝尔斯认为，评判一个大学制度的优劣，要看这所大学是否吸引优秀的人才，是否为科研和教学提供有利的条件。大学的制度特性就决定着大学与国家和社会之间存在紧密的关系，这种关系表现为：国家承认大学不受政治权力干涉，社会为大学提供法律与物质方面的支持，大学是服务全人类的基础研究中心，大学也为国家与社会提供全部职业所需的学术训练等。因此，雅斯贝尔斯认为，国家必须将自己限制在一个纯粹监管性的角色里，保护大学不受其他一切形式的干涉；大学不应对外界公众的影响做毫无原则的妥协，绝不可以在民族之间的对抗中有所偏袒。

## 第五节　克拉夫基的教育思想

"二战"后，尽管联邦德国面临战后重建和肃清纳粹残余影响等困难，但并没有放慢提高教育质量和促进教育公平的步伐。作为 20 世纪后期联邦德国颇具影响力的教育家，克拉夫基以"范例教学"理论享誉战后世界教学论领域，他对德国精神科学教育学的继承、教养传统的坚持以及基于时代变革对自身的反思与批判，都十分值得关注。

### 一、克拉夫基教育思想形成的主要背景

克拉夫基的生平和教育实践，与历经两战的德国社会变迁紧密相关。1927 年 9 月 1 日，克拉夫基出生于德国东普鲁士的安格堡的一个教师家庭，

---

① ［德］卡尔·雅斯贝尔斯：《大学之理念》，邱立波译，114 页，上海，上海人民出版社，2007。

自幼受到良好的人文熏陶，父亲对他的影响尤为明显："他之所以对教养理论很感兴趣，在某种意义上讲是与他父亲分不开的。"①1943年，16岁的他被纳粹德国空军征为助手，之后又正式应征入伍，因此克拉夫基未能接受完整的中学教育。1946年，克拉夫基凭借"中学毕业证明"考入汉诺威师范学院，接受了为期两年的大学学习。从师范学院毕业后，克拉夫基在下萨克森州乡村小学任教。克拉夫基1952年进入哥廷根大学和波恩大学，主攻教育学、哲学和日耳曼文学，辅修历史、艺术史和心理学，1957年通过题为"教育的基本性问题以及范畴教育理论"的博士论文答辩。之后，克拉夫基先后在汉诺威师范学院、明斯特大学教育系任教，并在此期间完成其教授资格论文《教育理论和教学论研究》，1963年被聘为马尔堡大学教育学教授，直至1992年退休。

克拉夫基任一阶段的学习和研究都浸润于德国教育的传统与变革中，其思想被赋予鲜明的时代特征。在汉诺威师范学院学习期间，克拉夫基对裴斯泰洛齐(Johann Heinrich Pestalozzi)的教育学和人类学产生兴趣，既接触精神科学教育学，又探讨改革教育学派的观点。在下萨克森州乡村小学期间，克拉夫基积极实践改革教育学派的教育思想，通过参与教师协会和工会产生了社会政治意识，在课堂教学中开展教养性学习、跨科目的"阶段教学"、小组讨论、课外郊游等教学实验，也逐渐形成了教育理论与实践的探索精神。在哥廷根大学和波恩大学攻读博士学位期间，克拉夫基师从德国近代精神科学教育学家韦尼格(E. Weniger)和利特(Th. Litt)，精神科学教育学的影响始终贯穿其教育思想，同时其也对政治冲突和民主理论进行了深入思考。在汉诺威师范学院任教期间，克拉夫基任海克曼(Gustav Heckmann)教授的助手，长时间接触奈尔松(Leonhard Nelson)学派的"苏格拉底方法"，后又专门著书介绍了奈尔松学派的教育思想。② 克拉夫基获得教授资格后，受到数所大学的邀请，

---

① 赵祥麟主编：《外国教育家评传》第4卷，660页，上海，上海教育出版社，2002。
② 参见赵祥麟主编：《外国教育家评传》第4卷，662页，上海，上海教育出版社，2002。

但他始终留在激进的马尔堡大学，出于其政治觉悟和社会责任感，他以教育改革家的身份积极参加了"六八学生运动"和一系列高等学校改革，并对自身前期教育思想进行了反思和批判。

## 二、从精神科学教育学到批判—建构教育学

从克拉夫基的经历来看，不难理解他何以被称为"德国传统的'精神科学教育学'和提倡批判反思的现代'解放教育学'承前启后的人物"[①]。正是在从精神科学教育学转到批判—建构教育学的过程中，克拉夫基在大教学论领域取得了诸多成就。

### (一)精神科学教育学的传承

19世纪末20世纪初，狄尔泰(Wilhelm Dilthey)以生命哲学为基础，提出人是历史的东西，教育和教育理论是历史的现象。在对19世纪下半叶占统治地位的赫尔巴特(Johann Friedrich Herbart)学派进行批判的基础上，狄尔泰认为自然科学通过观察来推论因果关系，而精神科学应坚持解释学方法论，把握理解和解释的核心概念，从特殊的理解中升华出一般的规律性内容。1883年，狄尔泰在其著作《精神科学导论》中，将精神科学视为以人、历史和社会现象为研究对象的科学，在此概念下确立和发展的教育学被称为"精神科学教育学"。20世纪20年代后，德国精神科学教育学派代表众多，陆续有诺尔(H. Nohl)、利特、斯普朗格(E. Spranger)、韦尼格、克拉夫基等。精神科学教育学的基本观点是：第一，强调教育和教育学的历史性，通过理解历史—社会中的教育现象而确定各项教育准则，教育史研究对于教育学发展具有重要意义；第二，教育理论与教育实践无法分开，"如果说赫尔巴特强调的是教育理论的指导意义的话，精神科学教育学则强调理解和解释教育实践的作用。在这个学派看来，教育学不是为了给实践提供一种解决问题的药方，而在于

---

① 范捷平：《德国教育思想概论》，91页，上海，上海译文出版社，2003。

解释清楚实践得以进行的先决条件，提出可能的解决办法，给予教育实践以有效的帮助"①；第三，教育学应将解释学作为方法论，教育研究必须把一切教育文献资料作为研究对象。

受精神科学教育学熏陶并直接师从于韦尼格，克拉夫基被称为德国精神科学教育学的第三代学者，他在精神科学教育学领域的研究成果主要体现为博士论文《教育的基本性问题以及范畴教育理论》(1957年)和著作《教育理论和教学论研究》(1963年出版)。克拉夫基通过对教育历史的阐释，对教育现实的关注，提出了范畴教育理论，使产生于20世纪50年代初的德国范例教学理论和实践走向深层次，同时他还将解释学方法的运用过程概括为11个方面。颇具探索精神和现实关怀的克拉夫基对精神科学教育学的观点进行了反思，认为"只有当国家、团体、经济界、文化界等等对教育部门提出的教育要求符合教育学准则时，教育学的相对自主才能实现"②，主张教育研究需综合运用阐释学方法和经验科学研究方法，前者用于提出问题，后者用于验证假设。可以说，克拉夫基结合所处时代的社会氛围、研究取向和教育问题，反思性地继承和发扬了精神科学教育学，"克拉夫基的教学论分析实现了韦尼格提出的教育学应该成为实施理论的愿望，也是克拉夫基作为精神科学教育学第三代代表人物对精神科学教育学的贡献"③。

(二)向批判—建构教育学的转变

战后的联邦德国学者经历了从法西斯统治到民主体制的转变，对传统的价值观念和教育教学产生了疑虑，对教育的不平等现象更为敏感，尤其在高等教育界大规模开展了反思、批判和改革。20世纪60年代初，传统精神科学教育学因其理论性过强、方法论狭隘、观点有局限性而受到批评，而经验科

① 李其龙、孙祖复：《战后德国教育研究》，273页，南昌，江西教育出版社，1995。
② 李其龙、孙祖复：《战后德国教育研究》，278~279页，南昌，江西教育出版社，1995。
③ 赵祥麟主编：《外国教育家评传》第4卷，685~686页，上海，上海教育出版社，2002。

学研究方法和社会批判理论的影响逐渐扩大。具体而言，法兰克福学派的社会批判理论对教育学影响最大，其主张通过批判、启蒙来追求人类精神生活的解放，强调发展批判的辩证思维，"社会批判理论对教育学的作用主要是两方面：一是意识形态批判的问题和方法，二是'解放'的认知取向"①。批判的教育学认为，教育与社会结构相互依赖，只能通过批判、启蒙以减少社会结构对教育制度的制约。1964 年，莫伦豪尔（Klaus Mollenhauer）发表《教育学和理性》一文，首次将解放理论移入精神科学教育学。他提出，教育首先应该提倡和促进学生独立自主的行为能力，把学生从说教型的意识形态中解放出来。② 1968 年，莫伦豪尔发表了《教育与解放》，正式确立了解放教育学。

　　克拉夫基是将社会批判理论运用于教育学的代表人物，他的批判—建构教育学思想集中体现于《新的教育理论和教学论研究》（1985 年出版）中。他对社会中的意识形态做了深刻的分析，认为占统治地位的意识形态已经深入教育理论与教育实践的各个方面，如教育目标、教育机构、教学大纲、教育方法和媒介等，应该揭露意识形态对教育的束缚，分析其社会原因，并提出建设性主张。克拉夫基在解放概念的定位上做出了很大贡献，他认为解放教育学的意义是摆脱宰制，摆脱一切人类社会造成的不合理以及人压迫人的关系，强调通过教育实践去改造不合理的社会制度和社会现实，培养有批判反思精神的新人。克拉夫基进一步认为，解放作为普通教育的目标，就是要培养学生具有自决能力、参与能力和团结能力。值得一提的是，克拉夫基从精神科学教育学到批判—建构教育学的转变，不是割裂的，而是融合的，他始终秉持了教育的历史性、教育理论与实践的不可分割性，他的思想被评价为"试图在教育学层面上把经验科学的技术取向、精神科学的实践取向和社会批判理

---

① 赵祥麟主编：《外国教育家评传》第 4 卷，669 页，上海，上海教育出版社，2002。
② 参见范捷平：《德国教育思想概论》，111 页，上海，上海译文出版社，2003。

论的解放取向从批判的立场出发进行汇流"①。

### (三)对侧重教养论的坚持

"Bildung"(教养)是具有德语文化特性的概念,从古典教养概念的形成与发展,到 20 世纪后期教养概念的大讨论,教养在教育理论与教育实践中始终占据着重要位置。德国学者克罗恩(Friedrich W. Kron)指出,赫尔巴特曾描述了教育中的一种悖论,"一方面,文化传授过程必须始终目标明确,有据可依;但另一方面,文化传授过程面临着学习者本身在经验和交际中,在兴趣和思想范围中个人的活力。而个人活力并非总是循规蹈矩的,有时也会不服从安排"②,赫尔巴特把人的内在活力称为可塑性,而可塑性的发展过程就是教养。20 世纪后期的德国学者也普遍认为,人与文化世界之间的关系生动活泼,人对世界的阐释是对意义的理解,人既创造自身,同时也创造文化,文化内容和个体内在动力是教养的两个基本元素。③

从精神科学教育学到批判—建构教育学,克拉夫基始终以教养论为基础,这也反映了教养论所强调的人、文化、社会之间关系的历史适应性。克拉夫基在精神科学教育学基础上系统建立了范畴教育思想,他将教养视为一个核心范畴,认为"教养既是人的主观感受和理解的现象,同时也是人对客观世界和精神世界的把握,因此教养是主客观的统一","教养是一个人正确地处理对自我和对外部世界关系的能力"。④ 据此,教养可以对具体的教学实践起到定向和评判的作用,其标准在于是否兼顾了外在的文化内容传承和人的内在可塑性。在转向批判—建构教育学的过程中,克拉夫基并未抛弃教养传统,

---

① 赵祥麟主编:《外国教育家评传》第 4 卷,671 页,上海,上海教育出版社,2002。
② [德]F.W. 克罗恩:《教学论基础》,李其龙、李家丽、徐斌艳等译,127 页,北京,教育科学出版社,2005。
③ 参见[德]F.W. 克罗恩:《教学论基础》,李其龙、李家丽、徐斌艳等译,127 页,北京,教育科学出版社,2005。
④ 范捷平:《德国教育思想概论》,100、107 页,上海,上海译文出版社,2003。

而是进一步发展了教养论。比如，相比精神科学教育学，批判—建构教育学所蕴含的教养论更强调时代社会背景对教育和教学的影响，也从仅强调教育内容的选择发展至兼顾教育内容和方法。他认为："现代社会的教养以职业和全民平等的社会生活为目的，不再追求表面和谐和完美，主张探索和反思，教养的核心是人的世界观和可塑性，世界观是内心世界和外部世界的联系。同时，教养的内容已经不再只限于本民族和本文化历史的资源，而是一个完全开放的体系。"[①]

### 三、克拉夫基的范畴教育思想与范例教学

德国的大教学论传统主张将教学研究作为教育科学的心脏，将教学论和教育学视为同级学科。"二战"后，范例教学论被称为世界有影响力的三大教学论流派之一，其地位的确立和持续的发展活力均与克拉夫基的教育思想密切相关。克拉夫基不是联邦德国范例教学论的首创者，也不是最早的集中论述者，但一直深受精神科学教育学和侧重教养论教学论影响的他，于20世纪50年代末提出并阐释了范畴教育思想，对同时代的范例教学传统进行了澄清和推动。20世纪80年代，他提出"教学论分析""教养性学习""发现式学习"等理论，不断深化范例教学的理论与实践。

#### （一）克拉夫基的范畴教育思想

因循精神科学教育学的传统，克拉夫基从教育史研究出发，开展关于教育本质的讨论。他认为，自18世纪以来便存在关于实质教育和形式教育的区分，简单来说，实质教育强调教育过程中的知识传授，形式教育强调教育过程中的能力培养。克拉夫基对实质教育和形式教育相分离的历史现象进行了分析、批判和矫正。在教育史上，实质教育分为客观主义和古典主义两种类型，前者认为教育就是客观文化内容的传递，后者认为只有古典性的文化内

---

① 范捷平：《德国教育思想概论》，106页，上海，上海译文出版社，2003。

容才具有教育价值。克拉夫基对两者的批判在于：教育内容及其价值是随着历史条件的变化而变化的，同时，不能忽视个体的能力发展。形式教育分为官能主义和方法主义，前者认为教育应促进身体和智能的发展，后者认为应使青年一代掌握各种方法以应对各种内容的学习。克拉夫基对两者的批判在于：任何能力和方法都需依托教育内容而存在，不能仅将教育内容作为手段，掌握教育内容本身也很重要。那么，如何认识并解决长久以来实质教育和形式教育的割裂？克拉夫基认为，要从历史、现时和未来三位一体的时间观念下探究教育理论，传统型、现实型、乌托邦型的教育理论都有弊端，应以受教育对象的动态的现时为起点，"从儿童的个体状况出发进行教育，即把家庭背景、周围环境、工业社会、儿童的愿望、兴趣等因素综合起来考虑教育问题"①。

在探讨了教育本质之后便是对教育目标的探讨，克拉夫基提出，今天的教育目标就是要使青年一代积极地适应世界，这是20世纪后期的时代与社会所不能规避的。② 这一目标决定着应寻求实质教育和形式教育辩证统一的教育，使得客观的教学材料和主观的受教育者相统一，认知的形式和认知的对象相统一，获得知识和形成能力相统一。克拉夫基描述了一种辩证统一的教育："教育对于人来说就是物质实在与精神实在的开发——这就是客观的或者说是实质的观点；但同时，教育对于人的物质实在与精神实在来说又是人的开发——这就是主观的或者说是形式的观点。"③这种双重开发过程的教育，其结果是一种范畴的获得，克拉夫基称其为"范畴教育"。在传统教养学说的影响下，实施范畴教育的首要条件是精选符合范畴教育概念的教养内容，克拉夫基就此提出了若干方面：在基本事实和基本问题方面具有代表性，能起

① 范捷平：《德国教育思想概论》，97~98页，上海，上海译文出版社，2003。

② 参见李其龙：《德国教学论流派》，41~42页，西安，陕西人民教育出版社，1993。

③ 转引自李其龙：《德国教学论流派》，42页，西安，陕西人民教育出版社，1993。

到范畴开发的效果；使得学生在当下就能体会到未来意义；在教育过程中能向学生传递过去的传统；触及学生的生活，能成为学生智力活动范畴；使得学生获得基本知识和主要能力的范畴。① 在实施范畴教育的过程中，克拉夫基认为要特别注意社会责任的形成，要将社会责任作为学校教育的重要内容，将学生的个人行为扩展到社会活动中，使学生通过社会参与和自我反思形成社会责任感。克拉夫基为使范畴教育理论走向教学实践，提出了"教学论的分析作为备课的核心"等更具实践性的观点。

### （二）克拉夫基与范例教学

范例教学论虽在德国具有较深厚的理念基础，但在 20 世纪的德国并非一直都备受重视，克拉夫基因其在关键时期对范例教学理论与实践的澄清、总结、推动和深化，而成为范例教学思想的主要代表之一。20 世纪 20 年代末 30 年代初，德国的哥廷根教学论学派提出了范例教学的设想，20 世纪 40 年代末 50 年代初出版了《示范教学的原理》《岛屿式教育原理》和《范例教学原理》等范例教学论著作。② 瓦根舍因较早开始在物理和数学教学中实施范例教学。在战后教育重建过程中，联邦德国出现了课程与教材庞杂、学生负担加重、学习主动性丧失等问题，1951 年的蒂宾根会议探讨了上述问题，并将海姆佩尔提出的范例教学作为中心议题开展讨论，提出"没有对教材的自觉限制，也就不可能达到教学的彻底性""精神世界的本源现象是可以通过个别由学生真正理解的事实例子来加以说明的"③等观点。

在瓦根舍因、德博拉夫、克拉夫基等教育家的努力下，范例教学的理论体系逐渐完善。范例教学论的基本思想体现为：第一，教学范例可以造成共鸣现象，关联其他范例，反映学科整体，反映学习者群体；第二，教学范例

---

① 参见李其龙：《德国教学论流派》，46 页，西安，陕西人民教育出版社，1993。
② 参见李其龙：《德国教学论流派》，6 页，西安，陕西人民教育出版社，1993。
③ 转引自吴式颖、任钟印主编：《外国教育思想通史——20 世纪的教育思想（下）》第 10 卷，528 页，长沙，湖南教育出版社，2002。

可以吸引学生的注意，激发学生的兴趣，使学生一直处于受教育状态，进行教养性学习；第三，范例教学追求深入彻底且灵活机动的教学过程。在范例教学的具体实施中，需贯彻基本性、基础性、范例性原则。基本性原则强调教材内容应是一门学科的基本要素，基础性原则强调教学要从学生实际经验出发，范例性原则强调学生主观世界与教材这一客观世界的沟通。在教学组织方面，需贯彻"课题性原则"和"时代课原则"①，前者是指以课题形式代替传统的学科体系，后者是指不受限于传统的课时安排，一个课题的完整教学自成一个"时代"，时长短至若干课时，长至半个学期，真正使得该课题扎根于师生心中。在构建范例教学论的过程中，克拉夫基提出的范畴教育和教学论分析思想，厘清了范例教学的内在思想和哲学基础，尤其是提出了"教学论作为备课的核心"这一兼具理论和实践价值的思想。他认为，"备课的目的在于如何通过教学论分析将教养内容和内涵以及教养价值在充分重视儿童的发展阶段和精神历史环境下开发出来"②，具体分为教学论分析和方法论计划两个阶段，前者围绕五个基本问题检验选取的教学内容的价值，后者确定课堂形式、辅助方式、教学方法等。

范例教学论的传播与发展也存在一定的限制，如选取教学范例的基本性、基础性、范例性的标准衡量问题，教学质量的检验问题，以及过度重视教学内容而忽视教学方法问题等，加之同时代其他教学论思想的影响，范例教学论也不断受到质疑和批评。克拉夫基认为，20 世纪 60 年代末至 20 世纪 80 年代初，德国教学论研究的问题在于，一方面新概念和新观点过分排斥已有研究，另一方面围绕范例教学开展的研究和实践缺乏系统性，故应进一步明确范例教学的特征，并将范例教学与其他教学思想结合起来。克拉夫基于 1983年撰文《范例教学》，系统回顾了 20 世纪 50—70 年代的状况，重申了范例教

① 李其龙、孙祖复：《战后德国教育研究》，310 页，南昌，江西教育出版社，1995。
② 范捷平：《德国教育思想概论》，107 页，上海，上海译文出版社，2003。

学的基本思想，即"组织教养性的学习，促进学习者的独立性，即把他们引向连续起作用的知识、能力、态度"①。同时，他详细论证了范例学习是一种主动的、发生的、再构的、发现的学习，并分析了范例学习与方向指导性学习的关系，认为"如果学生在范例教学中获得对于范畴的理解所要求的不断增长的潜力，那么他们也就能够明智地进行'方向指导性'学习了"②，两者不应同时进行，但两者之间存在创造性关系。

## 四、克拉夫基的批判—建构教学论

从 20 世纪 60 年代起，教育界呼吁教育理论要加强实践取向，在解释教育问题的基础上要致力于为学校教学设计出模式和方案，而克拉夫基已有的教学论更为侧重阐释教养内容，与社会现实联系不够紧密，这一点招致了许多争论。至 20 世纪七八十年代，柏林教学论、汉堡教学论、创新教学论、绿色环保教学论、多元文化教学论等一系列现代教学论流派既交锋又相融，彼此相互影响。1968 年的学生运动提出了教育民主化的强烈诉求，克拉夫基作为学生运动的积极参与者，加深了对教育不民主现象的批判。所有这些为克拉夫基探究批判的、建构的教育理论与实践提供了社会背景。

20 世纪后期，在经验科学研究方法、社会批判理论的影响下，批判教育学(解放教育学)理论基础逐渐坚实。20 世纪 70 年代，克拉夫基已围绕批判理论在教育学中的运用发表了较为成熟的观点，奠定了批判—建构教育学的理论基础。克拉夫基认为，教育科学是建立在批判理论之上的，解释学、经验科学、意识形态批判方法论在教育研究和教育科学的建立中缺一不可。克拉夫基将批判解释为："一种课程理论或教学，在其中赋予所有儿童、青少年

---

① 李其龙：《德国教学论流派》，183 页，西安，陕西人民教育出版社，1993。
② 李其龙：《德国教学论流派》，194 页，西安，陕西人民教育出版社，1993。

及成人在其所有生活领域中，不断发展自我与共同决定为目标的机会。"①此解释意味着，批判要发展至教学论意义层面，批判是教育民主化的必然路径。

20世纪80年代，克拉夫基陆续发表了关于批判—建构教学论的文章，如《批判—建构教学论意义上的备课》(1985年)和《批判—建构教育学意义上的教养理论》(1993年)等。克拉夫基在其文章中强调，批判—建构教学论中的批判可解释为一种拒绝并排除阻碍教育目的实现的社会现实力量的立场；建构可解释为不拘泥于学校现成的教学框架，按照动态的实际的情况创建教学模式与方案。批判—建构教学论的具体实施涉及教学目标、教学内容、课堂实施等多个方面。在教学目标方面，克拉夫基认为应培养学生自决、参与、团结的能力；在教学内容方面，应从现实问题、可预见的问题出发，选取具有普遍性、可操作性、矛盾性、结构性的重点问题，培养学生的历史意识和社会责任；在课堂实施方面，学生是课堂教学的中心，教师是学生学习过程的引导者，引导学生开展社会问题的思考与实践，即发现式学习和社会性学习。为使批判—建构教学论更贴近教学模式、教学设计、教学计划等实践层面，克拉夫基绘制出教学计划透视图，其特点在于：首先进行条件分析，强调教学的社会性；出发点不再仅是教学内容的选取，还是教学目标的确立；不仅着眼于备课，而且从整个课堂教学流程出发，增强教学效果的可检验性等。

从社会民主化的角度来看，克拉夫基的批判—建构教学论以普通教育为对象，涉及接受义务教育的全体学生。这里的普通教育，"既不是洪堡意义上的新人文主义'完人'教育，不是裴斯塔洛齐意义上的普济性的'平民'教育，也不是费希特意义上的民族主义'国民'教育，而是有批判反思能力的人，有社会义务、责任和实际能力的人"①。在此基础上，克拉夫基发展了一种普通教育观，即人人都要受教育，人的各种能力应得到全面发展，人应该对现在和未来的关键问题有所认识。他将20世纪90年代的世界关键问题，具体界定为和平问题、国籍问题、环境问题、人口剧增问题、尚未解决的社会不平等问题、发达工业国家和发展中国家的关系问题、新科技的便捷与风险问题、性问题与性别问题等八个方面。值得注意的是，克拉夫基教育思想的发展既有明确转向，又有明显的连贯性，他本人坚持认为，批判—建构教学论是以教养概念为核心的，是对精神科学教学论的继承和发展。其经典著作具有广泛的影响力，德国教育学会在2000年投选了"德国20世纪教育学经典100部"，其中即包含克拉夫基的《教育理论和教学法研究》《教育理论和教学法新论》《教育问题的基础与范畴教育的理论》《教育科学广播讲座》。②

## 第六节　福利特纳的解释学教育学

福利特纳是德国文化教育学派的后起之秀。1889年，福利特纳出生于德国魏玛，并在这里度过了其中学时代。1909年起，福利特纳在耶拿大学学习文学、历史和哲学，受诺尔的影响，对狄尔泰哲学产生了浓厚的兴趣。1913年，大学毕业后，福利特纳到柏林等地深造，但由于第一次世界大战爆发而中断。1918年，第一次世界大战结束，他回到耶拿在多所中学任教；1919年，他创办了图宾根人民大学和耶拿人民夜大学；1926年，他调到基尔教育学院专门从事师范教育的研究工作；1929年，他又转到汉堡大学任教。纳粹统治时期，他由于对纳粹政策不满而受到压制，只能开设所谓纯学术的讲座，

---

① 范捷平：《德国教育思想概论》，117页，上海，上海译文出版社，2003。
② 参见陈洪捷：《盘点20世纪德国教育理论的经典》，载《北京大学教育评论》，2009(2)。

来躲避政治灾难。第二次世界大战结束后，他担任了联邦德国大学校长联合会的教育顾问，并领导其学校理事会达 10 年之久。1963 年，他荣获歌德奖金。福利特纳一生勤于笔耕，著作颇丰：《世俗教育》(*Laienbildung*)、《成人教育问题》(*Das Problem der Erwachsenenbildund*)、《人民夜大学》(*Die Abend-volkshochschule*)、《系统教育学》(*Systematische Pädagogik*)、《大众学校思想的四个来源》(*Die vier Quellen des Volksschulgedankens*)、《西方教育的楷模和目标》(*Die abendländischen Vorbilde und Ziel der Erziehung*)、《教育途径与方法的理论》(*Theorie des pädagogischen Weges und der Methode*)、《教育与陶冶的基本问题和时间问题》(*Grund-und Zietfrangen der Erziehung und Bildung*)、《当代教育科学的自我意识》(*Das Selbstverständnis der Erziehungswissenschaft in der Gegen-wart*)、《文科中学的高级阶段》(*Die gymnasiale Oberstufe*)、《基础的精神陶冶》(*Grundlegende Geistesbilduny*)等。福利特纳对文化教育学的最大贡献就是用德国哲学家伽达默尔(Hans-Georg Gadamer)的解释学方法对教育史、教育现实、学生学习等进行了深入探讨，形成了文化教育学派的新走向——解释学教育学。

## 一、对教育史和教育现实的理解

西方教育界对教育史的界定众说纷纭，没有形成统一的看法。文化教育学派的主要代表人物斯普朗格、利特等都从不同的侧面将教育纳入历史的范畴进行考察，试图找出各个时代的教育所共有的典型结构。福利特纳也开展了相关研究。

福利特纳对当时在教育史研究中存在的实证主义倾向进行了批判。他认为，这种研究只是注重资料的收集和旁征博引，或者是从一个横断面上去研究过去，结果是把历史弄得支离破碎。福利特纳指出，实际的历史不是在史料中发现的，史料批判的作用是有限的，因为史料的历史见证人总是从自己有限的角度去看历史，所以不能提供历史的总体概念。因此，他赞同诺尔的观点，认为教育史是教育思想的继续和展开。福利特纳还指出，这种实证主义的研究方法会造成理论与实践相脱节。人们只是为研究而研究，鼓励一种无益的博学，在古字堆中玩弄文字游戏，忘却了自己的使命。他强调，理解历史并非与己无关，不是为了获得历史知识，而是为了指导我们今天的教育实践，从而把过去与现在联系起来。

首先，理解历史就是对一定的历史开放，以便发现一个特定的社会历史事件所形成的一个整体的模式。这是因为教育事实在历史中并不是孤立出现的，而是与社会的政治、文化、经济等因素有着千丝万缕的联系。

其次，理解历史就是理解人的创造性活动。福利特纳认为，教育史总结了关于教育本质的、质朴的事实，包括教育理论、教育实践、陶冶思想等。所有与教育相关的事件都围绕着人进行，教育史所记载的一切都是人创造出来的。他指出，人类的创造性活动是一股精神流，当它被固定在文件、人工制品、行为模式中时，就需要不同时代的人们以不同的方式来翻译、理解和解释它。这种种不同的解释都从某一个侧面极大地丰富了它原来的意义。

最后，理解历史是为了更好地运用，给予教育实践者明确化的指导。从这个意义上说，解释学教育学是一种实践的理论，这也是教育学有别于其他人文学科的地方。

福利特纳除了强调对历史的理解外，还非常重视对教育现实的理解。他特别指出："解释学中的解释和理解并不仅仅是指向历史事件，而是与人类所在的现实和处境息息相关。"[①]这里所谓现实，就是客观存在的事物，既包括物质方面的，也包括精神方面的。因此，福利特纳认为教育学的对象"就其广泛程度来说，必须囊括所有的人类的生活，凡是与教育现象发生关联的文化

---

① 转引自邹进：《现代德国文化教育学》，124 页，太原，山西教育出版社，1992。

和社会事实，以及个体的生理事实，都是教育学研究的对象"①。也就是说，解释学教育学必须关注教育的现实动态，并对它做出阐释。

根据以上观点，福利特纳认为，自从人类存在以来，教育就相伴左右，教育将社会的文化历史内容传递给青年一代，而青年一代在这种教育环境中逐渐成长，形成了自己独特的人格，展现了人类自身生产的无限可能性。因此，教育的本质在于："教育是一种'精神启蒙'或'启迪'(Znspiration)，教育帮助人们完成了从经验域到自我发现的意义的开发。"②

## 二、对学生学习的理解

福利特纳用解释学的方法阐明了学习这一具有普遍意义的活动。他认为，学生学习是以"理解视界"(Verstehenhorizont)为出发点的。"视界"这个概念主要是指人的前判断，即对意义的探求和开发。每一种视界都应对应一种前判断体系。视界是不断形成的。学生进入学校学习时，就已经带着在家庭和周围环境中得到的零散而肤浅的知识了，这就构成了他们的前判断体系和理解视界。在与教材打交道时，学生总是以这种前判断体系为出发点，来理解事物和知识。随着年龄的增长和知识的不断增加，他们的理解视界不断拓宽，逐渐由感性认识上升到理性认识，由知之不多到知之较多，并且形成了一个良性循环。

福利特纳指出，学生学习带有明显的年龄特征，构成了某一年龄阶段学生的"自我世界"(Eigenwelt)，这种自我世界又决定了学生的理解视界。在他看来，环境和教育虽然可以促进或改变一个人的发展，但必须在具备一定的生理和心理条件下才能成为可能。例如，我们不能使一个色盲成为一个画家，也不能把一个五音不全的人培养成歌唱家。因此，教育者一方面要相信教育

---

① 转引自邹进：《现代德国文化教育学》，124~125页，太原，山西教育出版社，1992。
② 邹进：《现代德国文化教育学》，126页，太原，山西教育出版社，1992。

的力量；另一方面要懂得学生生理、心理发展的规律性和阶段性，根据他们的发展特点去实施教育。福利特纳认为，学生的自我世界是打开理解学生精神世界大门的钥匙，这个自我世界的内容极其丰富，犹如一本活的、有待解释的好书摆在教育者面前，需要教育者耐心、细致地解读，才能慢慢地品出一点味来。此外，教育者还要设置与学生自我世界相符合的课程，引导学生不断扩大理解视界和自我世界，使学生在增长知识的同时也获得多方面的发展。

## 三、语言的教育学意义

福利特纳把语言教育作为解释学教育学的目标之一，因为人的生活需要日常语言的交流。儿童个体社会化需要参与语言游戏等活动；人们朝夕相处、共同生活也需要语言这一中介，语言也可以是陌生人之间的桥梁。人们通过对话，实现互相理解，从而达到对等的地位。在福利特纳看来，教育作为有意识控制的活动过程，应使用语言的社会化功能。儿童天生具有理解和参与团体的需求，语言教育显得尤为重要。

## 四、陶冶理论的教学论转换

福利特纳主张把人类精神的历史结构作为陶冶知识纳入教育。从1939年开始，福利特纳发表了一系列关于文科中学陶冶目标的论著和文章，其中重要的有《基础的精神陶冶》《文科中学的高级阶段》等。通过这些论著和文章，福利特纳阐释了许多关于陶冶理论的观点。例如，他探讨了以什么方式来确定文科中学毕业考试的原则。福利特纳首先追问了赞成和反对毕业考试的社会与经济原因，以使人们不仅理解文科中学课程的精神形式，而且也明白大学的精神规定。他认为：文科中学和大学"不仅是社会状态的产物，而且也包含着对所给定的任务和关系的回答。教育机构不是社会适应的器官，它曾经是而且现在也是精神思考的场所。因此，它必须重新回答所面临的任务"①。在此，福利特纳拒绝了社会团体的绝对要求，因为这些社会团体提出了在文科中学、大学以及毕业考试上制定一套明确的秩序。例如，要求把职业教育作为进入大学学习的前提条件，学术大学应与综合大学并列等。在他看来，反映文科中学和大学形式的精神内容是社会政治目标的教学论折射，因而所有的教学形式都应指向这一内容。

关于学术陶冶，福利特纳回溯了历史上的大学观念，尤其是洪堡的大学观念。他认为，大学观念的普遍看法包括：一是教学和科研相结合的原则；二是精神自由的原则；三是学生学习自由的原则；四是学术性研究公开功能的原则。福利特纳认为，科学不是封闭的，要批判地接受，而不受国家和社会的约束来发挥作用。他认为，大学新生必须对所学专业有一定的了解，具备一定的方法论基础和哲学悟性；大学教师要语言表达能力强，知识面广博，精通外语。在此，我们可以看出，福利特纳在对历史的阐释中寻求学术陶冶的普遍原则。

福利特纳分析指出："新兴的教学论一方面以学校教育观和'陶冶思想'为研究对象，另一方面又把生活和学习心理学以及与此相关的方法问题作为自己研究的重点。那些包蕴着精神陶冶的本质的东西，却极少成为研究的对象，而这正是引起以往教学论家思考的关键问题。"②所以，福利特纳想通过自己的努力来扭转这一局面，使人们不将目光局限于具体而狭隘的教学论问题上，而去注重陶冶的基本精神形式。

福利特纳通过多年努力和辛勤著述，终于在解释学与教育学之间架起了一座桥梁。他不仅以解释学的方法重新对教育史和教育现实等进行了阐释，而且在阐释过程中发展了解释学的实践性方面，使解释学教育学成为一门实践哲学。

---

① 转引自吴式颖、诸惠芳主编：《外国教育思想通史》第 9 卷，568 页，长沙，湖南教育出版社，2002。

② 转引自邹进：《现代德国文化教育学》，133 页，太原，山西教育出版社，1992。

第八章

# 20 世纪后期意大利的教育

　　"二战"结束后，意大利摆脱了法西斯政权统治，成立了民主共和国。意大利政治家积极争取国际援助以尽快重建社会秩序，恢复民众信心，推进教育事业恢复和发展。"二战"后意大利积极融入欧洲一体化进程，经济总体呈增长趋势，这为教育事业发展提供了有利条件。然而政府频繁更迭、南北社会差异增大、人口老龄化严重以及外来移民增多等因素，给意大利教育发展带来诸多困难和挑战。随着生产力的发展以及民众教育诉求的提升，"二战"后意大利的教育体制逐渐由选择性精英模式向民主化过渡，初级中学取消了分流，各类高级中学毕业生获得了升入大学的平等机会，高等教育、职业教育机构既注重与国际接轨，又注重培养符合当地经济社会需求的人才。各地区和各级各类学校都拥有越来越多的办学自主权。

## 第一节　社会背景

　　"二战"后，意大利结束了法西斯政权的统治，建立起民主共和国，其教育事业逐渐恢复和发展。战后意大利政党纷争激烈，政权更迭频繁，曾出现短暂的"经济奇迹"，也发生过数次经济危机，但经济发展总体呈上升趋势。不过，意大利人口老龄化现象日益严重，外来移民人口逐渐增多，南北方经济、社会发展差异巨大，南方经济发展明显落后于北方。战后意大利一直积极推进并参与欧洲一体化进程，凡此种种均对"二战"后意大利教育的变革和发展产生了重要影响。

## 一、意大利政党纷争激烈，政权更迭频繁

随着"二战"结束，意大利法西斯政权灭亡，多个政党登上意大利政治舞台。意大利的主要政党包括意大利共产党（左派政党）、意大利无产阶级团结社会党（左派政党）、意大利行动党（左派政党）、意大利天主教民主党（中间派政党）、意大利自由党（右派政党）。左派政党因积极投入反法西斯斗争在民众中享有更高的威信。教会、社会精英阶层和英美联军则更支持中间派和右派政党。雅尔塔会议将意大利划入美国势力范围，致使中间派和右派政党在"二战"后的意大利占有优势地位。

1946年6月2日，意大利通过全民公决，确立议会共和制为国家基本政治制度。议会由众议院和参议院组成，总理为国家政府首脑，总统只作为一种象征。同日，意大利公民还投票选出了负责制定共和国宪法的制宪大会，大会代表涵盖了意大利各主要政党，其中意大利天主教民主党代表数量最多。经过一年半的努力，1948年1月1日《意大利共和国宪法》施行。

"二战"后意大利建立的多党制议会民主共和国不同于其他西方多党制国家。意大利没有出现政党轮流执政的现象，1945—1993年的绝大多数时间一直由意大利天主教民主党与其他一些小党组成执政联盟。意大利天主教民主党的最大反对党意大利共产党从未获得执政机会。导致这一结果的原因有二：其一，意大利实施比例代表选举制，即按照选票比例分配议席，经常有十个左右的政党经过竞选进入意大利议会，没有一个政党能在历次大选中占据绝

对多数议席，因此大党须联合小党争取多数议席；其二，意大利天主教民主党的最大反对党——意大利共产党，因其共产主义性质和与苏联的联系，被意大利天主教民主党污蔑为永久威胁意大利民主的政党，致使民众认为意大利共产党为反民主的政党。此外，"二战"后出现"冷战"格局，意大利非左派选民担心意大利共产党掌权导致意大利倒向社会主义阵营，因此投票给意大利天主教民主党。20 世纪 80 年代末 90 年代初东欧剧变和苏联解体，意大利人民对意大利天主教民主党压抑已久的不满情绪终于爆发。

1991 年后意大利共产党分裂为左翼民主党、重建共产党和意大利共产党人党，影响力大为削弱。1992 年 2 月 17 日，米兰社会党要人马里奥·基耶萨（Mario Chiesa）在办公室接受贿金时被当场抓获，米兰检察院由此揭开了意大利广泛存在的政治腐败现象。[①] 此后两年全国掀起了大规模揭发贿赂案件的"净手运动"，所有执政党都被牵涉其中。政界的贪污腐败引起舆论哗然，民众愤慨，许多政党领袖、政府要员纷纷落马，传统政党随之分裂、解散。"二战"后长期占据意大利政坛核心地位的意大利天主教民主党分裂为诸多小党。传统政党的衰落和消亡使意大利出现政治真空，一批新的政党随之崛起。代表中右势力的由意大利富翁、菲宁韦斯特公司总裁西尔维奥·贝卢斯科尼（Silvio Berlusconi）领导的意大利力量党登上政治舞台。

意大利力量党创建于 1994 年 1 月。后意大利力量党与北方联盟、民族联盟等组成中右联盟，对抗中左政党结成的进步联盟，在 1994 年 3 月大选中一举获得众议院绝对多数席位，取得执政地位，盟主西尔维奥·贝卢斯科尼出任政府总理。意大利学界将自 1994 年西尔维奥·贝卢斯科尼从政以来的大约 20 年时间称为"贝卢斯科尼时代"。虽然这 20 年间，中左和中右两大阵营对峙期间西尔维奥·贝卢斯科尼在大选中三胜三败，但他是意大利共和国历史上担任总理时间最长的人。作为中右阵营的盟主，无论在朝在野，他都始终

---

① 参见罗红波、孙彦红主编：《变化中的意大利》，93 页，北京，社会科学文献出版社，2017。

保有强势的影响力。

"二战"后意大利多党组成联盟联合执政导致政权更迭频繁。意大利作为议会制共和国，政府的组建必须经议会批准，而意大利议会的席位由多个政党占据，政府通常由几个联合起来占据多数议会席位的政党组成。各政党的思想、主张、所代表阶层和利益多有不同。当政党意见分歧难以调和时，某一政党退出执政联盟就会导致政府垮台重组。因此，"二战"后意大利政权频繁更迭。自"二战"结束至1992年议会选举，意大利更换了50届政府，每届政府平均寿命只有十个月，最短命的政府仅存在九天。[1]

意大利政党之间政治主张和利益诉求不同，政党纷争激烈，政权更迭频繁，政府执政困难，对意大利的教育改革产生了重要影响。首先，由于意大利中左和中右政党对峙纷争，因此教育事业未能确定制度和文化上的共同目标，致使意大利教育发展难以找到平衡点，如公立和私立学校的平等地位问题、中央控制教育改革与学校自主权下放问题等。其次，政权更迭频繁导致教育政策得不到长期稳定的实施，教育改革难以持续进行。新政府上台后，通常会推翻前任政府制定的教育政策。一些政策还未上升到法律层面就很可能被新政府废除。一些刚刚开始或正在实施的教育改革，也往往在新政府上台后难以为继。教育政策朝令夕改，对意大利教育发展产生了诸多不利影响。最后，意大利教育立法程序复杂。一项立法草案须经参、众两议院联合通过，然而两议院人员党派背景复杂，他们往往对草案提出很多不同的修改意见，如此反复修改后的草案已经与原草案相去甚远。两议院意见相左还往往导致草案难以通过，政府更迭更可致使草案流产。因此，意大利的很多教育改革并非依靠法律，而是依靠短期政令执行。政令的出台虽然比较迅速、灵活，但有效期较短，导致意大利许多教育改革难以持续进行。

---

① 参见史志钦：《意共的转型与意大利政治变革》，189页，北京，中央编译出版社，2006。

## 二、意大利经济的恢复、腾飞、"滞胀"与调整

"二战"前意大利经济发展水平远远落后于英、法、美等资本主义国家，其经济实力实际上不可能支撑一次长期的战争。意大利在"二战"中惨败，战争使意大利经济损失惨重，成为西方世界最贫穷的国家之一。1945 年意大利国民收入只相当于 1938 年的 55%，全国 1/3 的财富被战火毁灭，90% 以上的商船被损毁，1/4 的铁路线被炸毁，35% 的公路被损坏，90% 的港口设备无法使用①，工业生产下降了 1/3，农业生产只有战前的 60%。② 战后的意大利可谓满目疮痍，百业凋零。除战争损毁外，意大利经济恢复还面临如下难题：战时法西斯政府闭关锁国，同盟国对意大利进行经济封锁，导致其战后对外贸易停滞，外汇和黄金储备消耗殆尽；战后意大利政府财政赤字严重，通货膨胀飙升，失业人数激增；战后军人复员以及殖民地大量难民回国致使国内人口压力骤增；意大利土地资源匮乏，可耕地面积仅占国土总面积的 1/4。③

面对"二战"后意大利破败的经济状况，新政府的首要任务就是理出意大利经济困境的症结，争取其他国家的经济援助，尽快结束意大利在国际上的严重孤立状态。为此，新政府于 1945 年 10 月组建了由各政党、政府各部代表组成的经济委员会。该委员会在其存续的 6 个月时间里，对意大利经济状况进行了详尽调查，并提出相应对策建议。此后，意大利主要从以下几个方面着手恢复经济：第一，实施紧缩型货币政策，抑制通货膨胀；第二，争取外国援助和投资以及回流外逃资本，增加外汇储备；第三，开发油气资源，提升科技水平，促进各工业部门迅速恢复；第四，鼓励小块耕地合并，扩大土地经营规模，进行土地改良，成立致力于南方开发的南方银行，恢复农业

---

① 参见戎殿新、罗红波、郭世琮：《意大利经济政治概论》，41 页，北京，经济日报出版社，1988。

② 参见戎殿新、罗红波主编：《战后意大利"经济奇迹"》，35 页，北京，经济科学出版社，1992。

③ 参见史志钦：《意共的转型与意大利政治变革》，55 页，北京，中央编译出版社，2006。

生产；第五，加强国际合作。通过实施各项卓有成效的措施，加上意大利人民的辛勤劳动，1950 年意大利人均国内生产总值恢复到战前水平，5 年完成了经济恢复任务。

1950—1963 年，意大利经济出现连续 13 年的空前高速增长，这一时期被经济学界称为意大利的"经济奇迹"。此间，意大利国内生产总值年均增长率达 5.9%[①]，1961 年更是高达 8.2%（表 8-1）。意大利工业生产发展尤其迅猛，制造业投资在 1958—1963 年以年均 14% 的高速度增长。[②] 1963 年意大利粗钢产量达 1016 万吨，为战前的 4.4 倍；生铁产量达 374 万吨，为战前的 4.3 倍，意大利成为世界级钢铁生产大国。[③] 意大利汽车工业发展速度尤为惊人，1963 年汽车产量达 1105291 辆，为战前的近 18 倍。[④] 促进意大利出现"经济奇迹"的主要推动力量包括：第一，意大利建设开放型经济体制，放松外贸和外汇管制，整顿经济秩序，积极应对激烈的国际竞争；第二，低劳动力成本使意大利形成产品价格优势，加速资本积累、提高利润率至关重要；第三，意大利积极推进欧洲一体化进程，为本国经济发展谋取了广阔的国际空间；第四，意大利实施"技术借用"战略，引进国外先进技术，推进本国新产业发展与传统产业技术更新；第五，国际援助为意大利经济发展注入了资金，提供了先进的工业设备，助力意大利经济进入国际化轨道；第六，意大利发挥公有企业对国家经济干预的特殊杠杆作用，弥补与矫正市场机制的缺陷和偏差；第七，意大利充分发挥传统产业和中小企业在提供就业和出口创汇方面的优势；

---

① 参见戎殿新、罗红波主编：《战后意大利"经济奇迹"》，4 页，北京，经济科学出版社，1992。

② 参见［英］克里斯托弗·达根：《剑桥意大利史》，邵嘉骏、沈慧慧译，263 页，北京，新星出版社，2017。

③ 参见戎殿新、罗红波主编：《战后意大利"经济奇迹"》，2~3 页，北京，经济科学出版社，1992。

④ 参见戎殿新、罗红波主编：《战后意大利"经济奇迹"》，3 页，北京，经济科学出版社，1992。

第八，战后国际市场为资源匮乏的意大利提供了廉价的原料，意大利本国也开发出新的石油资源。意大利的"经济奇迹"也产生了一些负面影响。例如，意大利北部地区工业集中发展导致南北经济发展不平衡加剧，1971 年北部地区人均收入是其他地区的 2 倍。[①] 大量南方难民移居北方充当廉价劳动力，他们的工作和生活环境异常恶劣，也造成南方大片农田被弃耕而荒芜。

**表 8-1  意大利国内生产总值增长率**

| 年份 | 增长率(%) | 年份 | 增长率(%) | 年份 | 增长率(%) | 年份 | 增长率(%) |
|---|---|---|---|---|---|---|---|
| 1952 | 4.4 | 1964 | 2.8 | 1976 | 5.9 | 1988 | 4.2 |
| 1953 | 7.5 | 1965 | 3.3 | 1977 | 1.9 | 1989 | 3.0 |
| 1954 | 3.6 | 1966 | 6.0 | 1978 | 2.7 | | |
| 1955 | 6.7 | 1967 | 7.2 | 1979 | 4.9 | | |
| 1956 | 4.7 | 1968 | 6.5 | 1980 | 3.9 | | |
| 1957 | 5.3 | 1969 | 6.1 | 1981 | 0.1 | | |
| 1958 | 4.8 | 1970 | 5.3 | 1982 | -0.5 | | |
| 1959 | 6.5 | 1971 | 1.6 | 1983 | -0.4 | | |
| 1960 | 6.3 | 1972 | 3.2 | 1984 | 3.5 | | |
| 1961 | 8.2 | 1973 | 7.0 | 1985 | 2.7 | | |
| 1962 | 6.2 | 1974 | 4.1 | 1986 | 2.7 | | |
| 1963 | 5.6 | 1975 | -3.6 | 1987 | 3.0 | | |

资料来源：

戎殿新、罗红波、郭世琮：《意大利经济政治概论》，46 页，北京，经济日报出版社，1988；戎殿新、罗红波主编：《战后意大利"经济奇迹"》，259 页，北京，经济科学出版社，1992 年。

"二战"后意大利经济长期快速发展加剧了生产过剩矛盾的积累。国家干预虽对意大利经济发展起到了重要杠杆作用，但也造成了经济周期的扭曲变形。1973 年，国际石油危机引发资本主义世界战后最严重的经济危机。意大利经济也在 1974—1975 年遭受重创。1974 年意大利全国失业人数达 140 万，

---

① 参见[英]克里斯托弗·达根：《剑桥意大利史》，邵嘉骏、沈慧慧译，265 页，北京，新星出版社，2017。

物价上涨率骤升至19.1%。[①] 1975年意大利国内生产总值增长率骤降为-3.6%。自此至20世纪70年代末,意大利陷入旷日持久的经济"滞胀"状态,即生产停滞、物价上涨、高失业率。1973—1979年意大利国内生产总值年均增长率仅有约3.3%,而年均通货膨胀率高达15.5%。[②] 在此期间,意大利经济增长速度放慢,但仍高于英国、西德、法国和美国等发达资本主义国家,仅次于日本。进入20世纪80年代,受周期性世界资本主义经济危机影响,意大利在1981—1983年又出现了长达三年的经济下滑,工业生产全面萎缩。为摆脱经济危机,意大利政府增加固定资本投资,促进设备更新和技术改造;充实与优化科技资源,加强独立研发,大力发展新兴技术产业;调整经济结构,追求经济的内涵式发展。在上述措施的推动下,1983年后,意大利国内生产总值持续增长。自20世纪80年代中期起,意大利国内生产总值超过英国,成为资本主义世界第五大工业国,舆论界甚至认为意大利出现了"第二次经济奇迹"。实际上,20世纪80年代中期以后意大利经济增长速度总体平缓,然而却伴随着难以控制的高失业率。1984年意大利失业率达10%,之后一直居高不下,1987—1989年甚至连续三年达12%。[③]

教育改革需要依靠经济发展为其提供物质保障。"二战"结束以来意大利政府一直非常重视发挥教育在培养人才和推进国家发展方面的重要作用。战后意大利经济快速恢复,甚至出现了"经济奇迹",虽然此后意大利经济陷入了长期的"滞胀"状态,但经济总体呈现积极增长态势,这使得政府能够基本保障公共教育经费的有效供给。在此期间,意大利也遭受过多次经济危机,

---

① 参见戎殿新、罗红波主编:《战后意大利"经济奇迹"》,16页,北京,经济科学出版社,1992。

② 参见戎殿新、罗红波主编:《战后意大利"经济奇迹"》,251~252页,北京,经济科学出版社,1992。

③ 参见戎殿新、罗红波主编:《战后意大利"经济奇迹"》,255页,北京,经济科学出版社,1992。

致使政府不得不缩减教育开支，对教育系统产生了诸多不利影响。例如，20
世纪 60 年代意大利义务教育年龄提升至 14 岁，大学入学标准降低，导致中
学和大学学生人数几乎翻倍，而学校教学资源严重不足，管理混乱，缺乏国
家助学金，辍学率高，最终引发学生对教育制度不满，静坐抗议与冲突事件
频发。"二战"后意大利失业率居高不下，尤其是青年人失业率高一直是困扰
意大利经济发展的难题，意大利长期存在毕业生数量超出经济可容纳范围的
情况，严重影响了社会稳定和青年人对未来发展的期望，成为催生学生运动
以及青年人反叛行为的重要诱因。为提升就业率，意大利政府注重发展职业
教育，培养青年人的职业技能以提升他们的就业能力。

## 三、意大利社会发展南北差异巨大

意大利南北地域分界线为罗马和亚得里亚海滨城市佩斯卡拉及其岛屿的
连线。① 意大利全国分为 20 个行政大区，北方有 12 个行政大区，占全国领土
的 60%，占全国人口的 62%；南方有 8 个行政大区，占全国领土的 40%，占
全国人口的 38%。② 自 1861 年意大利统一之时起，意大利南方和北方在经济、
文化、教育、医疗等方面就存在巨大差异。1951 年，意大利南方人均国内生
产总值仅为北方的 55%，1975 年这一数值上升到 61.5%，但 20 世纪 90 年代
后又降为 57%；1991—1995 年意大利北方国内生产总值增长了 5.8%，而南方
仅增长了 1.7%，这导致了意大利南北方居民生活水平差异明显。③ 1951 年北
方人均消费 683.1 度电、17.1 公斤肉，而南方人均消费 153.1 度电、7.6 公斤
肉。④ 1994 年意大利最富裕城市是最贫穷城市人均收入的 2.3 倍，人均收入

---

① 参见尹建龙、张震旦：《意大利民族发展史》，165 页，合肥，安徽大学出版社，2015。
② 参见黄昌瑞：《意大利文化与现代化》，276~277 页，沈阳，辽海出版社，1999。
③ 参见黄昌瑞：《意大利文化与现代化》，277 页，沈阳，辽海出版社，1999。
④ 参见戎殿新、罗红波主编：《战后意大利"经济奇迹"》，240 页，北京，经济科学出版社，
1992。

最高的 10 座城市全部分布在北方，而人均收入最低的 10 座城市全部分布在南方；1997 年意大利 70% 的贫困家庭分布在南方；1998 年意大利南方失业率高达 23.1%，是北方的 3 倍。[①] 南方的文化教育水平也比北方低很多，在 1948 年南方文盲占意大利 6 岁以上居民的 24.3%，而北方仅为 5.7%。[②] 由此可见，虽然"二战"后的半个多世纪意大利整体经济取得了长足发展，但南北差异从未消除。

意大利社会发展存在巨大南北差异的原因是多方面的。第一，北方拥有全国最大的波河平原，土地肥沃，农业发达；而南方多山地丘陵，土地贫瘠，农业不发达。第二，北方水电资源和煤铁矿藏丰富，紧邻西欧工业发达地区，交通方便，工业企业云集，工业发展速度很快；而南方缺乏重要矿藏，交通不便，工业十分薄弱，制造业发展和竞争力远落后于北方。第三，历史上南方受欧洲大陆先进国家影响较少，封建残余势力大量存在，阻碍了资本主义生产关系的发展。第四，南方城市分布在沿海平原地带，布局支离破碎，缺乏发展所需要的辐射区域。第五，南方黑社会活动猖獗，治安形势不稳，黑手党等犯罪组织常以各种形式掠取发展资源。第六，"二战"后意大利政治腐败，各政党侵吞本国政府以及外国提供给南方的部分发展基金用于发展自身势力。为改变南方落后面貌，1950 年意大利政府开始对南方进行大规模援助和改造。1950 年意大利政府成立"南方开发基金局"，开始对南方发展进行大规模、持续性、有计划、有法律保障的干预。1950—1957 年意大利政府主要通过收购或没收大庄园主土地分给无地或少地农民的方式，缓解尖锐的阶级和社会矛盾，改良或修建基础设施为工农业发展创造条件。1958—1975 年意大利政府重点扶持南方工业发展。"南方开发基金局"大规模投资南方具有开

---

① 参见黄昌瑞：《意大利文化与现代化》，277~278 页，沈阳，辽海出版社，1999。
② 参见戎殿新、罗红波主编：《战后意大利"经济奇迹"》，240 页，北京，经济科学出版社，1992。

发潜力的工业区。国家控股公司大力投资兴建规模大、技术先进的企业以促进南方基础工业发展。国家给予税收等优惠政策以吸引私人企业到南方投资。1976—1984 年意大利政府通过直接拨款、降低贷款利率以及投资补贴的方式，重点扶持南方中小企业发展并解决失业问题。1985 年以后，公私合营企业意大利"南方发展促进公司"取代"南方开发基金局"，意大利开始对南方发展进行更具综合性和常规性的干预。"二战"后的 50 多年间，意大利在南方投入资金达 374 万亿里拉，约合 2337 亿美元。[①] 南方的第二、第三产业快速发展，建成了现代化的交通网络。20 世纪末南方居民收入水平明显提高，初步摆脱了贫穷落后状态；但南方经济发展水平依然严重落后于北方，意大利南北发展不平衡问题并未得到根本解决。

意大利南北发展长期不均衡导致了非常严重的社会和政治问题。意大利政府扶持南方发展的资金主要来自北方税收，其中大量款项被贪污浪费，这使北方人民非常不满，他们要求实施区域自治，这可能导致国家出现分裂危险。在教育方面，意大利南方的教育水平远落后于意大利北方以及欧盟国家平均水平。南方学生在历次国际学生评估测验中排名落后。教育是促进南方经济社会发展的重要推动力，因此如何针对南方的实际情况，采取多种有效措施提升南方的教育质量，是意大利政府长期以来面临的棘手问题。

## 四、意大利人口结构的变化

随着经济社会发展，"二战"后意大利人口结构主要呈现两方面的变化。第一，人口老龄化加剧。"二战"后意大利生产技术水平的提升致使生产力发展由依靠劳动力数量转为依靠劳动者的智能素质，加之受生活成本和育儿费用不断上涨等因素影响，民众生育观念发生巨大转变，人们更倾向于少生子女、优生优育。因此"二战"后意大利人口增长率急剧递减，20 世纪 80 年代

---

① 参见黄昌瑞：《意大利文化与现代化》，279 页，沈阳，辽海出版社，1999。

后人口增长基本处于停滞状态。与此同时，由于健康水平不断提升，因此人口寿命大幅延长，老年人数量快速增长。意大利已成为全球老龄化十分严重的国家之一。第二，移民人口数量显著增长。一方面，外来移民不断增加。随着意大利经济的发展以及经济全球化的深入，大量来自北非、巴尔干以及东欧地区的移民流入意大利境内寻找工作机会，意大利北方工业发达地区的移民增长尤为明显。2000 年意大利移民人口已占总人口的 3.9%。[①] 另一方面，意大利国内人口移动规模也逐渐增大，国内流动人口从战后初期占总人口的 21.4‰增加至 20 世纪 70 年代初的 29‰。[②] 大量移民和本国人涌入城市，导致城市特别是大城市人口剧烈膨胀。

意大利人口结构的变化对教育提出了诸多挑战。随着人口老龄化日益严重，退休年龄推迟，意大利劳动力市场中的老年人越来越多。受历史等多方面因素影响，意大利老年人的受教育程度普遍不高。因此，意大利需加强人力资本投资，发展职业教育与终身教育以提升劳动力的文化技术水平。人口老龄化还引发意大利青年教师的缺乏，严重影响了意大利教师队伍对新的教育理念和教育技术的接受。意大利须大力培训和招募青年教师以提升教师队伍活力。随着本国人口出生率下降与移民人口增多，意大利各级各类学校中移民子女的比例不断攀升。意大利学校必须提升教师的语言教学、跨文化教学水平以应对学生结构的多元化。此外，移民中低技能劳动力偏多，意大利须加强移民的语言和职业技能培训，使他们顺利融入社会。

## 五、欧洲一体化进程

意大利一直积极支持并全力推进欧洲一体化事业，各党派和社会各阶层

---

① 参见梅伟惠：《意大利教育战略研究》，40 页，杭州，浙江教育出版社，2013。

② 参见戎殿新、罗红波、郭世琮：《意大利经济政治概论》，326 页，北京，经济日报出版社，1988。

大都对欧洲一体化给予极大的热情和坚定的支持。欧洲联邦主义者主张，为促进欧洲一体化发展，意大利必须放弃部分国家主权。此建议在 1948 年意大利宪法总则第 11 条中有明确体现，为日后意大利顺利参与并推进欧洲一体化奠定了基础。"二战"后意大利希望实现欧洲一体化的愿望更为强烈，这主要因为：第一，意大利意欲尽快结束法西斯统治时期的闭关锁国政策，大力吸引外资与先进技术发展本国经济；第二，意大利需要进口国外原料并输出劳动力以解决本国资源匮乏而劳动力相对富余的问题；第三，意大利希望在政治和军事上依靠美国和西欧国家以确保本国安全；第四，意大利欲尽快改变自己战败国的地位，与欧洲其他国家实现平等。

　　意大利主张利用功能主义思想推进欧洲一体化的进程，即从实现欧洲经济一体化入手，逐步将一体化向政治、军事领域延伸。功能主义的实质是在保留主权国家的基础上，将国家部分权力转移到由参与国共同享有、共同执掌的公共权力中。事实证明功能主义路线对推进欧洲一体化是比较适用的。1948 年意大利加入美国的"马歇尔计划"。1949 年意大利加入北大西洋公约组织。1951 年 4 月意大利与法国、联邦德国、荷兰、比利时、卢森堡共同签订煤钢生产与销售条约，成立了欧洲煤钢共同体。1957 年 3 月上述六国首脑又签订《罗马条约》，于 1958 年成立欧洲经济共同体和欧洲原子能共同体。1967 年 7 月 1 日欧洲煤钢共同体、欧洲经济共同体和欧洲原子能共同体合并成为欧洲共同体。[①] 欧洲共同体以建立欧洲工业品关税同盟和农业共同市场并协调各成员国经济、社会政策为目标，促进成员国之间实现商品、劳务、人员、资本自由流动。此后随着包括英国在内的其他欧洲国家的逐渐加入，欧洲共同体成员国增至 12 个。1993 年 11 月 1 日欧盟正式成立。1999 年 1 月 1 日欧元启动，这不仅打破了美元在世界贸易和外汇储备中的垄断地位，而且使欧洲政治一体化向前迈出了重要一步，有利于世界政治格局的多极化发展。

---

① 参见黄昌瑞：《意大利文化与现代化》，166 页，沈阳，辽海出版社，1999。

　　意大利在欧洲一体化进程中发挥了特殊的协调作用。作为欧洲一体化的坚定拥护者，意大利竭尽全力为推进欧洲一体化奔走。意大利极力促成英国、西班牙、希腊等国加入欧洲共同体，并积极出面解决各种具体问题。1997年2月，意大利总理普罗迪（Romano Prodi）曾两次前往德国，向德国金融界和企业界人士游说以便欧元能按时启动。意大利综合国力处于欧洲中游，它既可以充当欧盟内大国与小国争执的仲裁者，也可以作为欧盟成员国矛盾的协调者。

　　意大利从欧洲一体化进程中也获取了巨大利益。在经济方面，参与欧洲一体化使意大利经济与世界接轨，进出口贸易获得巨大发展，国际竞争也促使意大利本土企业进行技术革新和结构调整，增强了企业竞争力。意大利企业也有机会和欧洲其他企业联手与实力雄厚的美国、日本等企业展开竞争。欧洲共同体提供的补贴和优惠贷款成为意大利开发南方落后地区的重要资金来源。意大利过剩的劳动力则可以输出到欧洲其他国家以降低本国失业率。在政治方面，在欧洲共同体或欧盟内部，意大利拥有同英、法、德同样的地位和发言权，确立了自己作为欧洲大国的政治地位。意大利还可以借助欧洲共同体或欧盟的力量提升自己的国际地位，增强同美国抗衡的实力。在教育方面，欧盟历次教育改革都对意大利教育改革产生了重要影响。意大利也积极参与到欧盟各项教育战略的制定和实施中。在高等教育方面，意大利积极融入博洛尼亚进程，逐步改变僵化的高等教育体制以跟上时代发展的步伐。在职业教育方面，意大利积极与欧盟标准对接以提升职业教育质量，培养能在欧洲范围内自由流动的高级技术人才。欧洲一体化进程成为推进意大利教育系统转型的重要力量。在欧盟内部，意大利获得了许多与其他成员国开展教育合作、交流的机会，这激励意大利不断检查、审视自身教育发展的薄弱环节，确立教育改革方向，采取积极措施提高本国的教育水平。

# 第二节　教育制度变革

　　"二战"后初期意大利依然沿用中央集权的教育管理制度，实施选择性精英教育体制，重视人文学科知识的教学。随着生产力的发展，民众的教育需求日益增长，教育向民主化方向发展。意大利初级中学取消了分流，实施 8 年义务教育，各类高级中学的学生都获得了平等进入大学的机会，这使得更多学生能够通过自己的努力获得更高的文凭和更好的职位。各地方和学校拥有越来越多的办学自主权，这激发了它们办学的积极性和主动性，使它们可以采用灵活多样的方式培养出更适合当地经济社会发展的人才。

## 一、"二战"后初期意大利教育发展方向之争

　　"二战"结束后，意大利在重建过程中将教育摆在优先发展的战略地位，然而在教育该朝着什么方向发展的问题上出现了两种主张。自由主义者认为，教育是私人的事情，国家不应过多干预。民主主义者认为，教育是公共事业，是提高全民文化素质，抗衡社会不公平，促进社会流动，解决文盲、失业和文化排斥等社会问题的重要手段，应加强国家对教育的调控和干预。战后在意大利居于统治地位的最有实力的意大利天主教民主党采取第二种主张。1948 年新宪法第 33 条和第 34 条明确规定：战后意大利教育必须关注公平和社会正义，由国家制定教育指导原则，建立公立学校并向所有人开放，确保开展至少 8 年的免费义务教育。但在战后初期，自由主义者的主张仍然拥有广泛的拥护者，他们维护选择性精英教育体制，要求实行双轨制教育，抵制教育民主化改革。在教学内容方面，他们强调确保人文主义传统文化课程的优势地位，抵制与科学、技术、应用知识相关的课程。

　　在两派争辩中，并未有一方获得全面胜利。两派的主张都体现在战后初期

意大利的教育体系当中。意大利仍然沿用高度中央集权化的教育管理体制。公
共教育部是意大利教育事务的核心决策中心，控制着全国教育资源的分配。校
长和教师则只在专业方面享有较高的自由度。意大利的教育体系包括幼儿园
(3~6岁)、小学(6~11岁)、初级中学(11~14岁)、高级中学(14~18岁)、大
学(18岁以后)。义务教育延长为8年，即小学和初级中学阶段为义务教育阶
段。意大利采用高度选择性的教育体制。学生小学毕业后即面临第一次选择。
进入普通初中学习的学生，毕业后升入高级中学继续学习；进入技术初中学习
的学生，毕业后则直接进入劳动力市场就业。学生升入高级中学时面临第二次
选择。进入普通高中学习的学生为将来升入大学做准备；进入技术学校、职业
学校、艺术学校、师范学校的学生毕业后则直接就业。学生的每一次选择都需
要参加严格的选拔考试，而选拔考试的内容偏重于人文学科知识。"二战"后初
期意大利的学校教育体制符合当时落后的经济基础和严格的社会等级制度。当
时农业在意大利经济体系中占主体地位，工业化进程落后于其他欧洲国家，出
现了知识分子失业的现象。开展选择性教育可以保证社会精英的培养质量。

## 二、竞争性社会主导下的择优录取教育

20世纪50年代至20世纪60年代初期，意大利经济迅速发展，人们将此
时期称为意大利的"经济奇迹"时期。在这一时期，意大利农业生产占经济体
系的比重减小，工业得到显著发展；大量人口从农村迁往城市地区，从南方
落后地区迁往北方工业发达地区；受到大众传媒和经济增长的影响，意大利
个人消费水平和对生活质量的要求不断提高。原有的学校教育已经无法满足
更多、更复杂的工作岗位对人才的需求，也无法满足人们对接受更高层次教
育的追求。个人主义作为一种新的个人和社会生活范畴内的价值观念凸显出
来。人们更加关心个人的能力、竞争力的发展以及个人的成功和自我实现。
在此情况下，人们的受教育水平和创新能力成为生产力发展的关键因素，教

育被视为国家发展的重要推动力量以及家庭和个人的重要投资。越来越多的家庭希望子女接受更好、更高层次的教育，人们非常重视通过教育提升自身的就业能力和生活质量。学校教育被视为个人实现社会等级上升的必要渠道。为了更好地满足国家和个人发展的需要，教育事业备受关注。人们认为学校应该走出自我封闭的状态，与工业生产和经济社会发展的需求紧密结合，充分考虑到个人的教育需要，为国家培养能够胜任各行业工作岗位的人才，使每个人都能够通过教育更好地实现自我价值。在这种充满竞争性和流动性的社会中，学校教育实施择优录取模式。人们希望在平等的基础上，通过个人努力获得更高层次的教育，据此提升自己的社会地位。

受教育的过程就像是参加比赛，人们通过竞争争取自己的未来。因此，人们特别是那些处于社会不利地位的人希望不要过早评判比赛的输赢，应尽量使更多的人更长时间地留在比赛场上，这样每个人就有更多的时间和机会参与竞争，那些开始处于劣势的人可能会在成长中逐渐取得优势。1962年意大利政府取消了在初级中学开展分流教育的体制，将所有类型的初级中学都改造为面向11~14岁学生提供基本文化教育和指导的"统一初中"。完成五年制小学教育的学生全部进入"统一初中"学习，初级中学毕业后再分流进入不同类型的高级中学学习。初级中学统一化使得更多学生有机会进入大学。此外，这一时期高级中学教育阶段的职业教育迅速发展。职业学校可以培养学生掌握未来工作所需的技能，为他们提供良好的职业前景，也能为意大利的工业发展提供大量的实用人才。

## 三、教育民主化的发展

1964年意大利爆发经济危机，教育制度中存在的一些矛盾和问题暴露出来。过去人们相信教育与经济发展之间是一种正相关的关系，学校可以培养人才满足社会的劳动力需求，促进社会沿着上升的道路前进；但经济危机的出现打破了人们的这种认识。年轻人为规避毕业即失业，选择继续留在学校学习以保持学生身份，结果使高级中学的注册入学人数迅速增加。高级中学提供的职业教育过时，又没能提供充足的文化基础教育，致使培养出来的学生难以就业，就业后也难以干好工作。在学校教育过程中，学生的学业成绩与其家庭背景关系密切。意大利国家统计院1967年的一项调查显示，学生的学业表现在很大程度上取决于其家庭收入和父母教育背景、职业以及社会地位。1968年，受全球学生和进步教师运动的影响，意大利掀起了"青年人的反抗运动"。在运动中，人们反对通过择优录取的教育模式开展精英教育，呼吁社会平等化和教育民主化，使学校不再屈服于培养生产制造业所需的人才，让青年人留在学校的时间更长，有更充足的时间在学校完善个人发展，延迟参加工作，缩小甚至消除不同社会阶层由享有不同的教育机会而造成的文化和社会地位上的不平等。

在民众要求社会变革和教育改革的呼声下，意大利政府开展了一系列教育改革。1970年5月，由意大利教育行政部门发起，在弗拉斯卡蒂市的教学研究和创新中心①举办了专家会议，探讨中等教育的发展方向问题。会后专家提交了《弗拉斯卡蒂报告》。报告提议高级中学采用"综合教育模式"。1970年夏季，意大利开始在高级中学的前两年开展综合教育实验。1972年起，意大利的初等、中等和高等教育继续由中央统一管理，而入职培训、职业培训、成人培训、继续教育则由大区负责。各大区相继出台了一些地方性法案，促进学校之间以及学校与社会机构的合作。在教育民主化浪潮中，高等教育的民主化改革备受关注。人们普遍要求大学向所有有能力的适龄青年开放。1969年意大利颁布了《自由进入大学法案》。该法案规定所有高级中学毕业生，包括技术学校、职业学校、艺术学校、师范学校的毕业生都可以进入大学的任何科系学习。这改变了以往普通高中以外的高级中等教育机构毕业生

---

① 该教学研究和创新中心后来成为欧洲教育中心，最后变为国家教育培训系统评估院。

不能进入大学深造的历史，大学向所有高级中学毕业生敞开大门。自20世纪60年代末之后的三十余年里，意大利大学注册学生人数增长了500%。[①]

## 四、教育机构办学自主权的提升

"二战"后意大利一直是欧洲一体化进程的积极倡导者和参与者，在政治、经济、教育等各个领域积极融入欧洲一体化进程之中。20世纪八九十年代，意大利经济平稳增长，意大利在欧洲乃至世界经济发展过程中发挥着重要的作用，特别是在技术和设计方面处于领先地位。但意大利教育的发展并未能跟上欧洲其他国家的步伐，也未能有效满足本国经济发展的需求。"二战"后意大利一直实施的中央集权教育管理体制，成为教育创新和改革的束缚，也成为意大利教育不公平的重要根源。为改变这种状况，意大利在20世纪90年代实施了一系列改革以增加各级各类学校的办学自主权。

"二战"后意大利就开始逐渐下放教育管理权，但是权力下放的程度低、速度慢，对教育的影响微乎其微。到了20世纪90年代，为了解决教育发展中积累的种种问题，激发学校教师的创造力，增强学校办学特色，满足学生的多样化需求，使学校教育更好地为地方发展服务，意大利开始赋予学校更多自主权。1997年，意大利政府颁布了《巴萨尼尼法案》（Legge Bassanini）。该法案规定调整国家教育体系的发展方向，加速学校自主权改革进程，使学校在拥有更多自主权的基础上，提供更具有灵活性、多样性、有效性的教育服务，更好地整合与利用资源。该法案强调更加尊重家庭和学生的教育选择自由以及学生的学习权利。1999年，意大利政府颁布了第275号法案，再次强调学校享有教学、研究、实验、组织、财务等方面的自主权。该法案还提出学校应提供个性化的教育方案，以满足不同背景学生的发展需要。

学校自主权改革实施后，意大利教育部负责教育事业的宏观管理，包括

---

① 参见梅伟惠：《意大利教育战略研究》，25页，杭州，浙江教育出版社，2013。

制订总的教育发展计划、制定全国课程大纲以及对教育财政和资源进行宏观管理。学校负责制订本校年度发展计划，开设地方性课程，开展教学活动。为了解社会的人才需求以及开辟多种渠道筹集办学资金，学校还需要与各种公立和私立机构或组织建立良好的合作关系。随着学校自主权增加，各地方当局的教育管理职责也在增加，它们对当地的教育规划、教育监督、教师专业发展等负有越来越多的职责。随着学校自主权增加，校长的地位和重要性也在不断提升，他们成为学校自主权改革成功的关键因素。为提高校长的工作能力，意大利政府加强了对校长的培训，使校长不仅能够成为学校和教育部的联系纽带以及学校教师的协调者，还能规划和组织学校的教育活动，激励教师工作，倾听家长和学生的声音，管理学校各种教育资源，与外部机构开展协作。由于教育权力越来越多地下放至各个地方和学校，因此各地教育发展的多样性增强。为了在教育发展多样化的情况下保障教育质量，意大利还建立了全国教育评价系统。

"二战"后至20世纪末，经过五十多年的不断改革，意大利教育发展取得了长足的进步。民众的受教育年限普遍延长至中等后教育阶段，进入大学学习的人数激增。意大利民众的受教育程度不断提升，具体情况如表8-2所示。1995年，意大利高级中学学生占适龄人口的80%，大学生占适龄人口的46%。[1] 1994—1995学年，50万左右的学生获得高级中学文凭，其中64%左右的学生选择本科文凭，4%左右的学生选择短期文凭，11%左右的学生选择地区的后高级中学文凭课程。[2]

表8-2 不同时期意大利民众不同受教育程度的适龄人口比例

| 受教育程度 | 1951年 | 1961年 | 1971年 | 1981年 | 1991年 | 2001年 |
|---|---|---|---|---|---|---|
| 大学 | 1.0% | 1.3% | 1.8% | 2.8% | 3.8% | 7.4% |

---

① 参见梅伟惠：《意大利教育战略研究》，29页，杭州，浙江教育出版社，2013。
② 参见梅伟惠：《意大利教育战略研究》，29页，杭州，浙江教育出版社，2013。

续表

| 受教育程度 | 1951 年 | 1961 年 | 1971 年 | 1981 年 | 1991 年 | 2001 年 |
|---|---|---|---|---|---|---|
| 普通高中或职业技术教育与培训 | 3.3% | 4.3% | 6.9% | 11.5% | 18.6% | 25.9% |
| 初中 | 5.9% | 9.6% | 14.7% | 23.8% | 30.7% | 30.1% |
| 小学及以下 | 89.8% | 84.8% | 76.6% | 61.9% | 46.9% | 36.6% |

资料来源：

梅伟惠：《意大利教育战略研究》，29 页，杭州，浙江教育出版社，2013。

　　然而在 20 世纪末，意大利教育仍然存在很多问题，其中比较突出的就是教育发展不均衡以及教育质量有待提升。由于历史、地理等原因，意大利南部经济发展程度明显落后于北部地区。意大利北部可以与欧洲富裕的国家相媲美，而南部的人均国民生产总值在欧盟成员国中十分低。经济发展的巨大差异导致意大利南北教育发展极不均衡。在经济合作与发展组织开展的国际学生评估项目中，意大利北部学生的成绩一直高于经济合作与发展组织其他成员国学生的平均成绩或与之持平，但南部地区学生的成绩却低于经济合作与发展组织其他成员国学生的平均成绩。受教育发展水平的影响，南部地区青年的失业率明显高于北部地区。意大利教育发展的不均衡还体现在不同阶层子女的受教育水平差异明显、人口的代际流动水平较低。这说明意大利教育制度的公平性依旧有待提高。经过战后半个多世纪的发展，虽然意大利的教育质量有了很大提升，但仍不尽如人意。意大利高级中学与大学的辍学率长期居高不下就是证明。意大利职业教育机构的教育质量偏低、学生学业失败率高，也是造成青年失业率居高不下的原因之一。意大利学生在国际学业水平评价中的表现并不佳。2000 年，意大利 15 岁学生的阅读素养处于欧洲的最下游，数学和科学素养得分甚至比经济合作与发展组织成员国的平均分低了 43 分和 22 分。[1] 面对上述诸多问题，21 世纪意大利教育改革仍然任重而道远。

---

[1]　参见梅伟惠：《意大利教育战略研究》，36 页，杭州，浙江教育出版社，2013。

# 第三节　各级各类教育的发展

　　"二战"结束后，在国家重建、经济恢复发展的背景下，意大利各级各类教育开启了改革的历程。教育民主化和办学自主权增加贯穿于各级各类教育改革过程中，政党政治纷争、南北差异大、欧洲一体化进程、人口结构多样化等因素对各级各类教育改革产生了重要影响，使得20世纪后期意大利的幼儿教育、初等教育、中等教育、高等教育、职业教育发展各具特色。

## 一、幼儿教育

　　意大利最早的幼儿教育机构是1829年费兰特·阿波尔蒂(Ferrante Aporti)在克雷莫纳(Cremona)创立的托儿所。1907年著名的幼儿教育家蒙台梭利在罗马创办"儿童之家"，其独特的教育方法在幼儿教育发展史上具有划时代的意义。自1923年秦梯利(Giovanni Gentile)改革起，幼儿园正式成为意大利公共教育的一部分，为儿童升入小学做准备。"二战"后经过半个世纪的发展，意大利的幼儿教育机构主要为面向3~6岁儿童举办的幼儿园，它是意大利教育体制中的重要组成部分，但不具有强制性。幼儿园教育的目标是通过教育促进儿童情感、认知、运动、道德、宗教和社会性的发展，提供儿童需要的服务，并与学校教育相衔接。"二战"后意大利幼儿教育发展的具体情况主要体现在以下几个方面。

### (一)幼儿教育发展的理念

　　意大利幼儿园在各项工作中注重秉承明确的幼儿教育理念：将儿童成长、发展的自主性和教育的目的性紧密结合起来，将自然经验的直接性和有组织学习的技术性结合起来。这一理念的建立基于儿童观的转变。意大利幼儿教育界将儿童视为具有主观能动性的个体，儿童能够与他人进行有意义的互动；

能够对事物和现象产生想法；具备活跃的思维和好奇心；具有丰富、细腻的情感；具有无限的潜能和可塑性。

从上述儿童观出发，意大利幼儿园教育的中心议题是如何引导并实现儿童潜在能力的发展，即"'运用文化的工具和语言，对儿童的直接经验进行循序渐进、主动且具有创新性的再加工'，通过不同的学习过程，在受引导的自主性的氛围下，帮助儿童获得基本能力（认知、实践、人际关系），而这些能力在后续的学校教育中将得到进一步的细化和巩固"①。

在教育实践中，意大利幼儿园教育遵循以下一些原则：教育活动的目标在于促进儿童全面发展；为儿童提供有意义、有组织的学习情境以促进儿童个性、自主性和综合能力的发展；以动态和全局的眼光关注儿童各方面能力的发展；坚持通过实际环境下的练习而不是语言传递促进儿童学习；避免过早开展分科教学；采取适合儿童身心发展特点的评价工具和评价方式；使教育活动符合学校所在地的人文和地理环境。意大利幼儿园致力于培养儿童以下一些核心能力：能用各种交流形式开展学习活动；积极主动且有创意地表达自己的想法；在交往过程中考虑他人的观点和感受；拥有好奇心去探索、解决问题；获取基本知识并重组自身经验；学会自我引导、控制和坚持；获得安全感和归属感。总之，意大利幼儿园提供了尊重儿童自然心理特征的环境和致力于陪伴、帮助儿童成长的专业人员团队。

要实现上述教育目标，只靠幼儿园的力量是不够的，必须争取各方面的支持和帮助，实现幼儿园、家庭和社会各部门相互配合、相互协调。幼儿园位于幼儿教育体系的中心，是关心儿童成长的各种教育力量的汇集地，幼儿园需特别注意加强与外界机构和组织的合作，如卫生机构、体育组织等，将各方面的教育力量整合起来，共同为儿童发展服务。

---

① ［意］恩里科·莫罗·萨拉蒂、［意］凯萨·斯古拉蒂：《意大利基础教育研究》，瞿姗姗译，10 页，杭州，浙江大学出版社，2015。

### (二)幼儿教育的政策法规

1968 年意大利政府颁布第 444 号法案,将接受教育作为儿童的基本权利,加大政府对幼儿教育的支持力度,促进公立幼儿教育体系建立,认可私立幼儿教育机构并给予资助,形成了国家、地方、私立三方办学主体并存的幼儿教育系统。自此,幼儿教育在意大利具备了完全独立地位,开始融入学校教育体系中。1969 年意大利教育部制定教育活动指导原则,强调幼儿教育应加强国家、地方政府、私立部门以及家长之间的合作。1976 年和 1977 年意大利颁布的第 360 号法案和第 517 号法案赋予残疾儿童进入公立学校学习的权利。1987 年意大利颁布第 268 号法令,推出了更加具体的幼儿园办学标准。1991 年意大利政府颁布幼儿教育指导纲领,强调幼儿园要处理好学校与家庭的关系,实现与小学教育的良好衔接,促进儿童智力成长和情感发展。1997 年意大利政府颁布了《巴萨尼尼法案》,使公立幼儿园在课程、实验、研究、组织等方面拥有更多自主权。同年,意大利政府颁布第 285 号法案,给予幼儿教育更多经费支持。政府决定 1997—1999 年投入 9000 亿里拉(约 4.5 亿美元),从 2000 年开始连续三年每年投入 3120 亿里拉(约 1.56 亿美元)用以资助 0 ~ 18 岁学生的教育。[①] "二战"后意大利政府出台的一系列政策促使幼儿教育不断完善。幼儿园获得了更多的办学经费和自主权;幼儿教育的多样性和灵活性更加突出;儿童的受教育权利得到了保障;幼儿园与社会各界教育力量的配合更加协调。

### (三)幼儿教育的组织制度

意大利的幼儿教育机构主要是面向 3 ~ 6 岁儿童举办的幼儿园,这已经成为意大利教育体系的第一个必要阶段。21 世纪初意大利适龄儿童入园率已达 98%。[②] 此外,3 个月至 3 岁儿童进入托儿所。2000 年意大利托儿所数量达到

---

① 参见梅伟惠:《意大利教育战略研究》,71 页,杭州,浙江教育出版社,2013。
② 参见梅伟惠:《意大利教育战略研究》,69 页,杭州,浙江教育出版社,2013。

3008 所，学生入学比例增长到 7.4%。① 意大利为 6 岁以前儿童提供教育服务的机构情况如表 8-3 所示。

表 8-3　意大利为 6 岁以前儿童提供教育服务的机构

| 形式 | 儿童年龄 | 管理部门 |
| --- | --- | --- |
| 托儿所<br>（社会、私人） | 3 个月~3 岁 | 卫生部、地方社会或教育部门、地方宗教团体、私人机构 |
| 幼儿园<br>（国家、社会、私人） | 3~6 岁 | 教育部、地方教育部门、地方宗教团体、私人机构 |

资料来源：
梅伟惠：《意大利教育战略研究》，69 页，杭州，浙江教育出版社，2013。

　　意大利幼儿园的地域分布呈现北多南少的局面，北部幼儿园占全国幼儿园总数的 59.3%，中部幼儿园占 25.4%，而南部和岛屿地区的幼儿园仅占 15.3%。② 意大利的幼儿园由国家教育主管部门、地方教育部门以及宗教和私人团体建立。由国家设立的幼儿园只占很小一部分。例如，在意大利教育发展领军城市米兰，由国家建立的幼儿园只有十余所。意大利的国立幼儿园都从属于小学或中学，非国立幼儿园可以是独立的机构，也可以从属于小学或中学。幼儿园从属于小学或中学的情况被称为一贯制教育。20 世纪末，意大利政府强调幼儿园是进入小学的预备教育机构。虽然幼儿园并不属于义务教育，也不属于政府划分的"第一教育周期"，但幼儿园一直被视为基础教育学校的一部分，是儿童进入的第一所真正的学校。意大利幼儿园实施全纳教育，吸收残疾及具有特殊教育需求的儿童入园，公立幼儿园还对低收入家庭子女免费。

（四）幼儿园的课程设置

　　意大利幼儿园每个班级最多 26 名儿童，最少 18 名，每班配备两名教师。

① 参见梅伟惠：《意大利教育战略研究》，69 页，杭州，浙江教育出版社，2013。
② 参见梅伟惠：《意大利教育战略研究》，69 页，杭州，浙江教育出版社，2013。

幼儿园具有很大的课程自主权,可以在国家规定的总课时范围内因地制宜地制订教学计划,选择每周的课程模式以及制定每日的课程表。幼儿园每周教学不得少于5天,圣诞节、复活节、暑期放假。意大利幼儿园有半日制课程模式和全日制课程模式。两种课程模式都要求儿童早上8点入园,半日制课程模式要求儿童午餐后离园,全日制课程模式要求儿童下午4点左右离园。全日制课程模式在意大利比较普遍。一些幼儿园还为有需要的家长提供1~1.5小时的早托或晚托班以方便家长接送。

由于幼儿园没有教学成绩方面的压力,因此幼儿园领导和教师能充分利用自己的课程、教学自主权,创造性地开设各种课程以及采用多种教学方式。几乎每所幼儿园的课程设置都各有特色,以意大利比萨幼儿园为例,该幼儿园采取全日制课程模式,致力于促进儿童个性的成熟以及自主性和能力的发展。该幼儿园采用活动形式组织课程教学,涉及自我和他人,身体、运动、健康,信息的理解和输出,探索、认识与规划等主题。

(五)幼儿园的环境设施

"二战"后由于建筑年代不同,因此意大利幼儿园的环境设施差异很大。某些附属于小学或初级中学的幼儿园拥有独立的校舍,某些只占据共有校舍的一部分。宗教团体建立的幼儿园往往位于宗教性建筑内,虽然建筑比较坚固,但并不太符合幼儿教育的需求。20世纪六七十年代,意大利公共行政机构开始建立更加适合开展幼儿教育的建筑设施,此后幼儿园的环境设施基本固定下来。幼儿园一般被花园包围,园内有滑梯、转盘、跑道、迷宫等游戏设施和场地。教学楼一般为一到两层,教学楼内有大厅和教室。大厅内设有不同的活动区域,如阅读角、泥塑角等。教学楼外还设有厨房等服务设施。某些有条件的幼儿园还设有运动感觉认知系统开发教室或实验室。

(六)幼儿园的师资力量

"二战"结束时,意大利大部分幼儿园教师只完成了初级中学毕业之后的三年课程学习，并未接受过大学教育。至1999年，意大利的大学设立了四年制的初等教育专业，前两年开设公共课程，后两年开设幼儿教育专业课程。意大利非国立幼儿园的数量多于国立幼儿园，然而非国立幼儿园教师的工资待遇和保障低于国立幼儿园。年轻人一般先在非国立幼儿园找到工作岗位，积累工作经验，等有机会时转入国立幼儿园工作。意大利的幼儿园教师都经过专门的训练，但接受过大学教育的仅占少数。人们对幼儿园教师的专业能力认同度不高。实际上，当今的幼儿园教师已不是传统意义上的照管者，而是受过更多教育与训练的幼儿教育专业人士。继续提升幼儿园教师的学历水平，加强幼儿园教师的在职培训，使他们树立更为专业的教师形象，成为意大利幼儿教育师资发展的方向。

意大利已经基本实现了全民幼儿教育，其幼儿教育发展处于世界领先地位，但意大利幼儿教育仍存在许多需要改进之处。意大利幼儿教育的主办方比较多样化，这导致幼儿教育责任条块分割，公共政策执行难度大，不同机构主办的幼儿园缺乏交流与合作。意大利计划在教育部设立专门负责幼儿教育管理、评估的部门，制定统一的幼儿教育国家标准，促进幼儿园协调发展。为提升幼儿教育质量，意大利政府进一步完善幼儿教育的财政支持和监督机制，健全数据搜集和检测系统，提升教师培养质量。

意大利民间组织和社会团体还自发开展了卓越的幼儿教育实验。20世纪60年代以来，在创始人洛里斯·马拉古齐(Loris Malaguzzi)带领下，经过教师数十年的实践、研究、探索，加之政府的大力资助和民众的全力支持，意大利中北部地区的小城瑞吉欧·艾米莉亚(Reggio Emilia)形成了享誉全球的瑞吉欧幼儿教育系统。瑞吉欧幼儿教育系统成功的关键因素在于它激起一切相关力量积极参与幼儿教育。瑞吉欧·艾米莉亚市将0~6岁儿童的保育和教育工作作为一项重要的市政工程并每年将12%的政府财政拨款投入其中。[1] 家长

---

[1] 参见朱细文：《意大利瑞吉欧幼儿教育体系简介》，载《学前教育》，2000(2)。

有权参与全市所有幼儿学校的一切事务并自觉承担这一责任。瑞吉欧幼儿教育系统以儿童为中心，教师之间没有层级差别，形成了民主与合作的学校管理风格。瑞吉欧幼儿教育课程没有固定计划，项目活动主题来自儿童自发的、感兴趣的事物，具有很大的偶然性。师生常常一起对共同选定的项目进行长期、深入的探究，儿童可以在这个过程中进行自由的表达，创造性地解决问题，实现深入而富有实效的学习。在儿童开展项目探究的过程中，教师鼓励儿童采取尽可能多的方式来表达自己。在与儿童合作开展项目活动的过程中，教师通过对儿童行为的观察、记录、整理、分析、研讨，不断提升自身教育能力。瑞吉欧幼儿教育系统注重综合开发利用学校的环境和资源，加强学校与社区的互动，竭尽全力为儿童创造沟通、交往的机会。瑞吉欧幼儿教育系统以其生动而成功的实践为世界其他地区幼儿教育事业发展提供了宝贵的借鉴。

## 二、初等教育

意大利初等教育指小学阶段的教育，属于义务教育范畴，学制5年。意大利小学实施全纳教育，接受有特殊教育需求的学生，且配备专门的辅导教师。"二战"后意大利小学教育的发展体现在以下几个方面。

### (一)小学教育改革文件与政策法令

"二战"后，在推进民主国家建设的背景下，1945年意大利颁布了新的小学教学大纲。该大纲将培养民主意识作为小学教学的重要任务，以发展心理学为基础，尊重学生的自然学习规律，主张教学要注意激发学生积极思考和探索，多采用研究和小组学习的方式。1955年颁布的小学教学大纲，延续和发展了1945年的小学教学大纲，强调让学生通过操作、探索、思考来客观、科学地理解世界。1955年的小学教学大纲规定小学班级教学采取单一教师模式，以利于教学计划执行的一致性和持续性。该大纲实施了30年。1985年，意大利发布第 104 号总统令，通过了新的小学教学大纲，以"复合学科大类"的形式重组课程，规定班级教学以教师团队替代单一教师模式，发挥教师的集体智慧。1985 年小学教学大纲提升了音乐、体育等与实际文化生活关系密切的课程的地位。除了小学教学大纲的改革以外，1971 年意大利还颁行了第 820 号法案。该法案终结了小学教育以教授读写和计算为主的历史，规定小学需延长学生下午在校时间，增加音乐、美术、戏剧等活动，促使小学开展更广泛的文化教学，促进学生个性和多方面兴趣的发展。1977 年意大利政府通过第 517 号法案，提出小学教育应加强教师团队建设，对学生实施观察和评估，并要求将残疾儿童编入普通班级。

**(二) 小学的课程教学**

意大利小学的教学目标是：促进学生掌握基础知识，发展能力和个性，使学生掌握探索世界的方法，提高语言表达能力和交际能力。意大利小学一般将年龄不同的学生分开编班，也有将不同年龄的学生编入一班实施复式教学的情况。同龄班级方便教师开展标准化教学，而跨龄班级需要教师采取更个性化的教学方式。一个班级的学生有 10~27 人。小学教学周期从 9 月 1 日至 6 月 30 日，中间除去圣诞节等假期。小学每周课时量不得少于 24 课时，不得超过 40 课时。意大利的国家教学大纲规定了小学课程结构，学校可以根据大纲制订具体的教学计划。意大利小学所开设的科目一般包括：意大利语、英语、历史、地理、数学、科学、信息技术、音乐、美术、体育、宗教。意大利小学可以自主确定各学科的课时，自主选择教材。意大利小学教学注重学生个体差异，尽量选用个性化的教学方法，在选择教学方案时注意倾听家长的建议。意大利小学期末考试每科总分为 10 分，成绩单显示学生各科考试成绩以及教师对学生行为举止的文字评价。小学升入中学不需要参加入学考试。

意大利小学教师在教学上拥有很大的自主权，但这种自主权并未得到很好的利用。有些教师在组织教学时照本宣科，未能从学生的需求和当地实际情况出发进行教学设计。针对这种情况，意大利政府强调意大利小学教师是教学计划的制订者，而不是他人教学计划的执行者。教学计划的制订并不是直接遵守国家规定的教育目标，而是需要结合学生的实际情况创造性地落实教育目标。单个教师或许并不具备制订教学计划的能力，因此，学校应该组织教师运用集体智慧来完成。

（三）小学教师的工作

"二战"后，意大利小学教师的培养由相当于高级中学的师范学校承担。随着大学开设小学教育专业，越来越多的小学教师接受过大学教育，他们具有更高水平的专业学科知识、教育学知识和教育能力，眼界更加开阔。虽然小学教师的素质不断提高，但人们对小学教师职业的认同度以及国家给予小学教师的工资待遇并不理想，没有体现出小学教师应有的地位和价值。由于经济和社会地位原因，意大利小学教师以女性为主，平均年龄呈增长趋势。

"二战"后，意大利小学教师的工作方式不断变化。20世纪60年代及以前，小学基本都采取单一教师制，即由一名教师负责向一个班级的学生传授各门学科的基础知识。教师不需要具备某门学科特别专业的知识，但需具有广博的综合文化知识。某些经济条件较好且重视教育的地区会为小学配备一些专业科目教师，如音乐教师等。此外，学校还会为一些有特殊教育需求的学生配备专门教师。有些学校还会为一些需要额外补习或家长不能按时接回的学生提供晚托班，配备还未获得正式工作岗位的年轻教师。在单一教师制之下，虽然配备了一些辅助教师，但一个班级只有一位教师负责。20世纪70年代意大利小学教育改革进一步深化，开始普遍采取全日制课程模式。为了应对增加的课时量和课程种类以及在特定学科领域开展更深入的教学，意大利小学需要增加教师数量。1985年新的小学教学大纲将额外实验课和创新性课程列为常规课程，对小学教师的数量和工作方式都提出了新的要求。1990

年 6 月 5 日，意大利政府颁布《小学体制改革法》，规定增加小学教师数量。此后，教师团队制逐渐取代单一教师制。由 3~4 名教师组成团队共同负责 2~3 个班级的教学活动，每位教师负责不同的学科。通常两位教师负责管理一个班级。然而 20 世纪 90 年代末，由于经费紧张等问题，小学教师工作方式有向单一教师制回归的趋势。

## 三、中等教育

意大利中等教育由初级中学和高级中学承担，它们分别为 11~14 岁和 14~18 岁的学生提供教育，为学生未来升学或就业做准备。

### (一)初级中学教育

意大利初级中学学制三年，学生年龄为 11~14 岁，学生小学毕业后需进入初级中学学习。"二战"结束之前，意大利初级中学一直沿袭 1923 年秦梯利改革确立的体制。"二战"后，随着意大利学校教育体制的革新，初级中学呈现出新的面貌。

1. "二战"后初级中学发展简述

"二战"后，意大利开始建设民主共和国，保障公民获得平等的受教育权。1948 年新宪法第 34 条规定：意大利小学和初级中学教育属于初级教育，年限至少八年，实施义务的完全免费的教育。但新宪法的规定并未立即得以实施。意大利当时针对 11~14 岁学生设立的学校依然分为三种，即普通初中、商业初中、技术初中。普通初中的教育目的是培养学生进入高级中学，因此也被称为"初级高中"。小学毕业生如若要进入普通初中学习，需通过入学考试，而进入其他两类初中学习则无须参加考试。普通初中所开课程包括语言、历史、地理、艺术和数学，自然科学和技术实践知识并未受到更多重视。

20 世纪五六十年代，意大利经济迅猛增长，出现了意大利"经济奇迹"。这引发大量意大利人脱离农业劳动，向北方工业发达地区和城市地区迁移。

在追求更好的工作和生活方式的驱动下，人们对教育的需求越来越高。经过"二战"后数年的发展，延长义务教育年限，为大众提供更为平等的基础教育已成为社会各界的共识。意大利左、右两派政党均认识到，为促进民主和工业化社会的发展，为满足大众的教育需求，应建立至少八年义务教育体制，应使初级中学对所有的学生一视同仁。1962年12月31日，意大利颁布第1859号法令，明确国家实施八年义务教育，建立三年单一制初级中学并将其纳入义务教育之中。

1962年之后，意大利初级中学教育发生了根本性转变。初级中学教育成为一种基础性、大众性的教育，致力于提升全体公民的基础文化水平。初级中学教育的主要职能是促进学生个性发展，引导他们认识有关社会、自然的基本知识，指导他们能够对自己的未来做出选择。初级中学教育除了教授意大利语和外语、历史、地理、艺术以外，还重点强化了数学和自然科学课程教学。初级中学教育主要培养学生的语言能力，信息分析、比较、整合能力，团结合作能力和自主创造能力。初级中学教育赋予学生个人后续发展所不可或缺的基本素质。

意大利民众对20世纪60年代初级中学改革存在不少抵触情绪。他们担心初级中学开展全民基础教育而放松选拔教育会导致教育质量下降；将各种不同阶层、背景、文化基础的学生编入同一所学校会导致教学组织困难；增设新科目会对传统科目造成冲击；合格教师，特别是能胜任外语和自然科学课程教学的教师数量不足等。另外，还有人认为初级中学改革的所有承诺都不太可能维持，他们提出如果教师的思维模式没有改变，那么富人家庭子女和工人、农民家庭子女在教育上仍将处于不平等的地位。事实上，初级中学改革确实困难重重，教师不太确信也不太适应新的教学方式和师生关系，初级中学教育并没能有效促进文化民主和社会平等的实现。

面对质疑和批判，意大利并没有放弃1962年开始的初级中学改革，继续加强单一制初级中学模式建设。1977年意大利颁布第517号法案，推进全纳教育的实施，增强基础教育的平等性和包容性，使残疾学生能够进入普通学校学习。1979年意大利拟定了新的初级中学教学大纲，声明初级中学教育是基础文化准备教育，旨在为学生进一步接受教育提供前提。单一制初级中学模式在发展中逐渐得到验证和认可。20世纪90年代末，随着知识技术的迅猛发展，意大利政府颁布了一些新的初级中学教育指导方针，促进初级中学的课程内容和教学方式更加适应信息时代的发展。初级中学教育根植于学生生活和成长的环境，将校内教学与校外活动结合起来，更加注重引导学生通过具体经验学习发展潜能，使他们无论是继续学习还是步入社会，都能承担起自己生活的责任，成为具有批判性思维、创造力、自我发展能力和满足感的合格公民。

2. 初级中学的课程教学

意大利完成小学学业的学生无须通过考试即可注册进入初级中学学习。初级中学班级规模为18~27人。国家规定初级中学年课时量为990课时，相当于每周30课时，其中必修课不得超过26课时。课程自9月1日开始至6月15日结束。初级中学根据国家规定的课时量设立意大利语、英语、第二欧盟国家语言、公民教育、历史、地理、数学、自然科学、信息技术、音乐、艺术、体育、宗教课程。需特别指出的是，初级中学非常重视信息技术和英语课程。各校根据本校的课时量和信息技术教师的师资力量确定该科目每周的课时量。该课程全年平均课时量为118课时。初级中学还注意将信息技术教育渗透进其他学科教学过程中。在家庭要求和教学活动可协调的情况下，某些初级中学每周增加了2课时英语教学。

初级中学的学生处于从儿童期向青春期的过渡阶段，他们的身心正在快速成长、变化，往往具有叛逆心理，容易与教师、家长等发生冲突，自我控制能力和逻辑思考能力薄弱，学习的自发兴趣不强。意大利初级中学教师在组织教学时考虑到学生的这些身心特点，不仅重视学科知识教学和能力培养，还努力成为学生成长过程中的陪伴者，建立和维护良好的师生关系，使学生感到被爱护、被接受、被理解。在具体教学过程中，教师改变过去以学生被动接受为主的讲授法，代之以从学生的兴趣和经验出发，引导学生主动参与教学过程。教师在教学时考虑学生的发展需要；对教学任务和困难进行全面评估；准备多种能达到教学目标的手段和方法；以积极的态度指出并帮助学生纠正错误；以和蔼可亲的态度拉近与学生的心理距离。

3. 初级中学的考试评价

意大利初级中学平时由任课教师定期对学生进行考试评价。每学年结束时实行年度考试评价。各科考试总分为 10 分，6 分及格。学生的各科考试成绩和操行评定达到 6 分及以上，符合规定的出勤率即可升入高一年级学习。初级中学三年学习结束时，学生需参加第一教育周期(小学和初级中学组成第一教育周期)国家结业考试。该考试包括意大利语、数学、外语三场笔试，一场口试，一场国家教育系统评估局组织的全国性笔试。所有考试成绩和资格评价(满分均为 10 分)的平均分达到 6 分及以上为合格，可获得第一教育周期毕业证书和进入第二教育周期的资格。在国家结业考试中，国家教育系统评估局举办的全国性笔试是一种衡量学生学习成果的客观工具，因此对于各学校之间进行对比和激励学校提升教育质量具有重要意义。

(二)高级中学教育

"二战"后，意大利教育系统的改革主要发生在基础教育阶段的小学和初级中学以及高等教育阶段，高级中学阶段的改革措施不多且收效甚微。战后意大利高级中学教育依然沿用 1923 年秦梯利改革确立的体制。高级中学分为五类：提供五年制人文或科学导向课程的普通高中，培养学生为上大学做准备；提供五年制高级职业教育的技术学校，培养专门领域的技术人才；提供三年制中等职业教育的职业学校，培养一般职业技术人才；提供三年制工艺技术教育的艺术学校，培养工业艺术行业的技术人才；培养幼儿园教师和小学教师的师范学校。

20世纪60年代，意大利对初级中学进行改革，建立了单一制初级中学，不再对11~14岁的学生进行分流教育。初级中学教育改革使意大利人相信高级中学也可以消除学术和职业轨的分流教育，建立统一化的高级中学。之后40年间，意大利无论左翼、右翼政党，还是激进派或保守派，都试图将高级中学教育统一化。激进派主张将高级中学教育完全统一，保守派主张将高级中学前两年的教育统一。但他们的主张都未能实现，意大利高级中学的分流教育体制依然持续存在。由于缺乏整体性改革，教育部和高级中学只能开展一些局部的、试验性的改革。虽然技术学校、职业学校的学生在改革后获得了进入大学学习的资格，高级中学和大学入学率都有所提升，但这些改革纷繁复杂，甚至给学生和家长造成了一定的困扰。意大利高级中学的教育质量不容乐观，其15岁学生在国际学生评估项目中的阅读、科学以及数学水平明显低于经济合作与发展组织国家相应年龄学生的平均水平[1]，而高级中学学生辍学率在发达国家中也一直居于高位。意大利经济发展急需大量高技能人才，但技术学校和职业学校的入学人数却逐年减少，无法满足国家需求。

面对上述问题，21世纪意大利对高级中学的改革主要围绕以下几个方面展开：第一，将高级中学教育的管理和决策权进一步下放到大区；第二，广泛采用实验、实习、工读交替等教学手段，加强高级中学教学与现实世界的联系；第三，赋予高级中学更多的自主权；第四，强化外语、数学、物理、科学课程教学；第五，精简高级中学课程体系，减少高级中学课时时间；第六，鼓励高级中学引入新的工作组织模式。意大利高级中学改革能否在继承传统与创新之间寻求平衡，有效解决高级中学教育长期存在的问题，还有待未来时间的检验。

---

① 参见梅伟惠：《意大利教育战略研究》，79页，杭州，浙江教育出版社，2013。

## 四、高等教育

意大利的高等教育有着悠久的发展历史。1088年世界上最早的大学博洛尼亚大学在意大利成立，迄今已有930余年的历史。中世纪意大利已经拥有比较完整的高等教育体系。很长一段时间里意大利都是世界高等教育的中心，在世界教育史上占据重要地位。1859年意大利颁布《卡萨蒂法》(Legge Casati)，国家开始加强对高等教育的控制和干预。1923年实施的秦梯利改革以高等教育精英化理念为指导，促进大学科研与教学并重。这两项改革确立了意大利高等教育的中央集权管理特色。但实际上受传统影响，由终身教授组成的学术行会对意大利高等教育拥有绝对影响力，甚至超过了中央教育行政管理机构。中央政府与学术权威群体对高等教育的强势控制，致使意大利大学在机构层面的自主权被剥夺。大学自诞生之日起在很长一段时间都是意大利高等教育的唯一形式。直至19世纪末，意大利高等教育的同质化程度依然很高，且高等教育也未分层，依然沿袭精英化路线。在法西斯统治时期，意大利大学被置于政府严密监控之下，高等教育受到极大破坏。"二战"后意大利需要对高等教育进行多方面改革以适应经济社会的发展。

(一)20世纪后期意大利高等教育的改革历程

1. 高等教育的大众化

20世纪六七十年代，意大利经济和科技迅猛发展，社会对劳动力的文化技术水平要求也越来越高，民众对高等教育的需求日益高涨。1967年意大利爆发了抗议高等教育精英化和争取教育机会平等的学生运动。自20世纪60年代起，西方其他国家的高等教育纷纷开始由精英化向大众化转变，欧洲劳动力市场的竞争也给意大利带来了很大压力。在此形势下，为了满足民众的教育需求，也为了提高意大利人在国际人才市场上的竞争力，意大利政府于1969年颁布了第910号法案，取消大学入学考试和大学招生名额限制，消除不同类型高级中学学生在深造渠道上的差异，规定凡持有高级中学毕业文凭或同等学力文凭的意大利和外国学生均可注册进入意大利任何一所大学学习。此举大幅降低了大学入学门槛，意大利大学生人数从 20 世纪 60 年代末的 40 万左右增至 20 世纪 70 年代末的 80 万，从 1960 年到 1990 年，大学生人数增长了 5 倍。① 由于大学在校生人数激增，大学的教学、生活设施都无法满足需求。虽然 20 世纪 60 年代至 20 世纪末，意大利新建了 50 所大学，大学教师人数也从四千增加至五万；但意大利大学的师生比一直维持在 1：40 左右，仍然是经济合作与发展组织成员国中大学师生比最低的国家。②

这一时期的意大利高等教育改革实现了由精英型路线向大众化路线的转变，大学加强了与社会的联系，这有助于提高意大利国民的整体文化素质，促进失业等社会问题的缓解。然而这一时期意大利大学的同质化问题依然严重，高等教育的大众化主要依靠大学规模的扩张来实现，而不是像其他经济合作与发展组织成员国那样，主要通过高等职业院校或短期大学的建立和扩张来实现。

2. 高等教育的市场化

"二战"后西方国家多奉行凯恩斯主义，建设福利型国家。然而 20 世纪 70 年代西方国家出现了严重的经济危机，开始怀疑建立在凯恩斯主义以及福利国家建设基础上的经济、政治、文化和社会制度，试图寻找国家发展的新出路。受新自由主义思想影响，西方国家减少公共开支，增强市场竞争性，提升经济运行和社会组织运行的效率与质量。而随着知识经济时代的到来，教育质量成为国家综合竞争力的重要指标，教育事业备受西方各国重视。

---

① 参见梅伟惠：《意大利教育战略研究》，134 页，杭州，浙江教育出版社，2013。
② 参见符华兴、王建武：《世界主要国家高等教育发展研究》，695 页，长沙，湖南人民出版社，2010。

顺应新的政治、经济发展形势，也受到新公共管理理论①的影响，西方诸国开始将提升竞争性和运作效率作为高等教育发展的重点。意大利高等教育采取类似市场化的运作方式，引入竞争机制，以提高高校运作效率。具体改革措施包括：国家削减对高校的拨款；国家对高校的拨款数额与高校在校生数挂钩，以促进高校展开竞争来吸引更多学生；高校享有一定的收费自主权，享有校内预算分配自主权；政府对高校的管理方式由控制向监督转变；高校在符合国家标准的基础上可以根据市场需求调整授课内容；等等。

1980年7月11日，意大利颁布第382号法令，就促进高等教育市场化和多样化提出若干要求。法令提出建立一个新的研究基金会，鼓励大学间开展合作研究，加强大学与外界的科研合作。在大学中引入系这一层级，抵制大学职权过于集中在学术巨头手中。引入相当于美国大学哲学博士的研究博士学位，给有更高学术追求的学生进一步开展学习和科研的机会。引入大学短期专业教育，创办新的"特殊目的学校"。改变以往大学独立封闭的状态，邀请各领域专家参与大学教学活动。

20世纪80年代，意大利高等教育的层次和类型趋于多样化，这使得高等教育与社会需求的联系更加紧密。此外，意大利中央集权的高等教育管理模式开始有所松解，大学开始获得更多自主权，而这一发展趋势在20世纪90年代之后更为明显。

3. 大学自主权的增加

自20世纪60年代意大利高等教育向大众化迈进以来，政府对大学实施的集权制管治权受到越来越大的挑战。20世纪80年代，赋予大学更多自主权是国际高等教育的重要发展趋势。同时，各国非常重视改善人力资本以推动本国经济发展，重视提升人才在国际市场上的竞争力。为提高大学办学的自

---

① 20世纪80年代欧美国家形成了一种将公共服务视为商业活动，采用私营部门的管理模式管理公共部门，提升公共部门运作效率的新公共管理理论。

由度、增加人才培养的多样性以更好地为经济和社会发展服务，意大利自 20 世纪 80 年代末开始对高等教育进行全面改革，改革的核心在于赋予大学更多的自主权。

1989 年意大利颁布第 168 号法案，宣布从公共教育部分离出一个独立、自治的机构——大学与科研部，该部主要负责大学发展计划的制订，推进科学研究工作，组织协调大学与科研机构参与国际合作项目，对教育部划拨的高等教育与科研经费进行分配等。自此意大利第一次将自主制定规章制度的权利和义务下放给大学。第 168 号法案的出台，标志着意大利首次真正开始改变大学治理模式，意欲赋予大学更多自主权。

1990 年意大利出台第 341 号法案，开启了大学教学体制的改革。法案规定，大学除了可以设立传统的学士、硕士、博士学位以外，还可以增设无学位的短期大学文凭，相当于"专科"，培养中级职业人才。专科学制一般为 2~3 年，专科课程由大学原有院系负责组织开设，大学有权自行决定专科课程内容，可以采取与本科课程衔接或平行的课程模式。学习衔接式课程的学生学习结束后可以工作或继续学习本科课程。该模式能充分利用大学资源，给学生提供继续深造的机会，但却容易使课程教学忽视职业培训。学习平行式课程的学生学习结束后不能继续学习本科课程，不过课程的针对性和教师的专业性更强，更注重学生实践操作技能的训练。专科课程的开设终结了意大利大学过于学究式的教学方法，大学不仅获得了更多的课程自主权，而且其培养的学生的层次也更加多样化，能更好地为经济社会发展服务。

1993 年意大利议会通过第 537 号法案，对中央政府为大学提供资金的方式进行了改革。此前，意大利政府根据各大学的具体项目预算划拨经费，大学必须严格按照各项目预算数额使用这些经费，大学几乎没有财政自主权，不利于大学根据各自具体情况提升资源的利用率。第 537 号法案规定，从 1994 年起政府将大学所需经费一揽子划拨给大学，大学可以自主决定如何使用。大学拥有了财政自主权。在赋予大学更多自主权的同时，为了保证教育质量，政府需要设立高等教育评价机构并制定评价标准。第537号法案还规定建立意大利大学评价制度。此后，大学设立内部评价小组，国家层面设立大学评估检查机构——全国大学评价委员会。

1997年意大利议会通过第127号法案，规定大学可以获取更多自主管理权。新法案规定，大学可以自行制定战略决策；根据经济社会发展情况自主设置专业和课程；根据自身需求和现有资源自行组织和决定教师招募；在教育部规定的范围内制定学费标准。

随着20世纪90年代一系列法案的发布，意大利高等教育机构在专业与课程设置、经费使用、人才招募、学校管理等方面获得了越来越多的自主权。大学可以更加充分地发挥办学积极性和主动性，这更有助于增强大学办学的灵活性，使大学可以根据市场人才需求变化及时调整学生培养层次和专业结构。大学之间的竞争也更为激烈，大学教师流动更加频繁，各大学竞相办出自己的特色。为了在赋予大学更多自主权的同时确保教育质量，政府加强了高等教育评估机制建设，实施校内评估与校外评估相结合。政府在高等教育发展中更多扮演着督导员、协调员和验收员的角色。

4. 博洛尼亚进程的起始

旨在推进欧洲高等教育一体化的博洛尼亚进程可追溯至20世纪80年代后期。1987年，欧洲国家发起伊拉斯谟计划，参与计划的国家创建欧洲学分转换体系，开展学历互认，促进学生、教师、科研人员流动，联合开发课程。1988年9月18日，欧洲大陆430所大学校长在意大利博洛尼亚大学建校900周年之际签署了《欧洲大学宪章》，对大学校际合作发展具有深远意义。1997年4月，欧洲理事会和联合国教科文组织起草的《欧洲高等教育领域文凭互认协议》在葡萄牙里斯本通过，也称为《里斯本公约》，加入该公约的国家须互相承认高等教育文凭，这成为博洛尼亚进程顺利推进的基础。1998年5月25

日，英国、法国、德国、意大利四国为庆祝法国索邦大学成立 800 周年齐聚巴黎，共同签署了《索邦宣言》。该宣言对欧洲高等教育一体化进行了长远规划。四国在加强师生交流、促进学历互认、统一高等教育学位制度方面初步达成统一意见，后集中体现为《博洛尼亚宣言》的主要精神。

在长期酝酿、准备的基础上，1999 年 6 月，欧洲 29 国教育部长在意大利博洛尼亚大学签订《博洛尼亚宣言》，提出到 2010 年建立欧洲高等教育区和欧洲研究区，正式开启了博洛尼亚进程。《博洛尼亚宣言》提出的主要目标包括：将欧洲多种学位制度统一为三级学位体系（学士、硕士、博士）；建立欧洲学分转换系统；促进欧洲高等教育机构师生流动；推动欧洲各国在高等教育质量保障方面开展合作；加强具有欧洲维度的高等教育建设。为了持续推进博洛尼亚进程，成员国确定每两年召开一次教育部长会议，以检验进度并修订目标和改革措施。2001 年起，成员国教育部长遵照《博洛尼亚宣言》有关规定，每两年召开一次会议，会后发布公报，在博洛尼亚精神的基础上，不断总结经验，调整策略，推进欧洲高等教育区和欧洲研究区建设。

意大利将欧洲高等教育一体化建设作为改革本国高等教育的重要契机，希望借此解决本国高等教育存在的一些积重难返的问题。因而，意大利是欧洲高等教育一体化建设最忠实的拥护者，积极参与并推动博洛尼亚进程。《博洛尼亚宣言》发布后，意大利立即于 1999 年 11 月 3 日颁布第 509 号法令《大学教学自治相关条例》，成为落实《博洛尼亚宣言》的首个国家。该法令进一步明确赋予大学自主管理权，掀起了意大利大学改革热潮。在第 509 号法令指导下，意大利高等教育改革的主要目标为：缩短获得学位的时间；减少辍学人数；降低毕业生的平均就业年龄；通过引入实习经历来完善学生的文化知识和专业水平；实施跨学科教育；提供多层次教学，促进终身学习的实现；为学生无论国内还是国际范围的横向和纵向流动提供便利；使教育更符合当代社会、经济和文化环境的需要。①

进入 21 世纪，意大利于 2000—2001 学年正式启动高等教育改革。② 通过改革，意大利高等教育主要发生了如下变化。

第一，构建了由三年制学士学位、两年制硕士学位和三至四年制博士学位组成的 3+2+3 三级学位体系。③

第二，建立以欧洲学分转换体系为基础的大学学分制。

第三，为提高意大利大学文凭被国外大学和国际劳动力市场的认可度，意大利在为学生颁发高等教育毕业证书的同时，附带颁发补充文件，详细说明毕业生所获文凭的层次、功能等信息。

第四，为保障高等教育质量，意大利开展了由全国高等教育与研究评价局负责实施的外部评价和大学内部评价小组实施的内部评价。此外，还对大学所设专业进行国家认证。

第五，意大利政府通过发放补助金、实施"支持学生流动计划"、联合开发课程等方式促进学生和教师在国际间流动。

第六，意大利通过与欧盟其他国家合作实施联合培养计划、颁发联合学位等方式提升高等教育的欧洲维度，促进学生形成欧洲公民身份认同感。

第七，充分发挥大学在终身教育中的作用。

第八，在大学内部设立大学双边管理委员会，由数量相同的教师和学生代表组成，使学生能够参与大学的管理、决策过程。

1999 年意大利通过参与博洛尼亚进程，开始大刀阔斧地对本国高等教育进行改革。此后，意大利大学学制和学分制与欧洲其他国家接轨，大学在保证教学质量、促进师生流动、增强管理自主权以及加强与劳动力市场的紧密

---

① 参见［意］古列尔莫·马利泽亚、［意］卡罗·南尼：《意大利教育制度研究》，瞿姗姗、成沫、周滢译，160 页，杭州，浙江大学出版社，2012。

② 参见佛朝晖：《博洛尼亚进程中的意大利高等教育体系改革》，载《外国教育研究》，2008(2)。

③ 传统上学士学位是意大利给大学生授予的唯一一种学位，学制为 4~6 年。

联系等方面都取得了长足进步。然而，这种依靠法令推动的自上而下的教育改革，并没有真正调动起意大利高等教育机构自身的积极性和主动性，致使某些改革并不彻底。例如，大学获得的自治程度有限，还未形成全国高等教育质量保障框架。此外，改革还引发出一些新的问题。例如，大学学制改革并没有配以相应的教学内容、方法的改革，导致"旧瓶装新酒"；将本科课程缩短为三年导致劳动力市场对毕业生质量产生怀疑。意大利高等教育改革仍然任重而道远。

(二)20 世纪后期意大利高等教育的发展成就

"二战"后意大利高等教育事业经过半个世纪的发展，在管理、课程、师资力量、教育质量、产学结合、科研和国际化等方面成就突出。

1. 大学的学制设定

自 1969 年意大利颁布第 910 号法案起，大学取消了招生名额限制和入学考试，凡持有高级中学毕业证者均可自愿选择大学和专业注册入学。虽然进入大学非常容易，但大学淘汰率非常高，仅有 30% 的学生能够按时毕业。意大利大学本科文科学制 4 年，理科学制 5 年，医学等特殊专业学制 6 年。每年 11 月 1 日至来年 10 月 30 日为一学年。学校授课一般在 5 月底结束，在 6~7 月和 9~10 月安排考试。本科生一般要通过 18~20 门课程考试和论文答辩方可毕业，其间至少有一门课程通过考试就可以一直保留学籍。硕士阶段是意大利高等教育的第二层次，旨在培养从事某领域高层次工作的人才。硕士研究生学制 2 年，申请者必须具有本科学历。学生修完 120 学分并提交论文方可获得学位。意大利第三层次的高等教育为博士研究生或高级研修班。历史上，意大利学生取得大学毕业文凭后即可被称为"博士"，这与世界上其他国家的博士学位并不等同。1980 年意大利通过了设置博士学位的法令，1982 年开始招收首批博士研究生。博士研究生入学需获得导师推荐并经过严格的竞争考试。博士研究生学制为 3 年，完成课程研读、撰写论文并通过答辩才可获得学位。与其他国家不同的是，意大利还主要面向理工科学生开设 3 年学制的高级研修班，研修生通过考试和论文答辩后，理科生可以被授予专家证书，工科生可以被授予工程师证书，作为专业资质证明。意大利高等教育通过不断改革所确定的学制体现出政府既注重高等教育的开放性，又注重高等教育质量的提升。

2. 统一而灵活的课程设置

意大利高等教育实施依法办学与加强学校自治相结合的办法。大学课程设置也体现出统一性和灵活性的结合。统一性是指政府依据相关法律法规确定大学课程设置的原则和条件；灵活性是指政府允许大学在统一规定下依据教育和市场的发展变化设定本校课程。在具体操作层面，意大利大学和科研部将大学课程分为五个学科领域：人文科学、自然科学和技术、卫生、法律和经济、工程和建筑。学位课程必须包含六种不同类型的课程：一个或多个学科领域的基础教育课程；相关学位的专业课程；一个或多个相类似或辅助学科课程；任选课程；毕业考试准备课程；提高语言技能、电脑技能、远程信息处理技能、交际技能和涉及劳动力市场、特殊工作经验的培训和其他课程。[①] 以罗马第三大学经济学院为例，该学院每个专业的学生需要学习 24 门课程，其中 10 门公共基础课必须符合国家的统一规定，8 门专业课和 6 门选修课可以由学院根据社会发展需要自行开设。此外，该学院还附加了语言与计算机课程，学生还需提交毕业论文。学生除可以在本校选修课程以外，还可以到国内或国外其他互认学分的大学选修课程。意大利大学课程设置遵循统一性和灵活性原则，这既能确保人才培养质量，也调动了大学的积极性和主动性，使之能够培养社会发展需要的人才。

3. 高质量的师资队伍

意大利对大学教师实施非常严格的选拔和晋升制度，同时大学教师享有

---

① 参见符华兴、王建武：《世界主要国家高等教育发展研究》，670~671 页，长沙，湖南人民出版社，2010。

很高的社会地位和工资待遇。意大利采取全国性公开招考的办法选拔大学教师，考取者才能被大学聘为课程主讲。大学教师晋升职称也须通过全国统一的选拔考试。意大利大学教授职位比较固定，教授退休后在其推荐下才能有人接替该教授职位。意大利大学教师，特别是教授的年薪水平高。大学未经教师本人同意不得随意更改其所授课程，不得调换其工作。大学教授更是在科研和行政事务中发挥着决定作用。意大利大学师资队伍建设的一大特色是采用合同教师制。大学聘用非正式的合同教授或合同教师授课。合同教授一般是某领域的知名研究专家，合同教师一般是企业中有突出成就和专业性技能的人才。他们授课可以使学生接触到各领域的前沿技术，促进大学与社会各部门的合作、交流。通过上述种种举措，意大利大学组建了具有稳定性、多元化的高质量的师资队伍，在提高大学教育质量和科研水平过程中发挥了重要作用。

4. 高等教育质量保障机制

意大利根据本国实际情况设立多种高等教育质量评价机构，不断强化高等教育质量保障机制建设。在国家层面，意大利组建了由 9 名大学质量评价专家组成的全国大学评价委员会，独立行使评价权，为政府提供咨询，对保障高等教育的宏观质量发挥了重要作用。意大利各大学内部组建了由 5~9 人组成的内部评价小组，独立开展评价工作并有权出版研究成果。除了上述国家级和院校内评价机构以外，意大利还设立了其他高等教育评价研究机构。评价研究指导委员会由国内外的 7 名专家组成。该委员会负责制定评价指导方针、撰写周期性活动报告等并将其研究成果呈交政府部门，促进意大利高等教育评价研究的发展。大学各系或不同大学的系之间联合组建了大学内部系际研究中心，使高等教育实现多层次的评价和研究。意大利还特别重视发挥学生在高等教育质量评价中的作用，通过开展优秀实践案例项目、学生财政项目使学生有机会对大学管理、教学等实施评价。为确保评价结果公开透明，帮助学生选择学校和专业，使大学接受社会监督，意大利建立了大学教育信息数据库，公开意大利所有大学各专业准确的信息。意大利全国大学评价委员会也会在自己的网站上展示年度评价结果。意大利还在媒体上公布根据大学评估结果和相关指标制定的大学排名。意大利已构建以校内外评价机构为主，社会力量广泛参与的高等教育评价机制，采用欧盟统一标准实施评价监控，有效促进了本国高等教育质量的不断提升。

5. 教学与实践相结合

"二战"后，教育对经济、社会发展的推动作用日益明显。为了培养社会发展需要的人才，意大利高等教育非常重视教学与实践相结合，这也成为意大利高等教育的一大特色。意大利各大学根据社会发展的需要适时调整课程内容和教学方法，通过各种途径加强教学与实践的联系。例如，意大利佛罗伦萨大学鼓励教师到企业当兼职顾问，了解市场最新动态用以更新教学内容；从企业聘请专家到学校授课。米兰自由大学组建了由专家学者和企业家构成的多元化的教师队伍。在讲授某门课程时，专家学者主要负责在联系实际的基础上讲解理论，企业家型教师教学生如何解决实际问题。米兰自由大学的某些课程甚至直接在企业里上。米兰自由大学的另一创新是入学后首先给学生开设计算机课程，这样就能很方便地利用计算机开设其他课程，使教学和学生的计算机运用能力跟上时代发展的步伐。注重教学与实践的紧密结合使意大利大学培养出了大批能够满足经济、社会发展需要的实用人才。

6. 大学的科研发展

意大利的科研活动主要由大学开展。为提升大学的科研质量和科研成果转化效益，意大利政府于1989年10月发布《大学自主法案》。法案规定大学是独立法人，可以自由接受科研投资，自主开展科研活动，加速科研成果的市场转化，使科学技术对社会经济发展发挥了更有力的推动作用。意大利大学的科研活动采用教授负责制。教授享有充分的科研自主权。他们负责科研项目的选题、经费申请、项目实施、成果鉴定与转化等事务。他们还可以自主承担校内外各种科研项目，自主聘用研究人员。为充分利用教授的科研资源，意大利政府建立了教授科研档案，企业可以在网上查阅档案，更方便地与大学合作开发研究项目。为了加强对国家整体科研事业发展的规划，意大利政府着力构建科研宏观政策与科技信息指导系统。意大利大学和科研部负责提出大学科研规划、制定大学科研经费预算、提交大学科研情况报告、促进意大利大学开展国际科研合作等，较好地协调了大学科研工作与国民经济发展的关系。通过采取多项措施，意大利大学开展的科研活动对培养高层次人才、促进社会经济发展起到了关键作用。

7. 高等教育的国际化发展

欧盟的快速发展以及博洛尼亚进程的推进是意大利高等教育国际化发展的重要外部动力。意大利高等教育自身长期存在的辍学率高、结构单一、科研薄弱等问题，则是其决意通过走国际化发展道路跟上其他发达国家高等教育发展步伐的内部动力。意大利推进高等教育国际化进程最得力的措施是积极参与国际性项目。这些项目主要包括：使学生能够在欧洲国家自由跨国学习的伊拉斯谟计划；使学生可以自己在国外开办公司的伦纳德项目；促进欧洲和拉美国家师生与研究人员交换的阿尔法项目；为资助留学生设立的国际流动计划研究津贴等。意大利还特别注重吸引国外学生到意大利留学，为招收更多中国留学生推出了马可波罗留学计划。意大利高等教育的国际化发展，成为意大利高等教育事业进步的重要推动力。

## 五、职业教育

职业教育内容除了普通教育以外，还包括技术和有关科学的学习以及掌握与社会、经济各部门的职业有关的实际能力和知识。① 意大利人传统上普遍将职业教育理解为在教育制度之外为工作做准备的职业培训。1859 年意大利颁布了奠定现代教育制度基础的《卡萨蒂法》,该法规定中等教育由传统普通学校和与之并列的技术学校组成。技术学校的教育目标是培养工业社会发展所需的技术人才。1923 年秦梯利改革实施后,意大利又在小学后的初级中学教育阶段设立开展职业教育的培训学校,进一步明确了意大利中等教育学术导向和职业导向的分流。此后,意大利继续完善职业教育制度,分别在 1931年和 1938 年在高级中学教育阶段建立了技术学校和职业学校。

(一)"二战"后意大利职业教育发展概况

1. 职业教育管理权开始下放

"二战"结束之时,意大利教育仍然采取中央集权管理方式。中等教育阶段依然实施比较严格的双轨制,只有普通高中的学生才有机会升入大学,包括技术学校和职业学校在内的其他类型高级中学的学生则被排斥在外。也就是说,职业教育与为升大学做准备的普通中等教育是平行的,但不是平等的。职业教育仅仅被视为为工作做准备的一种与手艺有关的实用培训。战后意大利急需迅速培养出一批具有实际应用技能的人才参与国家工业部门的恢复和重建。职业教育的重要性凸显。1948 年 1 月 1 日生效的新宪法开启了意大利教育行政管理权的"去中心化"进程。新宪法区分了国家和大区在职业技术教育方面的责任。国家负责学校教育,而大区负责职业培训。由此,意大利开始改变传统的中央集权制管理模式,在国家规定的总体原则内,大区开始拥有了职业教育的行政管理权。1949 年意大利颁布了第 264 号法令,首次规定了职业教育所应开设的科目。战后意大利在职业教育方面赋予新成立的大区以更多的自主权,有利于调动各地发展职业教育的积极性,使各地能够因地

① 参见彭慧敏、冉玉:《战后意大利职业教育研究》,7 页,北京,中国水利水电出版社,2014。

制宜地培养国家重建所需的各种实用人才。

2. 职业教育质量和地位的提升

20世纪五六十年代，意大利经济迅猛发展，经历了"经济奇迹"时期。意大利从相对固化的农业国家演变为更加平等开放、民主多元的工业化国家。大量人口涌入北方工业区寻找工作机会，他们迫切需要通过接受职业教育提升求职能力。意大利则需要对职业教育进行改革，使其更好地满足劳动力市场需求。

为提高劳动力水平，人们认识到对14岁以前人进行职业教育为时过早，人应该在具备更为坚实的普通文化基础之后再学习职业技术知识和技能。1962年，意大利取消了初级中学教育阶段的职业培训学校，为所有14岁以前的学生提供同样的教育机会，对他们实施单一的、免费的、强制的初级中学教育。此后，只有高级中学教育阶段开展中等职业教育。高级中学教育阶段的职业教育学校有两类：一类是主要为第二产业培养人才的五年制技术学校，毕业生可获得技术等级证书；另一类是主要为第三产业培养人才的二至三年制职业学校。

"二战"后，意大利接受职业教育的学生不能升入大学，职业教育的地位一直较低，这有悖于当时意大利建设民主、开放社会的发展方向，也不利于职业教育质量的提升。1969年意大利颁布法案规定所有在高级中学教育阶段完成5年（14~19岁）课程学习的毕业生，都可以进入大学任何科系学习。自此，职业类高级中学毕业生获得了平等升入大学的机会，职业教育的地位得以提高。法案颁布后，除技术学校以外，学制较短的职业学校也逐渐增加了2~3年的普通文化课程教学，使学制达到5年，其学生也获得了升入大学的机会。

为提升已从业人员的职业技能，人们更加重视成人职业培训。1951年，意大利颁布第456号法令，将职业培训课程拓展至成人。1955年，意大利引入学徒制，学徒需在车间实践并接受指导，同时还需参加职业培训课程。成人职业培训的发展促使高级中学教育出现"去职业化"趋势，即由雇主或学校以外的机构实施职业培训，由公共权力部门如国家工业劳动局、国家商业劳动局、国家手工业劳动局来组织职业培训课程。

3. 职业教育管理权进一步下放

自 1948 年新宪法颁布以来，意大利职业教育管理权就开始由中央向地方下移。1977 年第 616 号法案进一步明确规定了职业教育的职责分配：国家负责学前和义务教育、高级中学教育、高等教育，提供普通的文化、科学和技术教育；地方政府负责开设并监督职业教育，提供高级专业知识和培训，充当国家教育和劳动市场之间的桥梁。① 依照此规定，大区主要负责面向未获得任何证书的青年开展补救性质的初始或继续职业培训。大区直接管理大区职业培训中心和专门的职业培训机构。20 世纪 70 年代，意大利还赋予职业类学校更多的自主管理权。1974 年法令规定职业类学校成立管理委员会，对学校行政具有最终决定权。通过改革，大区和职业学校获得了更多的职业教育自主权，可以根据当地劳动力市场需求开展更有弹性和灵活性的职业教育以培养合适的人才。一些大区由于缺乏开展职业培训的经验和资金，并没能很好地制定有效的职业培训制度。各大区间的职业培训发展悬殊，北部地区的职业培训发展比南部地区更完善。

4. 职业教育课程的改革

进入 20 世纪 80 年代，意大利遭遇了经济下滑。为了给经济发展注入活力，意大利政府启动职业教育课程改革以期提升人力资源的质量。然而在课程改革方向上存在两种主张。受实用主义思想影响，一些人主张职业教育应当培养青年人迅速掌握未来工作所需的职业技能，因此要求职业教育课程与

---

① 参见彭慧敏、冉玉：《战后意大利职业教育研究》，62 页，北京，中国水利水电出版社，2014。

当地经济发展需求紧密结合，增加大量职业技能类课程。而另一些人主张职业教育要加强普通文化课程教学。他们认为职业教育的基本任务不是训练人的职业技能，而是促使人的潜能全面发展。因为当前人类生活在快速发展的社会中，人们必须有能力分析、判断、控制复杂的且不可预知的情况。普通文化教育可以帮助人们打开通向智力世界的道路，使人们能够收集、储备和解读有用的信息，更快、更好地适应工作和生活的变化。作为文艺复兴的发源地，意大利人文主义思想有着悠久的历史，意大利一直比较重视人文教育。加强普通文化课程教学也是当时世界职业技术教育课程发展的总趋势。因此，第二种课程改革主张最终占据上风。

1988—1989学年，意大利启动了名为"92计划"的职业教育改革试点项目，对职业学校课程进行重组以全面提升职业教育质量。"92计划"的课程改革措施主要有以下几项：第一，加强普通文化基础知识教学，将职业学校三年制课程中的前两年2/3的时间投入普通文化基础知识教学（包括人文科学、自然科学、社会科学类课程），1/3的时间投入职业专业教学，第3年1/3的时间开展普通文化基础知识教学，2/3的时间开展职业专业教学和技能实习；第二，职业学校预留10%的机动课时时间，以便学校根据学生的不同特点和需要安排教学内容，充分培养学生的个性特长；第三，加强职业学校课程与高等教育课程的联系，促进更多职业学校学生升入大学并完成大学学业；第四，协调职业学校与大区职业培训的关系，使二者从相互竞争转为相互补充，14～16岁学生在职业学校接受基础职业技术教育后，可进入大学职业培训中心参加为期一年的完全定向职业培训，为就业做准备；第五，加强职业学校与社会的联系，促进工商业行会与职业学校签订协议，为职业学校提供教改意见、就业信息等以使职业学校更好适应社会发展。

"92计划"采取自愿参加的方式，至1991年意大利全国1/5以上的职业学校(350多所)参与该改革计划。职业学校的专业从150个合并为25个①，职业证书从原来的150个减少到18个。职业教育课程主要围绕以下四个方面展开：交流能力、外语能力、数学逻辑和信息处理能力、更加专业化的技术程序管理能力。"92计划"的实施有助于增强职业学校学生的文化基础知识，并促进学生掌握职业技能，使学生在整个职业生涯中跟上不断变化的职业要求并能够创新、改变、迁移和创造；还可以有效地推动职业学校毕业生既能达到全国统一的质量标准，又能满足不同地区的需要。

(二)"二战"后意大利职业教育的发展成就与尚存问题

1. 灵活、开放的职业教育学制

意大利学生14岁初级中学毕业后既可以选择进入为升入大学做准备的普通高中，也可以选择进入职业教育机构。意大利开办的中等职业教育学校为技术学校和职业学校。技术学校学制5年，其教育目标是培养学生具备继续学习或就业所需的理论知识、分析和解决问题的能力以及自主管理能力。技术学校75%的毕业生选择继续接受高等教育、高级技术教育或高级技术教育与培训，其余毕业生选择直接就业。② 职业学校由三年制证书课程和两年制证书后课程组成。前3年课程主要进行普通文化基础知识教学和初步的职业技术教育。学生学完3年课程后可获得资格证书，25%的毕业生选择继续学习两年制证书后课程，接受更为专业化的职业教育。意大利普通教育机构和职业教育机构的学生具有平等升入高等教育机构的权利。学生可以在职业教育机构体系内自由调换专业，也可以在职业教育机构和普通教育机构之间互相转换。学生能够在体系内或体系之间互相转换得益于意大利职业教育注重普通文化基础知识教学以及学分制的实施。意大利职业类学校前两年主要开设普通文化基础知识课程。学生获取普通文化基础知识之后能够比较顺利地通过参加

---

① 参见唐虔：《意大利职业技术教育的改革》，载《比较教育研究》，1993(1)。
② 参见彭慧敏：《意大利职业教育培养模式的特色与思考》，载《比较教育研究》，2010(1)。

补习、考试在体系内外转换。意大利不同体系的学校实现了学分互认，学校还承认非正式教育的学分以及学生通过实际工作或培训获得的特殊技能证书。这样学生在体系内外转换甚至中断学业后继续接受教育时已经获得的学分都能得到承认。灵活、开放的职业教育学制可以使学生横向上在学校体系内或体系间自由转换，纵向上升入高等教育机构继续深造。这给了接受职业教育的学生更多发展空间，也有助于吸引更多、更优秀的学生接受职业教育。

2. 注重普通文化基础知识与适应市场的课程设置

意大利在推进职业教育改革的过程中认识到，在瞬息万变的社会中，职业教育不应过于专业化，而应给学生提供非常充分的普通文化基础知识课程，使学生获得更全面的能力，拥有更广阔的发展空间。此外，职业教育课程设置还应更加弹性化，更有效地满足市场需求。这样才能使培养出来的学生更好地进入社会或继续接受教育。

意大利技术学校每周安排32~38课时，前两年主要开设普通文化基础知识课程(如意大利语、历史、外语、数学、物理、化学、地理等)和少量专业科目与实践练习，后3年主要开设专业课程。"92计划"改革后，职业学校前3年主要开设进行普通文化基础知识教学的证书课程，后两年主要开设进行专业教学的证书后课程。课程分为公共领域(主要为意大利语、历史、外语、法律、经济、数学、计算机、地理、生物、体育等)，专业学习领域，职业学习领域。三年制证书课程和两年制证书后课程各领域课时的具体安排如表8-4、表8-5。

**表8-4　三年制证书课程课时表**

| 课程类型/课时 | 一年级 | 二年级 | 三年级 |
| --- | --- | --- | --- |
| 公共领域对所有学生同样的课程 | 22/周 | 22/周 | 12~15/周 |
| 专业领域与各专业有关的课程 | 14/周 | 14/周 | 21~24/周 |

续表

| 课程类型/课时 | 一年级 | 二年级 | 三年级 |
|---|---|---|---|
| 职业课程自主计划课程 | 4/周 | 4/周 | 4/周 |
| 周总课时 | 40 | 40 | 40 |
| 学年总课时 | 1320 | | |

资料来源:

彭慧敏、冉玉:《战后意大利职业教育研究》,130 页,北京,中国水利水电出版社,2014。

表 8-5　两年制证书后课程课时表

| 课程类型/课时 | 四年级 | 五年级 |
|---|---|---|
| 公共领域对所有学生同样的课程 | 15/周 | 15/周 |
| 专业领域与各专业有关的课程 | 15/周 | 15/周 |
| 学年总课时 | 990 | 990 |
| 大区负责的职业化领域课程学年总课时 | 300~450 | 300~450 |

资料来源:

彭慧敏、冉玉:《战后意大利职业教育研究》,134 页,北京,中国水利水电出版社,2014。

意大利的技术学校和职业学校必须根据当地的经济、文化发展传统和现状制定本校的教育目标。它们具有自主设计和实施课程教学的空间,可以从当地独特的经济发展部门或生产历史出发,开设特色专业课程。意大利各地的特色产业主要有服装、首饰、机械、大理石、木业、海运、旅游等。技术学校和职业学校据此开办了许多特色专业课程。在符合课程大纲和学校总目标的情况下,教师对课程内容确定享有很大的决定权。技术学校和职业学校还可以自主实施培养计划规定的教学、实验、科研活动。

3. 注重实践的教学策略

意大利职业教育机构在教学过程中非常重视实践的作用,弱化以学科为基础的课程教学,更多采用任务解决式的教学方法,增强课程的个性化并广泛采用各种渠道来培养学生具备工作所需的综合能力。为培养学生的综合能力，意大利职业教育将以教为核心转变为以学为核心，使学生在体验的过程中发现自己的兴趣和天赋。教师的职能在于充分调动学生的积极性，促使学生在学习过程中发现问题、克服困难。学校应与校外人员和机构建立联系，为学生提供更多的学习机会。为此，意大利职业教育机构实施了学习单元教学和工读交替教学。

学习单元是以完成任务或做出产品为目标，至少训练学生具备一种综合能力而构建的教学结构单位。学生在学习过程中调动各种资源以实现目标，最后以任务完成情况或产品作为评价学生学习效果的依据。在学习单元中任务和产品的制定必须明确并有激励性，教师要注意激发学生的兴趣，适时为学生提供合适的工具，并鼓励学生反思、整理，使学生在实践操作中学习。

工读交替教学指企业和学校联合开展职业教育。从字面上看，这是交替实施课堂教学与企业现场教学的一种教学策略，然而实际上并非开展一种教学就要中断另一种教学，而是两种教学同时不间断地进行，构成一个统一、连续而又灵活、可变的教学过程。如果要实施工读交替教学，学校和企业必须在有合作愿望并互相理解的基础上构建伙伴合作关系。二者共同商议制订教学计划并通过不断地监测、评估修订教学计划。二者还必须真正调动各自的人力、技术、财政等资源并联合起来为实现共同的教学目标而努力。也就是说，要以一种织布机式的逻辑来运作，采用一种以各方参与和统一性为本的规划方法，防止把工读交替教学看成各个分离部分的简单堆积[1]，这样才能充分集中优质资源办好工读交替教学。工读交替教学可以使学生处于一种主动的学习状态，具有更强的学习动力和更高的效率，解决理论学习与实践脱离的问题，消除对工作的误解。工读交替教学可以促进教师了解生产一线状

---

[1]　参见[意]达里奥·尼科利：《意大利职业教育和培训制度研究》，邬银兰译，130页，杭州，浙江大学出版社，2013。

况，提升自身专业水平；可以使企业人员获得一些教育学知识并理解自己工作的文化价值；可以将企业的经验引进学校以促进学校教学内容和理念的更新；可以增强企业的竞争力。可以说工读交替教学的有效实施能够使参与各方互惠互利。

4. 尚待加强的教育质量评估

由于高新技术飞速发展以及国家竞争力与科技发展水平的关系日益密切，意大利对技术人才质量和数量的需求都越来越大。这就需要职业教育提升培养质量。意大利将职业教育作为培养创新型技术人才的重要阵地，职业教育的质量备受重视。然而意大利教育评估历来薄弱，特别是"二战"后职业教育管理权逐渐向大区和学校下放，为保证职业教育质量，开展有组织、制度化的职业教育评估刻不容缓。1999 年 7 月 20 日意大利颁布第 258 号法令，规定成立国家教育系统评估局，负责在国家层面上对教育制度的效率和质量进行评估。虽然这种评估的对象是整个教育制度而非单个学校，但这为职业教育机构开展内部评估提供了参数。

意大利对职业教育机构的评估分为内部评估和外部评估，其目的是检验教育结果是否达到了培养目标。内部评估由校长领导下的教师联合会实施，教师联合会可以自由决定何时采用何种方式评估以及如何使用评估结果。各个学校在内部评估中采用的方法区别很大，没有统一的标准。内部评估的主要对象是教学活动、学生学习成果、教师教育能力等。外部评估由国家教育系统评估局或其指派的观察员实施，评估后给学校颁发质量证书以证明学校的教育水平。外部评估的主要对象是校长的工作、教师在职培训以及学校整体工作情况。然而无论是内部评估还是外部评估都未有效涉及对学校行政职责方面的评估，如人力资源管理、资金管理、信息资源管理等。意大利的职业教育制度仍然处于转型之中，各地方和学校不断获得更多自治权，但对职业教育机构的内部评估和外部评估还都处于比较混乱的状态，缺乏统一的评估标准和操作程序。

除了对职业教育机构的整体工作进行评估以外，对学生掌握的知识和能力的考评，也是职业教育质量评估的重要方面。学生考评由各班教师组成的班级委员会负责，但是班级委员会并没有经过专门的训练。职业教育机构一般每 3~4 个月对学生进行一次考评，采取笔试、口试、实际操作等形式。考试总分为 10 分，6 分及格。学生毕业需参加国家高级中学毕业考试，包括意大利语以及与学生所学课程相关的 3 次笔试和 1 次口试。笔试总分 45 分、口试 35 分、平时成绩 20 分，60 分及格。学生如果能提供合格的经验和能力的证明文件，也可以折合为培训学分计入总分。毕业考试由考试委员会负责，其主席由大区学校办公室从当地各高级中学的教学或管理工作人员中选出，委员由所考科目教师担当。经济合作与发展组织学生评估项目测验结果显示，意大利高级中学学生的成绩低于欧盟平均水平，职业教育机构学生的成绩低于普通高中学生。意大利职业教育机构学生的未毕业率和留级率都非常高。2004—2005 学年意大利技术学校 15.3% 的学生未能毕业，职业学校 18.1% 的学生未能毕业。2005—2006 学年意大利技术学校和职业学校学生留级率分别占各类高级中学学生总留级率的 43% 和 32%。[1] 可见意大利职业教育质量堪忧，加强学生学业成绩考评是促进质量提升的重要途径。

5. 较为完善的师资力量

意大利职业类学校的教师主要有三种类型：职业教育与培训教师、职业教育与培训培训师、学徒导师或实习培训教员。[2] 三类教师在工作地点、聘用方式、工作任务、专业要求等方面有较大差异。职业教育与培训教师必须具有学科背景并获得高等教育学位，他们主要在公立职业教育机构承担课堂教

① 参见彭慧敏、冉玉：《战后意大利职业教育研究》，160 页，北京，中国水利水电出版社，2014。
② 参见王雅文：《意大利职业教育师资的角色与培养》，载《职业教育研究》，2018(6)。

学任务。该类教师由教育部聘用，属于国家公务人员。职业教育与培训培训师需具有高级中学文凭或相关工作经验，他们在私立职业教育机构、地方当局举办的培训中心或企业工作，承担实践教学、职业指导与咨询工作。他们属于私人雇员而非国家公务人员。学徒导师或实习培训教员应为至少具有 3 年工作经验的专家型技术人员，他们需要签订国家劳动合同，负责在企业对参加工读交替制学习的学生和参加学徒制学习的学生提供工作现场指导并帮助学生认识职业定位。

意大利建立了比较完善的职业教育教师培养制度。职业教育与培训教师必须至少完成 5 年的本科学习，所学内容包括专业科目以及教育学、心理学、教学法等科目，以增强教育教学能力。本科毕业后，学习者需要经考试合格后方可到职业教育机构参加为期一年的实习，在导师的指导下参与教学、研讨等工作。实习结束后学习者还需再次参加考试，合格后才可进入公立职业教育机构正式任教。意大利对职业教育与培训培训师以及学徒导师或实习培训教员的学历、资格和应聘程序没有统一规定。工作经验是选拔这两类教师时最被看中的条件。这两类教师的入职要求受到越来越多的关注，他们的学历正在逐渐提高，半数教师已经具有了本科学历，少数甚至持有硕士学位证书。

除了职前教师教育以外，意大利还为从事职业教育的教师提供丰富的在职培训。意大利法律规定参加在职培训是职业教育教师的权利和义务，在职培训是免费的。职业教育教师的在职培训课程包括大学提供的硕士课程和职业培训中心提供的专业课程。职业教育与培训培训师的在职培训由地方当局主办，由大学、行业协会、各种公私立培训机构承办。由于各地方职业教育与培训培训师的标准不同，因此各地职业教育与培训培训师的在职培训内容也有较大差异。开展职业教育与培训培训师在职培训的主要目的是促进他们掌握新知识、新技术，了解劳动力市场的需求。学徒导师或实习培训教员的在职培训的地区和个体差异性更大，因为他们各自的工作环境和操作方式有很大不同。对他们进行在职培训的总体目标是提升他们组织、协调培训过程以及评价培训结果的能力。

经过"二战"后五十多年的改革，意大利职业教育已经呈现出新的面貌，主要取得了如下一些成就：职业教育的管理权从中央向地方下移，实现权力的"去中心化"；职业教育的地位不断提升，在升学等方面取得了与普通教育平等的地位；职业教育的理念实现了从以教师和学校为中心向以学习者为中心的转变；职业教育的课程设置增加了普通文化基础知识课程的分量，课程类型更加多样化；职业教育课程教学的自主性更强，更加重视学校与企业的合作以及实践操作。然而意大利职业教育仍然存在一些问题。由于政党纷争、立法程序过于复杂冗长等原因，意大利职业教育改革经常拖延且不连贯。职业教育的质量和社会地位还有待进一步提高。

第九章

# 20 世纪后期苏联的教育

"二战"以后，随着国民经济的恢复和发展，苏联教育也很快得以重建和发展。20 世纪 50 年代后期至 20 世纪 80 年代，苏联教育进行了多次重大改革，其国民教育体系日臻完善。学前教育、普通中等教育、职业教育、中等专业教育、高等教育、师范教育和特殊教育等各级各类教育不断发展，并取得了举世瞩目的成就。苏联的教育对其社会发展、经济建设和科技进步，以及超级大国地位的维持都起到了至关重要的作用。

## 第一节 "二战"后初期苏联教育的重建与发展

1945 年 5 月，纳粹德国宣布无条件投降，苏联赢得了反法西斯卫国战争的最终胜利，开始着手恢复和发展国民经济。8 月，苏共中央和苏联人民委员会即责成计划委员会编制第四个五年计划。1946 年 3 月，苏联最高苏维埃通过了《关于恢复与发展国民经济的五年计划（1946—1950）的法律》，其基本任务是使饱受战争损害的地区得到恢复，使工农业生产达到并超过战前水平。苏联在战争中蒙受了巨大的损失：全国有 2000 多万人死于战争，1710 座城市和居民点与 7 万多个村庄遭到破坏，3 万多家工矿企业和 6.5 万千米的铁路被毁，直接经济损失估计达 25690 亿卢布。① 战后苏联的经济形势极为严峻，煤炭、石油、钢铁等重要战略资源的产量严重不足，恢复与发展国民经济的任务十分艰巨。在此背景下，苏联将重建与发展教育作为全面恢复和发展国民经济的重要抓手。

## 一、"四五"期间教育的重建与恢复工作

苏联在第四个五年计划中提出了重建与恢复教育工作的任务，《关于恢复与发展国民经济的五年计划（1946—1950）的法律》规定："在 1950 年，小学、七年制学校和中学的数目要达到 19.3 万所，在这些学校中的学生数要达到 3180 万人，要保证在城市及农村 7 岁以上的儿童受到普遍的义务教育"②；恢复和调整高等教育，扩大高等学校招生规模；发展青年工人学校和农村青年学校，保证在战争时期未能及时完成学业的青年接受七年制学校或中学程度的普通教育。③ 此外，该法还制订了修复校舍和新建校舍的计划。

苏联人民和广大教育工作者以极大的热情投入国民教育的重建与恢复工作中。许多工矿企业、集体农庄和国营农场自发帮助修理和新建校舍，并为学生提供各种帮助。国家对国民教育的投入增加（表 9-1），1950 年的教育经费预算为 569 亿卢布，约为 1945 年 286 亿卢布的 2 倍，1946—1950 年的教育经费投入约是战时 1941—1945 年的 3 倍，这为战后苏联国民教育的恢复和发展提供了重要保障。④

---

① 参见周尚文、叶书宗、王斯德：《苏联兴亡史》，419 页，上海，上海人民出版社，1993。

② 转引自滕大春主编：《外国教育通史》第 6 卷，王桂、李明德本卷主编，1~2 页，济南，山东教育出版社，2005。

③ 参见滕大春主编：《外国教育通史》第 6 卷，王桂、李明德本卷主编，2 页，济南，山东教育出版社，2005。

④ ［苏联］伊·阿·凯洛夫、［苏联］恩·克·冈查洛夫、［苏联］恩·阿·康斯坦丁诺夫等主编：《苏联的国民教育》，人民教育出版社教育编辑室等译，525~526 页，北京，人民教育出版社，1958。

表 9-1 苏联"四五"期间教育经费预算

| 年份 | 1946 | 1947 | 1948 | 1949 | 1950 | 合计 |
|------|------|------|------|------|------|------|
| 金额/亿卢布 | 378 | 515 | 550 | 577 | 569 | 2589 |

资料来源：

［苏联］伊·阿·凯洛夫、［苏联］恩·克·冈查洛夫、［苏联］恩·阿·康斯坦丁诺夫
等主编：《苏联的国民教育》，人民教育出版社教育编辑室等译，525～526 页，北京，人民
教育出版社，1958。

　　"四五"期间，苏联教育的重建与恢复工作取得了重大成就。恢复与发展
普通教育的计划被提前和超额完成。卫国战争爆发以后，苏联的教育事业遭
到重创，普通教育更是重灾区。据统计，全苏共有 82000 所学校毁于战火，
中学生数量减少了一半。[1] 战前制订的在全国范围内普及七年制义务教育的计
划也受到严重影响。然而，经过苏联人民和广大教育工作者艰苦卓绝的努力，
苏联普通教育得以迅速重建与恢复。到 1950—1951 学年，苏联共有小学、七
年制学校、中学以及其他学校 201628 所，在校学生约为 3331.43 万人，较
1945—1946 学年学校增加了 14775 所，在校学生增加了约 722.06 万人。[2] 其
中，小学 126426 所，在校学生约 751.84 万人；七年制学校 59640 所，在校学
生约 1550.86 万人；中学 14961 所，在校学生约 1017.10 万人。[3] 由于苏联将
部分规模较大的小学转为七年制学校，并创办了许多新学校，七年制学校的
数量大大增加。据统计，"四五"期间七年制学校增加了 17953 所，在校学生
增加了约 595.09 万人。[4] 普通教育的重建与恢复为苏联重启全面普及七年制
义务教育的计划创造了有利条件。1949 年，俄罗斯联邦率先决定从这一年开

---

[1] 参见成有信：《九国普及义务教育》，128 页，北京，人民教育出版社，1985。

[2] 苏联部长会议直属中央统计局：《苏联文化建设》，熊家文、王诵芬译，82～83 页，北京，
统计出版社，1957。

[3] 苏联部长会议直属中央统计局：《苏联文化建设》，熊家文、王诵芬译，82～83 页，北京，
统计出版社，1957。

[4] 苏联部长会议直属中央统计局：《苏联文化建设》，熊家文、王诵芬译，82～83 页，北京，
统计出版社，1957。

始实施普及七年制义务教育，而后其他加盟共和国也做出了相应的决定。

在发展普通教育的同时，苏联特别注重为在卫国战争期间未能接受正常学校教育的青年提供受教育机会。实际上早在战争期间，1943年7月，苏联人民委员会就通过了《关于在企业中工作的青少年的教育的决定》，这个决定奠定了青年工人学校的基础。1944年4月，苏联人民委员会批准了《青年工人学校条例》，明确规定"青年工人学校的办学目的是给青年工人授以七年制学校和中学范围的普通教育"①。《青年工人学校条例》规定青年工人学校按照普通学校的教学大纲进行教学，并且青年工人学校在校学生享有与普通学校学生完全同等的权利。卫国战争期间，青年工人学校每学年为48周，每周上课3次，每次3小时；1946年，苏联重新修订了教学工作制度，调整后每学年为44周，每周上课4次，每次4小时。② 青年工人学校发展非常迅速，1943—1944学年全苏有学校1084所，在校学生10万人；到1945—1946学年就发展到学校2210所，在校学生约35万人。③ 青年工人学校数量翻了一番，在校学生增加了近2.5倍。"四五"期间，青年工人学校在已有基础上又翻了一番，到1950—1951学年全苏共有青年工人学校4501所，在校学生达到83.83万人。④

与此同时，苏联极为重视农村青年的教育问题。1944年，苏联人民委员会通过了《关于成立农村青年学校的决议》，决定建立农村青年学校，确保农村青年在不脱产的情况下受到小学或七年制学校的普通教育。农村青年学校每学年为25周，每周上课5天，每天4小时。⑤ "二战"以后，苏联农村青年

---

① 转引自吴式颖：《俄国教育史——从教育现代化视角所作的考察》，340页，北京，人民教育出版社，2006。

② 参见顾明远主编：《战后苏联教育研究》，28页，南昌，江西教育出版社，1991。

③ 参见顾明远主编：《战后苏联教育研究》，28页，南昌，江西教育出版社，1991。

④ 参见苏联部长会议直属中央统计局：《苏联文化建设》，熊家文、王诵芬译，118页，北京，统计出版社，1957。

⑤ 参见顾明远主编：《战后苏联教育研究》，28页，南昌，江西教育出版社，1991。

学校得到了迅速发展。1945—1946 学年，全苏共有农村青年学校 10108 所，在校学生 33.49 万人；到 1950—1951 学年，农村青年学校增至 15564 所，在校学生达到 51.17 万人。①

卫国战争期间，苏联师范教育遭到严重破坏。战争结束以后，师范教育的主要任务同样也是尽快完成重建和恢复工作。1945 年 8 月，苏联人民委员会通过了《关于改进师资培养工作的决议》，提出停止从不具备中等教育程度的人员中短期培养教师的做法；明确规定师范教育机构的类型为师范学院、师范专科学校和师范学校，并使其一年级新生都有固定的名额；保持稳定的师范院校的师资队伍，扩大师范学院的研究生部以为本校培养师资，加强师范院校的物质基础建设。② 1946 年 12 月，俄罗斯联邦部长会议决定用两年时间将中等师范学校的修业年限从 3 年延长至 4 年，其他加盟共和国也做出了同样的决定，目的就在于改善小学教师的培养质量。与此同时，苏联对师范教育进行了一系列改革，包括编制新的教学计划和教学大纲、编写新的教科书、修订学校章程，以及要求师范生必须通过国家考试等。③ 为了解决小学教师紧缺的问题，这一时期苏联在许多中学增设了培养小学教师的十一年级师范班。"四五"期间，苏联培养了 60 多万名受过高等或中等师范教育的教师，有效地缓解了苏联师资短缺的问题，到 1950 年，全苏教师达到 147.50 万人，超过了战前 1940 年的 123.70 万人。④ 苏联师范教育的发展为其普通教育的恢复创造了有利条件。

苏联在战争中损失了大量的技术专家和熟练工人。战争结束以后，苏联

---

① 参见苏联部长会议直属中央统计局:《苏联文化建设》，熊家文、王诵芬译，120 页，北京，统计出版社，1957。

② 参见[苏联]Ф.Г.帕纳钦:《苏联师范教育——重要历史阶段和现状》，李子卓、赵玮译，114 页，北京，文化教育出版社，1981。

③ 参见吴锋民:《大国教师教育》，278 页，北京，中国社会科学出版社，2013。

④ 参见[苏联]Ф.Г.帕纳钦:《苏联师范教育——重要历史阶段和现状》，李子卓、赵玮译，115~116 页，北京，文化教育出版社，1981。

社会百废待兴，国家面临恢复和发展国民经济的重要任务，亟须各类专门人才和技术工人，重建与恢复中等专业教育和高等教育就成为重中之重。实际上，苏联中等专业教育在战前就已经得到了很好的发展。到 1940 年，全苏共有中等专业学校 3773 所，在校学生 97.48 万人，然而在战争期间，苏联共有 600 多所中等专业学校遭到破坏。① 苏联在恢复和发展国民经济的第四个五年计划中提出：各工厂学校、技工学校和铁路学校每年毕业的工人数量要达到 120 万，在整个五年计划期间总共培训 450 万青年工人。② 1945—1948 年，苏联采取了一系列措施完善劳动后备军的领导和办学体制。在领导体制方面，将劳动后备军管理总局与苏联人民委员会劳动力登记和分配委员会合并为劳动后备军部，在精简机构的同时强化了管理职权；在办学体制方面，苏联通过了《关于改进技工学校、铁路学校和工厂学校教学和教育工作的措施的决议》等一系列决议，完善劳动后备军学校建设，改进教育教学工作。短短五年时间，全苏中等技术学校及其他中等专业学校增至 3424 所，基本恢复到战前水平；在校学生约 129.76 万人，超过了战前水平。③

　　"四五"期间，苏联的高等教育也得到了恢复和发展。战前，苏联共有高等学校 817 所，然而，战争使许多高等学校被迫内迁或停办，苏联高等学校的数量大幅减少，到 1942—1943 学年，全苏仅剩 460 所高等学校。④ 1943 年以后，苏联高等学校数量和在校学生数量都有所回升。到 1945—1946 学年，全苏高等学校增至 789 所，在校学生达到 73.02 万人。⑤ 到 1947 年年底，高

---

　　① 参见吴式颖：《俄国教育史——从教育现代化视角所作的考察》，365~366 页，北京，人民教育出版社，2006。

　　② 参见［苏联］С. Я. 巴特舍夫主编：《苏联职业技术教育简史》，黄一卿、鲁爱珍译，138 页，北京，教育科学出版社，1989。

　　③ 参见苏联部长会议直属中央统计局：《苏联文化建设》，熊家文、王诵芬译，232~235 页，北京，统计出版社，1957。

　　④ 参见王莉、李晓贤：《卫国战争时期苏联高等教育的发展》，载《西伯利亚研究》，2018(1)。

　　⑤ 参见吴式颖：《俄国教育史——从教育现代化视角所作的考察》，365~366 页，北京，人民教育出版社，2006。

等学校总数已经恢复到了战前水平，其中工业、农业和医学高等学校的数量甚至超过了战前水平。到 1950 年，苏联高等学校增至 880 所，在校学生 124.74 万人。① 仅在 1950 年这一年，苏联高等学校就招收新生 34.91 万人，较战前 1940 年的 26.34 万人增加了近三分之一。② 这一时期，苏联还调整和改善了高等学校的布局，创建了新的高等教育中心。比如，基希涅夫（Кишинёв）、杜尚别（Душанбе）、阿什哈巴德（Ашхабад）分别于 1945 年、1948 年和 1950 年创办了大学。除此以外，苏联的夜校和函授高等教育在这一时期也获得了特别迅速的发展。到 1950 年，以不脱产的方式接受高等教育的学生达 42.95 万人，占当年学生总数的 34.4%。③

"四五"期间，苏联的学前教育和特殊教育也得到了恢复和发展。实际上，在"二战"结束前夕的 1944 年，苏联教育人民委员会就制定了《幼儿园规程》，对幼儿园的教育对象、性质和任务等做出明确规定。这标志着苏联学前公共教育体系正式确立，具有苏联特色的学前教育制度基本形成。④ 战争结束以后，苏联学前教育进入新的发展时期。为了恢复国民经济和发展社会生产，许多妇女进入工厂参加劳动，这就使得有大量的儿童需要托管，苏联学前教育由此得到迅速发展。到 1950—1951 学年，全苏幼儿园达到 25624 所，超过了战前的 23999 所；在园儿童约 116.88 万人，与战前的约 117.15 万人基本持平。⑤

战争使苏联的残疾人大量增加，战争结束以后，残疾人的救助、康复和

---

① 参见苏联部长会议直属中央统计局：《苏联文化建设》，熊家文、王诵芬译，204 页，北京，统计出版社，1957。

② 参见苏联部长会议直属中央统计局：《苏联文化建设》，熊家文、王诵芬译，205 页，北京，统计出版社，1957。

③ 参见［苏联］В.п.叶留金：《苏联高等学校》，张天恩、曲程、吴福生译，55~56 页，北京，教育科学出版社，1983。

④ 参见杨汉清主编：《比较教育学》，266 页，北京，人民教育出版社，2015。

⑤ 参见苏联部长会议直属中央统计局：《苏联文化建设》，熊家文、王诵芬译，192 页，北京，统计出版社，1957。

教育问题很快就被提了出来。苏联人民委员会在 1944—1945 年度会议上提出：聋哑人、盲人及有其他特殊教育需要的儿童应该在 7 岁入学，接受特殊的教育服务。① 为了使各类残疾儿童获得更好的医疗和教育服务，苏联政府决定加大经费投入，加强医疗和教育人员配备，改善残疾儿童的医疗和教育条件。这一时期，苏联的特殊教育得到了很大的发展。

总体而言，在战后的最初几年，苏联的国民教育不仅得到了全面恢复，而且还有所发展。在"四五"期间，苏联培养了大量受过高等教育和中等专业教育的各类人才。据统计，1946—1950 年，苏联高等学校和中等技术学校及其他中等专业学校共培养了 193.05 万毕业生，遍布工业、农业、医疗、教育等各个社会领域。② 不言而喻，国民教育的迅速恢复和发展对战后初期苏联国民经济的复苏和发展，以及社会秩序的稳定都起到了重要作用。

## 二、1951—1957 年苏联的国民教育发展

1952 年 10 月，苏共召开了第十九次代表大会，会议讨论并通过了《关于苏联发展国民经济的第五个五年计划（1951—1955）的指示》，对苏联的教育发展提出了新的任务。该指示规定：到第五个五年计划结束时，在各共和国首都和直辖市、各省和边区的中心城市以及各大工业中心，要完成由普及七年制义务教育向普及十年制义务教育的过渡，以便为下一个五年计划期间在其他城市和农村地区普及十年制义务教育准备条件。③ 随后，各加盟共和国根据这一指示制订了本国国民教育的发展计划。

在大城市和工业中心，普及十年制义务教育的工作按照计划进行着。在

---

① 参见张福娟、马红英、杜晓新主编：《特殊教育史》，175 页，上海，华东师范大学出版社，2000。

② 参见苏联部长会议直属中央统计局：《苏联文化建设》，熊家文、王诵芬译，206 页，北京，统计出版社，1957。

③ 参见顾明远主编：《战后苏联教育研究》，27 页，南昌，江西教育出版社，1991。

1950—1951 学年，全苏共有 14961 所中学，在校学生约为 1017.10 万人；到 1955—1956 学年，中学增至 26863 所，在校学生约为 1512.89 万人。① 在 1955—1956 学年，城市中学为 11909 所，在校学生约为 901.62 万人；农村中学有 14954 所，在校学生约为 611.26 万人。② 大部分中学都是由规模较大的七年制学校改建而来的。到 1955 年第五个五年计划结束时，苏联基本实现了苏共第十九次代表大会提出的在大城市和工业中心普及十年制义务教育的目标。在 1956 年召开的苏共第二十次代表大会上，苏联对中等学校发展进行了总结："普遍实施了普及的七年制教育，而在大城市中则普及了十年制教育。逐步实行十年制普及教育的条件正在形成。"③这次会议还决定在第六个五年计划期间，"在城市和乡村中实施普及中等教育，使儿童和青年都能在十年制的普通中学和中等专业学校受到教育"④。

随着普及中等教育的推进，中学毕业生的人数急剧增加，而高等学校招生规模的扩大速度相对比较缓慢，越来越多的中学应届毕业生不能进入高等学校。1957 年，苏联完全中学毕业生人数比 1945 年增加了 10.6 倍，而高等学校招生人数只增长了 85.8%。⑤ 在 1954—1957 年，全苏有大约 250 万中学毕业生未能被高等学校或中等专业学校录取。⑥ 仅在 1955—1956 学年，苏联就有完全中学毕业生 106.8 万人，其中只有 28.56 万人能进入全日制高等学

① 参见苏联部长会议直属中央统计局：《苏联文化建设》，熊家文、王诵芬译，82~83 页，北京，统计出版社，1957。

② 参见苏联部长会议直属中央统计局：《苏联文化建设》，熊家文、王诵芬译，84~87 页，北京，统计出版社，1957。

③ ［苏联］Ф.Г.帕纳钦：《苏联师范教育——重要历史阶段和现状》，李子卓、赵玮译，118 页，北京，文化教育出版社，1981。

④ 转引自顾明远主编：《战后苏联教育研究》，27 页，南昌，江西教育出版社，1991。

⑤ 参见王天一、夏之莲、朱美玉：《外国教育史》下册，354~355 页，北京，北京师范大学出版社，1985。

⑥ 参见［西德］鲍里斯·迈斯纳主编：《苏联的社会变革——俄国走向工业社会的道路》，上海《国际问题资料》编辑组译，167 页，北京，生活·读书·新知三联书店，1977。

校，约占毕业生总数的 26.74%。① 中等教育的任务发生了改变，中学过去主
要为高等学校培养合格新生，现在还要为中学生毕业以后参加生产劳动做准
备。苏共第十九次代表大会提出，要在中学重新实施综合技术教育。大会以
后，各加盟共和国就实施劳动教育和综合技术教育问题采取了一系列具体措
施。在俄罗斯联邦教育部和教育科学院制订的新教学计划中，在一至四年级
增加了劳动课，在五至七年级增加了在教学实习工场和教学实验园地进行的
实习作业课，在八至十年级增加了机器制造、电工学和农业实习课。② 在新的
教学大纲中，加强了数学、物理、化学和地理等课程与生产生活实践的联系。
中学的物理、化学、生物等自然科学学科实验室的教学设备得到了较大的改
善。有些学校还要求学生到国营农场、农业机械站和集体农庄参观和参加劳
动。③ 在 1956 年苏共第二十次代表大会以后，苏联普通学校的劳动教育和综
合技术教育得到了进一步加强。

这一时期，苏联的高等教育得到了进一步发展。1954 年 8 月，苏共中央和
苏联部长会议做出《关于改进具有高等和中等专业教育程度的专门人才的培养、
分配和使用的决议》。从 20 世纪 50 年代中期开始，苏联高等教育就按照这一决
议的精神进行调整，合并或取消了一批条件差、水平低的高等学校。在 1950—
1951 学年，全苏有高等学校 880 所，经过调整，到 1955—1956 学年，苏联高等
学校只剩 765 所，比战争结束初期 1945—1946 学年的 789 所还少 24 所。④ 然
而高等学校在校学生的人数在这一时期仍然保持较大幅度的增长。到 1955—

---

① 参见顾明远主编：《战后苏联教育研究》，38 页，南昌，江西教育出版社，1991；苏联部长
会议直属中央统计局：《苏联文化建设》，熊家文、王诵芬译，205 页，北京，统计出版社，1957。
② 参见滕大春主编：《外国教育通史》第 6 卷，王桂、李明德本卷主编，6 页，济南，山东教育
出版社，2005。
③ 参见滕大春主编：《外国教育通史》第 6 卷，王桂、李明德本卷主编，7 页，济南，山东教育
出版社，2005。
④ 参见苏联部长会议直属中央统计局：《苏联文化建设》，熊家文、王诵芬译，204 页，北京，
统计出版社，1957。

1956学年，苏联高等学校在校学生人数达到186.70万，约是1945—1946学年的2.56倍。[1] 与此同时，为了满足苏联人民不断增长的接受高等教育的需求，苏联大力发展业余高等教育。函授和夜校高等教育在此期间有比较大的发展，其发展速度甚至超过了全日制高等教育。业余高等学校在校学生从1945年占大学生总数的28%，迅速增至1959年的49%。[2] 值得注意的是，从20世纪50年代中期开始，苏联就已经意识到并着手解决高等学校专业设置过窄、课程设置过专的问题，对高等学校的专业设置和课程设置进行了调整。在专业设置方面，苏联停办了一批需求量不大的传统专业，合并了一批划分得过窄、过细的专业，并增设了一批新专业，使高等学校的专业设置与国民经济和社会发展的适应性明显增强。比如，为适应新兴的核动力工业和电子工业的发展，苏联在高等学校增设了相关专业。在课程设置方面，苏联减少了专业课程的比重，加强了基础课程的教学，以培养知识面宽广、适应能力强的高级专门人才。

随着国民经济的恢复与发展，苏联中等专业教育也在不断地发展。20世纪50年代初期，苏联仿照工厂学校的模式开办矿业学校、电子技术学校、冶金学校、建筑学校和农业机械化学校等专业学校。这些学校主要招收七年制不完全中学毕业生，学习年限为6~10个月。在第四个五年计划期间高等教育的发展速度较快，造成了中等专业学校人才培养的速度落后于高等学校人才培养的速度，苏联在物质生产领域出现了高级专门人才和中级专门人才比例失调的现象。1954年8月，苏共中央和苏联部长会议通过了《关于高级专门人才和中级专门人才培养、分配和使用的决议》，规定"在工业、建筑、农业、运输和邮电部门，高、中级专门人才的比例应为1:2~4，或更多(取决于部

① 参见苏联部长会议直属中央统计局：《苏联文化建设》，熊家文、王诵芬译，204页，北京，统计出版社，1957。

② 参见顾明远主编：《战后苏联教育研究》，283页，南昌，江西教育出版社，1991。

门的特点）"①。与此同时，苏联开始创办以十年制完全中学毕业生为招收对象、学习年限为一年至一年半的职业学校。这是一种提高型的职业学校，目的是为工业和农业部门培养高度熟练的工人和初级技术人员。到1957年，全苏共有这种类型的职业学校434所，在校学生达13万人。② 在第五个五年计划期间，苏联中等专业教育的办学规模有了较大的发展。到1955年，中等专业学校增至3753所，在校学生达196.04万人。③ 这期间，苏联中等专业学校共为国民经济各部门培养了156万中级专门人才，使国民经济领域的中级专门人才达到294.9万人。④ 据统计，在1946—1958年，苏联各类职业学校共培养了约779万名熟练工人或初级技术人员。⑤ 这为战后苏联工业和农业的复苏与发展提供了有力的支持。

苏联师范教育在这一时期也有较大的发展和变化。20世纪50年代初，五至七年级教师紧缺的状况有所改变。为了提高五至七年级师资水平，苏联决定逐步撤销师范专科学校：部分较好的师范专科学校升格为师范学院，而其他较差的则直接关闭。师范专科学校在校生除少部分进入师范学院三年级继续接受高等教育外，绝大多数直接参加工作。1950年，全苏共有师范专科学校237所，1955年减至52所，到1956年则仅剩两所。⑥ 至此苏联基本形成两级师范教育体制：第一级为中等师范学校，主要培养小学教师、幼儿园教师、学校教导员和少先队辅导员；第二级为师范学院，主要培养中学各科教师。

---

① 顾明远主编：《战后苏联教育研究》，244页，南昌，江西教育出版社，1991。

② 参见吴式颖：《俄国教育史——从教育现代化视角所作的考察》，361页，北京，人民教育出版社，2006。

③ 参见苏联部长会议直属中央统计局：《苏联文化建设》，熊家文、王涌芬译，204页，北京，统计出版社，1957。

④ 参见顾明远主编：《战后苏联教育研究》，244页，南昌，江西教育出版社，1991。

⑤ 参见傅俊荣：《苏联职业技术教育的历史回顾》，载《苏联问题参考资料》，1987(6)。

⑥ 参见[苏联]Ф.Г.帕纳钦：《苏联师范教育——重要历史阶段和现状》，李子卓、赵玮译，117页，北京，文化教育出版社，1981。

为了提高小学师资水平，苏联从 1957—1958 学年开始在师范学院增设专门培养小学教师的初等教育系。其后，苏联初等教育系迅速发展，到 1959 年，仅俄罗斯联邦就开设初等教育系 40 个。① 另外，苏联恢复了师范院校函授部和夜校部，1951 年还在莫斯科开办了专门的国立函授师范学院，使高等和中等师范教育体系得以完善。这一时期，苏联师范教育的规模也有了明显扩大。到 1956 年，苏联高等师范学校在校学生为 74.1 万人，中等师范学校在校学生为 24.1 万人，全苏师范院校每年毕业生人数超过 15 万。② 到 1955—1956 学年，全苏共有教师 173.3 万人，较 1950—1951 学年增加了近五分之一。③

除此以外，苏联的学前教育和特殊教育也得到了进一步发展。在学前教育方面，苏联幼儿园数和在园儿童数都有较大的增长。到 1955 年，全苏共有幼儿园 31596 所，较 1950 年增加了近四分之一；在园儿童约 173.09 万人，较 1950 年增加了近一半。④ 在特殊教育方面，苏联开办了多样化的特殊教育机构。20 世纪 50 年代，苏联特殊教育朝着更加精细、更加科学的方向发展。苏联在原有特殊学校的基础上，又创办了听力障碍儿童学校、失明儿童学校、弱视儿童学校、发音严重障碍儿童学校和瘫痪半瘫痪儿童学校等特殊教育机构。除了为残疾儿童开办学校外，苏联政府还为其他"特殊儿童"创办了各种特殊教育机构，如寄宿制学校、林间疗养学校和儿童之家等。这一时期，苏联还尝试在补救学校开办中等智力缺陷儿童特殊班级，并根据这类儿童的身心发展特点制定教育目标、设置课程和编制教材，为他们提供康复训练以及

---

① 参见[苏联]Ф.Г.帕纳钦：《苏联师范教育——重要历史阶段和现状》，李子卓、赵玮译，119 页，北京，文化教育出版社，1981。
② 参见[苏联]Ф.Г.帕纳钦：《苏联师范教育——重要历史阶段和现状》，李子卓、赵玮译，119 页，北京，文化教育出版社，1981。
③ 参见[苏联]Ф.Г.帕纳钦：《苏联师范教育——重要历史阶段和现状》，李子卓、赵玮译，115~116 页，北京，文化教育出版社，1981。
④ 参见苏联部长会议直属中央统计局：《苏联文化建设》，熊家文、王诵芬译，192 页，北京，统计出版社，1957。

文化知识和职业技能教育。

总体而言，在第四、第五个五年计划期间，苏联教育的主要任务是恢复和发展国民教育，使其在各个方面达到乃至超过战前水平，但在教育体制等方面还未来得及进行改革。这一时期，苏联国民教育的恢复和发展工作取得了显著成效，既有力地支持了战后初期苏联国民经济的复苏和发展，也为 20 世纪 50 年代末以后的教育改革奠定了良好基础。

## 第二节  20 世纪 50 年代末苏联的教育改革

"二战"结束以后，国际形势风云变幻，科技发展日新月异，人才在国际竞争中发挥的作用日益凸显。世界各国都十分重视教育的改革与发展，苏联自然也不例外。20 世纪 50 年代末至 20 世纪 80 年代，苏联进行了多次重要的教育改革，其目的都是使教育体制和结构更加合理，以便更好地培养符合社会发展需要的各类人才。1958 年，苏联进行了战后第一次重大的教育改革。

### 一、改革的历史背景

苏联之所以在 20 世纪 50 年代末进行教育改革，有其深刻的内在原因。最主要的原因是要解决青年升学和就业之间的矛盾。20 世纪 50 年代初的苏联国民教育制度基本上是对 20 世纪 30 年代教育体制的沿袭，对中学提出的任务仍然是为高等学校培养具有扎实文化基础和基本科学知识的合格新生，而对中学生进行劳动教育和综合技术教育则被置于次要位置。[①] 但 20 世纪 50 年代的情形较 20 世纪 30 年代发生了很大的变化，随着七年制义务教育的普及

---

① 参见滕大春主编：《外国教育通史》第 6 卷，王桂、李明德本卷主编，12~13 页，济南，山东教育出版社，2005。

和中等教育的发展，许多中学毕业生不能进入高等学校和中等专业学校，青年升学和就业的矛盾日益突出。根据赫鲁晓夫在《关于加强学校同生活的联系和进一步发展苏联国民教育制度的建议》中所述，在1954—1957年，苏联有250万以上的中学毕业生不能进入高等学校或中等专业学校，仅1957年就有超过80万的中学毕业生不能升学。① 大批毕业生不能升学，就会面临就业问题，但由于缺乏必要的职业训练，他们对参加生产劳动既无思想准备，又无实际的劳动技能。中学生的就业准备问题成为亟待解决的社会问题。实际上，苏共第十九次、第二十次代表大会都提出要加强劳动教育和综合技术教育，培养学生的生产劳动技能，各加盟共和国也采取了一些具体措施，但由于没有对教育体制进行改革，所以收效甚微。1958年教育改革的首要目标就是要从整体上解决中学毕业生升学和就业的矛盾问题。

1958年教育改革还要解决中学生普遍存在的厌恶体力劳动的问题。当时，苏联有许多青年认为从中等学校毕业以后，只有进入高等学校或者至少进入中等专业学校，才是他们可以接受的出路。他们不愿意到工厂、集体农庄和国营农场去工作，甚至有一些人认为从事体力劳动是对自己的侮辱。② 与此同时，部分家长也对体力劳动持不正确的轻视态度。当孩子学业成绩欠佳时，这些家长就会对他们说，如果你学习成绩不好，就不能考入大学，到时候只能到工厂去做普通工人。显然，这种错误的价值观念既不利于教育本身的长远发展，也不利于整个社会的健康发展。因此，苏联当局呼吁要注重培养学生对体力劳动的正确态度。

此外，1958年教育改革还要解决人才培养与国民经济发展不相适应的问题。战后苏联国民经济特别是国防工业的高速发展需要大批训练良好的劳动力。但由于在反法西斯战争中丧失了2000多万人口，以及由此带来的新生人

① 参见顾明远主编：《战后苏联教育研究》，37页，南昌，江西教育出版社，1991。
② 参见李华：《论赫鲁晓夫时期的苏联教育改革》，载《扬州师院学报(社会科学版)》，1995(4)。

口的锐减，苏联在 20 世纪五六十年代劳动力严重不足。国家需要缩短劳动力的培养时间，让青年尽早地参加生产劳动，以缓解劳动力不足的压力。这就要求在普通学校中加强职业技术教育，使中学生在毕业后即可参加生产劳动。在 20 世纪 50 年代中期以后，苏联生产技术的现代化对工人和技术人员的培养也提出了新的要求。苏联亟须对中等教育、职业教育和高等教育进行改革。

由此可见，到 20 世纪 50 年代末，苏联的教育体制和内容已经不能适应国民经济和社会的发展，苏联必须从根本上对整个国民教育制度进行改革。正是在这一历史背景下，1958 年 9 月，苏共中央第一书记赫鲁晓夫向中央委员会提出了《关于加强学校同生活的联系和进一步发展苏联国民教育制度的建议》。同年 11 月，苏共中央和苏联部长会议根据这一建议发出了《关于加强学校同生活的联系和进一步发展苏联国民教育制度的提纲》，交由全国人民讨论。最后，在当年 12 月，苏联最高苏维埃主席团审议通过了《关于加强学校同生活的联系和进一步发展苏联国民教育制度的法律》（简称《法律》）。由此拉开了战后苏联第一次重要教育改革的序幕。

## 二、改革的主要内容

根据《法律》规定，1958 年的教育改革涉及学校制度、学校类型，以及各级各类学校的主要任务、学习年限、教学内容和教学方法等各个方面。

首先，普通学校的改革。《法律》明确规定：中等学校的基本任务是"培养学生走向生活和参加公益劳动，进一步提高普通教育和综合技术教育的水平，培养出有教养的、熟知科学基础知识的人"[①]。中等学校的基本指导思想是教育要同生产劳动、共产主义建设实践密切结合。《法律》规定，学生从 15 ~ 16 岁起都要参加公益劳动，要把学习与生产劳动相结合。

---

① 苏联最高苏维埃主席团：《关于加强学校同生活的联系和进一步发展苏联国民教育制度的法律》，见瞿葆奎主编：《苏联教育改革》下册，9 页，北京，人民教育出版社，1988。

《法律》将普通中等教育的学制从原来的十年延长至十一年，义务教育也相应地从七年延长至八年。苏联将普通中等教育分为两个阶段：第一阶段为八年制的义务教育阶段，是不完全的劳动综合技术普通中学，学生接受普通教育和综合技术教育；第二个阶段为九年级至十一年级的完全中等教育阶段。实施完全中等教育的学校主要有三类：一是青年工人学校和农村青年学校，这类学校主要招收八年制学校毕业后直接参加生产劳动的青年，通常采取夜校或函授的形式进行教学，学习年限为三年；二是兼施生产教学的劳动综合技术普通中学，这是一种招收八年制中学毕业生的全日制普通中学，以普通教育为主，兼施职业训练，学习年限也为三年，学生毕业后既能升入高等学校，也能在经济或文化部门就业；三是中等技术学校和其他中等专业学校，这类学校主要招收八年制不完全中学毕业生，职业训练和普通教育并重，培养具有中等教育程度的熟练工人和技术人员，修业年限为三年至四年。

其次，职业学校和中等专业学校的改革。《法律》规定职业学校的主要任务是为国民经济各部门培养出有文化、有技术知识的熟练工人和农业劳动者。《法律》提出，要把培养劳动后备军的工厂学校、技术学校、铁路学校、矿业学校、建筑学校和农业机械化学校、工厂艺徒学校等改组成为统一的职业学校，其中城市职业学校的学习年限为一年至三年，农村职业学校的学习年限为一年至二年。

《法律》要求进一步完善中等专业教育制度，改进中级专家的培养工作。《法律》规定，中等专业学校的主要任务是培养具有较高的理论修养水平和较为丰富的实践知识的中级专业人才。中等专业学校要建立在八年制学校的基础上，个别专业则要建立在完全中等教育的基础上。中等专业学校采取全日制、夜校制和函授制等多种办学形式，其学习年限也根据具体情况而定。中等专业学校的教育，除了应当保证使学生受到中学程度的普通教育以外，还应当使他们得到必要的专业理论学习和实践训练。

最后，高等学校的改革。《法律》规定：高等学校的主要任务是"培养出高级专家，他们应是在马克思列宁主义学说基础上教育成长的，应当了解国内外最新的科技成就，熟悉实际情况，不仅能充分利用现代的技术，而且能创造未来的技术"①。与此同时，《法律》要求高等学校应当接近生活，接近生产，遵循教学与公益劳动相结合的原则培养高级专门人才。这被确定为高等学校改革的基本原则和方向。《法律》在高等学校招生对象上也做出了新的规定：高等学校应优先录取具有实践经验的青年。具体要求就是从具有两年以上工龄的青年中招收学生，废除获得金质、银质奖章的中学毕业生可以被高等学校优先录取的规定。② 在教学方面，高等学校强调教学要同生产劳动相结合，注重吸收具有丰富实践经验的技术专家，强化生产教学和生产实习。

在高等教育改革中，苏联充分认识到发展高等教育的重要性，提出要加强重点大学的建设，特别是尖端科学相关专业的发展。《法律》规定："必须进一步发展大学教育，尤其是要更多地培养出数学、生物学、物理学和化学等的新的分支学科的专家。"③《法律》还对发展高等教育的具体措施做出规定，比如，要扩大和加强高等学校的物质技术基础，要给综合性大学和工科高等学校的实验室配备电子计算机、加速器和其他最新设备。此外，《法律》还提出要大力发展高等学校的函授和夜校教育，扩大高等学校的招生规模，以满足大批青年接受高等教育的需要。

## 三、改革的成就与不足

这次改革对普通中等教育的冲击最大。《法律》颁布以后，苏联迅速落实

① 苏联最高苏维埃主席团：《关于加强学校同生活的联系和进一步发展苏联国民教育制度的法律》，见瞿葆奎主编：《苏联教育改革》下册，15~16 页，北京，人民教育出版社，1988。
② 参见顾明远主编：《战后苏联教育研究》，32 页，南昌，江西教育出版社，1991。
③ 苏联最高苏维埃主席团：《关于加强学校同生活的联系和进一步发展苏联国民教育制度的法律》，见瞿葆奎主编：《苏联教育改革》下册，17 页，北京，人民教育出版社，1988。

有关普通教育的改革措施。到 1961 年，苏联全境完成了将七年制学校改组为八年制学校的任务，开始实施八年制义务教育，而对普通教育第二阶段的改革也在同步进行。截至 1960 年，全苏已有 15000 所十一年制的兼施生产教学的劳动综合技术普通中学。① 值得注意的是，改革以前的十年制中学是统一的普通中学，尽管也分别设立小学、七年制的不完全中学和十年制的完全中学，但其教学计划是一贯的、不分段的。改革以后，中学被分为相对独立的两个阶段，前八年是一个完整的教学计划，后三年则是另一个完整的教学计划，而且被分为城市中学和农村中学两类。1959 年 8 月，苏联批准了八年制学校的教学计划以及分别适用于城市中学和农村中学九年级至十一年级的教学计划。新的教学计划共增加了 2822 学时，较原先十年制中学增加了 28.6%。② 其中，在增加的学时中绝大部分用于生产教学和生产劳动，用于生产教学和生产劳动的学时从原来占教学计划总学时的 5.3% 增加到 21.06%；用于知识教学的学时数也增加了 679。③ 城市中学和农村中学九年级至十一年级教学计划的差别主要体现在生产教学和生产劳动方面，城市中学将生产劳动分散到每周进行，而农村中学则在农忙季节集中进行，但两者在生产劳动的总时间上是基本相同的。

1958 年的教育改革一直持续到 1964 年，其主要目的是要加强学校教育同现实生活的联系，纠正 20 世纪 30 年代以来偏重知识教育而忽视生产劳动教育的倾向。应当指出的是，赫鲁晓夫提出的人才培养应该与社会经济发展相适应、学校不能脱离生产劳动的基本思想是正确的。但实际上，这次教育改革并没有达到预期的效果。

一方面，在中学进行职业训练的计划基本没有实现。俄罗斯联邦教育部

① 参见滕大春主编：《外国教育通史》第 6 卷，王桂、李明德本卷主编，20 页，济南，山东教育出版社，2005。
② 参见顾明远主编：《战后苏联教育研究》，32 页，南昌，江西教育出版社，1991。
③ 参见顾明远主编：《战后苏联教育研究》，37 页，南昌，江西教育出版社，1991。

长阿法纳先科在 1964 年的全俄国民教育会议上指出："五年的经验证明，把中学修业年限延长一年并把这些时间基本上用于生产教学，这种作法在多数情况下是不正确的，因为可以用较短的时间完成这项任务；加上由于缺乏必要的条件而使生产教学往往变为无味的时间浪费。"①1965 年 3 月，凯洛夫在俄罗斯联邦教育科学院大会上的总结报告中也认为："经验令人信服地证明，学生在中学范围内的职业训练是不适当的"，"职业教育纯粹是机械地加在普通教育和综合技术教育的内容之上的一层东西罢了。许多学校由于没有必要的生产教学基地，就走上了狭隘的专业化和手工艺的道路"。② 显然，这些讲话都对 1958 年教育改革的核心做出了基本否定的结论。而事实也是如此，职业训练在普通中学中并没有得到有效实施，生产教学徒具形式。究其原因是多方面的：第一，职业训练的专业设置经常是自发的、盲目的，没有充分考虑到社会需求和个人兴趣，由此造成职业训练的专业并不符合国民经济部门的实际需要；第二，缺乏施行生产教学所必需的指导教师、专项经费和教学设备，以及专门的生产实习岗位，学生往往被分配去做没有教育意义的偶然性工作，结果就使得生产教学变成徒然浪费时间；第三，工厂与企业的生产任务繁重，它们对影响自身效益的生产教学缺乏热情，不愿为此投入人力、物力，职业训练的效果也就难以保证。从结果来看，大部分毕业生并没有按照职业训练的方向就业，这就意味着国家还要再次投入大量人力、物力对他们进行职业训练。实际上，缩短劳动力培养年限的计划并未实现。

另一方面，教育改革严重地降低了中学的教学质量。这次教育改革更加关注生产劳动教育，却忽视或偏废了知识教育，从而走向了另一个极端。虽然知识教学的时间没有减少，但由于生产教学的时间大幅增加，各校只好相应地增加每周上课的总时间，结果就使得原本沉重的学业负担变得更加沉重，

① 转引自顾明远主编：《战后苏联教育研究》，42 页，南昌，江西教育出版社，1991。
② 转引自顾明远主编：《战后苏联教育研究》，42 页，南昌，江西教育出版社，1991。

学生考试不及格率和留级率升高。① 许多学生也因不能升入高等学校而失去对学习的兴趣，中途退学的情况相当严重，仅1962年退学的中小学学生就有50万人，农村地区学生的退学率竟高达50%。② 俄罗斯联邦文化教育委员会主席格涅多夫在最高苏维埃常委会上提及学生知识水平时说道："中学毕业生的知识水平，特别是数学和物理学方面的知识水平，没有达到一些学院和大学向中学提出的严格要求。"③他认为造成这种状况的原因有：第一，有些教育工作者忽视普通学校的根本任务之一是用知识武装学生；第二，人们对初等教育的意义估计不足；第三，教学方法欠妥，效果不佳。对教学质量更为激烈的批评来自高等学校。招生章程规定高等学校必须优先录取具有两年以上工龄的青年，结果就使得具有实际工作经验的新生的比例从1957年的28%迅速蹿升到1961年的60%。④ 这些青年的文化知识水平普遍很低，根本无法达到高等学校的学术标准。与此同时，许多中学应届毕业生的文化知识水平也不达标。这就使得高等学校的生源质量严重下滑，不仅给高等学校的教学工作造成了很大的困难，而且也导致高等学校的办学质量降低。

## 第三节　20世纪六七十年代苏联的教育改革与发展

　　1958年教育改革对纠正20世纪30年代以来偏重知识教育而忽视生产劳动教育的倾向起到了积极作用，但这次改革过分强调生产劳动教育，结果产

---

① 参见顾明远主编：《战后苏联教育研究》，41页，南昌，江西教育出版社，1991。

② 参见李华：《论赫鲁晓夫时期的苏联教育改革》，载《扬州师院学报(社会科学版)》，1995(4)。

③ 转引自顾明远主编：《战后苏联教育研究》，41页，南昌，江西教育出版社，1991。

④ 参见李华：《论赫鲁晓夫时期的苏联教育改革》，载《扬州师院学报(社会科学版)》，1995(4)。

生了中等教育质量严重下降等一系列不良后果。与此同时，随着国民经济和科学技术的发展，学校教育与社会需求之间的矛盾也日益凸显。20世纪六七十年代，苏联对教育进行了多次改革，各级各类教育由此迎来了新的发展契机。

## 一、20世纪六七十年代的教育改革

20世纪60年代中期以后，苏联通过推进教育现代化等一系列措施不断深化教育改革，完善教育体制。

### （一）教育现代化改革

1964年，苏联开启了教育现代化改革。究其原因，主要有以下几点。第一，纠正1958年以来教育改革中的偏颇。苏联在纠正20世纪30年代形成的偏重知识教育而忽视生产劳动教育的倾向时走向了另一个极端，即片面强调生产教学和生产劳动，忽视理论知识的教学。其导致教育质量严重下降，引起了苏联社会各界的强烈不满，他们要求重新普及普通中等教育。第二，学校教育严重落后于科技发展。第二次世界大战以后，科学技术发展日新月异，但学校教育却没有反映最新的科学进步，教学内容陈旧落后，教学方法机械单一，不利于科学技术人才的培养。因此，许多科学家和教育家都极力主张改革中等教育。第三，欧美教育现代化改革的冲击。在20世纪50年代末，美国率先掀起了教育现代化改革运动。1958年美国国会通过了《国防教育法》，增拨大量教育经费，大力更新教学内容，提高教学和实验设备的现代化水平。其后，教育现代化改革在西方国家迅速推广开来。西方的教育改革给苏联以强大的外部冲击，使其不得不调整教育改革的方向。

1964年8月，苏共中央和苏联部长会议通过了《关于改革兼施生产教学的劳动综合技术普通中学的学习期限的决定》，要求将八年制学校基础上的普通中等教育的学习年限从三年缩短为两年，同时责成苏联教育部和各加盟共和国教育部对普通中等学校的教学计划和教学大纲做相应的修改。1964年10月，苏联科学院主席团和俄罗斯联邦教育科学院主席团联合成立了审定中学各科内容与性质的学科委员会及协调各学科委员会工作的总委员会。这些委员会由著名专家学者、大学和师范学院教授以及中小学先进教师共五百余人组成，其任务是全面修改普通中等学校的教学计划、教学大纲和重新编写教科书，使"教育的内容和性质符合现代科学、技术和文化的发展水平"①。1965年，委员会提出了《关于普通教育课程设置的建议》，要求取消普通中学的职业训练，减少生产教学和生产劳动的时间；加强数学和自然科学学科的教学，提高学生的理论知识水平；加强外语教学；改小学阶段的学习年限为三年，并将九年级至十年级所学的部分内容下放。

关于缩短普通中学学习年限的决定公布以后，苏联对普通中等学校的教学计划和教学大纲进行了调整，其中最主要的变化就是弱化了生产劳动教育。四年级以后的部分科目(如俄语、文学、外语)的教学时数有所减少，但主要减少的是生产教学和生产劳动的时间。学习年限缩短以前，九年级至十一年级生产教学和生产劳动的时间为每周12学时，总学时数为1356；学习年限缩短以后，九、十年级生产教学的时间为每周6学时，另加集中劳动48天(九年级36天、十年级12天)，总学时数为708，减少了47.8%。② 九、十年级的总学时数也有所减少，从原来的2698学时减到2100学时，减少了22%。③各科教学时间都有所减少，其中外语、历史和地理减少得比较多。除此以外，普通中学还取消了苏联宪法课，增加了社会学课。

刚开始缩短普通中学学习年限时，苏联还比较重视生产劳动教育，并且一再声称不是回到1958年以前。然而，20世纪60年代中期以后，情况发生了根

①　转引自顾明远主编：《战后苏联教育研究》，46页，南昌，江西教育出版社，1991。
②　参见顾明远主编：《战后苏联教育研究》，48页，南昌，江西教育出版社，1991。
③　参见顾明远主编：《战后苏联教育研究》，48页，南昌，江西教育出版社，1991。

本性变化，苏联更多地强调知识教学，而不再重视生产劳动教育。1965 年，苏联高等和中等专业教育部部长叶留金在回答考生提问时宣称："高等学校招生考试的基础的唯一和基本要求是一切考生一律都必须具有高深和牢固的知识。"①《真理报》把这篇报道的标题定为"深刻的知识是进入高等学校的通行证"。

　　1966 年 11 月，苏共中央和苏联部长会议通过了《关于进一步改进中等普通教育学校工作的措施的决议》(简称《决议》)，认为各加盟共和国教育部对于教学计划和教学大纲同现代科学知识不相适应与学生毕业负担过重等问题，没有采取必要的措施加以解决。《决议》指出："苏联的学校今后仍然应当是劳动的、综合技术的普通教育学校。学校的主要任务是：使学生获得牢固的科学基础知识，具有高度的共产主义觉悟，培养青年面向生活并能自觉地选择职业。"②《决议》要求进一步完善普通中等教育，实施有科学依据的教学计划和教学大纲，并决定从 1966—1967 学年开始有组织、有计划地改用新的教学计划和教学大纲。教学计划进一步减少了生产劳动的时间，减少到每周只有 2 小时。《决议》提出要加强知识教学的衔接性和系统性，加深数理学科、自然学科和人文学科的知识，并决定从七年级开始增设选修课。1967 年 4 月，苏联教育部还专门发布了《关于为普通中学七至十(十一)年级学生开设选修课的通函》，规定从七年级开始按教学科目开设选修课。与西方国家不同，苏联开设选修课的目的在于加深和补充学科知识。《决议》还决定恢复给优秀中学毕业生颁发奖章和奖状的制度。此外，《决议》在加强教学设施建设、提高师资培养质量、完善劳动教育和职业训练等方面也做出了明确规定。纵览全文，《决议》的主要内容都是加强知识教学，而对生产教学和劳动教育涉及甚少。

　　根据《决议》精神，苏联教育部在 1966 年 12 月通过了十年制普通中学的标

---

①　转引自顾明远主编：《战后苏联教育研究》，48 页，南昌，江西教育出版社，1991。
②　苏共中央和苏联部长会议：《关于进一步改进中等普通教育学校工作的措施的决议》，见瞿葆奎主编：《苏联教育改革》下册，90 页，北京，人民教育出版社，1988。

准教学计划。与1959年的教学计划相比，人文学科学时占总学时的比例从37%增至40%，数学和自然科学学科的学时占总学时的比例从30%增至36.6%，而劳动教学的学时占总学时的比例则削减至7.2%。① 在新的教学计划中，选修课受到重视。苏联在20世纪60年代实行教育现代化改革，重新强调知识教学，但与此同时却又忽视了生产劳动教育，使知识教育和生产劳动教育的矛盾重新凸显出来。除此以外，由于新编教科书增加了各学科内容的分量、深度和难度，学生的学业负担不减反增，这种情况一直持续到20世纪70年代末。

(二)《国民教育立法纲要》的颁布

1973年7月19日，苏联最高苏维埃讨论通过了《苏联和各加盟共和国国民教育立法纲要》(简称《国民教育立法纲要》)，并规定此纲要在1974年1月1日正式生效，同时1958年12月通过的《关于加强学校同生活的联系和进一步发展苏联国民教育制度的法律》失效。《国民教育立法纲要》是苏联和各加盟共和国教育发展的指导政策，同时也是苏联和各加盟共和国教育立法的纲领性文件。根据《国民教育立法纲要》的规定，苏联和各加盟共和国的国民教育法律体系由《国民教育立法纲要》以及依据《国民教育立法纲要》制定的苏联关于国民教育的其他立法文件和各加盟共和国关于国民教育的法律及其他立法文件共同构成。

《国民教育立法纲要》指出，苏联国民教育立法的目的是要积极完善国民教育事业，进一步巩固这一领域社会关系中的社会主义法制。苏联国民教育立法的任务是，负责调整国民教育领域中的社会关系，以便充分地满足苏联人民的需求和发达社会主义社会对正在成长的一代进行国民教育与共产主义教育的需要，保证国民经济拥有具备相应技能的熟练工人和专门人才。

根据《国民教育立法纲要》的规定，苏联国民教育由联盟、各加盟共和国

① 参见吴式颖：《俄国教育史——从教育现代化视角所作的考察》，349页，北京，人民教育出版社，2006。

和自治共和国的最高权力机关与管理机关，以及地方苏维埃及其执行委员会进行领导。《国民教育立法纲要》对联盟和各加盟共和国在领导国民教育方面的权限做了规定。其中，联盟在国民教育方面的权限包括：确定苏联国民教育总的指导原则和管理制度；制订苏联国民教育发展计划和为国民经济培养熟练工人与专门人才的计划；领导苏联国民教育机构，管理国民教育体系中联盟所属的教育教学机构、科研机构及其他机构；规定学校和其他国民教育机构的类型，批准学校和其他国民教育机构的条例（章程），规定入学年龄和修业年限等。各加盟共和国在国民教育方面的权限包括：制订本国国民教育发展计划和为国民经济培养熟练工人与专门人才的计划；领导本国国民教育机构，管理国民教育体系中本国所属的教育教学机构、科研机构及其他机构；按法定程序开办、改组和撤销本国所属的学校。

《国民教育立法纲要》指出，苏联国民教育的目的是培养有高度教养的、全面发展的、积极的共产主义社会建设者。根据《国民教育立法纲要》的规定，苏联全体国民不分出身、社会地位、财产状况、种族、民族、性别、语言、宗教信仰、职业类别和性质、居住地点及其他情况，在受教育方面一律平等。《国民教育立法纲要》确定了苏联国民教育体系包括学前教育、普通中等教育、技术教育、中等专业教育、高等教育和校外教育，并详细地规定了各级各类教育的机构、性质和任务等内容。

《国民教育立法纲要》规定在苏联实施中等教育的机构为普通中等学校、中等职业学校和中等专业学校，其中普通中等学校是普及中等教育的基本形式。普通中等学校是对学生进行教学和教育的统一的劳动综合技术学校，其主要任务是：对学生进行符合现代社会进步和科学技术进步要求的普通中等教育，使学生深入而牢固地掌握科学基础知识，培养他们不断提高自己的知识水平，以及独立地充实知识和在实践中运用知识的能力；使学生树立马克思主义世界观，培养学生高尚的道德品质，保证学生得到全面、和谐的发展，对学生进行美育和体育训练,培养学生积极参加劳动和社会活动,自觉地选择职业等。《国民教育立法纲要》对普通中等学校开展生产劳动教育规定,有条件的普通中等学校也可以进行生产教学。也就是说,不是所有的普通中等学校都必须进行生产教学。这就彻底改变了苏联在1958年教育改革中确定的普通中等学校的性质和任务,重新将普及中等教育作为普通中等学校的主要任务,生产教学只是在有条件的学校才进行。

《国民教育立法纲要》对苏联高等教育的目的、高等学校的任务、高等教育的形式,以及高等学校的招生、实习和毕业生分配等也做了原则性规定。根据《国民教育立法纲要》的规定,苏联高等教育由综合性大学、多科性学院、专业学院以及按规定属于高等学校的其他学校实施。苏联高等学校的主要任务是:培养掌握马克思列宁主义理论,在专业和组织群众政治工作以及教育工作方面具有高深的理论知识和实际技能的、高度熟练的专家;培养大学生具有高尚的道德品质和共产主义觉悟,使大学生有文化,有社会主义、国际主义和苏维埃爱国主义精神,有保卫社会主义祖国的决心;开展有助于提高专门人才培养质量和有助于推动社会发展与科技进步的科学研究工作。

除此以外,《国民教育立法纲要》还对教师的培养与进修、国民教育工作人员的权利和义务、家长教育子女的权利和义务、国民教育机构的物质基础,以及外国公民和无国籍者在苏联受教育的权利等进行了规定。

(三)改革和完善高等教育

20世纪五六十年代,苏联高等教育的办学规模得到了较大的发展。到20世纪70年代,苏联高级专门人才在数量上已经基本满足了国民经济和文化各部门的需求。随后,苏联将高等教育的发展战略从规模扩张转向质量提升。为了解决高等教育的质量问题,苏共中央和苏联部长会议在1972年7月通过了《关于进一步改进全国高等教育的措施的决议》,要求集中力量完成苏共二十四大在发展高等教育方面所规定的任务,进一步提高国民经济、科学文化部门所需人才的培养质量，以适应科学技术进步，并提出了许多改革和完善高等教育的措施。1979 年 7 月，苏共中央和苏联部长会议又通过了《关于进一步发展高等学校和提高专家培养质量的决议》，提出必须采取有力措施进一步改进高等学校工作，提高专家培养质量，更好地发挥高等教育在国民经济和科学技术进步中的作用。20 世纪 70 年代，围绕着提高高等教育质量的问题，苏联采取了一系列改革措施。

第一，调整高等学校培养目标。高等学校的培养目标不是一成不变的，而是随着社会经济发展和科学技术进步不断调整变化的。20 世纪 30 年代，苏联从当时的经济发展和社会需要出发，确定高等学校的培养目标是造就能够在某个部门担负某一具体工作的专家，因而专业设置又窄又专。但到 20 世纪 50 年代中期，科学技术的发展进入新的阶段，高级专业技术人员的工作条件和工作内容发生了巨大变化。他们已经不能再像过去那样，只是用在高等学校学习过的专业知识和技能解决某一具体问题，而是需要解决由于科技进步而不断产生的新问题。① 显然，过去的培养目标已经不符合现实的需要。1954年 8 月，苏共中央和苏联部长会议通过了《关于改进具有高等和中等专业教育程度的专门人才的培养、分配和使用的决议》，指出了高等学校存在专业设置过窄的问题，提出应该根据科技发展的需要调整专业设置，修订教学计划和教学大纲。其后，苏联对高等学校的专业设置进行了多次调整，合并了一批划分得过细过窄的专业。然而，高等学校专业设置过窄的弊端始终没有彻底消除。比如，苏联在 1963 年颁布的《高等学校条例》提出"培养具有高深的专业理论知识和必要的实践知识，……有高度专业技能的专家"②。显然，这里强调的仍然是"高深"，而"宽广"却不突出。1972 年，苏联首次提出要着重培养知识面比较宽的专门人才，将专家培养的方向从强调"高深"转向突出"宽

---

① 参见顾明远主编：《战后苏联教育研究》，54~55 页，南昌，江西教育出版社，1991。

② 转引自顾明远主编：《战后苏联教育研究》，55 页，南昌，江西教育出版社，1991。

广"，以满足现代化生产的需要。1979年，苏联再次强调要培养专业知识面宽的专家，不断完善教学计划和教学大纲。1980年2月，在全苏高等学校教育会议上，时任苏联高等和中等专业教育部部长的叶留金指出："完善高等学校教学教育过程的主要途径是由培养具有广泛专业知识的专家的任务决定的。"①苏联在20世纪70年代以后加大了专业设置的调整力度，以纠正长期以来存在的高等学校专业划分过细过窄的问题。

第二，完善高等学校招生制度。1958年教育改革以后，苏联高等学校强调招收具有实践经验的青年，并废除了金质、银质奖章获得者可以优先录取的规定。这就使得具有实践经验的新生比例从1957年的28%迅速增至1961年的60%。② 由于这些青年的文化知识水平普遍很低，因此苏联高等学校办学质量严重下降。1964年以后，苏联在高等学校招生过程中重新强调文化知识水平的考核，恢复了以直接招收中学应届毕业生为主的做法。但由于有些专业(如采矿、建筑、运输、冶金等)报名学生甚少，而且确实需要具有一定的实际工作经验，因此苏联仍然重视招收具有实践经验的青年，并在20世纪60年代末建立了高等学校预科制度。1969年8月，苏共中央和苏联部长会议通过了《关于在高等学校设立预科的决议》，决定创办附设在高等学校的大学预科，目的是为工农青年补习文化基础知识，给他们创造接受高等教育的必要条件。预科阶段脱产学习八个月，不脱产学习十个月，预科毕业以后可以不经大学入学考试直接升入高等学校。与此同时，苏联特别注重避免统一考试的偶然性，在同等条件下优先录取学业成绩优异和具有特殊天赋的中学毕业生，如金质、银质奖章获得者以及奥林匹克竞赛优胜者等。此外，苏联还对部分特殊专业或急需专业采取特别的招生政策。

第三，改进高等学校教学工作。20世纪六七十年代，苏联高等学校在教

---

① 转引自顾明远主编：《战后苏联教育研究》，55页，南昌，江西教育出版社，1991。
② 参见李华：《论赫鲁晓夫时期的苏联教育改革》，载《扬州师院学报(社会科学版)》，1995(4)。

学内容、教学方法和组织形式等方面进行了一系列改革。特别是在 20 世纪 70年代以后，苏联高等学校对传统教学制度有所突破。其一，不断修改、完善教学计划和教学大纲。苏联规定高等学校的教学计划和教学大纲要定期进行修改和更新，力求全面反映科技发展的最新成就，保证教学内容的现代化。在 20 世纪六七十年代，苏联高等学校教学内容改革的整体方向是降低专业课比重，增加基础课比重，以纠正课程设置过分专业化的问题。其二，减少课堂讲授，增加课堂讨论和实验操作。重视课堂讲授是苏联高等学校教学工作的突出特点，但单纯由教师讲授容易造成被动学习的局面。因此，苏联有意识地增加人文学科的课堂讨论和自然学科的实验操作，培养学生的自主学习能力和实际动手能力。其三，加强教学与实践的联系。苏联高等学校一向注重加强教学与生产实践的联系，进入 20 世纪 70 年代以后，苏联更加强调高等学校与生产部门的联系，不仅让高等学校学生到生产部门参与见习和实习，还让生产部门的专家直接参与高等学校人才培养工作，承担课堂教学和科研指导任务。其四，加强个别化教学，实施个性化培养。这一时期，苏联注重改变原来过于统一的人才培养模式，缩减必修课比重，增加选修课门类，甚至还专门为拔尖学生制订个性化教学计划，以满足不同学生的发展需求。其五，苏联还注重高等学校教学方法的研究与实验，促进教学方法和教学技术的现代化。

第四，改革高等学校分配制度。苏联高等学校的分配制度在 20 世纪 70年代也有较大的改革。针对统一分配存在的问题，苏联在较长一段时间内实行高等学校毕业生在服从统一分配三年以后可自谋职业的制度。但这一措施容易导致专门人才的流失，特别是不利于偏远地区和边缘部门专家队伍的稳定。为此，苏联一方面大力改善毕业生的经济待遇和生活条件，另一方面则不断完善毕业生的分配制度。苏联实行提前 1 年至 3 年预分配的制度，让高等学校的人才培养与用人单位直接挂钩。这一举措既能让学生尽早地了解毕业去向和工作性质，使学习更有目的性，从而使学生在能力上、思想上和心理上准备得更为充分；也能充分调动用人单位的积极性，使他们更加关心人才的培养工作，并在经费、师资和设备上给予更多的支持。这一时期，苏联高等学校分配制度改革的整体方向就是与招生制度改革相结合，实行定向分配和提前分配。

（四）1977 年的教育改革

1977 年 12 月，苏共中央和苏联部长会议通过了《关于进一步改进普通学校学生的教学、教育和劳动训练的决议》，由此开始了战后苏联的第三轮普通中等教育改革。这次改革一直持续到 1984 年苏联颁布新的改革法令。

苏联之所以在 20 世纪 70 年代末进行普通中等教育改革，是因为 1958 年提出的就业与升学的矛盾问题始终没有得到很好的解决。1958 年教育改革主张在普通中等学校兼施职业训练，没有取得预期的效果；20 世纪 60 年代的教育现代化改革重新强调知识教学，却又忽视了劳动技能的培养；到 20 世纪 70 年代，随着中等教育的基本普及，就业与升学的矛盾问题再次凸显出来。根据 1967—1977 年的社会调查，80%的学生希望在中学毕业以后能够继续深造，只有不到 10%的学生打算直接就业；但实际情况是，真正能够升入高等学校或技术专科学校的毕业生不及 40%，其余超过 60%的人都要直接就业。① 而且，"许多中学毕业生在走向生活时，缺乏应有的劳动训练，对基本的普通职业没有足够的认识，所以在走上国民经济部门的工作岗位时感到有困难"②。在这种情况下，苏联就必须加强普通中等学校的生产教学和劳动训练。另外，普通中等学校的教学大纲和教科书中还存在大量过于烦琐且不必要的材料，加重了学生的学业负担，这就妨碍了学生创造力的培养。

① 参见顾明远：《苏联普通教育的几次改革》，载《外国教育动态》，1982(2)。
② 苏共中央和苏联部长会议：《关于进一步完善普通教育学校学生的教学、教育和劳动训练的决议》，见瞿葆奎主编：《苏联教育改革》下册，151 页，北京，人民教育出版社，1988。

　　这次改革重新强调对学生进行劳动教育和生产劳动训练，除了要使学生掌握一定的劳动技能和职业知识外，还特别强调要培养学生对生产劳动的正确态度。《关于进一步改进普通学校学生的教学、教育和劳动训练的决议》提出必须全面地改进普通中等学校的劳动教育和生产教学，并对此提出了具体的改进措施。第一，利用学校附近的企业、集体农庄和国营农场开展有效的劳动教学和职业指导；第二，要根据学生的年龄特点安排他们参加公益劳动，并保证八年制毕业生能自觉选择继续接受教育；第三，将九年级至十（十一）年级的劳动教学时间从每周 2 小时增加到每周 4 小时；第四，加强学校劳动教学的师资力量，扩大师范院校对劳动教学师资的培养；第五，修订教学计划、教学大纲和教科书，删除其中过难的和次要的材料等。

　　这次改革旨在改进普通中等学校的劳动教育和生产教学，它与 1958 年的教育改革有所不同。这次改革不是盲目的，而是在总结先前经验的基础上进行的，因此没有对普通中等学校提出不切实际的职业训练任务。并且，这次改革极为重视为生产劳动教学创设更有利的条件。比如，在苏联教育部设立由苏联国家计划委员会、苏联国家劳动和社会问题委员会、苏联工会中央理事会、苏联共青团中央和其他有关部门的代表组成的联合指导委员会，协调苏联青年的职业定向工作。又如，在综合性大学、师范学院和专业技术学院设立工程师范系，1979 年成立斯维尔德洛夫斯克工程师范学院，专门培养劳动课教师和生产教学技师。再如，苏联恢复和发展了生产教学联合体、学生生产队、校办教学工厂等实施生产劳动训练的组织和场所。这一时期，苏联实施劳动教育和生产劳动训练的物质基础和师资条件都得到了明显改善。

　　到 20 世纪 80 年代初，苏联已经形成了一个对学生进行劳动教育和生产劳动训练的完整体系。总体而言，这次旨在改进普通中等学校劳动教育的改革是成功的，但随着国民经济和科学技术的发展，教育体制与社会发展形势不适应的情况仍然存在，苏联在 20 世纪 80 年代中期又兴起了新一轮的教育改革。

## 二、20世纪六七十年代的教育发展

20世纪六七十年代，经过多次教育改革，苏联的教育体制和机制不断完善。这一时期，苏联的教育发展取得了显著成就。

### (一)学前教育

苏联的学前教育分为两个阶段，实施前一阶段教育的为托儿所，招收2个月至3岁的儿童，以护理和保育为主；实施后一阶段教育的为幼儿园，招收4~7岁的儿童，以教育为主。在20世纪50年代以前，托儿所和幼儿园分别隶属于两个不同的领导部门，前者由卫生部领导，后者则由教育部领导。由于政出多门，因此苏联的学前教育在管理上出现了混乱。苏联迫切需要将托儿所和幼儿园合并成统一的学前教育机构，并对其实行一元化的领导。

1959年5月，苏共中央和苏联部长会议讨论并通过了《关于进一步发展学前教育机构，改善学前儿童教育和医疗服务的措施的决定》(简称《决定》)，提出将托儿所和幼儿园合并为统一的学前教育机构，并将其命名为"托儿所—幼儿园"。《决定》将托儿所—幼儿园的管理和监督权统一于各加盟共和国教育部，同时规定由各加盟共和国卫生部负责儿童的保健工作。[1]《决定》公布以后，苏联新创办的学前教育机构基本上都是托儿所—幼儿园。与此同时，原有的托儿所和幼儿园也不断进行合并。托儿所—幼儿园逐渐占据多数，成为苏联学前教育机构的主要类型。

为了适应新设的学前教育机构，在《决定》颁布之后不久，苏联政府就委托俄罗斯联邦教育科学院和医学科学院共同制定与托儿所—幼儿园配套的教学大纲。1962年，苏联公布了《托儿所—幼儿园统一教学大纲》。这个教学大纲消除了以往学前教育过程中的脱节现象；更多地反映了各年龄段学前儿童身心发展的特点；提出了学前儿童在各个发展阶段体、德、智、美应达到的水平和要求，强调学前教育的顺序性和系统性；要求通过日常活动、游戏、

---

[1] 参见杨汉麟、周采：《外国幼儿教育史》，474~475页，南宁，广西教育出版社，1998。

劳动、作业等多种活动形式来保证学前儿童个性的全面发展。① 在此后的二十多年里，苏联对这个教学大纲进行了多次补充和修订。

20 世纪六七十年代，苏联的学前教育发展取得了重大成就。在"二战"结束时，苏联仅有幼儿园约 2.8 万所，在园儿童约 147 万人②；到 1966 年，苏联的学前教育机构发展到 9.2 万个，在园儿童为 820 万人；到 20 世纪 80 年代初，苏联的在园儿童超过了 1500 万人。③ 这一时期，苏联学前教育机构的物质基础不断加强，基础设施、教学设备、教学用具等都得到了很大的改善。与此同时，苏联还建立了一支庞大的学前教育专业队伍，有超过一百万的教师、教学法专家和教育管理人员在学前教育机构工作。1960 年，苏联教育科学院还建立了学前教育研究所。截至 20 世纪 80 年代初，全苏共有 27 家单位与学前教育研究所共同开展研究工作。④

**(二) 普通中等教育**

普通中等教育在苏联的整个国民教育体系中占有十分重要的地位。苏联的普通中等教育分为初等教育、不完全中等教育和完全中等教育三个层次，其主要任务是对学生实施普通教育和综合技术教育，使学生得到全面和谐的发展。普通中等学校是实施普通中等教育的基本形式，分成初等学校(小学)、不完全中学和完全中学三种。

"二战"以后，苏联普通中等教育经历了多次变革，普通中等教育的学制也经过了多次调整。苏联战前形成的学制是四三三制，即初等教育四年，中等教育第一阶段三年，中等教育第二阶段三年。1958 年，苏联将中等教育第一阶段的学习年限延长至四年，实行四四三制。1964 年，苏联将中等教育第

① 参见单中惠、刘传德：《外国幼儿教育史》，210 页，上海，上海教育出版社，1997。
② 参见苏联部长会议直属中央统计局：《苏联文化建设》，熊家文、王诵芬译，192 页，北京，统计出版社，1957。
③ 参见于冬青主编：《中外学前教育史》，200 页，长春，东北师范大学出版社，2013。
④ 参见邱尉芳：《苏联的学前教育》，载《今日苏联东欧》，1983(2)。

二阶段的学习年限缩短为二年，学制就变成四四二制。其后，苏联又将初等教育学习年限缩短为三年，中等教育第一阶段的学习年限延长为五年，学制变成三五二制。直到1984年，苏联重新把初等教育的学习年限恢复为四年，学制就变成四五二制。

苏联普及义务教育的年限随着国民经济发展和学制改革不断变化。"二战"大大推迟了在全苏普及七年制义务教育计划的实施，直到1952年苏联才宣告这一任务已经完成。苏共十九大决定到1955年在各共和国首都和大城市、大工业中心普及十年制义务教育。苏共二十大进一步提出到1960年在全国城乡基本普及十年制义务教育，但这一目标并未实现。1958年，苏联发起了以加强生产劳动教育为中心的教育改革，决定减缓普及完全中等教育的实施。1962年，苏联基本实现了普及八年制义务教育。1964年，苏联重新将普及义务教育的年限改为十年。1966年，苏共二十三大提出要在"八五"期间基本实现向普及十年制义务教育过渡的目标。然而直到1970年，苏联中等教育的普及率仍然只有71.3%，而且这还包括升入中等专业学校的11.1%。[1] 1972年，苏共中央和苏联部长会议又通过了《关于完成向普及中等教育的过渡和进一步发展普通学校的决议》，决议指出完成向普及中等教育过渡的一切条件正在形成。1975年，苏联宣布已经实现了在全国范围内普及十年制义务教育的目标，但实际上仍然至少有10%的八年级毕业生未能接受完全中等教育。[2]

（三）高等教育

高等教育作为苏联国民教育体系的重要组成部分，受到了苏联政府和社会的高度重视。苏联的高等教育由综合性大学、多科性学院、专业学院以及按规定属于高等学校的其他学校实施，其主要任务是培养高等专门人才。

"二战"结束至20世纪50年代初，苏联高等教育迅速得到了恢复和发展，

---

① 参见成有信：《九国普及义务教育》，135页，北京，人民教育出版社，1985。
② 参见成有信：《九国普及义务教育》，136页，北京，人民教育出版社，1985。

高等学校数量和招生规模均超过了战前水平。随着国民经济的恢复和发展，以及生产机械化和自动化水平的提高，苏联各生产部门都深感专门人才的缺乏，高等学校毕业生远远不能满足国民经济发展的需要。20 世纪 60 年代，苏联高等教育进入迅速发展的黄金时期。这一时期，苏联把高等教育发展的战略重心放在规模扩张上，以满足国民经济发展对高等专门人才数量的需求。1960 年，苏联高等学校在校生数约为 243.2 万；到 1970 年，苏联高等学校在校生数增至 468 万，增加了近一倍。① 1970 年，苏联就业人口中受过高等教育的人数较 1950 年增加了 3.6 倍，占全国就业人口总数的 6.5%，1975 年增至 8.1%，1979 年进一步增至 10%，即每十个就业人口中就有一人受过高等教育。② 在 1950—1970 年，苏联工程师从 3.7 万人增至 25.7 万人，增加了近6 倍。③ 1970 年，苏联对高等专门人才需求的满足率达到 80%，1975 年进一步增至 92.7%。④ 苏联在高等专门人才的数量上已经基本满足国民经济发展的需求，有些部门甚至达到饱和程度。

进入 20 世纪 70 年代以后，苏联把高等教育发展的战略重心由规模扩张转向质量提升。这一时期，苏联高等教育发展的速度明显减缓，高等学校在校学生数量年平均增长率仅为 1.2%，最高也没有超过 2%。⑤ 整个 20 世纪 70年代，苏联高等学校在校学生只增加了 65.5 万人，远低于 20 世纪 60 年代和20 世纪 50 年代。⑥ 然而在此期间，苏联对高等教育进行了全面系统的改革。具体措施主要有：第一，适度控制高等教育的发展规模，严格限制高等学校数量的增加，限制业余高等教育机构的招生规模并对其进行整顿；第二，不

---

① 参见郝克明、汪永铨主编：《中国高等教育结构研究》，420~421 页，北京，人民教育出版社，1987。
② 参见顾明远主编：《战后苏联教育研究》，276 页，南昌，江西教育出版社，1991。
③ 参见顾明远主编：《战后苏联教育研究》，276 页，南昌，江西教育出版社，1991。
④ 参见顾明远主编：《战后苏联教育研究》，276~277 页，南昌，江西教育出版社，1991。
⑤ 参见顾明远主编：《战后苏联教育研究》，277 页，南昌，江西教育出版社，1991。
⑥ 参见顾明远主编：《战后苏联教育研究》，277 页，南昌　江西教育出版社，1991。

断完善高等学校的规章制度，通过法制来保障高等教育的持续发展；第三，改革过于集中的高等教育管理体制，减少政府对高等学校办学的诸多控制，逐步扩大高等学校的办学自主权；第四，大力调整高等学校的专业设置和课程结构；第五，加强教学管理，革新教学方法，重视学生问题解决能力的培养等。

### (四)职业教育

职业教育是苏联国民教育体系的重要组成部分，它在苏联国民经济建设和社会生产发展中起着重要作用。苏联的职业教育主要由各类中等职业学校实施，其主要任务是根据社会发展和科技进步的要求为国民经济建设培养接受过技术教育的熟练工人。

苏联在"二战"中损失了大量熟练工人和技术专家。战争结束以后，苏联社会百废待兴，国家亟须培养各类专门人才和技术工人。20 世纪四五十年代，苏联的职业教育得到了迅速的恢复和发展。1958 年，苏联颁布了《关于加强学校同生活的联系和进一步发展苏联国民教育制度的法律》，决定将劳动后备军系统所属的工厂学校、技术学校、铁路学校、矿业学校、建筑学校和农业机械化学校、工厂艺徒学校等改组为统一的职业学校，由此标志着苏联国家后备军体制的终结以及国家职业教育体制的创立。

20 世纪六七十年代，苏联职业教育发展取得了显著成就。20 世纪 60 年代初，苏联基本完成了对劳动后备军学校的改组。1959—1965 年，苏联职业学校从 3102 所增至 4237 所，在校学生从 80.5 万人增至 150.3 万人。[1] 与此同时，职业教育的专业门类也大量增加，20 世纪 50 年代各类劳动后备军学校开设的专业仅有 700 种，1965 年职业学校开设的专业已有 2000 多种。[2] 随着

---

[1] 参见[苏联]C.Я. 巴特舍夫主编：《苏联职业技术教育简史》，黄一卿、鲁爱珍译，161 页，北京，教育科学出版社，1989。

[2] 参见[苏联]C.Я. 巴特舍夫主编：《苏联职业技术教育简史》，黄一卿、鲁爱珍译，161 页，北京，教育科学出版社，1989。

社会生产力的发展和科学技术的进步，苏联的国民经济结构发生了很大的变化，培养新型熟练工人和在职工人再培训变得十分迫切，这对职业教育的发展提出了新的要求。1969年，苏共中央和苏联部长会议通过决议，决定将既有的城市和农村职业学校改为招收八年制普通学校毕业生，学制为3~4年，培养具有中等教育水平的熟练工人的新型职业学校。随后，苏联又相继出台了一系列推进职业教育发展的方针政策。除此以外，苏联还加大了对职业教育的经费投入，1966—1970年国家预算拨款约为60亿卢布，1971—1975年超过了80亿卢布，1976—1980年则超过了120亿卢布。①

这一时期，苏联职业教育得到快速发展。职业学校总数从1969年的5064所增至1980年的7072所，在校学生数则从212.3万增至361.7万。② 其中，新型中等职业学校从1969年的416所增至1980年的4026所，在校学生从9.6万人增至206.9万人；技术专科学校则从1970年的364所增至1980年的1300多所。③ 在此期间，苏联农村地区和远东地区的职业教育也获得了较大的发展，学校数量不断增长，在校学生逐步增加，办学条件持续改善。

### （五）教师教育

师资队伍建设是教育发展的重要保障，师范教育在整个国民教育体系中具有重要地位，因此苏联当局极为重视师范教育的发展。20世纪50年代，苏联逐步取消了师范专科学校，形成了中等师范学校和师范学院两级师范教育体制，幼儿园、小学教师主要由中等师范学校培养，中学教师主要由师范学院培养。为了提高小学教师质量，苏联从1957—1958学年开始在师范学院增设专门培养小学教师的初等教育系。苏联初等教育系的数量迅速增加，到

---

① 参见［苏联］С.Я.巴特舍夫主编：《苏联职业技术教育简史》，黄一卿、鲁爱珍译，192~193页，北京，教育科学出版社，1989。

② 参见［苏联］С.Я.巴特舍夫主编：《苏联职业技术教育简史》，黄一卿、鲁爱珍译，187页，北京，教育科学出版社，1989。

③ 参见［苏联］С.Я.巴特舍夫主编：《苏联职业技术教育简史》，黄一卿、鲁爱珍译，208~212页，北京，教育科学出版社，1989。

1959 年，仅俄罗斯联邦就发展到 40 个。

20 世纪 50 年代末，苏联大力发展普通中等教育，对中小学教师的需求量大幅增加。在此背景下，苏共中央和苏联部长会议在 1961 年通过了《关于给普通学校提供师资的措施的决议》，要求各加盟共和国部长会议和计划机关增加师范院校的招生名额，并根据招生名额的增加而加强师范院校的物质基础；同时要求教育主管部门改进对师范教育的领导，改善教师培养工作，扩大师范院校的函授部和夜校部，以及充分发挥综合性大学培养师资的作用。

20 世纪六七十年代，苏联师范教育迅速发展。就高等师范教育而言，这一时期苏联师范学院的招生规模不断扩大。到 1969—1970 学年，苏联师范学院在校学生发展到 88.67 万人，约为 1960—1961 学年的 1.7 倍；毕业生达到 14.01 万人，约为 1960—1961 学年的 1.4 倍。[1] 苏联中等师范学校的数量显著增加，到 1971—1972 学年，全苏共有中等师范学校 392 所，约为 1958 年的 3 倍。[2] 中等师范学校在校学生从 1960—1961 学年的 15.43 万人增至 1969—1970 学年的 34.17 万人，增加了约 1.2 倍；同期，中等师范学校毕业生总数从 4.79 万增至 9.49 万，增加了将近一倍。[3]

与此同时，苏联还在部分有条件的综合性大学、师范学院和专业技术学院增设专门培养职业教育师资的工程师范系。1971 年，苏联只有 10 所高等学校开设工程师范系，到 1980 年就增加至 35 所。[4] 1979 年，苏联创办了第一所工程师范学院——斯维尔德洛夫斯克工程师范学院，专门培养劳动课教师和生产教学技师。

这一时期，苏联还对师范教育的领导体制进行了调整。1969 年，苏联在

---

① 参见［苏联］Ф.Г.帕纳钦：《苏联师范教育——重要历史阶段和现状》，李子卓、赵玮译，136 页，北京，文化教育出版社，1981。

② 参见顾明远主编：《战后苏联教育研究》，192 页，南昌，江西教育出版社，1991。

③ 参见［苏联］Ф.Г.帕纳钦：《苏联师范教育——重要历史阶段和现状》，李子卓、赵玮译，136 页，北京，文化教育出版社，1981。

④ 参见俞云平：《苏联培养职业教育师资的措施》，载《职业教育研究》，1989(2)。

教育部设立专门的师范教育管理局,将师范学院和中等师范学校一并归属教育部统一领导。这一改革旨在促进师范教育的发展,使其更好地完成为中小学培养师资的任务。

## 第四节 20 世纪 80 年代的教育改革与发展

20 世纪 80 年代,苏联先后对普通中等教育和职业教育、高等教育和中等专业教育进行了全面、系统的改革,进一步完善了教育体制,使其适应社会发展和科技进步。这次改革也是继 1977 年教育改革以来又一次重大的教育改革。这一时期,苏联的各级各类教育也有了新的发展。

### 一、20 世纪 80 年代的教育改革

20 世纪 80 年代,苏联相继通过了《普通学校和职业学校改革的基本方针》和《高等和中等专业教育改革的基本方针》,开启了新一轮系统而全面的教育改革。

#### (一)普通中等教育和职业教育的改革

1984 年 4 月,苏共中央全会和苏联最高苏维埃会议通过了《普通学校和职业学校改革的基本方针》。随后,苏共中央和苏联部长会议又相继做出了《关于进一步完善青年普通中等教育和改进普通学校工作条件的决议》《关于改进学生劳动教育、教学、职业定向和组织他们参加公益生产劳动的决议》《关于进一步改进儿童公共学前教育和入学准备工作的决议》和《关于提高教师和国民教育其他工作人员的工资的决议》等一系列决议来保证《普通学校和职业学校改革的基本方针》的顺利实施。由此拉开了 20 世纪 80 年代苏联普通中等教育和职业教育改革的序幕。

这次改革主要是为了解决长期存在于苏联学校教育中的三大问题，即知识教育与劳动教育的矛盾问题、升学与就业准备的矛盾问题以及普通中等教育与职业教育的矛盾问题，使学校教育能够适应社会发展和科技进步。应当说，战后苏联的历次教育改革都在尝试解决这些问题。然而，无论是20世纪50年代提出加强学校同生活的联系，还是20世纪60年代重新强调知识教学，抑或是20世纪70年代纠正忽视劳动教育的偏颇，最终都没能很好地解决这些问题。苏联的这次教育改革再一次试图解决这些问题。此外，这次教育改革还要解决学生学业负担过重的问题，这一问题同样长期困扰着苏联的学校教育。

《普通学校和职业学校改革的基本方针》指出，当前的任务是要使国民经济各部门都达到最先进的科技水平，普遍实现生产自动化，从根本上提高劳动生产率，使产品达到世界先进水平；要求每一个年轻人智力和身体得到高度发展，掌握高深的科技知识和经济原理，对劳动采取自觉的创造性态度。这次学校改革的目的就在于：把学校工作提高到符合发达社会主义需要的崭新水平；消除在学校工作中积累下来的不良现象和疏漏。为了达到上述目的，苏联采取了一系列改革措施。

第一，延长学制。这次改革将普通中等学校的学制延长一年，即从三五二学制改为四五二学制。由于长期存在劳动力紧张的问题，苏联当局既希望通过延长学制减轻学生的学业负担，又不希望推迟青年就业的年龄，因此将儿童的入学年龄从七岁提前到六岁。应当指出的是，苏联在实施这一改革时是十分慎重的，从20世纪70年代初开始实验到最终全面实施，经过了长达十多年的探索和论证。

第二，推进教学改革，提高教学质量。首先，这次改革对教学计划、教学大纲和教科书进行了重新修订，增加了能够反映科技发展最新成就的内容，并删除了其中过于复杂和次要的内容。其次，不断改革和完善教学方法和教学手段，更广泛地采用讲演、讨论、实验等课堂教学形式。而且，这次改革更加注意学生的个别差异和不同需求，采取缩小班级规模、增设选修课等举措加强个性化教学。此外，苏联还投资为学校配备先进的教学仪器和设备，利用现代化教学手段减轻教师负担，提高教学效果。

第三，加强普通中等学校的劳动教育和职业训练。《普通学校和职业学校改革的基本方针》重申了普通中等学校的双重任务，提出要从根本上改善普通中等学校中的劳动教育、劳动教学和职业定向工作，使学生做好参加生产劳动的思想准备和技能准备。《普通学校和职业学校改革的基本方针》还对普通中等学校各年级生产劳动教育的要求做了详细规定。根据《普通学校和职业学校改革的基本方针》的要求，普通中等学校生产教学的时间将增加，二年级至四年级每周 3 小时，五年级至七年级每周 4 小时，八年级至九年级每周 6 小时，十年级至十一年级每周 8 小时。与此同时，学生要利用暑期参加劳动实践，五年级至七年级为 10 天，八年级至九年级为 16 天，十年级至十一年级为 20 天。另外，学生从八年级起还要在学生生产队、校际生产教学联合体、企业教学车间、教学工段和职业学校实习。《关于改进学生劳动教育、教学、职业定向和组织他们参加公益生产劳动的决议》对普通中等学校劳动教育的目的和任务、内容和组织等问题做出了详细规定。劳动教学和职业训练在普通中等学校再次受到重视，课时比例从 20 世纪 70 年代的 7.1% 增至 15.7%。①除此以外，苏联还特别注重改善普通中等学校实施劳动教学和职业训练的物质基础与师资条件。

第四，改革和完善职业教育。这次改革提出要进一步发展和完善职业教育体系，提升职业学校的普通教育水平，使其毕业生享有升入高等学校的同等机会。这就要求职业学校要对普通教育予以特别关注，承担普及普通教育的任务。苏联将职业学校改组为统一的中等职业学校，归国家职业教育委员

———————

① 参见李军：《苏联 80 年代教育改革的趋向》，载《辽宁师范大学学报(社科版)》，1989(6)。

会统一领导和管理。在这次改革中,苏联大力调整职业教育的专业设置,并重新修订了教学计划、教学大纲和教科书。此外,苏联还非常重视改善职业学校的物质基础,如建设教学车间和实验场地,提供现代化教学设备等。

第五,加强师资队伍建设。苏联极为重视教师在普通中等教育和职业教育改革中的作用,并采取了一系列措施加强师资队伍建设。其一,改进教师的培养和进修工作。一方面,苏联通过完善招生制度、延长教师培养年限、修订教学计划和教学大纲以及强化教育实习等措施改进与完善教师职前培养;另一方面,大力发展教师进修学院,并要求教师每四年至五年轮训一次,促进教师专业发展。其二,提高教师的社会地位和工资待遇。苏联当局不仅增设"知识节"提高教师的社会地位和威信,而且每年拨款35亿卢布专门用于改善教师和其他教育工作者的工资待遇。① 其三,改善教师的工作和生活条件。苏联注重改善教师的住房、医疗等生活条件,使教师能够安心工作,并为教师专业发展创造有利条件。

第六,加强学校思想政治教育,提高学生思想政治水平。《普通学校和职业学校改革的基本方针》强调要培养思想坚定、道德高尚、热爱劳动、行为文明的社会主义建设者和共产主义接班人。除了要求在各科教学中加强思想政治教育以外,还要求增加社会学课的教学时间。《普通学校和职业学校改革的基本方针》特别强调要对学生进行美育,培养学生的审美能力。改革的精神是要把学校教育和课外活动、家庭教育和社会教育统一起来,建立一个共产主义教育体系。

### (二)高等教育和中等专业教育的改革

苏共中央和苏联部长会议于1987年3月通过了《高等和中等专业教育改革的基本方针》。这是继1984年《普通学校和职业学校改革的基本方针》之后,苏联颁布的又一个关于教育改革的重要文件,由此开始了对高等教育和中等

---

① 参见顾明远主编:《战后苏联教育研究》,63~64页,南昌,江西教育出版社,1991。

专业教育的新一轮改革。

　　苏联在这一时期对高等教育和中等专业教育进行全面改革，有其特定的历史背景。首先，戈尔巴乔夫执政以后，为扭转经济发展日趋缓慢、科学技术停滞不前的被动局面，从改革经济体制着手，加速推进各个领域的改革。国家亟须培养适应改革的各类专门人才，这就使得高等教育和中等专业教育必须及时进行调整和改革。其次，随着科学技术的进步，新技术和新工艺不断涌现，苏联的产业结构发生了重大变化。因此，苏联必须从根本上改变长期沿用的专门人才培养办法，采取新措施培养适应科技发展和产业革命的新型专家。再次，苏联高等教育和中等专业教育自身存在各种亟须解决的问题，这些问题严重制约着苏联国民经济和科学技术的发展。这次改革着重要解决人才培养质量不高、人才培养和使用脱节的问题。最后，普通中等教育和职业技术教育改革要求高等教育和中等专业教育做出相应的调整，尤其是对培养目标、招生制度和专业设置等方面进行配套改革，使整个国民教育体系协调发展。总体而言，这次教育改革要着重解决两大矛盾：一是数量和质量的矛盾，要在达到数量需求的前提下提高专门人才的培养质量；二是培养和使用的矛盾，要加强人才培养单位和使用单位的联系，使人才能够到国民经济需要的部门工作，从而更好地发挥人才的作用。

　　围绕提高专门人才培养质量这一目标，《高等和中等专业教育改革的基本方针》提出了一个整体性改革方案，改革要点有以下几点。

　　第一，把教育、生产和科研一体化作为改革的基本杠杆。《高等和中等专业教育改革的基本方针》指出，必须制定相关法律并采取系统措施，密切高等学校、企业、科学与文化机关、集体农庄、国营农场在培养和使用人才方面的相互关系。这种相互关系应建立在合同义务的基础之上。根据合同，高等学校应在规定的时间内高质量地培养人才；而国民经济各部门和企业则应当部分补偿人才培养的经费，并为合理使用人才创造条件。如果生产部门要求高等学校扩大人才培养的规模或开设新的专业，则相关部门还应为高等学校提供专项经费。这一改革的实质是要加强人才培养和使用部门之间的联系。《高等和中等专业教育改革的基本方针》指出，生产部门是人才培养的物质基地和天然训练场所。因此，提倡高等学校将部分教学过程转移到生产部门，建立包括教研室、科学实验室和实验场地在内的产学研联合体或教学中心。除此以外，《高等和中等专业教育改革的基本方针》还认为教育、生产和科研的一体化有利于加强高等学校和生产部门之间的交流与合作，让生产实践领域的专家参与高等学校的人才培养工作，使在校学生有机会了解新技术和新工艺；而让高等学校教师参与生产部门的进修与培训工作，则可以充分发挥高等学校教师的理论优势，使工作人员的理论水平得以提升。

第二，提高专门人才的培养质量。改变粗放教学方式，加强个别教学，发展学生的创造性才能。要通过课堂讨论、实践课、实验课、辩论会、学生参与科研等方式，发展学生的分析性和创造性思维。为此，必须减轻学生必修课的负担，相应地增加选修课的门类，增大学生自主学习和研究的空间，同时也要加强对学生学习和研究的指导。要调整专业，改变按狭窄部门和按学科设置专业的办法，大量减少专业总数，要培养以某一具体部门为目标、具有高深的基础知识和扎实的实践训练的专业面宽的专门人才，使未来专家既掌握具体专业，又能适应经常更新的工作环境。要定期更新教学计划和教学大纲，以适应科学、技术、文化的最新进展。要为科技密集型的生产部门和科研机构重点培养人才，对有科研潜质的学生进行个别化教学。要改善生产实习安排，吸引生产部门的专家参与实践教学。要改进以不脱产的方式培养专门人才的系统，大力发展业余高等教育和中等教育，提高夜校和函授部培养专门人才的质量。

第三，加强高等学校的科研工作。《高等和中等专业教育改革的基本方针》认为，全力发展高等学校的科研工作是改进专门人才培养的基础，同时也是加速科技进步的重要力量。要采取措施加强高等学校、科学院和各部门科研机构的联系；要确保科研工作和教学工作的统一，广泛吸收高等学校学生参加科学研究，并在此基础上提高专门人才的培养质量；要大力扩展高等学校的科研规模，提高高等学校科研工作的国民经济效益；要加紧在高等学校发展设计工艺和实验试制的基地，使研究成果尽快得到转化和应用；要为高等学校科研工作提供物质保障等。

第四，提高高等学校教学和科研队伍的质量。《高等和中等专业教育改革的基本方针》指出，要改进高等学校教师队伍的结构，发挥青年科学教育工作者的创造才能；完善高等学校教师的职称评定和业务考核制度；提高高等学校教师的工资待遇，改善其工作和生活条件及医疗服务等。《高等和中等专业教育改革的基本方针》还对培养高等学校教师的研究生教育工作提出了许多具体意见：要以脱产培养的方式扩大高等学校教学和科研队伍的规模；改进研究生选拔工作，优先选拔在所选科研方向上具有工作经验的专门人才；研究生学位论文选题应集中在优先发展的科技领域；在重点院校、科学院和各部门研究机构设立博士研究生班；完善学位和学衔授予制度等。

第五，加强高等学校在专业人员进修和再培训中的作用。《高等和中等专业教育改革的基本方针》指出，在现代科技革命的背景下，科学知识、技术和工艺迅速更新换代，普及专业人员的大学后教育在客观上已经成为当前的重要任务。应当在新的基础上建立专业人员业务进修和再培训的全国统一制度，使专业人员能够及时更新知识，掌握最新的技术和工艺。《高等和中等专业教育改革的基本方针》认为，国民经济各部门有必要建立进修机构；应当与各部委和各主管部门合作，在高等学校建立部门的与跨部门的专业人员进修和再培训机构；苏联高等教育部和中等专业教育部应当加强对整个进修系统的指导和监督；要把专业人员的进修成绩与其绩效考核、工资级别直接挂钩，提高专业人员参加进修的积极性等。

第六，加强对学生的思想政治教育和道德品质教育，培养具有社会责任感和积极性的专门人才。《高等和中等专业教育改革的基本方针》指出，高等学校和中等专业学校的全体教学人员以及党、团和工会组织都有责任对学生进行思想政治教育和道德品质教育。要为各类高等学校和中等专业学校制定统一的社会科学教学大纲，编写新教科书和规定国家考试；要大力提高教师的马克思列宁主义理论水平和教学水平，杜绝社会科学教学中的教条主义和抽象议论现象；要重视大学生工作队运动的重大作用，提高其教育影响；要让大学生参加社会政治活动，参加向群众宣传党的政策的活动，参加少年儿童的思想政治教育工作等。

第七，改善高等学校和中等专业学校的物质基础。《高等和中等专业教育改革的基本方针》指出，教学过程日趋复杂和科学研究不断发展要求从根本上改善高等学校和中等专业学校的物质基础。各部委和各主管部门应当提供必要的资金，以改善高等学校和中等专业学校的物质基础；要加强高等学校和中等专业学校的教学和实验场所、文化和体育设施建设；要为高等学校和中等专业学校提供最先进的技术、仪器和设备；要改善高等学校和中等专业学校师生的生活和医疗条件等。

第八，完善对高等教育和中等专业教育的管理。要扩大高等教育部和中等专业教育部的权限与职责，包括调整高等学校和中等专业学校的规模、选拔与任免高等学校和中等专业学校的校长及其他领导干部，以及加强对高等学校和中等专业学校的指导、监督、视导和评估等。各部委和各主管部门应当改善对所属院校的领导，促进教学、科研和生产的一体化，提高所属院校的办学水平和效能。各加盟共和国部长会议必须改善对本国高等学校和中等专业学校的领导，使其能有效完成为本国和地区生产部门输送专门人才的任务，并使本国主管部门和其他相关部门联合起来，以加强高等学校和中等专业学校的教学实验基地建设等。

## 二、20世纪80年代的教育发展

20世纪80年代，随着普通中等教育和职业技术教育改革的推进、高等教育和中等专业教育改革的深化，苏联的各级各类教育不断取得新的成就，为这一时期苏联的经济建设和社会发展做出了重要贡献。

### （一）学前教育

进入20世纪80年代以后，苏联的学前教育发展产生了新的变化。这一时期，苏联加强了对年青一代的劳动教育和职业指导，在各级各类学校中强化了对学生的劳动技能训练。1982年修订的《托儿所—幼儿园统一教学大纲》相应地增加了5~7岁儿童的劳动内容，扩大了劳动教育的范围。1984年，苏联决定将入学年龄从7岁提早到6岁，使学前期缩短了一年，这对学前教育提出了新的要求，即必须提前一年为儿童入学做好准备。[①]

为满足广大居民送儿童入托的要求，苏联部长会议在1984年通过了《关于进一步改进学前社会教育和准备儿童入学的决议》，提出要大力发展学前社会教育，扩大学前教育专业队伍，实施全面发展的教育，确保儿童的入学准备等。为迎接21世纪的到来，针对当时苏联学前教育的主要特点和缺点，苏联国家教育委员会又在1989年6月批准了《学前教育构想》。该构想体现了学前教育的改革和发展走向科学化、法治化、民主化和多样化的基本思路，这与戈尔巴乔夫执政时期的整体改革理念是相契合的。

20世纪80年代，苏联的学前教育发展取得了重大成就，办学规模空前扩大，管理制度逐步完善，教学理念、教学内容和教学方法日趋科学。到1984年，全苏联共有学前教育机构13.44万所，在园儿童1550万人，并以每年四五十万的速度增长。[②] 除常设的学前教育机构外，苏联还设有儿童之家、露天幼儿园、季节性幼儿园等多种形式的学前教育机构。除此以外，苏联极为重

---

[①] 参见周采、杨汉麟主编：《外国学前教育史》，270页，北京，北京师范大学出版社，1999。
[②] 参见顾明远主编：《战后苏联教育研究》，84页，南昌，江西教育出版社，1991。

视学前教育研究。苏联教育科学院学前教育研究所设有婴儿保育实验室、幼儿教育实验室，以及分年龄心理学、生理学实验室等研究机构，集中了大量一流的学前教育科研人员，取得了许多重大的科研成果。

### (二)普通中等教育

苏联普通中等教育的主要任务是对学生实施普通教育和综合技术教育，使学生得到全面和谐的发展。

普通中等学校是苏联实施普通中等教育的主要机构，分为初等学校(小学)、不完全中学和完全中学三种。初等学校包括一年级至四年级，毕业生直接升入不完全中学或完全中学的五年级继续学习。20世纪80年代以后，单独设置的初等学校逐渐减少，通常仅保留在农村偏远地区和山区。不完全中学包括一年级至九年级，毕业生通常进入完全中学的十年级、中等专业学校或中等职业学校继续学习，但也有极少数毕业生直接到国民经济各部门就业。完全中学包括一年级至十一年级，毕业生可以进入高等学校、中等专业学校或中等职业学校继续学习，也可以直接到国民经济各部门就业。

20世纪70年代，苏联已经实现了在全国范围内普及十年制义务教育的目标。20世纪80年代，苏联普通中等教育发展的主要目标就是要进一步巩固普及十年制义务教育的成果。到1980年，全苏联普通中等学校在校学生达到4430万人，其中一年级至三年级1380万，四年级至八年级2060万人，九年级至十年级990万人。[1] 这一年，全苏联99%的八年级毕业生都升入完全中学或其他类型的学校继续接受完全中等教育。[2] 1984年，苏联重新把初等教育的学习年限恢复为四年，实行四五二学制，义务教育的年限也就相应地从十年延长到十一年。

### (三)高等教育

经过几十年的发展，苏联在20世纪80年代已经建成了完整的高等教育

---

① 参见成有信:《九国普及义务教育》，133页，北京，人民教育出版社，1985。
② 参见成有信:《九国普及义务教育》，136页，北京，人民教育出版社，1985。

体系。苏联的高等学校主要有综合性大学、多科性学院和专业学院三种类型。综合性大学在苏联高等教育体系中具有重要地位，其在办学经费、仪器设备、师资力量等方面都占有优势。多科性学院和专门学院更加强调专业性，但前者系科多、专业面更宽，后者专业设置更为狭窄。

20 世纪 60—80 年代，苏联高等教育的规模持续扩大，为苏联的国民经济建设和科技发展培养了一大批高级专门人才。到 1985 年，全苏共有各类高等学校 894 所，在校学生 514.7 万人（包括夜校生 63.4 万人、函授生 175 万人）。[1] 这一年，全苏联就业人口中受过高等教育的达到 1449 万人，约占就业人口总数的 11%；从 1960 年到 1985 年，苏联就业人口增加了 55%，而高等专门人才增加了三倍。[2] 但实际上，早在 20 世纪 70 年代，苏联在高等专门人才的数量上就已经基本满足了国民经济发展的需求。随后，苏联将高等教育的发展战略由规模扩张转向质量提升。进入 20 世纪 80 年代以后，苏联高等教育的发展速度进一步放缓。苏联高等学校在校学生，1982 年与 1981 年相比，只增加了 0.6%，而 1985 年比 1980 年还减少了 2%。[3]

20 世纪 80 年代，苏联将工作重心放在改革和完善高等教育体制、提升高等教育办学质量上。第一，优化高等学校布局。战前 1941 年，苏联高等学校还只是分布在 156 个城市；到 1977 年，扩展到 345 个城市；到 1987 年，已经遍布 443 个城市。[4] 至此，苏联建立起了遍布全国的高等学校网。第二，调整高等教育结构。苏联实行全日制和非全日制相结合的高等教育办学形式，充分利用已有办学资源，大力发展业余高等教育。与此同时，苏联极为重视在职研究生的培养。1982 年，苏联以不脱产方式学习的研究生共有 2.7 万人，

---

① 参见顾明远主编：《战后苏联教育研究》，287 页，南昌，江西教育出版社，1991。
② 参见顾明远主编：《战后苏联教育研究》，287 页，南昌，江西教育出版社，1991。
③ 参见顾明远主编：《战后苏联教育研究》，277 页，南昌，江西教育出版社，1991。
④ 参见顾明远主编：《战后苏联教育研究》，284 页，南昌，江西教育出版社，1991。

占在培研究生总数的46%。① 第三，调整高等教育专业设置。苏联高等学校一直存在专业设置过窄的问题。1987年，苏共中央和苏联部长会议通过《高等和中等专业教育改革的基本方针》，决定解决高等学校专业划分过细的问题，以培养专业面宽的专门人才。第四，加强高等学校科研工作。20世纪七八十年代，苏联高等学校学生参加科研的比例逐年攀升，1975—1976学年全苏参加科研的高等学校学生比例为55%，到1979—1980学年猛增到80%，1983—1984学年发展到85%，1987年高等教育改革以后则要求所有大学生都必须参加科研工作。②

（四）职业教育

20世纪六七十年代，苏联职业教育得到迅速发展，并成为培养熟练工人和技术人员的重要途径之一。到1980年，苏联职业学校有7000余所，全日制在校学生超过300万人。③ 进入20世纪80年代以后，苏联职业教育继续扩大规模。到1982年，苏联职业学校增至7500所，在校学生达到380万人④；到1985年，职业学校发展到7783所，在校学生接近400万人。⑤ 据统计，苏联在第十一个五年计划期间共培养熟练工人1260万人，超过了1920—1958年将近四十年的总和（1253.75万人）。⑥ 除了全日制职业学校外，还有业余职业学校，其任务是为文化水平低而又有学习愿望的在职青年提供不脱产的中等教育和职业训练。

与此同时，苏联职业教育的拨款也在逐年增加，以便为苏联职业教育的发展提供经费保障。1980年，苏联对职业教育的拨款为26.86亿卢布，大约

---

① 参见顾明远主编：《战后苏联教育研究》，290~291页，南昌，江西教育出版社，1991。
② 参见顾明远主编：《战后苏联教育研究》，309页，南昌，江西教育出版社，1991。
③ 参见殷鸿翔：《苏联职业技术教育的产生和发展》，载《苏联问题参考资料》，1983(3)。
④ 参见顾明远主编：《战后苏联教育研究》，151页，南昌，江西教育出版社，1991。
⑤ 参见钱怀智：《苏联职业技术教育体制的变迁》，载《职业教育研究》，1988(5)。
⑥ 参见傅俊荣：《苏联职业技术教育的历史回顾》，载《苏联问题参考资料》，1987(6)。

为 1965 年（8. 4 亿卢布）的三倍，1983 年增至 28. 26 亿卢布，占全部教育拨款的 31%。①

苏联职业教育归国家职业教育委员会领导，与普通教育分别属于不同的部门领导和管理。1984 年教育改革以前，苏联职业学校主要有三种类型：第一，初等职业学校，其任务是培养一般专业技能的熟练工人，招收八年制学校毕业生，学制 1~2 年；第二，中等职业学校，其任务是培养具有中等教育水平的熟练工人，招收八年制学校毕业生，学制 3~4 年；第三，技术学校，其任务是培养具有较复杂专业技能的技术工人和初级技术员，招收十年制学校毕业生，学制 1~2 年。根据 1982 年的统计，苏联这三类职业学校的比例是：中等职业学校占 68%；技术学校占 21%；初等职业学校占 11%。② 1984教育改革，苏联决定将全部职业学校逐步改组为中等职业学校，形成统一的中等职业学校系统。

（五）教师教育

到 20 世纪 80 年代，苏联已经形成了完整的师范教育体系，包含中等师范学校、师范学院和综合性大学师范系。中等师范学校主要培养幼儿园、小学教师、学校教导员和少先队辅导员，通常招收不完全中学毕业生，学制为3~4 年；同时也招收完全中学毕业生，学制为 2~3 年。师范学院主要培养中学各科教师，招收完全中学或中等专业学校毕业生，学制为 4~5 年。综合性大学师范系主要培养中学高年级的学科教师，招收完全中学毕业生，学制通常为 5 年。除此以外，苏联还设有专门的工程师范系和中等职业师范学校，主要为职业学校培养教师，同时也为普通学校培养生产劳动教学指导教师。

1985 年，全苏共有中等师范学校 481 所，在校学生 42 万人；师范学院

---

① 参见方苹：《苏联的职业技术教育及其管理》，载《中小学管理》，1989(4)。
② 参见顾明远主编：《战后苏联教育研究》，152 页，南昌，江西教育出版社，1991。

202 所，在校学生 85 万人；培养中学师资的综合性大学达到 69 所。① 据统计，苏联在第十、第十一个五年计划期间共培养了 160 万具有高等和中等师范教育程度的教师，其中师范学院培养了 80 万人。② 师范教育的发展使苏联的教师队伍不断壮大，教师总数从 1950—1951 学年的 142.5 万发展到 1984—1985 学年的 243 万。③ 20 世纪 80 年代初，中学教师受过高等教育的比例从 20 世纪 50 年代的 23.5% 上升到接近 90%；小学教师受过高等教育的比例也达到三分之一。④

与此同时，苏联极为重视教师的进修与培训，大力开展教师进修活动。苏联建立了多层次、多样化的教师进修机构：苏联教育科学院设有全苏教育科学干部和国民教育领导干部进修学院，各加盟共和国、边疆区和州设有教师进修学院，各地市设有教学法研究室，师范学院和综合性大学也设有校长进修系。到 20 世纪 80 年代，全苏共有教师进修学院 191 所，教学法研究室近 5000 个，校长进修系 58 个。⑤ 据统计，仅苏联教育部领导的教师进修系统每年就能保证 65 万 ~70 万名教师参加进修和培训，参加其他教师进修机构开展的常规性进修活动的教师更是难以统计。⑥

---

① 参见迟恩莲：《苏联高等师范教育的发展》，载《高等师范教育研究》，1989(4)。
② 参见梅雪良：《苏联师范教育概况》，载《师范教育》，1985(7)。
③ 参见迟恩莲：《苏联高等师范教育的发展》，载《高等师范教育研究》，1989(4)。
④ 参见干正：《苏联师范教育的今昔和未来》，载《外国教育动态》，1986(2)。
⑤ 参见顾明远主编：《战后苏联教育研究》，219 页，南昌，江西教育出版社，1991。
⑥ 参见顾明远主编：《战后苏联教育研究》，221 页，南昌，江西教育出版社，1991。

第十章

# 苏霍姆林斯基的教育思想

　　苏霍姆林斯基为享誉世界的苏联著名教育家和实践家。在帕夫雷什中学长期教学与教育管理实践的基础上，苏霍姆林斯基创新性地提出了"教育学就是人学"这一教育命题，形成了培养全面和谐发展的人的教育思想，指导了苏联和其他国家的教育实践，丰富了人类教育思想的宝库，产生了具有世界意义的深远影响。

## 第一节　生平与教育实践活动

　　1918 年，苏霍姆林斯基出生于乌克兰一个农民家庭。苏霍姆林斯基的母亲是一位善良、聪慧、勤劳的农村妇女，让他自幼便感受到了爱，学会了爱。苏霍姆林斯基的父亲是一位具有很高艺术天赋的心灵手巧的木匠，一生秉持诚实做人和诚实劳动的原则，重视子女教育。苏霍姆林斯基的祖母就像是乌克兰民间文化的化身，娓娓道来的民间故事陪伴了苏霍姆林斯基的一生，苏霍姆林斯基还从祖母那里学到了如何通过眼神观察人、理解人。苏霍姆林斯基的祖父曾经是个农奴。在沙皇俄国，农奴被剥夺了受教育的权利，但他的天资聪颖的祖父竟然无师自通地学会了读书，而且通过省吃俭用收藏了一批图书，这些书成了苏霍姆林斯基的精神食粮，使他养成了一生喜爱读书的习惯。通过读书他穿越了时空，与许多英雄豪杰建立起了精神上的联系。苏霍姆林斯基就是出生于这样一个洋溢着爱的家庭，家庭成员之间相互信赖，在这样的家庭中成长起来的人，自然受到了很好的家庭教育熏陶。

1926年，8岁的苏霍姆林斯基入读家乡的一所七年制学校，并很快适应了学校生活，他深深地敬慕学校教师的敬业精神和教学艺术。1934年，苏霍姆林斯基考入克列缅丘格师范学院预科，后来转入该院语言文学系。尽管他学习成绩优秀，但在1935年，病魔逼迫他中断了学业。基本康复后，苏霍姆林斯基返回故乡，成为一名农村小学教师。一踏上教师岗位，他就深深爱上了这个职业，敬业、乐业的真挚情感伴随着他的职业生涯。他边工作，边学习，工作和学习的交替为他创造了极为有利的条件，使他既能带着从实践中产生的问题去学习理论，又能在实践中检验自己的理论认识。他用两年的时间完成了波尔塔瓦师范学院语言文学系函授班的学业。1938年，他获得了中学文学教师资格证书，在一所十年制学校担任九年级和十年级语文教师。1939年，苏霍姆林斯基被批准加入苏联共产党。同时他又被委任为学校教导主任，领导全校的教学工作。这为他广泛探讨和研究教育理论提供了有利条件。

卫国战争爆发后，苏霍姆林斯基应征入伍。1941年7月28日，他完成了军政学习课程，被授予初级政治指导员称号，一个星期后即奔赴前线。在一次战斗中苏霍姆林斯基胸部中弹，胳膊被打断，身负重伤，但他顽强地活了下来。

作为二等伤残战士，苏霍姆林斯基复员后重返教育岗位，先后任中学校长、区教育局局长，全力以赴投入战后恢复学校的工作。1948年他被任命为帕夫雷什中学校长。从此他一直在这个岗位上勤奋耕耘，直至去世。其间，苏联各地的许多师范学院都邀请他去工作，甚至波尔塔瓦师范学院院长，他的学位导师也亲临帕夫雷什中学，动员他去基辅工作，但都被他婉言谢绝。他已决心把自己的一生贡献给农村教育事业。

　　苏霍姆林斯基深信，要当好一名校长，就必须一天也不脱离学生和教学，他把校长直接而且长期地参与学生的生活看作教育技艺的最高层次。他明确地提出了一个口号：到学生中去，到课堂中去，到教师中去。他身为校长，还兼了一个班的班主任，从一年级一直跟到该班学生毕业。他认为："教育——这首先是人学。不了解孩子——不了解他的智力发展，他的思维、兴趣、爱好、才能、禀赋、倾向，就谈不上教育。"①他与学生朝夕相处，对学生了如指掌，了解他们的欢乐和痛苦，关心他们的成功与失败。学生在校期间的全部生活，都是他的研究对象。他愉快地同学生一起活动，一起读书，一起旅行，他为每个学生写了观察记录。他探索各年龄段学生的个性、心理和精神生活的发展规律。他坚持在教学第一线工作，担任一门课程的教学。他把到教师中去，发现教师，帮助和培养他们，当成自己的主要任务之一。他把全校教师团结成一个优秀的教师集体，这成为帕夫雷什中学获得成功的有力保证。苏霍姆林斯基不懈地进行教育改革和实验，使帕夫雷什中学不仅成为苏联的优秀学校，而且被誉为当代世界著名的实验学校之一。

　　苏霍姆林斯基数十年如一日兢兢业业地工作，还在工作岗位上通过了副博士论文答辩，并获得了副博士学位。他在乌克兰的一个偏僻农村，在卫国战争之后成为一片废墟的土地上，带领师生重建了日后成为世界各国教师心中圣殿的帕夫雷什中学。他以帕夫雷什中学为实验基地，还广泛研究其他学校的经验，孜孜不倦地钻研教育理论，从理论与实践的结合上研究教育的新问题，提出自己的新观点并做出新的理论概括。他全面探讨了普通教育的各

---

　　① ［苏联］B.A.苏霍姆林斯基：《把整个心灵献给孩子》，见《育人三部曲》，毕淑芝、赵玮、唐其慈等译，11页，北京，人民教育出版社，1998。

个领域，提出了培养全面和谐发展的人的理论。苏霍姆林斯基为世界教育事业留下了丰富的精神遗产。他一生撰写了 50 多部专著、600 多篇论文、1500 多篇供儿童阅读的童话和小故事。他的作品被译成 30 多种文字在世界各国发行。苏霍姆林斯基逝世后，苏联教育部和乌克兰教育部分别编选了五卷本和三卷本的《苏霍姆林斯基教育文集》。他的著作生动地反映了学校教育的真实情况，是对学校工作的高度艺术概括和再现。虽然他的专著没有一部是以"教育学"命名的，然而却被人们称为"活的教育学""学校生活的百科全书"，他本人被誉为"教育思想的泰斗"。

苏霍姆林斯基的辉煌成就给他带来了很高的声誉，在苏联教育史上，他被公认为是最成功的学者型教育实践家。他不仅取得了教育学副博士学位，而且是苏联教育科学院唯一一位来自乌克兰乡村教育一线的通讯院士。1959 年，他荣获功勋教师称号。他还荣获两枚列宁勋章，多枚乌申斯基奖章和马卡连柯奖章。不少国家的教育领导机构和有影响的学术团体，纷纷邀请他出国讲学。1968 年，他当选为苏联教育科学院通讯院士，同年 6 月被选为全苏教师代表大会代表，并荣获社会主义劳动英雄称号。他作为一位有独创精神的教育家被载入苏联史册。

苏霍姆林斯基在中国教育工作者中也享有很高的威望。苏霍姆林斯基的专著，几乎全都被译成了中文，而且同一本书有若干个中译文版本的情况也并不鲜见。他的许多著作已成为中国教育工作者的案头必备书。苏霍姆林斯基的教育思想和实践能在中国这块广袤的大地上产生如此巨大的影响，固然与苏霍姆林斯基教育思想传播者的不懈努力分不开，但更重要的是因为苏霍姆林斯基教育思想本身所蕴含的教育真谛和生生不息的生命活力。他的教育思想是那么接地气，那么通俗易懂，他的语言是那么优美，他的教育思想所体现出的人格魅力是那么有吸引力，使他当之无愧地成了中国教育工作者的良师益友。

# 第二节　教育学就是人学

苏霍姆林斯基生前多次强调"教育学就是人学"，这是他经过长期实践和深思熟虑之后得出的结论。

## 一、人学产生的时代背景

两次世界大战给人类带来的巨大苦难让人们痛定思痛，维护人权、弘扬人道精神已成为世界各国人民的共识。1948 年，联合国大会通过并颁布了《世界人权宣言》，1959 年，又通过并颁布了《儿童权利宣言》。这两份宣言突出了人生而自由，人人平等，人人有受教育的权利，要保证儿童享有幸福的童年，以儿童利益最大化为原则来保障儿童的权益。这两个宣言促使苏霍姆林斯基萌生了世界进入了"人的时代"的思想。

1956 年，苏共二十大明确提出人不是社会机器上的一颗"螺丝钉"，苏联理论界、文艺界涌动起了强劲的人道主义思潮。1961 年，苏共二十二大通过新党纲，提出了"一切为了人，一切为了人的幸福"。这一切引起了苏霍姆林斯基对普通人的尊严和幸福的关注。在苏联国内，人的地位和相互关系发生了变化，人们以主人翁态度从事各项自由劳动，中等教育的普及、高等教育的逐步大众化，都彰显了人的社会地位的变化，人际关系也从人与人之间的主从关系变为主体间的分工协作关系。所有这一切都促使苏霍姆林斯基相信人的全面发展所需要的条件正在日益完备，使他的"教育学就是人学"的思想日益成熟。

## 二、人学思想的内涵

苏霍姆林斯基探索人学的出发点是为了人的教育。他把对人的哲学探讨作为基础，以教育实践作为研究的取向，综合了人类学、伦理学、教育学、心理学、生理学等学科的相关知识，广泛吸取了马克思列宁主义的教育理论，兼收并蓄着了苏联和外国不同时期教育家的教育思想。他善于继承与创新，这就决定了他的人学理论具有极宽厚的基础，从而对实践产生了较大的影响。

苏霍姆林斯基认为，人兼有自然属性、社会属性和精神属性，从而就会产生自然需要、社会需要和精神需要。这三个方面的需要充分体现了人的本性，它们彼此之间是相互联系、相互影响的。人具有无限发展的可能性，人的潜能是无穷尽的。苏霍姆林斯基的人学所关注的不是抽象的人，不是仅具有一些普遍性的人，而是一个个具体的、独特的、发展中的人，这种发展中的人在不同的发展阶段，也会呈现出不同的身心发展特点。苏霍姆林斯基精辟地指出，"每个学生，毫无例外地都是一个完整的世界"①，每个人都拥有与其他人相同或相近的可能性，但又拥有个人独特的可能性，都会表现出自己的与众不同的可能性。人的可能性是潜在的，也是可开发的，可以通过教育把可能性转化为现实性。苏霍姆林斯基还揭示了人的矛盾性和复杂性。他说，人是由动物进化而来的这个事实决定了人身上必然残留着兽性，与人性构成矛盾。苏霍姆林斯基把人性视为兽性的对立面，认为人性具有向善、尚美的倾向性，这种矛盾性就决定了教育的必要性和创造性。教育就是要扬善抑恶、长善救失，要从社会特性方面改善和提升人的本性。在与学生的实际交往中，苏霍姆林斯基深刻体会到每个学生的世界都是各不相同的复杂世界，学生的身上会不断出现新的变化。学生的这种复杂性就要求教育工作者摒弃简单化和划一化，最大限度地发挥创造性，尊重每个学生的差异性、独立性和创造性，开发每个学生的潜能。

在苏霍姆林斯基眼中，学生并非等待开发的对象，而是自我开发的主体，教师应该引导学生发现自己并充分认识自己的能力与潜力，善于激发出每个

---

① 肖甦主编译：《苏霍姆林斯基教育智慧格言》，43 页，北京，人民教育出版社，2014。

学生的生命活力。他认为，开发人的潜能虽是教育的重要内涵，但不是唯一的内涵。他把刚来到人世的人比喻为"人的毛坯"，是拥有无限潜能的"未完成的人"，"未完成的人"需要后天经验的塑造，人的可教育性既包含人的潜能的可开发性，也包含人的可塑性。苏霍姆林斯基还指出，"教育首先是一种生活方式"①，要把教育的理想自然地融入学生的生活，成为学生生活的本质。教育的目的就是要帮助学生形成高尚的品质，养成在日常生活中自然而然地表露出来的优良素质。生活具有潜移默化的教育功能。苏霍姆林斯基把教育分成两个方面：一是教师进行的有目的、有意识的主观方面的教育，二是学生自己从日常生活中看到、听到和感受到的客观方面的教育。他发现，后者较前者更有效，生活是一种无形的教育。因此，他认为精心构建学校生活方式，提升学校生活品位，这才是真正意义上的教育。

苏霍姆林斯基把人学作为一门课程来实施，在帕夫雷什中学这个"人道主义实验室"中的人学包含四方面的内容：一是关于人的生理和健康方面的知识；二是心理学方面的知识，他让学生通过自学，通过独立阅读有关思维和语言、感情、意志、性格、气质等方面的书籍，从而去了解自己，了解自己的精神世界，磨砺自己的意志，提高自己的记忆力；三是让学生提升自己的人格品位，让学生在自尊自爱中增强责任感，经常思考世界观、人生观方面的问题；四是培养学生的同情心，使学生学会理解人，体谅人，学会用自己的心灵去体察他人的喜怒哀乐。苏霍姆林斯基把文学也纳入人学课程中。他认为，"一个人的语言修养是他精神修养的一面镜子"②，文学能滋养人的心灵。

苏霍姆林斯基提出了只有人才能"生产人"，教育是"生产人"这样一个命

---

① 肖甦主编译：《苏霍姆林斯基教育智慧格言》，10页，北京，人民教育出版社，2014。

② ［苏联］B.A.苏霍姆林斯基：《把整个心灵献给孩子》，见《育人三部曲》，毕淑芝、赵玮、唐其慈等译，216页，北京，人民教育出版社，1998。

题。这就意味着教育是人与人之间的一种普遍而重要的关系。苏霍姆林斯基认为,既然教育是"生产人",那么教育的最高目的就在于人本身;教育的终极目标就是人的力量的充分发挥;教育的最主要任务是要让每个人都成为幸福的人,让每个人都能享受创造性劳动的幸福,拥有充实的精神世界。教育既包括同时代人之间的横向关系,也包括延续生命、代际相传的纵向关系。受过教育的人应该是有教养的人,应该是真正的人。

伟大的无产阶级作家高尔基提出了"大写的人"的概念,全身心地崇拜高尔基的马卡连柯接受了这个概念并在实践中培养出了"高尔基人"和"捷尔任斯基人"这样的"大写的人"。苏霍姆林斯基接受了培养"大写的人"这样的理念并予以发展,提出要培养真正的人。在苏霍姆林斯基的心目中,真正的人要有人的精神,这样的人在理想与为理想而进行的奋斗中,都能表现出人的精神。他认为真正的人是为了人民的幸福而无私奉献的人;为了使周围的人们生活得更美好,使他们精神上更丰富,真正的人心甘情愿地奉献出自己的全部精神财富,真正的人让自己所接触到的每一个人都能从他的身上,从他的精神劳动中获得某种美好的东西。苏霍姆林斯基提出,"用来衡量人的精神是否高尚的尺度是:他为别人做了什么。在这种奉献中最重要的是:心灵的温暖、心灵的善良"①。

苏霍姆林斯基撰写的《做人的故事》、《育人三部曲》(包含《把整个心灵献给孩子》《公民的诞生》《给儿子的信》)、《关于人的思考》,完整地体现了他的丰富的教育思想和教育实践,全面地阐明了他对处于不同人生阶段的人的教育的思考。

---

① [苏联]苏霍姆林斯基:《关于人的思考》,诸惠芳译,99页,石家庄,河北人民出版社,2003。

## 第三节 培养全面和谐发展的人的教育思想

### 一、教育信念

苏霍姆林斯基在长期的教育实践过程中逐步明确并完善了自己的教育信念，这些信念也是他长期进行教育实验和理论探索的主要思想依据。

第一，相信孩子，爱孩子。苏霍姆林斯基的第一个教育信念就是相信孩子，爱孩子。他相信"教育具有强大的力量"[①]，相信每个孩子的可教育性。了解孩子，信任孩子，尊重孩子，这个信念在苏霍姆林斯基心中历久弥坚。他说："真正的教育，不是从高处降至地上，而是登上童年微妙的真相之巅。"[②]他相信每个孩子都有天生的爱心和善意；相信孩子虽然有缺点，但从来不会蓄意做坏事；确信每个孩子都有自己独特的世界，有特殊的个性；确信每个孩子都能攀登上自己的顶峰。正因为相信孩子，苏霍姆林斯基才把自己的整个心灵全都奉献给了孩子。他认为热爱孩子，关心孩子，是树立相信孩子、相信教育的力量这一教育信念的前提。在苏霍姆林斯基的生活中，最重要的就是爱孩子。而要爱孩子，首先就要了解孩子，熟悉孩子的精神世界，成为"孩子们的朋友和同志"[③]。他要求教师"注意每一个人，关怀每个学生，并以关切而又深思熟虑的谨慎态度对待每个孩子的优缺点"，认为"这是教育过程的根本之根本"。[④] 苏霍姆林斯基在《给儿子的信》中是这样袒露自己的心迹的："我热爱自己所从事的教育工作，因为它的主要任务是认识人，了解

---

[①] [苏联]B.A.苏霍姆林斯基：《给儿子的信》，见《育人三部曲》，毕淑芝、赵玮、唐其慈等译，678页，北京，人民教育出版社，1998。

[②] 肖甦主编译：《苏霍姆林斯基教育智慧格言》，11页，北京，人民教育出版社，2014。

[③] [苏联]B.A.苏霍姆林斯基：《把整个心灵献给孩子》，见《育人三部曲》，毕淑芝、赵玮、唐其慈等译，9页，北京，人民教育出版社，1998。

[④] 肖甦主编译：《苏霍姆林斯基教育智慧格言》，13页，北京，人民教育出版社，2014。

人。在工作中，我首先去认识人，从各个方面去观察他们的内心世界。玉石不经雕琢不成器，作为教师，要善于对待，善于琢磨，才能使人成才。教育的艺术就在于能够看到人类精神世界中那些取之不尽的各个方面。"①他把年幼的孩子比喻为"一朵挂着露珠的娇嫩的玫瑰"②，认为要对孩子予以全方位的呵护。他认为首先要关注孩子的身体健康，同时注意从精神上呵护、关爱每一个孩子，要维护孩子心灵的纯洁。苏霍姆林斯基还认为，对孩子的爱不应该是单方面的，孩子应该学会感受父母、教师、小伙伴和其他人对他的爱，并且学会向他人奉献自己的爱；要引导孩子用自己的汗水去酿造"主人翁的快乐"。

第二，培养全面和谐发展的人。苏霍姆林斯基另一个重要的教育信念就是要培养全面和谐发展的人。这是苏霍姆林斯基教育思想的核心，像一根红线贯穿于他的教育理论体系。苏霍姆林斯基把全面发展、和谐发展、个性发展三者融合成一个统一的整体，认为"没有和谐的教育工作，就不可能培养出和谐的全面发展的人"③。苏霍姆林斯基在这个问题上的贡献主要表现在以下几个方面。其一，明确提出了德、智、体、美、劳各方面发展所要达到的程度，把充实学生的精神生活和丰富他们的内心世界作为衡量全面发展的一个重要标志，用德、智、体、美、劳各育相互渗透的思想丰富了全面发展的理论。其二，苏霍姆林斯基提出的和谐发展，是对全面发展的补充、完善和提高，要求把各方面的发展有机地联系起来，成为相互依赖、缺一不可的统一体，要求处理好认识世界与改造世界的关系，使二者处于相互促进的和谐之中。其三，苏霍姆林斯基强调在实现全面和谐发展的同时，要使每个学生在

---

① ［苏联］B.A.苏霍姆林斯基：《给儿子的信》，见《育人三部曲》，毕淑芝、赵玮、唐其慈等译，678页，北京，人民教育出版社，1998。

② ［苏联］B.A.苏霍姆林斯基：《把整个心灵献给孩子》，见《育人三部曲》，毕淑芝、赵玮、唐其慈等译，33页，北京，人民教育出版社，1998。

③ 肖甦主编译：《苏霍姆林斯基教育智慧格言》，7页，北京，人民教育出版社，2014。

各个领域中充分表现出自己的天赋才能，充分发挥自己的爱好和兴趣；要求在每个学生身上找到他的"闪光点"，使学生因某事取得的成功而产生的自尊、自信和自豪感发生情感迁移，成为他在其他方面取得成功的动力，从而找到并打开全面发展的突破口，使个性得到充分的发展。

第三，自我教育在人的发展中至关重要。苏霍姆林斯基第三个重要的教育信念是，学生在接受教育的过程中自我教育起着至关重要的作用。苏霍姆林斯基深信"自我教育是学校教育中极重要的一个因素"①，教育与自我教育是相辅相成的，"能激发出自我教育的教育，才是真正的教育"，"真正的教育始于教育和自我教育的统一"。② 苏霍姆林斯基提出的自我教育涉及学生精神生活的各个领域，其核心是要充实和发展学生的精神世界。苏霍姆林斯基认为，在人的成长中教育固然起着比环境更重要的作用，但自我教育的作用比教育更重要。人的发展固然离不开个人的禀赋，但更离不开教育，尤其是自我教育。

## 二、德、智、体、美、劳诸育统一施教的理论

### （一）德育

在苏霍姆林斯基的全面和谐发展教育中，德育居于核心地位，贯穿于学校教学、教育工作的各个方面。知识、劳动和道德是苏霍姆林斯基教育思想体系的支柱，而这三者又统一在培养有社会主义觉悟的、有理想、有才能、有丰富的精神生活的合格公民这一培养目标中。

苏霍姆林斯基要求学校培养道德高尚的人，这样的人应具有以下基本的道德修养。

---

① ［苏联］B.A.苏霍姆林斯基：《帕夫雷什中学》前言，赵玮、王义高、蔡兴文等译，14页，北京，教育科学出版社，1983。

② 肖甦主编译：《苏霍姆林斯基教育智慧格言》，16、18页，北京，人民教育出版社，2014。

第一，具有公民的义务感、责任感。苏霍姆林斯基认为，"社会是由亿万尽义务的人构成的大厦。为了使这座大厦坚不可摧，需要非常牢固的基础，这个基础就是表现人的义务感，在人与人、人与集体的关系中，通过尽义务来确认自己"①。因此，培养义务感"是公民教育的基本原则之一"，他要求学生懂得自己生活在人们中间，"要用意识来检查自己的行为"，使自己的行为给"周围的人带来快乐"。② 苏霍姆林斯基认为，义务感、责任感是联结学校、个人与社会的精神纽带。在苏霍姆林斯基的著作中，义务感、责任感、使命感的含义是相同的，他认为人的责任感是崇高的神圣的情感，等同于人的道德感；义务感是道德的焦点、精神的核心，产生于人的相互关系之中，在每个人的微小的生活细节中表现出来。

第二，具有对人民的知恩感。苏霍姆林斯基把"知恩感"看作"责任感、义务感、公民的尊严感的亲姐妹"，他要求学生明白人民给了他们"童年、少年和青年时代的幸福"，要求学生"学会以德报德，用自己的力量为其他人创造幸福和快乐"。③ 他把道德修养的基础归结为"使人有准备地听从良心的召唤去为其他人做好事"④。苏霍姆林斯基认为首先要让学生学会感恩父母，要使给家庭带来欢乐、幸福、安宁的愿望成为促使孩子努力学习的激励因素，然后培养孩子立志报效祖国。

第三，认识劳动的价值。苏霍姆林斯基提出，要教育学生认识到"生活中所有的财富和快乐都是劳动创造的……没有劳动就不可能有诚实的生活"⑤。

---

① 肖甦主编译：《苏霍姆林斯基教育智慧格言》，362 页，北京，人民教育出版社，2014。

② ［苏联］B.A. 苏霍姆林斯基：《公民的诞生》，见《育人三部曲》，毕淑芝、赵玮、唐其慈等译，494 页，北京，人民教育出版社，1998。

③ ［苏联］B.A. 苏霍姆林斯基：《公民的诞生》，见《育人三部曲》，毕淑芝、赵玮、唐其慈等译，495 页，北京，人民教育出版社，1998。

④ ［苏联］B.A. 苏霍姆林斯基：《公民的诞生》，见《育人三部曲》，毕淑芝、赵玮、唐其慈等译，495 页，北京，人民教育出版社，1998。

⑤ ［苏联］B.A. 苏霍姆林斯基：《公民的诞生》，见《育人三部曲》，毕淑芝、赵玮、唐其慈等译，496 页，北京，人民教育出版社，1998。

苏霍姆林斯基多年教育工作的经验使他确信："如果一个人在创造性的体力劳动中能看到发挥自己思维积极性的条件的话，那么这种劳动就会成为他精神发展永不终止的因素"，"教育学最重要的任务之一就在于，早在少年早期，就使儿童对劳动的迷恋成为其精神生活中他最关心的事"。①

第四，要求学生"成长为社会主义社会的诚实的公民，成长为心灵纯洁、才智聪明、心地善良、双手灵巧的人"②。苏霍姆林斯基在《给儿子的信》中写道："深切地关心人，使每一个人，我们的每个同胞，都成为精神丰富、道德高尚、聪明、勤劳的人，善于珍惜、尊重、爱护我们生活中最宝贵的人，所有这一切，我称之为善良，称之为人性。"③他还说："在精神上给朋友的温暖、善意、关怀、提醒、挂念、爱抚越多，给你生活带来的快乐也会越多"，"没有对人的同情心，就不可能有仁爱精神。爱人类容易，爱一个人难。去帮助一个人比宣称'我爱人民'要困难得多"。④

第五，勇于以公民的态度对生活中的恶的种种表现进行毫不妥协的、积极的斗争。苏霍姆林斯基认为："如果少年对他在生活中看到的丑恶现象表示出一分的愤怒和蔑视……他就会十倍地做好事，用自己的行动肯定生活中的善。"⑤苏霍姆林斯基一针见血地指出："薄情会产生冷漠，冷漠会产生自私自利，而自私自利则是残酷无情之源"，"利己主义者、个人主义者、自私的人是不会幸福的：他们自己不幸，也使别人不幸"。⑥

---

① 肖甦主编译：《苏霍姆林斯基教育智慧格言》，245、244 页，北京，人民教育出版社，2014。

② ［苏联］B.A. 苏霍姆林斯基：《公民的诞生》，见《育人三部曲》，毕淑芝、赵玮、唐其慈等译，497~498 页，北京，人民教育出版社，1998。

③ 肖甦主编译：《苏霍姆林斯基教育智慧格言》，360 页，北京，人民教育出版社，2014。

④ 肖甦主编译：《苏霍姆林斯基教育智慧格言》，361 页，北京，人民教育出版社，2014。

⑤ ［苏联］B.A. 苏霍姆林斯基：《公民的诞生》，见《育人三部曲》，毕淑芝、赵玮、唐其慈等译，500 页，北京，人民教育出版社，1998。

⑥ 肖甦主编译：《苏霍姆林斯基教育智慧格言》，360、361 页，北京，人民教育出版社，2014。

苏霍姆林斯基把德育的任务归纳为四项。

第一项任务是要培养良好的道德习惯。苏霍姆林斯基认为，道德习惯是基本的道德修养在思想上的深化和行动上的具体化，是道德观念和信念的入门。在学生的少年期培养道德习惯尤其重要，如果道德修养的最重要的真理在少年期没能成为习惯，造成的损失是永远也弥补不了的。苏霍姆林斯基说："道德习惯的源泉，就在于高度的自觉性与对一些现象、人们之间的相互关系、他们的道德品质的个人的情感评价之间的统一。"①据此，他提出了培养道德习惯的三条规律。其一，通过正确的教育，使孩子养成不惜牺牲个人利益去帮助别人的习惯，公民的义务感就是在基本的道德习惯中孕育的。其二，"对自己的行为，尤其是对那些能反映出对劳动、对自己的亲人、对集体成员的态度的行为，作出情感评价并进行亲身体验"，这比第一条规律进了一步，因为"一个人要对自己的行为作出情感上的评价，他就应该调动自己的意志的力量"。② 苏霍姆林斯基还要求少年"不仅对好的行为，还要对那些不可以做的、不允许的行为作出情感上的评价"③，因为对"不可以"的体验，就是培养个人在社会中判别道德方向。其三，使道德原则与教师促使学生做出的行为相一致。根据这三条规律，苏霍姆林斯基制定了"道德习惯纲要"，要求培养学生养成以下道德习惯：做事有始有终，认真负责；对工作不推诿，不剽窃别人的劳动成果；帮助老弱孤寡者，不管他们是否是自己的亲友；自己的愿望要与满足愿望的道德权利相一致；自己的快乐、自己的愿望的满足，不应给家长和其他人带来困难或忧虑和痛苦，要与别人的需要相协调；要诚实，不隐瞒自己的错误等。

---

① [苏联]B.A.苏霍姆林斯基：《公民的诞生》，见《育人三部曲》，毕淑芝、赵玮、唐其慈等译，504页，北京，人民教育出版社，1998。
② [苏联]B.A.苏霍姆林斯基：《公民的诞生》，见《育人三部曲》，毕淑芝、赵玮、唐其慈等译，507页，北京，人民教育出版社，1998。
③ [苏联]B.A.苏霍姆林斯基：《公民的诞生》，见《育人三部曲》，毕淑芝、赵玮、唐其慈等译，507页，北京，人民教育出版社，1998。

第二项任务是培养高尚的道德情感。所谓道德情感，就是个人对各种事物、现象的态度。苏霍姆林斯基认为："用毫无热情的、漠不关心的态度去解释和理解世界，就不可能认识周围的世界。在人的活动过程中缺乏高尚的情感修养，情感缺乏崇高的思想性和方向性，那么，对共产主义理想的信念和忠诚是不可思议的。"①由此可见，道德情感充分体现了社会政治的方向性。苏霍姆林斯基把道德情感的内容归纳为三个方面：敏感性、同情心和义务感。敏感性就是要培养学生明辨是非、爱憎分明；善于细腻地体察和感受他人的情感；勇于为维护真理而进行不妥协的斗争。同情心就是要学生从小学会关心人、尊重人、信任人，学会尊老爱幼，在集体中形成相互关心的氛围并激发自尊和自信。义务感是苏霍姆林斯基德育内容的核心，它涉及"一个人对别人、对社会、对祖国所负的义务……对最高道德原则所负的义务。整个教育过程都贯穿着一条道德义务感的红线。义务感并不是束缚人的枷锁，它能使人获得真正的自由。恪守义务可以使人变得更高尚。教育者的任务，就在于使义务感成为自觉纪律这个极其重要品质的核心"②。

第三项任务就是要把道德概念转化为道德信念，树立坚定的道德信念。苏霍姆林斯基认为，"道德信念，是道德发展的最高目标，是顶峰，要做到道德习惯和道德意识的一致，才能达到它"，他指出道德信念是德育的基础，"只有当信念构成一个人的行动和行为的核心时，这种信念在人身上才会鲜明地表现出来"。③ 在道德情感的润泽下道德习惯便会升华为道德信念，道德信念是少年个人的崇高愿望，是他对道德理想的追求。苏霍姆林斯基认为，要使受这种愿望和追求所驱使的行为尽可能多，是少年教育中的一条"黄金法

① ［苏联］B.A. 苏霍姆林斯基：《公民的诞生》，见《育人三部曲》，毕淑芝、赵玮、唐其慈等译，556页，北京，人民教育出版社，1998。
② ［苏联］瓦·阿·苏霍姆林斯基：《和青年校长的谈话》，赵玮等译，155页，上海，上海教育出版社，1983。
③ ［苏联］B.A. 苏霍姆林斯基：《帕夫雷什中学》，赵玮、王义高、蔡兴文等译，194、212页，北京，教育科学出版社，1983。

则"，因为"只有通过积极的活动信念才能存在、巩固并得到磨练"①。

第四项任务是树立高尚的道德理想。道德理想是以道德习惯、道德情感和道德信念为基础的，这四项任务是紧密地联系在一起的。苏霍姆林斯基认为："只有通过生动的、有激情的、有生活体验的人物形象，才能让孩子接受关于崇高的人格、高尚的共产主义理想的思想。"②苏霍姆林斯基对道德理想的定义是，"道德理想，这既是一种社会的东西，同时也是一种深藏在人心中的东西：这是政治、道德、审美原则在个人身上的折射"③。他认为应该把年轻一代培养成具有鲜明的社会精神和公民精神的人。社会精神的核心是对先进的思想和崇高正义的事业坚信不疑，并满腔热情地、英勇顽强地去实现它。公民精神的核心是爱国主义精神。他说："祖国，这是慈祥而又严格的母亲……你的生活和劳动，要让祖国为了你而骄傲。要善于从祖国人民最高利益的高度审视你自己"，"热爱祖国，这是一种最纯洁、最敏锐、最高尚、最温柔、最无情、最强烈、最温存、最严酷的感情。一个真正热爱祖国的人，他在各个方面都是一个真正的人"。④ 苏霍姆林斯基的最高伦理价值是理想高于生命，他的一生充分体现了他自己的道德价值观。

苏霍姆林斯基通过各种渠道，采用多种方法实施德育，其中主要的是：①通过课堂教学和学习各种基础知识进行德育，把德育渗透到各科教学中去；②通过制定德育大纲、编辑和利用《人类道德价值文选》、建立"思想室"等措施，进行思想政治教育和共产主义道德教育；③通过各种劳动和社会公益活

---

① ［苏联］B.A. 苏霍姆林斯基：《公民的诞生》，见《育人三部曲》，毕淑芝、赵玮、唐其慈等译，517 页，北京，人民教育出版社，1998。

② ［苏联］苏霍姆林斯基：《关于人的思考》，诸惠芳译，77 页，石家庄，河北人民出版社，2003。

③ ［苏联］B.A. 苏霍姆林斯基：《公民的诞生》，见《育人三部曲》，毕淑芝、赵玮、唐其慈等译，517 页，北京，人民教育出版社，1998。

④ ［苏联］B.A. 苏霍姆林斯基：《给儿子的信》，见《育人三部曲》，毕淑芝、赵玮、唐其慈等译，700、692 页，北京，人民教育出版社，1998。

动进行德育；④重视集体的教育作用；⑤教师发挥榜样的作用。苏霍姆林斯基创造性地开设了一门"人道主义课"，他为孩子编写了许多生动的故事，在孩子的心中播撒下真善美的种子，引导孩子把周围的事物拟人化，让孩子通过接触和创造善良事物来培养自己的善良情感。他还引导孩子观察大自然中万事万物之间所存在的千丝万缕的联系，从中获得对相互依存、相互呵护、相互扶持、相互奉献的感悟，进而把孩子萌发的善良情感引导到对人的关心、爱护上。苏霍姆林斯基在培养孩子的爱心的同时，不忘记教育他们要爱憎分明，要让孩子懂得区分善恶的情感，弃恶扬善。他从孩子对待小动物、对待小花小草的态度开始，进而要求孩子学会在社会生活中分辨善恶，继而要求孩子学会把对卑劣、丑恶东西的愤慨和厌恶情感，迁移到检点自身的行为。他认为，羞耻心是良心的忠实捍卫者，是抵制卑鄙行为的抗毒剂，是义务感和责任感的情感支柱。

（二）智育

苏霍姆林斯基重视教育在促进科技进步和人的全面发展方面所担负的双重使命，建立了与之相适应的智育体系。这个智育体系有两个特点。一是充分反映时代对人的全面要求，通过智育授予学生基本的科学文化知识和技能，使学生形成科学的世界观，发挥每个学生独特的天赋才能，开发他们的智力，使之产生强烈的求知欲，发展他们的认识能力和创造能力，养成脑力劳动的技能，培养他们对脑力劳动和把科学知识运用于实践的兴趣，使之成为精神丰富的、全面和谐发展的文明公民。二是把智育纳入德、智、体、美、劳全面发展的完整的施教系统中，统筹兼顾地处理智育与其他各育的相互渗透关系，以及智育这个相对独立的子系统中的各种矛盾和关系。

苏霍姆林斯基把开发智力看作智育的主要目的，而把形成科学的世界观看作智育的核心。他强调"教学是智育极重要的手段"①，但他把教学仅仅看作广义的教育"这朵花朵上的一片花瓣"②，明确提出，"知识的教育力量，首先在于世界观方面"③。"智力教育与获取知识远不是一回事。尽管不进行教学就不可能有智力教育，如同没有阳光就没有绿叶一样，但同样也不能把智力教育同教学混为一谈，如同不能把绿叶等同于太阳一样。"④

苏霍姆林斯基把知识分为两类：第一类是必须保持在记忆中的基本真理，没有它们"就不可能掌握知识的顶峰"⑤；第二类知识"就是对那些无须保存在记忆中的东西的理解能力，是对人类所积累并在书籍中保存下来的那些无穷无尽的瑰宝的利用能力"⑥。他认为"学校不是存取知识的仓库，而是引燃智慧之火的火种"⑦，因此他要求教师尽力做到使学生不把获得知识看作最终目的，而是看作一种手段，把知识看成思维的工具，这样知识才能不断充实、完善和发展，学习才能成为永无止境的追求。

科学技术在飞速发展，人类的知识在不断积累，而人的记忆力是有限的。解决这一矛盾的关键是发展人的智能。在苏霍姆林斯基的教育体系中，基本技能的培养占有重要地位。他特别重视九种基本技能的训练，把它们归并为三组。第一组为读、写、算技能；第二组为观察、思考、语言表达技能；第三组为独立思考、独立工作、自学技能。苏霍姆林斯基从自己的实际工作经

---

① ［苏联］B.A.苏霍姆林斯基：《帕夫雷什中学》，赵玮、王义高、蔡兴文等译，255页，北京，教育科学出版社，1983。

② ［苏联］B.A.苏霍姆林斯基：《把整个心灵献给孩子》，见《育人三部曲》，毕淑芝、赵玮、唐其慈等译，11页，北京，人民教育出版社，1998。

③ 肖甦主编译：《苏霍姆林斯基教育智慧格言》，21页，北京，人民教育出版社，2014。

④ ［苏联］B.A.苏霍姆林斯基：《把整个心灵献给孩子》，见《育人三部曲》，毕淑芝、赵玮、唐其慈等译，17~18页，北京，人民教育出版社，1998。

⑤ ［苏联］B.A.苏霍姆林斯基：《公民的诞生》，见《育人三部曲》，毕淑芝、赵玮、唐其慈等译，480页，北京，人民教育出版社，1998。

⑥ ［苏联］B.A.苏霍姆林斯基：《帕夫雷什中学》，赵玮、王义高、蔡兴文等译，299页，北京，教育科学出版社，1983。

⑦ 肖甦主编译：《苏霍姆林斯基教育智慧格言》，21页，北京，人民教育出版社，2014。

验中得出了一条规律，这就是制定和贯彻两个教学大纲。第一大纲是指学生必须掌握的学校教学大纲范围内的所有知识，第二大纲是非必修知识的大纲，掌握第二大纲的重要途径就是独立阅读。第二大纲的学习是第一大纲学习的保障和智力基础，为学生的个性发展打好"智力底子"。苏霍姆林斯基在《给儿子的信》中是这样论述二者的关系的："如果你想有充裕的时间，那你就要天天读书……你所阅读的内容，就是你用以治学的基础，基础越牢固，越雄厚，学习越容易。你每天读的东西越多，你的时间储备就越充足。因为在你阅读的东西之中，有千百个接触点，这些点同你在课堂上所学的材料连接起来。我把这些接触点称之为记忆的锚。它们把必须学到的知识同围绕人的知识的海洋连接在一起了。"[1]苏霍姆林斯基认为，课堂教学有两个任务，"一是传授一定的知识；二是激发求知欲，鼓励少年越出课纲范围，去阅读、去研究、去思考"[2]。苏霍姆林斯基指出："掌握第二大纲，其实质就是少年在智力上的自我肯定，是集体的多方面的精神生活，是精神财富的经常交流。"[3]除了阅读之外，苏霍姆林斯基还十分强调教会学生观察和思考。他说，学生需要观察"如同植物需要阳光、空气和水一样……儿童要理解和要记忆的东西越多，他就越需要看到周围自然界和劳动中的种种关系和相互联系"[4]。苏霍姆林斯基把"在大自然中发展儿童的思维、增强孩子的智能"看成"儿童机体自然发展规律的要求"。[5]

---

[1]　[苏联]B.A.苏霍姆林斯基：《给儿子的信》，见《育人三部曲》，毕淑芝、赵玮、唐其慈等译，736页，北京，人民教育出版社，1998。
[2]　[苏联]B.A.苏霍姆林斯基：《公民的诞生》，见《育人三部曲》，毕淑芝、赵玮、唐其慈等译，459页，北京，人民教育出版社，1998。
[3]　[苏联]B.A.苏霍姆林斯基：《公民的诞生》，见《育人三部曲》，毕淑芝、赵玮、唐其慈等译，461页，北京，人民教育出版社，1998。
[4]　[苏联]B.A.苏霍姆林斯基：《给教师的一百条建议》，周蕖、王义高、刘启娴等译，61页，天津，天津人民出版社，1981。
[5]　[苏联]B.A.苏霍姆林斯基：《把整个心灵献给孩子》，见《育人三部曲》，毕淑芝、赵玮、唐其慈等译，34页，北京，人民教育出版社，1998。

苏霍姆林斯基很重视课堂教学对学生智育的重要性。他认为，课堂是"点燃少年的求知欲和道德信念的火炬的第一颗火星"①，是启蒙知识和方法的场所，是人的思想的发祥地。苏霍姆林斯基把学生的课外活动当作大课堂，在他的理论体系中，大小课堂没有主次高低之分，大小课堂相互贯通、相互渗透，有助于健全学生的精神生活。在课的类型上，思维课是苏霍姆林斯基独创的课型。在帕夫雷什中学，从学前班就开始开设思维课，教师带领学生观察周围世界，使学生获得直接、生动的认识。在思维课上，学生进行初步的逻辑分析、知识求索、寻找因果关系等思维练习，仔细地观察，发自肺腑地惊讶，紧张地思索，孜孜不倦地去发现。思维课不仅要求学生看和想，还要求学生把思考和双手的精细操作结合起来，这样做非常有利于开发学生的智力。苏霍姆林斯基还要求教师把每堂课都上好，处于"一辈子备课"的状态中。"一辈子备课"是一种战略性备课，而针对具体的每堂课的备课是战术性备课。教师打好了战略性备课的坚实基础，就能增强战术性备课的课堂预见性。然而每堂课都是动态生成的，教师的教育技巧和艺术就在于能感觉到一堂课进展的逻辑，使课的结构服从于学生的思维规律。不论课如何千变万化，课的进展必须顺应和促进学生的思维发展。苏霍姆林斯基还要求教师用探索的热情去温暖课堂，激发学生的求知欲和探索热情，要让每个学生都处于积极的求知状态，引导学生从主动求知到形成信念。

苏霍姆林斯基十分重视学习与精神生活的关系，把学习看作精神生活的一部分。他指出："教育的真正意义在于，即使是真正低能的孩子，也要让他不感到自己的残缺，也要让他享受到做一个高尚的人的快乐，享受到认识的快乐，享受到智慧劳动和创造的快乐!"②"学习不应当归结为不断地积累知

---

① [苏联]B.A.苏霍姆林斯基:《公民的诞生》，见《育人三部曲》，毕淑芝、赵玮、唐其慈等译，428页，北京，人民教育出版社，1998。

② 肖甦主编译:《苏霍姆林斯基教育智慧格言》，20~21页，北京，人民教育出版社，2014。

识、训练记忆力，也不是进行死记硬背……我提出的目标是努力使学习成为丰富多彩的精神生活的一部分，这样的精神生活才有助于儿童的发展，有助于丰富他的才智。"①他还说："培养全面发展的人的技巧和艺术就在于：教师要善于在每一个学生面前，甚至是最平庸的、在智力发展上最有困难的学生面前，都向他打开他的精神发展领域，使他能在这个领域里达到顶点，显示自己，宣告大写的'我'的存在，从人的自尊感的泉源中汲取力量，感到自己并不低人一等，而是一个精神丰富的人。"②苏霍姆林斯基从三个方面说明了精神生活的含义。第一，从全面发展的角度看，人的精神生活意味着在积极的活动过程中形成、发展德、智、体、美、劳诸方面的兴趣。第二，从发掘人的天赋才能的角度看，学校的精神生活应该创造充分的条件去发展每个学生的个人特长，使每个学生都能找到确立、表现其力量和创造才能的场所。第三，从智育的角度看，学校的精神生活表现为与必修课程无直接关系的各种智力兴趣的激发、发展，表现为知识在实践中的运用、智力财富在集体中的交流。他提出，在教学过程中必须贯彻这样几项原则：①情感与思维相伴而行，情感推动思维，思维推动情感；②情感与意志相互作用，相互促进；③自信心与道德尊严感相互作用，学校"最重要的教育任务之一就是使每个孩子在掌握知识的过程中体验到人的自尊心和自豪感"③；④利用情感迁移规律，发挥积极情感的作用。

在帕夫雷什中学，通过提高教师素养提高了课堂教学效率，解放了学生的课余时间，整个下午都由学生自由支配。学校为学生建立了各种各样的满足学生全面发展需要的、能发掘每个人的天赋才能的课外兴趣小组。苏霍姆

---

① ［苏联］B.A.苏霍姆林斯基：《把整个心灵献给孩子》，见《育人三部曲》，毕淑芝、赵玮、唐其慈等译，109 页，北京，人民教育出版社，1998。

② 肖甦主编译：《苏霍姆林斯基教育智慧格言》，61 页，北京，人民教育出版社，2014。

③ ［苏联］B.A.苏霍姆林斯基：《把整个心灵献给孩子》，见《育人三部曲》，毕淑芝、赵玮、唐其慈等译，173~174 页，北京，人民教育出版社，1998。

林斯基通过这些措施引导学生发展三项爱好：最喜爱的课外读物、最喜爱的学科、最喜爱的劳动创造项目。

### (三)体育

苏霍姆林斯基认为体育是一个人得以全面和谐发展的最重要因素。关于体育的任务，他认为，"这首先是关注健康，关注维护作为无价之宝的生命；其次，是有系统地进行工作，从而保证人的身体发育、精神生活以及多方面的活动能够协调一致"①。他明确指出，对儿童和少年实施体育，应有不同的任务和重点。儿童的体育主要是促进机体的正常发育和增强健康，而"在少年阶段，他们身上所发生的生理过程与其精神生活和意识的形成有密切的联系，并能深刻地反映一个人的未来，因此体育已经不能仅仅局限于身体的锻炼与健康了，它还涉及到人的个性的许多复杂方面，如：道德品质、纯洁而崇高的情感和态度、生活的理想、道德与审美的标准、对周围世界和自我的评价，等等"②。因此，体育必须增加充实智慧才能，培养道德情感、道德品质，发展审美修养，评价周围世界和自我，培养对体力活动的热爱等多方面的内容。

健康教育是苏霍姆林斯基体育思想中的一个重要组成部分。他说："对健康的关注——这是教育工作者首要的工作。孩子们的精神生活、世界观、智力发展、知识的巩固和对自己力量的信心，都要看他们是否乐观愉快、朝气蓬勃。"③他对学生学习差的原因进行了多年的调查研究，结果发现 85% 的学生学习成绩不良是健康状况不佳引起的；健康在很大程度上取决于精神生活，尤其是脑力劳动的修养。高水平的脑力劳动修养来自对学生身体健康的、智力的和审美的多方面的培养。他坚决反对死记硬背式的脑力劳动，认为这会

---

① ［苏联］B.A. 苏霍姆林斯基：《公民的诞生》，见《育人三部曲》，毕淑芝、赵玮、唐其慈等译，398 页，北京，人民教育出版社，1998。

② ［苏联］B.A. 苏霍姆林斯基：《公民的诞生》，见《育人三部曲》，毕淑芝、赵玮、唐其慈等译，398 页，北京，人民教育出版社，1998。

③ ［苏联］B.A. 苏霍姆林斯基：《把整个心灵献给孩子》，见《育人三部曲》，毕淑芝、赵玮、唐其慈等译，110 页，北京，人民教育出版社，1998。

导致学生的身体发生病变；他极力主张脑力劳动和体力劳动的适当结合，以保证脑力和体力的协调发展。他坚信，人是自己的健康的主人，人能够积极地影响自己的生命过程。为了使学生拥有健康的身体，苏霍姆林斯基采取了许多措施。例如，他要求每位教师经常对学生进行"教育学观察"，定期组织学生进行体检；向学生及其家长普及卫生保健知识；为学生创造有利于健康的绿色环境，增加学生户外活动的时间，把大自然看作健康的源泉；制定有利于健康的饮食、劳动和符合学生身心活动节律的作息制度，这些制度"建立在自我教育的基础上，也就是以克服困难、进行锻炼和毅力的训练为基础"①；有计划、有针对性地进行体育教学和体育锻炼，主张采用积极的手段让学生适度疲劳。他说："自觉而又灵活地指挥全身的运动，首先是从指挥手的动作以及手对大脑的反作用开始的，因为这种反作用能够训练出各个系统优美、敏捷的协同动作：手—大脑，身体—大脑，劳动—大脑。"②帕夫雷什中学的体育教学包括让学生掌握卫生保健知识，体育教学的目的不是追求少数人的体育成绩和个人记录，而是着眼于全面提高全体学生的健康水平。

在苏霍姆林斯基教育理论和教育实践中，体育与德育、美育是密切相连的。他指出，学生在关注自己的健康的同时，还要为他人的健康、休息和美满的生活创造必需的环境并爱护这种环境。他说："良好的健康和充沛旺盛的精力，是朝气蓬勃感知世界、焕发乐观精神、产生战胜一切艰难险阻的意志的一个极重要的源泉。而孩子生病、体弱和带有疾患素质，则是诸多不幸的祸根。"③

（四）美育

苏霍姆林斯基把教会学生在美的世界中生活，使学生离开美就不能生活，

---

① 肖甦主编译：《苏霍姆林斯基教育智慧格言》，219 页，北京，人民教育出版社，2014。
② 肖甦主编译：《苏霍姆林斯基教育智慧格言》，219 页，北京，人民教育出版社，2014。
③ 肖甦主编译：《苏霍姆林斯基教育智慧格言》，219～220 页，北京，人民教育出版社，2014。

作为整个教育体系的重要目标之一。他认为："美是道德纯洁、精神丰富和体魄健全的有力源泉。美育最重要的任务是教会孩子能从周围世界(大自然、艺术、人们关系)的美中看到精神的高尚、善良、真挚,并以此为基础确立自身的美。"①感知美和理解美是审美教育与审美素养的基础和核心。在苏霍姆林斯基的个性全面和谐发展体系中,美育占有特殊的地位,美育实际上是一种情感教育。他要求"把道德情感、智力情感和审美情感紧密地联系起来加以培养",因为"个人对社会观念的情感—审美态度越明确,道德情感就越深刻"。②他深刻地指出:"实际上,人的高级的精神生活——创造,往往是从美感开始的……一个人有了崇高的生活目标和高尚的感情,才能做到内在美与外在美的统一……就是一个人的思想与情感的统一。"③苏霍姆林斯基的理想就是要使学生对美好的东西惊讶不已,帮助他们把美好的东西作为自己精神生活的一部分,促使学生觉察到语言和形象的美。他一生都在孜孜不倦地追求这个理想。

1. 大自然在美育中的作用

苏霍姆林斯基认为,"情感教育和审美教育是从发展感觉修养和知觉修养开始的"④。对学生来说,大自然的美就是培养这些修养的学校,它能培养细腻的知觉,而知觉的细腻又孕育了情感的细腻;大自然的美又是使思想变得崇高的源泉之一。他说:"人原本是,而且永远都是大自然之子,所以应当把他同大自然的血肉联系都利用来让他吸收精神文明财富。孩子周围的世界,首先就是蕴含丰富多彩现象和无限美的大自然的世界。这个自然世界是儿童

---

① [苏联]B.A.苏霍姆林斯基:《帕夫雷什中学》,赵玮、王义高、蔡兴文等译,435页,北京,教育科学出版社,1983。

② [苏联]B.A.苏霍姆林斯基:《公民的诞生》,见《育人三部曲》,毕淑芝、赵玮、唐其慈等译,557、558页,北京,人民教育出版社,1998。

③ 肖甦主编译:《苏霍姆林斯基教育智慧格言》,244页,北京,人民教育出版社,2014。

④ [苏联]B.A.苏霍姆林斯基:《公民的诞生》,见《育人三部曲》,毕淑芝、赵玮、唐其慈等译,559页,北京,人民教育出版社,1998。

智慧的无尽源泉。"①他还强调，"欣赏美——这只是良好情感的最初萌芽，必须发展它，使它变为要求行动的积极愿望"②。教育者的任务"就是要使少年在与大自然的交往中发展自己的智力"③。大自然深化了学生的审美感知，而审美感知又激发了学生的求知欲，因为"少年的审美知觉越深刻，他的思想的飞跃就越有力，他就越渴望通过自己的思想去看到更多的东西"④。他说："在大自然中被情感感受到的，作为周围世界的美而体验过的东西越多，人在他身边看到的美就越多，美（不论是他人创造的，还是原始的、非人工所造的）也就越能激动和触动他。"⑤苏霍姆林斯基的"蓝天下的学校"很好体现了他的这种美育思想，也实践了他的生命教育。帕夫雷什中学的学生，在任何一个季节、任何一种天气情况下，都能感受、理解具有细微差异的、五彩缤纷的自然界的美，并把这种美铭记在心中，形成情绪记忆。这种美也让学生看到了生命的美、生命的珍贵，让他们懂得要珍爱生命。

2. 艺术在美育中的作用

苏霍姆林斯基说："艺术，这是体现人的心灵美的时间和空间……艺术能舒展人的心灵。人在认识艺术的价值的同时也在认识人身上的人性，提高自己以达到完美，并体验快乐。"⑥他认为，艺术进入学生的精神世界是从认识语言的美开始的，因此他十分重视语言的教育作用，认为"在一定的意义上语

---

① ［苏联］B.A.苏霍姆林斯基：《把整个心灵献给孩子》，见《育人三部曲》，毕淑芝、赵玮、唐其慈等译，15～16页，北京，人民教育出版社，1998。
② ［苏联］B.A.苏霍姆林斯基：《把整个心灵献给孩子》，见《育人三部曲》，毕淑芝、赵玮、唐其慈等译，58页，北京，人民教育出版社，1998。
③ ［苏联］B.A.苏霍姆林斯基：《公民的诞生》，见《育人三部曲》，毕淑芝、赵玮、唐其慈等译，606页，北京，人民教育出版社，1998。
④ ［苏联］B.A.苏霍姆林斯基：《公民的诞生》，见《育人三部曲》，毕淑芝、赵玮、唐其慈等译，605页，北京，人民教育出版社，1998。
⑤ 肖甦主编译：《苏霍姆林斯基教育智慧格言》，238页，北京，人民教育出版社，2014。
⑥ ［苏联］B.A.苏霍姆林斯基：《公民的诞生》，见《育人三部曲》，毕淑芝、赵玮、唐其慈等译，607页，北京，人民教育出版社，1998。

言是唯一的教育手段"①。他让学生接近思想和语言的源头,认为学生越接近周围世界,他们的语言就会越丰富、生动。他指出学生思维的核心就是形象地观察世界,用言语表达对美的感受。他要求培养学生对语言及其情感—审美色彩的敏感性,把这种敏感性看作人的和谐发展的前提条件之一。他指出:"对语言美的认识,在少年的心灵中孕育着高尚的自豪感、人的尊严感。"②他还认为,学生对语言情感色彩的认识,是他们"丰富的、真正的智力生活的开始"③。苏霍姆林斯基还主张"努力通过文艺作品去灌输这样一种思想:一个人要忠实于劳动人民的崇高目标和理想……使道德美成为完全是自己个人的、珍贵的、不可动摇的理想"④。他确信,"对道德美的体验使少年在心灵上得到升华",使"少年比任何时候都深刻地感觉到自己是一个真正的人"。⑤ 在苏霍姆林斯基的教育实践中,他给学生编写并声情并茂地讲述了许多故事,也让学生自己动笔创作小故事,因为童话人物具有强烈的情感色彩,能栩栩如生地保留在学生的意识中,当学生在倾听或自己描述各种奇异人物、奇妙幻境时,他们会全身心地沉浸其中。苏霍姆林斯基坚定地认为,童话是爱国主义教育的丰富而不可替代的源泉,是人民精神文化的财富,学生理解了童话,也就了解了自己的人民。童话对于学生而言,不是幻想出来的故事,"而是一个完整的世界;孩子在这个世界中生活、斗争,并以自己的善良意志对

---

① [苏联]B.A.苏霍姆林斯基:《公民的诞生》,见《育人三部曲》,毕淑芝、赵玮、唐其慈等译,565 页,北京,人民教育出版社,1998。

② [苏联]B.A.苏霍姆林斯基:《公民的诞生》,见《育人三部曲》,毕淑芝、赵玮、唐其慈等译,608 页,北京,人民教育出版社,1998。

③ [苏联]B.A.苏霍姆林斯基:《公民的诞生》,见《育人三部曲》,毕淑芝、赵玮、唐其慈等译,611 页,北京,人民教育出版社,1998。

④ [苏联]B.A.苏霍姆林斯基:《公民的诞生》,见《育人三部曲》,毕淑芝、赵玮、唐其慈等译,612 页,北京,人民教育出版社,1998。

⑤ [苏联]B.A.苏霍姆林斯基:《公民的诞生》,见《育人三部曲》,毕淑芝、赵玮、唐其慈等译,612~613 页,北京,人民教育出版社,1998。

抗邪恶"①。所以苏霍姆林斯基说："我认为学校教学不仅不能没有听故事，也不能没有编故事。"②他指出："通过童话、幻想和游戏，通过儿童独特的创作——这才是通向孩子心灵的正确道路"，"缺少了诗意的、美感的涌流，孩子们就不可能得到充分的智力发展。儿童思想的本性就是要有诗的创作。美和活跃的思想就如阳光和花朵那样有机地联系着"。③

音乐既是苏霍姆林斯基进行美育的重要手段，也是进行德育和智育的重要手段，是使心灵高尚和精神纯洁的源泉。苏霍姆林斯基认为音乐是自我教育的有力手段，人借助音乐不仅可以认识周围世界，也可以认识自身的崇高和美好。他指出："音乐——这是强大的思想源泉。没有音乐教育就不可能使儿童得到长远的智力发展。音乐的最初本源不仅是周围世界，还有人的本身，他的精神世界、思想和言语。音乐形象用新的方式向人们揭示现实的事物和现象的特点……音乐—想象—幻想—童话—创作，孩子就是按照这样一条发展途径发展他的精神力量的。"④"音乐把人的道德的、情感的和审美的修养连接在一起。"⑤"乐曲这种人类感情的语言，传达给儿童心灵的不只是世间的美，还向人们展示着人的伟大和尊严。孩子在欣赏音乐的时刻感到他是一个真正的人。"⑥音乐的旋律和歌词具有强大的潜移默化的力量，"把人民的理想和愿望展现在儿童面前"⑦。苏霍姆林斯基明确指出，音乐教育的"目的不是培养音乐家，而是培养人"，是"展现人身上最宝贵的东西——对他人的爱，

---

① 肖甦主编译：《苏霍姆林斯基教育智慧格言》，231 页，北京，人民教育出版社，2014。
② 肖甦主编译：《苏霍姆林斯基教育智慧格言》，225 页，北京，人民教育出版社，2014。
③ 肖甦主编译：《苏霍姆林斯基教育智慧格言》，224、225 页，北京，人民教育出版社，2014。
④ 肖甦主编译：《苏霍姆林斯基教育智慧格言》，227 页，北京，人民教育出版社，2014。
⑤ [苏联]B.A.苏霍姆林斯基：《公民的诞生》，见《育人三部曲》，毕淑芝、赵玮、唐其慈等译，618 页，北京，人民教育出版社，1998。
⑥ 肖甦主编译：《苏霍姆林斯基教育智慧格言》，228 页，北京，人民教育出版社，2014。
⑦ 肖甦主编译：《苏霍姆林斯基教育智慧格言》，231 页，北京，人民教育出版社，2014。

决心去创造美和确立美"。① 在音乐美的感召下，"孩子们信任地敞开了自己的心扉，他们的心灵对语言、目光、号召和请求变得十分敏感，即对人与人之间的细微的接触变得很敏感，在人与人的相互接触中反映出相互关心和体贴的关系"②。

苏霍姆林斯基还认为，"绘画和雕塑作品构成了一个完整的情感—审美教育体系"，"是对少年进行智力教育、情感教育和审美教育的一种特别有力的手段"，起着独特的作用。③ 他深信，"儿童画是通向逻辑认识的道路上的必要阶梯"④，有助于发展儿童对世界的审美观念。苏霍姆林斯基还指出，绘画和语言在美育中是密不可分的。他说，儿童在画一幅体现美的图画时，他对美的感受激发了他的形象思维，似乎要求他用语言来加以表达。苏霍姆林斯基"毫不夸张地说，图画'打开了话匣子'，使沉默寡言的、腼腆的孩子说起话来了"⑤。他还说："绘画和音乐所起的作用，是言语所不能触及的。有些无法用词语表达的东西，可以用色彩的和谐与音乐的旋律来叙述。"⑥

此外，苏霍姆林斯基还十分重视环境美、仪表美、劳动的美和人际关系的美在美育中的重要作用。

### （五）劳动教育

苏霍姆林斯基明确指出，劳动是培养真正的人的最重要的、不可或缺的途径，没有劳动的教育是片面的教育，"劳动与智力发展、道德发展、审美发

① ［苏联］B.A.苏霍姆林斯基：《公民的诞生》，见《育人三部曲》，毕淑芝、赵玮、唐其慈等译，619、621 页，北京，人民教育出版社，1998。
② ［苏联］B.A.苏霍姆林斯基：《公民的诞生》，见《育人三部曲》，毕淑芝、赵玮、唐其慈等译，622 页，北京，人民教育出版社，1998。
③ ［苏联］B.A.苏霍姆林斯基：《公民的诞生》，见《育人三部曲》，毕淑芝、赵玮、唐其慈等译，628 页，北京，人民教育出版社，1998。
④ 肖甦主编译：《苏霍姆林斯基教育智慧格言》，224 页，北京，人民教育出版社，2014。
⑤ 肖甦主编译：《苏霍姆林斯基教育智慧格言》，224 页，北京，人民教育出版社，2014。
⑥ 肖甦主编译：《苏霍姆林斯基教育智慧格言》，222 页，北京，人民教育出版社，2014。

展、情感发展、身体发展之间，与个性的思想和公民基础的形成之间，有着牢固的联系纽带"，脱离了德、智、体、美诸育的劳动，"脱离了创造、兴趣和需求的劳动，脱离了学生之间的多方面的关系的劳动，就会成为一种劳役"。[①] 这再清楚不过地说明了劳动教育是苏霍姆林斯基全面和谐发展的教育思想体系的一个有机组成部分。他提倡的劳动教育有三个目的。第一是社会目的，即劳动要为社会创造财富，体现出经济价值。这就要求学生具有为社会创造物质财富和精神财富的能力与愿望；要求他们掌握必要的劳动技能和必要的基础科学知识，充分发挥自己的天赋才能。第二是思想教育目的，即通过劳动丰富学生的精神生活，提高他们的道德素养，完善他们的审美情操，使劳动成为他们人生乐趣的源泉，而这种"劳动的乐趣是一种巨大的教育力量"[②]。第三是培养创造性劳动态度。创造性劳动是苏霍姆林斯基劳动教育理论的核心，是道德修养的源泉，是精神文明的基础。创造性劳动有三个特点：①用人的聪明才干去丰富劳动内容，完善劳动过程，使劳动成为一种智力劳动；②用新技术代替传统的劳动方式，用机械化代替纯体力劳动，减轻劳动强度，提高劳动效率；③手脑结合，这种劳动教育能有力地促进学生的全面和谐发展。

苏霍姆林斯基认为劳动教育对德育起着促进作用。他说："劳动是道德的根源。在集体的精神生活中必须贯穿着尊重劳动、尊重劳动人民这根红线，并在此基础上树立起对自己的尊重"，"劳动能够成为人的和谐发展的基础……劳动确立的公民感，连同认识、掌握世界所带来的愉悦，是非常强有力的情感刺激因素，能鼓舞人去从事不轻松的劳动，而只有当劳动不是轻松的时候，劳动才能够起教育作用。教育的最微妙的秘密之一，就是善于看到、

---

[①] ［苏联］B.A.苏霍姆林斯基：《公民的诞生》，见《育人三部曲》，毕淑芝、赵玮、唐其慈等译，636、635 页，北京，人民教育出版社，1998。

[②] ［苏联］B.A.苏霍姆林斯基：《把整个心灵献给孩子》，见《育人三部曲》，毕淑芝、赵玮、唐其慈等译，260 页，北京，人民教育出版社，1998。

找到、发现劳动的公民因素、思想因素"。① 此外,劳动还能帮助学生确立辩证唯物主义的世界观并让他们获得创造的欢乐,就其实质而言就是促使学生进行自我教育。学生通过劳动实现了道德上的自我肯定,他们的劳动成果让他们体验到最初的公民自豪感。学生"用为人们创造的物质财富去衡量走过的生活道路。这种情感越深沉,对他人的公民责任心就越自觉"②。

苏霍姆林斯基几十年的教育实践使他确信劳动教育能促进智育。"手能增长才智。"③"儿童的能力和才干来自他们的指尖……来自手指的那些细小溪流在补充创造性思维的源泉……孩子的手越巧,就越聪明。"④苏霍姆林斯基要求统一地进行智育和劳动教育,要求找到能发展智力和能力的劳动,能把人引入创造的境界中去劳动,认为这是智育和劳动教育的主要任务之一。

同时,劳动中激发出的自信、自尊和自豪感,也是推动学生学习的强大的情感力量。教育工作的实践让苏霍姆林斯基确信:"少年早期的学生在日常劳动中体验到的高尚情感越深,他们在青年时期对这种劳动的追求也就越积极、越自觉……如果一个人在创造性的体力劳动中能看到发挥自己思维积极性的条件的话,那么这种劳动就会成为他精神发展永不终止的因素。"⑤

苏霍姆林斯基还认为,劳动对体育的促进作用在于劳动能培养健美的体魄、强壮的身体、优美协调的动作,劳动还能缓解神经系统的紧张。

苏霍姆林斯基还主张通过劳动去培养学生高尚的情操,促进审美教育。

---

① [苏联]B.A.苏霍姆林斯基:《公民的诞生》,见《育人三部曲》,毕淑芝、赵玮、唐其慈等译,496、636页,北京,人民教育出版社,1998。
② [苏联]B.A.苏霍姆林斯基:《公民的诞生》,见《育人三部曲》,毕淑芝、赵玮、唐其慈等译,497页,北京,人民教育出版社,1998。
③ [苏联]B.A.苏霍姆林斯基:《公民的诞生》,见《育人三部曲》,毕淑芝、赵玮、唐其慈等译,641页,北京,人民教育出版社,1998。
④ [苏联]B.A.苏霍姆林斯基:《把整个心灵献给孩子》,见《育人三部曲》,毕淑芝、赵玮、唐其慈等译,275页,北京,人民教育出版社,1998。
⑤ 肖甦主编译:《苏霍姆林斯基教育智慧格言》,245页,北京,人民教育出版社,2014。

具体表现在培养学生热爱劳动的品质，形成热爱劳动的基本美德；用劳动去创造财富，创造美，陶冶人的心灵；在劳动中鲜明地体现人的相互关系的美，而这种美又能孕育集体中的每个人的心灵美。此外，劳动动作、劳动成果也体现出美。

## 三、学生、教师、家长组成的和谐的学校大集体

苏霍姆林斯基继承并创造性地发展了马卡连柯的集体主义教育思想，他领导的帕夫雷什中学就是一个由学生、教师、家长组成的学校大集体，各班学生集体、教师集体以及家长集体和谐地融合在这个大集体中。这三个类别的集体是相互独立的，各自都有自己独特的生活方式和组织形式，但是三者并非截然分开，而是融合成一个统一的、和谐的学校大集体。

### （一）学生集体

在培养学生集体方面，苏霍姆林斯基具有独到的见解。第一，苏霍姆林斯基非常重视学生的个性和情感在学生集体的形成中所发挥的巨大作用，尤其对于低年级学生而言，"对同伴的依恋感是不稳固的，主要靠情感来维持"[①]。他认为，集体生活中必须有丰富的情感，内容丰富的集体生活，能够为集体的每个成员带来欢乐，这种欢乐是由获得精神财富而产生的，是由体验到自己的伙伴和成年人对自己的关注与尊重而产生的。苏霍姆林斯基竭尽全力地做到了使学生之间的交往和精神财富的交流，成为每个学生的快乐之源、丰富情感和阅历的源泉。他语重心长地指出："如果孩子们在情感上受到抑制，一般来说，他们的智力发展也会受到抑制，其思维也会因此迟钝、贫乏。凡是不能自由地表达情感的地方，集体的精神振奋和集体的思想感受都

---

① ［苏联]苏霍姆林斯基：《关于人的思考》，诸惠芳译，115 页，石家庄，河北人民出版社，2003。

是不可思议的。"①他还说："集体成员的兴趣、爱好和活动要多样化。如果学生没有个性，那就不会有集体。只有当个人都有独特的面孔，都在设法使同学之间的相互关系日益丰富时，集体才具有教育的力量。"②如果每个学生对自己的集体都怀有深厚的感情，如果集体成为让学生充分张扬自己的长处和美德的平台，教育工作就能事半功倍。苏霍姆林斯基辩证地认识到，集体并不是一群没有个性的人的集合，而"是作为许多具有个性的人集中在一起而存在的"③；个人与集体是同一事物的两个方面，他指出没有对个人的教育，也就不可能产生集体的教育力量；"关心集体的教育力量，就是关心集体中的每一个成员的精神充实和成长，就是关心集体中相互关系的财富"；他要求"在教育集体的同时，必须看到集体中的每一个儿童及其独特的精神世界，关怀备至地教育每一个儿童"④；集体只有在精神上不断成长，才能成为真正的集体，产生巨大的教育力量。

第二，苏霍姆林斯基非常重视集体活动、劳动和对学生的行为训练。他认为集体活动的目的是要把学生团结在一起，激发他们的积极情感，使情感上的一致变成思想上的一致，贯彻通过集体对个人产生影响的教育原则。他要求集体活动必须蕴含丰富的社会义务观念，在道德上是高尚的，尤其要使学生的精神生活也因此而变得更加高尚并对他们的精神发展产生重大影响，能让学生体现出是在崇高目标的鼓舞下从事共同活动的精神风貌，这样的活动能使集体成为一种教育力量。在学生集体中建立各种关系时，苏霍姆林斯基一贯注意让每个学生把绝大部分精力都用来关心他人。在集体的精神生活中，苏霍姆林斯基要求教师不仅要承认，而且要发展、巩固每个学生的个性和个人特长，发现每个学生特殊的禀赋和才能并使其禀赋和才能在集体中如

---

① 肖甦主编译：《苏霍姆林斯基教育智慧格言》，69 页，北京，人民教育出版社，2014。
② 肖甦主编译：《苏霍姆林斯基教育智慧格言》，72 页，北京，人民教育出版社，2014。
③ 肖甦主编译：《苏霍姆林斯基教育智慧格言》，75 页，北京，人民教育出版社，2014。
④ 肖甦主编译：《苏霍姆林斯基教育智慧格言》，81 页，北京，人民教育出版社，2014。

鱼得水般地表现出来，让每个学生都能意识到自己为集体生活做出了贡献。学生的这种以共同利益为基础的、经常性的集体活动是集体主义相互关系的基础，苏霍姆林斯基要求教师"做到使这种活动包括学生生活的一切方面——学习、社会公益劳动、休息和娱乐"，"把学生吸引到能使他真正表现自己、能使他真正感到欢乐的集体活动中来"。① 苏霍姆林斯基赋予集体中的劳动以重大意义，指出这样的劳动"不只是一个人对自然界、对周围世界的影响，而且也是心灵、情感、思想、感受、兴趣、爱好之间的相互影响"②。他认为，热爱劳动这一道德品质只有在集体中才能形成，集体尊重劳动的情感越强烈，对其每个成员的教育就越有成效。学生对责任感的认识不是抽象的，而是具体的，集体的劳动恰巧便于学生逐步具体地理解自己对集体所承担的责任，更何况"任何一个劳动集体的力量，都是通过每一个劳动者个人的特殊可能性的发展来进行测定的"③。如果每个学生焕发出的劳动热情是对集体事业的热情，那么他就会关心整个工作的进程，就会干劲十足，他在为集体劳动时，感情上会得到极大的满足。这样的劳动能丰富学生的精神世界，教会他个人利益服从集体利益。

在苏霍姆林斯基的教育实践中，对学生进行行为训练是一项很重要的内容。他指出在班集体的日常生活中时时处处都有对学生进行正确行为训练的机会，关键是教师必须慎重地选择训练的主题。他认为，良好的行为训练是一种集体训练，如果教师提出的任务是正确的，是学生力所能及的，那么学生做出良好的行为就不是装模作样，而是为了集体的利益而为之。苏霍姆林斯基特别指出："为了成功地完成正确行为的训练，也可采用像惩罚一类的教育方法。但前提必须是对这种训练进行过认真、严肃、周密的考虑，能感受

---

① 肖甦主编译：《苏霍姆林斯基教育智慧格言》，85、90 页，北京，人民教育出版社，2014。
② 肖甦主编译：《苏霍姆林斯基教育智慧格言》，77 页，北京，人民教育出版社，2014。
③ 肖甦主编译：《苏霍姆林斯基教育智慧格言》，80 页，北京，人民教育出版社，2014。

并认清此种惩罚的性质的将不是个别学生，而是整个集体。"①

　　第三，苏霍姆林斯基鞭辟入里地阐明了学生在集体中的自我教育。他指出，在教育工作中最困难的一项任务就是在集体中形成正确的舆论。如果教师习惯于表面化地、从外部形式上评价集体中好的和不良的行为，则正确的舆论就永远不可能形成；如果在集体中反复出现受到教师谴责的行为，那么在这个集体中就会养成不遵守纪律的风气。因此，苏霍姆林斯基告诫教师，"集体是教师的创造。在集体中，如同在水滴中一样，反映出的是教师的教育理想和他的世界观"②。他要求教师高度严格地对待集体的教育活动，要使这种活动具有鲜明的社会意义和公益作用；教师要善于运用马卡连柯的前景教育理论，巧妙地向学生展示引人入胜的前景，力争使集体的兴趣变成每个学生个人的兴趣，因为集体活动的成效在很大程度上取决于目标的选择和达成目标的形式。教师应使"学生形成一种信念：不良行为触犯的是整个集体的利益，而良好行为的形成也不能依靠个别人，而要依靠整个集体"③。在一个真正的集体中，学生完成良好的行为不是为了得到夸奖，而是为了自己和自己的同学，这是形成自觉纪律的前提。完成良好的行为不仅能让学生产生兴趣，而且有助于在每个集体成员身上培养对同学的责任感。同学之间互相帮助，不仅能培养学生对集体的责任感，还能使学生养成互相严格要求的习惯。不良的、恶劣的行为，必须受到集体的谴责。"任何惩罚不仅应当与破坏纪律者的行为相符，不仅应当得到全班和学生舆论的认同，而且要使受惩罚者把每一种惩罚视为正确行为的训练"；要让学生"从集体，而不是从犯错误的同学那里了解错误行为的原因"④；学生在道德品质方面表现出来的优点，必须由集体予以肯定并及时地进行表扬，集体首先要看到每个成员的优点。这样一

---

① 肖甦主编译：《苏霍姆林斯基教育智慧格言》，79~80 页，北京，人民教育出版社，2014。
② 肖甦主编译：《苏霍姆林斯基教育智慧格言》，70~71 页，北京，人民教育出版社，2014。
③ 肖甦主编译：《苏霍姆林斯基教育智慧格言》，79 页，北京，人民教育出版社，2014。
④ 肖甦主编译：《苏霍姆林斯基教育智慧格言》，78、80 页，北京，人民教育出版社，2014。

来，对个别学生的惩罚与整个集体的品行之间就存在一种内在的联系，这种联系体现在集体的舆论中。通过集体的舆论使学生形成了一种信念，那就是：不良行为触犯的是整个集体的利益，而良好行为的形成不能依靠个别人，而要依靠整个集体。

（二）教师集体

帕夫雷什中学有一个强大的教师集体，集体的灵魂人物是校长苏霍姆林斯基。他深切地认识到，要把自己在教育工作中所形成的信念转化为实践，作为校长的他，就必须把"学校思想和组织工作任务的实施同个人在工作中的身体力行恰当地予以结合。如若教师们能通过校长的工作，把他看成是具有高度教育学修养的、向孩子们直接施教者的榜样，他作为教育集体的组织者的作用将会是无可估量的"①。苏霍姆林斯基充分认识到，教师集体是学生集体形成的前提条件，"一个团结一致的、人人关心学校工作成就的、善于提出任务并争取其实现的、舆论统一的、具有学校荣誉感的、如同志般的互助的教师集体，是培育学生集体并使其具备一定品质的决定性因素"②。苏霍姆林斯基与学校的教师肝胆相照，他的心胸像天空般辽阔，他平等待人，尊重每位教师；他从不苛求教师，从不一味地摊派任务，而是既严格要求，又关怀备至；他既是学校教师的教师，又是他们的挚友。他做教师工作的主要方法就是与教师进行"个别的、友善的、坦率的、倾心的交谈"③。一旦发现某位教师的言谈或行为流露出对教育力量的怀疑，他不是通过行政手段进行压服，而是采用推心置腹的、亲切友好的个别谈话，让教师心悦诚服地认识到自己的不足和认识上的偏颇。他给教师充分的休息时间和自我充实的时间，关心教师的身心健康，把他们从繁重的文牍和作业批改中解放出来，提倡通过巧

---

① ［苏联］B.A.苏霍姆林斯基：《把整个心灵献给孩子》，见《育人三部曲》，毕淑芝、赵玮、唐其慈等译，7 页，北京，人民教育出版社，1998。

② 肖甦主编译：《苏霍姆林斯基教育智慧格言》，330 页，北京，人民教育出版社，2014。

③ 肖甦主编译：《苏霍姆林斯基教育智慧格言》，329 页，北京，人民教育出版社，2014。

妙安排教学过程来赢得时间。他要求教师通过读书来丰富精神生活，倡导教师的精神生活应适当地超出专业范围，建议教师加强自我修养，其中包括增强职业光荣感，提高教育素养，善于养生、养性，还要根除一些不合教育素养的东西。他深刻认识到自己作为集体的组织者和领导者的责任，是要把所有教师组织起来进行集体思考，在创造性的劳动中实现集体的思想。他给自己提出了一项任务，"就是帮助每个教师建立个人的创造性实验室"，"把每个教师引上研究的幸福之路"。①他为教师集体搭建了共同发展的平台，帕夫雷什中学的教师集体的学术研究活动形式多样，教师集体学习教育理论，建立了教学法研究小组，举办全校教师的心理学讲习班，每月召开两次理论讨论会等。

(三)家长学校——苏霍姆林斯基倾心培育的另一个教师集体

苏霍姆林斯基传承并发展了马卡连柯的家庭教育思想。他根据多年的教育实践得出了一个结论，那就是要关心家长的教育素养，不仅学校要对教育负责，家庭在对孩子的教育方面能够做而且应该做很多事情。苏霍姆林斯基说："最完备的社会教育就是'学校—家庭教育'。家庭以及存在于家庭中的子女与家长之间的相互关系，是智育、德育、美育和体育的第一所学校。父亲、母亲、哥哥、姐姐、爷爷、奶奶都是孩子首批教育者，学龄前乃至他们上学后都依然还是。"②他精辟地指出，"孩子是家庭的镜子：如同滴水能映太阳一样，孩子身上反映着父母的品德。学校和家长的任务，是赋予每个孩子以幸福"③。"孩子最爱的、最亲的人，是给了他生命并把此视作最大的幸福的那个人。人的义务的永不枯竭的源泉，就在父亲和母亲的幸福之中。如果没有这种幸福，也就没有真正的父亲和母亲，孩子也就没有了真正直观的、真正

---

① 肖甦主编译：《苏霍姆林斯基教育智慧格言》，328、329页，北京，人民教育出版社，2014。
② 肖甦主编译：《苏霍姆林斯基教育智慧格言》，368页，北京，人民教育出版社，2014。
③ [苏联]B.A.苏霍姆林斯基：《把整个心灵献给孩子》，见《育人三部曲》，毕淑芝、赵玮、唐其慈等译，29页，北京，人民教育出版社，1998。

令人信服的高尚道德的榜样——一个人对其他人的爱，一个人对其他人的未来的责任心。"①父母的言行对子女起着潜移默化的作用，会影响子女的一生。"所谓的血缘关系的情感毫无疑问应该深化，儿童将把自己的父母看做高尚道德的榜样。"②因此，苏霍姆林斯基要求家长也应该懂得教育学，要让教育学成为所有人都懂得的一门科学。他要求家长对子女的教育接近学校所要求的那个道德标准，越接近，子女就越幸福，也就越懂得珍视自己的家庭和个人的荣誉。

为了成功实施学校—家庭教育，苏霍姆林斯基开办了家长学校，向家长深入浅出地阐明家庭教育的功能和家长的社会责任。苏霍姆林斯基还专门为家长学校制定了系统的学习大纲，撰写了《家长教育学》一书和《致年轻父亲的信》等文章，作为家长学校的教材。家长学校开设的教育学和心理学课程多达250课时。这两门课程着重讲授年龄心理、个性心理以及德育、智育、体育、美育理论，家长结合自己孩子的实际情况学习理论知识，因此容易学以致用。家长学校的学习形式是多种多样的，基本形式是由校长、教导主任、教师和校医讲课，同时充分利用家长中的教育资源，组织家长相互学习，相互切磋，互教互学。苏霍姆林斯基接受一位教师的建议，与家长一起进行了一项关于儿童记忆力影响因素的专题研究。除了这项研究之外他还与学校教师和家长商定了其他研究课题。在共同的研究中，苏霍姆林斯基引导家长学会观察和思考，学会提出问题和解决问题。教师集体与家长集体的密切合作，大大提高了教育教学工作的效率。家长与学校的成功坚定了苏霍姆林斯基的一个信念，那就是在对学生的教育工作中，作为专门教育机构的学校义不容辞地要起主导作用，但是学校教育、家庭教育与社会教育三者不能截然分开，三者

---

① [苏联]苏霍姆林斯基：《关于人的思考》，诸惠芳译，130 页，石家庄，河北人民出版社，2003。

② [苏联]苏霍姆林斯基：《关于人的思考》，诸惠芳译，132 页，石家庄，河北人民出版社，2003。

要协同努力。教师作为专业工作者要承担起协调教育的责任，并向其他教育者传授专业知识，主动加强与家庭的联系，承担指导和改进家庭教育的责任。

苏霍姆林斯基的家长教育，不局限于当时身为中小学学生父母的人，他的目光还延伸到"未来的父母"身上，即把"怎样做父母"的教育提前到高年级学生身上(当时苏联的法定结婚年龄比较低，高中毕业生就已达到法定结婚年龄)。苏霍姆林斯基痛感当时的普通教育学校缺乏对学生进行正确的爱情教育、生命教育，学校开设了很多课程，却没有教会学生主要的东西，即怎样去生活，学生对怎样过家庭生活懵懂无知，不知道怎样做妻子和丈夫，不知道怎样做儿女的父母。因此，家庭与学校的一项重要任务就是帮助学生做好将来当父母的道德准备。帕夫雷什中学为高中生开设了"家庭关系素养课"，这门课把人的愿望修养放在第一位，提高学生在未来的家庭中调控自己的愿望的能力。苏霍姆林斯基认为这门课的重要性不亚于数学、物理和化学课程，因为未来未必人人都会成为工程师、医生等，但人人都会成为丈夫、妻子、父母。学校的首要任务是培养人，因此，培养出好的父母也就完成了学校任务的一大半。为了培养出好的父母，苏霍姆林斯基帮助自己的学生积累恋爱、结婚、生子的道德资本。在许多著作，如《论爱情》《给儿子的信》《关于人的思考》中，苏霍姆林斯基都提出了许多真知灼见。在对未来家长的教育中，苏霍姆林斯基尤其强调对未来母亲的教育，提出了"母性自豪感"的概念。他认为，女性不仅是教育孩子的力量，更是教育丈夫的力量，要培养真正的男子，首先要培养出真正的女子。类似的思想在马卡连柯的著作中也能见到。

苏霍姆林斯基的家长教育，还延伸到对家长和孩子进行生命教育。每个家庭、每个人，都不可避免地要面对生老病死。进行生命教育，就是要让人既懂得珍爱生命，又获得直面死亡的自由。苏霍姆林斯基要求家长与学校一起，让孩子学会运用科学唯物主义去理解死亡，懂得为了捍卫正义与真理去蔑视死亡，学会用积极的生活态度去看淡死亡，并以自己长存于世的劳动业绩去超越死亡。他引导家长和孩子用自己的智慧与情感力量去认识生活的伟大，他时刻关注孩子的生命状态和生活质量，让家长和孩子把"成为一个积极地去创造生活的人"作为自己的生活目标。

苏霍姆林斯基所处的时代与今天大不相同，当时第二次世界大战刚结束不久，战争的阴影还在吞噬人的心灵，死亡的恐怖还萦绕在人们尤其是孩子的心头。而今天的孩子生活条件优越，无论家庭条件多么不同，但孩子都是各自家庭的"王子""公主"。许多孩子视生命为游戏，一遇挫折，动辄就拿生命作为恐吓家长和教师的筹码。如今重温苏霍姆林斯基的生命教育，对我们是大有裨益的。

（四）全校性集体

苏霍姆林斯基赞同马卡连柯建立全校性集体的观点，并在实践中深化、发展了这一认识。他认为在学校中仅有班级集体是不够的，必须建立全校的集体。班级集体、教师集体、家长集体拧成一股绳，融合在学校这个大集体中。帕夫雷什中学的经验证明，"不论是基层（班级）集体还是全校性集体，都是在能保证正确地提出任务、创造集体利益的积极活动中建立起来的"①。他说："互相帮助，互相负责，高年级同学与低年级同学之间除了同志般的关系外，低年级同学还能服从高年级同学的权威——这就是建立一个全校性集体的基础。"②在有了全校性集体的前提下，全校性集体劳动所产生的教育力量，"首先在于普遍地受到了一个统一的目标的鼓舞，在于个人利益与集体利益完全融合一致。如果学生心灵上越经常获得这种感受，集体对个人的影响则越有成效"③。

---

① 肖甦主编译：《苏霍姆林斯基教育智慧格言》，86页，北京，人民教育出版社，2014。
② 肖甦主编译：《苏霍姆林斯基教育智慧格言》，85页，北京，人民教育出版社，2014。
③ 肖甦主编译：《苏霍姆林斯基教育智慧格言》，91页，北京，人民教育出版社，2014。

## 第四节　苏霍姆林斯基教育思想的贡献及其影响

苏霍姆林斯基的教育思想体系，具有辩证全面、不断创新的特点，深深地扎根于实践，来自实践，又在实践中得到完善，因此具有蓬勃的生命力。他的教育思想与马卡连柯的教育思想一脉相承，是在苏联普通教育理论发展、演变和完善的基础上形成的，标志着苏联教育理论的发展进入了一个全新的阶段，使苏联的整个普通教育理论更加完善，更富有社会主义时代的特色。

苏霍姆林斯基创立了独具特色的"我的教育学"。苏霍姆林斯基用他的一腔热血，用他对教育事业的忠诚，用他对人民的赤诚的爱，用他的无与伦比的智慧，用他的勤奋培育出了"我的教育学"这株参天大树。苏霍姆林斯基用他的生命写就的"我的教育学"，是他留给人类的宝贵财富。尽管苏霍姆林斯基离开我们已经50多年，但他的永远熠熠闪光的精神、他留给我们的宝贵精神财富，依然令我们受用不尽。虽然我们从未与苏霍姆林斯基面对面地相遇，但读着饱含他心血的文字，令我们为之动容。"我的教育学"能产生如此大的影响，可能是由于"我的教育学"创造性地继承、坚守与弘扬了全人类价值。

"我的教育学"有着丰沛的思想源头，可以追溯到古希腊罗马。人类的全部教育史告诉我们，从古至今世界各国、各民族的教育家都有一个共同的愿望，就是要把年轻一代培养成诚实的、有爱心的、幸福的人，使其具有"普遍的人类价值"的积极品质。"普遍的人类价值"正是苏霍姆林斯基穷其一生追求的目标。他对前人的思想批判性地予以继承、综合、发展、创新。他对各种理论不是盲目地兼收并蓄，而是从马克思主义的基本观点出发，独立思考，加以选择并进行实践，在实践中反思、创造、发展。苏霍姆林斯基的实践、反思既有对成功经验的提炼、检验与完善，也有对失误的批判和从中吸取的教训。他还从家长和学生身上吸取营养，民间的教育智慧也给了苏霍姆林斯基丰富的精神养料。

"我的教育学"无论在内容上还是在形式上，都充满了理论自信和实践自信，具有如下鲜明的特色。

一是面向全人类的立场、视野与胸怀。"我的教育学"不仅是今天的教育学，还是明天的教育学，它探索的是人类教育的最基本问题。苏霍姆林斯基竭力守护并传承人类共同的永恒价值，他相信教育具有传递人类智慧、道德、审美，提升人类品质，谋求人类福祉的天职。他用自己一生的教育探索证明了教育坚持全人类立场的现实可行性。

二是追求好人和好社会的幸福生活。苏霍姆林斯基孜孜不倦地培养具有真善美品质的好人，培养真正的人。苏霍姆林斯基心中的好人、好社会、美好生活，是在生活理想引领下的实实在在的现实生活品质，他认为教育就是培养人过有目的、有意义的生活。他关注人的生命，也关注人的生活；他关心人的理想生活，也关心人的现实生活。

三是"我的教育学"通篇表现的是儿童成长中的喜怒哀乐。在苏霍姆林斯基之前，教育学一度成为"人学空场"。苏联在 20 世纪 30 年代对儿童学的批判加剧了"看不见儿童的教育学"这种怪象。苏霍姆林斯基满怀热忱地关注儿童，倾心研究儿童身心健康成长的奥秘。在"我的教育学"中我们看到的是有血有肉的儿童，看到的是儿童的喜怒哀乐，看到的是儿童的成长历程。

四是对知识教育学的超越。"我的教育学"崇尚信念，相信人，相信教育，相信书籍的教育力量，相信劳动的教育力量，相信大自然的教育力量。在苏霍姆林斯基的著作中，全方位地、深刻而生动地阐述了这些信念。

五是"我的教育学"是从苏霍姆林斯基的心灵中流淌出来的，是他用自己的心写成的。苏霍姆林斯基很少进行抽象的理论阐述，他更多地注重具体叙事。他的叙事风格是他细腻的教学风格的再现，也体现了他尊重事实的研究风格以及平等待人的处世风格，他的著作还自然地流露出了他深厚的文学素养。

苏霍姆林斯基为人类教育事业做出了巨大贡献，主要表现在以下几个方面。

第一，在培养目标上，苏霍姆林斯基把教育的社会功能与教育促进人发展的功能辩证地统一起来，解决了二者的区别和联系问题。他的教育理论始终把培养学生正确的政治方向放在首位，综合实施德、智、体、美、劳诸育，把它们统一在总的政治方向和社会对人提出的要求上。教育的社会功能和促进人发展的功能的结合点，就是保证人的才能得到充分发展。

第二，在苏霍姆林斯基的教育理论和实践中，正确确立了学生在教学过程中的主体地位。他把教育过程分解成三个组成部分：教师—学生—集体。他要求教师无论在品格修养还是在知识阅历方面都应成为学生的权威。他反复强调师生之间要进行经常的精神交往。学生始终是苏霍姆林斯基注意的中心。他主要考虑两个方面：一是每个学生(其性格、气质、智力、兴趣、志愿、情感等)的发展特点；二是学生发展所处的社会环境。关于学生自我教育的理论是他的重大创新，他的工作重点始终放在培养学生积极向上的品质上。苏霍姆林斯基强调集体与学生的相互影响，强调集体的培养与学生的发展是相辅相成、紧密结合的。

第三，他建立了一个独特的整体施教体系。这是由学校、家庭、社会构成的"整体施教系统"，由空间、时间、爱好构成的"创造活动系统"，由教师的主导作用、学生的主体地位构成的"师生合作系统"共同构成的为教育服务的体系，全面和谐发展的教育思想渗透在这一体系之中。

第四，苏霍姆林斯基在学校管理和领导方面，为后人提供了许多宝贵的经验。苏霍姆林斯基坚定地认为并且身体力行地实践了一个好校长应该是好的组织者的思想。他把健全学校的行政组织机构，明确各部门的职能、权限和作用，看作学校管理工作的重要问题，把由教师代表、学校各部门负责人、家长委员会代表组成的校务委员会，作为学校的最高议事和决策机构。这充分说明了重视集体领导、重视发挥集体的智慧、坚持群众路线、坚持发扬民主，是他办学的重要指导思想。苏霍姆林斯基还十分重视教育思想的领导。他把自己的教育信念转化为全体教师的共同信念，为此做了大量深入、细致的具体工作。苏霍姆林斯基精湛的领导艺术和高超的管理才能，就在于他善于在千头万绪中始终把教育信念问题作为学校领导工作的最重要的问题。

第五，苏霍姆林斯基对教育事业的无私奉献精神和对教育理论的探索精神，为人们树立了榜样。他对教育理论的探索，不唯书不唯上，而是从实际出发，赋予教育理论体现时代要求的新内容。他的理论充分体现了马克思主义的辩证法，因此更有说服力，更有生命力。为了下一代的健康成长，为了他们的全面和谐发展，他倾注了自己的全部心血，把自己的整个心灵、全部生命献给了人民的教育事业。

第十一章

# 20 世纪后期苏联其他教育家的教育思想

## 第一节　赞科夫的发展性教学理论

### 一、生平

赞科夫，苏联著名心理学家、教学论专家、教育科学博士、苏联教育科学院院士。

赞科夫 17 岁就开始从事教育工作。从 20 世纪二三十年代起，他师从苏联著名心理学家维果茨基，从事儿童缺陷学的研究，任俄罗斯联邦教育科学院缺陷学研究所所长。他对教学论的专门研究始于 1950 年。1952 年，他组建了实验教学论实验室，对教学中教师语言与直观手段的结合问题进行了大量的研究，对学生掌握知识的过程以及观察能力和思维能力的发展问题进行了实验考察和心理分析，撰写了一些很有价值的学术著作，对改进低年级学生的教学问题提出了很有见地的意见。他的研究成果为他带来了很高的声誉，1956年成立俄罗斯联邦心理学家协会时，他成为该协会组织委员会的主要成员，他也是由凯洛夫任总主编的《教育学》1956 年版的主编之一。

1957 年，赞科夫开始领导俄罗斯联邦教育科学院普通教育研究所教育与发展问题实验室（1968年更名为教学与发展问题实验室），就教学与发展的关系问题进行了长达20年的全面、系统的实验研究，创立了发展性教学理论体系，对苏联的教学论研究做出了重要贡献。他一生发表了20多部专著和50多篇论文，其中《论小学教学》《教学论与生活》《和教师的谈话》，曾经是苏联教师的必读书目。他的总结性专著《教学与发展》被译成多种文字，享有世界声誉。为了表彰他在教育科学研究方面取得的成就，苏联政府先后授予他一枚列宁勋章、两枚劳动红旗勋章。

## 二、教学与发展问题实验

20世纪50年代以来，人类社会进入了第三次科技革命时代。科学技术的迅猛发展要求教育要培养实现高度一般发展的人才。而当时苏联的教学实践和教学理论，都存在重知识教学、轻能力培养的倾向和忽视一般发展的问题。苏共二十大对个人崇拜的批判，使苏联广大教育科学工作者和教师从教条主义的束缚中解脱出来。这一切促使赞科夫顺应时代潮流，把实验心理学和心理分析方法引入教育学研究，揭示"教学与发展的关系中客观的教育学规律性"[1]。他认为，教育科学应重视对学生成长过程的研究，揭示学生掌握知识和心理发展的过程，并以此为依据来安排教学与教育工作，建立一种新的教学体系，以求达到较好的教学效果，促进学生的一般发展。

赞科夫关于教学与发展问题的实验分4个阶段进行。第一阶段（1957—1961年）为实验的摸索阶段，仅在一个实验班中进行。这一阶段的成果反映在《论小学教学》一书中。该书探讨了小学教学的整体性问题，论述了以学生理想的一般发展为目的的新教学论原则。赞科夫在实验的基础上提出了关于小学教学新体系的设想，转入了实验的第二阶段（1961—1965年），即实验的扩

---

[1]　［苏联］赞科夫：《教学与发展》，杜殿坤、张世臣、俞翔辉等译，18页，北京，人民教育出版社，1985。

大阶段。在第二阶段实验班增至 371 个，并扩展到莫斯科以外的其他城市，编出了俄语、数学、劳动教学、歌咏等学科的实验教学大纲的初步方案，又从小学教学年限改为 3 年出发确定了自然和地理学科的教学内容，还编写了 3 本实验用参考书。1964 年，赞科夫对两轮实验进行了系统的总结，建议苏联教育部把小学学制由 4 年改为 3 年。第三阶段(1965—1969 年)是实验的推广阶段，实验班最多时达 1281 个，分布在俄罗斯联邦共和国和其他 8 个加盟共和国境内，参加实验的教师达数千名，学生达数万名。其教育实验时间之长、规模之大，在教育史上是罕见的。赞科夫认为，把实验网铺得广，"有助于查明教学结构与学生一般发展进程及掌握知识和技巧之间的客观的规律性联系……让广大教师了解新的实验体系……在学生的一般发展上取得比传统教学法大得多的成果"①。1969—1977 年是实验的总结阶段。

在整个实验过程中，赞科夫坚持边实验边总结，采用走出去、请进来的办法，进行了大量的比较调查和跟踪调查，获得了关于实验班学生各方面的真实材料。1975 年，赞科夫发表了《教学与发展》，全面总结了他领导的实验室多年来的教育实验，阐明了实验的指导思想，介绍了实验的方法和进程，阐述了发展性教学理论的教学原则、教学内容和教学方法，以及学生达到的一般发展水平和他们掌握知识、技能的情况，科学地论述了发展性教学理论的整体结构。

## 三、发展性教学理论体系的基本内容

赞科夫发展性教学理论的基本内容，包括实验教学论体系的主导思想和他对"一般发展"概念的界定，实验教学论体系的教学原则、教学计划、教学大纲和教科书、教学方法等内容。

① [苏联]赞科夫：《教学与发展》，杜殿坤、张世臣、俞翔辉等译，40 页，北京，人民教育出版社，1985。

（一）"一般发展"概念的界定

赞科夫建立实验教学论体系所依据的基本思想是使这一体系"在学生的一般发展上取得尽可能大的效果"，目的是"促进学生的理想的一般发展"。① 可见，"一般发展"是赞科夫发展性教学理论中的一个基本概念。赞科夫对"一般发展"的含义进行了如下解释。

第一，"一般发展"是指儿童心理的一般发展，"是指儿童个性的发展，它的所有方面的发展。因此，一般发展也和全面发展一样，是跟单方面的、片面的发展相对立的"②。"一般发展……指的是学生个性的所有方面（包括道德感、观察力、思维、记忆、言语、意志）的进步。一般发展包括整个个性。"③

第二，"一般发展"不同于"特殊发展"。一般发展在任何学科的学习中、在任何情境中都会表现出来；特殊发展是指在某门学科或某个领域表现出的才能的发展。二者既相互区别又相互联系，而且互相不能替代。"一般发展是特殊发展的牢固基础并在特殊发展中表现出来，而特殊发展又在促进一般发展。"④赞科夫认为，一般发展是使儿童"在人类活动的任何一种领域里从事创造性劳动的基础"⑤，使之善于学习并适应社会的发展。

第三，"一般发展"也不同于"全面发展"。赞科夫的一般发展指的是"发展问题的心理学和教育学方面"，他认为全面发展"主要是指该问题的社会方面或者广泛的社会和教育学方面"。⑥

第四，"一般发展"有别于"智力发展"。"所谓一般发展，就是不仅发展

---

① ［苏联］赞科夫：《教学与发展》，杜殿坤、张世臣、俞翔辉等译，41页，北京，人民教育出版社，1985。

② ［苏联］Л.В. 赞科夫：《论小学教学》，俞翔辉译，20页，北京，教育科学出版社，1982。

③ 俞翔辉等编译：《赞科夫新教学体系及其讨论》，45~46页，北京，教育科学出版社，1984。

④ ［苏联］列·符·赞科夫：《教学论与生活》，俞翔辉、杜殿坤译，25页，北京，教育科学出版社，1984。

⑤ ［苏联］Л.В. 赞科夫：《论小学教学》，俞翔辉译，23页，北京，教育科学出版社，1982。

⑥ ［苏联］Л.В. 赞科夫：《论小学教学》，俞翔辉译，20页，北京，教育科学出版社，1982。

学生的智力，而且发展情感、意志品质、性格和集体主义思想。"①

第五，"一般发展"这个概念本应包括身体发展和心理发展，但在赞科夫的实验中，"研究的教学与发展问题是有一定局限的"，他"研究的是教学与儿童心理一般发展的关系"。②

赞科夫认为，教学结构即整个教学论体系与学生的一般发展之间存在的因果关系。"教学结构是学生一般发展的一定过程发生的原因。"③从这一因果关系出发，赞科夫提出了通过实验教学论体系促进学生一般发展的具体途径是观察活动、思维活动和实际操作，这同样也是了解学生发展程度的途径。

(二)实验教学论体系的教学原则

赞科夫从他建立的实验教学论体系的基本指导思想出发，吸取了苏联以往的教学科研成果，依据维果茨基的教学与发展的关系及最近发展区的理论，提出了用整体性观点安排教学结构、组织教学过程时必须遵循的 5 条教学原则。

第一，以高难度进行教学的原则。这条原则是针对传统教学内容贫乏、陈旧、过分简单、不重视规律性知识的教学状况提出的，是整个实验教学论体系中起决定性作用的一条原则。赞科夫认为，难度在教学论中的含义是克服障碍和学生的努力。赞科夫说："以高难度进行教学的原则的特征，并不在于提高某种抽象的'平均难度标准'，而是首先在于展开儿童的精神力量，使这种力量有活动的余地，并给以引导。"④这就是说，运用的教材和方法能为

---

① [苏联]Л.В. 赞科夫：《和教师的谈话》，杜殿坤译，142 页，北京，教育科学出版社，1980。

② [苏联]赞科夫：《教学与发展》，杜殿坤、张世臣、俞翔辉等译，23 页，北京，人民教育出版社，1985。

③ [苏联]赞科夫：《教学与发展》，杜殿坤、张世臣、俞翔辉等译，20 页，北京，人民教育出版社，1985。

④ [苏联]赞科夫：《教学与发展》，杜殿坤、张世臣、俞翔辉等译，44 页，北京，人民教育出版社，1985。

学生设置应克服的障碍,"能引起学生在掌握教材时产生一些特殊的心理活动……使这些知识……在以后的认识过程中能引起对这些知识的再思考。这就是知识的系统化,这种系统化的结构是复杂的"①。赞科夫还指出:"我们指的不是任意的一种难度,而是要能认识现象的相互依赖性及其内在的本质联系的那种难度。"②这就是说,这条原则对教学内容的结构起着决定性的作用。

实施这条原则的关键是把握难度的分寸。把难度控制在学生的最近发展区所能达到的程度上。因此,教师要有区别地、尽可能准确地判断全班学生掌握知识的质量和特点,使难度分寸适合于全班学生和个别学生的实际情况。教师还应随着学生水平从现有的发展区向最近发展区的转换相应提高难度,引导学生逐步向更高目标前进。

第二,以高速度进行教学的原则。这条原则在赞科夫的教学论体系中起着重要的调节作用。它是针对传统教学论形而上学地看待巩固性原则造成的进度慢、重复多的弊端提出的。这种弊端使学生失去蓬勃向上的学习热情和不断前进的内部动力。高速度教学原则要求教学引导学生"不断地向前运动。不断地以各个方面的内容丰富学生的智慧,能为学生越来越深入地理解所学的知识创造有利条件,因为这些知识被纳入到一个广泛展开的体系中"③。

但高速度绝不等于开快车、赶进度,绝不意味着越快越好。高速度也有一个掌握分寸的问题,即根据能否促进学生的一般发展来决定速度。贯彻这条原则要与贯彻高难度原则相联系,高难度要靠高速度来辅佐,即最根本的是要从减少重复中加快教学速度,从加快速度中扩大知识广度,从扩大知识广度中提高理论深度。这就是说,通过加快教学速度来扩大学生视野,使学

---

① [苏联]赞科夫:《教学与发展》,杜殿坤、张世臣、俞翔辉等译,44页,北京,人民教育出版社,1985。

② [苏联]赞科夫:《教学与发展》,杜殿坤、张世臣、俞翔辉等译,45页,北京,人民教育出版社,1985。

③ [苏联]赞科夫:《教学与发展》,杜殿坤、张世臣、俞翔辉等译,46页,北京,人民教育出版社,1985。

生深刻理解知识间的内在联系，以知识的广度和深度来达到知识的巩固度。

第三，理论知识起主导作用的原则。这条原则是对高难度原则的补充和限定，它要求高难度必须体现在提高理论知识的比重上，而不是追求一般抽象的难度标准。所谓理论知识，是针对具体的技能而言的，指的是一门课程的知识结构，对具体的技能起统率作用。理论知识起主导作用，就是要让学生在尽可能深刻理解有关概念、关系、依存性的基础上，在充分的一般发展水平的基础上掌握技能。赞科夫指出，传统教学论只看到学生认识活动中具体思维和感性认识的一面，片面强调传授经验型知识，以训练技能为主，理论知识的传授仅为技能训练服务。赞科夫认为，在客观上，科技的发展已使人的感官延伸到客观世界和微观世界，借助现代教学手段可以扩大学生感性知识的范围，使抽象复杂的概念变得具体易懂；在主观上，小学生已具备发展逻辑思维的可能性。因此，教师应该用相应深度的理论知识去诱发这种可能性，训练小学生的理论思维、逻辑思维、抽象思维。把教学内容的重心转移到学科的知识结构上，就能使学生学会举一反三，这样学生就能将学得的知识融会贯通，加快思维发展过程，促进心理机能的早日完善。

第四，使学生理解学习过程的原则。这条原则与传统教学论的掌握知识的自觉性原则既近似又有很大的区别。就理解的对象和性质而言，自觉性原则着眼于学习活动的外部因素，"即把应当掌握的知识、技能和技巧作为理解的对象"[①]。赞科夫的这条原则着眼于学习活动的内部机制，要求学生理解的对象是学习过程、掌握知识的过程，即让学生通过自己的智力活动去探索获得知识的方法和途径，掌握学习过程的特点和规律。因此，教师应当引导学生自己去学。贯彻这条原则，有利于培养学生的独立性，有利于较早地培养学生的自学能力，使他们在小学阶段就形成良好的学习习惯，为以后的学习

---

① ［苏联］赞科夫：《教学与发展》，杜殿坤、张世臣、俞翔辉等译，48 页，北京，人民教育出版社，1985。

打好基础。

第五，使全班学生(包括最差的学生)都得到一般发展的原则。这条原则是前4条原则的总结，是提高教学质量的有力保证。赞科夫认为，在传统的教学条件下，即使完全落实个别对待的教学要求，优生的发展仍会受阻，而差生在发展上几乎毫无进展，这是因为没有把学生的一般发展看成最重要的任务来对待。赞科夫的实验教学特别注意对差生的帮助。他领导的实验室对差生进行了长期的观察和比较研究，指出从心理学角度看差生普遍具有以下特点：自尊心强；不合群，思想负担重；求知欲低，甚至对学校、学习有反感；观察力、语言表达能力、抽象思维能力差。传统教学不能为差生提供真正的智力活动，把补课和布置大量训练性练习看成克服学业落后的必要手段。其结果是加重差生的负担，阻碍其发展，拉大了他们与其他学生的差距。赞科夫认为，这些学生尤其需要在"发展上系统地下功夫"①。

这条原则绝不是要拉齐学生的水平，降低教学要求，限制优生的发展，而是要让优、中、差3类学生都以自己现在的智力水平为起点，按照自己最大的可能性，得到理想的一般发展。这就要求教师目标明确地工作，发现、培养和发展每个学生的个人爱好与能力，力求将相同的或不同的教学内容，建立在每个学生不同的最近发展区上。

以上5条原则是有机地相互联系的，具体体现在小学教学的结构中，不可把它们分割开来，"每一条原则都是根据它在教学论体系中的作用，根据它的职能，以及根据它与其他原则的联系的特点而具体地表现出来的"②。贯彻这5条原则是为了让学生对学习产生"内部诱因，增加和深化这种诱因"③。

---

① ［苏联］赞科夫：《教学与发展》，杜殿坤、张世臣、俞翔辉等译，49页，北京，人民教育出版社，1985。

② ［苏联］赞科夫：《教学与发展》，杜殿坤、张世臣、俞翔辉等译，50页，北京，人民教育出版社，1985。

③ ［苏联］赞科夫：《教学与发展》，杜殿坤、张世臣、俞翔辉等译，50页，北京，人民教育出版社，1985。

因此，在贯彻这些原则时要尽量"开拓学生发展的可能性……必须给个性以发挥的余地"①。

## 四、发展性教学理论体系对教育科学的贡献及其影响和局限

以上述5条原则为重要标志的实验教学论体系，是赞科夫首创的苏联发展性教学的第一例完整体系。这一体系成功地运用了辩证唯物主义的方法论，尤其是矛盾论和系统论，以整体性观点为具体的方法论基础，解释了教学结构与学生的发展进程之间的因果联系，提出了在教学实践中促进学生一般发展的原则和具体途径，把良好的一般发展看成现代人的重要特征。赞科夫把心理实验方法直接引进教育和教学研究领域，创造性地反映了时代的精神，在教学论与心理学研究相结合方面，达到了世界教学理论研究的先进水平。他的研究成果使苏联教育界对学生的年龄特点做出重新估计，形成了较全面的认识。他的教育实验提高了学生的心理发展水平和学习能力，为增加小学阶段的学习内容提供了依据。苏联1969年进行的教育改革把小学由四年制改为三年制，与赞科夫的教学实验有着密切的关系。赞科夫关于教学的双重任务的思想(教学既要传授知识、技能，又要促进学生的一般发展)被苏联教育理论界接受，并体现在20世纪70年代出版的教育学著作和课本中。他的思想为改变苏联教育学中不注意对学生的心理进行研究的偏向做出了重要贡献。他的5条教学原则包含一定的合理思想，他的实验教学论体系在指导思想上强调学生的一般发展，在教学原则上着重发掘学生的学习潜力，在学习动机上重视激发学生的内部诱因，在教学方法上主张灵活多样，在巩固知识上注重知识之间的联系。这些都是他对教育理论做出的贡献。

但是，赞科夫把他的新体系与传统教学论和教学法截然对立起来，这是

---

① [苏联]赞科夫：《教学与发展》，杜殿坤、张世臣、俞翔辉等译，51页，北京，人民教育出版社，1985。

欠妥的。他对某些问题的论述理论论证不够充分，概括不够科学，表述不够准确。

## 第二节　巴班斯基的教学过程最优化理论

### 一、生平

巴班斯基，苏联著名教育家、教学论专家，苏联教学科学研究的重要组织者和领导人之一。巴班斯基出生在罗斯托夫州的一个农民家庭。1949年，他从罗斯托夫师范学院物理—数学系毕业后在中学当物理教师，其间，他在职进修并获得教育科学副博士学位。他1971年成为苏联教育科学院通讯院士，1973年获教育科学博士学位，1974年成为苏联教育科学院正式院士。1975年，他任该科学院附属的高级教师进修学院院长。1979年，他开始担任苏联教育科学院副院长，直至1987年去世。

巴班斯基毕生致力于教育科学研究。从20世纪60年代起，他就以罗斯托夫地区的普通中学为实验基地，潜心进行教学过程最优化理论的研究，形成了具有丰富内容和积极现实意义的、完整的教学理论，在苏联和世界各国引起了强烈反响。1972年问世的博士论文《教学过程最优化——预防学生成绩不良的观点》，就是在总结罗斯托夫地区许多学校大面积消灭留级现象、提高教学质量的先进经验的基础上撰写的。在这之后，他又在该地区的两所学校内进行了4年的教学实验，根据实验结果撰写并于1977年出版了《教学过程最优化——一般教学论方面》，这是一部全面论述教学过程最优化理论的奠基性作品。在这之后，他在莫斯科等地推广教学过程最优化理论，并在总结实践经验的基础上于1982年出版了《教学教育过程最优化——方法论原理》。他主编的《教育学》被列为苏联师范院校公共必修课教材。巴班斯基一生发表的著作有300多部(篇)。在他去世后苏联教育科学院编纂、出版了《巴班斯基教育文献》，以纪念这位为教育理论做出杰出贡献的教育家。由于巴班斯基杰出的组织工作和学术研究成果，他被授予苏联教育科学界最高奖励乌申斯基奖章和政府颁发的劳动红旗勋章及各族人民友谊勋章。

## 二、教学过程最优化理论的产生

### (一)教学过程最优化理论产生的时代背景

巴班斯基教学过程最优化理论的产生，与苏联教育改革中出现的问题和取得的成就直接有关。

第一，这一理论的提出是要克服教学理论研究和教学实践中存在的片面性。随着20世纪60年代中期开始的教育改革的深化，苏联教育界出现了一系列亟待解决的问题。在教育理论界，学者争相建立各自的教学论体系，对传统予以否定；学者夸大自己的体系中的新因素，对一些基本的教学论问题看法不一，互相排斥；在方法论上形而上学相当盛行。以赞科夫为代表的各种教学实验取得很大成就，但大部分研究者只从某一方面研究教学现象，导致了片面性，只能使一部分学生获得较好的发展，而且忽略了德育和劳动教育。

第二，这一理论的提出是为了解决师生负担过重的问题。1964年教育改革的重点是实现教学内容的现代化。由于不适当地强调高难度和高速度原则，社会对学校的要求与师生实现这些要求的实际之间存在差距，学生的学习负担很重。当时教学理论上的众说纷纭，使在教学第一线的广大教师无所适从，顾此失彼，造成教学过程的组织不甚得法，再加上对师生劳动成果的评价存在严重的形式主义，使师生负担大大加重，学生不及格现象大量出现。

面对苏联教育理论界和教育实践中出现的不正常现象，巴班斯基承担起了创建教学过程最优化理论的历史使命。他吸收新的和旧的教育理论中一切积极的因素，摒弃其中的消极因素，调解各个学派之间的紧张关系，综合各个学派中有关最优化研究的成果，予以提炼提高，最终形成了完整的教学过程最优化理论体系。

（二）教学过程最优化理论产生的理论前提

第一，在教育理论方面关于教学过程最优化问题的研究，许多学者已从不同的侧面进行了深入探索，取得了令人瞩目的成果，为巴班斯基教学过程最优化理论的创立打下了良好的理论基础。正如巴班斯基所说："教学教育过程最优化的理论，是教育学发展中合乎逻辑的一个阶段。它直接以教育学先前所取得的成就作为依据。"①

第二，在探索教学过程最优化途径方面已有了大量的实践，取得了宝贵的实验成果，其中尤为突出的是苏霍姆林斯基在他所领导的帕夫雷什中学的实验。苏霍姆林斯基虽然没有使用"最优化"一词，但他的全部教育活动都是在为学生探索教学过程最优化的途径。其他的实验还有赞科夫的小学教学改革实验、马赫穆托夫总结的喀山经验等。至于巴班斯基本人在罗斯托夫地区所进行的长期的教学实验，更直接地为其教学过程最优化理论体系的创立提供了实际材料。

第三，教学过程最优化理论借鉴了最优管理的一般理论，在苏联就是劳动的科学组织理论。该理论的主要原则就是最优化原则。巴班斯基还运用了系统论、控制论、信息论、心理学等理论原理来构建教学过程最优化理论的基础。

## 三、教学过程最优化理论

（一）教学过程最优化理论的定义

巴班斯基把辩证的系统—结构方法作为自己理论体系的方法论基础，其

① ［苏联］Ю.К. 巴班斯基主编：《教育学》，李子卓、杜殿坤、吴文侃等译，275 页，北京，人民教育出版社，1986。

中包括整体观、系统观、矛盾观、综合观、发展观、真理的具体性等。这就是说,巴班斯基的理论把构成教学过程的所有成分、师生活动的一切内外部条件看成相互联系的,在相互联系中考察所有教学任务和完成这些任务可能采取的形式与方法。因此,教学过程"最优化并非是某种特殊的教学方法或方式",而是科学地指导教学、合理地组织教学过程的方法论原则;"是在全面考虑教学规律、原则、现代教学的形式和方法、该教学系统的特征以及内外部条件的基础上"[①],教师对教学过程做出的一种目的性非常明确的安排,是教师有意识地、有科学根据地选择一种最适合某一具体条件的课堂教学模式和整个教学过程的模式,组织对教学过程的控制,以保证教学过程在规定的时间内发挥从一定标准来看是最优的作用,获得可能的最优效果。

第一,在巴班斯基的教学过程最优化理论中,"最优化"一词具有特定的内涵,它不等于"理想的",也不同于"最好的"。"最优化"是指一所学校、一个班级在具体条件制约下所能取得的最大成果,也是指学生和教师在一定场合下"所具有的全部可能性"[②]。最优化是相对一定条件而言的,在这些条件下是最优的,在另一些条件下未必是最优的;过去或现在看来是最优的,将来看来就未必是最优的。巴班斯基的教学过程最优化理论充分体现了辩证法的灵魂——对具体事物进行具体分析。

第二,巴班斯基指出:"教学反映着教师活动和学生活动的辩证统一。因此,教学过程中应予以最优化的参数本身是双方面的……教学过程最优化不仅要求科学地组织教师的劳动,还要求科学地组织学生的学习活动。"[③]

第三,巴班斯基认为,教学过程最优化理论不是具体的方法,"而是教师

---

① [苏联]尤·克·巴班斯基:《教学过程最优化——一般教学论方面》,张定璋等译,57~58页,北京,人民教育出版社,1984。

② [苏联]尤·克·巴班斯基:《教学过程最优化——一般教学论方面》,张定璋等译,2页,北京,人民教育出版社,1984。

③ [苏联]尤·克·巴班斯基:《教学过程最优化——一般教学论方面》,张定璋等译,56页,北京,人民教育出版社,1984。

工作的一项特殊原则，是解决任何教学教育任务的一定的工作方法，它专门用于在规定时间内(尽可能在较少的时间内)以较少的精力达到当时条件下尽可能最优的效果"①。这里，巴班斯基把效率和效果结合起来考虑，要求在一定的具体条件下，以最少的时间和精力消耗取得最优的效果。

**(二)评价教学过程最优化理论的基本标准**

评价教学过程最优化理论的基本标准有两条：效果标准和时间标准。效果标准是指，每个学生在教学、教育和发展3个方面都达到他在该时期内符合其最近发展区的实际可能达到的水平(但不得低于规定的及格水平)。这条标准包含3层意思：要从学习成绩、品德修养、智能发展3个方面全面衡量效果；评价效果要有客观标准，这就是国家规定的教学大纲；评价要依据具体条件和实际可能，强调的不是现有的实际学习可能性，而是最近发展区内的实际学习可能性。时间标准要求教师和学生都遵守规定的课堂教学与家庭作业的时间定额。把这两条标准具体化，可以把教学过程最优化理论的评价标准规定为：在形成知识、技能的过程中，在形成某种个性特征、提高每个学生的教育和发展水平方面可能取得的最大成果；师生用最少的时间取得一定的成果；师生在一定的时间内花费最少的精力取得一定的成果；为在一定时间内取得一定成绩而消耗最少的物资和经费。

教学过程最优化可分为总体最优化和局部最优化理论。总体最优化要求以综合地解决教学、教育和发展任务为目标，以效果和时间、精力、经费等的最低消耗作为衡量最优化的标准，要求学校领导、全体师生、家长共同完成最优化任务。局部最优化是根据总体目标的一部分或按照个别标准进行最优化。

总之，巴班斯基的教学过程最优化理论，就是把社会的具体要求与师生

① 　[苏联]尤·克·巴班斯基：《教学过程最优化——一般教学论方面》，张定璋等译，2页，北京，人民教育出版社，1984。

的具体情况、所处的环境和正确的教学原则结合起来，确定最佳的工作方案，灵活而坚决地予以实施，从而取得最优的教学效果。

（三）教学过程最优化理论的方法体系

教学过程最优化理论的方法体系是指相互联系的、导致教学最优化的方法的总和。这一方法体系由教师的最优教授方式和学生的最优学习方式两部分有机地组成。它既包括教学过程的5个基本成分(教学任务、教学内容、教学方法、教学形式、教学效果)，又包括教学过程的3个阶段(准备、进行、分析结果)；既包括教师的活动，又包括学生的活动，强调师生力量的协调一致，从而找到在不加重师生负担的前提下提高教学质量的捷径。该方法体系包含以下8个基本方法，实现了社会的、心理的、控制的三方面因素的统一。

第一，综合规划学生的教学、教育和发展任务，注意全面发展。巴班斯基通过深入研究，为广大教师拟定了综合规划任务的程序。教师首先要认真钻研教学大纲、教科书和教学参考书，周密考虑学生在学习某个课题时可能完成的教学、教育和发展任务。然后教师要根据学生的年龄特点、学业程度、教育水平和发展水平去具体确定任务。接着教师要比较各种任务的意义和完成任务所需的时间，从中确定主要任务。最后，教师确定每堂课的"最高任务"。教师按这样的程序综合设计和具体确定教学任务，就能使学生完成多项任务，大大提高教学效果。学生要领会教学任务并在自己的活动中积极地予以实现，还要考虑自己的可能性，提出补充性任务。

第二，深入研究学生，具体落实任务。巴班斯基提出要研究学生实际的学习可能性。实际的学习可能性是指以个性为中介的、具体的个人在学习活动范围内潜在的内部和外部条件的统一。内部条件包括：个人接受教学的能力、思维、记忆等的发展程度；学科的知识、技能；学习劳动的技能；对个人的工作能力有特殊影响的身体发展因素；个人的学习态度；对学习有特殊影响的教育因素。外部条件包括家庭环境、文化环境和生产环境以及教师、学生集体和教学物质基础等。为了更好地判明学生实际的学习可能性，必须有比较完整的研究学生的大纲和一套行之有效的研究学生的方法。巴班斯基经过深入的实验研究后提出了一份大纲。该大纲包括 7 个项目：学生参加公共活动的积极性和劳动创造性、道德修养、学习态度、学习认知活动的水平、学习毅力、身体素质、家庭的教育作用。研究学生的方法包括观察、谈话、诊断性作业、研究有关文件、教育会诊等。教育会诊法是巴班斯基创造的。这种方法类似于医生给病人看病，即在班主任的主持下，任课教师、校医、家长代表等参加讨论全班学生的会议。与会者充分发表意见，找到个别学生学习不良和行为欠佳的原因，确定用共同的力量去排除那些原因的方法。

第三，依据教学大纲，优选教学内容，分出内容重点。这一方法以抓住活动的主要环节这个方法论原理为依据，并且考虑了心理学关于形成动力定型以及在一定的时间内能感受的课题和概念有一个最合适的可能数量的理论。巴班斯基提出了优选教学内容的 7 条标准：教学内容的完整性；教学内容的科学价值和实践价值；突出主要的、本质的东西；教学内容必须符合各年级学生的可能性；教材安排必须符合规定给该教材的课时数；考虑教学内容的国际水平；内容应符合当前教师的可能性和学校教学物资设备的可能性。

巴班斯基又规定了教师在优选教学内容时的工作程序：深入分析教科书内容，判断它能否完成特定课题的教学、教育、发展任务；从教学内容中划分出最主要的、最本质的东西；考虑学科之间的协调；按照分配给本课题的教学时数安排教学内容；保证区别对待差生和优生。学生要把注意力集中在最主要的东西上，尽力掌握最本质的东西。

第四，根据具体情况选择最合理的教学方法。巴班斯基把教学方法分成三大类。第一大类是组织和自我组织教学活动的方法；第二大类是激发和形成学习动机的方法；第三大类是检查和自我检查的方法。第一大类从传递和感知知识信息的来源方面分成口述法（讲述、讲演、谈话），直观法（图解、演示等)和实践法(练习、实验、劳动等);从传递和感知知识信息的逻辑方面分成归纳法和演绎法;从思维方面分成复现法和问题探索法;从学习管理方面分成学生独立学习法和教师指导下的学习法。第二大类分成激发和形成学习兴趣的方法、激发和形成学习义务感与责任感的方法。第三大类分成口头检查和自我检查法、书面检查和自我检查法、实验实践检查和自我检查法。巴班斯基认为,每种教学形式和方法都有自己的优点与不足,有自己的适用范围,实施教学过程最优化必须根据具体情况选择合理的方法。而且教学方法具有辩证统一性,各种方法互相渗透,师生从各方面相互作用,因此教师应该根据教学阶段的目的与任务、教材内容的特点、学生的可能性以及现有的教学条件来选择教学方法,并对教学方法进行最优组合,配合运用。

第五,采取合理形式,实行区别教学。对学生进行区别教学是教学过程最优化的一个重要方法,为此,必须把全班的、小组的和个别的教学形式最优地结合起来。区别教学不是简化教学内容,而是对学生进行有区别的帮助。学生则应尽可能依靠自己的优势方面,提高自己的薄弱方面。

第六,创造必要条件。不为教学创造必要条件,教学过程最优化是不可能的。这些条件包括教学物质条件、学校卫生条件、道德心理条件和审美条件。这些条件有的由科学—教学法机关、国民教育机关来保证,有的由校长和教师来创造。

第七,随时调整教学活动。由于在教学过程中常会出现意外情况,因此需要迅速改变教学方法。教师善于对变化了的情况灵活地做出反应,这是教师掌握教学过程最优化的重要标志。

第八,分析教学效率,确定最优速度,节省师生时间。这个方法要求根据最优化的标准,分析教学结果是否达到预定的教学任务的目标,分析时间的消耗量是否符合学校卫生标准所规定的时间定额。

以上 8 个方法构成了巴班斯基教学过程最优化理论的完整的方法体系。

只有综合运用整个方法体系，才可以被认为真正实施了教学过程最优化。

**（四）体现在教学过程最优化理论体系中的教学规律和教学原则**

巴班斯基用系统论的观点分析了教学的规律性，揭示了 9 条教学规律，又从中引申出十几条教学原则。

第一，"教学过程（就象整个教导过程那样）有规律地受更广泛社会过程和社会主义社会需要的制约，特别受社会主义社会对全面和谐发展的、能够积极参加生产活动、科学活动、社会活动和文化活动的人的需要的制约"①。

第二，"教学过程与包含在整个教导过程中的教养过程、教育过程和发展过程存在着有规律的联系"②。由这两条规律引申出教学目的性原则，教学科学性原则，教学同生活、共产主义建设实践联系原则。

第三，"教学过程有规律地依存于学生的实际学习可能性"③。由这条规律引申出教学的可接受性原则。

第四，"教学过程有规律地依存于它赖以进行的外部条件"④。从这条规律引申出为教学创造必要条件原则。

第五，"教的过程和学的过程在作为一个整体的教学过程中是有规律地联系在一起的"⑤。由此引申出在教师起指导作用下学生的自觉性和积极性原则。

第六，"教学内容有规律地取决于教学任务，教学任务则反映社会的需

---

① ［苏联］Ю.К. 巴班斯基主编：《教育学》，李子卓、杜殿坤、吴文侃等译，181 页，北京，人民教育出版社，1986。
② ［苏联］Ю.К. 巴班斯基主编：《教育学》，李子卓、杜殿坤、吴文侃等译，181 页，北京，人民教育出版社，1986。
③ ［苏联］Ю.К. 巴班斯基主编：《教育学》，李子卓、杜殿坤、吴文侃等译，181 页，北京，人民教育出版社，1986。
④ ［苏联］Ю.К. 巴班斯基主编：《教育学》，李子卓、杜殿坤、吴文侃等译，181 页，北京，人民教育出版社，1986。
⑤ ［苏联］Ю.К. 巴班斯基主编：《教育学》，李子卓、杜殿坤、吴文侃等译，182 页，北京，人民教育出版社，1986。

要、科学发展的水平和逻辑、实际学习可能性和外部的教学条件"①。由此引申出教学的系统性和循序性原则以及前述的教学的可接受性、目的性、与生活联系、科学性等原则。

第七，"激励、组织和检查学习活动的方法和手段有规律地取决于教学的任务和内容"②。由此引申出教学的直观性原则和依据教学任务、内容配合运用各种教学方法与手段的原则。

第八，"教学的组织形式有规律地取决于教学的任务、内容和方法"③。由此引申出依据教学任务、内容和方法，配合运用各种教学组织形式原则。

第九，"在相应条件下，教学过程诸成分的相互联系，可以保证取得巩固的、理解的和实效的教学效果"④。由此引申出教学、教育和发展效果的巩固性、理解性、实效性原则。巴班斯基指出，只有综合运用以上教学原则，不低估其中任何一条原则，才有可能成功地解决现代学校的任务。

巴班斯基还为上述原则的实施拟定了更为详尽的教学规则，形成了教学规律—教学原则—教学规则 3 个层次的、操作性渐强的控制体系。这是教学过程最优化理论的重要特色。

## 四、教学过程最优化理论对教育科学的贡献及其影响和评价

苏联教育理论界历来重视对方法论的研究，从 20 世纪 70 年代起方法论研究中的一个新特点就是注意到了各门学科之间以及每门学科内部日益加剧

---

① ［苏联］Ю.К. 巴班斯基主编：《教育学》，李子卓、杜殿坤、吴文侃等译，182 页，北京，人民教育出版社，1986。

② ［苏联］Ю.К. 巴班斯基主编：《教育学》，李子卓、杜殿坤、吴文侃等译，182 页，北京，人民教育出版社，1986。

③ ［苏联］Ю.К. 巴班斯基主编：《教育学》，李子卓、杜殿坤、吴文侃等译，183 页，北京，人民教育出版社，1986。

④ ［苏联］Ю.К. 巴班斯基主编：《教育学》，李子卓、杜殿坤、吴文侃等译，183 页，北京，人民教育出版社，1986。

的分化与整合趋势。学者开始研究教育学与哲学、社会学、经济学、心理学以及与系统论、控制论、信息论和科学地组织劳动的理论的相互关系问题。巴班斯基把上述的研究成果运用到教学论研究中，尤其是成功地运用了辩证的系统方法，这是苏联教学论研究史上从未有过的尝试。

巴班斯基在教学论方面的贡献主要表现在以下几个方面。第一，他揭示了教学的动力来源于教学的主导矛盾，即学生在教师的影响下产生的对掌握一定的知识、技能的需求，与学生为满足这些需求所拥有的实际的学习可能性之间的矛盾。第二，他强调了教学的职能包括教育和发展。第三，他提出了教学规律—教学原则—教学规则这样一个控制体系，提出了教学内容最优化的标准，拟定了方法体系及分类，提出了学生实际的学习可能性的概念，强调把教学建立在这种可能性的最近发展区上。

巴班斯基的教学过程最优化理论，具有兼收并蓄的特点。他从辩证的系统—结构论出发，使发展性教学的所有研究成果都在教学过程最优化理论中占据恰当位置，通过教学过程最优化体现出发展性教学的最优效果。因此，虽然这一理论存在优选步骤烦琐、对学生创造能力的培养不够重视等缺点，但仍然是一个很有价值的理论体系。他的论文和专著在苏联被推荐为教学领导人员的函授教材和教育工作者的学习参考书，苏联教育部批准的高等师范院校《教育学》课程的教学大纲中列入了教学过程最优化理论。许多学校成功地运用了他的教学过程最优化理论。他的著作被译成了多种文字在许多国家出版，产生了巨大的国际影响。

## 第三节 阿莫纳什维利等人的合作教育学理论

20世纪50—80年代，苏联各地涌现出一批以阿莫纳什维利为代表的实践型学者和学者型实践家。他们在各自的岗位上进行教育理论和实践的探索，各自创立了一套独特的、行之有效的教育体系。他们的体系虽各有侧重，但其共同点是强调要在合作的基础上建立师生关系，强调学生既是教育的客体又是教育的主体，于是形成了合作教育学。需要说明的是，20 世纪 80 年代中期以后，随着苏联社会的急剧而复杂的演变，合作教育学被涂上了浓厚的政治色彩。本节所研究的是 20 世纪 80 年代中期以前的合作教育学。

合作教育学的核心是师生之间的合作，形成教师热爱学生—教师尊重学生—教师信任学生—教师严格要求学生—学生卓有成效地学习—学生信任教师—学生尊重教师—教师热爱学生这样一种合作的循环。

## 一、师生之间合作关系的建立

苏联教育理论界曾有一种观点，认为儿童对教育的抵制是一种客观的、符合规律的现象。合作教育学的倡导者认为，师生之间发生冲突，这种现象是教育的悲剧。阿莫纳什维利从 3 个方面揭示了引起这种悲剧的原因。

第一，忠于职守的教师竭尽全力去完成由社会决定的教育任务，千方百计地使学生提前接近自己的未来，努力把学生培养成社会所需要的优秀人才。然而教师在这样做的时候，不考虑学生的年龄、生理和心理特点，也不考虑受这些特点所制约的学生的兴趣、需要和愿望。而学生的这些特点决定了他们更多地着眼于当前的需要。他们希望长大成人，但又缺乏足够的力量去抵制满足眼前需要的诱惑，不管这种需要是积极的还是消极的。因此他们往往把教师的教育活动看成对自己利益和权利的侵犯，不理解教师的愿望。师生之间产生矛盾，其主导方面在教师，是教师不考虑学生的特点加以正确引导造成的恶果。

第二，人有自我发展的自主要求，离开了自主性，人就不可能得到发展。而教师往往把学生仅仅当作教育的对象，看成教师要求的客体，这就必然造成师生之间的冲突。

第三，教师的专横态度，他的所谓严格要求、严厉管制，把学生拒于千里之外，使学生的学习激情逐渐减退，对教师缺乏好感。师生相互之间的这种态度形成了恶性循环，使悲剧加重。

合作教育学提倡通过合作来培养合作精神，同时培养学生的集体主义精神和坚定的目的性。合作教育学的倡导者认为，师生之间的这种合作必须通过长年累月的努力才能建立起来，是在教师与学生的交往中产生的，而把教师与学生联合起来的关键是要转变师生之间的关系。教师必须让学生从学习的内部获得学习的动力，要使学生乐意参加到共同的学习劳动中，让他们感受到获得成功的快乐。合作教育学的一个显著特点就是它特别强调学生的"乐学"，重视让学生乐意学习，乐意参加到教师与学生共同的教学过程中来。为了使合作的思想不致落空，需要有一整套的教学方法予以保证。

## 二、没有强制的学习

合作教育学的核心是在教学方法中完全排除对学习的强制手段。其倡导者认为，传统的学校教学，从某种意义上说是一个强制的过程，由教师决定学生的努力方向和目标，学生必须在规定的时间内学到一定数量的知识，被迫接受社会强加于他的学习任务。在对学生的压制中，分数起着"胡萝卜和大棒"的作用。于是在教学过程中就形成了两个对立面：一方面，具有教育经验和良好愿望、拥有社会给予的权利的教师强制学生学习和掌握知识；另一方面，学生似乎并不理解教师的良好愿望，把教师的行为看成对其人格和自己真正需要的侵犯。在这样的情况下，学生的潜力不可能得到充分的发挥。合作教育学的倡导者通过自己的实践或实验，提出了一些主张和方法来实现没有强制的学习。

### （一）自由选择的原则

针对上述造成师生冲突悲剧的第一个原因，合作教育学的倡导者要求贯彻自由选择的原则来克服这一矛盾。贯彻自由选择的原则就是要把来自社会的外部要求与学生个人的内在需要结合起来。他们认为，在认知活动中，学生只有在平等的、其人格得到尊重的基础上才能努力与教师合作。对小学生来说，为体现自由选择原则而安排的教学过程必须以下面一系列原则为基础。

第一，在教学过程中创造友好的、相互信任和相互尊重的良好气氛。

第二，必须在与学生合作、共同做出创造性努力的条件下进行教学过程。

第三，必须创造条件使学生能在那些教育价值相同但主观评价不同的教材中自由地进行选择。

第四，必须满足学生对日益丰富的学习活动的需求及发展能力的需求。

第五，必须启发、激励学生进行独创性的和建设性的学习活动。

贯彻合作教育学思想的教师，在一切可行的场合下，都为学生提供了自由选择的机会。阿莫纳什维利在自己的教育实验中，甚至让小学一年级的学生也有机会自由选择做什么习题。有的教师把"布置"作业改为"推荐"作业。"布置"作业具有强制的性质，不管学生会还是不会、会多会少，都必须完成。而"推荐"作业是教师根据讲课的内容，在一定范围内确定一些题目让学生选做，题目的难易、数量都由学生自己决定，完成作业的时间也有一定的灵活性。有的教师的班上，在做复述练习时，由学生自己选择该把哪些较难的词语写在黑板上。有的教师只给学生布置制作模型的任务，而如何制作、用什么材料制作，完全由学生自由选择决定。合作教育学的倡导者认为，自由选择是发展创造性思维的捷径，即使最缺乏创造力的学生也善于进行选择。

(二)改革对学生学习活动的评价

合作教育学的倡导者大胆地改革了传统的打分制度，其实质是不强制学生学习，激发学生的学习兴趣，使学生养成良好的学习习惯，培养学生对学习的责任感，发展学生的个人品质和独立活动的能力。

阿莫纳什维利认为分数对小学生来说弊多利少,因为:第一,它引导学生以获得好分数作为学习的动机,从而减弱了学生对获得认识的兴趣;第二,它使没能得到好分数的学生失去自信心;第三,它引起学生的嫉妒和自负心理,离间学生之间的关系;第四,分数决定了学生在班级、家庭、社会中的地位,而学生的分数是由教师决定的,于是造成了师生的对立;第五,分数往往成为某些教师手中"制服"学生的"鞭子";第六,它导致学生为获得好分数而死记硬背。

基于上述认识,阿莫纳什维利在自己的小学实验班中开展了没有分数的教育,用评价取代打分。阿莫纳什维利认为,传统教育从整个学习活动结构中排除了评价这一因素。学生从一开始就没有进行评价的权利,评价完全由教师来承担。全部教学活动的最终结果是分数。阿莫纳什维利把评价看成学习活动的一个组成部分,是一种具有特定目的的认知活动。教师和学生都是评价的主体,评价包括教师的评价、学生的自我评价、学生集体的评价。在评价过程中,学生获得新经验,完善为达到目的而采用的方法,预防或及时改正错误。评价不是教学过程的结束,它是伴随着教学过程的所有阶段进行的。当需要检查已经完成的或即将进行的智力的和实际的操作及其结果是否正确时,评价尤其有效。

## 三、提出困难的目标和超前学习的思想

合作教育学的倡导者认为,为了保持合作精神就必须向学生提出尽可能复杂的学习任务,并使学生相信自己有能力完成这一任务。因为把学生联合起来的正是对自己能力的这种信心,没有普遍的奋发向上的求知欲,就很难达到合作。

与上述思想相联系的就是超前学习的思想。有的教师超前一两年完成教学大纲规定的教学任务;有的教师向小学一年级学生布置通常应由高年级学

生完成的作业；有的教师改变了一般教师复习旧课、讲解新课(只懂得"昨天"和"今天")的做法，把"明天"引进了课堂中，安排出一些时间让学生学习将在 50 堂课或 100 堂课以后学习的教材。这是一种顺便地、在不知不觉中逐步提前学习一些困难的课题，使学生逐步接近目前所学习的教材的一种方法。在此过程中，教师要为所有的学生提供必要的时间去磨炼自己的思维能力。这样做可以使学生循序渐进地学习所有的东西，保证完成一切必不可少的过渡步骤，由最简单的过渡到中等的，再由中等的过渡到最复杂的。

## 四、给学生提供学习依靠点的思想

在任何一个班级中，学生的能力都不可能是一样的。合作教育学的倡导者反对把学生按能力进行分组，也不赞成对不同能力的学生布置不同难度的作业，尤其反对给低年级学生补课。总之，他们反对一切能引起学生猜疑(怀疑教师把自己看成差生)的做法。他们通过各自的实验都提出了要给学生提供学习依靠点的思想。虽然各自的做法不同，但原则是相同的，即要给学生的学习提供一个依靠点，引导性地叙述线索、解题的规则和方法，使能力最差的学生也能流利地回答教师的提问，同时又不影响全班学生的学习，也不打乱课的进程。为学生提供学习依靠点的目的只有一个，即尽可能地发展学生的思维能力。合作教育学的一个必要前提就是要使思维能力最差的学生也能得到发展。

### (一)纲要信号

纲要信号就是一种由字母、单词、数字或其他信号组成的直观性很强的教学辅助工具，它提纲挈领、简明扼要地把需要重点掌握的知识表现出来。合作教育学的倡导者认为，学习过程就其本身内容而言，就是从多方面来掌握、巩固和实际运用处理纲要信号的技巧的过程。纲要信号主要有 4 个作用：第一，有助于学生剔除不重要的细节，把握教材的要点，在理解的基础上记忆，大大减轻学习负担；第二，教师借助于纲要信号可以把课讲得生动活泼、趣味盎然，更好地调动学生的学习积极性和主动性；第三，为贯彻理论知识起主导作用的原则创造了条件；第四，适应科技迅速发展的形势，把新知识及时纳入教学中。总之，纲要信号有助于提高学生的思维能力，既加强了学科自身的系统性和连贯性，又密切了学科之间的相互联系。

（二）依靠性示意工具

合作教育学的倡导者认为，依靠性示意工具在课堂教学中起着推动作用。教师利用表格、卡片、拼字板、平面图、素描画，乃至算盘珠和刻度尺等示意工具，把在讲解教材时产生的结论当着学生的面显示出来，让学生在听教师讲课时亲眼看到推导的轨迹。依靠性示意工具能加深学生的理解，直观地训练学生的逻辑思维能力，还能大大节省时间。合作教育学的倡导者强调，依靠性示意工具一定要在课堂教学的过程中引进，而且在使用这种工具时一定要进行评论，予以控制。

## 五、大单元教学的思想

合作教育学的倡导者对教材做了综合处理，把学生要学习的所有章节结合为一个统一的大单元，这些章节也就不再是原来学科中的独立成分。根据实现学科间联系的原则，他们从不同的知识领域、劳动种类里挑选了几十个章节，把它们结合成一个大单元。他们从这些章节中找出关键性的、基础性的问题。这些问题的学习和掌握是在完成实践作业的基础上，平行地、相互联系地进行的。实现大单元平行教学能充分利用教师的专业知识，使教师的工作名副其实地成为创造性的工作；它还能增加所学教材的容量，大大减轻学生的课业负担；它能把新东西吸收到所学教材中；它有利于确立教材之间的逻辑联系，突出主导思想，并向学生阐明主导思想，提高教学效果。

## 六、集体的创造性教育和创造性自治

苏联教育科学院院士、教育科学博士伊凡诺夫（И. Л. Ивапов），深入地研究了集体的创造性教育的思想，并把这一思想贯穿在由他创建的闻名全苏的伏龙芝公社和马卡连柯公社中。公社教育方法的宗旨是：训练从一年级到毕业班的全体学生从事集体的公益性的创造活动，培养集体主义者。"人人都创造，不创造者靠边站！"成了公社成员的座右铭。

创造性自治是合作教育学的一个重要组成部分。没有创造性的自治，也就没有集体的教育。实施创造性自治的主要原则有三项。

一是充分信任。根据合作教育学的思想，学校是由教师与学生共同管理的。对学生集体的任何工作，教师都要予以充分的信任。

二是开诚布公。除非可能会使学生或教师受到侮辱的问题外，班级和学校生活中的一切问题都应毫无例外地由集体予以评价。

三是班干部轮换制。创造性自治的一个特点是在集体中没有发号施令的长官，没有主动与被动之分。全体学生都学习担当组织者和执行者，成为集体主义者，在集体中形成的不是简单的领导者—服从者这样的直线关系，而是复杂的合作关系。在轮换班干部时教师要对新手进行训练，不能放任自流。创造性自治促进了教师与学生之间的密切交往和合作。

综上所述，合作教育学的宗旨是，使学生深信他将获得成功，教会学生学习，不允许任何一个学生掉队，也不允许任何一个学生意识到自己落在同学的后面，使最没才能的学生也得到发展。合作教育学的倡导者认为，用合作教育学的方法，每一个学生都能感受到自己的个性受到尊重，感受到教师对他的关怀，同时也能激发起学生的社会责任感。他们认为，在合作的气氛中成长起来的学生，人人都善于思考和热爱思考，思考的过程对他们来说是神圣不可侵犯的宝贵财富；人人具有学习的能力；人人都有组织工作和交际的才能；人人都在某种程度上树立了为人们造福的明确目标；人人都有创造的才能；人人都具有社会责任感。合作教育学的倡导者都强调师生之间的合作；强调教师不仅本人要勇于创造，还要积极引导学生进行创造；强调既要按社会的需要培养人才，又要保证每个学生自身的发展，即强调教育的双重功能；强调每个教师都要有高超的教育艺术。所有这些在教育学上都有重要的理论价值。

# 参考文献

## 一、中文文献

柴少明、赵建华：《面向知识经济时代学习科学的关键问题研究及对教育改革的影响》，载《远程教育杂志》，2011(2)。

陈洪捷：《盘点20世纪德国教育理论的经典》，载《北京大学教育评论》，2009(2)。

成有信：《九国普及义务教育》，北京，人民教育出版社，1985。

成有信：《十国师范教育和教师》，北京，人民教育出版社，1990。

迟恩莲：《苏联高等师范教育的发展》，载《高等师范教育研究》，1989(4)。

戴继强、方在庆：《德国科技与教育发展》，北京，人民教育出版社，2004。

戴少娟：《二战后英国高等职业教育改革与发展研究》，博士学位论文，福建师范大学，2016。

单中惠、刘传德：《外国幼儿教育史》，上海，上海教育出版社，1997。

丁建弘：《德国通史》，上海，上海社会科学院出版社，2012。

董仁忠：《知识经济时代的职业教育》，载《教育学报》，2009(1)。

董泽芳、张继平、聂永成等：《公平与质量：高等教育分流的目标追求》，武汉，华中师范大学出版社，2018。

范捷平：《德国教育思想概论》，上海，上海译文出版社，2003。

方苹：《苏联的职业技术教育及其管理》，载《中小学管理》，1989(4)。

冯生尧主编：《课程改革：世界与中国》，广州，广东教育出版社，2004。

佛朝晖：《博洛尼亚进程中的意大利高等教育体系改革》，载《外国教育研究》，2008(2)。

符华兴 、王建武：《世界主要国家高等教育发展研究》，长沙，湖南人民出版社，2010。

傅俊荣：《苏联职业技术教育的历史回顾》，载《苏联问题参考资料》，1987(6)。

干正：《苏联师范教育的今昔和未来》，载《外国教育动态》，1986(2)。

高迎爽：《法国高等教育质量保障体系研究——基于政府层面的分析》，北京，中国社会科学出版社，2014。

高迎爽、王者鹤：《法国现代大学制度的成长路径——1984年〈萨瓦里法案〉及其影响分析》，载《高教探索》，2012(1)。

顾明远：《苏联普通教育的几次改革》，载《外国教育动态》，1982(2)。

顾明远、梁忠义主编：《法国教育》，长春，吉林教育出版社，2000。

顾明远、孟繁华主编：《国际教育新理念》，海口，海南出版社，2001。

顾明远、石中英：《学习型社会：以学习求发展》，载《北京师范大学学报(社会科学版)》，2006(1)。

顾明远主编：《战后苏联教育研究》，南昌，江西教育出版社，1991。

管洪云：《20世纪80年代以来加拿大基础教育课程改革述评》，载《浙江教育学院学报》，2009(4)。

郭本禹：《道德认知发展与道德教育——科尔伯格的理论与实践》，福州，福建教育出版社，1999。

国家教委职业技术教育中心研究所：《历史与现状——德国双元制职业教育》，北京，经济科学出版社，1998。

杭州大学德汉翻译和信息中心：《联邦德国普通行政管理及教育行政管理》，杭州，杭州大学出版社，1994。

杭州大学中德翻译情报中心：《联邦德国及巴伐利亚州高等教育法规选编》，杭州，杭州大学出版社，1991。

郝克明 、汪永铨主编：《中国高等教育结构研究》，北京，人民教育出版社，1987。

贺国庆、朱文富等：《外国职业教育通史》下卷，北京，人民教育出版社，2014。

贺国庆主编：《西方大学改革史略》，石家庄，河北教育出版社，2011。

贺中华、南海：《论欧盟构建终身学习体系的实践及其借鉴价值》，载《职教论坛》，

2013(21)。

侯建国:《加拿大高等教育改革与发展》,北京,高等教育出版社,2006。

黄昌瑞:《意大利文化与现代化》,沈阳,辽海出版社,1999。

黄济:《教育哲学通论》,太原,山西教育出版社,1998。

黄忠敬:《论布迪厄的课程文化观》,载《外国教育研究》,2002(3)。

教育发展与政策研究中心:《发达国家教育改革的动向和趋势——美国、苏联、日本、法国、英国1981—1986年期间教育改革文件和报告选编》,北京,人民教育出版社,1986。

李工真:《文化的流亡——纳粹时代欧洲知识难民研究》,北京,人民出版社,2010。

李桂山:《加拿大社会与文化散论》,北京,北京航空航天大学出版社,2008。

李华:《论赫鲁晓夫时期的苏联教育改革》,载《扬州师院学报(社会科学版)》,1995(4)。

李建辉主编:《天才教育学》,广州,中山大学出版社,2014。

李节传:《加拿大通史》,上海,上海社会科学院出版社,2018。

李军:《苏联80年代教育改革的趋向》,载《辽宁师范大学学报(社科版)》,1989(6)。

李其龙:《德国教学论流派》,西安,陕西人民教育出版社,1993。

李其龙、孙祖复:《战后德国教育研究》,南昌,江西教育出版社,1995。

李小科:《澄清被混用的"新自由主义"——兼谈对 New Liberalism 和 Neo-Liberalism 的翻译》,载《复旦学报(社会科学版)》,2006(1)。

李兴业:《90年代法国高等教育发展回眸》,载《比较教育研究》,2000(5)。

刘志鹏:《法、日、美、英、联邦德国的短期高等教育》,载《江汉大学学报(社会科学版)》,1984(2)。

卢静:《浅谈20世纪国际格局的变迁》,载《外交学院学报》,1999(4)。

陆有铨:《躁动的百年——20世纪的教育历程》,济南,山东教育出版社,1997。

吕达、周满生主编:《当代外国教育改革著名文献》德国、法国卷,北京,人民教育出版社,2004。

罗红波、孙彦红主编:《变化中的意大利》,北京,社会科学文献出版社,2017。

马万华主编:《多样性与领导力——马丁·特罗论美国高等教育和研究型大学》,北京，教育科学出版社，2011。

毛澹然：《美国社区学院》，北京，高等教育出版社，1989。

梅伟惠：《意大利教育战略研究》，杭州，浙江教育出版社，2013。

梅雪良：《苏联师范教育概况》，载《师范教育》，1985(7)。

梅孜编译：《美国总统国情咨文选编》，北京，时事出版社，1994。

庞学铨、[德]克劳斯·迈泽尔主编：《中德成人教育比较研究》，北京，中国社会科学出版社，2004。

彭慧敏：《意大利职业教育培养模式的特色与思考》，载《比较教育研究》，2010(1)。

彭慧敏、冉玉：《战后意大利职业教育研究》，北京，中国水利水电出版社，2014。

蒲蕊：《当代学校自主发展：理论与策略》，广州，广东高等教育出版社，2005。

钱怀智：《苏联职业技术教育体制的变迁》，载《职业教育研究》，1988(5)。

钱家琪：《重振优等教育——乔治·布什的教育战略设想》，载《外国教育动态》，1989(3)。

邱尉芳：《苏联的学前教育》，载《今日苏联东欧》，1983(2)。

瞿葆奎主编：《法国教育改革》，张人杰选编，北京，人民教育出版社，1994。

瞿葆奎主编：《联邦德国教育改革》，李其龙、孙祖复选编，北京，人民教育出版社，1991。

瞿葆奎主编：《苏联教育改革》下册，北京，人民教育出版社，1988。

戎殿新、罗红波、郭世琮：《意大利经济政治概论》，北京，经济日报出版社，1988。

戎殿新、罗红波主编：《战后意大利"经济奇迹"》，北京，经济科学出版社，1992。

史静寰、延建林等：《西方教育史学百年史论》，北京，人民教育出版社，2014。

史志钦：《意共的转型与意大利政治变革》，北京，中央编译出版社，2006。

孙祖复、金锵主编：《德国职业技术教育史》，杭州，浙江教育出版社，2000。

汤贞敏、谢绍熺、姚轶洁等：《中国教育问题的哲学解析》，广州，广东高等教育出版社，2016。

唐虔：《意大利职业技术教育的改革》，载《比较教育研究》，1993(1)。

滕大春主编：《外国教育通史》第6卷，王桂、李明德本卷主编，济南，山东教育出版社，2005。

汪辉、李志永：《日本教育战略研究》，杭州，浙江教育出版社，2013。

王承绪、徐辉主编：《战后英国教育研究》，南昌，江西教育出版社，1992。

王承绪主编：《学术权力——七国高等教育管理体制比较》，杭州，浙江教育出版社，1989。

王觉非：《英国政治经济和社会现代化》，南京，南京大学出版社，1989。

王莉、李晓贤：《卫国战争时期苏联高等教育的发展》，载《西伯利亚研究》，2018(1)。

王立：《教育变革中的教师发展——迈克尔·富兰教师教育思想述评》，载《高等理科教育》，2011(6)。

王天一、夏之莲、朱美玉：《外国教育史》下册，北京，北京师范大学出版社，1985。

王廷芳主编：《美国高等教育史》，福州，福建教育出版社，1995。

王晓辉：《简评法国的〈课程宪章〉》，载《课程·教材·教法》，1994(6)。

王晓辉：《教育优先区："给匮者更多"——法国探求教育平等的不平之路》，载《全球教育展望》，2005(1)。

王雅文：《意大利职业教育师资的角色与培养》，载《职业教育研究》，2018(6)。

王英杰：《美国高等教育的发展与改革》，北京，人民教育出版社，2002。

吴锋民：《大国教师教育》，北京，中国社会科学出版社，2013。

吴式颖：《俄国教育史——从教育现代化视角所作的考察》，北京，人民教育出版社，2006。

吴式颖、李明德主编：《外国教育史教程》，北京，人民教育出版社，2015。

吴式颖、任钟印主编：《外国教育思想通史——20 世纪的教育思想(下)》第 10 卷，长沙，湖南教育出版社，2002。

吴式颖、诸惠芳主编：《外国教育思想通史》第 9 卷，长沙，湖南教育出版社，2002。

吴友法：《德国现当代史》，武汉，武汉大学出版社，2007。

吴遵民：《当代日本基础教育改革现状与发展趋向》，载《教育发展研究》，2005(19)。

吴遵民：《现代国际终身教育论》，上海，上海教育出版社，1999。

项贤明：《当前国际教育改革主题与我国教育改革走向探析》，载《北京师范大学学报(社会科学版)》，2005(4)。

肖甦主编译：《苏霍姆林斯基教育智慧格言》，北京，人民教育出版社，2014。

邢克超主编：《战后法国教育研究》，南昌，江西教育出版社，1993。

熊璋主编：《法国工程师教育》，北京，科学出版社，2012。

徐斌艳：《个性与社会责任融于一体的德国教育》，载《外国教育资料》，1999(2)。

徐蓝：《20世纪国际格局的演变——一种宏观论述》，载《历史教学》，2013(20)。

许江媛：《教育的力量：加拿大公共教育发展史研究》，北京，九州出版社，2009。

许平、朱晓罕：《一场改变了一切的虚假革命：20世纪60年代西方学生运动》，上海，上海人民出版社，2004。

许智伟：《美国生计教育》，台北，幼狮文化事业公司，1982。

杨汉麟、周采：《外国幼儿教育史》，南宁，广西教育出版社，1998。

杨汉清主编：《比较教育学》，北京，人民教育出版社，2015。

杨明、赵凌：《德国教育战略研究》，杭州，浙江教育出版社，2014。

殷鸿翔：《苏联职业技术教育的产生和发展》，载《苏联问题参考资料》，1983(3)。

尹建龙、张震旦：《意大利民族发展史》，合肥，安徽大学出版社，2015。

于冬青主编：《中外学前教育史》，长春，东北师范大学出版社，2013。

俞翔辉等编译：《赞科夫新教学体系及其讨论》，北京，教育科学出版社，1984。

俞云平：《苏联培养职业教育师资的措施》，载《职业教育研究》，1989(2)。

袁振国主编：《对峙与融合——20世纪的教育改革》，济南，山东教育出版社，1995。

曾子达：《加拿大社区学院》，北京，北京大学出版社，1994。

张福娟、马红英、杜晓新主编：《特殊教育史》，上海，华东师范大学出版社，2000。

张泓：《世界天才，有才能儿童教育的研究状况和动态——出席"第八届世界天才、有才能儿童教育大会"见闻》，载《外国中小学教育》，1990(1)。

张可创、李其龙：《德国基础教育》，广州，广东教育出版社，2005。

张宁：《法国知识界解读布迪厄》，载《读书》，2002(4)。

张沛：《凤凰涅槃——德国西占区民主化改造研究》，上海，上海人民出版社，2007。

张蓉：《教育制度转型的国际比较研究》，北京，北京师范大学出版社，2014。

张瑞璠、王承绪主编：《中外教育比较史纲》现代卷，张人杰本卷主编，济南，山东教育出版社，1997。

张熙：《德国双元制职业教育概览》，海口，海南出版社，2000。

张芝联主编：《法国通史》，北京，北京大学出版社，1989。

赵敏：《英格兰与威尔士中小学教师职前教育政策发展研究(1944—2010)》，博士学位论文，华东师范大学，2019。

赵祥麟主编：《外国教育家评传》第4卷，上海，上海教育出版社，2002。

赵子剑：《联邦德国高等学校类型结构变革研究(1945—1976)》，博士学位论文，河北大学，2017。

钟启泉：《现代课程论》，上海，上海教育出版社，1989。

周采、杨汉麟主编：《外国学前教育史》，北京，北京师范大学出版社，1999。

周光礼：《加拿大的高等教育政策：历史与现状》，载《世界教育信息》，2008(7)。

周满生：《当前国际教育改革的若干动向和趋势》，载《比较教育研究》，1999(6)。

周尚文、叶书宗、王斯德：《苏联兴亡史》，上海，上海人民出版社，1993。

朱家存：《教育均衡发展政策研究》，北京，中国社会科学出版社，2003。

朱敏、高志敏：《终身教育、终身学习与学习型社会的全球发展回溯与未来思考》，载《开放教育研究》，2014(1)。

朱启华：《探讨德国教育学者Wolfgang Klafki教育理论之转向》，载《教育研究集刊》，2002(3)。

朱细文：《意大利瑞吉欧幼儿教育体系简介》，载《学前教育》，2000(2)。

祝怀新、潘慧萍：《德国环境教育政策与实践探析》，载《全球教育展望》，2003(6)。

邹进：《现代德国文化教育学》，太原，山西教育出版社，1992。

[澳]W. F. 康纳尔：《二十世纪世界教育史》，孟湘砥、胡若愚主译，长沙，湖南教育出版社，1991。

[德]汉斯格特·派泽特、[德]格茜尔德·弗拉姆汉：《联邦德国的高等教育——结构与发展》，陈洪捷、马清华译，北京，北京大学出版社，1993。

[德]汉斯·萨内尔：《雅斯贝尔斯》，程志民、宋祖良、谢地坤译，北京，中国社会科学出版社，1992。

[德]卡尔·雅斯贝尔斯：《大学之理念》，邱立波译，上海，上海人民出版社，2007。

[德]卡尔·雅斯贝斯：《生存哲学》，王玖兴译，上海，上海译文出版社，2013。

[德]F. W. 克罗恩：《教学论基础》，李其龙、李家丽、徐斌艳等译，北京，教育科学出版社，2005。

［德］乌尔夫·迪尔迈尔、［德］安德烈亚斯·格斯特里希、［德］乌尔里希·赫尔曼等：《德意志史》，孟钟捷、葛君、徐璟玮译，北京，商务印书馆，2018。

［德］雅斯贝尔斯：《什么是教育》，邹进译，北京，生活·读书·新知三联书店，1991。

［俄］卡特林娅·萨里莫娃、［美］欧文·V. 约翰宁迈耶主编：《当代教育史研究与教学的主要趋势》，方晓东等译，北京，教育科学出版社，2001。

［法］P. 布尔迪约、［法］J. -C. 帕斯隆：《再生产——一种教育系统理论的要点》，邢克超译，北京，商务印书馆，2002。

［法］皮埃尔·布迪厄：《实践感》，蒋梓骅译，南京，译林出版社，2003。

［法］让-皮埃尔·勒·戈夫：《1968 年 5 月，无奈的遗产》，胡尧步、韦东、高璐译，北京，中国青年出版社，2007。

［荷］彼得·李伯庚：《欧洲文化史》下册，赵复三译，上海，上海社会科学院出版社，2004。

［加］格兰·琼斯主编：《加拿大高等教育——不同体系与不同视角(扩展版)》，林荣日译，福州，福建教育出版社，2007。

［加］迈克尔·富兰：《变革的力量：续集》，中央教育科学研究所、加拿大多伦多国际学院组织翻译，北京，教育科学出版社，2004。

［加］迈克尔·富兰：《变革的力量——深度变革》，中央教育科学研究所、加拿大多伦多国际学院组织翻译，北京，教育科学出版社，2004。

［加］迈克尔·富兰：《变革的力量——透视教育改革》，中央教育科学研究所、加拿大多伦多国际学院组织翻译，北京，教育科学出版社，2004。

［美］阿瑟·林克、［美］威廉·卡顿：《一九〇〇年以来的美国史》中册，刘绪贻、李存训、李世洞译，北京，中国社会科学出版社，1983。

［美］阿瑟·林克、［美］威廉·卡顿：《一九〇〇年以来的美国史》下册，刘绪贻、李世洞、韩铁等译，北京，中国社会科学出版社，1983。

［美］巴格莱：《教育与新人》，袁桂林译，北京，人民教育出版社，2005。

［美］布鲁纳：《布鲁纳教育论著选》，邵瑞珍、张渭城等译，北京，人民教育出版社，1989。

[美]布鲁纳：《教育过程》，邵瑞珍译，北京，文化教育出版社，1982。

[美]戴维·斯沃茨：《文化与权力：布尔迪厄的社会学》，陶东风译，上海，上海译文出版社，2006。

[美]L. 迪安·韦布：《美国教育史：一场伟大的美国实验》，陈露茜、李朝阳译，合肥，安徽教育出版社，2010。

[美]福克讷：《美国经济史》下卷，王锟译，北京，商务印书馆，2018。

[美]哈里·杜鲁门：《杜鲁门回忆录》第 2 卷，李石译，北京，世界知识出版社，1965。

[美]卡尔·R. 罗杰斯：《个人形成论：我的心理治疗观》，杨广学、尤娜、潘福勒译，北京，中国人民大学出版社，2004。

[美]科尔伯格：《道德发展心理学：道德阶段的本质与确证》，郭本禹、何谨、黄小丹等译，上海，华东师范大学出版社，2004。

[美]科南特：《科南特教育论著选》，陈友松主译，北京，人民教育出版社，1988。

[美]劳伦斯·阿瑟·克雷明：《学校的变革》，单中惠、马晓斌译，济南，山东教育出版社，2009。

[美]劳伦斯·A. 克雷明：《美国教育史3：城市化时期的历程(1876—1980)》，朱旭东、王保星、张驰等译，北京，北京师范大学出版社，2002。

[美]罗宾·W. 温克、[美]约翰·E. 泰尔伯特：《牛津欧洲史：1945 年至当代》第 4 卷，任洪生译，长春，吉林出版集团有限责任公司，2009。

[美]马斯洛：《人性能达的境界》，林方译，昆明，云南人民出版社，1987。

[美]乔尔·斯普林：《美国教育》，张驰、张斌贤译，合肥，安徽教育出版社，2010。

[美]威廉·麦克尼尔：《世界史：从史前到 21 世纪全球文明的互动》，施诚、赵婧译，北京，中信出版社，2013。

[美]韦恩·厄本、[美]杰宁斯·瓦格纳：《美国教育：一部历史档案》，周晟、谢爱磊译，北京，中国人民大学出版社，2009。

[美]亚瑟·M. 科恩、[美]卡丽·B. 基斯克：《美国高等教育的历程》，梁燕玲译，北京，教育科学出版社，2012。

[苏联]Ю. K. 巴班斯基主编：《教育学》，李子卓、杜殿坤、吴文侃等译，北京，人民

教育出版社，1986。

[苏联]C. Я. 巴特舍夫主编：《苏联职业技术教育简史》，黄一卿、鲁爱珍译，北京，教育科学出版社，1989。

[苏联]列·符·赞科夫：《教学论与生活》，俞翔辉、杜殿坤译，北京，教育科学出版社，1984。

[苏联]Ф. Г. 帕纳钦：《苏联师范教育——重要历史阶段和现状》，李子卓、赵玮译，北京，文化教育出版社，1981。

[苏联]B. A. 苏霍姆林斯基：《给教师的一百条建议》，周蕖、王义高、刘启娴等译，天津，天津人民出版社，1981。

[苏联]苏霍姆林斯基：《关于人的思考》，诸惠芳译，石家庄，河北人民出版社，2003。

[苏联]B. A. 苏霍姆林斯基：《帕夫雷什中学》，赵玮、王义高、蔡兴文等译，北京，教育科学出版社，1983。

[苏联]B. A. 苏霍姆林斯基：《育人三部曲》，毕淑芝、赵玮、唐其慈等译，北京，人民教育出版社，1998。

[苏联]瓦·阿·苏霍姆林斯基：《和青年校长的谈话》，赵玮等译，上海，上海教育出版社，1983。

[苏联]B. n. 叶留金：《苏联高等学校》，张天恩、曲程、吴福生译，北京，教育科学出版社，1983。

[苏联]伊·阿·凯洛夫、[苏联]恩·克·冈查洛夫、[苏联]恩·阿·康斯坦丁诺夫等主编：《苏联的国民教育》，人民教育出版社教育编辑室等译，北京，人民教育出版社，1958。

[苏联]尤·克·巴班斯基：《教学过程最优化——一般教学论方面》，张定璋等译，北京，人民教育出版社，1984。

[苏联]Л. B. 赞科夫：《和教师的谈话》，杜殿坤译，北京，教育科学出版社，1980。

[苏联]赞科夫：《教学与发展》，杜殿坤、张世臣、俞翔辉等译，北京，人民教育出版社，1985。

[苏联]Л. B. 赞科夫：《论小学教学》，俞翔辉译，北京，教育科学出版社，1982。

[西德]鲍里斯·迈斯纳主编：《苏联的社会变革——俄国走向工业社会的道路》，上海《国际问题资料》编辑组译，北京，生活·读书·新知三联书店，1977。

[意]达里奥·尼科利：《意大利职业教育和培训制度研究》，邬银兰译，杭州，浙江大学出版社，2013。

[意]恩里科·莫罗·萨拉蒂、[意]凯萨·斯古拉蒂：《意大利基础教育研究》，瞿姗姗译，杭州，浙江大学出版社，2015。

[意]古列尔莫·马利泽亚、[意]卡罗·南尼：《意大利教育制度研究》，瞿姗姗、成沫、周滢译，杭州，浙江大学出版社，2012。

[英]阿什比：《科技发达时代的大学教育》，滕大春、滕大生译，北京，人民教育出版社，1983。

[英]邓特：《英国教育》，杭州大学教育系外国教育研究室译，杭州，浙江教育出版社，1987。

[英]克里斯托弗·达根：《剑桥意大利史》，邵嘉骏、沈慧慧译，北京，新星出版社，2017。

[英]玛丽·亨克尔、[英]布瑞达·里特主编：《国家、高等教育与市场》，谷贤林等译，北京，教育科学出版社，2005。

联合国教科文组织国际教育发展委员会：《学会生存——教育世界的今天和明天》，华东师范大学比较教育研究所译，北京，教育科学出版社，1996。

苏联部长会议直属中央统计局：《苏联文化建设》，熊家文、王诵芬译，北京，统计出版社，1957。


## 二、外文文献

A. H. Halsey, *Trends in British Society since 1900: A Guide to the Changing Social Structure of Britain*, London, Macmillan, 1972.

"A Jeffersonian Compact," *The New York Times*, 1989-10-01.

Alain Bienayme, *Systems of Higher Education: France*, New York, Interbook Inc., 1978.

*America 2000: An Education Strategy*, Washington, D. C., Department of Education, 1991.

American Association of Community and Junior Colleges, *Building Communities: A Vision for a New Century*, Washington, D. C. , Rowman and Littlefield Press, 1998.

Arthur E. Bestor, *The Restoration of Learning: A Program for Redeeming the Unfulfilled Promise of American Education* , New York, Alfred A. Knopf, 1955.

Arthur M. Cohen and Florence B. Brawer, *The American Community College* , San Francisco, Jossey-Bass Publishers, 2008.

Ben Brodinsky, "Back to the Basics: The Movement and Its Meaning," *The Phi Delta Kappan*, 1977(7).

Brian O' Sullivan, "Global Change and Educational Reform in Ontario and Canada," *Canadian Journal of Education*, 1999(3).

Brian Simon, *Education and the Labour Movement, 1870 – 1920*, London, Lawrence & Wishart, 1965.

Brian Simon, *Education and the Social Order, 1940 – 1990*, London, Lawrence & Wishart, 1991.

Brian Simon, *Studies in the History of Education, 1780–1870*, London, Lawrence & Wishart, 1960.

Brian Simon, "The History of Education 1966," in Peter Gordon and Richard Szreter, *History of Education: The Making of a Discipline*, London, The Woburn Press, 1989.

Brian Simon, *The Politics of Educational Reform, 1920–1940*, London, Lawrence & Wishart, 1974.

Charles M. Beach, Robin W. Boadway and R. Marvin McInnis, *Higher Education in Canada*, Montreal, McGirll-Queen's University Press, 2004.

Christine Musselin, *The Long March of French Universities*, New York, Routledge Falmer, 2004.

David D. Henry, *Challenges Past, Challenges Present: An Analysis of American Higher Education since 1930*, San Francisco, Jossey-Bass Publishers, 1975.

David Reeder, "Brian Simon: A Tribute," *History of Education*, 2002(4).

Délégation à l'aménagement du territoire et à l'action régionale, *Développement universitaire et développement territorial：l'impact du plan Université 2000* ( *1990 – 1995*), Paris, La Documentation française, 1998.

Ellen W. Schrecker, *No Ivory Tower：McCarthyism and the Universities* , New York, Oxford University Press, 1986.

Eric Ashby, *Adapting Universities to a Technological Society*, London, Jossey-Bass Publishers, 1974.

Eric Ashby, *Any Person, Any Study：An Essay on Higher Education in the United States*, New York, McGraw-Hill, 1971.

Eric Ashby, *Technology and the Academics：An Essay on Universities and the Scientific Revolution*, London, Macmillan, 1963.

Eric Ashby, *Universities：British, Indian, African* , London, Weidenfeld and Nicolson, 1966.

Ernest L. Boyer, *Selected Speeches, 1979 – 1995*, San Francisco, Jossey-Bass Publishers, 1997.

Ernst von Glasersfeld, *Radical Constructivism：A Way of Knowing and Learning*, London & Washington, D. C. , Falmer Press, 1995.

Francesco Cordasco, *Daniel Coit Gilman and the Protean Ph. D. ：The Shaping of American Graduate Education*, Washington D. C. , Rowman and Littlefield Press, 1973.

Franklin J. Keller, *The Double-Purpose High School*, New York, Harper & Brothers, 1953.

Gary McCulloch, "A People's History of Education：Brian Simon, the British Communist Party and Studies in the History of Education, 1780–1870," *History of Education*, 2010(4).

Gary McCulloch, *Failing the Ordinary Child？ The Theory and Practice of Working-Class Secondary Education* , Buckingham, Open University Press, 1998.

Gary McCulloch, "Local Education Authorities and the Organisation of Secondary Education, 1943–1950," *Oxford Review of Education*, 2002 (2–3).

Gary McCulloch and Tom Woodin, "Learning and Liberal Education: The Case of the Simon Family, 1912–1939," *Oxford Review of Education*, 2010(2).

Gary Orfield, "The 1964 Civil Rights Act and American Education," in Bernard Grofman, *The Legacies of the 1964 Civil Rights Act*, Charlottesville, The University Press of Virginia, 2000.

George Keller, *Higher Education and the New Society*, Baltimore, The Johns Hopkins University Press, 2008.

George W. Bush, "Remarks on Signing to No Child Left Behind Act of 2001 in Hamilton, Ohio," *Daily Compilation of Presidential Documents*, 2002 (2).

Gerald L. Gutek, *Philosophical, Ideological, and Theoretical Perspectives on Education*, Boston, Pearson, 2014.

Glen A. Jones, *Higher Education in Canada: Different Systems, Different Perspectives*, New York and London, Garland Publishing, 1997.

Habiba S. Cohen, *Decade of Change and Crisis: The New French Universities since 1968*, Boulder, Westview Press, 1979.

Hans W. Baade and Robinson O. Everett, *Academic Freedom : The Scholar's Place in Modern Society*, New York, Oceana Publications, 1964.

Harold E. Mitzel, *Encyclopedia of Educational Research*, New York, Free Press, 1982.

Harold Silver, "Brian Simon's Political History of English Education," *Historical Studies in Education*, 1992(2).

Herbert Agar, *The Price of Power: America since 1945*, Chicago, The University of Chicago Press, 1957.

Hyman G. Rickover, *Education and Freedom*, New York, E. P. Dutton, 1959.

Isaac Leon Kandel, *The Impact of the War upon American Education*, Chapel Hill, The University of North Carolina Press, 1948.

James B. Conant, *General Education in a Free Society*, Cambridge, Harvard University Press, 1946.

James B. Conant, *Modern Science and Modern Man*, New York, Columbia University Press, 1952.

James B. Conant, *My Several Lives : Memoirs of a Social Inventor*, New York, Harper & Row, 1970.

Jeffrey Selingo, "What Americans Think about Higher Education," *Chronicle of Higher Education*, 2003(34).

J. Heslop-Harrison, "Eric Ashby Baron Ashby, of Brand on, Suffolk, Kt. 24 August 1904–22 October 1992," *Biographical Memoirs of Fellows of the Royal Society*, 1995 (41).

Joel Spring, *The American School: 1642–2004*, New York, McGraw-Hill, 2005.

Joy A. Palmer, *Fifty Modern Thinkers on Education: From Piaget to the Present*, London, Routledge, 2001.

Lawrence A. Cremin, *American Education : The National Experience, 1783–1876*, New York, Harper & Row, 1980.

Lawrence A. Cremin, *Public Education*, New York, Basic Books, 1976.

Lawrence A. Cremin, *The Transformation of the School: Progressivism in American Education, 1876–1957*, New York, Alfred A. Knopf, 1961.

Lawrence A. Cremin, *Traditions of American Education*, New York, Basic Books, 1977.

Lawrence E. Gladieux and Thomas R. Wolanin, *Congress and the Colleges: The National Politics of Higher Education*, Lexington, Lexington Books, 1976.

Lawrence Hardy, "A New Federal Role," *American School Board Journal*, 2002 (9).

Lawrence Kohlberg, "Cognitive Development Theory and Practice of Collective Moral Education," in Martin Wolins, *Group Care: An Israeli Approach : The Educational Path of Youth Aliyah*, New York, Gordon & Breach, 1971.

Lawrence Kohlberg, "High School Democracy and Educating for a Just Society," in Ralph L. Mosher, *Moral Education: A First Generation of Research and Development*,

New York, Praeger, 1980.

Lawrence Kohlberg, *The Psychology of Moral Development : The Nature and Validity of Moral Stages*, New York, Harper & Row, 1984.

L. Dean Webb, *The History of American Education: A Great American Experiment*, Upper Saddle River, Prentice Hall, 2006.

Martin Trow, "Problems in the Transition from Elite to Mass Higher Education," Conference on Future Structures of Post-Secondary Education, Paris, 1973.

Maurice R. Berube, *American Presidents and Education*, New York, Greenwood Press, 1991.

Michael Fullan, "Change Theory as a Force for School Improvement," *Intelligent Leadership*, 2007(6).

Michael Fullan, "Large-scale Reform Comes of Age," *Journal of Educational Change*, 2009(2-3).

Michael Harrington, *The Other America : Poverty in the United States*, Baltimore, Penguin Books, 1962.

Nathan M. Pusey, *American Higher Education, 1945 – 1970: A Personal Report*, Cambridge, Harvard University Press, 1978.

Neil Guppy and Scott Davies, "Understanding Canadians' Declining Confidence in Public Education," *Canadian Journal of Education*, 1999(3).

Norton Grubb and Marvin Lazerson, "Rally Round Workplace: Continuities and Fallacies in Career Education," *Harvard Educational Review*, 1975(4).

*Public Papers of the Presidents of the United States: Lyndon B. Johnson, 1963 – 1964*, Washington, D. C., U. S. Government Printing Office, 1965.

Richard S. Ruch, *Higher Ed, Inc. : The Rise of the For-Profit University*, Baltimore, The Johns Hopkins University Press, 2001.

Roy Lowe, *Education in the Post-War Years: A Social History*, London, Routledge, 1988.

Seymour M. Lipset and David Riesman, *Education and Politics at Harvard*, New

York, McGraw-Hill, 1975.

Steven J. Haggbloom, Renee Warnick and Jason E. Warnick, et al., "The 100 Most Eminent Psychologists of the 20th Century," *Review of General Psychology*, 2002(2).

Stuart Maclure, *Educational Documents: England and Wales, 1816 – 1967*, London, Chapman & Hall, 1968.

*The National Education Goals Report: Building a Nation of Learners, 1999*, Washington, D. C., National Education Goals Panel, 1999.

Theodore Brameld, *Education as Power*, San Francisco, Caddo Gap Press, 2000.

Theodore Brameld, *Education for the Emerging Age: Newer Ends and Stronger Means*, New York, Harper & Brothers, 1961.

Theodore Brameld, *Patterns of Educational Philosophy: Divergence and Convergence in Culturological Perspective*, New York, Holt, Rinehart and Winston, 1971.

Theodore Brameld, *Philosophies of Education in Cultural Perspective*, New York, Holt, Rinehart and Winston, 1955.

Tony Badger, "Southerners Who Refused to Sign the Southern Manifesto," *Historical Journal*, 1999(2).

U. S. Department of Education, *Office of Planning, Evaluation and Policy Development*, Washington, D. C., ESEA Blueprint for Reform, 2010.

"What Makes a School 'Fundamental'? These Five Purposes and Four Earmarks," *American School Board Journal*, 1976(2).

Wilfred Carr and Anthony Hartnett, *Education and the Struggle for Democracy: The Politics of Educational Ideas*, Buckingham, Open University Press, 1996.

William G. Wraga, "From Slogan to Anathema: Historical Representations of Life Adjustment Education," *American Journal of Education*, 2010 (2).

William Paul Wanker and Kathy Christie, "State Implementation of the No Child Left Behind Act," *Peabody Journal of Education*, 2005 (2).

W. R. Fraser, *Reforms and Restraints in Modern French Education*, London, Routledge & Kegan Paul Ltd, 1971.